ENRIQUE PAJON MECLOY

BUERO VALLEJO
Y
EL ANTIHEROE

Una crítica de la razón creadora

MADRID

1986

© Enrique Pajón Mecloy, 1986

Edita: Enrique Pajón Mecloy

Acuarela de la portada: Antonio Buero Vallejo

Distribuye: BREOGAN
Ayala, 96
Tel. (91) 431 43 88
28001 MADRID

Subvencionado por O.N.C.E.

I.S.B.N.: 84 - 398 - 8427 - 3

Depósito legal: V - 2631 - 1986

IMPRENTA NÁCHER, S.L. Milagro, 7. Tel. 332 27 59. 46003 Valencia

BUERO VALLEJO Y EL ANTIHÉROE

Una crítica de la razón creadora

A MODO DE PROLOGO

Al ofrecer este libro a los lectores, pensamos que tal vez no esté de más ponerles sobre aviso acerca de algunas intenciones conscientes que han dado a la obra ciertas características inusuales.

«Buero Vallejo y el antihéroe» pretende, expresamente, no ser un estudio ni acerca de la obra dramática de Buero Vallejo, ni acerca de los aspectos filosóficos que se esbozan, tanto al modo de condicionantes de la creación artística que Buero lleva a cabo, como de la que puede creerse tendrá lugar en un futuro más o menos próximo, a partir del análisis de nuestra situación cultural en la actualidad. Nuestro mayor interés radica en adentrarnos en el sentido que subyace en el teatro de Buero, en la cultura española y en la posible filosofía que nos aguarda, tomando siempre como punto de apoyo síntomas, no documentos; gestos, no doctrinas ya conocidas y estudiadas. En consecuencia, envolver los temas en abundante aparato de citas y referencias bibliográficas, o introducir largos párrafos en lenguas extrañas, más entorpecería que ayudaría al esclarecimiento de problemas que este libro quisiera brindar. Por otra parte, las citas incluidas —sólo aquellas que hemos juzgado necesarias para la correcta comprensión del texto— no han de interrumpir la lectura, ni tampoco presentarse de manera que el lector apresurado pueda prescindir de ellas; por consiguiente, hemos entendido que no era bueno situarlas a pie de página, sino que debíamos insertarlas en el texto mismo, consiguiendo así, además, que el pensamiento del lector no se vea interrumpido ni en su discurrir ni en su esfuerzo.

Para ser riguroso consigo mismo, por tanto, este libro tenía que prescindir de todo el rigor formalista que en los últimos años se viene imponiendo a cuantas publicaciones pretenden alcanzar un nivel científico porque nosotros creemos que no se debe conceder valor científico a la autoridad, sino al rigor en los análisis y en el desarrollo de los procesos.

Este libro, por último, quisiera ser un libro para todos, no para especialistas ni eruditos de un modo exclusivo, por ello nuestro mayor empeño ha sido la claridad y la sencillez en el lenguaje utilizado; pero ese ser para todos no puede justificar un descenso en la calidad, ni escamotear problemas o edulcorarlos. En multitud de ocasiones hemos podido comprobar cómo la inteligencia común alcanza a comprender los temas más difíciles siempre que sean expuestos de un modo adecuado. Queremos llegar a todos, no descendiendo, sino elevando.

Esperamos que la exposición gradual permitirá a los lectores menos acostumbrados a disquisiciones abstractas, irse incorporando paulatinamente a los problemas más arduos, y a los intelectuales, abezados en distinguir sutilezas, en nada podrá perjudicarles este esfuerzo por conseguir la claridad.

Madrid, diciembre de 1986.

1.ª Parte

La cuna histórico-antropológica
de Antonio Buero Vallejo

1.ª Parte

Capítulo I

Paralelismo en la génesis de las literaturas griega y española

Apenas pertenece al pasado la época en que se afirmaba sin ninguna duda que el progreso se debe, en principio, a los filósofos. Largos años inmersos en un ambiente de fe inquebrantable en el poder de la razón, y los siglos en que la inteligencia fue admirada y venerada como la más excelsa y como la primera de las cualidades del hombre, nos incapacitaron para la duda sobre este tema.

Desde hace algunos años, sin embargo, empieza a rectificarse esta manera de ver al hombre y su mundo. Hoy ya se afirma y se prueba que antes del filósofo está el poeta, el artista. Hoy empieza a creerse que antes del pensar está el sentir.

Pero lo más sorprendente de este cambio de mentalidad de nuestra época es que se está produciendo a la vez en dos campos que, aunque cerca entre sí por el objeto, divergen bastante por lo que respecta a los estudiosos que se ocupan de cada uno de ellos. Nos referimos a la filosofía de la historia y a la antropología.

Los pensadores actuales se están dando cuenta de que en el surgir de cada cultura, en sus orígenes se encuentran siempre los artistas, es decir, hombres que sienten su mundo y lo expresan al modo de su sentir. Y no sólo en los comienzos. También los artistas dan las primeras señales indicadoras de que la cultura a que pertenecen se acerca a su fin.

Con esta primacía del arte no queremos minusvalorar el papel de los filósofos en el desarrollo de las culturas, sino encuadrarlo en su propio marco, con lo cual quedará incluso realzado.

Con rigor puede decirse que a los filósofos corresponde marcar las cumbres de cada cultura.

En las líneas que siguen, vamos a intentar un esbozo de filosofía de la historia española, basado fundamentalmente en el estudio de los puntos claves de su literatura, en relación con sus paralelos griegos.

Cada cultura que aparece en la historia suele tener un ciclo literario con tendencia a repetirse de manera similar, aunque pocas veces logre completarse totalmente.

Los primeros monumentos literarios de cada cultura suelen estar dedicados a ensalzar la figura del héroe guerrero. Se comprende fácilmente que así sea, pues para que un pueblo pueda elevarse, para que pueda por sí formar una cultura digna de figurar en la historia, necesita estar dotado ya en origen de una gran potencialidad agresiva.

En segundo lugar, casi siempre a siglos de intervalo, aparece en las literaturas el tema del viajero, tipo que simboliza y enseña la búsqueda

Casi al mismo tiempo que el viajero, aparece el trabajador rural, figura a la que los autores acarician y cuidan con delicadezas extremas. Este exceso en la ternura del artista nos hace sospechar que se trata de una estratagema del subconsciente. En efecto, sólo una ternura semejante podría compensar el exceso de agresividad que se acumula en tales hombres como estables.

Estos tres tipos que acabamos de enumerar corresponden, en líneas generales, a las etapas de formación de las culturas.

Al llegar a este punto la infancia del pueblo ha quedado completada. Utilizando un símil fácil podríamos decir que ha concluido la tarea de la siembra de una cultura determinada. Ya puede adivinarse la clase de frutos que se han de obtener, aunque diversas circunstancias puedan todavía influir en la calidad y cantidad de los mismos; pero es natural que a la legión de héroes de la Ilíada suceda la legión de personalidades de la época de apogeo del pueblo griego, y que la seriedad del viaje de Ulises, que no duda incluso en descender al infierno, dé como resultado un pueblo que investiga con la mayor profundidad. Si ahora aplicásemos este principio a la trayectoria que ha seguido el pueblo español en su desarrollo, no nos podrá sorprender el individualismo que lo caracteriza, si consideramos que esa nota fue dominante en su primer héroe literario, el Cid Campeador. Igualmente podemos concluir que, si el modelo de la búsqueda, el viajero de su literatura, Don Quijote, está loco, la investigación será objeto de menosprecio colectivo entre los españoles. No nos vamos a ocupar aquí de un examen más detenido de esta cuestión, pero advertimos claramente que la comprensión total del problema requeriría un estudio de los motivos que determinaron el hecho mismo de que Don Quijote sufra de enajenación mental.

Ya en plena madurez de una cultura, la creación literaria alcanza un nuevo objetivo: el hombre como ser capaz de una vida ética. Se trata de la creación de la figura del hombre destacando su poder de obrar el bien y el mal. Ordinariamente aparece antes el aspecto negativo, el hombre culpable, bajo forma de representación, y, algún tiempo más tarde, el hombre realizador de grandes virtudes, adoptando entonces la forma de proyecto.

La literatura de culpabilidad, es decir la fase negativa de la creación ética, tiene para nosotros una importancia de primer orden, pues nos descubre las raíces profundas del hombre, que penetran hasta la agresividad del solitario puro. Parricidio, fratricidio e incesto son las maneras más frecuentes de representar al culpable. Es decir, se regresa al afán de dominio, que no se detiene ni ante la muerte de los deudos más próximos, y a la sexualidad, que no respeta tampoco ni a los familiares más allegados. Ahora bien, el mérito inestimable de estos artistas al regresar hasta esas profundidades del hombre, queda muy superado por su progreso. El artista muestra en su obra, por una parte, la culpa instalada en el ser mismo del hombre, y, por otra, al hombre rebelde ante su propio ser.

Nos conviene en este punto, para mayor comprensión, examinar, aunque sea brevemente, las circunstancias en que se produjo este fenómeno en la literatura griega, y ver qué está ocurriendo en estos momentos en la española.

La cumbre de la literatura griega de culpabilidad está representada por Sófocles. El rey Edipo es sin duda el ejemplo más completo de culpable de cuantas representaciones del hombre esa literatura nos brinda. Edipo nació de quien no debía, con quien no debía se casó y mató a quien menos debía. Se podría decir que es culpable de nacimiento. La idea misma de esta manera de ser culpable revela un concepto de culpa muy distinto del que tenemos en la actualidad. La culpa entre los griegos formaba parte del hombre mismo, era, diríamos, el precio de ser hombre, como un pecado original sin bautismo. La rebelión debía significar, pues, algo así como evitar lo inevitable. Y sin embargo la rebelión se produce. El resultado sorprendente es la superación de la inevitabilidad. A partir de este momento, los criterios acerca de la responsabilidad moral del hombre van a oscilar entre dos soluciones extremas: la responsabilidad y la irresponsabilidad. Para que el hombre sea responsable es preciso que sea libre. En esta polémica multisecular, en efecto, la libertad tuvo siempre calurosos defensores, empeñados en aducir argumentos, nunca del todo convincentes por estar buscados más en la necesidad que en la realidad. Era preciso que el hombre fuese libre porque de antemano se le creía responsable.

No son menos los partidarios de la opinión opuesta: el hombre no puede ser responsable de sus actos porque no es libre. Las vías para llegar a esta conclusión suelen ser muy diversas. Unos, por caminos metafísicos, afirman que todo efecto tiene necesariamente una causa, y, por tanto, cualquier acción del hombre, toda decisión de su voluntad, debe ser la consecuencia de motivos suficientes que predeterminaron tal conducta. Otros, en cambio, tras haber observado al hombre y haber reflexionado sobre la raíz más honda de su intimidad, no han dudado en expresar sus creencias bajo fórmulas rotundas, atribuyendo a la naturaleza humana en sí misma la malicia o la bondad. Ahora bien, atribuir malicia o bondad al ser del hombre equivale a negarle la libertad de obrar.

Kant, con su fecunda filosofía de las ideas, es el primero en dirigir el problema por senderos que prometen soluciones positivas. Del hombre, según Kant, no se debe predicar la posesión de la libertad o la carencia de ella. Se debe más bien decir que el hombre tiende a ser libre. De este concepto del hombre se puede deducir fácilmente la idea de un ser en proceso de formación: el hombre se está haciendo. Esta formación consiste en estar adquiriendo su naturaleza de sociable y, por esto mismo, está adquiriendo la libertad. Reconstruyamos el proceso:

El hombre solitario vive sólo el presente de las cosas; el mundo, por lo tanto, se le impone, le somete a ser en cada momento un efecto de las cosas o suma de las causas. El arte, en una primera etapa, le dio capacidad de re-presentar, de traer de nuevo al presente el mundo pretérito. De esta manera se acercó a sí las cosas que le plugo, empezó el dominio de las cosas o causas. Una etapa posterior le dotó con el poder de pre-sentir, de antepresentar el futuro. Desde este momento, el hombre quedó convertido en un efecto de sus propias causas. Es decir, sigue sujeto a la ley de causas y efectos, pero, al hacerse creador de sus propias causas, construye su libertad. Si ahora consideramos que aquel poder artístico del hombre se origina en el primer troquelado de los sentidos a lo humano, en el sentir a los otros, concluiremos que a la adquisición de la naturaleza de sociable debe el hombre su primer paso hacia la libertad.

En sentido metafísico, pues, la libertad consiste en la liberación de las ataduras impuestas por el presente real.

Para entender el mismo problema desde el punto de vista de la ética, precisamos seguir una vez más el camino recorrido por el hombre en su proceso de transformación, fijando esta vez la atención en su posible conciencia moral.

Mientras el hombre vivía puro en su naturaleza de solitario, los conceptos del bien y del mal le eran totalmente ajenos. Incluso si llegaba a cometer homicidio su conciencia no se veía afectada por sentimientos diferentes de los que hoy se pueden tener ante la exterminación de alimañas del campo o en un matadero. Para aquellos hombres, otro hombre era tan otro como hoy lo es el animal ante el ser humano. Ante el otro, el «alter», el solitario primitivo permanecía in-alterable.

Por su parte, la naturaleza adquirida del hombre, la sociabilidad, presenta caracteres totalmente opuestos. Si en el ser humano no existiese más que su naturaleza de sociable, la ayuda mutua entre los individuos se ejercería de manera regular y constante, como ocurre entre las diferentes células del organismo. Es evidente que los conceptos de bien y de mal tampoco convienen a este tipo de hombre imaginario, regido únicamente por la sociabilidad.

Se requiere la coexistencia de las dos naturalezas para que se pueda plantear la elegibilidad y, con ella, la situación de conflicto. En cada disyuntiva, el hombre consciente precisa utilizar la reflexión, es decir, la representación y el presentimiento enfocados sobre su propio obrar. Después decide necesariamente en pro de una de sus dos naturalezas. Incluso si decide no actuar, su abstención repercutirá de manera opuesta en cada una de aquellas naturalezas. La humanidad llama bien a cuanto beneficia al hombre en su naturaleza de sociable, y mal a lo que redunda en pro de su naturaleza de solitario. Con la elegibilidad se ha producido, pues, la libertad moral; pero, además, con el acto previo de la reflexión, al so-pesar la cosa, la causa, se ha alcanzado la res-ponsabilidad.

Teniendo ahora en cuenta la situación del hombre de ser transformándose en sociable, la cuestión de su bondad o malicia debe resolverse diciendo que el hombre tiende a ser bueno, se está transformando en bueno.

La afirmación categórica de Hobbes al decir que el hombre es lobo para el hombre sólo es cierta si consideramos el origen del hombre con la mentalidad alcanzada en el estadio de evolución en que nos encontramos. Igualmente resulta muy parcial la verdad contenida en la actitud de Rousseau al considerar el origen bueno del hombre, maleado por la civilización. En realidad, la posibilidad de la malicia alcanza al hombre en su hacerse sociable, pero su situación anterior no es la bondad, sino la inconsciencia.

Hasta aquí nos condujo la rebeldía griega, en especial la de Sófocles, ante lo inevitable de su tiempo. Siguiendo la correspondencia del circuito griego en la literatura española, nos encontramos con el tema de la culpabilidad precisamente en nuestros días. Buero Vallejo es el autor más significativo de esta tendencia ética de la literatura española. En sus regresos profundiza hasta lo más primitivo del hombre y encuentra otra vez los temas de la lucha fratricida, el parricidio y el incesto. Para el interés de nuestro trabajo conviene destacar, sobre todo, algunas diferencias características de los culpables en la obra de Buero Vallejo.

En primer lugar, los lazos sanguíneos están sustituidos por vínculos más amplios, buscando siempre la equivalencia de relaciones; los hermanos pueden estar representados por condiscípulos, o los padres por protectores. Por otra parte, Buero Vallejo impone otra ampliación similar al alcance de la malicia: la culpabilidad no sólo se extiende al acto homicida, sino también a la traición, el odio e incluso la pasividad. Por último, una nota sutil de la obra de Buero Vallejo marca las mayores diferencias y apunta hacia los progresos más avanzados de la ética actual: Edipo, el mayor culpable de la literatura griega, tiende a redimirse de su culpa por medio de la purificación propia, se convierte en un penitente. El final de su vida es una apoteosis triunfal de hombre limpio. Desde que Edipo descubre su culpa, emplea todas sus fuerzas en lavar la mancha que empaña su vida. En contraste atrevido, los homicidas de Buero Vallejo se resignan a ser culpables y dedican todos sus esfuerzos a la resurrección del antagonista cuya muerte han causado. Dejan de pensar en sí mismos para ocuparse únicamente de lo que fue ideal imposible de sus antagonistas. Los culpables de Buero Vallejo dejan de ser penitentes para convertirse en apóstoles.

En resumen, Sófocles, ante la malicia congénita del hombre, se rebeló contra lo inevitable, y los siglos posteriores descubrieron la libertad. Buero trata de universalizar el bien, no se conforma con evitar lo inevitable, sino que, además, quiere poder lo imposible.

Después de la culpabilidad, la literatura ética suele abordar otro tema con el que se completa el ciclo literario de cada cultura. Es el tema que hoy se conoce bajo la denominación de utopía.

La característica esencial de una utopía es la superación de la culpabilidad por el hombre. El mundo se convierte entonces en algo así como un paraíso. La bondad, hacia la que tiende el hombre, según indicábamos líneas atrás, aparece en estas obras como ya lograda. Pero, si recordamos que la bondad es la sociabilidad humana, comprenderemos que el fundamento de la utopía estriba en una función hiperbólica del arte. El objeto de la hipérbole recae sobre el hombre socializado.

En la literatura de culpabilidad hemos visto cómo el artista regresaba hasta las fuentes de la agresividad más profunda para mostrarnos en su progreso una rebeldía contra la malicia insuperable del hombre. Se trata, pues, de una representación del hombre culpable. En las utopías, por el contrario, el artista viaja al futuro en el que proyecta una humanidad socializada. La utopía es, por consiguiente, un presentimiento del hombre bueno.

Por su condición de proyecto, estas obras pretenden convertirse en guías del desarrollo de la conducta humana, en modelos del sentir del hombre para con el hombre. La muestra de hombre ejemplar que ofrecen, deberá contener en grado eminente las cualidades necesarias para superar toda agresividad del afán de dominio. Esta cualidad excelsa consiste en que los hombres se atribuyen mutuamente las mejores cualidades. Ahora bien, el poder creador de buenas cualidades en los otros es la característica fundamental de la amistad. De los amigos decimos y pensamos siempre bien.

La función de la utopía coincide, pues, con la de la amistad, al igual que coincide la hipérbole poética con la amorosa. Así, amor y amistad ponen punto final a la transformación de la agresividad en fuerza socializadora.

La República de Platón y, sobre todo, los perdidos trabajos de Evémero representan en el mundo griego esta suma de ideales de hombre socializado. En la literatura española, el ciclo todavía no se ha cumplido debidamente, pues falta en él la fase de la utopía.

Hasta aquí hemos seguido, en un proceso discontinuo, la evolución paralela de las literaturas griega y española. Nuestro discurrir se ha movido, por tanto, atendiendo únicamente a una de las manifestaciones propias del desarrollo del sentir humano. Ahora nos corresponde afrontar el problema del desarrollo de la filosofía, actividad humana que, según decíamos, muestra el estado evolutivo del pensamiento y que, en consecuencia, nos interesa igualmente para las metas de este trabajo.

Suele decirse que España no ha tenido nunca filósofos. No negamos la veracidad de la frase, sobre todo si entendemos por filósofos mentes que hayan producido un sistema original de pensamiento. Pese a su veracidad, sin embargo, la frase es injusta, pues tiene un aire despectivo que manifiesta incomprensión. Es cierto que tal tipo de hombres no se ha dado todavía en España, pero ello obedece a razones históricas de gran peso. Para comprenderlas, recordemos que en Grecia, salvo algunos brotes mezcla de religión y pensamiento, la filosofía no apareció como tal hasta una época en que la literatura de culpabilidad había agitado el subconsciente de las mejores figuras del mundo helénico. Sócrates vivió en la generación posterior a Sófocles. Esto nos hace pensar que, en una cultura con personalidad propia, la mente no alcanza la madurez suficiente para llevar a cabo la tarea del filosofar hasta después de que la sensibilidad ha recorrido casi por completo su ciclo. Por consiguiente, para ser equitativos al juzgar la cultura española, debemos decir que se acerca el momento crucial en que debe aparecer, por fin, su filosofía.

Desde que España inicia su caminar por la historia en la gesta real de la Reconquista, y tiene su primer sueño en la gesta literaria del Cantar de Mío Cid, hasta hoy, en que sueña su ética en la visión del hombre culpable, su vivir supera únicamente la infancia y la juventud de su cultura, etapas en que aprende a sentir y a sentirse, y en las que logra un vigor, a nuestro entender, tan sólo comparable al que disfrutó el pueblo de la Hélade.

Es curioso observar cómo los dos españoles de mayor renombre de nuestro siglo, Ortega y Unamuno, han sabido ver aspectos parciales del problema que nos ocupa, pero sin dar el paso definitivo de traer todo el tema a la luz de la conciencia. Cuando Ortega quiere mostrar la evolución que ha sufrido la pintura en relación con el punto de vista en ese arte, nos descubre el paralelo que existe entre el «yo pienso» de Descartes, que centra el punto de vista de cada hombre en su propio yo, y la pintura de Velázquez, que centra el punto de vista en el ojo del pintor. Ortega, sin embargo, no nos descubre la diferencia radical que separa ambas figuras: el desarrollo del pensar en el filósofo francés y del sentir en el artista español. Por otra parte, Unamuno, centrando su meditación sobre el «cogito» cartesiano, se extraña de que el filósofo haya dicho **«pienso**, luego existo», en vez de **«siento**, luego existo», que para él era más evidente.

Sin duda, la suma de las observaciones de ambos pensadores nos aproxima a una visión clara de lo que fue y es España.

De las páginas que anteceden el lector podría sacar la conclusión, por una parte, de que el juicio que nos merece el panorama completo de la cultura española es el del mero desarrollo del sentir, sin atisbos siquiera de un pensamiento propio, y por otra, que consideramos a nuestro país atravesando todavía etapas primitivas de su recorrido histórico. Ante estas posibles objeciones, creemos oportuno aclarar nuestra postura, siquiera sea de manera muy sucinta.

Una vez más la historia de Grecia facilita nuestro propósito, al ofrecernos, en la trayectoria de la mentalidad presocrática, un paralelo de lo que, en nuestra opinión, ha venido ocurriendo en España.

La cultura griega surge al confluir sobre el suelo de la Hélade múltiples pueblos viajeros, cada uno de los cuales aportó al conjunto cuantas habilidades, conocimientos y costumbres habían adquirido en su historia particular.

De todo ello, sólo interesa destacar aquí la prodigiosa riqueza mitológica que caracteriza los primeros pasos de Gracia como cultura propia. Ningún otro pueblo ha hecho su aparición en la historia con un caudal tan grande de mitos.

Ahora bien, cada mito supone la manifestación de una faceta humana que, al no poder ser identificada como tal por el escaso desarrollo de la mentalidad consciente, es proyectada fuera. En cada mito aflora una posibilidad del hombre, una potencia no identificada del todo como facultad humana, pero cuya investigación enriquecerá sobremanera el conocimiento del hombre acerca de sí mismo. Recuérdese, por ejemplo, las furias que, en la trilogía de Esquilo, como personajes mitológicos, atormentan a Orestes, mientras que Eurípides, desmitificando, dice ya de ellas en su «Orestes» que no son furias, sino los remordimientos.

Hubiera bastado, por tanto, al pueblo griego seguir un proceso de desmitificación para lograr la cultura que siempre será contemplada con asombro.

Pero esta desmitificación es la obra fundamental de los presocráticos, los hombres que, como filósofos, contemplan, observan y piensan. Ellos, sin embargo, en virtud de ese «pre» que no sólo los designa por azar, sino que los determina de manera esencial, no logran salirse del mito, pero sí consiguen vislumbrar la desmitificación como ideal filosófico: «La Filosofía se opone a los mitos» llega a declarar Jenófanes, en frase notoriamente adelantada a su tiempo.

Los presocráticos son todavía mitólogos por lo que respecta a sus creencias, pero a la vez son investigadores que se desprenden del mito por su capacidad de pensar.

No se trata tampoco de un proceso que acabe una vez aparecido Sócrates en la escena de la filosofía; el proceso continúa, y aún Platón, desmitificador cuando cuenta mitos a modo de ejemplos, sigue, sin embargo, manifestando tendencias míticas en la elaboración de su doctrina de las ideas; pero lo decisivo en el problema es que desde que Sócrates filosofa, el hombre sustituye al mito de manera indudable como centro, como objeto fundamental de investigación.

Si ahora volvemos a nuestras consideraciones sobre el desarrollo de la capacidad de pensar en España, nuestra tarea se verá muy facilitada, pues lo ocurrido en el pueblo griego alumbra constantemente nuestros senderos y nos aclara cada paso de nuestro caminar con el descubrimiento de motivos sacados a la luz del fondo mismo de la Historia.

También España, al menos como nación moderna, se forma por la confluencia de pueblos diversos portadores de sendas culturas, en particular de sendas religiones; destacamos esta última nota porque en ella quedaron justificados en todo momento los motivos de lucha y agresividad que caracterizan el surgir de España.

Como los héroes de la Ilíada, a la par de sus dioses, lucharon en España cristianos, árabes y judíos, tanto con las armas, en el campo de batalla, como con las ideologías en la aparentemente sosegada paz de los monasterios o en los bullentes claustros de las universidades.

Las circunstancias obligaron, pues, al pensamiento español a hacer teología, aspecto que se impuso no sólo en los temas cuyo dominio le era propio, sino también en aquellas materias que, por su naturaleza, hubieran sido objeto apto para el libre filosofar.

De la misma manera, pues, que la filosofía griega encuentra el fundamento de su temática en los mitos, aparece el pensamiento español apoyado sobre la base de una vida de orientación religiosa. En consecuencia podemos decir que el desarrollo positivo de ambas culturas sigue trayectorias paralelas. Volveremos sobre este tema en el capítulo tercero con el fin de aclarar algunos aspectos complejos del mismo que, a nuestro entender, influyen de manera decisiva en el desarrollo de nuestra cultura. Pero ya desde ahora debemos aclarar que la nota destacada anteriormente de la actitud de lucha que distingue la trayectoria española no es un mero accidente que pueda pasarse por alto. Por el contrario, esta situación produjo una mentalidad cuyo primer objetivo se encuentra en la defensa de algo que se consideró propio, y, por consiguiente, hubo de adoptarse una actitud recelosa ante todo lo demás.

Las repercusiones mayores de cuanto acabamos de decir pueden encontrarse en dos hechos de signo contrario que, con demasiada frecuencia, se han venido repitiendo en nuestra historia. Nos referimos por una parte a la salida de España de muchos pensadores, a veces por voluntad propia, a veces por destierro, pero siempre por incompatibilidad de sus sistemas con la postura más o menos oficial adoptada en el país. Podría recordarse, a modo de ejemplo, a Luis Vives y, sobre todo, a los pensadores que constituyeron lo que se llamó la filosofía española en el exilio. Y por otra parte, a la hostilidad con que fueron siempre recibidas las corrientes del pensamiento extranjero llegadas hasta nosotros, de lo cual son ejemplos claros las persecuciones a los erasmistas y la oposición al krausismo.

Y ya, para terminar, salimos al encuentro de la segunda de las objeciones que podrían hacerse a nuestra manera de interpretar la génesis de la filosofía española.

El hecho de que nuestro desarrollo cultural equivalga a la época trágica en el paralelo establecido con el desenvolvimiento del pueblo griego, no significa en absoluto que nos encontremos todavía algo así como en el siglo v antes de Cristo, ni siquiera que nuestra cultura esté atrasada. Se trata únicamente de la Historia vista en ciclos, de la humanidad evolucionando de manera que cada pueblo lleve a cabo una serie de movimientos semejantes a los ya realizados en otras épocas o en otros lugares, pero contando siempre con que cada ciclo nuevo dispone ya de todos los logros alcanzados en los ciclos anteriores, y, por tanto, el repetirse afecta casi exclusivamente a la forma orgánica. El contenido, por el contrario, será cada vez un hombre nuevo.

España, en nuestra opinión, viene gestando uno de esos nuevos tipos de hombre. Y la cultura española, que ya ha superado las dos etapas primeras, está a punto de entrar resueltamente en la tercera, en la etapa filosófica.

El desarrollo de esa filosofía española que se avecina, las dimensiones que alcance, dependerán de los filósofos que nos dé nuestra tierra, pero los temas y signos característicos de su pensar están, sin duda, predeterminados ya por lo que son hoy sus antecedentes, los artistas. El complejo sentir fraguado en nuestra historia podrá, en todo caso, perderse en un accidente catastrófico, pero un cambio de sentido resulta imposible pues para ello se haría preciso que nuestra historia comenzase de nuevo y se desarrollase hasta un punto equivalente al que hoy hemos alcanzado y sólo entonces cabría el enfoque filosófico en un sentido distinto de ese al que ahora nos abocan nuestras circunstancias.

Capítulo II

El sentido de la cultura española

La correspondencia entre la sucesión de acontecimientos histórico-culturales en Grecia y España, que acabamos de describir a grandes rasgos, nos permite ahora el acceso a un nuevo método de análisis de la personalidad hispana. Pero una tarea semejante supone riesgos graves por la posibilidad que nos deja de interpretaciones tanto limitativas como generalizadoras de los fenómenos descubiertos.

El capítulo que ahora iniciamos pretende paliar estos peligros, si bien con la claridad de conciencia de no poder interrumpir de una manera plena las vías de una interpretación errónea.

Tratamos de objetos tan complejos en sus motivaciones (Cultura Griega, Cultura Occidental, Cultura Española) que, en cada instante, nos acecha desde la oscuridad un nuevo elemento que de un modo legítimo nos exige ser reconocido como un componente más, a veces esencial, de lo que estamos diciendo.

De igual manera pueden nuestros términos de uso restringido rebelarse contra las cárceles en que nuestra voluntad pretende encerrarlos y, saltando toda frontera, cobrar validez universal.

Sin duda, la imprecisión al delimitar el área de validez de cada descubrimiento ha sido una característica dominante en los mayores progresos ideológicos que ha experimentado nuestro siglo y, a nuestro entender, la causa de que la obra de Freud o la de Spengler, por ejemplo, se hayan visto pronto superadas y relegadas a un puesto con toda verdad indigno de su categoría.

El descubrimiento, o al menos el desarrollo, de las teorías del subconsciente llevado a cabo por Sigmund Freud, médico, se encauzó desde los comienzos por la vía de un medio válido con preferencia, casi con exclusividad, para curar las neurosis.

Por su parte, Spengler y Frobenius entienden cada sociedad cultural en su conjunto como un organismo dotado de vida propia, en oposición radical a las teorías contractualistas proclamadas por Rousseau según las cuales el individuo interviene en la sociedad por libre contrato.

Un examen atento del problema, observando a la vez las manifestaciones humanas de la conciencia y el subconsciente y las socioculturales del contrato social y el sistema organicista, nos pondrá en situación privilegiada para descubrir un nuevo paralelo que abarca las manifestaciones del individuo y las del grupo.

La parte consciente del hombres es, con toda probabilidad, la productora de actos libres en el individuo como tal, actuando en solitario e igualmente en la asociación con sus semejantes y así llegamos al contrato como verdadero fundamento de este aspecto de la sociedad humana.

Pero, además, existe en el hombre un subconsciente producto de fuerzas instintivas, no controlables por el libre albedrío, que lo mueven en el sentido de una lógica de la acción, con frecuencia lejos del mundo de los ideales conscientes.

Estas fuerzas, actuando en colectividad, constituyen el subconsciente de los pueblos que es, a nuestro entender, la causa principal de la sociedad considerada en su dimensión de organismo viviente, casi biológico.

Entendidos los términos de esta manera, la división de las fuerzas mentales del hombre en conscientes y subconscientes pierde su sentido limitativo de aplicación al campo de la medicina o incluso de la psicología para cobrar un sentido universal antropológico; al tiempo que el contractualismo y el organicismo dejan de ser válidos de un modo universal, y por tanto contradictorios, para hacerse complementarios.

Estas premisas podrían proporcionarnos la clave necesaria para repensar la psicología profunda y el organicismo y de ambas teorías combinadas obtener un método antropológico válido para un nuevo análisis y una nueva interpretación de la historia. No es esta, sin embargo, nuestra pretensión actual, sino, únicamente, como hemos indicado, delimitar el sentido de este trabajo.

Al hablar de cultura griega solemos entender como tal un movimiento limitado al área greográfica bien determinada en el fondo del Mediterráneo y en el tiempo comprendida con toda claridad entre los momentos protohistóricos del establecimiento en el suelo griego de los pueblos indoeuropeos, o todo lo más del pueblo pelasgo, hasta la conclusión del helenismo.

El término cultura occidental presenta, en cambio, límites más imprecisos, tanto en el espacio como en el tiempo y, así, no nos resulta extraña la vacilación de incluir o no dentro de su ámbito las tierras rusas o las de la península Ibérica, o en su duración los tiempos antiguos o medievales, o sólo los modernos y contemporáneos.

Por último, al referirnos a la cultura hispánica nos encontramos con una noción no ya vaga y vacilante, sino decididamente polémica, tanto por lo que respecta a la extensión geográfica como a la duración en el tiempo.

El problema en su totalidad nos despierta la sospecha de que falta por considerar en los tres conceptos analizados una nota decisiva para la perfecta inteligencia de los términos. A nuestro entender se trata de la distinción entre elementos conscientes y subconscientes en cada uno de los movimientos culturales estudiados.

Si nos detenemos a examinar, como ejemplo más comprensible, los procesos culturales acaecidos en los albores de los tiempos modernos, no nos será difícil advertir en las corrientes renacentistas la intención clara y decidida de los individuos, e incluso de los pueblos mismos, de imitar, reproducir y aun recrear lo que siglos antes se diera en el mundo de los griegos.

No podemos dudar, pues, de que los artífices del Renacimiento fuesen conscientes de actuar tomando a la mentalidad griega por modelo. Pero, desde otro punto de vista, el fenómeno que tratamos pertenece también al mundo de lo consciente por lo que respecta a las dimensiones griegas revividas: se trataba de imitar obras que los griegos habían realizado de un modo intencional.

La edad moderna, por otra parte, iba a traer muy pronto al primer plano del pensamiento un orden diferente de temas que, en principio, podríamos llamar propios, teniendo en cuenta las diferencias profundas que los separaban de los llamados renacentistas.

Una mente no avisada se atrevería incluso a considerar la cultura que aparecía en aquellos momentos como dotada de caracteres radicalmente nuevos. El análisis, sin embargo, nos va a descubrir pronto el verdadero origen de esos temas que la edad moderna creyó veían entonces la luz primera.

La mentalidad renacentista trajo a primer plano de la conciencia, sobre todo, una vida filosófica que convirtió la época en un mundo semejante al que, en el siglo IV a. C. vivieran Platón y Aristóteles.

El estudio y la imitación de estos dos pensadores hizo que durante el Renacimiento se viviesen de nuevo aquellas inquietudes que habían alcanzado en el apogeo helénico la cumbre del pensamiento consciente de la antigüedad.

Entre la etapa clásica del mundo griego y el Renacimiento de la cultura occidental no existe, sin embargo, un verdadero paralelismo. Antes bien, podemos decir que en la trayectoria seguida por ambas culturas cada uno de estos momentos corresponde a puntos radicalmente opuestos. El pueblo griego ya había gastado siglos de esfuerzo cuando en su desarrollo logra, a modo de inverosímiles metas, las destacadas figuras de Platón y Aristóteles y sus correspondientes escuelas. A continuación debe seguirse, como la consecuencia más natural, la fatiga y, poco a poco, el agotamiento.

Por el contrario, el renacer de las filosofías platónica y aristotélica en los albores de la edad moderna se produce tras el descanso secular de la edad media.

El contacto con esas dos grandes cumbres de la filosofía griega provocó, en las mentes más claras de sus contemporáneos y en las generaciones posteriores próximas, las reacciones normales que toda postura sistemática suele producir y que pueden abarcar desde el convencimiento sin objeciones hasta la oposición más extrema. Pero el cansancio hizo que tales reacciones quedaran, con frecuencia, limitadas a ser meros gérmenes de posibles sistemas o doctrinas extensas.

Por el contrario, la lozanía con que se viven las mismas actitudes cuando el mundo de occidente renace a la vida cultural permite que las reacciones similares alcancen esta vez su desarrollo completo.

A nuestro entender, esta es la primera característica esencial de la filosofía en las edades moderna y contemporánea de Europa: El tomar como base de sus logros más completos elementos que fueron tan sólo gérmenes en el período helenístico de la historia de Grecia.

En este sentido se explica la trayectoria que une el «Discurso del Método» de Descartes con la fenomenología de Husserl pasando por el agnosticismo kantiano.

En principio, tal vez no advirtiera Descartes con toda claridad la coincidencia que su método ofrecía con la postura escéptica defendida por Pirrón en los últimos años del siglo IV y primeros del siglo III antes de Cristo. Pero Husserl, en la cumbre del proceso, no vacila incluso en tomar del filósofo heleno la palabra clave de su sistema, la «epojé».

De mayor importancia para nuestro trabajo son las repercusiones que en la vida moderna tuvo la oposición al platonismo en el aspecto que corresponde en Grecia a la manera como Epicuro polemizó con las doctrinas platónicas.

Platón se había mostrado en sus obras partidario de un orden que tenía el dominio por base; Epicuro, en cambio, entendió la justicia como un libre contrato de los ciudadanos. Por otra parte, la ciudad perfecta, según se desprende de la República y de las Leyes platónicas, agrupa a los individuos a la manera como en los tiempos modernos se denomina vivir en civilización. Podríamos decir que el ideal de ciudadano de la República es el que disfruta de las comodidades que supone el desarrollo de la técnica y la agrupación masiva de individuos, aun a costa de que el precio sea el encontrarse entre ajenos y sometido a unas normas que estructuran la sociedad con trazos rígidos.

La postura de los epicúreos, por su parte, se encuentra en el extremo opuesto. Sólo se alcanza la vida feliz en un medio natural en el que el hombre, habitando en pequeñas comunidades, conoce y quiere a sus vecinos y recibe de ellos igual trato. La vida en la naturaleza, en un estadio que dista tanto del mundo animal como de la civilización artificiosa, es el medio que corresponde con precisión al ser humano. La amistad es, así, la aspiración máxima de un epicúreo.

No es preciso nombrarlo siquiera para advertir que las obras de Rousseau «El contrato social» y el «Emilio» son, en efecto, desarrollo logrado de lo que en Epicuro sólo fue un esbozo.

Incluso si queremos seguir las huellas de este desarrollo en nuestros días podemos encontrar en los partidarios de la llamada contracultura reminiscencias de un epicúreo —Filodemo— que considera a la «polis» el mayor enemigo de la amistad: «...contemplad la envidia de los que compiten por los premios. Ved la rivalidad que forzosamente se suscita entre los competidores...»

También el marxismo es, en esencia, una escuela que nació de un destello alumbrado por Epicuro. La supresión del miedo a los dioses y a la muerte, así como los átomos combinados de manera que de su conjunto se conforme, tanto el mundo de la mecánica como el de la moral.

La concepción del mundo y la moral que Plotino manifiesta en sus Enéadas sirven de base al cerrado panteísmo metafísico que alcanza Espinosa en su Etica.

Hegel, en cambio, apoya su panteísmo en los elementos universalistas que le ofrece la escuela estoica.

La segunda característica de la filosofía moderna y contemporánea nos la brindan los claros y decididos regresos que los pensadores más destacados de los últimos siglos efectúan a momentos críticos de Grecia cada vez más antiguos. Tal acontece con la vuelta de Kant a las ideas platónicas, de Hegel a los constantes cambios del ente en la visión filosófica de Heráclito y de Heidegger al ser de Parménides.

Estos regresos permiten plantear de nuevo problemas que, o no habían sido desarrollados satisfactoriamente, o habían derivado hacia aspectos parciales, de manera que, vueltos a sus cauces, darían frutos que entonces no llegaron a madurar.

En su conjunto, pues, la filosofía europea desde el Renacimiento hasta nuestros días se edifica a partir de unos fundamentos que le ofrece la cultura griega en los que, a modo de subconsciente, ya estaban marcadas las trayectorias de todo el desarrollo llevado a cabo en la modernidad.

Con vistas al problema psicoanalítico las conclusiones que acabamos de obtener abren una nueva vía de comprensión al sentido mismo del subconsciente.

Ante nosotros aparece, con toda claridad, la trayectoria seguida por unos temas, casi siempre conflictivos, que evolucionaron hasta aflorar por completo al plano de la inteligencia. De esta manera, podemos fácilmente comprobar cómo el subconsciente actuó en el desenvolvimiento histórico a modo de una fuerza impulsora capaz de producir un desarrollo cultural que bien puede calificarse de gigantesco. Es la energía creadora que interviene en la evolución de los pueblos con idénticas características a las que ofrece la creatividad individual. Con lógica el lenguaje denomina a esta actividad **«inspiración»**, significando con ello cómo el crear consiste esencialmente en aprehender, en interiozar y distinguir.

Si ahora desde estas premisas volvemos la atención sobre el problema que la obra de Spengler plantea ya desde su título —«La decadencia de Occidente»— deberemos limitar la extensión del término occidente a la subcultura que acabamos de enmarcar, entre el Renacimiento y el siglo xx, y cuyos elementos esenciales no son otra cosa que desarrollos de ideas en germen que pertenecieron en su conjunto a la mentalidad griega. Pero, en modo alguno, quiere esto decir que la cultura occidental en que vivimos, entendiendo el término en su mayor amplitud, se encuentre decayendo.

El mundo cultural cuyos síntomas de agotamiento descubrió Spengler es tan sólo el mundo de los problemas míticos de la Grecia arcaica, racionalizados por el helenismo y, sobre todo, por la filosofía moderna y contemporánea y, en consecuencia, convertidos en los temas libres que sirven de base, en la parte consciente de la sociedad europea, al contrato social.

Ahora bien, occidente no es sólo eso. Por el contrario, a la vez que la época renacentista ponía en primer plano de interés el estudio de los clásicos griegos y latinos, una serie de gérmenes nuevos pugnaban por brotar, haciendo surgir en las distintas localidades europeas diferentes inquietudes capaces de producir, en su día, una gran variedad de culturas originales. El conjunto de estas culturas dará a la totalidad del mundo occidental una esplendente lozanía, en claro contraste con la decadencia plena que cabría esperar después de las obras de Spengler y de Frobenius.

El estudio detenido de las culturas a que acabamos de referirnos nos llevaría, sin duda, al descubrimiento en cada una de ellas de aspectos que guardan relaciones estrechas con los principios que caracterizan movimientos prehistóricos de los pueblos que se asentaron en las distintas zonas. Claro ejemplo de lo que acabamos de decir nos lo brindan las resultantes lingüísticas. Pero no es ésta la única, ni siquiera la más profunda, de las dimensiones afectadas por el problema. A nuestro entender, las concepciones religiosas como expresión máxima de los ideales de un pueblo ocupan el primer puesto entre los elementos que tienden a permanecer desde los orígenes de una cultura hasta su última consumpción. La fuerza de lo religioso no es, sin embargo, una constante invariable, sino una actividad que supervive a través de múltiples metamorfosis, dando cierta semejanza a los diversos períodos de la historia de un pueblo.

Podría creerse que Europa cristianizada hubiera uniformado sus creencias y sentimientos religiosos, pero nada más lejos de la realidad. Cada vez que una doctrina religiosa llega a un territorio nuevo, en la manera de ser interpretada, experimenta modificaciones con frecuencia sustanciales para lograr acomodarse a las ideas preconcebidas que el pueblo receptor presentaba.

La religión que viaja logra pronto ser conocida y, en consecuencia, se da una aparente conversión, un cambio en el objeto de la fe. Basta, sin embargo, observar los sentimientos que subyacen tras el nuevo credo para advertir que la transformación le afectó tan sólo de un modo superficial.

Así, tras el sueño multisecular cristiano de la edad media los distintos países europeos se encontraron diferentes sin conseguir adivinar los motivos cuando los tiempos modernos comenzaron a dibujar sus perfiles en la historia.

Estas culturas nuevas cumplen normales etapas de su desarrollo y se incrementan en hechos y en posibilidades en un proceso simultáneo a la decadencia de la cultura de occidente que tiene como eje fundamental el mundo griego y su prolongación renacentista.

De esta manera, llegamos a constatar una gran cultura que atraviesa toda la historia desde los tiempos homéricos hasta nuestros días y un panorama de culturas europeas que nacen en los albores de la edad moderna y que prosiguen por sus propias sendas haciendo más halagüeño el futuro.

Aquí nos sale al encuentro el problema de España y sus circunstancias culturales. En principio cabría esperar un desenvolvimiento semejante al experimentado en los demás países del occidente europeo, pero un examen atento de nuestra historia nos permite descubrir que estamos ante un caso de dimensiones propias.

Por de pronto el Renacimiento en España no ofrece escuela alguna en la que se vuelvan a plantear de un modo vivo los problemas de la filosofía clásica griega y, en consecuencia, tampoco en nuestro suelo destacan pensadores modernos en cuyas doctrinas podamos reconocer desarrollos de esbozos filosóficos del helenismo.

Aparte de la filosofía árabe, de influencia decreciente, el problema del pensamiento en España se caracteriza por filósofos o tratadistas que emigran, como Vives y Valdés; por una corriente de pensamiento, el erasmismo, que llega hasta nosotros merced a que en esos momentos nos gobierna un monarca de formación extranjera, pero que al penetrar en los ambientes españoles transforma su línea de pensamiento en el sentido de la voluntad. Y, finalmente, por una mística llena de relevantes valores, decisivos para nuestra historia.

El alejarse de Luis Vives para poder pensar fuera de España, así como la transformación del erasmismo apuntada, en la que se pierde su fuerza de pensamiento como tal, son fenómenos significativos por cuanto ponen de manifiesto las hondas divergencias con los demás países europeos y patentizan que la ausencia de escuelas filosóficas no es un mero accidente, sino un elemento esencial de la personalidad de España en la etapa histórica a que nos referimos.

Por su parte, el arraigo de la mística y su elevación al primer rango de las posibles formas de vida nos descubre con toda nitidez uno de los componentes positivos más destacados de nuestra personalidad hispana en las edades moderna y contemporánea.

A partir del momento en que Grecia alcanza sus cumbres filosóficas de Platón y Aristóteles no todas las mentes inquietas continuaron inmersas en el discurrir racional que caracteriza al helenismo. Muchos pensadores se plantearon que, si las diversas escuelas filosóficas no lograban ponerse de acuerdo sobre puntos tan claves como el fundamento del mundo o la naturaleza de los dioses, el defecto debía encontrarse necesariamente en la limitada capacidad pensante del hombre para superar por sí mismo tales problemas. Las consecuencias inmediatas se plasmaron en el surgir de una mentalidad distinta, que tomaba como base de sus lucubraciones, no la capacidad racional humana, sino la revelación. El centro de esta nueva intelectualidad fue Naucratis, en el Bajo Egipto, ciudad en la que confluyeron desde la caída de Alejandro hasta el final del helenismo las corrientes más variadas del pensamiento religioso del mundo antiguo: persas, sirios, caldeos, egipcios y griegos, todos los cuales aceptaron la función de Hermes como demiurgo revelador junto con el papel adivinatorio de las sibilas particulares de cada pueblo. El resultado fue una poderosa mística, claramente influida por las religiones mistéricas y que, a su vez, influye sobre las doctrinas místico-religiosas posteriores, tales como la alquimia medieval y la mística cristiana.

El hecho, por sí solo, pone de manifiesto cómo al tiempo que las culturas nacionales europeas prolongan el Renacimiento desarrollando al máximo líneas filosóficas esbozadas en el helenismo, España, en cambio, orienta sus reacciones por la senda de verdades reveladas que deben servir como normas de vida, nunca como problemas del pensamiento.

A la vista de los resultados, podemos decir que España opta por desarrollar dentro de las posibilidades que abre la filosofía renacentista, la que corresponde en la cultura griega al hermetismo. Entre ambos momentos históricos, sin embargo, existe una profunda diferencia, pues mientras que en la mística antigua se refugian quienes han perdido la fe en la filosofía, los que han sentido el desconcierto de la multiplicidad de escuelas contradictorias que pretenden, a la vez, ser las únicas poseedoras de la verdad, el movimiento español se produce, más bien, por haberse comprometido previamente con una doctrina religiosa cuyos dogmas podían ser puestos en duda por el pensar filosófico. De ahí los síntomas de hostilidad contra la filosofía que a cada paso se descubren en la historia de nuestra cultura.

El discurrir por decisión propia por una vía marginal dentro de las corrientes del mundo moderno confirma de un modo claro las diferencias que separan nuestra cultura de las culturas que, en paralelo, se vienen desarrollando en las demás naciones europeas, pero no es, en absoluto, la causa de ellas.

Cuando España traza y elige su ruta, tiene motivos profundos que condicionan su decisión. Ciertamente, la conformación de España, llevada a cabo en un período en el que tres religiones, judaísmo, mahometismo y cristianismo luchan por la primacía, según explica Américo Castro, predetermina el enfoque de nuestra historia. Pero sólo a niveles conscientes o casi conscientes. En una dimensión más honda del problema, sin embargo, se pueden rastrear algunos componentes quizá primarios del ser antropológico de nuestro pueblo.

El refugiarse en la mística del hermetismo, por lo que respecta a los habitantes de Naucratis, de origen griego, no significa tan sólo una desilusión de la filosofía racional, sino, además, el cambio de una vida orientada según el modelo de la naturaleza por otra orientada en el sentido del hombre.

Grecia mayoritariamente fue un pueblo de origen indoeuropeo y, en consecuencia, inclinado a tomar los fenómenos naturales como arquetipos que sirven para conformar la vida del espíritu. Pero el territorio que ocupó la Hélade había sido habitado por otros pueblos de diferentes procedencias, de los cuales el libio, de raza hamita, derivado con toda probabilidad del cromagnon africano, tenía sus ideales de vida conformados todos en torno al hombre ejemplar.

El conflicto de estas dos posturas antagónicas se refleja de un modo evidente en la mitología griega y en la cultura que le sigue, desequilibrando siempre la balanza a favor de los modelos indoeuropeos.

La huida hacia la mística que tiene lugar durante el helenismo queda justificada, pues, por estos antecedentes históricos, así como la centralización en Naucratis, en las proximidades de la antigua Libia, se explica por el sello primario que dejan sobre el suelo los pueblos primitivos que lo habitaron.

Pues bien, sobre nuestra península habitaron en tiempos protohistóricos una serie de pueblos emparentados con los libios, los ligures, en cuya denominación incluso se mantiene la radical común. Sin duda estos pueblos ligures eran animistas en contraposición a los naturalistas celtas y debieron tener como animal totémico la serpiente, lo que aclara la denominación de Ofiussa, la leyenda de los serpentarios y algunos toponímicos, como «Cova das serpes» en Galicia.

El predominio de los signos humanos sobre los naturales en las constantes religiosas que se descubre a través de los siglos en nuestro suelo aclara, así, la elección de la mística como ideal de vida en los momentos que siguen al renacimiento español. Dios, suprema perfección de todas cuantas cualidades puede poseer el hombre, es, en realidad, la culminación de unas tendencias en las que destacan los valores humanos sobre los naturales.

En el descenso hacia los orígenes de nuestra historia, el análisis nos ha permitido alcanzar un punto de troquelado que casi nos atrevemos a llamar primario, por corresponder a un momento en que, sobre nuestro suelo, se encuentran dos pueblos de ideologías opuestas en las que se gesta el primer esbozo de manera de ser hispana. La similitud con Grecia obedece al hecho de que en ambos territorios se produjeron encuentros equivalentes.

No pretendemos llevar nuestro estudio a ulteriores consecuencias que alargarían demasiado estas líneas, pero no podemos menos de hacer notar que el desarrollo de la línea humanística griega en las etapas de juventud y madurez de su cultura estuvo a cargo de los artífices del campo literario, en parte en la epopeya y, de un modo decisivo, en la tragedia. Sólo Sócrates en estas etapas inclina hacia esa vertiente el progreso de la filosofía.

En España el predominio del aspecto humano del desarrollo contribuye poderosamente a que la literatura haya experimentado una evolución más que considerable y, con toda probabilidad, una vez alcance la etapa filosófica de su desarrollo, seguirá rutas de signo socrático.

De cuanto antecede podemos deducir que nos proponemos llevar a cabo un trabajo en el que la obra de Buero Vallejo cobre sentido dentro del carácter que corresponde en propiedad a la cultura española.

De España se ha venido diciendo con frecuencia en los últimos tiempos que es diferente, pero los aspectos a que esas diferencias se aplicaban y los motivos que se le atribuían eran ofensivos para la sensibilidad del pueblo español. Por ello la frase cayó en desprestigio, aun cuando en lo íntimo de la misma radica una verdad que en nada puede molestarnos.

España es diferente porque en su urdimbre primaria se dieron circunstancias que orientaron su subconsciente por unas vías determinadas. Estas vías, si bien coinciden en alto grado con las que siguió la cultura griega, se apartan de un modo significativo de las culturas postrenacentistas que se dan paralelamente en Europa occidental; sobre todo de las que tienen lugar en zonas que fueron poco afectadas en su prehistoria por pueblos inclinados al animismo.

El carácter antropológico-organicista de nuestro estudio es claro, pero aun dentro de este sentido queremos dar preferencia a la dimensión subconsciente del problema y, siempre que ello sea posible, interpretar los hechos como síntomas de las causas profundas que les dieron origen.

Psicoanalizamos nuestra cultura, y dentro de ella la obra de Buero Vallejo en conjunto, y ante nosotros se van perfilando paso a paso los rasgos más característicos de la personalidad de España. Los conflictos, casi siempre enraizados en motivos profundos y en acontecimientos lejanos de nuestra historia, afloran a la superficie de la conciencia iluminados por la luz que sobre ellos proyecta la reflexión imparcial y desapasionada.

Esperamos haber aclarado suficientemente la extensión y el sentido de los términos más decisivos de nuestro trabajo. Al mismo tiempo, como indicábamos al iniciar el presente capítulo, tenemos conciencia de que la diversidad de interpretaciones sigue siendo posible. Por ello debemos contar con la colaboración de nuestros lectores para interpretar rectamente el alcance de algunos vocablos o aun de pasajes enteros cuyo esclarecimiento total es impropio de estas líneas.

Capítulo III

La conformación de la personalidad española: el honor

Cuando la cultura clásica grecolatina, agotada su energía creadora, sucumbe, el mundo europeo-occidental se aletarga en un sueño multisecular en el que la vida, casi uniforme, presenta, sobre todo, los signos de una cristianización no discutida, al menos a un nivel consciente y de dominio público. No se soñaba, sin embargo, lo mismo en todas partes, y clara prueba de ello nos la brindan las diferentes tendencias que bullen en cada región al alborear los primeros rayos renacentistas.

La cuenca del Rhin nos habla entonces, en elocuente lenguaje de mitos, de sus sueños de poder que culminan en las frases: «Quien con el oro del Rhin logre hacer un anillo será quien alcance el poder..., pero sólo alcanzará el poder quien renuncie al amor...», tal es la lección que el nibelungo aprende de las ninfas.

Sin duda la península italiana soñó con la grandeza incomparable de la mentalidad helénica y oyó la llamada evangelizadora. Por eso se despierta cristianizando primero el mundo mítico en «La Divina Comedia», y poco después la filosofía de Aristóteles en la Suma Teológica.

Y mientras tanto, ¿qué movimiento onírico habrá sacudido el subsuelo ibérico? España soñó una gran aventura teológica, quizá en lucha con su propio destino. Ya desde su origen presenta, pues, nuestra cultura los síntomas indicadores de un conflicto que subyace en todas las épocas y cuyo esclarecimiento nos va a permitir entender mejor el sentido de nuestra historia y, sobre todo, de nuestro futuro.

En el capítulo primero vimos a grandes rasgos cómo la cultura española sigue en su desarrollo directrices paralelas a las que movieron el despliegue de la mentalidad griega clásica. Hablamos también allí de algunas diferencias significativas, no obstante no hemos descrito todavía los rasgos de las divergencias más profundas. Ciertamente, el Poema del Cid o El Quijote, nuestros equivalentes de la Ilíada y la Odisea, son obras cumbres de nuestra literatura, pero la aparición en nuestras letras de obras de ese nivel y de ese sentido es esporádica. ¿Podría entenderse esta característica como una negación, o al menos como una restricción de cuanto hemos dicho páginas atrás? No, en absoluto. Se trata únicamente de dos condicionamientos que pesan sobre nuestra cultura y que le hicieron seguir unos cauces especiales en su fluir a través de la historia. Nos referimos a la situación de conflicto en que se encuentra la mentalidad española en la época renacentista y a dos tendencias opuestas que se destacan en el sentido de la personalidad de nuestro pueblo. Ambas notas están en realidad en estrecha relación y tal vez obedezcan a un solo principio originario. No obstante las analizaremos por separado.

En los comienzos de la cultura griega, las manifestaciones literarias tomaban forma de cantos y leyendas en torno a determinados héroes o hazañas que, al igual que nuestros romances primitivos, dan nombre a los llamados ciclos literarios. Piénsese en el ciclo de los argonautas, el ciclo de Teseo, de Hércules; el más importantes para nosotros, el ciclo de Troya. O en los romances fronterizos, el ciclo de los infantes de Lara o el ciclo del Cid Campeador.

De manera inmediata, sin embargo, nos damos cuenta de que en los ciclos griegos se canta a héroes semidivinos y siempre en relación con los dioses inmortales. Entre los griegos apenas hay solución de continuidad entre los hombres y los dioses. Es lo que podríamos llamar una literatura mítica o quizá mítico-religiosa.

En los orígenes de la cultura española, por el contrario, los héroes, poseedores de cualidades excelsas, no sobrepasan nunca la naturaleza humana. Nos encontramos, pues, aquí ante una literatura esencialmente humanística, en la que no aparecen los mitos o a lo sumo, aparecen desposeídos de su dimensión teomórfica.

Esto no significa, sin embargo, que la dimensión religiosa falte en los inicios de la literatura española. Muy al contrario, lo religioso constituye una nota esencial de nuestra cultura naciente.

La característica que señala el punto clave de las diferencias entre las culturas griega y española se encuentra en el hecho de que los helenos presentaron un solo problema allí donde nuestro pueblo vislumbró dos.

La formación de héroes es un rasgo característico de una cultura naciente. Cada tipo creado viene a ser algo así como un ideal puesto como meta hacia la que debe tender todo hombre vigoroso, miembro de ese grupo social que irrumpe en la historia. Por lo común esos ideales traspasan los límites impuestos por la naturaleza humana y se convierten en dioses. Ahora bien, el pueblo español no sólo poseía ya su dios como ideal supremo de todos los humanos, sino que además ese dios le era esencial como consecuencia de los antagonismos religiosos que pugnaban sobre nuestro suelo. Ser cristiano era la nota primera que distinguía nuestra cultura naciente. Lo otro era ser judío o mahometano.

Condicionada así, la cultura española hubo de crear unos héroes sólo humanos y por separado desarrollar las notas de ideales divinos como una ruptura de personalidad.

En principio dominó el aspecto divinizador debido con seguridad tanto a sus orígenes muy anteriores en el tiempo como a la situación de conflicto en que se encontraban los diferentes grupos que convivían en la península. Como consecuencia de todo ello, nos encontramos con la gran aventura teológica más que religiosa que marcó nuestro sentir durante siglos.

La teologización abarca un campo demasiado extenso para que lo podamos analizar aquí; en realidad se constituye en el transfondo de todas las manifestaciones culturales y artísticas. El agua y el vino discuten acerca de cuál de los dos es más importante, y todas las cualidades que alegan en su propia defensa son de orden teológico; el erotismo quiere ser modelo de amores divinos en «El libro de Buen Amor» del Arcipreste de Hita, o ejemplo para salvaguardar la moralidad de los jóvenes, en la Celestina, sin hablar de las cumbres místicas que siguen; pero, de una manera especial, encontramos teologizado el honor, «Que es patrimonio del alma y el alma sólo es de Dios», y España misma, que se hace «martillo de herejes y espada de Trento».

El destacado relieve que nuestras letras dan al honor, sobre todo durante el siglo de oro, nos prueba, una vez más, que la cultura española vive entonces la cumbre del primer ciclo de su desarrollo, el de la literatura de vergüenza, caracterizado precisamente por la estética del héroe, por el honor como nota de mayor dignidad humana.

Por su parte, el conocimiento de la teologización de España es indispensable para entender bien el sentido tanto de la historia como de la literatura de nuestro país.

Ya cuando Alfonso X el Sabio compara a España con el Paraíso se expresa en unos términos y con una vehemencia tales que no nos permite pensar siquiera que se trata de un mero símil literario; antes bien, quedamos convencidos de que para el autor de las «Hestorias» España es verdaderamente un objeto sacralizado. El proceso continúa, y cuando, tras el descubrimiento de un nuevo mundo, sigue la conquista de grandes territorios para la corona española, España se convence de su misión divina en la historia, no tanto por la labor evangelizadora que lleva a cabo en esos países, cuanto por sentirse, en su suerte, objeto de distinciones por parte de la providencia.

No se produjo en la conciencia católica de España la necesidad de evangelizar unas tierras porque se habían conquistado, sino que se creyó que se habían conquistado porque iban a ser evangelizadas. A partir de entonces el carisma forma parte esencial de la historia de España. Es el resultado congruente de la gran aventura teológica que movió nuestra cultura desde los momentos iniciales. Pero la aclaración de este punto no supone sólo la comprensión de un problema de orígenes, también con ello entenderemos mejor el sentido de la trayectoria marcada por los siglos xix y xx como luego veremos.

Hasta aquí nos condujo el análisis de la nota característica de la cultura española de separar, en las creaciones literarias, los héroes de sus ideales sobrenaturales, pero el desarrollo de nuestro trabajo requiere todavía el esclarecimiento de la segunda nota que diferencia el desarrollo de nuestra cultura del de la griega: la actitud conflictiva de la mentalidad española como consecuencia de la situación de ruptura que acabamos de ver.

Si escuchamos atentos las voces de nuestra historia, no nos será difícil percibir, tras la consumación de cada hecho crucial, los ecos de un lamento por lo que no fue. Bajo cada suceso histórico o creación literaria se encuentra un afuerza vital que lucha por librarse del condicionamiento de lo teológico. A veces, ya en los primeros siglos, las fuerzas liberadoras llegan incluso a hacerse dominantes. Mas la verdadera intención humana de su sentido debe permanecer oculta o manifestarse en un plano muy secundario al menos hasta mediada la centuria del XIX.

Aludíamos líneas atrás a las aclaraciones que tanto Fernando de Rojas como Juan Ruiz hacen con referencia a la intencionalidad de sus obras. Si volvemos ahora sobre el tema con espíritu crítico no nos será difícil comprender que, pese a la advertencia que el autor de la Celestina nos hace de su valor como ejemplo para que los jóvenes no caigan en desatinos, la obra se mantiene dentro de un tono descarnado de consideración de las pasiones humanas.

La misma característica encontramos en la obra del Arcipreste y de ello era bien consciente el autor, pues a continuación de haberse justificado diciendo que su obra trata de amores divinos añade que también puede servir para amores humanos.

Américo Castro explica de manera clara y precisa la necesidad que tenían los escritores de la época que estudiamos de justificarse cada vez que abordaban en sus obras temas atrevidos. Nosotros, de acuerdo con la tesis desarrollada en «De la edad conflictiva», queremos añadir únicamente que, a pesar de lo expuesto que resultaba tratar dichos temas, los escritores continuaban haciéndolo como si se sintieran arrastrados por un ideal superior a sus propias fuerzas.

En nuestra opinión, la época tratada, en síntesis, enfrenta dos posturas opuestas en grado sumo: la teológica y la humana. Domina en apariencia la primera, quizás por contar con el apoyo de las autoridades gubernamentales, pero la segunda le aventaja por la magnitud de las fuerzas del subconsciente que pone de manifiesto. Parece, pues, como insinuábamos al cominzo de este capítulo, ser la que representa con mayor autenticidad la personalidad propia de la cultura española.

Lo humano como tal, que tan pronto se manifiesta encarnando las pasiones más abominables como dando cima a los ideales más excelsos, es la nota que vemos perdurar con mayor firmeza desde los tiempos del poema del Cid hasta nuestros días.

Ya hemos visto aparecer las figuras del Cid y de Don Quijote como ideales positivos, o a Trotaconventos y la Celestina como tipos acabados de pasión. Si atendemos a la dimensión ultranatural de los mitos tendremos que decir que estas figuras son totalmente humanas, y su alcance como mitos se refiere a su valor simbólico ejemplar, pero si observamos sus tendencias veremos dibujarse a cada paso los rasgos típicos de una verdadera mitificación solapada. En efecto, Celestina utiliza hierbas que le dan poderes no comunes, e igualmente el Cid posee una fuerza física superior a la que ordinariamente alcanzan los humanos, rasgos en los que podemos vislumbrar principios de mitificación en el sentido más genuino de la palabra.

El fenómeno podrá aclararse suficientemente sólo si estudiamos un nuevo tema en el que se sigue un proceso cuya trayectoria ilumina algunos puntos decisivos de la problemática que nos ocupa. Nos referimos a la figura del rey.

Ya el Cid desde su destierro hace con frecuencia a su monarca objeto de valiosos presentes cuyo sentido sólo es del todo comprensible si el rey representa para él algo más que la figura del gobernante. Siguen en la literatura una serie de alusiones a reyes y príncipes que reflejan consideraciones cada vez más acusadas de una sobrenaturaleza, sin olvidar en ningún momento que la teologización de que hablábamos líneas atrás imponía en cada caso una censura a la producción consciente de cada obra literaria. Nos detendremos en esta etapa de nuestro trabajo a considerar una frase que ya hemos comentado: «Al rey la hacienda y la vida se han de dar, pero el honor es patrimonio del alma y el alma sólo es de Dios.»

En este párrafo, observado de cerca, aparece el conflicto de lo teológico y lo mítico con carácter diáfano. Algo se niega al rey por estar teologizado, pero en lo que al rey se debe se encuentran valores que nos hacen pensar en alguien muy alejado de un mero gobernante. ¿Por qué se han de dar al rey la hacienda y la vida? Sólo cabe una respuesta: porque el rey en su evolución mítica ha alcanzado la dignidad de lo semidivino.

El mito del rey es, por lo tanto, un mito creciente, que nace en nuestra cultura como tantas veces lo hiciera a través de la historia en los orígenes de cada pueblo. Pero en el caso de la cultura española ha de enfrentarse a otra fuerza, la del movimiento teológico, también de carácter religioso, mas no creciente, sino marcada por los signos de la decadencia que supone su plasmación en lo ritual. Estos dos elementos que se enfrentan, mito y rito, tienen, por consiguiente, más caracteres comunes que opuestos. El verdadero polo antagónico de ambos se encuentra en el surgir de mitos de dimensión meramente humana a los que ya hemos aludido líneas atrás.

El estudio de la personalidad de una cultura implica siempre la consideración de sus mitos básicos, al igual que el desvelamiento de una personalidad individual requiere la atención a los ideales. En el fondo

33

se trata de problemas similares, que siguen cursos de desarrollo paralelos en el campo de la antropolgía y la psicología.

El mito contiene, como uno de sus valores esenciales, la ejemplaridad; viene a ser como el modelo para el desarrollo de alguna determinada tendencia del espíritu humano colectivo. Observado atentamente, es el espíritu humano que alcanza en su evolución el estadio de una nueva cualidad, pero, carente todavía de un poder reflexivo suficiente para atribuir a sí mismo la cualidad descubierta, la proyecta fuera, en el mundo real, dotándola de entidad propia e independiente. En las culturas más antiguas los mitos suelen estar personificados como divinidades, mientras que en los pueblos con mayor desarrollo aparecen, sobre todo, como personajes literarios o como figuras históricas destacadas.

Mitos y ritos se diferencian como ideales y costumbres. No cabe duda de la importancia de ambas formas —mito y rito— por el influjo que ejercen en la trayectoria de una cultura, pero también nos parece evidente que en la formación de la personalidad suelen ser los mitos casi con exclusividad los decisivos.

Para entender el verdadero sentido de nuestra historia es imprescindible, por tanto, no sólo la comprensión de nuestra aventura teológica, sino, sobre todo, de nuestra aventura mítica.

En las letras españolas aparecen destacados algunos tipos humanos cuyo relieve les hace merecedores de la dignidad de mitos. Recordemos, sin ninguna intención limitativa, a Don Juan, el burlador; Celestina, la alcahueta; Lazarillo, el pícaro; Segismundo, el solitario, y, en especial, a la pareja Quijote-Sancho como casos siempre dignos de atención.

Son todos mitos de vergüenza en los que aparece en primer término la vida como valor estético. Hoy diríamos que ese esfuerzo por destacar el honor es, en el fondo, una postura vanidosa, un deseo de aparentar lo que no se es en modo alguno. Pero un juicio desde el punto de vista actual antes de haber procedido al comentario de la literatura de culpabilidad puede llevarnos a una conclusión históricamente injusta; por lo tanto, en principio, atengámonos a los resultados de un simple análisis de los tipos según se nos ofrecen.

La elección del orden en que deben estudiarse estos mitos no es, en modo alguno, arbitraria. El mito del Don Juan debe ser el primero por constituir algo así como lo que podríamos llamar la materia prima a partir de la cual es posible elaborar la personalidad de nuestra cultura.

La leyenda nos permite asistir a la formación en el suelo hispano de dos tipos claramente diferenciados: el del burlador, el hombre que aspira como meta suprema al deshonor de las mujeres, y el del convidado de piedra, cuyo tema central gira siempre en torno al sacrílego que invita a cenar a un muerto.

Tirso de Molina reúne por primera vez ambos tipos legendarios en una misma figura, el Don Juan, y con ello logra que su personaje alcance el rango de tipo universal. Ahora bien, el hecho de que esta identificación del burlador y el sacrílego se convierta en una intuición certera, nos hace pensar que a la base de ambas leyendas debe encontrarse una motivación común, un punto de partida ya unificado por el sentir popular.

Un detenido examen del Don Juan como burlador nos permite ver con claridad un mito naciente del varón que se exhibe mostrando como trofeos de honor las listas de mujeres por él deshonradas. Algunos europeos del norte quisieron ver en él, según explica Ramiro de Maeztu, al eterno enamorado, al ideal de amor, pero el Don Juan español, en realidad, nunca se enamora, su actuar es pasional e impulsivo, no tiene más razones que la arbitrariedad, el capricho y el deseo de cada momento, Mozart lo diviniza, todos lo creen diabólico; así crece su figura mítica.

Por su parte, el tema del convidado de piedra nos impresiona por el grado de atolondramiento que alcanza el hombre llegando a perder el respeto a lo que la mente hispana de tradiciones celtas y griegas considera lo más sagrado: las calaveras, los cementerios, los muertos. Su trofeo es la bravata, el desafío, que alcanza límites inverosímiles.

Ambas leyendas coinciden, pues, en mostrarnos un mundo humano primigenio movido por fuerzas ciegas, sin valores, carente de todo orden. Ahora bien, un mundo de estas características corresponde en lo humano a lo que en el mundo físico se llamaría un caos originario.

Así, siguiendo el hilo de nuestra investigación hemos alcanzado el estadio de un verdadero principio, un punto desde el que se podrá contemplar fácilmente la trayectoria de la formación de nuestra personalidad hispana.

Haber encontrado un caos como principio equivale a decir que no hay un antes que nos condicione salvo la naturaleza de los elementos que lo componen. Ese caos, sin embargo, sí condiciona por sí mismo todas nuestras posibilidades. La materia de ese caos nos dice ya cuál va a ser incluso nuestra filosofía. En resumen, si el caos primigenio, si la materia prima de que partimos, está constituida por lo humano, la marca del humanismo estará presente por necesidad en toda nuestra historia.

Por otra parte, confirmando nuestra visión anterior de la historia de España, el mito del caos humano originario se opone con violencia al orden prefijado por nuestra aventura teológica: Tirso de Molina condena a su Don Juan; el público, sin embargo, le aplaude, quiere identificarse con él, quizá quiere incluso partir también de la nada de formas anteriores. La lucha continúa hasta que al fin Zorrilla hace salir el amor del caos primigenio. Triunfa el mito: Don Juan se salva.

La caracterización del ser de España se perfila un grado más en el momento en que la Celestina nos muestra su personalidad como el primer paradigma positivo de nuestras aspiraciones. Los aspectos en que este personaje se nos ofrece como ejemplar son múltiples, todos ellos cargados de significación mítica, pero, de un modo especial, destaca entre sus cualidades la sabiduría.

Quizá su mejor paralelo mitológico se encuentre en el dios sumerio Ea, dios de la sabiduría a la vez que dios de las aguas y del abismo primordial. El mundo clásico grecolatino, por el contrario, no nos presenta ninguna figura que pueda comparársele. Nunca Celestina se dejaría engañar por la apariencia como Zeus, ni consentiría en sufrir, como Prometeo, los ataques del águila antes que humillarse. Tampoco ofrece semejanza alguna con los ilustrados Apolo y Atenea.

Celestina es sabia porque sabe del hombre, intuye cualquier reacción humana y adivina fácilmente los medios de provocar aquellas que mejor satisfacen sus intereses.

Estamos, pues, ante un mito apenas salido del caos primigenio, pero ya condicionado por él. Nos encontramos ante una capacidad naciente marcada con el signo de lo humano, tanto en su origen, el caos primigenio, como en su fin, la sabiduría.

El tercero de los mitos enumerados páginas atrás, el pícaro, tiene para nuestro trabajo mayor importancia aun que los ya estudiados. El análisis nos descubre, tras la primera consideración de la picaresca, un plano psicológico en el que se desarrolla un proceso compensatorio: el pícaro es un débil que compensa su debilidad burlándose del fuerte. Pero el contenido psicológico del problema del pícaro puede considerarse como su aspecto superficial si lo comparamos con el valor metafísico que encierra en su intimidad.

En repetidas ocasiones los dioses griegos hubieron de sufrir el descrédito por parte de los mitólogos como consecuencia de una característica suya considerada como poco seria e indigna de su naturaleza divina. Nos referimos a la risa. La carcajada de los olímpicos daba la sensación de un contrasentido o, mejor aún, de un fuera de tono.

Gracias a Kerenyi sabemos hoy lo que significa la carcajada de Zeus cuando logra vengarse de Prometeo engañando a su hermano.

Los dos titanes hermanos, Prometeo y Epimeteo, prudente el uno e imprudente el otro, representan dos personificaciones míticas de elementos que entran siempre en la composición del ser humano. El hombre es, pues, un ser contradictorio, y esta cualidad provoca la risa de Zeus. La parte epimeteica del hombre es risible.

No creemos exagerado afirmar que este pasaje mítico y la interpretación hecha en la obra del profesor Kerenyi hacen diáfano el problema del sentido primario de lo cómico en general y, de un modo más específico, el de la picaresca. La dialéctica entablada entre Zeus y Prometeo es, en el fondo, un esfuerzo por poner de manifiesto lo que de contradictorio tiene el hombre en la esencia misma de su naturaleza, mediante el contrasentido que supone la torpeza del ser inteligente, la sinrazón del ser racional.

También entre Lázaro y el ciego se entabla un pugilato por la supremacía de la astucia comprobada únicamente por la vulnerabilidad del otro a la burla. La falta de vista deja al ciego expuesto a ser fácil víctima de algunas tretas de Lázaro, pero la ventaja no está completamente del lado de éste, pues la mayor sabiduría, el mayor conocimiento de las reacciones humanas por parte del ciego contrarrestan y aun superan la ventaja que supone el ver.

La capacidad compensatoria humana queda bien patente, pero si estas obras no poseyesen un nuevo sentido más allá de su valor psicológico quedarían fuera del género que llamamos picaresca. La compensación psicológica no es más que un medio inevitable de poner de manifiesto la contradicción que encierra el contrincante. El ciego, a pesar de su astucia, muerde la zanahoria. Lázaro olvida que por el olor puede ser descubierto. El olfato sirve al ciego para descubrir que Lázaro se comió, en efecto, la longaniza; pero este sentido no le libera de ser burlado, estrellándose contra una columna.

Después de este punto en que culmina el enfrentamiento de los dos pícaros, Lázaro, instruido, va como un Zeus descubriendo fácilmente la contradicción humana en nuevos amos, si bien no deja de sufrir de vez en cuando algún descalabro para que no pueda olvidar del todo que también él está constituido por una naturaleza risible.

Un grado más allá de lo cómico se encuentra lo trágico. Este es el problema que representa el mito de Segismundo.

Cuando el hombre deja de tomar la naturaleza contradictoria de los otros como tema de observación para fijarse en sí mismo; cuando conquista su propia soledad, descubre la limitación de que está constituido su propio ser, aprende la tragedia.

Así fue la historia de Adán. Un día se contempló a sí mismo y se vio desnudo. Quiso esconderse, pero ya de nada podía valerle el autoocultarse los problemas. De manera irremediable aprendió que su mayor trabajo sería el hacer su propia personalidad, hilar su destino. Y también de un modo inevitable, supo que su naturaleza habría de desembocar en la muerte. Había alcanzado la ciencia del bien y del mal. En un proceso similar descubre el héroe trágico, Edipo, su ser de culpable; Aquiles, la brevedad de la vida y Prometeo, el dolor que cuesta la luz.

Tiene gran importancia para nuestro trabajo destacar el hecho de que cada una de las descripciones míticas de acceso a lo trágico que hemos enumerado va precedida de un acto epimeteico cometido por el protagonista, que sirve de explicación básica, de motivo desencadenante, de las consecuencias.

De un modo epimeteico obran, Adán al comer la fruta prohibida, Edipo cuando mata a su padre y se casa con su madre, Aquiles matando a Héctor, y Prometeo al atreverse a robar el fuego de Zeus.

A nuestro entender la relación que el mito establece entre el aspecto epimeteico cómico y la dimensión trágica del hombre se repite como un fiel reflejo al considerar ambos fenómenos desde un punto de vista metafísico.

Los elementos constitutivos del ser humano y que lo hacen risible son los mismos o de la misma naturaleza que los componentes del signo de lo trágico. La variante sólo se da en la perspectiva. Mientras que un proceso de contradicción humana resulta cómico si se contempla en los demás vistos como ajenos, se convierte en trágico si pertenece al propio sujeto que lo contempla o si se ve en los demás sentidos como propios, es decir, cuando el desarrollo cultural nos ha hecho pasar del estado de mera naturaleza al de sociedad. Por consiguiente, lo cómico pertenece a un estadio evolutivo del hombre en el que domina todavía su estado de naturaleza, sobre su capacidad de sociable. Mientras que lo trágico afecta únicamente al hombre que ha logrado superar estas etapas y vive elaborando su propia personalidad dentro del mundo de la cultura.

Las consideraciones que anteceden nos imponen una conclusión que por su evidencia quizá resulte redundante el hacerla explícita. Nos referimos a la amarga realidad que domina la dimensión cómica de la vida y al ideal de superación que subyace en la tragedia.

Dentro de la problemática de lo trágico el sentido que marca la figura de Segismundo nos es imprescindible si queremos comprender la significación última de nuestra cultura. Encerrado en una torre Segismundo se lamenta, en bello soliloquio, de su falta de libertad. Sorprendidos por sus palabras podríamos, en principio, creerle, pero pronto sus mismos argumentos, y, más tarde, su conducta nos convencen de que no es ese el verdadero motivo de sus quejas.

Seguramente la censura mental le impidió descubrirnos sus sentimientos más íntimos: Lo que Segismundo sufre es la soledad, pero no se atreve a confesárselo, ni siquiera en la torre, porque en el fondo su soledad es culpable. Segismundo no está preparado para llevar una vida comunitaria y por eso se aparta de los otros, evita el contacto con los humanos. Se confiesa, en todo caso, culpable por nacimiento, diríamos, por naturaleza, pero entonces culpa con toda energía a los demás, que también nacieron, olvidando que si los demás no viven solos es porque han conquistado la sociabilidad, porque no se limitan a vivir en el estado agresivo de naturaleza. Segismundo vive en «su» torre rodeado de los demás sin sentirlos, y no los siente porque no los quiere, prueba de ello es su conducta homicida. En consecuencia, vive encarcelado, víctima de su propio ser solitario.

La obra de Calderón, sin embargo, deriva por otros cauces y deja latente el problema de la culpabilidad. El ciclo de la cultura española no había alcanzado aún, en aquellos momentos, el desarrollo evolutivo necesario para un enfoque de las cuestiones en este sentido. El movimiento de su discurso va encaminado, más bien, hacia la distinción entre realidad y pensar. A pesar de ello todo el valor intrínseco de la obra se mantiene sin mengua, ya que permite al análisis traer a lo consciente los aspectos que, de hecho, subyacen en sus páginas.

Segismundo, el héroe del esfuerzo por la libertad y de la inquietud por el descubrimiento del verdadero sentido de la vida es, en su dimensión más íntima, el antihéroe símbolo de una culpa que tiene por origen el regreso a etapas presociales de la evolución humana. En cuanto a su sentido básico de tragedia, el descubrimiento de la soledad radical del hombre, condicionado por la manera de ser de nuestro caos originario, se convertirá a su vez en un condicionante del sentir trágico de la mejor literatura española desde la generación del noventa y ocho hasta nuestros días.

La problemática del hombre atraído a la vez por dos fuerzas contradictorias: la naturaleza y la cultura, se plantea de nuevo en las letras españolas en la pareja Don Quijote-Sancho, último de los mitos enumerados páginas atrás.

El profesor Montero Díaz aludía con frecuencia en sus clases al paralelismo que existe entre Don Quijote y Sancho y Gilgamesh y Enkidu al explicar el mitologema de la pareja. El paralelismo es, en efecto, evidente y, por tanto, es muy probable que su producción corresponda a etapas equivalentes en el desarrollo evolutivo de ambas culturas.

El descubrimiento intuitivo de la humanidad de que el hombre no sigue en su conducta ni en su ser una línea de dirección única se ha plasmado con frecuencia, en las diversas culturas, bajo la forma del mito de la pareja. Ya hemos aludido a los hermanos Prometeo y Epimeteo como representaciones de la prudencia e imprudencia humanas, que al convivir en un mismo individuo lo convierten en un ser contradictorio.

Pero el mitologema de la pareja no es, en modo alguno, de significado unívoco ni de expresión uniforme; muy al contrario, su problemática es tan extensa que nos obliga a prescindir en estas líneas de una serie de aspectos sumamente ricos de contenido como son las fuerzas opuestas, las incompatibilidades cósmicas, etc., para limitarnos a su dimensión meramente humana diferenciada en aspectos que corresponden a etapas del desarrollo cultural.

Entre las parejas más destacadas de la literatura mítica universal advertimos a primera vista dos tipos claramente diferenciados: los amigos inseparables y los enemigos de reconciliación imposible. De un modo aproximativo cabe decir que los primeros corresponden a las etapas de honor en el desarrollo de las culturas, mientras que las luchas fratricidas se manifiestan más bien en los momentos en que el desarrollo cultural de cada pueblo llega a su etapa de culpabilidad.

En la literatura griega las parejas de inseparables aparecen un tanto desequilibradas, tal vez como consecuencia de que el mundo de la cultura oscureció, con exceso, el mundo de la naturaleza. Ese es el caso de Patroclo, el amable escudero, eclipsado por el deslumbrante brillo de su amigo Aquiles, por ejemplo; o el de Pílades, cuya figura queda desdibujada y sin sentido al lado de Orestes, que asume por sí solo todo el valor en cada escena en que intervienen.

El panorama cambia de aspecto cuando los griegos se enfrentan con el sentimiento de culpa. Eteocles y Polinices, por igual, se aferran a la incompatibilidad hasta el punto de preferir la muerte a la coexistencia.

El poema sumerio de Gilgamesh presenta la característica de ofrecer en una sola pareja las dos formas típicas, la de incompatibles y la de inseparables. Comienza con un antagonismo extremo producido entre la figura del hombre de la naturaleza, Endiku, y el héroe civilizador, Gilgamesh. La rivalidad lleva a enfrentarlos en una lucha cuerpo a cuerpo de la que Enkidu sale victorioso. Pero en ese mismo momento nos sorprende el anónimo poeta genial haciendo que el hombre de la naturaleza, tras la victoria, se someta, por libre decisión propia, al héroe civilizador. A partir de entonces, la pareja vive, hazaña tras hazaña, la inseparabilidad más absoluta hasta que la muerte rinde a Endiku.

El breve recorrido mítico literario que acabamos de hacer arroja ya unas primeras luces que nos permiten el encuadre preciso de la pareja Don Quijote-Sancho dentro del desarrollo evolutivo de la cultura española.

En España se ha alcanzado ya la intuición de que el hombre no es un ser unívoco en sus tendencias y de ahí el representar los sentidos diversos del ser humano mediante dos figuras simbólicas que polarizan los aspectos de posible antagonismo dentro de cada individuo. Ahora bien, estos dos componentes tipo, aunque divergen entre sí en grado extremo, juntos constituyen al hombre, son, diríamos, elementos complementarios. Nos encontramos, por tanto, culminando la etapa del honor en el desarrollo cultural. Todo hombre —significa el mito— está formado en su intimidad por un Quijote y un Sancho, pero esos dos símbolos son inseparables. En el fondo de toda divergencia subyace, pues, el uno indisoluble, la individualidad.

Cervantes vuelve así a poner ante nuestros ojos el tema de la contradicción en la esencia misma de lo humano: el hombre de la naturaleza y de la cultura, el realista y el idealista, el loco y el cuerdo coexistiendo y aun complementándose. Pero no está tan claro si esta cualidad de contradictorio del ser humano representa en la obra cervantina una dimensión cómica o trágica. A juzgar por el autor, el Quijote sería más bien lo primero: «...el melancólico se mueva a risa, el risueño la acreciente, el simple no se enfade, el grave no la desprecie, ni el prudente deje de alabarla». Estas intenciones señaladas en el prólogo a la primera parte pertenecen, ciertamente, al dominio de lo cómico o de la valoración del ingenio.

La intención del autor, sin embargo, no es para nosotros un criterio fiable, pues con ello sólo podríamos alcanzar aquellas consideraciones que ya entonces hubieran sido descubiertas de un modo consciente. Nuestras investigaciones deben perseguir sobre todo el esclarecimiento de tendencias que pertenecen al subconsciente y que se manifiestan tan sólo en forma de síntomas. En el caso que nos ocupa la unánime aceptación de que en todo español subyacen un Sancho y un Quijote prueba con toda claridad que la contemplación de dicha pareja obliga de por sí a reflexionar y a identificar las cualidades contrapuestas con nuestras propias tendencias.

De esta suerte la obra, de intención humorista e indudablemente lograda como tal, se nos ofrece además como expresión del progreso de lo humano hacia lo trágico y si en juicio nuestro no puede calificarse como obra acabada en este sentido se debe principalmente, por una parte a la inseparabilidad que caracteriza a la pareja, dejando enmarcada la obra dentro de un mundo heroico, apto más para el desarrollo de problemas de honor que para el planteamiento del tema radical de la culpa, y, por otra, como consecuencia de una precipitación del autor al hacer morir antes a Don Quijote que a Sancho y, por tanto, al no enfrentar a su héroe con el tema irreversible de la muerte.

Las líneas que anteceden dejan fijada con cierta precisión la etapa en que nos encontramos del desarrollo de nuestra personalidad hispana, la edad relativa que tenía entonces la cultura española, dato necesario para posibilitar una investigación más específica de nuestra manera de ser. Nuestro estudio debe, pues, proseguir en busca de aquellos caracteres que nos distinguen dentro del panorama universal de los pueblos.

De un modo general, observamos en las parejas de complementarios, sean hermanos o amigos inseparables, la clara distinción de dos aspectos en los que se contraponen los valores significativos que caracterizan a cada uno de los miembros de la díada. Nos referimos a la cultura y a la naturaleza por un lado, y a la prudencia e imprudencia por otro.

La forma en que estos elementos se distribuyan al componer los individuos de la pareja depende, en gran manera, del desarrollo que ya ha logrado la cultura en cuestión, al tiempo que las nuevas propiedades que entonces se insertan van a condicionar, a su vez, la evolución posterior de cada pueblo.

Abundan, ciertamente, los casos en que la cultura y la prudencia coinciden en uno de los individuos quedando, por tanto, su complementario destinado a ser el representante de la naturaleza y de la imprudencia. Lo frecuente de esta forma podría hacernos creer que ese es el modo lógico en que el conflicto debe resolverse, mas tal conclusión estaría muy lejos de la verdad. Así ocurrió en Grecia, donde el héroe cultural Prometeo es el hermano prudente mientras que Epimeteo, titán de la naturaleza, resuelve imprudentemente cada situación en que el destino le hace intervenir.

Tales circunstancias del pueblo griego, condicionadas ya por el desequilibrio Aquiles-Patroclo, impulsan el desarrollo de la mentalidad helena por los cauces de la cultura apolínea, de carácter intelectual consciente, con descrédito del desarrollo del hombre natural y aun de la capacidad subconsciente, como luego veremos.

El pueblo de Sumer diverge un tanto de la manera griega, pues su hombre de la naturaleza, Enkidu, y el héroe cultural, Gilgamesh, son por igual prudentes.

En cuanto a la pareja española la solución nos sorprende por encontrarse nada menos que invertidos los términos. Sancho, el hombre de la naturaleza, es prudente y realista, mientras que Don Quijote, el héroe cultural, lleva la imprudencia a situaciones límite.

Este descubrimiento pone de manifiesto un hecho de primordial importancia para nuestro trabajo: en la personalidad hispana el primer valor corresponde al hombre naturaleza y no al hombre cultura. Ahora bien, un fenómeno de esta índole sólo puede haberse producido tras larga y compleja gestación por una parte, y, por otra, será motivo de profundas diferencias características de la historia posterior de nuestro pueblo.

Para el estudio de los condicionantes que actuaron sobre el autor del Quijote precisamos el análisis de un nuevo elemento que suele aparecer en los orígenes mítico-literarios de los pueblos simbolizando con frecuencia la línea de lo subconsciente. Nos referimos a la mujer primordial o a lo femenino en esencia.

La Eva que, entre los semitas, con un acto imprudente da ocasión a que su pueblo conozca la ciencia del bien y del mal, difiere de la versión que los indoeuropeos hacen del mito de Pandora, cuyas imprudencias sólo acarrean calamidades. De este modo el subconsciente como tal queda minusvalorado entre los helenos, para cuyos filósofos sólo el saber riguroso merece garantía.

Por su parte, la hieródula del poema sumerio de Gilgamesh contribuye con su amor a humanizar al héroe, hasta entonces de naturaleza salvaje, Enkidu. Así el subconsciente es para este pueblo una fuerza que mueve al hombre a la sociabilidad.

¿Cuál es en nuestro caso la figura femenina originaria que pueda haber encaminado nuestro subconsciente hacia la defensa de la naturaleza contra la cultura?

Sin duda es Celestina esta mujer primordial, la mujer sabia, conocedora de lo humano como en su lugar hemos dicho, pues todo cuanto sabe dar al hombre es placer.

Vivir con fruición es el ideal básico de Celestina, la primera nota positiva que sigue a su naturaleza de sabia. Tras este hedonismo no nos podrá extrañar que Segismundo sucumba en principio ante el esfuerzo de convertirse en un ser sociabilizado y menos aún que Cervantes atribuya la prudencia a Sancho, el hombre que vive inmerso en el mundo de la realidad.

Un ideal de cultura que impulse al hombre a desarrollarse como hidalgo o como noble, o más aún como caballero tal como lo representa Don Quijote, estaba de antemano condenado a la demencia, tanto por el hecho de que la hidalguía y la nobleza partían de una situación agresiva de dominio del hombre sobre el hombre entendida como radicalmente mala, como por lo que respecta a la caballería, importación extranjera impertinente entre cuyas pretensiones estaba el imponer el bien mediante la fuerza de las armas y, por consiguiente, la idealización de las armas mismas.

Si tales eran las notas características de la cultura, Cervantes no puede menos de representarlas bajo la figura de un loco y sacar a la luz en forma de imprudencias todos los sinsentidos que un ideal semejante lleva consigo y exponerlos para que desde lo más hondo muevan a risa.

Así alcanzamos a comprender el éxito de Don Quijote como obra humorística, pero, aparte de la forma en que se venía desarrollando la cultura española, dejando a un lado el contenido externo, en el fondo mismo de nuestro pueblo se estaba produciendo un movimiento de elevación cultural que tendía hacia fines parecidos por medios muy diferentes. No se trataba tanto de ayudar al débil con la fuerza de las armas, cuanto de sentir la debilidad. Identificarse con el débil, descubrirse débil era el primer paso necesario para la formación de altos ideales.

De ahí que el pueblo español viera en la figura de Don Quijote una reproducción de su propia imagen, y, en consecuencia, se doliera de sus desatinos y llorara sus amarguras. Es el sentimiento de lo trágico que progresa dentro de cada español. Las diferentes visiones del mundo que Sancho y Don Quijote personifican no son tanto una realista y otra demente, sino una externa y otra interna. El mundo ante Sancho se extiende y diversifica, dentro de Don Quijote se ahonda y humaniza, y en su proceso de humanización, que es verdadero, no puede menos de ver los gigantes que todo pueblo vio cuando quiso progresar.

De entre tantas consecuencias como de esta díada de prudente e imprudente se han seguido en la posterior historia de España queremos señalar aquí un rasgo que nos parece decisivo: la locura de Don Quijote y el prudente realismo de Sancho arruinaron la ya débil predisposición del español para la investigación científica, mientras que la fe de nuestro héroe en la fantasía creadora nos abrió la posibilidad de inventar un hombre nuevo.

La obra cumbre de nuestras letras acaba, por una decisión libre y consciente de su autor, con la muerte de Don Quijote tras haber recuperado el uso de la razón. No era eso, sin embargo, lo que Cervantes sentía en su íntimo subconsciente.

Algún tiempo después de la aparición de la primera parte del Quijote veía la luz una segunda parte, escrita por Avellaneda; hecho que molestó profundamente a Cervantes, máximo cuando en esa segunda parte se hacían alusiones un tanto insolentes a su persona. Movido por ello tomó de nuevo la pluma y redactó la segunda parte. Al poner fin a la misma temió que los hechos se repitiesen y por ello, según declara en el prólogo a esta segunda parte «...dejó a su héroe muerto y enterrado...»

Si Don Quijote había de morir, entonces bien estaba su vuelta a la razón para que comprendiesen, tanto él como todo hidalgo, o noble, o caballero, la vanidad de un esfuerzo por imponer el bien mediante la fuerza de su brazo. No estuvo mal, pues, la decisión libre e intencionada de Cervantes; mas, por lo general, las decisiones tan conscientes en el mundo del arte contribuyen a limitar más que a enriquecer las obras.

Volviéndonos de nuevo al mundo mítico literario observamos cómo en la Ilíada es Patroclo quien muere antes que Aquiles, acontecimiento del que se sirve Homero para mostrar la dimensión más honda del alma de su héroe. La ira de Aquiles se enciende y su furia siembra el terror en el ejército enemigo; Héctor debe morir en sus manos para que su amigo quede vengado.

Pasados los momentos de fiera exaltación y la consiguiente descarga de instintos salvajes, como primeras manifestaciones del enfrentamiento con la muerte, empieza Aquiles a sentirse presa del duelo por la pérdida del amigo. El vacío producido en su espíritu por la separación del que era su eterno complementario, el dolor de ser incompleto le hace al fin reflexionar hasta verse enfrentado con la propia muerte. La sombra de Patroclo se lo dice todo: «...Pero tu vida, Aquiles, no será ni larga ni dichosa...»

El poema homérico logra así la descripción más acabada de figura trágica que puede darse en tiempos heroicos: el héroe enfrentado con el incontrovertible problema de la brevedad de la vida.

Por su parte, en el poema sumerio de Gilgamesh los acontecimientos siguen, al menos en los inicios de la disolución de la pareja, unos cauces similares: muere Enkidu el primero, y, en consecuencia, ante el héroe civilizador surge inevitable el problema de la muerte.

La forma en que el poema sumerio presentaba el encuentro de la pareja con visos de incompatibles podría hacernos sospechar que el momento en que tales líneas se escribían corespondía a estadios más avanzados del desarrollo cultural de su pueblo. Ahora las manifestaciones del héroe ante la muerte confirman nuestras sospechas. El héroe Gilgamesh como primera reacción se niega a morir, huye de su país, atraviesa el inframundo y llega a la morada de Utnapistim a pedirle la hierba de la inmortalidad. Tras algunas dificultades logra obtenerla y con ella emprende el viaje de regreso a su país. En una etapa del camino una serpiente le come la preciada planta, dejando al héroe enfrentado de nuevo a su ser mortal.

Este intento de Gilgamesh de evitar la propia muerte, como primera reacción ante la pérdida del amigo, supone, a nuestro entender, un desarrollo mayor de la capacidad reflexiva que el que advertíamos en la ira de Aquiles.

A los primeros movimientos de evasión, alternados ya entonces con señales de duelo, sigue el duelo sereno, que, de repente, gira hacia un nuevo enfrentamiento con la muerte, pero esta vez no desde el plano psicológico de la evasión, sino desde el metafísico del conocimiento. Gilgamesh hace volver al alma de Enkidu de los infiernos para que le hable del más allá. El alma de Enkidu le advierte entonces lo duro de tal conocimiento: «...—Dime, amigo mío, dime, amigo mío, dime la ley del mundo subterráneo que conoces. —No, no te la diré, amigo mío, no te la diré; si te dijera la ley del mundo subterráneo que conozco, te vería sentarte para llorar.» Pero el héroe quiere saber aun a costa del dolor: «...—Está bien. Quiero sentarme para llorar.»

Si ahora, desde la perspectiva de la Ilíada y del Poema de Gilgamesh, volvemos nuestra atención sobre el Quijote, no nos cabrá ninguna duda de que el empeño de Cervantes por evitar continuadores de su obra le hizo precipitarse, dejando a su héroe muerto y enterrado y, en consecuencia, nos privó de un enfrentamiento con la muerte que hubiera adelantado en siglos la dimensión trágica de nuestras letras.

Si Cervantes no hubiera sentido celos de posibles continuadores de su obra, la fuerza del subconsciente creador español hubiera, al fin, hecho que alguno de éstos, o quizá el propio Cervantes, rompiese la pareja con la muerte de Sancho, de manera que en Don Quijote surgiese un enfrentamiento último paralelo al de los poemas griego y sumerio.

Queremos dejar aquí interrumpida la investigación de cómo debieron haberse desarrollado los acontecimientos; en primer lugar, por no estar dedicado este libro al estudio de la obra cervantina, y en segundo por dejar abierto todo un campo de sugerencias al lector inquieto, pero no podemos menos de advertir sobre la posibilidad real de una investigación semejante. Piénsese, por ejemplo, que si Patroclo sucumbe en el campo de batalla no es por una libre decisión de Homero, sino porque no había para él otra muerte lógica posible. E igualmente la muerte a causa de una enfermedad, quizás la sífilis, en el caso de Enkidu obedece a ser esa la única manera por la que el poema sumerio quedaba expedito para el ulterior planteamiento metafísico de la muerte. ¿Puede, entonces, pensarse en un género de muerte indeterminado para el caso de Sancho? Indudablemente no. Sancho sólo es vulnerable ante una muerte absurda, ante un capricho del destino.

Dejando, pues, este tema inconcluso proseguimos el análisis de la imprudencia que caracteriza a nuestro héroe Don Quijote. En este análisis alcanzamos a descubrir un punto en que su juicio, al modo de un privilegio, se mantiene prudente y sabio. Es el punto en que se encuentra envuelto en un problema de enfrentamiento, o al menos de relación, con la Iglesia.

La conocida frase «con la iglesia hemos dado» supone una actitud cuyas causas y consecuencias abren ante nosotros un amplio abanico de posibles consideraciones.

El prudente Prometeo, cuerdo en toda la línea de su actuar habitual, se vuelve imprudente en grado extremo cuando se enfrenta a Zeus y confiesa no arrepentirse nunca de cuanto ha hecho por más que el mayor de los dioses descargue sobre él su ira.

Una oposición semejante, en la que llega el héroe a un descarado enfrentamiento con la divinidad que bien podríamos calificar de auténtica imprudencia, encontramos en el prudente Gilgamesh al rechazar los amores de Inana, la Venus sumeria.

¿Qué significa, entonces, esta nueva inversión del planteamiento en nuestra literatura?

El análisis de la vida religiosa de los pueblos suele darnos una vía de acceso para el conocimiento, no de lo que los pueblos son, sino de lo que quieren ser. El mundo mítico primero, y el religioso después, vienen a ser la expresión de los ideales de las culturas. Por ello, cuando un pueblo progresa, sus mitos y cultos se encuentran abiertos a formas nuevas de vida. Por el contrario, el anquilosamiento suele tener como síntoma principal la rigidez mítica y el rito estereotipado.

Bajo esta perspectiva, la oposición de Gilgamesh a Inana y, sobre todo, la de Prometeo a Zeus, deben entenderse como la decisión más rotunda de proseguir adelante sin detenerse en las etapas ya conquistadas. A esta oposición se debe en gran manera el que tales figuras puedan considerarse como héroes civilizadores. Negar el fuego a los hombres es detenerse, mientras que proporcionárselo es avanzar.

En la literatura semítica encontramos otro tipo de oposición a la divinidad. Nos referimos a la desobediencia. La primera pareja humana gozaba de la felicidad al precio de no comer la fruta del árbol de la ciencia del bien y del mal. Adán, puesto en la disyuntiva inducido por Eva, elige la posesión de esa ciencia aun a sabiendas del elevado costo: el trabajo de hacerse a sí mismo, de autohominizarse, y la tragedia de enfrentarse con la propia muerte, saberse mortal.

El conjunto de estos mitos, sobre todo el griego y el hebreo, nos descubre a primera vista el sentido de los ideales que movían a esos pueblos. El fuego para los hombres, la luz de la inteligencia, entre los helenos, y el dominio de sí mismo, la integridad moral, entre los israelitas.

Hoy, que contamos con el conocimiento del desarrollo posterior de estos pueblos, podemos comprender que a tales aspiracines de la infancia correspondiesen en la madurez el asombroso desarrollo de la filosofía en el primer caso, y la cumbre moral de los consejos evangélicos en el segundo.

La primera pista para entender la actitud diferente tomada en la obra de Cervantes la encontramos en algunos puntos en que se insinúa el tema de la oposición a lo eclesiástico en la obra de Rojas. Aparecían allí alusiones a los frailes rendidos por las artes de la hedonista Celestina. Cabría decir que la severidad teológica del clérigo que piensa se desmorona cuando el placer le llama.

Lo que aquí se gesta no es, en modo alguno, una oposición violenta al estilo de la de Prometeo, ni siquiera desobediente como la del semita Adán. Se trata de una rivalidad sin lucha, de un antagonismo a niveles profundos. La naturaleza emplea aquí, como única arma contra la cultura teologizada, la fuerza seductora de sus encantos.

Cuando algún tiempo después el problema surge de nuevo en la mente creadora de Cervantes, los elementos contrapuestos habían evolucionado de un modo considerable. La cultura no estaba ya representada tan sólo, ni siquiera fundamentalmente, por el sentimiento religioso cristalizado en formas teológicas. A su lado, la divinización de España había justificado el culto a las armas, e idealizado la violencia por el bien. De esta manera, las órdenes religiosas, por un lado, rogando a Dios, y la orden de caballería, por otro, poniendo por obra, mediante la fuerza de las armas, la resolución de la divinidad, quedaban equiparadas como entidades que colaboran en una empresa común, según explica el propio Don Quijote a Vivaldos.

Tales presupuestos podrían inducirnos a pensar que si Don Quijote lucha contra los miembros de la orden de caballería, e incluso condiciona sus batallas a que los contrincantes sean caballeros, no habría de encontrar obstáculos para luchar igualmente contra la Iglesia, institución de reconocido prestigio.

La aventura que más arraigo cobró en la mente popular fue un hecho, en apariencia simple, pero cargado de intenciones que pronto se hicieron lugar común entre nosotros: Buscando un castillo descubren un campanario ante cuya vista pronuncia Don Quijote la célebre frase «con la Iglesia hemos dado, amigo Sancho».

El sentir de todos los españoles ante esa frase coincide en entenderla como una decisión de no luchar contra la Iglesia, al menos de un modo directo, por considerarla algo así como mágicamente invencible. Es decir, se abstienen de manifestaciones agresivas, pero, al mismo tiempo, de su sentido irónico se trasluce un cierto antagonismo a niveles más hondos.

Don Quijote compara con frecuencia su dignidad de caballero con la dignidad del eclesiástico e ironiza, llegando a veces al sarcasmo, sobre la situación ventajosa de su categoría. A pesar de todo es, en su conciencia, un religioso convencido, de lo cual se deduce que el antagonismo se da con plenitud tan sólo a niveles de subconsciente.

Por otra parte, Don Quijote lucha con frecuencia con eclesiásticos y no se arredra ni siquiera ante el anuncio de la excomunión. El abstenerse queda, por tanto, condicionado a la previa advertencia, diríamos a lo consciente.

De las notas que anteceden podemos concluir ya sin ninguna duda la esencia de la oposición de nuestro héroe: la rebeldía del subconsciente.

Si el fuego que Prometeo trajo a los hombres culminó en la filosofía griega y si la ciencia del bien y del mal llega un día a convertirse en la moral evangélica, ¿a dónde podrá llevarnos la dialéctica que se trasluce en la obra cervantina?

El caos primigenio de donde nace la personalidad de nuestro pueblo dejó, como hemos visto, nuestra historia condicionada a discurrir por cauces humanos y a desarrollar preferentemente en este sentido sus posibilidades. Esta trayectoria podría verse enturbiada un tanto por la función de hombre de la naturaleza que desempeña Sancho Panza frente al hombre de la cultura Don Quijote. Quizá, incluso, en la intención de Cervantes estuviera explicita sólo una postura antagónica de visiones del mundo en la que la naturaleza vista por Sancho estaría constituida por la mera realidad del mundo externo; pero ahora, ese mundo naturaleza que Sancho representa cobra asimismo valores de significación humana; frente a la cultura de un pensar consciente en el que domina el saber que proporcionan las letras y que se desvía por cauces demenciales, frente a la justicia impuesta por las armas o por anquilosadas leyes teológicas, aparece con vigor un mundo de honda sabiduría humana representado por el sabio analfabeto Sancho que si, ciertamente, posee pocas luces adquiridas cuando Cervantes le obliga a interpretar un saber cultural letrado, nos sorprende por su agudeza cuando en diálogos vividos expone sus propias doctrinas, su saber de lo humano al modo de Celestina.

La dialéctica cervantina se mueve, pues, en sus planos más hondos por entero dentro de problemas humanos. Pero quizás al no ser el propio autor del todo consciente del sentido íntimo de su obra, ambos personajes fundamentales, Don Quijote y Sancho, son locos por igual cuando de aventuras de caballería se trata y sabios en igual medida, aunque en diferente signo, cuando enjuician aspectos del ser humano. Diríamos que la demencia pertenece al mundo de la cultura entendida ésta como el mero desarrollo libresco de la inteligencia y la sensatez al mundo de la cultura entendida esta vez como la perfección natural del ser humano, como el desarrollo de la íntima personalidad.

La luz que hemos hecho incidir sobre el significado más hondo de la pareja Don Quijote-Sancho nos ha permitido encontrar entre sus sentidos más valiosos un mito de rebeldía en el plano del subconsciente. Ahora bien, cuando una rebeldía logra alcanzar la dignidad de mito podemos tener la certeza de que su contenido representa un ejemplo de autoliberación del hombre. O dicho en otros términos: todo mito de rebeldía es tal mito porque nos enseña a ser libres en algún aspecto de la vida.

Ya hemos visto en el capítulo primero cómo la rebeldía de Sófocles ante el destino conducía a la libertad metafísica y no podía ser otra la naturaleza de la libertad conquistada, pues el obstáculo que había que vencer radicaba en el ser mismo del hombre.

Al ser rebelde Adán en la línea de la obediencia se convertía en un ser responsable de sus actos y, al hacerlo, probando la fruta del árbol de la ciencia del bien y del mal, adquiría rasgos paradigmáticos de lo que podríamos llamar el libre albedrío, la libertad de dirigir su conducta por cauces moralmente buenos o malos.

Por su parte, Prometeo, manifestando su rebeldía al tiempo que unas cadenas lo sujetaban atado en el Cáucaso, representa más bien un esfuerzo por la libertad de pensamiento, hecho que confirma el que su castigo sea por el delito de haber robado el fuego de Zeus y entregárselo a los hombres.

Prometeo, atado, habla y piensa libremente, con lo cual viene a simbolizar a la vez la limitación de la libertad y del poder. El hombre debe liberarse del dominio del hombre.

Un mito con tales características encierra en sí evidentemente el principio de la igualdad entre todos los hombres sin distinción de amos y esclavos ni de fuertes y menesterosos. Es, por tanto, un mito de universalidad a la manera que un poco más tarde iba a desarrollarse en el pensamiento filosófico del estoicismo. La filosofía de la Stoa llega a estas conclusiones al tratar la historia como sociedad y con ello se opone a la mentalidad griega de diferentes naturalezas entre libres y esclavos con verdadera rebeldía prometeica.

Más tarde uno de los últimos filósofos de esta escuela, Epicteto, sería un ejemplo vivo de esta doctrina al pasar de esclavo a liberto, a la vez que su pensamiento, según lo expresan sus discípulos, tiende a la libertad interior por el sacrificio del deseo de lo externo.

En realidad, las consecuencias filosóficas derivadas de la rebelión prometeica no han concluido todavía. Uno de los filósofos más renombrados de nuestro siglo, Martín Heidegger, se esfuerza en descubrirnos el dominio que ejerce sobre nosotros el «se» impersonal, el «se» dice, «se» piensa, etc., del que debemos liberarnos por la autenticidad. Es decir, debemos liberarnos del pensar impuesto por la costumbre o por la generalidad hecha norma, y aunque su poder sea tal que nos ate, no dejar de oponernos con todas las fuerzas de nuestra personalidad, al igual que un día se opusiera Prometeo a la tiranía de Zeus.

Si, como era de esperar, las consecuencias de un mito siguen la línea de su naturaleza, si la capacidad de condicionamiento de un mito consiste en que sólo puede desarrollarse lo que ya existe en germen, bastará observar las características del subconsciente, aislar sus notas esenciales para poseer la clave de nuestros enigmas, el hilo conductor que nos lleve al conocimiento de nuestras posibilidades reales.

Pues bien, la nota del subconsciente que más se destaca a nuestros efectos es la de ser raíz de toda actividad creadora del hombre, la fuente de la creatividad misma. Dado que desde el origen nuestra cultura viene marcada con el sello de lo humano, la capacidad de crear, para la que pide libertad la rebeldía del subconsciente, deberá seguir también, de un modo necesario, una línea de desarrollo caracterizada por lo humano. Lo que equivale a decir que la nota fundamental de nuestro pueblo será el pretender crear libremente un hombre nuevo.

Aunque la conclusión anterior da cima a nuestro proceso de investigación sobre los mitos de la edad conformadora de la cultura española, el comentario no puede detenerse sin antes haber aclarado un punto en parte implicado en la conclusión misma, en parte ajeno a ella. Nos referimos a la línea seguida por la generación de los místicos.

Si observamos de cerca, esta conclusión a que aludimos está constituida por tres elementos que la componen siguiendo un orden escalonado. Por el primero la cultura española se declara, dentro de lo que fuera ya su caos primigenio, marcada por el sello de lo humano. Se trata de crear un **hombre** nuevo. El segundo nos descubre la actividad creadora. Ese hombre nuevo es necesario **crearlo.** Y por el tercero nos damos cuenta de que esa creación no ha de seguir modelo alguno. Debe ser **libre.**

Si Cervantes da cima al mito es por haber logrado la síntesis de estos tres elementos y, en consecuencia, la evolución posterior de la personalidad de la cultura española estará condicionada por su obra más que por cualquier otra. Pero esta afirmación tiene una validez limitada aplicable únicamente al desarrollo con que una personalidad cultural viene determinada por el desarrollo mítico.

La mística en nuestra cultura comparte con los principios míticos que venimos estudiando, tanto la base humana como los intentos de crear un hombre nuevo; pero entre sus características destacan dos notas que la distinguen. Son éstas la oposición al pensar teológico mediante el sentir religioso y el renunciar a la libertad creadora para ajustarse a un modelo divino.

Tiene suma importancia el hecho de que al hombre nuevo fruto de la mística le sea esencial una manera de sentir no con los sentidos propiamente dichos sino con el entendimiento. Se trata, diríamos, de tomar la facultad por medio de la cual el hombre discurre y emplearla para la captación, de un modo simultáneo, de los ideales supremos del hombre. El resultado nos muestra la ascesis del hombre real superada por la contemplación del hombre idealizado, del hombre atraído por el modelo divino. Este sentir nuevo hace de la mística una poesía vivida de cuyas derivaciones filosóficas hablaremos más adelante.

En cuanto a que la mística posea su modelo divino al que debe ajustarse la creación del hombre nuevo cambia más la forma que el fondo de la evolución de la personalidad hispana, pues esa divinidad ejemplar sigue también un proceso de descubrimientos creadores, una vía de perfeccionamiento, de modo que las nuevas cualidades a que el hombre aspira se atribuyen, perfeccionadas, a lo infinito, a la divinidad que ha de imitarse. Con ello queda salvaguardada la ortodoxia, sin cerrar posibilidad alguna al hombre futuro.

De esta suerte, sentimiento religioso y evolución mítica se entrecruzarán frecuentemente en nuestra historia y a veces presentarán sus facetas contrapunteadas y sirviéndose, sin saberlo, de apoyo constante y recíproco.

Capítulo IV

La juventud de la personalidad española: la culpabilidad

A la intensidad con que vivió España los momentos de formación de su personalidad histórica, debía seguir lógicamente un período de latencia en el que las actividades evolutivas se detuviesen casi por completo. Este significado tienen, en efecto, los dos siglos que separan a los de oro de mediados del XIX.

El reactivarse de la personalidad de nuestro pueblo tendrá como fecha crucial el año 1898 con el surgir de una generación vigorosamente creadora y reflexiva, de manera que la historia de España ofrece en tales momentos los signos propios de una pubertad cultural.

El ser complejo es seguramente el signo más destacado que caracteriza esta nueva etapa de la evolución histórica de España. La multitud de temas, aspectos y enfoques, tanto por lo que respecta a las líneas seguidas por unos y otros escritores, como por las que se pueden apreciar dentro de cada uno de ellos, nos hace sentirnos inmersos en un mundo que tiene lo múltiple por esencia.

Partiendo de esta situación, la primera tarea que se nos impone es la del descubrimiento de las causas que llevaron a nuestra cultura a ese ser complejo, y, sólo después, siguiendo las raíces de nuestra personalidad más íntima, distinguir qué elementos nos pertenecen por naturaleza y qué otros hemos adquirido o se nos han impuesto por circunstancias un tanto ajenas.

El estudio del desarrollo que nuestra cultura viene experimentando desde hace algo más de un siglo tiene el peligro de conducirnos a un laberinto de problemas donde la mente se perdería atendiendo a la multitud de consideraciones posibles que la época ofrece. El intento de salir de la maraña clasificando los temas según sus afinidades, y, por tanto, haciendo que las ideas se encuentren dispuestas en un determinado orden aporta indudables ventajas; pero un esclarecimiento suficiente sólo nos lo puede proporcionar un análisis que traiga a la luz los motivos primeros que dieron origen a ese amplio panorama de diversidades.

La mayor parte de la extensa bibliografía dedicada a los problemas de España y a la llamada «generación del 98» incurre, a nuestro parecer, en la limitación de considerar a España como un ser meramente político y que, por tanto, sus relaciones exteriores son los únicos, o al menos los más decisivos, condicionantes de su personalidad.

No cabe duda de que el ser de España está condicionado por sus relaciones con el resto del mundo y así, tanto la conquista de América y sus conquistas y guerras en Europa, como la pérdida del imperio colonial, nos afectaron profundamente; pero una observación atenta y desapasionada de los hechos nos convencerá pronto de que tales circunstancias pertenecen más al dominio del accidente que al de la esencia de nuestra cultura.

No olvidemos, por ejemplo, que América estaba todavía muy lejos de ser descubierta ni aún vislumbrada cuando Alfonso X cantaba las grandezas de España. España era entonces considerada como un paraíso, vivida como un ideal de nuestra personalidad histórica. Se trataba, con toda evidencia, de un ideal de España unida, justa e, incluso, santa, pero, en modo alguno, con afanes de universalidad.

Descubierta América e incorporados extensos territorios a la corona española, en los dominios de nuestros monarcas, ciertamente, no se pone el sol; mas ni siquiera entonces deja de ser la mayor preocupación de nuestros escritores el honor como norma de vida y España, la sin tacha; un tanto en divorcio la política y la autenticidad.

Tras varios siglos de azares políticos en los que las decepciones siguen a los éxitos, 1898 significa en la historia de España un momento de ruptura dentro de este sentido de nuestras líneas evolutivas. Hasta entonces España había sido cabeza de un imperio, país dominador; en adelante, sin servidores, nuestro país tendrá la naturaleza de un simple ciudadano entre los otros países ciudadanos del mundo.

La atención prestada por parte de los estudiosos a este aspecto del discurrir histórico de España de un modo exclusivo, o al menos con gran preferencia sobre cualesquiera otras dimensiones de nuestro desarrollo, llevó al convencimiento general de que la cultura española había experimentado en 1898 un giro radical en su trayectoria; se entendió asimismo que la crisis sufrida era la causa del desconcierto que se produjo a continuación en todos los aspectos de nuestro desenvolvimiento cultural. Pronto veremos, sin embargo, que esa fecha significa más bien la vuelta a nuestros auténticos valores.

España, al igual que había vivido en sí misma toda la etapa formativa, experimentando sólo pequeñas alteraciones como consecuencia de las conquistas extraterritoriales, pierde ahora su imperio sufriendo únicamente una bifurcación en sus líneas evolutivas:

Una pequeña parte de sus energías, la correspondiente al sentir político, se lamenta de la pérdida del dominio ejercido hasta entonces sobre países lejanos. La mayor parte de sus fuerzas vitales se concentra en sí misma para lograr el desarrollo de una nueva etapa conformadora que la conducirá pronto a la madurez de su personalidad histórico cultural.

Todavía es necesario esclarecer una nueva dimensión del panorama de aspectos que concurren en el momento histórico de 1898, al que se debe en no pequeña parte la impresión de complejidad que esta época presenta.

Al poco valor que España concedió a sus conquistas exteriores corresponde el poco aprecio sentido en España por todas cuantas corrientes culturales producidas en el exterior llamaron ,a sus puertas. Ya hemos visto el fracaso entre nosotros tanto de los movimientos erasmistas como del krausismo. Pues bien, al tiempo que en España surge la llamada «generación del 98» en Europa aparecen las ideas modernistas de sentido fundamentalmente religioso.

Alvarez de Miranda dedica al estudio de este tema un interesante trabajo, «Perspectiva del modernismo español», en el que acierta a destacar el influjo que este movimiento ejerce, en especial, sobre los españoles José Ortega y Gasset y Pablo Picasso, y cómo se desvirtúa en España el signo que en Europa tuvieron estas ideas.

Para nuestro trabajo importa sólo hacer notar que el modernismo recibido y aun adaptado se sumó ciertamente a nuestras inquietudes de la época, pero, al igual que los desastres políticos, dejó intacto un germen profundo que vivía en la parte más auténtica de la personalidad Española y que iba a desarollarse con caracteres propios y distintos.

Desbrozado así el campo queda ahora expedito el camino para adentrarnos en el verdadero significado que tiene para nosotros la historia de España a partir de mediados del siglo XIX. Se trata en su esencia más pura de la afloración a la superficie, bajo forma alternada de realidades y símbolos, de un sentimiento profundo de culpabilidad.

Las primeras manifestaciones sintomáticas de que nuestra cultura emprendía el recorrido por estos nuevos senderos se encuentran, como es frecuente, en el desarrollo antropológico de los pueblos, en el mundo del arte pictórico y se remontan a unos años en que todavía España se recreaba en los ideales del honor. Es Velázquez, de un modo especial, quien nos da la clave para iniciar nuestra interpretación.

Por una parte, Velázquez, nacido y formado en España, vive hondamente las inquietudes españolas y su sensibilidad, exquisita para recibir, se impregna de las mayores sutilezas que mueven nuestro ambiente nacional. Y, por otra, en sus contactos con destacadas personalidades europeas y, sobre todo, en sus viajes a Italia, vive en igual medida los motivos más íntimos que bullen en el fondo de las culturas europeas, particularmente en la italiana.

Conformado de esta suerte su espíritu, su genio de creación vigorosa debía manifestarse necesariamente en un sentido múltiple, adecuado a todas sus circunstancias, y sólo así se explica la variedad de zonas de su influencia.

Se ha hablado, por ejemplo, de que la pintura velazqueña ofrece a la sensibilidad los elementos esenciales que la filosofía desarrolla, primero en Descartes, después en Kant y por último en toda la obra fenomenológica de Husserl; es decir: Velázquez se adelanta a una filosofía cuyo desarrollo corresponde íntegramente a países extranjeros.

De igual modo, puede destacarse en la obra de nuestro pintor la abundancia de temas tomados de las mitologías clásicas, hecho que, como hemos visto, caracteriza a la cultura italiana. Ahora bien, en este segundo aspecto en que consideramos la pintura velazqueña lo itálico corresponde sólo al fondo de inspiración al elegir los mitos como tema, pero en modo alguno a la manera de resolverlos:

Mientras que en Italia los mitos griegos y latinos se cristianizan, como en la Divina Comedia, en Velázquez se manifiestan humanizados en consonancia con el desarrollo propio de la cultura española.

Un tercer aspecto de la creación velazqueña refleja caracteres originarios de la personalidad hispana de los que queremos destacar la línea teológica que en Velázquez se humaniza y pierde la rigidez del rito, y, sobre todo, la dimensión de lo humano mismo, presentido como un primer vislumbre de antihéroe, en lo que se advierte un presagio de la etapa de la culpabilidad en nuestra evolución cultural.

Hay ya un atisbo de este cambio en la desmitificación y humanización total de los personajes reales, nota no exclusiva de Velázquez, pero el signo claro de que la mentalidad se encamina hacia nuevos cauces de su desarrollo se encuentra en las pinturas de enanos y bufones e incluso en el cuadro de la mujer barbuda.

La bufonada conserva en su esencia la naturaleza del ser epimeteico del hombre. Pero, a diferencia de éste, no mantiene en su significado el ser parcial, el corresponder a una parte de lo humano dejando, por tanto, sobreentendida la convivencia con lo prometeico.

El bufón es sólo un esquema del hombre risible que empareja únicamente con el enano, con el hombre pequeño en sí mismo en cualquiera de sus aspectos. Bufones y enanos, por tanto, son símbolos que nos recuerdan la desvalorización del hombre, presagiando, en consecuencia, la figura del culpable.

Esta línea velazqueña no tuvo seguidores inmediatos ni en el mundo pictórico ni en el literario, por faltarle todavía madurez a nuestra cultura para afrontar el tema que podríamos llamar del antihéroe.

La inactividad ceadora se impone durante algún tiempo. Es el período de latencia de que hablábamos más arriba, del que nuestro país, fecundado por el germen velazqueño del antihéroe, despertará necesariamente trayendo abundantes fuerzas para la conformación del hombre trágico.

La literatura esperará hasta entrado el siglo XIX su reactivación; pero a ella se adelanta, una vez más, el arte pictórico.

El genio de Goya, sensibilizado especialmente para la expresividad, empuña con firmeza los pinceles y nos enseña mediante ellos un mundo distinto, un paisaje humano que ha dejado de vivir en el honor y en la vergüenza y se ha instalado en el dolor y en la culpa.

La mirada del artista no admite velos para los defectos y en todo momento pinta con sutiles matices lo que podríamos llamar el interior de sus personajes en su más cruda realidad, de manera que la inocencia queda reservada únicamente a los niños.

Pero de toda la obra de Goya la serie de las pinturas negras abunda de un modo especial en los signos del hombre nuevo que aquí nos interesa destacar.

No parece ofrecer graves dificultades la interpretación de esta serie de cuadros pese a la variedad de temas que encierra. Ya el calificativo de negras, aplicado en general a todas las figuras comprendidas en esta serie, es revelador, pues, sin duda, no se refiere sólo al hecho de haber utilizado Goya con preferencia las tonalidades oscuras. Ciertamente, se destaca el predominio de lo oscuro, pero con ello se pretende un efecto psicológico que alcanza grados mucho más profundos que los del mero color.

Lo oscuro, o lo negro como su límite, significa en los aspectos de lo humano la negatividad misma o de un modo más particular la falta de horizontes vitales.

Con frecuencia el símil de lo oscuro o lo negro es sustituido por el de la ceguera, por el de la falta de visión aplicable tanto a la incapacidad para contemplar el mundo de las realidades como a la inteligencia o la sensibilidad para adentrarse en el mundo del espíritu.

Otra circunstancia de estos cuadros puede servirnos para corroborar este sentido en su interpretación y es la de estar pintados en ocasiones con abundante pasta, de manera que el trazo desaparece y las figuras quedan un tanto imprecisas, como queriendo vivir indiferenciadas de su medio.

Del carácter de estas dos notas se puede deducir como primer dato esencial que la causa primera de que estas pinturas sean negras se encuentra en la mentalidad misma de los seres humanos representados en ellas.

El espectador no debe ver aquí con sus propios ojos, ni siquiera con los del artista. Para contemplar estos cuadros desde su verdad es necesario identificarse con los seres humanos que viven dentro de ellos.

Nos queda así franqueada la puerta de acceso a la intimidad del hombre pintado por Goya. Bastará ahora dejarse llevar por la expresividad de los rostros y vivir reflexivamente los temas, para alcanzar la radicalidad de su sentir y el punto más hondo de su autovaloración.

Estamos ante el hombre que contempla el declinar de su existencia y advierte la inutilidad de toda una vida gastada en un fluir monótono y en el esfuerzo absurdo. Se imponen la tristeza y el hastío, el sinsentido de la vida. Es inútil igualmente rebelarse y, por tanto, estos hombres se refugian en la amargura y en el dolor. Las pinturas negras son, así, representación de un mundo humano reflexivo y doliente donde cada uno se siente a sí mismo y se descubre ciego, indigente y sin valores verdaderamente humanos. Es decir: se reconoce culpable.

Larra con sus descripciones costumbristas, lo que significa una reflexión de España sobre sí misma, va a ser la primera manifestación en el campo literario de la marcha hacia el antihéroe. Pero la consideración plena de estos problemas por parte de los escritores habría de retrasarse todavía algunos años.

España, condicionada desde su despertar de los sueños de edad media a seguir una línea evolutiva exclusivamente humana, precisará a partir de las pinturas negras aún más su trayectoria. Sus ideales tenderán por necesidad al logro de una revolución ética tomando como base una revolución estética.

Durante toda la época conformadora de nuestra personalidad cultural España se deleitaba en sentir la belleza y aceptaba lo feo sólo como contraste, como un contrapunto que hacía resaltar más lo agradable a los sentidos.

En justa correspondencia con esta actitud de la sensibilidad España se esforzó entonces en una aspiración al honor como ideal del bien. Siglos más tarde, a partir, sobre todo, de las pinturas negras de Goya, el hombre hispano sensibilizado prefiere contemplar la vida humana en su intimidad más profunda y se esfuerza en representarse su propio ser sin velos ni disfraces.

Como consecuencia de esta osadía su ideal del bien se transforma y en adelante procurará tan sólo aceptar su propia realidad. Aspirará, sobre todo, a vivir como hombre limitado entre hombres limitados. Escudriñará hasta los últimos repliegues de su mundo interior en busca de defectos y culpas para intentar luego su elevación dentro de lo posible.

La consideración de la mentalidad evolucionada en este sentido, nos permite comprender con toda claridad la vuelta del interés por algunos temas que en los siglos conformadores de nuestra cultura fueron motivo de orgullo y de teologización. Pero cambiado ahora su signo del honor por el de la culpa, se humanizan, se lloran sus defectos y se espera tímidamente una verdadera reacción positiva.

De todos estos temas que vuelven, el de España es sin duda el que más llamó la atención de los comentaristas y, a nuestro modo de ver, también el más desenfocado en las soluciones planteadas.

Veinte años antes del desastre político del 98 Pérez Galdós contemplaba a Marianela, la salvaje, la inculta, la abandonada de todos y acusaba a «...la sociedad en que vivimos que hasta este punto se olvida de sus deberes».

Cabría pensar en un problema político y no está en nuestra intención oponernos a un análisis de los factores de este tipo que puedan haber influido en la mentalidad de Galdós; únicamente pretendemos dejar bien claro una vez más que la política y el imperio fueron elementos añadidos, pero no esenciales de nuestro desarrollo.

Lo que Galdós quiere expresar, o, al menos, lo que significa en el fondo de su subconsciente creador la acusación de la sociedad por la ignorancia y la malformación de Marianela, es la culpa como colectividad de todo nuestro pueblo. Es la personalidad entera de España la que alcanza en sus palabras la mirada introspectiva y, por consiguiente, la que descubre sus propios defectos, sus antivalores.

Si nos encontramos en el punto opuesto al sentir de España en las palabras de Alfonso X, la razón estriba en que el decir del rey sabio corresponde a la mentalidad mítica llena de ideales de juventud, mientras que Galdós vive una época evolucionada que le permite afrontar el problema de lo verdadero aunque nos cause dolor. El rey Alfonso espera con ilusión, Pérez Galdós desea caminar por los senderos del bien.

Al llegar la generación del 98 el problema se acentúa y es España directamente la que preocupa a todos los escritores de la época hasta el punto de que, visto el tema de un modo general, da la sensación de un remordimiento de conciencia colectivo, de una concienciación dolorosa de España como grupo. Los defectos más profundos afloran entonces a la superficie; en consecuencia, los problemas se plantean con tal crudeza que muchos críticos llegan a considerar esta actitud como dominada por un fuerte pesimismo.

La realidad, sin embargo, está muy lejos de ello. Los escritores de la generación del 98 se duelen de las imperfecciones de España, sí, pero a la vez se muestran convencidos sin reservas de que la superación es posible y de que, por tanto, nos espera un futuro mejor en el que muchas de las aspiraciones del presente se habrán logrado.

Cuando Valle-Inclán, por ejemplo, en «Luces de bohemia», acusa a España de matar a los hombres de talento, está acusando; pero, al mismo tiempo que acusa, se descubre lleno de esperanzas, pues es España misma quien acusa a España. Es España la que se duele de sus defectos. El conflicto resulta, así, inevitable.

En el desarrollo de la personalidad individual el momento en que se alcanzan los sentimientos de culpa se caracteriza porque el yo único divide sus funciones de manera que tan pronto es juez que acusa como acusado a quien se conmina para la enmienda.

En el lenguaje ordinario suele hablarse del yo que acusa y el yo acusado representando así la oscilación por una duplicidad personal.

Tratándose de la personalidad colectiva o, en nuestro caso concreto, de España, esta doble función nos pone en el peligro de creernos que estamos ante un pueblo dividido de modo que cada una de sus mitades acusa a la otra y se defiende a la vez de ella.

Este es el proceso que, en opinión nuestra, predispuso a los críticos a ver en una España de derechas y en otra de izquierdas, movimientos verdaderamente antagonistas y capaces cada uno de ellos de ahogar en ciernes las posibilidades del otro.

Esta fue la interpretación popular que se dio a los versos de Machado «españolito que vienes al mundo, / te guarde Dios, / una de las dos Españas / ha de helarte el corazón», sin advertir que el poeta había aclarado antes que se trataba de «una España que muere y otra España que bosteza». Es decir, dos negaciones de una misma realidad.

Las izquierdas y las derechas no son, en origen, dos grupos de hombres situados en posición antípoda, sino más bien, dos errores parciales al momento de considerar el sentido del hombre hispano.

El hombre de derechas quiere, ante todo, ser español y cree que para ello necesita detener la historia, hacerse tradicionalista y vivir perpetuamente en los siglos de oro. Mientras que el de izquierdas sabe que el progreso es condición para la vida, y pretende entonces saltarse su propia naturaleza, evolucionando sobre lo ajeno.

El enfrentamiento de las dos posturas, exacerbado progresivamente por la acción política, hubo de desembocar en una guerra como evidenciando una incompatibilidad real.

Pero en principio los españoles verdaderos, como lo fueron los escritores que constituyen la llamada generación del 98, se sintieron a la vez tradicionalistas y amigos del progreso. Vivían de la tradición, estaban arraigados en el más hondo ser de España, pero su potencia creadora los impulsaba al mismo tiempo al desarrollo de todos los gérmenes sembrados por nuestro pasado y posibilitando, en consecuencia, nuestra propia cultura.

Abriéndose paso entre errores esta España nueva era esperada, según nos confirma igualmente Machado:

«Mas una España nace,
la España del cincel y de la maza,
con esa eterna juventud que se hace
del pasado macizo y de la raza.»

Esta conciencia de superación, abriéndose paso con dificultad entre tantas manifestaciones de queja, puede ayudarnos en gran medida a formarnos una idea clara del verdadero sentido que caracteriza a la llamada generación del 98: el dolor esperanzado.

A la Generación del Noventa y Ocho le toca llorar una pérdida sufrida realmente; una España se muere, desaparece para siempre de nuestros horizontes. Pero no es, en modo alguno, la España dueña de un imperio, sino la España mítica y teológica, la semejante al paraíso y martillo de herejes. En consecuencia, sin ideales de juventud y con el desprestigio de los ritos tradicionales, sólo le cabe volverse hacia sí misma y encontrarse con su propia realidad, llena de imperfecciones y de culpas.

Estamos, pues, ante una crisis de duelo, pero es un duelo sano, lleno de fuerzas reparadoras capaces de iluminar de nuevo nuestros pasos futuros.

El renacimiento se vislumbra y mueve a la esperanza, mas no a la alegría por la lentitud con que los cambios se efectúan. La España que debe renacer, la España del vivir en una ética de creación propia, dormita y sólo se escucha de ella el bostezo.

La época que estudiamos se nos perfila cada vez más como un momento determinado dentro de la evolución de nuestra personalidad cultural. Corresponde, con toda precisión, a la etapa de nuestro desarrollo histórico visto como un conjunto de significación individual.

Es de sumo interés para nuestro trabajo comprobar que ningún pensador de aquella época alcanzó a descubrir el sentido antropológico que subyacía en nuestro desarrollo histórico.

Para Ortega y Gasset, el más próximo a una visión organicista del problema, España estaba sufriendo un proceso de desintegración por falta de un objetivo común que uniese las voluntades de sus habitantes. Pasado el imperio, nada podíamos hacer en común, y, por tanto, mantenernos unidos era un absurdo. Además, también Ortega sufrió el espejismo político que caracteriza a su tiempo, e incluso lo acentúa con sus propias intuiciones, pero parciales, de «España Invertebrada».

Entre los motivos que condicionan el desarrollo de los procesos históricos de unión y separación de los pueblos, la empresa común actúa siempre como una fuerza de cohesión externa y, por tanto, accidental, de manera que sólo ofrece resultados positivos cuando los agentes internos hacen la coyuntura propicia. De no ser así, nunca un pueblo se separaría en momentos de peligro o ante posibles éxitos que dependen del entendimiento mutuo y de la cooperación. Nos basta, sin embargo, dirigir la mirada a la Historia para darnos cuenta de lo frecuentes que son los fenómenos contrarios.

Ahora bien, el hecho de que Ortega basase sus lucubraciones en la universalización del principio de que un objetivo común es motivo suficiente para unir a los pueblos, y de que luego orientara su arquitectura de pensamientos siguiendo una línea preferentemente política, puede servirnos para aclarar, un grado más, el sentido antropológico que, en opinión nuestra, predetermina la línea evolutiva de la cultura española y que venimos buscando insistentemente en estas páginas.

Por de pronto, no parece atribuible a la casualidad el paralelo orteguiano que encontramos en el libro de los exiemplos del Conde Lucanor, del Infante Don Juan Manuel: una caballería se divide en dos grupos rivales que luchan entre sí, pero ante el enemigo común se unen para defenderse.

De este modo, Don Juan Manuel concede validez de principio universal a un ejemplo que es, todo lo más, aleccionador, modelo de un deber ser, pero que está muy lejos de ser un principio y, por tanto, de descubrir el momento originario de un proceso.

Es posible que en la intención de Don Juan Manuel el ejemplo no tuviese más valor que el de apercibirnos de un caso que se repite con frecuencia, pero, de hecho, predispuso a la mentalidad española a pensar de esa manera. Y así, sin revisiones críticas, encarnó en el pensamiento de Ortega y Gasset.

Debemos hacer notar, además, una diferencia significativa entre el planteamiento del Infante Don Juan Manuel y el de Ortega, pues aunque señala un sentido contrario entre ambos, contribuye a aclarar las influencias. Se trata de que en la formulación del Infante el término que une es de signo negativo, mientras que Ortega se expresa de manera positiva: un objetivo común, un quehacer común.

Es más razonable que un movimiento ideológico empiece por notar una falta, y, por tanto, se exprese primero de un modo negativo y sólo tras muchos contrastes pase a sentirse bajo forma positiva, como algo real.

La influencia inmediata de Splengler y Frobenius sobre el autor de «España Invertebrada», nos parece indudable, pero de importancia mucho menos decisiva para nuestro desarrollo histórico. Ortega pudo imbuirse en los pensadores alemanes de una mentalidad organicista, lo que le ayudó a ver en nuestro pueblo un todo que reacciona como tal. Es decir: Spengler y Frobenius orientaron y fecundaron su mente para una obra en la que nuestra historia se viera en su conjunto dotada de sentido, mas luego Ortega hubo de configurar su estudio dentro de la arquitectónica española característica de su tiempo y, así, «España Invertebrada» se despliega en su totalidad como una obra propia de nuestra cultura nacional, marcada claramente por la impronta de nuestro desarrollo más genuino.

Por el contrario, nos interesa en alto grado aclarar los motivos que han llevado a Ortega a enfocar su obra desde un punto de vista preferentemente político, así como el haberse detenido en una dimensión del problema que podríamos calificar sin graves injusticias de ajena y superficial.

El coincidir la caída del imperio español con grandes manifestaciones de la generación de la culpabilidad hizo que todos los pensadores españoles relacionaran ambos fenómenos como ligados por razón de causa y efecto, y, de este modo, por creer resuelto el problema, nadie lo sometió a nueva crítica. Era lo indudable y, por tanto, sólo cabía esclarecer más y más los motivos y el discurrir del proceso.

Ahora, desde nuestra perspectiva, se hace ya posible ensayar la elaboración de un sistema interpretativo dentro del cual los mismos hechos se enriquezcan con toda una serie de nuevos valores antes insospechados.

En primer lugar, al haber hecho desaparecer la caída definitiva del imperio como causa originaria del movimiento llamado generación del noventa y ocho, se nos plantea la necesidad de apoyarnos en el desarrollo interno de nuestra historia para entender y delimitar las tendencias que toma la creación artística en esta época.

Como veíamos páginas atrás, una de las notas características de la llamada Generación del 98 así como la de una gran parte de sus contemporáneos civiles y, sobre todo, políticos, fue la de entender a España y a los españoles divididos en bandos antagonistas.

Si desde nuestro estudio analizamos los movimientos históricos en relación con este hecho no nos será difícil descubrir los límites naturales de este período evolutivo y comprenderlo por sí mismo a partir de sus impulsos creadores propios.

El enfoque dicotómico de la cultura española había sido expuesto con toda claridad por Cervantes, como ya tuvimos ocasión de analizar; pero la pareja de incompatibles propia de la postura ética que accede al hombre culpable no se produce en nuestro país, al menos de un modo pleno, hasta muy avanzada la primera mitad del siglo XIX.

La guerra de la independencia nos dejó la impresión de que sobre nuestro suelo chocaban dos corrientes ideológicas, una procedente del exterior y otra propia de nuestras tradiciones, mas al cabo de algunos años, cuando los españoles se alistaron en dos filas irreconciliables para luchar sucesivamente en tres guerras carlistas, advertimos que el enfrentamiento presenta los mismos tonos fratricidas que encontraremos en las proximidades de nuestra última guerra.

En principio, pues, a la Generación del Noventa y Ocho le correspondería con mayor propiedad el nombre de «Generación interguerras» entendiendo por ello que la época queda delimitada por el comienzo de las guerras carlistas y el final de la guerra del 36. Y la nota común que le da el carácter unitario imprescindible para constituir una época determinada dentro de un contexto es la de tener como motivo subyacente a sus temas la culpabilidad dicotómica.

Por otra parte, nos produce cierta extrañeza la propensión de los pensadores de esta época no sólo a basar todos los hechos históricos en causas políticas, sino además, su firme voluntad de limitarse a este tipo de causas con exclusión de cualesquiera otras dimensiones de los problemas evolutivos de nuestra cultura.

Si el período histórico que estudiamos corresponde en el desarrollo cultural a la etapa del descubrimiento de la culpabilidad o, más concretamente, de la culpabilidad dicotómica, es lógico que la capacidad del grupo en cuestión se encuentre todavía en un estadio cuyo poder reflexivo se limite a las manifestaciones del sentir moral proyectado. Es decir: la personalidad de España debe encontrarse en el período interguerras evolucionada hasta un grado en el que le es posible descubrir las propias culpas, pero sintiéndolas como pertenecientes a un yo ajeno a quien se acusa.

Este condicionante que es nuestra edad histórica excluye de raíz la reflexión a nivel del pensar que exigiría el adentrarse en el sentido de la propia cultura y descubrir en ella la dimensión antropológica que rige sus movimientos más íntimos y desde su ser más profundo.

Una obra de las características cuya falta notamos aquí es una obra filosófica por su contenido y su forma, pero, además, su objeto predeterminado, el ser antropológico de España, la condiciona de manera que sólo puede ser realizada dentro de la propia cultura desarrollada hasta su etapa de autorreflexión cognoscitiva.

Al considerar que la cultura española no había alcanzado entonces esa etapa filosófica en su evolución, podría objetársenos que estamos excluyendo la posibilidad misma de que España haya tenido hasta entonces filósofos.

Debemos salir al paso de antemano a que se nos interprete en este sentido, máxime teniendo en cuenta que ya multitud de pensadores han afirmado que España no es un país de filósofos.

A nuestro entender, la cultura española no ha podido dar hasta el presente filósofos propios todavía porque en el desarrollo histórico de su personalidad ha venido superando etapas previas a la madurez que requiere el pensar reflexivo filosófico de idiosincrasia propia.

Ello no impide, por consiguiente, que en España haya habido filósofos y, de hecho, concedemos al menos a Ortega y a Unamuno valores de esta categoría; pero estamos convencidos de que tanto el uno como el otro filosofaron no como españoles sino como europeos.

Ortega fue kantiano en sus comienzos y sólo tras haber superado el kantismo y el neokantismo se abrió a una filosofía vitalista cuyo signo sólo en una parte muy pequeña corresponde a nuestra línea cultural.

Por su parte, Unamuno aprendió de Kierkegäard una filosofía cuyos rasgos existencialistas pertenecen a la Europa transpirenaica y únicamente en su preocupación religiosa y en su desarrollo del sentir se observa la influencia interna recibida de su época española.

Lo que estos filósofos, y algunos otros de menor relieve, tienen de españoles en su línea propia quedará un día convertido en un «pre» cuando nuestra cultura alcance el grado de autorreflexión pensante, a la manera que Sócrates y los grandes clásicos de la filosofía griega convirtieron en presocráticos a toda una serie de escuelas de pensamiento cuyas obras, presentadas bajo forma de poemas, fueron después reinterpretadas como metafísica.

Además de España se desmitifica en la época que estudiamos la figura del rey.

Los primeros vislumbres de este nuevo proceso se encuentran igualmente en Goya, esta vez en los cuadros dedicados a personajes cortesanos o reales.

A primera vista se advierte ya que a esos reyes no se les debe ni la hacienda, ni mucho menos la vida, puesto que su dimensión humana, ni siquiera destacada como tal, evidencia la pérdida del carácter de seres divinizados que tuvieran siglos atrás.

Los primeros síntomas de la desmitificación del rey se adelantan así unos años a los de la desmitificación de España y, por tanto, cabría esperar que también en nuestro estudio lo hubiéramos antepuesto; no obstante, hubimos de invertir el orden dada la cantidad de estudios, en nuestra opinión desorientados, que se habían dedicado al tema de las dos Españas, mientras que la preocupación por el rey desmitificado no había atraído la atención de nuestros pensadores.

En esta altura de nuestro trabajo puede entenderse sin esfuerzo el sentido que tiene la figura regia caricaturizada de manera especial en las obras de Valle-Inclán.

En la «Farsa y licencia de la reina castiza» o quizás mejor todavía en «La hija del capitán», descubrimos unos personajes reales encuadrados con toda claridad en la línea del antihéroe, esta vez no porque sobre ellos recaiga la grandeza de la culpa, sino porque ejemplifican al inepto que gobierna, al infradotado que osa dirigir a un pueblo.

En la cultura griega el proceso evolutivo que sigue la figura del rey hasta convertirse en el antihéroe se caracteriza por el progresivo autoconocimiento moral sin perder ni un instante la lucidez, antes bien manteniendo la autocrítica hasta el extremo de reconocer su culpabilidad máxima e infligirse a sí mismo el castigo considerado como el más pertinente para el caso.

Algún tiempo después de que la tragedia griega mostrara así a Edipo como el gran culpable, surgió en la mente filosófica otro sentido autocrítico que fue el de la consideración del propio saber, del conocimiento de sí mismo en relación con la verdad. De esta manera Sócrates alcanzó la cumbre más grandiosa que pueda imaginarse para la ignorancia, llegó a saber que no sabía nada.

La figura del rey de las Españas se perfila, en cambio, como un antihéroe por la pérdida de facultades. Nuestra desmitificación conduce al inepto, incapaz de ser ni culpable ni siquiera ignorante.

En la mentalidad griega, que parte de un caos cosmogónico, cada cosa e igualmente cada cualidad, posee su propio ser en sí misma. De esta manera, el hecho de que el hombre llegue a ser culpable o ignorante deja intactas la virtud y la sabiduría y, en consecuencia, la ética y la filosofía se mantienen como disciplinas autónomas, independientes de todo evento que pueda afectar al ser humano que las estudie o incluso investigue.

En la personalidad propia de la cultura española, en cambio, el desenvolvimiento histórico ha de seguir por necesidad una trayectoria diferente. El hecho mismo de estar fundada sobre un caos humano la condiciona como hemos visto en páginas anteriores, pero, además, es preciso añadir un nuevo elemento diferenciante que caracteriza la dimensión del problema en nuestra historia. Se trata de que la cultura española, heredera de la griega, piensa según los modelos clásicos, al tiempo que, originada en los tiempos premodernos, está sujeta en su sentir a la naturaleza que le dieron los mitos de su edad conformadora.

Teniendo en cuenta estas circunstancias es como se puede entender en su dimensión correcta la línea que ha seguido la desmitificación del rey, o lo que es lo mismo, la pérdida de los ideales de juventud en su sentido individual.

El rey como figura, al ser despojado de sus cualidades de personaje semidivino, no se convierte, como en Grecia, en un simple culpable, sino en un ser incapacitado incluso para la culpa. Es decir, que en la trayectoria española los ideales humanos separados del hombre se desvanecen, pierden su razón de ser y, por tanto, una vez más, en la búsqueda de los elementos radicales del problema encontramos al hombre mismo. Los valores ético-morales sólo tienen sentido si es el ser humano quien se lo otorga.

Sólo a partir de esta deshumanización del individuo es posible comprender un proceso que nos conducirá en su dimensión ética desde lo amoral, como base originaria, al acceso al sentido de la culpabilidad, como fundamento del ser de persona, y en su aspecto cognoscitivo, desde la incapacidad mental a la ignorancia consciente, que hace posible el caminar por una senda filosófica auténtica.

Si el rey ya no es de naturaleza divina, sus decisiones pueden ser incorrectas y, por tanto, su poder absoluto expone al pueblo a sufrir o a ejercer la injusticia y al obrar erróneo.

Poco después de las luchas napoleónicas en nuestro suelo, se intentan evitar las posibles actuaciones arbitrarias del rey proclamando una constitución a la que deban ajustarse las ordenanzas reales Algo más tarde, en la época de las guerras carlistas, la verdadera disyuntiva del problema se hace evidente: en lo profundo de las conciencias se enfrentan, de un lado las leyes, del otro el hombre.

Las constituciones escritas como normas para el ejercicio del poder real son meras leyes importadas por el contagio del extranjero, letra muerta que uniforma la conducta y la hace rígida. Del otro lado, el poder absoluto con los inconvenientes que ya hemos expuesto.

Fácilmente se descubre aquí un punto de contacto con la culpabilidad dicotómica, pero esta vez las derivaciones literarias van a encaminarse hacia la figura del antihéroe individual.

En buena lógica los liberales deberían defender las leyes y los carlistas la postura contraria. Sin embargo, los personajes de la creación artística mantienen más bien actitudes confusas, a veces arbitrarias, a veces contradictorias. Nos basta el análisis de la figura de Don Juan Manuel Montenegro para comprender la transformación experimentada aquí por el mito que venimos considerando.

Don Juan Manuel declara no ser Carlista; él haría un levantamiento; sin embargo, nunca palabras tan claras como las suyas explicaron el absurdo que encierran las leyes.

En el fondo del problema late con toda claridad una lucha del hombre consigo mismo figurando tan pronto como acusador, tan pronto como acusado.

La mentalidad bipolarizada de culpable que ahora se nos muestra gira, en verdad, en torno a un tema político que bien pudiera ser un claro precedente del de las dos Españas que antes tratábamos, pero su enfoque y su contenido íntimos, aparte de confirmar nuestras interpretaciones precedentes, abre nuestra visión a un nuevo panorama de objetivos y a un nuevo plano de observación del sentido de nuestra cultura.

Don Juan Manuel Montenegro posee, sin duda, como valor más radical el de manifestarse ante nosotros como un doble mito de origen convertido en un doble antihéroe.

En efecto, el vinculero posee en sí claros atributos regios como lo demuestra el hecho de que a través de toda su vida se muestra como el gran dominador y, sobre todo, el particular detalle de tener un bufón a su servicio. Uno de sus hijos, Miguelito, declara: «...de reyes vengo».

En relación con esta actitud de rey se encuentran sus constantes aproximaciones al mito de Don Juan en su trato con las mujeres, en su altivez y en el no reconocimiento de más orden que su propio albedrío. Incluso hay en su vida una escena de cementerio en la que desentierra a su mujer muerta, mostrando un comportamiento quizás sacrílego al igual que el burlador sevillano.

El encuentro de estos dos mitos, el del rey y el de Don Juan, en un mismo personaje nos permite ahondar un grado más en el sentido radical de la personalidad de nuestra cultura.

En efecto, la coincidencia nos advierte que la línea absolutista que marca, desde el origen, la norma de nuestros gobernantes equivale a un caos humano. El rey ejerce con su voluntad un dominio sobre el ciudadano español equivalente al hechizo que el burlador ejerce sobre la mujer.

Ahora bien, el caos es sólo un mito de origen que condiciona el elemento básico sobre el que ha de edificarse todo el orden vital de un pueblo.

El absolutismo está, pues, predestinado de origen a ser superado por otra nueva forma de gobierno, pero no puede, en modo alguno, consistir la innovación en un cambio de elementos básicos. Ello significa que un sistema de leyes será siempre ajeno a nuestras maneras propias.

Los regímenes constitucionales son sólo válidos en aquellos países en que la democracia se asentó en su origen, o por lo menos fue esencial en sus correspondientes épocas de formación.

En Francia, por ejemplo, donde «El Contrato Social» abrió el camino a una mentalidad, que, tras «El Espíritu de las Leyes», iba a desembocar en la revolución francesa y, tras ella, en un mundo moderno, demócrata no sólo de hecho, sino, además, connatural.

Por el contrario, cada vez que se intentó una solución similar para nuestro país se produjo siempre el fracaso más o menos inmediato por resultar en nuestro caso artificiosos tales procedimientos.

El único planteamiento correcto del problema y, por consiguiente, la única vía posible de éxito para nosotros será el proceder primero a un análisis de nuestras líneas evolutivas en este sentido, y luego organizar, de acuerdo con los resultados, nuestra obra política.

Es probable que por ese procedimiento desemboquemos en unas normas de similitud aparente a unas leyes constitucionales o incluso en una verdadera constitución, pero si aspiramos a valores perdurables esas normativas no han de construirse sólo en torno a los cauces externos por los que discurra nuestra conducta, sino que han de suponer algo así como las metas que atraigan nuestro desarrollo humano y los desencadenantes que nos impulsen hacia el logro acabado de lo que en germen se contiene en nuestro pueblo; con lo cual nuestra idiosincrasia no ha de entenderse en modo alguno como una incapacidad intrínseca para el orden democrático, sino como un condicionamiento básico que trascienda una actitud democrática, basada en leyes, y alcance un grado de dignidad humana en el que se colabora por auténtica sociabilidad. (1)

Observando, pues, el desarrollo evolutivo de aquellos dos mitos combinados podremos encontrar la primera luz para nuestra tarea de investigación.

Ahora bien, el mito de Don Juan propiamente dicho conluye con un paso decisivo y clave: Don Juan, el prototipo del caos humano, al enamorarse trasciende su mundo y entra en la esfera del orden. De esta manera, su significado de caos se enriquece con la nota de que su destino y su única posibilidad de salvación es el amor.

En el personaje de Don Juan Manuel Montenegro hay indicios, aunque disfrazados de esperpento, de un fin equiparable. Las últimas escenas de «Romance de Lobos» así lo hacen presumir.

Estas conclusiones a que hemos llegado sobre el mito del rey tantas veces relacionado con el mito de España, nos abren a la interpretación de una posibilidad distinta para la España nueva, esperada por Antonio Machado y presentada por él como poeta, rectamente, como «la España de la raza». Es decir: la que esté conforme con toda nuestra línea antro-

---

(1) La redacción de este libro ha supuesto más de catorce años de trabajo, de manera que esta página fue escrita aproximadamente en los comienzos de 1973 cuando España estaba gobernada por una dictadura. Hemos preferido mantener la redacción primera por considerarla testimonio de que una de las ideas centrales de esta obra, la evolución hacia una cultura que transforma el signo del dominio por el de colaboración, se está ya cumpliendo.

pológica de la historia; mas lejos de ser la España de la maza, tal vez sea la España del amor.

Los dos mitos que acabamos de analizar nos han descubierto en su evolución unos motivos antropológicos que condicionaron la historia y dieron sentido a esa dicotomía en que se nos presenta la culpabilidad en la época que estudiamos. Ahora bien, una división semejante debe obedecer igualmente a causas de índole histórica que sirvan de ocasión o apoyo a las tendencias que muestra la antropología.

De no haber existido unos hechos externos en los que se origine la posibilidad de ser diferente, nunca las fuerzas antropológicas por sí solas hubieran llegado a una dicotomía de tendencias tan marcadas como la que encontramos en nuestra generación interguerras. O, lo que es lo mismo, toda fuerza de sentido interno necesita para desarrollarse un punto de apoyo exterior.

Este punto de apoyo que necesitamos, que nos debe venir dado, lo vamos a encontrar en la combinación de pueblos antagónicos que forman nuestra infraestructura histórica, y la fuerza desencadenadora del conflicto la veremos surgir en cada momento de la dimensión religiosa que domina los motivos íntimos de un pueblo.

Procuraremos, por tanto, efectuar un nuevo análisis radical de la generación del 98 o interguerras desde el punto de vista religioso, con el fin de traer a la luz al mismo tiempo el significado de un aspecto fundamental de la época y los impulsos primarios que mueven desde el subsuelo la mayor parte de sus funciones vitales.

El período histórico que estamos estudiando se manifiesta claramente en la gran crisis religiosa encauzada por la vía que comprende, tanto el sentir artístico, como el pensar prefilosófico. Al mismo tiempo, las tendencias a proyectar en ideales divinos las perfeccoines religiosas cambian ahora de signo y se interiorizan en la propia conciencia del hombre, a veces sacralizada, a veces tan sólo humanizada.

El esquema tan simple que acabamos de hacer de los resultados a que llega la evolución religiosa en el período que estamos estudiando podría dar la impresión de que se trata de un proceso claro en sí mismo y que, por tanto, su comprensión no ofrece dificultad alguna. La realidad, sin embargo, contrasta con esta aparente sencillez.

A medida que nos adentramos en los aspectos más profundos de la personalidad de un pueblo, advertimos cómo en los orígenes de cada proceso conflictivo suele hallarse un móvil de índole religiosa.

De esta manera, la investigación que ahora iniciamos nos enfrenta a un mundo originario de problemas que al desplegarse en abanico podrían invadir la mayor parte de los objetivos de nuestro estudio.

Nuestro primer cuidado debe consistir en evitar una generalización de esta naturaleza, que nos desviaría de nuestra línea sin aportarnos ventaja alguna para la consecución de nuestros fines.

Hemos de intentar, por el contrario, dentro de la complejidad de aspectos posibles, aislar aquellos elementos psicosociales de sentido religioso que condicionan de un modo decisivo la etapa de culpabilidad de nuestra cultura.

En toda manifestación originaria de un sentimiento religioso puede descubrirse fácilmente la expresión de un ideal para el hombre, ya sea en el sentido de una pervivencia más allá de la muerte, ya en el de la perfección de sí mismo durante la existencia terrena. En ambos casos, el modelo ideal se proyecta al exterior y queda plasmado en formas míticas o divinas que exigen se conforme a ellas la conducta de cada individuo. Es decir: señalan el camino que nos lleva al ideal propuesto y que queda así fijado en unas normas de conducta inalterables.

Mientras permanezcan las mismas circunstancias culturales que dieron origen al modelo de conducta adoptado, cada individuo y cada generación de un pueblo vive una vida uniforme, condicionada a la ley, que predetermina todos sus pasos. Pero la evolución, o más frecuentemente, los contactos con otros pueblos, pueden cambiar el ideal que reunía las aspiraciones del hombre y entonces aparece el conflicto de las normas de conducta a seguir.

La ley antigua se resiste a la sustitución, no tanto por poseer una fuerza interna que le permite subsistir, cuanto por la obligatoriedad que le daba hasta entonces el ser condicionante para la elevación al plano del ideal. Pese a los cambios, pues, la conducta, tanto en la acción como en el pensamiento, se mantiene fijada del modo más estricto, y, ante el peligro de transgresión por las nuevas tendencias, se defiende imponiendo castigos, a veces terribles, que actúan sobre la conciencia bajo forma de tabúes. Así se forjan los ritos, que, con frecuencia, dominan la historia de un pueblo y frenan o imposibilitan su progreso cultural.

Cuando dos culturas de ritos diferentes se encuentran el resultado del conflicto suele ser una superposición de formas ceremoniales en la que el rito triunfante conserva, sin saberlo, el espíritu del rito vencido. Al Santuario de Guadalupe, por ejemplo, edificado sobre un templo dedicado a una diosa azteca de la fecundidad, acuden mujeres estériles de religión católica a pedir a la Virgen la gracia de un hijo.

La evolución de las culturas y la permanencia de mitos y ritos suelen darnos una moral distinta según se aplique al ámbito humano o al divino. A veces, incluso, los dioses mantienen vigentes costumbres radicalmente opuestas a las que los ciudadanos que les rinden culto aceptan como lícitas.

Explica Levi-Strauss, y en cierto modo ya lo planteaba Freud, que la prohibición del incesto es la base primera de la sociabilidad humana; merced a ella los hombres, al intercambiar sus hermanas, establecen un parentesco, se hacen sociables. Pues bien, a pesar de la universalidad para todas las culturas de esta prohibición, los dioses de innumerables sociedades, bastante bien constituidas, practican el incesto como norma.

El detalle curioso de que en algunos casos, como la cultura de Ugarit, las diosas conserven su virginidad siempre que el trato sexual haya sido incestuoso, es decir, mientras no ha habido mezcla de sangres, nos advierte claramente que el rito mantiene la memoria de tiempos remotos en que el tabú del incesto aún no existía.

Ya en plena historia, el tabú no afectaba a los reyes de Egipto que contraían, de manera habitual, matrimonio con sus hermanas. La herencia mítica parece indudable, ya que en Egipto el rey recibía entre sus atributos la divinidad.

Un signo evidente de reminiscencias de esta naturaleza lo constituye la denominada sangre azul, quizá celeste, de los reyes, que perdura en nuestros días y que suele ser condición para conservar las prerrogativas regias tras el matrimonio.

La personalidad de la cultura española ofrece en alto grado signos de esa doble moralidad válida para los dioses o para los simples mortales, así como ritos de diversa estirpe que luchan en cada momento por la primacía o por el dominio exclusivo del ambiente social.

Ya en la época conformadora de nuestra historia, en los momentos en que España despierta del secular sueño del medioevo, como hemos explicado en el capítulo anterior, nos hemos visto envueltos en una gran aventura teológica. Sus seguidores, de entonces y de hoy, entienden que se trataba de un exquisito desarrollo de sensibilidad cristiana.

El análisis, sin embargo, puede desenterrar y traer a la luz otros componentes del fenómeno que se apartan no poco del origen cristiano que se les atribuye.

El hecho de poder ser calificado de teológico el movimiento en cuestión indica que la fuerza viva del sentido religioso primero hubo de pasar a través de una teología racionalizadora a un esquema mental rígido que es al pensamiento lo que el rito es a la conducta.

Estos moldes impuestos a la inteligencia encerraron a veces dogmas que defendían una entre las diversas maneras posibles de interpretar un problema de consciencia religioso; pero las más de las veces su contenido partía de una costumbre usual en una época determinada o, incluso, se originaba en el capricho de un jerarca eclesiástico.

Por otra parte, la sociedad naciente que tendía, como hemos visto, a ideales de signo humano evolucionaba según sus propios impulsos acomodándose, consciente o inconscientemente, a los modelos de un sentido histórico nuevo. En su juventud, esta cultura traía en su seno, además de las formas míticas que ya hemos estudiado, una multitud de fuerzas religiosas o de aspecto mágico o similar.

El enfrentamiento de ambas posturas derivó pronto hacia una enconada lucha, la llamada Santa Inquisición, causa de tantos comentarios y silencios, tal vez porque todavía no se haya logrado interpretar su verdadero sentido.

Los defensores de la fe, investidos de prerrogativas divinas, dueños de la vida y el destino de los sólo hombres, practican la moral de los dioses, heredada de ancestrales ritos probablemente indoeuropeos. Tal nos hacen pensar su violencia y, sobre todo, la veneración por el fuego purificador al que entregan siempre sus víctimas.

En cambio, los llamados herejes, constituidos por una pequeña parte diferenciada del pueblo y que ordinariamente no practican herejía alguna, sino formas primitivas no ritualizadas de religiosidad, vivían la moralidad humana, la del simple hombre. También aquí pensamos en tendencias que se remontan a tiempos prehistóricos, esta vez de origen animista hamita, no sólo por la naturaleza misma de los hechos, sino además, por la frecuencia con que tuvieron lugar en el pueblo vasco, resto indudable de los pueblos del mar de origen libio.

Es de notar que la diferencia profunda entre ambos grupos se da únicamente en el campo de la moral adoptada por cada uno de ellos, pero no en la fe. Los inquisidores creían, tanto o más que sus acusados, en las brujas y en otros poderes mágicos, de manera que los motivos primeros de sus actos de purificación de creencias indican algo así como el temor a las fuerzas extranaturales de los perseguidos; se trata, pues, de una lucha por el dominio, o, al menos, por la supremacía espiritual.

Al entrar nuestra cultura en el período de culpabilidad la escisión de la conciencia religiosa que acabamos de describir pasa, de ser un enfrentamiento entre un grupo que persigue y otro que tímidamente se rebela, a la formación de dos bandos que adoptan posturas antagónicas e irreconciliables. Son las derechas y las izquierdas, los descendientes de los dioses, que vienen a este mundo para hacer conservar las buenas costumbres y los hijos de la tierra, poseídos de demonios, que pretenden abrir el camino a costumbres nuevas.

Podría juzgarse, a primera vista, que un trazo nítido separaba los dos grupos de españoles envueltos en la contienda, y que de un lado luchaban los retrógrados y del otro los progresistas. Mas nunca los conflictos humanos se resuelven de una manera tan sencilla. La división en derechas e izquierdas marcaba tan sólo el lema de cada una de las partes, o, a lo sumo, los móviles para elegir el bando preferido. Pero al llegar el momento de la acción unos y otros se arrogaban, sin dudarlo siquiera, las prerrogativas de los dioses y fusilaban, o se mostraban defendiendo y atacando a la vez el progreso, la libertad y, en general, todos los derechos humanos.

El problema es claro: no es España la que está dividida en dos bandos, sino la conciencia individual y colectiva la que vacila, dominada a la vez por dos fuerzas de sentido contrario.

La evolución histórica alcanza en su desarrollo el momento en que la cultura vive la culpabilidad dicotómica y, en consecuencia, cada uno de los grupos proyecta en la moral del otro cuantos males descubre o siente afectan a la sociedad en que vive y de que él mismo forma parte.

En esas dos fuerzas de sentido contrario que polarizan la dicotomía de la naturaleza culpable, por una parte coinciden la antropología y la historia, dando la primera la energía y el signo de lo evolucionado, y aportando la segunda los objetos para la fijación de las tendencias como hemos visto. Y por otra, se manifiestan los elementos que en sus distintas combinaciones van a constituir toda la ideología religiosa de la época que estamos estudiando.

En efecto, la religión en el sentido que pudiéramos denominar oficial, la que mantiene las instituciones más reconocidas —la Iglesia y los poderes estatales—, extrema su tendencia a la ideologización en el pensamiento y a los ritos en las costumbres.

Los tabúes más exacerbados prohibían cualquier clase de lucubración aun bajo forma de hipótesis que supusiera salirse lo más mínimo de las estructuras fijadas e igualmente el anatema a cuantas acciones pudieran discurrir por cauces no señalados de antemano por la moral de los mayores.

Frente a esta mentalidad rígida fuertemente atrincherada en su actitud, aparecen un sentir y un pensar nuevos dotados de un vigor sólo comparable a la resistencia de esas formas contrarias atrincheradas en los esquemas paternos.

Se establece la lucha a muerte entre las dos corrientes de mentalidad que dominan la conciencia, tanto del grupo como del individuo, y el conflicto creador surge incontenible.

En las profundidades activas del subconsciente, ese padre, obstructor del progreso, muere a manos del impetuoso hijo que avanza resuelto por las atrevidas sendas del amar y el conocer nuevos, como pereciera Layo a manos de Edipo por negarse a cederle el paso.

Edipiana, igualmente, la personalidad hispánica en su proceso vuelve a sus orígenes prehistóricos para dar desde ellos sentido humanístico a sus creaciones.

Podríamos admitir con Festugiéré la inocencia absoluta de Edipo, pero debemos apostillar que tan sólo a niveles de una voluntad consciente. En el fondo, la culpa es clara, el tabú acusa y los hombres de este período que osaron cambiar el orden establecido se lamentan en amargas quejas de unos acontecimientos que ellos mismos provocaron. La peste se hace sentir en la comarca y es preciso una nueva expiación que quedará representada, como veremos, en el sacrificio de los ojos del propio Edipo.

Veíamos en el capítulo anterior cómo el caos humano que da origen a la naciente personalidad española evoluciona hacia el orden. Don Juan, el que no respetaba ni a los muertos, el burlador, entra en el orden, se enamora y se salva.

Estamos, sin duda, ante un nuevo tipo de hombre, ante el mero hombre que entra en la escena del arte a representar con todo derecho el papel del protagonista. Con ello el pedestal del héroe se resquebraja, el hijo de los dioses, el de la autoridad divina, pierde el poder que le daba el rito y decae, pasando al lugar del antagonista en ocasiones, o, simplemente, al cóncavo-convexo espejo de feria del esperpento donde sus defectos naturales se destacan para su desprestigio.

Pérez Galdós será, sin duda, el gran artífice del triunfo del mero hombre. No es necesario comentar siquiera su novela «Doña Perfecta» para comprender cómo el proceso se desarrolla con maestría.

Pero el mayor enemigo del rito, a nuestro entender, es Valle-Inclán, en cuyas comedias bárbaras los ancestrales misterios del pueblo gallego, la fuerza de la magia y los ritos religiosos de apariencia cristiana se entremezclan y crecen ante el espejo dejando bien visibles sus formas de sombras y fantasmas.

Por lo que respecta a la oficialidad de las creencias, la que había llevado a la mente española hasta la postura de dogmatismo absoluto que ya hemos comentado, también su firmeza se resquebraja gravemente en el período interguerras.

Tanto Antonio Machado como Miguel de Unamuno desteologizan la inteligencia al atreverse a pensar en el valor del mero hombre, si bien conservando las más de las veces un sentimiento de sacralidad sobre el mismo.

El Dios objetivo y real, cumbre de todas las perfecciones a que puede aspirar el hombre en la época mística de santa Teresa y san Juan de la Cruz, pasa en Machado y en Unamuno a interiorizarse en el corazón o en la conciencia conservando de los místicos tanto el sentido religioso, diríamos con Rudolf Otto, el carácter numénico, como la dimensión de sentimiento, la condición de ser en ambos extremos el Dios del amor.

Importa mucho, sin embargo, destacar la irrealidad o la limitación unamuniana del problema. Unamuno sabe muy bien mantener la religión sin fe de san Manuel Bueno Mártir, o la búsqueda imposible del sepulcro de Don Quijote en el prólogo a la vida de Don Quijote y Sancho. Pero, sobre todas sus inquietudes, destaca la vida como «sentimiento trágico», la tragedia de ser y saberse mero hombre.

La búsqueda del hombre de carne y hueso de cada uno que vive y en cuanto vive en el sentido amplio de la palabra es una tarea que lleva siempre a la tragedia, al límite, al revés de lo que ocurre cuando la búsqueda es metafísica y el hombre se hace valor absoluto e inmutable. Por esta característica suya cree Unamuno no estar en línea con la filosofía y así es, en efecto, si su filosofía fuese del mismo signo de la que vimos renacer en los albores de la Edad Moderna a partir de las cenizas del helenismo. Pero tomado el problema en el sentido de la cultura española propiamente dicha, la obra de Unamuno es el más claro ejemplo de prefilosofía hispana. Cuando la metafísica, nuestra metafísica, tome a ese hombre de carne y hueso por objeto comprenderemos la verdadera dimensión de Unamuno en nuestro desarrollo.

Heredero de los místicos, como acabamos de ver, por una parte trató en cierto modo de corregir a Cervantes resistiéndose a admitir como buena la muerte de Don Quijote cuyo sepulcro quiere reconquistar y, por otra, transformando la pareja de inseparables cervantinos en la pareja de incompatibles que forman Abel Sánchez y Joaquín Monegro. La envidia, causa directa de esta incompatibilidad, es, en su propio decir, el defecto capital de España, del hombre de carne y hueso español.

Hasta Unamuno llega también la influencia de «La vida es sueño» de Calderón, cuya problemática reproduce un tanto en su novela «Niebla». Por todo ello, por ser el escritor del período interguerras que más ecos del siglo de oro recoge, estamos seguros de que será, igualmente, quien extienda sus voces más lejos en el tiempo.

La culpabilidad, que supone para los hombres de la época que estudiamos la ruptura de los moldes rituales, la muerte del padre y la vuelta al fondo prehistórico materno, se refleja, no sólo en el dolor de sus creaciones, en el sabor amargo de su expresión constante, sino, además, en la huida horrorizada ante la verdad desnuda que descubren, en el miedo que les produce la propia realidad.

En consecuencia, triunfa habitualmente la forma proyectada sobre la introspectiva con respecto a las figuras que logran salir a la luz; pero, además, la propia fuerza interior del sentir culpable frena o desvía, en otros casos, la potencia creadora misma. Tal es en el análisis psicológico de la personalidad cultural española el origen de la censura; en nuestra opinión un problema muchas veces atacado y pocas examinado desde su intimidad.

Suele admitirse de manera irreflexiva, quizá por el esfuerzo que supone siempre apartar el pensamiento de los prejuicios rutinarios, que la censura impuesta por los poderosos cercena, sin más, la obra valiosa y, en consecuencia, obstaculiza gravemente el progreso.

Al detenernos a examinar con esta intención cualquier momento histórico sometido al dominio de algún tirano nos encontramos con la sorpresa de que la realidad no suele confirmarnos el fenómeno esperado; por el contrario, sobreabundan las obras inmortales creadas precisamente en épocas de tiranía.

Se han multiplicado una y otra vez los intentos de explicación de estos hechos, incluso se han atribuido a méritos propios del tirano que hubiera promovido certámenes o instituido premios para honrar a los dioses de su estirpe. Todas las explicaciones nos parecen parcialmente válidas, pero el motivo fundamental a nuestro entender se encuentra en la reacción misma de la personalidad creadora ante la prohibición o el tabú.

El proceso en el individuo nos lo explica la psicología freudiana con la derivación de las energías reprimidas por los cauces del simbolismo. Pues bien, la reacción colectiva en la psicología de una cultura sigue pasos similares perfectamente analizables.

El pensamiento simbólico, único posible en el mundo del subconsciente, ofrece la ventaja de crear figuras de valor múltiple, con frecuencia, incluso, de significación arquetípica. De esta manera, lo que en la preconsciencia se detuvo porque el tabú o el tirano lo prohibían reaparece metamorfoseado en una figura capaz de evocar todo un panorama de recuerdos, imágenes y fantasías, que tienden a generalizarse y, en algunos casos, a universalizarse.

Bastaría esta conclusión para hacernos comprender cómo la acción de los tiranos, aun a pesar suyo, revierte casi siempre en favor de la creación artística. Sin embargo, existe todavía un motivo más por el que el mundo del arte resulta enriquecido por efecto de la censura. Aludimos a la censura misma proyectada bajo formas simbólicas.

Las épocas conflictivas son por ello fecundas en obras protagonizadas con todo rigor por esa energía desviada o por el obstáculo que impidió la salida al mundo de lo consciente.

La cárcel, la esclavitud y, sobre todo, la locura y la ceguera y en algunos casos la mendicidad subsecuente, son los modos más usuales de personificar en la creación literaria esos obstáculos y las energías que desvían.

El panorama múltiple de aspectos a tener en cuenta en el proceso de génesis y desarrollo de la censura puede ciertamente hacernos difícil la comprensión del problema en el sentido psicoantropológico de nuestro propósito. No obstante, intentaremos salvar la claridad aislando del conjunto los elementos más decisivos para la determinación del fenómeno estudiado.

Psicología, antropología e historia constituyen tres maneras de enfocar el problema de la actividad censora humana, que en la literatura puede ser proyectada bajo forma de las limitaciones sensoriales o mentales que acabamos de enumerar.

Se trata, pues, de un problema unitario que tiende a diversificarse tan pronto como se le observa. Contribuye, por otra parte, a oscurecerlo el hecho de ser por naturaleza una huida, una reacción en cuya esencia está el tratar de ocultarse. De ahí que nos veamos obligados a progresar en nuestra investigación siguiendo el camino de los síntomas.

En la historia encontramos con frecuencia el desenvolvimiento de ideas obstaculizado por el tabú o la prohibición del cambio, de modo especial, los movimientos que tienen por finalidad perfeccionar al hombre en el sentido de las cualidades consideradas con mayor propiedad como humanas.

De este modo los valores de índole religiosa como expresión máxima de los ideales del hombre ejercen el primer papel de censores, o bien reservándose las funciones prohibidas al común de los humanos, o simplemente proscribiendo sin excepciones el objeto cercenado por el tabú.

La alfabetización, por ejemplo, chocó en numerosas ocasiones con fuertes tabúes de manera que muchos pueblos consideraron la lectura como un acto sagrado, de dominio exclusivo de los sacerdotes, o como acción mágica de naturaleza perversa. De ahí que los lacedemonios no escribiesen las leyes de Licurgo prefiriendo aprenderlas de memoria, y que en España los inquisidores tomasen como garantía de buena fe el no saber leer ni escribir.

El progreso, sin embargo, debía llevarse a cabo y por ello las energías concretas desviadas por la censura tomaron casi siempre, como decíamos más arriba, el disfraz del símbolo. Ahora bien, la naturaleza del símbolo es intemporal y, por consiguiente, se impone distinguir el modo antropológico en que se produce en relación con el desarrollo alcanzado por cada cultura.

A nivel individual el símbolo elegido debe ocultar el problema íntimo y directo que padece el autor que lo adopta. Así vemos cómo Cervantes, encarcelado, manifiesta sus ideales bajo el símbolo de la locura. Un judío en peligro de persecución crea el ciego del Lazarillo de Tormes, y así podríamos multiplicar los ejemplos hasta llegar al de Buero Vallejo que, encarcelado y condenado a muerte, crea a la vez ciegos y alienados.

La capacidad evasiva que tiene el cambio de forma en el proceso psicológico del individuo equivale a la propiedad que presenta en el grupo social, a la intemporalidad mítica o a las representaciones en que la escena alude a momentos lejanos en el tiempo.

De esta debilidad manifiesta que suele ofrecer el grupo antropológico toma ventaja el arte para realizar la más difícil de sus tareas: la de hablar a sus contemporáneos de cualquier tema vetado por el tabú.

La locura que Solón finge para hablar de los defectos de su tiempo tiene, pues, los mismos efectos que exponer a los habitantes de Atenas del siglo v a. de C. todo un programa ético situándolo en los tiempos legendarios del rey Edipo.

Pero lo más importante del fenómeno cultural en sí se encuentra, sin duda, en esa lucha interna que deben librar de un modo continuo los tabúes y los símbolos para que el grupo humano progrese.

Si observamos, como caso tipo, el alcance de la ceguera en su valor significativo dentro del proceso simbólico, comprobaremos, sin dificultad, la dimensión trascendente que ofrece en los momentos conformadores de una cultura, en contraste con el valor de puro obstáculo que encuentra el mero hombre en las épocas marcadas con el signo de la culpabilidad.

En una época heroica un ciego puede ser un «vidente» en el sentido religioso, o un adivino, o al menos, poseerá una inteligencia que supera lo normal. Y así, merced al obstáculo que supone la carencia de la vista, se desarrolla en él una fuerza compensadora de carácter extraordinario.

Trasladado el problema a una época de culpabilidad, la ceguera sería, sobre todo, el símbolo de las dificultades con que tropieza el hombre en la vida, el obstáculo que impide al hombre cumplir su destino, y en el grado de mayor perfección el enfrentamiento con la muerte. En síntesis, la literatura de héroes destaca en el símbolo de la ceguera la energía desviada por la censura, mientras que la literatura de culpabilidad representa el obstáculo mismo que ésta supone como mal.

En la tragedia griega, Sófocles hereda de los tiempos heroicos la figura del ciego adivino Tiresias, prodigioso vidente, que en «Edipo Rey» se transforma en un culpable con el alcance que tiene el término en los momentos en que la culpabilidad se vive proyectada. Tiresias ve con toda claridad únicamente las culpas del Rey Edipo y en ello se agota su valor simbólico.

En cambio, el personaje de Edipo mismo deja, en su evolución, el círculo cerrado. Primero ve la culpa del padre, que obstaculiza su camino y, arrogándose potestad divina, lo mata; después reconoce el ser propio del hombre, el gran enigma y, en consecuencia, la esfinge queda vencida; sigue aún considerándose de la estirpe de los dioses y se une a su madre en matrimonio incestuoso. Por último, se descubre a sí mismo y se ve como el verdadero culpable, al fin se sabe mero hombre. La ceguera que se impone equivale claramente a la muerte que se da Yocasta.

Ser ciego es para Edipo el mayor obstáculo y la mayor transformación de su vida. Antes era rey, descendiente de los dioses de cuya protección tenía evidentes muestras. Después, mendigo, inválido y menesteroso, un desheredado de la suerte. La ceguera le sobreviene como castigo voluntario por no haber obedecido las prohibiciones del tabú. Es decir: Edipo es ciego por efecto de la censura.

El período interguerras de la literatura española ofrece un amplio panorama de personajes ciegos, rico en matices. Tal vez uno de los casos más conocidos entre todos los públicos sea el ciego de «Marianela» de Pérez Galdós. Multitud de artículos de dura polémica insertados en revistas para ciegos se encarnizaron con esta figura por lo mal que su temple psicológico se acomodaba a la realidad común. Pablo, en efecto, parece, además de ciego, sordo y distraído al no enterarse en tantos años de convivencia de la fealdad de su compañera.

A nuestro modo de ver, sin embargo, todos los articulistas que así se han exacerbado contra este personaje galdosiano pasaron por alto, olvidaron o desconocieron lo más importante de la obra: la figura de Marianela, única protagonista real de toda la trama.

Marianela es un ejemplo claro de antihéroe, de puro hombre en su dimensión femenina o subconsciente. Vive de la mendicidad, del desarraigo y se sabe horriblemente fea. Quisiera no serlo, pero su imagen reflejada en las aguas no le permite albergar duda alguna.

Por todo ello su verdadera realidad se detiene en lo preconsciente obstaculizada por la fuerza de la censura y así, proyecta en su parte consciente, en la masculina, la figura del ciego inteligente, culto y sabio, pero incapaz de ver, quizá por de sobra incapacitado para disimular.

El proceso de los acontecimientos no se detiene; el ciego va a recuperar la vista y el antihéroe mendigo busca la muerte en el suicidio. La lucha implacable prosigue aún. Los ojos de Pablo se abren y Marianela muere.

La esencia de nuestro comentario ha consistido en transformar el problema planteado por Galdós en forma dicotómica en un conflicto de sentido unitario. Con esta interpretación el tema, sin duda, se ha esclarecido, mas no deben entenderse nuestras palabras como crítica a la obra de Galdós en aspecto alguno. Sólo queremos aprovechar la oportunidad para decir, porque en ningún momento de nuestro trabajo puede resultar más claro, cómo a la época de Pérez Galdós corresponde la visión dicotómica de la culpabilidad.

El significado de los personajes ciegos en las obras de Valle-Inclán reviste primordial importancia para la comprensión antropológica del momento cultural español que estamos estudiando.

En nuestro libro «Psicología de la Ceguera» hemos podido ver cómo el protagonista de «Luces de Bohemia» padece un complejo de Orestes que corresponde claramente a su situación de ciego, aunque Orestes, modelo clásico del complejo al que da nombre, sea vidente.

Ahora, a la altura que estamos de nuestra investigación, se hace comprensible que los trágicos griegos derivaran la ceguera, propia de la psicología de Orestes, hacia su equivalente, la locura.

En Valle-Inclán, Max Estrella, el mejor poeta de España, diríamos el que posee la cualidad divina de crear, deambula mendigo, se sabe antihéroe y, en consecuencia, debe afrontar en solitario su propia muerte.

No es ésta, sin embargo, la figura clave para entender el mensaje que en las obras de Valle-Inclán expresan los personajes ciegos. El ciego cantor del prólogo a «Los cuernos de don Friolera» nos explica de un modo preciso cómo en el esperpento el hombre aparece visto desde la altura de un demiurgo.

Aparentemente, el problema del hombre queda, así, transferido a la mera estética. Pero, observado más de cerca y a través del prisma de la antropología, descubrimos que tal visión en nada difiere de la prescrita por los místicos del hermetismo sobre el ser humano. Estamos, pues, ante una nueva manera de ser del antihéroe, que consiste en aprender a ver la propia insignificancia.

Pero tampoco aquí se encuentra la última palabra de Valle-Inclán expresada por medio de sus ciegos.

Los ciegos mendigos que circulan en destierro perpetuo y, de entre ellos especialmente el ciego de Gondar, Electus, el elegido, pregonan, tanto con su presencia como con sus palabras, un nuevo sentido de la vida para el hombre desamparado, una moral nueva destinada al antihéroe en contraposición a los héroes, dueños del mundo.

Dejemos que Electus mismo, desde su papel en «El embrujado», nos diga su mensaje:

«...El pobre que recorre los caminos del mundo tiene que ser callado como la tierra. Quien todos los días halla que comer en la cocina de un amo, no sabe lo que son trabajos. ¡Eso solamente lo sabe la criatura que está tullida de las piernas o manca de los brazos! ¡Falta de la vista o falta del conocimiento, que es lo más peor, porque no puede alabar a Dios! ¡El pobre de pedir que anda los caminos del mundo tiene que ser callado como la tierra! Un suponer: Hay un rico caballero que va por el monte y descubre una cueva de ladrones, y como es un rico caballero y lleva su vara derecha, lo declara al Alcalde Mayor. El pobre de pedir nunca ve cosa ninguna. No sabe de asesinos ni de ladrones. Para llenar las alforjas hay que ser callado como la tierra. Los pecados de un pobre de pedir no son como los de un rico caballero. El pobre de pedir puede hacer muchas cosas malas sin condenar su alma. El pobre de pedir dice que no hay ladrones en el mundo porque a él nadie le roba. El pobre de pedir dice que no hay asesinos en el mundo, porque a él nadie le quiere mal. El pobre de pedir dice que no hay odio entre las familias, porque él es como una piedra que rueda. El pobre de pedir dice que no hay pleitos por las herencias, porque él no tiene nada que dejar... Al verdadero pobre de pedir hay que enterrarlo de limosna, y como pasa tantos trabajos, aun cuando haga cosa mala, no se condena como los ricos. ¿Sabéis vosotros quién está más al pique de condenarse? ¡El rey!»

No es necesario esforzarse en aclarar lo que es obvio: los ricos, los poderosos y en su culminación, el rey, es decir, los hijos del cielo, profesan hipócritamente una moral pura, una moral que sólo acepta el bien. Para los hijos de la tierra, en cambio, la moral es otra. Los antihéroes, los sólo hombres, deben vivir de realidades y saberse compuestos de bienes y de males, de tendencias conscientes y de fuerzas oscuras que parten del subconsciente.

Una vez más la dicotomía constituye la base de la escena.

Por último, queremos aludir, aunque sólo sea en breves palabras, a la contribución que Unamuno hace al problema de la censura, proyectada también, pese a sus variantes, en una persona ciega.

No tiene apenas objeto comentar «La Venda» de Unamuno, porque en ella las intenciones del autor son conscientes. Nuestra labor debe reducirse, por tanto, a destacar lo que ya está explícito en la obra, añadiendo, a lo sumo, matices terminológicos.

María, hermana de Marta, era ciega y ha recuperado la vista, pero sólo consigue orientarse bien con una venda en los ojos y ayudándose de un bastón para caminar. Acude a visitar a su padre enfermo y, mientras conserva la venda en los ojos, el padre vive. La curiosidad y el afecto la vencen; al destaparse los ojos, el padre muere.

La religiosidad, la fe y el misterio; es decir, el tabú por antonomasia, la mayor de las censuras, es para Unamuno la única fuerza capaz de mantener la vida verdaderamente viva. El hombre que se atreve a vencer el tabú es, como Edipo, culpable de un parricidio.

En nuestro análisis hemos alcanzado, una vez más, un punto de enlace con la obra de Buero Vallejo, en cuyos personajes ciegos podremos descubrir algunos ejemplos claros de personificación de la censura.

Concluimos aquí, por consiguiente, este estudio preliminar un tanto largo, pero a nuestro entender necesario para podernos adentrar con conocimiento de causa en una figura que representa una época de nuestra historia cultural española. Buero Vallejo no podría ser comprendido plenamente si se le observase aislado, produciendo sus obras como fruto de una mente creadora intemporal. Sin sus circunstancias, Buero Vallejo puede ser un dramaturgo interesante. Dentro de la historia antropológica de su pueblo se convierte en el símbolo trágico de una visión introspectiva que descubre en el hombre la culpabilidad radical capaz de abocarlo a una estética, a una ética y a una metafísica nuevas. La estética, la ética y la metafísica que tienen por base lo humano, lo meramente humano, el humanismo del antihéroe.

2ª Parte

El teatro de Antonio Buero Vallejo
presagio de una etapa filosófica
en la cultura española

SECCION 1.ª

**LA PERSONALIDAD
DE ANTONIO BUERO VALLEJO**

Capítulo V

Preliminares trágicos de una vida para el teatro

La primera deducción importante que podemos obtener de los capítulos que anteceden es la superficialidad de que adolecen en general las alusiones a influencias determinadas y precisas que con frecuencia se han venido haciendo a la obra de Buero Vallejo.

Toda creación que pueda, con justicia, calificarse de digna tiene entre los factores que la hacen posible en primer lugar el de las influencias. Pero no se trata en modo alguno de lecturas inconexas o de autores predilectos. Influirse de esta manera es propio tan sólo de pusilánimes en el sentido que da Ortega y Gasset a la palabra, que pretenden más la propia fama que el aportar a la humanidad una obra de valor.

Los verdaderos creadores tienden, antes que a ninguna otra cosa, a formarse, a hacerse a sí mismos, y para ello necesitan sensibilizar en extremo su receptividad. De esta manera, se sienten afectados por todos cuantos problemas inquietaron al hombre en cualquier tiempo y que aún no han recibido una solución sin posible réplica.

Por consiguiente, la influencia de otros creadores es necesaria e insustituible, pero el ámbito de valores en que se mueve este dominio no es el que se produce de individuo a individuo, sino el que se extiende al mundo que forman juntas las fuerzas que constituyen una cultura.

Hablar de que la obra de Buero Vallejo está influida puede ser significativo únicamente si con ello descubrimos la trayectoria de una idea que en él vive, conjeturamos el proceso que puede seguir en el futuro y adivinamos el sentido de un problema que se avecina. Es decir, si nos movemos dentro de la línea antropológica que condiciona la evolución de la personalidad de un pueblo, en este caso el nuestro, sea en solitario o en relación con otros pueblos vecinos.

El segundo elemento condicionante indispensable para que una obra de creación se logre se encuentra en la capacidad personal del autor.

A primera vista podría creerse inútil un examen detenido de este aspecto por tratarse en nuestro caso de un autor consagrado, lo que supone unos hechos que prueban por sí mismos la existencia de valores sin necesidad de análisis alguno. Pero el fin de nuestro trabajo no es descubrir unas cualidades que, en efecto, damos como supuestas, sino investigar las causas que permitieron su desarrollo e, incluso, adentrarnos en la génesis del proceso y los motivos que lo encaminaron por unas sendas determinadas.

La cuestión, podríamos decir, estriba en averiguar por qué Buero Vallejo escribe precisamente tragedias.

Al tratar de la psicología de la inteligencia es frecuente encontrar alusiones o aun estudios en los que se distingue el enfoque de la actividad mental humana por unas vías que abarcan, de un lado la investigación científico-técnica y, del otro, la filosofía y el arte. Respecto a la primera todo parece estar claro; el investigador tiene por tarea arrancarle a la naturaleza sus secretos y dar a la humanidad sus descubrimientos en forma de leyes para que ponga a su servicio unas fuerzas que le hagan más fácil y más cómoda la vida. Por el contrario, cuando se pasa a las consideraciones sobre la filosofía o sobre el arte, la diafanidad se pierde pronto y las ideas se hacen más y más oscuras y confusas.

El problema a nuestro entender, radica en la falta de una síntesis comprensiva de la totalidad de la que dimanan luego los aspectos parciales que constituyen estas divisiones con que acabamos de encontrarnos.

La mente humana, como cualquier otro elemento activo, se mueve siempre hacia los objetos atraída por la fuerza de una deficiencia que tanto puede afectar al individuo como al grupo. De esa deficiencia parte, en primer lugar, la necesidad de aprender, acto por el que nos incorporamos valores ya descubiertos por quienes nos precedieron. Pero que dista mucho de hacernos perfectos, de manera que la deficiencia continúa y, así, surge la necesidad de una segunda función que nos permita continuar descubriendo y creando.

Descubrir y crear se unifican, pues, como actividades compensatorias de una deficiencia que se manifiesta en todo el grupo social humano.

Si ahora pretendemos diferenciar dentro de esta creatividad genérica las funciones específicas de la ciencia, la filosofía y el arte, tendremos que atender sobre todo a los objetos que tales funciones persiguen y, en consecuencia, distinguir unos de otros los métodos aplicables a cada caso.

Antes de avanzar en nuestro estudio hacia cada uno de estos aspectos debemos descubrir en previsión de falsas interpretaciones la existencia de un elemento básico, factor común, por consiguiente, a las tres actividades de la mente humana que hemos considerado, y del que depende nada menos que su rango de intelectuales. Nos referimos a la capacidad de pensar que toda mente creadora, sea científica, filosófica o artística, debe ejercitar de un modo previo a toda solución positiva.

La investigación científica, enfrentada a la naturaleza como objeto, sigue la línea recta de su desenvolvimiento, de manera que avanzar y progresar son en esta materia sinónimos. Esta cualidad es, sin duda, la que más contribuye a la consideración de claridad de que goza. Cuanto un científico puede hacer progresar la parcela del saber a qué se dedica parte del punto en que concluyeron sus antecesores.

Para examinar el problema generador de la filosofía podemos, siguiendo el orden inverso que en la ciencia, observar la característica, tan discutida entre los pensadores, de que cada filósofo elabora su sistema volviendo, una y otra vez, al principio y necesitando, por consiguiente, construir de nuevo todo el sistema.

Basándose en esta cualidad muchos críticos de la filosofía pretendieron desautorizarla, pues no reúne las condiciones favorables de la ciencia.

Mientras tanto no faltaron filósofos como Husserl, esforzados en probar con el mayor empeño que el método de la filosofía es, con todo rigor, el científico.

Desde nuestra visión sintética del problema de la actividad mental humana nos es fácil advertir que el objeto perseguido por la filosofía no es como en la ciencia saber, sino conocer. La ciencia, por tanto, persigue leyes mientras que la filosofía busca principios.

Desde este punto de vista se hace claro el proceder en línea recta de la ciencia, puesto que camina hacia adelante en contraposición con el retroceder continuo de la filosofía, ya que su marcha se dirige hacia los principios. Cada vez que un filósofo progresa, su logro se debe a haber conseguido iniciar sus investigaciones un paso más atrás.

A la distinta naturaleza del objeto corresponde, pues, una cualidad diferente en la función. Es el cambio que va del saber al conocer y esta diferencia debe, consiguientemente, concluir en unos fines diversos.

Este es quizá el motivo principal que ha venido dando prestigio de claridad a la ciencia y consideración de oscura a la filosofía. Nos referimos al hecho de que la ciencia concluya cada vez en el descubrimiento de una ley universal a la que se llega mediante el saber. El conocimiento, en cambio, es siempre inconcluso, no tiene leyes universales sino facetas y aspectos que pueden multiplicarse infinitamente, de manera que nunca se alcanzan en ellos verdades absolutas sino relativas.

Un último rasgo característico de la filosofía debemos poner de manifiesto si queremos hacer del todo comprensible la trifuncionalidad mental humana. Aludimos a la propiedad que tiene el conocer de superar el condicionamiento de fluir continuo que el tiempo ejerce sobre la realidad, valiéndose de una copia estabilizada de la misma, de una representación.

La multisecular polémica entre las concepciones del mundo antiguo de Parménides y Heráclito puede quedar superada, tan sólo con advertir que sus posturas no son antagónicas, sino excluyentes. Mientras la teoría de Heráclito resuelve el problema de la realidad, la de Parménides extiende su ámbito de validez únicamente al dominio del conocimiento.

Ahora bien, conocer y el medio que hace posible el conocimiento, representar, son capacidades humanas, dotes que pertenecen sólo al dominio del hombre entendido como contrapuesto a la naturaleza. De este modo, la conclusión que se nos impone es que mientras la ciencia tiene por objeto el mundo natural, la filosofía afronta, más bien, el problema de lo humano en su esencia.

En el desarrollo de nuestro trabajo quedamos ahora abocados a explicitar el valor funcional que compete al arte dentro del sistema de actividades de la mente humana.

La primera cualidad que podemos descubrir en el arte es la de pertenecer en su integridad al mundo de lo humano. Nos lo prueba de un modo suficiente el hecho de que las artes representan o se representan.

Es cierto que a veces en el arte intervienen elementos tomados de la naturaleza, lo que podría hacer creer que no difiere en este punto de la ciencia. Si un cuadro reproduce un paisaje y un científico sabe que los cuerpos están sujetos a la ley de la gravedad, ¿cómo podemos decir que el objeto de la ciencia es la naturaleza, y el de la pintura el hombre? La distinción es sutil, pero no por ello deja de ser clara: la ciencia nos permite aprender y dominar el mundo, utilizar sus fuerzas en nuestro provecho. El arte, en cambio, en nuestro caso la contemplación de un cuadro en el que figura un paisaje, contribuye a desarrollar nuestra sensibilidad, nos enseña a ver mejor. Y esta característica es vinculante para que el cuadro pueda considerarse o no como obra de arte.

Así sale a la luz el sentido verdadero de la sentencia, tan repetida a través de la historia, de la no utilidad del arte. Se trata, con exactitud, de que la obra artística no facilita jamás al hombre el dominio sobre las cosas, sobre la realidad externa.

El peso de la injusticia recayó, sin embargo, sobre el arte al detenerse el razonamiento en su condición de inutilidad. Asimilado lo inútil a lo inservible, el prestigio del arte, al menos en el mundo de lo consciente, quedó relegado a una categoría ínfima. La mera contemplación, o, a lo sumo, el placer de los sentidos, eran los únicos valores que cabía atribuir a una actividad que no alcanzaba el rango de instrumento para ejercer algún dominio sobre el entorno.

Ahora, desde nuestra perspectiva, se hace visible un inmenso panorama de posibilidades para el arte. Ante nosotros aparece el hombre dotado de unas cualidades que específicamente llamamos humanas, término poco afortunado que nos obliga a hacer algunas distinciones para enmarcar su ámbito de validez.

Lejos de la escolástica, no entendemos que lo humano guarde relación con la voluntad libre ni con lo consciente. Consideramos, más bien, que este calificativo sirve para dignificar aquellos impulsos que mueven al hombre a valorar por sí mismos a los demás hombres, a incorporarlos a la esfera de valores que viven como propios.

De este modo, humana es sólo aquella cualidad que capacita al hombre para sentir al hombre, y, en consecuencia, para descubrirse a sí mismo como hombre. Esas cualidades específicas humanas, por consiguiente, están ahí, en cada individuo, a veces casi en mero germen, a veces desarrolladas en grado diverso; pero siempre abiertas a ulteriores perfeccionamientos.

Pues bien, la función del arte consiste en desencadenar los impulsos necesarios para actualizar esas capacidades en potencia o para acrecentarlas cuando ya se han logrado.

Prosiguiendo, podemos observar cómo el método que conduce a la creación artística sigue una trayectoria que oscila constantemente entre movimientos de progreso y de regreso. El artista tiene como misión retroceder cada vez a mayores honduras en los problemas humanos y al apresar alguna de sus facetas, avanzar con ella un paso más de lo que hasta entonces se había hecho.

Por último nos interesa destacar el hecho de que los procesos artísticos no concluyan nunca en un mensaje de sentido unívoco sino en una expresión que evoca valores de manera ilimitada. La obra de arte como tal queda siempre abierta a nuevas interpretaciones y sugerencias.

De cuanto acabamos de exponer se deduce sin dificultad que el arte persigue la aprehensión de fuerzas, mas no arrancadas a la naturaleza como ocurría en el quehacer científico, sino movilizadas en el interior del hombre mismo. De esta manera el hecho de ser fuerzas y de tener un sentido necesariamente humano le hacen participar a la vez del método científico y del filosófico en su proceso. Por otra parte, el objetivo final abierto a lo multiforme convierte al arte en una actividad humana de características semejantes a las del conocimiento, cuyos caminos prepara siempre en alguna medida.

Si ahora volvemos la atención sobre el predominio de lo humano en el sentido de la cultura española debe resultarnos coherente el hecho de que nuestros intelectuales prefieran el arte a la ciencia.

La frase de Unamuno «que inventen ellos», referida a la investigación científica en el extranjero, no es como tanto se ha dicho un síntoma de complejo de inferioridad, sino, por el contrario, una manifestación clara de la seguridad que le ofrecía el mundo humano de la creación artística, y el presentimiento de una filosofía nueva marcada por el mismo signo.

Nacido y criado en este ambiente cultural hispano, Antonio Buero Vallejo tiene, naturalmente, muchas probabilidades de encaminarse hacia el mundo del arte como objetivo primordial de su vida creadora. El problema se plantea al momento de elegir entre las posibles ramas artísticas.

En un artículo nuestro, «De símbolos a ejemplos», publicado en el número 9 de la Revista SIRIO, y reproducido en su totalidad en «Hoy es fiesta, Las Meninas, El tragaluz», Ed. Taurus, hablamos con toda amplitud sobre el temperamento visual que caracteriza a Buero. Este condicionamiento un tanto biológico puede haber sido, a nivel primario, un factor importante en su decisión por el arte pictórico.

En efecto, Buero dedica algunos años de su vida preferentemente a pintar, si bien ya entonces escribe algo; sobre todo, cosas acerca del arte. Años después se manifiesta su vocación definitiva tras algunos episodios, en nuestra opinión esenciales, en la constitución de su personalidad. Debemos, pues, detenernos a examinar con el máximo cuidado las características de la pintura y de la tragedia en relación con los acontecimientos que experimenta la vida de Buero.

El sentir propio del arte pictórico, la capacidad humana que la pintura mueve a perfeccionarse, radica, a nivel primario, en el fondo sensorial del individuo, que necesita aprender a ver de manera humana. Es decir, la pintura nos enseña que el hombre no debe limitarse a ver y mirar, sino que debe, además aprender a sentir mediante la vista. Con ello se eleva en tal grado que la facultad resultante deja de ser un mero sentido para alcanzar la categoría de un sentimiento.

En su dimensión antropológica, por tanto, la tarea propia del pintor consiste en el paso del caos amenazador al orden tranquilizador, en transformar la madre tierra que nos domina y nos amenaza en madre que nos acaricia.

Por lo que respecta al arte de la escena advertimos, en primer lugar, el estar basada la representación siempre en hechos ya humanos y sentidos como tales. Es el discurrir del hombre por la vida lo que constituye el fundamento material del teatro. Si también de este arte hemos de esperar que nos enseñe a sentir a lo humano su lección no puede ser otra que la de mostrarnos de un modo vivencial que el hombre es hombre.

En el aspecto más profundo del arte de la escena, la tragedia, este mostrarnos la humanidad del hombre es reflexivo, como hemos visto.

Una representación se hace trágica cuando nos aboca a nosotros mismos en nuestra propia naturaleza humana, cuando nos descubre nuestro verdadero ser de culpables. Para alcanzar este descubrimiento el proceso debe seguirse por cauces tales que toda posibilidad de proyectarnos, y por tanto de sentirnos como héroes, sea evitada.

El desarrollo de una tragedia viene a ser, por ende, el callejón sin salida que nos enfrenta con nuestra condición de sólo hombres.

Cuando Sigmund Freud interpreta el proceso de Edipo Rey como el cuadro clínico de un neurótico, desequilibra la balanza del problema del lado de la medicina. Poco después, él mismo comprueba cómo el ciclo no cambia de signo en los cuadros correspondientes a las personas que disfrutan de buena salud psíquica; mas ya, víctima de su error, no tiene los reflejos necesarios para rectificar el sentido de su descubrimiento.

A la vista de los síntomas psicológicos y antropológicos contrastados, no nos parece aventurado afirmar que en el sentido inverso al freudiano se encuentra la solución correcta del problema.

En nuestra opinión los pasos que sigue un argumento trágico determinan la formación de una personalidad madura, de manera que la vida de Edipo, en la que el ciclo se cierra, constituye un modelo acabado de psiquismo correcto. Edipo culmina una trayectoria ejemplar para el hombre en su esfuerzo por alcanzar la plenitud, el equilibrio y la independencia de sus sentimientos con respecto a sí mismo. Más que un enfermo, pues, Edipo es un verdadero atleta de la sensibilidad.

Un breve análisis de los elementos que intervienen en el arte trágico para componer esa figura simbólica de la vida humana nos resultará, sin duda, provechoso en nuestro intento de aclarar el sentido primordial de la tragedia.

El individuo nace de una pareja, en el seno de un grupo. Estas circunstancias lo ponen en la necesidad de recibir el sustento y los cuidados maternos. Con ello la madre adquiere el significado de la protectora universal. El padre le proporciona, a continuación, un modelo de vida, un ideal al que conformar tanto sus acciones como sus pensamientos. Inmerso en la sociedad, hasta él llegan inevitablemente unas pautas culturales generalizadas que normalizan las relaciones humanas como dentro de un conjunto de protecciones e ideales armonizados.

A partir de esta constitución pasiva debe el hombre tomar sobre sí, y en esto consiste su tragedia, una nueva tarea para la cual no puede contar ya con protecciones o ideales de ningún género. El hombre, expulsado del paraíso, se ve obligado a realizar solo la empresa de su propia personalidad.

La obra poética de Antonio Machado destaca como ninguna otra este desamparo humano representando por los caminos que, o no existen —«caminante, no hay camino, se hace camino al andar»—, o dejan de existir —«el camino que serpea y débilmente blanquea, se enturbia y desaparece».

Pero esta falta de norte no es la única dificultad con que tropieza el hombre en su proceso de autoformación. Su pertenencia a la familia y al grupo se hace conflicto ante esa nueva labor diferenciadora que se le impone.

Toda tragedia se inserta por esencia en este segundo ciclo conformador de cada vida humana y lo sigue de un modo más o menos completo, según el nivel cultural del grupo y la capacidad del autor.

Edipo, el ejemplo más repetido y tal vez más profundo, recorre, como hemos visto y ahora vamos a recalcar, una trayectoria clara de diferenciación de su personalidad. Abandona el hogar que cree paterno y emprende la marcha del solitario que va no sabe a dónde. El padre verdadero se le interpone, no le permite avanzar. En lenguaje psicológico diríamos: le prohíbe recorrer otra senda que no sea la hollada antes por él. Se le convierte en ideal único y es entonces cuando Edipo, psíquicamente sano, destruye el obstáculo, rompe los primeros lazos generacionales que le ataban, mata a su padre y prosigue.

Como consecuencia los episodios de su vida se concatenan y un tiempo se refugia bajo el amparo maternal, se acoge al subconsciente del que puede heredar todavía muchas prendas valiosas, entre ellas la corona regia. El proceso continúa, vence también en el segundo pleito generacional contra la madre, contra el subconsciente, al que no necesita destruir porque el subconsciente tiene las fuerzas necesarias para destruirse a sí mismo. Liberado ya de los modelos y refugios Edipo se encuentra con el verdadero Edipo, el culpable, el mendigo, y ante él, ciego, el camino «se enturbia y desaparece».

No cabe negar que el proceso sea doloroso, pero refleja una personalidad saludable, abierta al rumbo que cada uno deba tomar y que suponga la actualización de las virtudes diferenciadoras del ser humano.

También el ciclo edipiano puede dar lugar al complejo neurótico descubierto por Sigmund Freud. La psicología clínica experimenta con este aporte uno de los mayores impulsos. Pero la enfermedad se produce tan sólo cuando el proceso se detiene en una de sus etapas y el individuo queda fijado en el parricidio o en el refugio materno, y, sobre todo, cuando el símbolo se interpreta como realidad, cuando el padre o la madre dejan de ser las figuras de los ideales conscientes e inconscientes y pasan a sentirse como individuos personales y concretos.

Con las precisiones que anteceden llegamos a un punto clave para nuestra investigación. El símbolo se nos presenta, de acuerdo con su etimología, como un punto en el que coinciden elementos diversos, es la figura que reúne aspectos múltiples. En él se concreta siempre una realidad, y, sin embargo, su función no consiste nunca en concretar, sino en generalizar. Debemos, por tanto, concluir que los elementos reunidos son, más bien, gérmenes, de manera que su capacidad para generalizar se encuentra en lo que sugieren. Así se cumple también su facultad de evocar e impulsar hacia un mundo todavía no creado.

De tales características puede deducirse fácilmente que el símbolo, en sus efectos, es reversible en cuanto que su movimiento sugeridor tanto puede progresar como regresar. Además, y ello reviste interés para nuestro trabajo, los sentimientos que componen el símbolo se hacen interdependientes, de manera que uno de ellos puede atraer la presencia de cualquier otro.

El resultado más notorio del análisis de estos procesos en cadena estriba en la similitud que podemos descubrir entre la sucesión de sentimientos provocada por los símbolos en el arte y las secuencias mentales en el seno de la magia. El mago busca relaciones de semejanza o de contacto; es decir: símbolos, para desencadenar unas fuerzas determinadas en el mundo de la naturaleza. El artista logra, por los mismos medios, desencadenar esas fuerzas en el mundo de lo humano, en lo que radica una de las mayores virtudes del arte, como puede desprenderse del conjunto de nuestro estudio.

Esperamos que esta larga digresión nos haya dispuesto para entender con toda claridad el problema vocacional de Buero Vallejo, primero pintor y después dramaturgo trágico.

Estamos convencidos de que muchas circunstancias, además de las que vamos a tratar en estas líneas, habrán influido en los cambios vocacionales experimentados por Buero. No obstante, vamos a limitar nuestro estudio a algunos acontecimientos que nos parecen decisivos en tal grado que bastan para explicar la trayectoria completa de sus actividades artísticas.

Buero Vallejo nace en Guadalajara el 29 de septiembre de 1916. Realiza sus estudios de Bachillerato en el instituto de su ciudad natal e ingresa en la Escuela de Bellas Artes de San Fernando de Madrid en 1934. Está próximo a cumplir 20 años cuando estalla la guerra civil española, y, hasta entonces, no observamos ningún síntoma de vacilación en sus deseos de ser pintor.

Las dos Españas que habían contendido en las guerras carlistas luchan de nuevo entonces por las mismas ideologías. Las derechas, por un lado, pretenden la estabilización de las virtudes tradicionales de nuestro pueblo. Sus partidarios se erigen en herederos de los dioses y pretenden, en consecuencia, impedir el paso a todo proyecto de hombre diferente. Son los ideales del padre que obstaculizan el camino que sólo puede hacerse al andar.

Por otra parte, las izquierdas, en cuya manera de manifestarse podemos adivinar la marcha de Edipo, el avance hacia el mero hombre, enarbolan la bandera del progreso y se enfrentan con igual violencia en una lucha de incompatibles.

Buero toma, con toda claridad, partido por las izquierdas. Intenta incorporarse como voluntario a las filas del ejército republicano, cosa que no hace al principio por oposición de la familia.

Poco tiempo más tarde su padre, Don Francisco Buero, es encarcelado por parte de las izquierdas. La familia se desconcierta, trata de hacer gestiones en su favor y es el propio Antonio Buero quien las lleva a cabo. Algunos amigos le sugieren que es en la cárcel donde más protegido puede encontrarse su padre de los desmanes que están sucediendo. El desconcierto continúa en todos los miembros de la familia, y, en esta situación, el día 7 de noviembre llega la noticia de que Don Francisco Buero ha sido fusilado.

En la sucesión de estos hechos se manifiesta con toda evidencia la entrada de Buero Vallejo en un proceso trágico experimentado en su propia persona.

Su primera identificación con las izquierdas equivale en el orden social a una ruptura con los ideales paternos, como hemos visto. Buero, como Edipo, abandona el calor del hogar en busca de sí mismo. Ahora es la psicología la que los va a mostrar coincidiendo también en idéntica encrucijada.

A pesar de la gran cordialidad en que viven y el mutuo afecto que se profesan todos los miembros de la familia, el conflicto generacional, a nivel psicológico profundo, se produce. El hijo no sigue la ideología paterna, y esto, dentro de las buenas relaciones familiares, es un hecho sin importancia, pero una vez que el padre muere por causa de esos ideales, el problema alcanza, con todo rigor, carácter de tragedia.

La capacidad que encontrábamos en el arte de hacer reversibles los efectos del símbolo reaparece en el terreno de la psicología, donde los síntomas tienen el poder de regresar y actuar sobre la conciencia «como si» en ella se encontrase la raíz de la culpa. El sentimiento que sigue a un hecho doloroso, en particular si el dolor lo produce la pérdida de la persona, tiene la propiedad de atraer y situar en el presente, con categoría de responsables, todos los momentos anteriores en que el sujeto hubo de decidir, ajeno a las consecuencias, algo que influyera en la trayectoria de la persona perdida «Si yo no hubiera hecho...», «si yo le hubiera dicho...», son frases que se repiten siempre en tales circunstancias.

El fenómeno guarda estrecho parentesco con la tendencia de los primitivos a identificar los fines y las causas. Cuando la confusión se produce entre propiedades naturales y cualidades humanas, atribuyendo, por ejemplo, intencionalidad consciente a las causas, el alcance mágico no ofrece dudas, pero abundan también las ocasiones en que todo el proceso se mantiene dentro de términos estrictamente humanos, y entonces la reversibilidad se hace manifiesta. Hasta el Evangelio, incluso, llega la forma expresiva: «Estas cosas se dicen en parábolas para que viendo no vean y oyendo no oigan ni entiendan», frases que en boca de Jesús significan: «estas cosas se dicen en parábolas porque viendo no ven y oyendo no oyen ni entienden». Se trata de que las cosas por sí mismas, los hechos vividos de manera directa, no ejercían influencia alguna sobre los oyentes, y, por tanto, se hacía necesario recurrir a la dimensión simbólica de la parábola para provocar esa fuerza que sólo sabe desatar el arte.

Grindberg, en su libro «Culpa y depresión», nos explica cómo a la pérdida sigue un proceso de duelo reparador, que consiste en interiorizar el objeto perdido y convertirlo en un buen recuerdo.

El sentido profundo de este duelo reparador no debe pasársenos inadvertido, pues de su interpretación correcta depende un gran paso hacia delante en nuestro trabajo.

El valor compensatorio de esa interiorización del objeto no necesita ser comentado. Con toda claridad estamos ante un problema isomórfico en el que la psique sólo se equilibra sustituyendo el objeto real por el buen recuerdo. Ahora bien, al término del proceso psíquico podemos descubrir un cambio sustancial de perspectiva. La esencia del nuevo objeto difiere hasta tal punto del objeto primero que apenas tienen elementos en común. El objeto real, la persona viviente en nuestro caso, ha desaparecido del todo, el vacío interior lo llena ahora el buen recuerdo, según Grindberg; en todo caso algo que por sus características hace recordar, evoca, y, además, reúne en sí todas las energías desviadas del anterior objeto real. La actividad compensatoria nos ha llevado, pues, nada menos que a la creación de un símbolo.

Un ciclo psicológico semejante al que acabamos de describir hubo de ser recorrido vivencialmente por Buero Vallejo. La primera etapa de la tragedia, el primer paso hacia el antihéroe se cumple con todo rigor en su persona. En su interior la actividad creadora forja, por necesidad, la figura simbólica del padre en cuyo contenido se inspirará siempre el conflicto de sus piezas dramáticas.

Una nueva circunstancia histórica va a dejar su huella indeleble en la vida de Buero. Nos referimos a la contienda nacional.

Nuestra guerra civil, examinada en su dimensión antropológica, reviste los caracteres propios de una crisis paranoica que desemboca en un conflicto generacional colectivo.

La personalidad de España muestra, desde época muy temprana, clara simpatía por la paranoia. Los rostros torturados que aparecen en las pinturas del Greco, según los estudios que le dedica Gregorio Marañón, ofrecen evidentes síntomas de ello. Más tarde es Cervantes quien lleva esta enfermedad mental, haciendo presa en Don Quijote, a la cumbre de nuestras letras. Pero no es sólo el arte; también la realidad nos presenta en el cuadro psicológico de San Ignacio indiscutibles coincidencias con la mente paranoide de Don Quijote, y no puede dudarse de que en una y otra figura se ven retratados con frecuencia los españoles, o, al menos, son ideales de los que se enorgullecen y a los que aspiran.

Si llevásemos el examen a nuestra personalidad histórica vista en su conjunto, iríamos descubriendo, una tras otra, cada una de las características que componen el síndrome de esta dolencia: la proyección de la culpa, tema que ya hemos desarrollado con toda amplitud; el egocentrismo, el aislamiento, la suspicacia, etcétera.

Pero lo que ahora nos interesa es, más bien, el análisis de algunos detalles que, en los años treinta, desencadenan, a nuestro entender, una crisis delirante que se extenderá luego durante un largo período.

Por parte de las derechas el sentimiento de que el mundo es hostil se vive entonces con gran intensidad. La palabra enemigo se oye por doquiera, incitando siempre al estado de alerta. Sobre todo resultan peligrosos los hombres de ideas avanzadas, los soberbios intelectuales, y, al igual que para Musolini, la masonería.

Por otra parte, el significado de España se engrandece, y, en rasgo claramente paranoico, se hace redentora. De un modo reiterativo se habla de «amar a España porque no nos gusta», pero toda referencia a algún defecto de la patria es considerada sin más como traición.

Completa el cuadro de paranoia que estamos describiendo, el fanatismo religioso que domina en las relaciones políticas. Se reza y se fusila como en tiempos de Iván el Terrible, se tortura en nombre del amor cristiano, y se grita «por el imperio hacia Dios», con claro sentido de ejercer el poder so pretexto de religiosidad.

Las izquierdas, ciertamente, disfrutan de mejor salud mental, si bien no exenta de problemas, en parte por el contagio psíquico, y, sobre todo, por la inmadurez en que se encuentra el desarrollo de su personalidad. El movimiento político izquierdista español admitió, de un modo abusivo, la ideología igualitaria que le llegaba del marxismo, de manera que ese desarrollo del propio yo personal que preconizábamos como condición para el logro de una salud óptima, se hacía inviable. Pese a este contrasentido, la república española, con tiempo suficiente, se hubiera abierto a la plena salud mental, porque en su esencia contaba con todos los gérmenes necesarios para una obra de esta naturaleza.

La guerra, último estadio de la evolución paranoica, llegó declarada, como es lógico, por las derechas. Al campo de batalla salieron a luchar en nuestra patria las ideas tradicionales paternas contra las progresistas de los hijos.

El fusilamiento del padre no alejó a Buero de quienes contendían en la parte de las izquierdas durante la guerra civil española. Su convicción no se encontraba a nivel de relaciones individuales, sino en el fondo de unos problemas que afectaban de raíz al pueblo español.

Para la formación trágica de Buero Vallejo la experiencia de la guerra civil tiene también un valor fundamental. Como la peste en Tebas, la guerra de España es una enfermedad colectiva sufrida por el pueblo. Se trata, pues, de conflictos sociales que deben tener un sentido preciso. En nuestra guerra civil contienden las tendencias propias de dos generaciones, los padres y los hijos. En el paralelo tebano, la culpa de la peste la tiene Edipo por parricida e incestuoso. Los dioses no soportan como héroe, como salvador, a quien abandona los ritos paternos; Edipo debe aprender la renuncia a todo sentimiento de grandiosidad y, por tanto, debe perder la corona e incluso la patria. La transformación de Edipo supone, además, la pérdida de la vista como condición necesaria para acercarse al conocimiento de sí mismo, a su propia verdad de antihéroe.

También Buero sufre la derrota de la guerra y una vez más el duelo reparador actúa, creando en su subconsciente unas figuras tales que extienden al conjunto de la sociedad los valores que representan los padres en el seno de la familia. Sus obras lo van a reflejar de manera clara en el enfoque ético-social de todos los problemas conflictivos generacionales.

Mas para la entrada definitiva de Buero Vallejo en la dimensión del antihéroe falta todavía una etapa esencial en su trayectoria biográfica: la que equivale en el paralelo de Edipo a la pérdida de la vista.

Terminada la guerra Buero pasa a un campo de concentración y de él a una libertad que no había de durar mucho tiempo. Su inquietud lo lleva a participar en un grupo político clandestino, lo descubren y, a partir de ese momento, la tragedia, cinceladora de su personalidad, va a asestar una serie de golpes maestros sobre su destino de artista. Esta vez las pérdidas se ciernen sobre su propio yo. Sufre un juicio del que resulta condenado a muerte y pasa a la cárcel a esperar que la sentencia se ejecute.

Así, enfrentado a su propia muerte, experimentando por sí mismo la limitación de la vida y la privación de la libertad, Buero aprende la verdad de sí mismo, la propia miseria, en una doble vertiente, por lo que se refiere a su ser de mortal que le hace aprender la nada a que tiende, el ínfimo valor y el menosprecio de sí mismo, y por lo que respecta a la libertad perdida, hecho que le enseña cómo incluso el breve tiempo de su duración terrena se desarrolla entre límites que de un modo constante procuran su empequeñecimiento, buscan su insignificancia. Para el duelo reparador sólo cabe compensar estas pérdidas creando en su subconsciente, en su íntima personalidad una figura completa de antihéroe universal.

El indulto a la pena de muerte llega a los ocho meses, pero su vida en prisión se alarga por un período de seis años más.

El influjo de esta etapa en la obra literaria de Buero es evidente y sus creaciones lo reflejan siguiendo las dos mismas vertientes que indicábamos para un proceso de duelo reparador. El sentido de la vida que llevan sus personajes es, por ello, lucha contra los límites que cercenan sus posibilidades y en un segundo aspecto, el último y sin duda el de mayor importancia, las obras se resuelven siempre en el enfrentamiento con el propio ser, con nuestra propia verdad de sólo humanos.

Las circunstancias que hemos ido encontrando en la vida de Buero Vallejo y que, como hemos visto, coinciden en su significado con las etapas que Sófocles hace recorrer a su personaje, Edipo, en su hacerse símbolo y modelo de una tragedia, son las que, a nuestro entender, exigen el giro de pintor a dramaturgo que experimenta su vocación artística.

Empieza así a vislumbrarse, en el panorama de nuestras consideraciones, un vínculo de íntima dependencia entre el sentido de las obras y la personalidad del autor. O, siendo aún más preciso, cabe decir que las obras son, en su esencia, criaturas de la fantasía compensatoria llegadas al subconsciente para equilibrar al autor de las pérdidas sufridas en la realidad. Las tragedias de Buero son, de esta manera, verdaderas creaciones, piezas auténticas extraídas de sí mismo.

El trágico Buero se hace, por tanto, en el conflicto generacional que experimenta en su propia vida, en la reclusión carcelaria que limita su libertad y en el enfrentamiento con la muerte. De ahí que sus obras sean conflictivas, se desenvuelvan en manifestaciones de rebeldía ante la limitación humana y desemboquen en el descubrimiento del yo culpable, insignificante y que tiende a la nada.

De esta manera, alcanzamos el meollo de su problema vocacional resuelto por la vía de la tragedia; pero la incógnita se aclara sólo en parte. La llamada de la pintura permanece ante nosotros como una interrogante cuyo ser profundo debe ponerse de manifiesto.

El hecho se encuentra, con toda seguridad, envuelto en la relación materna y sus símbolos derivados. Después de los descubrimientos psicoanalíticos de Sigmund Freud la figura de Yocasta viene acaparando todos los valores maternales de significación psicológica, con la consiguiente parcialidad en los resultados de las investigaciones.

El olvido de otros mitos de enorme riqueza como el de Eva, el de Medea o el de Gaia y, en nuestro caso, sobre todo, el de Pandora, nos ha dejado al margen de unas posibilidades que hubieran alumbrado aspectos valiosísimos, incluso de la propia figura de Yocasta.

Eva, la madre universal, no ejerce sus funciones psicológicas de madre con sus hijos, sino con Adán. Tanto por el parentesco lingüístico como por algunos vestigios históricos, Eva es una clara reminiscencia de la esposa o parte femenina de Yahvé, cuyos atributos paternos no dejan lugar a duda. Eva quiere para Adán esos atributos con destacado interés por la sabiduría, considerada como el atributo que hace del padre un modelo de vida.

El conflicto generacional se resuelve de un modo positivo en cuanto a lo que se pretendía: el hombre alcanza la ciencia ética, el conocimiento de sí mismo, pero el precio inesperado es la tragedia de descubrirse mero hombre, condenado a vagabundear errante por el mundo y después morir.

La madre colabora, pues, con el hijo en la lucha que se entabla entre las generaciones y se identifica con él para recibir juntos, bajo forma de castigo, el precio de su obra: el dolor de tener hijos, hacer hombres, o el trabajo para sustentarse, hacerse hombre.

El complejo mito de Medea aporta al conflicto generacional el poder destructivo de la venganza, medio que utiliza cada vez que su debilidad femenina la sitúa en desventaja. En la última de estas destrucciones, la que aquí nos interesa, mata a sus propios hijos para vengarse de su marido, Jasón, con lo que deja bien claro hasta qué punto identifica al padre con el hijo.

El mito de Gaia, o Gea, la madre tierra, ha recibido cuidadosa atención por parte de los psicólogos. De una manera especial Rof Carballo lo comenta en diversos trabajos con agudo ingenio, por lo que sería inútil aquí un detenido examen. Destacaremos, pues, únicamente la importancia que reviste el hecho de que en este conflicto generacional la madre sepa ocultar la monstruosidad de los hijos, esconderlos en sí misma.

Hasta aquí la psicología proyectada en el mito nos habla de una función materna emparentada en sus tendencias con el papel de Yocasta en la tragedia del hijo. La madre se convierte en un subconsciente que incita a la búsqueda de la ciencia del bien y del mal, o a la posesión de la corona y al mismo tiempo disimula la monstruosidad filial tras el parricidio. Es el refugio sombrío y maquinador, en contraste con el visible modelo de ideales que representaba el padre.

Si ahora transportamos este contraste a nivel de manifestaciones artísticas puede comprenderse fácilmente cómo el lenguaje puede interpretar mejor los problemas que guardan relación con la figura paterna, mientras que las profundidades maternales encajan más bien en el género pictórico.

El pintor a niveles profundos expresa un subconsciente. No alcanza la racionalidad del vocablo, sino la impresión sensible, tanto favorable como hostil.

Buero Vallejo se interesa en su juventud por la pintura probablemente dentro de esta dimensión de psique materna, porque hasta él no había llegado todavía la tragedia de ideales en conflicto. Y si el cambio se produce sospechamos, con todos los fundamentos ya dichos, que se le impone por las circunstancias experimentadas en su propia vida.

Debemos notar que Buero no abandona del todo los pinceles. De vez en cuando vuelve a ellos y uno de estos momentos sucede poco después de la muerte de su madre. Entonces, con toda seguridad, sólo la pintura tiene fuerza expresiva para exteriorizar el buen recuerdo creado en su subconsciente como figura compensatoria de la pérdida sufrida.

No se entienda, sin embargo, esta división tan drástica como acabamos de marcarla en las líneas que anteceden. Pintura y tragedia pueden recibir ambas a la vez influencias que proceden de las cualidades representadas por cualquiera de los padres distinguiéndose únicamente en ligeros matices. Para aclarar algo más estos extremos hubimos de retrasar el análisis del último mito de madre, Pandora.

La evolución que sigue este mito y las diferencias de contenido que pueden observarse en las versiones llegadas hasta nosotros nos hacen pensar que la fabulación originaria no era griega, sino libia.

En la versión mítica de Babrio, probablemente anterior a la de Hesíodo, es un hombre el protagonista del conflicto, y no son males, sino bienes los que salen de la tinaja para inundar el mundo. Los pueblos indoeuropeos, invasores de la Hélade, alerta contra todo vestigio de matriarcado, hubieron de introducir en el mito las variantes necesarias para hacerlo concordar con su ideología, pero no acertaron a eliminar algunos elementos, que les parecieron indiferentes, y que hoy permiten a nuestra investigación recuperar el sentido primario de la fábula.

La primera factura de Pandora corresponde a Prometeo, de la estirpe del hamita Cronos y de Japeto —Jafet—. Debería ser, por tanto, originariamente un mito de madre, de cuya tinaja, de ella misma, sale el hombre con todas sus posibilidades, tanto buenas como malas. Una cualidad, sin embargo, queda en la vasija sin salir. Es la esperanza.

En contra de la opinión de Nietzsche, pensamos que este mito nos habla de lo mejor que alberga el subconsciente humano. Nos parece revelador de algo muy positivo: la madre es refugio porque en ella permanece la esperanza. El subconsciente no alberga sólo monstruos, sino también la fuerza creadora del futuro, la fantasía capaz de superar la tragedia misma.

Para entender del todo la dimensión humana del teatro de Buero, esta vertiente de madre Pandora es tan imprescindible como el conflicto generacional paterno de que tanto hemos hablado. La influencia de la madre, pues, no se refleja únicamente en su vocación de pintor. También la tragedia queda iluminada por algunos destellos, apenas esbozados en palabras, y que subyacen en el conjunto.

De la coexistencia en el teatro de Buero del problema de generaciones incompatibles con un trasfondo materno de esperanza primaria nace el trascendental empeño de poder lo imposible. Es decir: la tragedia cobra fisonomía propia, inconclusa, porque las puertas están cerradas; pero el hombre permanece, por efecto de la esperanza, abierto a un sentido propio y personalizado.

De cuanto antecede podemos concluir que tanto la historia de España, en su evolución antropológica, como las circunstancias que inciden en la vida de Buero Vallejo, son factores decisivos en la obra dramática que nos proponemos analizar.

SECCION 2.ª

PREFIGURACION MITICA DE UNA FILOSOFIA
DE SIGNO HUMANO. TRADICION TEOLOGICA
Y REPLANTEAMIENTO FILOSOFICO

Capítulo VI

El acceso a la culpabilidad: Magia, mito y religión, etapas en el desarrollo estructural de «Las palabras en la arena»

En los últimos años la obra literaria de Antonio Buero Vallejo ha sido profusamente estudiada, tanto por lo que respecta a su dimensión estética o a su proyección escénica, como en el sentido filosófico y sociológico que encierran en sí mismas sus piezas dramáticas. No faltan tampoco análisis en los que se destacan las influencias recibidas por parte del autor, o las relaciones que las obras guardan con el entorno de la vida real en que son producidas o situadas.

Tales estudios, de entre los que queremos destacar la obra de Ricardo Doménech «El teatro de Buero Vallejo», pueden muy bien dispensarnos de una tarea que ya no es necesaria y que, además, rebasa nuestras posibilidades actuales (1).

El trabajo en que estamos empeñados, si bien coincide en el tema con los estudios precedentes, se aparta de ellos de un modo considerable en sus fines y, por tanto, debe diferir también en su enfoque y en su forma ya desde las premisas que sirven de fundamento a toda su arquitectura. Perseguimos, una visión sintética de la filosofía de la historia de España, enmarcada en un sistema que tiene la antropología cultural por base.

Dentro de las manifestaciones de esa cultura española, la obra literaria de Buero Vallejo sólo es una muestra, un síntoma, pero a nuestro entender, una muestra acabada de fenómeno cultural significativo, un síntoma revelador de todo el sentido de nuestra historia. Todo lo cual indica, por una parte, la existencia de suficientes motivos que justifiquen este estudio, pero, sobre todo, nos brinda la ocasión propicia para iluminar, desde un punto, las mayores profundidades de nuestro subsuelo cultural y encontrar así las energías que mueven nuestro subconsciente colectivo.

Ahora bien, el descubrimiento de un sentido se alcanza únicamente

---

(1) Con posterioridad a la redacción de estas páginas ha visto la luz «La trayectoria dramática de Antonio Buero Vallejo» de Luis Iglesias Feijóo que supone un nuevo aporte valioso en este mismo sentido.

cuando la investigación se realiza dentro de un sistema, nunca entrando descuidados en el laberinto de posibilidades que todo síntoma contiene.

Es por eso por lo que necesitamos un hilo de Ariadna que nos permita adentrarnos en lo intrincado sin perdernos.

La naturaleza de nuestro trabajo, por tanto, nos condiciona hasta el punto de obligarnos a seguir en nuestra investigación un orden determinado: el que nos marca el proceso antropológico que tiene lugar en nuestras culturas y del que es una manifestación clara la obra literaria que vamos a analizar. En una evolución semejante cada etapa viene exigida por la precedente y, a su vez, predispone el análisis de las que siguen

Nos encontramos en un momento preciso del desarrollo de nuestra cultura, lo que impone a nuestra investigación un método acorde con esta circunstancia antropológico-histórica. De esta manera, el hilo de Ariadna que necesitamos nos lo puede proporcionar únicamente el sentido evolutivo de desmitificación cuya trayectoria puede observarse con claridad en la obra de Buero Vallejo, y que está en perfecta consonancia con el momento filosófico que vive nuestro pueblo.

Los mitos haciéndose, convirtiéndose en cualidades humanas, o, si preferimos decirlo con términos de Jenófanes, «la filosofía opuesta a los mitos», habrán de marcar, en este trabajo, el sentido primordial de nuestros pasos.

Muchos antropólogos han creído ver en el desarrollo de la función mitopoyética del hombre, los inicios de la capacidad individual para distinguir el propio yo del mundo que le rodea. A nuestro parecer, sin embargo, esta nota es una consecuencia, y no la característica distintiva del mito como elemento esencial del proceso de hominización. El yo, en efecto, resultaba diferenciado cuando la etapa mítica concluye, de manera que al relacionar estos hechos descubrimos el papel de causa que corresponde al mito y, por tanto, su anterioridad en el tiempo a la aparición del yo diferenciado.

La esencia del mito no puede consistir, pues, en esa nota que nos dice cuándo concluye, sino en los determinantes que intervengan como principios que lo constituyan.

El análisis nos muestra que ese principio originario del mito que buscamos se encuentra en el logro por parte del hombre de sentir cualidades que le son propias, pero faltando todavía la potencia reflexiva para descubrir la propiedad misma de esas cualidades.

En tales circunstancias el sujeto ha de proyectar en el mundo externo, en forma de criaturas, las fuerzas que siente desarrollarse en su interior.

El grupo humano continúa evolucionando hasta que la capacidad reflexiva alcanza el grado suficiente de madurez como para permitir al sujeto mitificador darse cuenta de que sus criaturas le pertenecen a la manera como le pertenecen sus sentidos o su facultad de hablar; y es entonces cuando se logra el yo diferenciado del mundo en torno.

La salida total del mito corresponde a la filosofía; pero el proceso desmitificador se encuentra en una etapa previa, en la que el arte trágico desencadena las fuerzas que hacen al hombre enfrentarse a sí mismo y le permiten, por consiguiente, sentir como propias esas criaturas proyectadas.

Estudiaremos, pues, en el presente capítulo la dimensión trágica que las obras de Buero contienen de manera explícita y, con ello, dejaremos la investigación abierta para acometer después el análisis de todas sus implicaciones filosóficas.

Basta descomponer las piezas dramáticas de Buero en sus elementos constitutivos para descubrir en su esencia todos los rasgos que caracterizan el ser del arte trágico.

La trama en que el hombre de Buero aparece envuelto suele conducirle por vías conflictivas sin posible retroceso hacia el enfrentamiento consigo mismo, hacia el encuentro con su propia naturaleza de culpable, que es, según vimos, la condición primaria que determina la categoría de tragedia en el arte escénico.

En una pieza corta, escrita en 1948 y estrenada en el Teatro Español de Madrid el 19 de diciembre de 1949, «Las Palabras en la arena», la cualidad a que nos estamos refiriendo se destaca del modo más claro.

Los hombres de Judea que, según el pasaje evangélico, habían presentado a Jesús de Nazaret una mujer sorprendida en adulterio, huyen al ver escritas por Jesús sobre la arena unas frases sencillas en las que se proclaman los defectos más profundos de cada uno de los acusadores.

Todos, como pícaros, descubren la condición de risible manifiesta en el ser humano mientras atienden al defecto ajeno, al tiempo que se niegan a admitir lo que Jesús escribía para ellos.

«ASAF.—Ese galileo os ha hecho huir a todos. Y allí quedó la mujerzuela que merecía la muerte. (A Joazar.) Tú, como sacerdote del Templo, debiste imponerte. Mas también huyes del galileo.

JOAZAR.—No es cierto.

ASAF.—¡Sí! ¡Es cierto! Y todo, ¿por qué? Por unas insignificantes palabras en la arena. Por unas palabras que borra el viento. (Empieza a reír hasta estallar otra vez en carcajadas.) Ese Rabí (gesto del fariseo), no carece de humor. (A Eliu.) ¿Qué escribió para ti? (Pausa.) ¿Prevaricador?

ELIU.—(En ascuas.) No me acuerdo.

GADÍ.—(Riendo, contagiado.) Yo lo vi; estaba a su lado. Puso...

ELIU.—¡Calla, vil embustero!

GADÍ.—(Entre el regocijo de los demás, menos el de MATATÍAS, que nunca ríe.) Puso: "Ladrón de los dineros de los pobres."

ELIU.—(Fuera de sí.) Reíd, reíd. Yo os digo que el galileo es mago y tiene poder de adivinación. Se equivocó conmigo, pero...

ASAF.—(Muy divertido.) ¿Se equivocó contigo?

ELIU.—Pero yo vi lo que escribió para Gadí. ¡Bien te adivinó!

GADÍ.—(Repentinamente serio.) Simplezas.

ELIU.—(Silabeando con odio.) "Corruptor de niñas." Eso puso el galileo para ti.

GADÍ.—(Rojo.) No sabes lo que dices. Quieres distraer la atención de tus robos calumniándome.

ELIU.—¿Olvidaste tu historia con la huerfanita?

MATATÍAS.—(Con los brazos en alto.) ¡Tapóname los oídos, oh Jehová, y presérvame de inmundicia!

ASAF.—No reces en voz alta al Señor. También para ti hubo.

MATATÍAS.—¡Mentiras, grandes mentiras serían! Ni siquiera las leí.

ASAF.—"Hipócrita... y lujurioso."

MATATÍAS.—Falso. De evidente falsedad. Hace quince años que soy casto por el favor divino.

ASAF.—(Con zumba.) Por eso te brillaban tanto los ojos ante el pecho desnudo de la adúltera.

MATATÍAS.—¡De indignación! ¡De santa ira contra el pecado!

ELIU.—Ese hombre tiene poder; un poder infernal. Dicen que pasó años instruyéndose con los esenios.

JOAZAR.—(Terminante.) Los esenios no son magos. Es intolerable que un escriba crea en ese infundio popular.

ELIU.—Los esenios no serán magos. Pero Jesús lo es. Acertó con todos..., salvo en mi caso... y en el de Matatías. Para otros escribió también cosas muy verdaderas de su intimidad. (Pausa breve. Con respeto y malicia.) Y si el sacerdote accede a decirnos lo que para él puso con el dedo...

JOAZAR.—¡Bah! A mí me puso "ateo". (Un silencio expresivo.) ¡A mí, a un sacerdote del Templo de Jerusalén! (Ríe, pero nadie ríe con él. Pausa.)»

De lo risible que tiene el hombre epimeteico, de la comicidad del defecto ajeno, la obra de Buero pasa resueltamente al reconocimiento trágico de la propia culpa.

Asaf, el que más reía de todos los acusadores de la adúltera, descubre el adulterio de su propia esposa y la mata. Arrojó la piedra sin estar limpio.

«JOAZAR.—¿Qué has hecho, Asaf?

ELIU.—¿Qué hiciste?

GADÍ.—¿Has pegado a Noemí?

(Silencio. Asaf se derrumba y, de rodillas, comienza a salmodiar monótonamente.)

ASAF.—Lo sabía..., lo sabía.

JOAZAR.—¿Qué sabías?

MATATÍAS.—(Turbado.) Te engañaba, ¿verdad?

ASAF.—(Ausente.) ¿Eh?

ELIU.—¿Qué sabías, Asaf, qué sabías?

ASAF.—El lo sabía.

GADÍ.—¿Quién?

ASAF.—Ese.

ELIU.—¿El galileo?

ASAF.—El lo sabía. (Pausa. Ellos se miran, inquietos.) Me miró a los ojos, con los suyos, dulces y terribles, y entonces...

ELIU.—(Casi adivinando.) ¿Entonces?

ASAF.—Lo escribió.

(Pausa. La sierva escucha intrigadísima.)

JOAZAR.—¡Dinos lo que escribió!

MATATÍAS.—Tal vez... "¿Cruel?"

(Asaf inicia unos movimientos apenas perceptibles de negación.)

GADÍ.—"¿Turbulento?"

ELIU.—"¿Celoso?"

(Pausa. Asaf inclina la cabeza. Todos esperan, conteniéndose, fijas las pupilas en su nuca. El ahoga un seco sollozo.)

ASAF.—(Con la voz preñada de la más tremenda fatalidad, que es la que uno mismo se crea.) "¡A... se... sino!"»

El conflicto a que nos aboca la solución dada por Buero a la problemática de «Las palabras en la arena» supone el inicio, por parte de la literatura española, de una nueva etapa en su discurrir por la génesis de la culpabilidad.

Los acusadores y acusados, divididos en bandos de acción recíproca, cambian de actitud de manera que cada uno deja de escudriñar en los otros el defecto que los hace risibles para observar su propia limitación, la culpabilidad de sí mismos, y con ello descubrir la tragedia como elemento esencial de la vida humana.

En otra obra, «La doble historia del Dr. Valmy», proyectada y escrita al menos catorce años después, nos encontramos de nuevo ante el mismo descubrimiento, si bien encuadrado en una panorámica muy diversa.

Daniel, un policía que entre sus acciones de tortura llega a producir la impotencia a un detenido, se convierte desde ese momento, por efecto psicológico, en un impotente.

El hecho resulta revelador en tal grado que sin análisis previo descubrimos la culpabilidad actuando de manera reflexiva. El culpable se hace reo de su propio culpa y se acusa, por vía de un síntoma, en unos términos que van un paso más allá de la acusación de asesinato sufrida por Asaf. Daniel, tras el daño causado a Aníbal Marty, se identifica con su víctima, y así, no sólo se sabe culpable, sino que, además, vive su propia culpabilidad.

Se trata, pues, a nuestro entender, de dos obras cuyos valores se complementan y, por tanto, su estudio comparativo podrá ayudarnos a esclarecer el sentido primario que subyace en la dimensión trágica de la obra literaria de Buero Vallejo.

El punto de partida de nuestra investigación nos viene dado por el desarrollo de cada uno de los procesos que conducen a ese enfrentamiento del hombre consigo mismo y el hallazgo de la propia culpa.

Ya hemos visto cómo en «Las palabras en la arena» la etapa que precede a lo que pudiéramos llamar la conquista de la conciencia culpable se encuentra dominada por un sentido epimeteico de la vida en el que los defectos humanos provocan la risa de quien los contempla.

Ahora bien, como hemos tenido ocasión de comprobar en el comentario a la figura del pícaro, el hombre resulta risible sólo para quien se arrogue a sí mismo una naturaleza dotada de cualidades divinas, es decir, para quien se contempla, no en la realidad de **mero hombre**, sino en el ideal mítico de perfección absoluta.

La primera consecuencia que se nos impone después de esta breve observación de la trayectoria seguida por «Las palabras en la arena» viene a ser la de que nos encontramos ante un proceso originado por la mentalidad mítico religiosa, en un mundo que tiene el honor como fundamento de su sentido personal.

Confirma, por otra parte, esta conclusión el hecho de que el autor de esas palabras escritas en la arena sea precisamente Jesús de Nazaret, el Mesías, aquel a quien nadie puede argüir de culpa.

Una circunstancia más se suma al conjunto de detalles que componen este cuadro: la palabra que Jesús escribe para Asaf, «asesino», tiene sentido profético, y, por consiguiente, sólo adquiere verdadera realidad algún tiempo más tarde, cuando los hechos lo confirman.

El conjunto de problemas que aquí se concentran hace de «Las palabras en la arena» un esbozo de sistema artístico, cuya meditación es imprescindible para comprender el motivo radical que impulsa la tragedia nueva.

Buero, desde su postura consciente en el comentario que dedica a su propia obra, deja abierta la posibilidad de que ese conocimiento del futuro no sobrepase los límites de una cualidad natural. El intento de ambigüedad o, quizás más propiamente, el de ambivalencia, responde, en nuestra opinión, al problema básico que todo hombre culto se plantea acerca del fenómeno religioso: ¿Se trata de una verdad real o tan sólo de una etapa en el proceso de hominización? O, en términos más precisos, ¿Dios existe o es un producto ilusorio de nuestra fantasía creadora?

En suma, la disyuntiva de existencia o no existencia de una realidad personal divina pone al hombre inteligente ante una elección que trasciende la capacidad de su intelecto. La verdad buscada se encuentra fuera de los límites de nuestra capacidad racional, como muy bien entendió Kant en su «Crítica de la la Razón Pura» y, por ello, el hombre sólo puede adherirse a una de las posturas poniendo en ejercicio las fuerzas de su voluntad libre.

Un creyente es, en consecuencia de cuanto hemos dicho, un hombre que no sabe si Dios existe o no, pero que acepta su realidad como válida. Incrédulo, por el contrario, es aquel que, a partir de la misma ignorancia, decide rechazar la realidad del fenómeno divino. La inteligencia en ambos casos sólo aporta motivos externos para la elección, las más de las veces incluso a posteriori.

A juzgar por el comentario a «Las palabras en la arena», antes aludido, la voluntad de Buero venció la incertidumbre de su inteligencia respecto al problema, quedando, por consiguiente, en posibilidad abierta.

Este planteamiento y esta actitud dejan intacto un nuevo punto de vista del hecho religioso de mayor interés para nuestras líneas. Nos referimos al aspecto meramente humano en que lo enfocan las ciencias históricas y antropológicas.

En el desarrollo evolutivo de las culturas humanas podemos advertir fácilmente cómo el elemento religioso aparece en todos los pueblos sin excepción alguna, y en cada uno de ellos afectando a gran cantidad de aspectos vitales con la fuerza impulsora o restrictiva de la religiosidad.

Esta tendencia universalista en los efectos, sin embargo, no es óbice para que la esencia del fenómeno religioso nos resulte sumamente oscura. Todavía no sabemos, por ejemplo, si la magia, el mito y la religión son fenómenos de la misma naturaleza, si son diferentes etapas de una misma fuerza en desarrollo, o si son manifestaciones humanas que obedecen a principios radicalmente diversos.

Un estado tan confuso del problema nos parece deberse, en gran medida, al enfoque interesado desde el que siempre se le observa a consecuencia de la postura de creyentes o incrédulos de los investigadores.

Con un vicio de este calibre apostado en la raíz de las consideraciones, los resultados de intensos trabajos se ofrecen exiguos y un tanto afectados de mezquindad.

Es cierto que la deuda que la ciencia tiene contraída con la magia, o la de la psicología con el mito, se han puesto de relieve en multitud de ocasiones y no se han regateado análisis de los procesos que hicieron posible el desarrollo de esas capacidades en el seno de la sociedad; pero la suerte de la religión en su sentido pleno no corrió en paralelo con esas otras dos maneras de capacidad humana evolucionada. A la religión, las más de las veces, o se la acepta como verdadera en sentido real o se la rechaza como ilusoria y se prescinde de cualquier otro valor que pueda tener en relación con el sentido meramente humano de la historia.

La posibilidad abierta en que deja Buero el conflicto y nuestra voluntad decidida de limitar este trabajo a los factores meramente humanos que intervienen en el problema, esperamos sean dos condicionantes que permitan a estas líneas un progreso verdadero y fácil en la interpretación del fenómeno religioso y sus vinculaciones con el arte trágico.

De la multitud de estudios consagrados a investigar la esencia del fenómeno mágico, puede extraerse como conclusión universalmente aceptada que la mentalidad del mago es autística. Quiere esto decir que el hombre primitivo, en la etapa mágica de la evolución humana, no distingue todavía sus propios pensamientos de la realidad o acciones a que se refieren.

El mago interpreta los hechos pertenecientes al plano lógico como dotados de las mismas cualidades que caracterizan al plano de lo real; de manera que lo recordado se identifica con lo presente y los símbolos y signos con las personas o las cosas simbolizadas o significadas. La comprensión de la naturaleza de la magia no ofrece, pues, dificultades.

De igual manera se entiende que, si el mago toma por base de su interpretación universal el mundo de la realidad, la desmagización de la mente primitiva se resuelva en la conciencia científica del hombre evolucionando.

Mas el problema reaparece si en nuestro estudio no pretendemos interpretar los fenómenos mágicos en sí mismos, sino esclarecer, por una parte, los motivos que hicieron posible una etapa de la evolución humana con tales características, y, por otra, el valor y significado de la fuerza de tabú con que se presentan siempre estos fenómenos.

El hecho de que el primitivo confunda elementos tales como el recuerdo o la imagen de una cosa y la cosa misma, por ejemplo, nos descubre la existencia en su mente de esas imágenes que hacen referencia a acontecimientos del pasado o futuro, o a objetos ausentes, de manera que su actividad anímica no se limita a sentir la capacidad de vivir en un mundo de representaciones creadas. Su sensibilidad queda así dividida en dos planos que hacen referencia por separado al mundo en que habita como objeto real, o como objeto de su pensamiento.

En efecto, sólo existiendo en su mente estos planos vitales puede confundirlos en un autismo y dar, así, origen a la etapa mágica de la evolución humana. Ahora bien, esos dos mundos en que se divide la actividad sensible del hombre significan un principio, al menos incipiente, de vida reflexiva. Suponen el germen de la posibilidad del hombre de volverse sobre sí mismo. El desarrollo de este germen, sin embargo, sólo se llevó a cabo tras un proceso sumamente largo y lleno de sinuosidades.

Primero el hombre atiende a sus imágenes sobre la realidad externa, como hemos visto y, por falta de distinción entre los dos planos, vive un tiempo en autismo mágico. Esta etapa queda superada por la ciencia cuando su mente alcanza a distinguir el plano lógico del plano real.

Atiende, en segundo lugar, el hombre en evolución a las imágenes de sus propias cualidades, sobre todo anímicas. Pero tampoco entonces acierta a distinguirlas como cualidades suyas representadas; de manera que, creyéndolas reales, las supone criaturas del mundo externo que viven independientes de sí mismo. Son los mitos, cuya distinción como cualidades anímicas hará surgir la psicología.

Aparece por fin la tercera etapa, aquella en la que el hombre atiende a las imágenes que representan su personalidad completa y, una vez más, falto de luces para distinguir el mundo lógico del mundo real, proyecta su propio ser al exterior, dando origen a la etapa religiosa del desarrollo evolutivo de las culturas.

Nos interesa destacar aquí, sobre todo, la característica esencial a la proyección religiosa de tomar como base no al hombre como es en la realidad, ni siquiera como debe ser en los límites de lo posible, sino en una fantasía creadora de tendencia a lo infinito. De esta manera, la divinidad de cada pueblo posee sin limitación todas cuantas perfecciones es capaz de imaginar el hombre, según el nivel alcanzado en su cultura.

Nos bastará ahora reconsiderar la trayectoria seguida en el desenvolvimiento de «Las palabras en la arena» para descubrir, subyacente a modo de infraestructura de toda la obra, la existencia de un plano de dimensión religiosa.

La arquitectónica de esta pieza en un solo acto puede claramente subdividirse en dos tiempos, según hemos descrito al principio de estas consideraciones, pero que, recordados ahora, parecen iluminados por una luz nueva que descubre profundidades antes insospechadas.

Contra la dimensión religiosa protagonizada por el rabí Jesús de Nazaret, siempre presente, nunca visible, de bondad y sabiduría infinitas, surge, antagónico, el sentimiento mítico epimeteico del hombre cuyos defectos lo hacen risible, para desembocar después, a modo de contraste, en la realidad trágica del hombre que, al enfrentarse a sí mismo, descubre su propia culpabilidad.

La confesión de Asaf: «El lo sabía» supone la victoria final de la dimensión religiosa humana, de la fantasía creadora que hace del hombre un ser abierto a la perfección infinita, y sin olvidar por ello que la realidad básica en que todo lo humano ha de apoyarse está constituida por la culpa, por una verdadera **nada** de esos ideales a que aspira.

Desde otro punto de vista, la trayectoria evolutiva del hombre a través de la magia, el mito y la religión nos planteaba el problema de la propiedad característica de estos movimientos de poseer una energía interna de tal magnitud que el hombre correspondiente a cada etapa evolutiva se somete sin coacción externa a unas normas de conducta que circunscriben su vida dentro de unos límites determinados.

Entre el tabú que prohíbe y el rito que impone, el ejercicio de la libertad tiende a ser anulado, lo que nos hace pensar que la raíz del conflicto guarda estrecha relación con la conducta libre del hombre.

Desarrollada en el hombre la capacidad de representar que le permitía, como hemos visto, participar simultáneamente de dos mundos, el lógico y el real, la voluntad se coloca igualmente ante la apertura que no limita sus apetencias a las cosas que pertenecen al mundo de la realidad, sino que puede, además, extender sus deseos a las representaciones que constituyen el mundo lógico.

La facultad de crear representaciones que pueden ser elegidas como objeto de deseo da, sin duda, origen en el hombre a una voluntad libre, pero si la mente no es capaz todavía de distinguir entre la cosa o el acontecimiento deseados y la cosa o el acontecimiento reales, la sensibilidad queda expuesta a turbaciones graves cada vez que los deseos esperados no se cumplen. De esta manera las cosas, y, sobre todo, los acontecimientos representados, adquieren rango de personificaciones poderosas que, a capricho o propiciadas por el hombre, deciden la suerte de cada uno de los mortales más allá de los límites trazados a la intervención del entendimiento y la voluntad e incluso más allá de lo previsible.

El estado de confusión en torno a la esencia de la voluntad y las propiedades derivadas de ella son, de este modo, los causantes originarios de esa condición de misterioso que envuelve siempre el contenido de las acciones mágica, mítica y religiosa.

Pero la consecuencia que más nos interesa destacar en estas líneas es el nacimiento de la obligatoriedad que caracteriza determinadas acciones e intenciones del hombre e incluso en cierto sentido toda la conducta humana. El acceso a la libertad coincide así con el origen de la bondad o malicia inherentes a cada obra o acto que puedan derivarse de esa elección libre.

En suma, la capacidad ética, no sólo nace al mismo tiempo que el ejercicio del libre albedrío y el sentimiento religioso, sino, además, emparentada con ellos.

En la obra de Buero Vallejo que venimos considerando, «Las palabras en la arena», puede observarse también esta circunstancia. La preocupación por los problemas éticos es, sin duda, la constante más clara en la obra de Buero.

En alguna ocasión, preguntado el autor por el sentido de su ética declaró encontrarse más en la situación del que busca que del que encuentra el camino de lo ético. Esta contestación reviste una gran importancia para nuestro trabajo, no tanto por el significado directo que manifiesta no poseer una ética definida, como por las implicaciones a nivel más profundo que nos descubren la íntima relación que esta postura guarda con una ética trágica según la cual el hombre sin caminos debe autocrearse.

Habrán de pasar todavía muchas etapas antes de que consigamos iluminar plenamente esta dimensión de la ética en Buero Vallejo, pero ya desde ahora debemos tenerla en cuenta para hacer comprensible el sentido de su trayectoria.

Sobre «Las palabras en la arena», inciden, a modo de constante conflicto, una serie de actitudes y problemas éticos. La conducta del rabí Jesús de Nazaret con respecto a la mujer acusada de adulterio, la huida de los acusadores y las frases dirigidas a cada uno de éstos, serían hechos dignos de estudio. Pero nuestro interés debe atender aquí preferentemente a la línea evolutiva de fenómenos que se desarrollan en torno a la personalidad de Asaf:

«ASAF.—Todos decís que se ha equivocado con vosotros. ¡Conmigo sí que se equivocó! Y lo escribió para mí, no hay duda, pues me miró antes de hacerlo.

MATATÍAS.—¿Qué fue?

ASAF.—La mayor tontería que podáis imaginar. Algo que no hice nunca.»

En esta ocasión Asaf era sincero en sus palabras. Examinó su vida y, en efecto, nunca había llegado al asesinato. Un error había, sin embargo, en su análisis. Asaf había atendido únicamente a una serie de representaciones del mundo de su conocimiento. Y la ética, según hemos aclarado, se refiere a hechos pertenecientes al ámbito de la voluntad.

La ética naciente se encuentra, pues, inmersa todavía en la etapa mágico religiosa que marca los primeros pasos evolutivos de la personalidad humana.

Por otra parte, en el planteamiento de la obra juega un papel de primer orden la circunstancia de que Jesús atribuye a Asaf una cualidad que nunca había sido confirmada por los hechos. Podría decirse que Asaf no era asesino cuando Jesús escribió esta palabra para él, sino que su sabiduría de carácter divino, o al menos extraordinario, se había adelantado en el tiempo.

Esta circunstancia podría llevarnos a un problema de predestinación o falta de libre albedrío, pero a nuestro entender no es este el sentido que se manifiesta en «Las palabras en la arena».

En el evangelio se habla de que por los frutos los conoceréis, porque... «no puede el árbol bueno dar malos frutos ni el malo darlos buenos». La frase brinda el motivo a Ortega y Gasset para entender que la bondad o malicia está primariamente en el árbol, es decir, en el hombre, y los frutos, las acciones, valen para confirmarnos la cualidad interna del hombre, pero en modo alguno para determinarla.

El hombre bueno o malo lo es antes de que su conducta nos lo pruebe. Asaf, creación de Buero Vallejo, era asesino y Jesús lo sabía a pesar de que hasta entonces no se había probado con hechos esta característica suya.

La ética de Buero nace, así, coincidiendo con la concepción de Ortega y Gasset y, también, con la de López Aranguren, para quien reviste mayor importancia la cualidad permanente de la manera de ser que los acontecimientos eventuales.

Al llegar los momentos finales de la obra, descubierta su propia naturaleza de culpable, la mente de Asaf se ilumina con una luz súbita. Pero ante el doble motivo de la sorpresa: la comprensión reflexiva de ser mero hombre y la aceptación de la sabiduría divina del rabí, da prioridad a la segunda, de manera que la revelación del hombre, el acceso al antihéroe, se produce en contraste con el ideal proyectado a lo infinito de la actitud religiosa.

El misterio sigue ejerciendo el dominio sobre un problema alumbrado un instante por una claridad que procede, al igual que en Edipo, del rayo de Zeus. Asaf da en la obra de Buero el primer paso trágico, inicia un camino que necesitará varias obras para recorrerse plenamente.

Capítulo VII

De la magia a la fantasía creadora
La creatividad y el amor en
«Casi un cuento de hadas»

El estudio detenido de la mentalidad humana en la etapa religiosa de la evolución nos permite distinguir una larga serie de cualidades cuyo valor infinito pertenece únicamente al ser divino proyectado. Estas cualidades, en general, constituyen la herencia del mito.

En un plano diferente, de aparición posterior, surgen tres notas distintivas que van a caracterizar con mayor propiedad la esencia misma del fenómeno religioso. La primera de ellas, intermediaria todavía entre el mito y la religión, es el amor sin límites, a la vez proyectado en el ser divino y exigido al ser humano. Las otras dos, ajenas al mundo mítico, son tan sólo obligaciones para el hombre. Nos referimos a la fe, que podríamos definir como la acomodación de la sensibilidad a la existencia de un bien infinito, y la esperanza, o aceptación por parte de esa misma sensibilidad de un bien eterno.

Desde hace algún tiempo la religiosidad ha venido sufriendo un grave desprestigio como consecuencia de los ataques que contra ella dirigió la crítica filosófica. Muchas escuelas pretendieron suprimir la dimensión religiosa de la vida humana por considerar que sus concepciones se encuentran edificadas sobre ilusiones de la fantasía carentes en absoluto de base real.

Ni el positivismo, ni el racionalismo, ni las doctrinas de Marx y Engels encontraron ventaja alguna para el hombre en seguir y desarrollar esa facultad que por ilusoria fue calificada como inútil.

Por otra parte, los filósofos de tendencias más espiritualistas se esforzaron en negar ese carácter de ilusión que venía recayendo sobre los valores religiosos y tomaron la defensa de las manifestaciones religiosas como valores reales. De esta manera, dejaban suponer que la realidad era condición indispensable para todo valor.

Esta fue, en síntesis, la postura filosófica del siglo XIX y de las primeras décadas del XX. Una voz, en particular, inquietó a todas las mentes preocupadas por el problema: fue la de Federico Nietzsche, anunciando la muerte de Dios.

Las interpretaciones se multiplicaron, fenómeno nada extraño dada la condición de poeta de la filosofía que caracteriza a Nietzsche. Estamos, sin duda, ante unas obras convertidas por su belleza literaria en verdaderos poemas. Un estilo inigualable dignifica cada sentencia, cada párrafo. Pero, en nuestra opinión, el sentido poético de la filosofía de Nietzsche se debe originariamente a la penetrante agudeza con que intuye los más sutiles problemas. Hay poesía en su sensibilidad para captar las fibras primeras de cada conflicto, en su actitud rebelde ante cualquier forma anquilosada de sentir, y no sólo en su decir bello.

Desde esa inquietud sensibilizada Nietzsche descubrió el doble mundo humano y lo estudia en una de las mayores manifestaciones de toda la historia cultural de occidente: lo dionisíaco y lo apolíneo, fruto decantado de las tendencias de dos pueblos que inciden sobre el suelo griego, pero, al mismo tiempo, soluciones culturales en las que se prefiere el contacto con la realidad, con la vida misma, o, por el contrario, las representaciones, la belleza distanciadora de las formas puras.

Este hallazgo dispuso su entendimiento para adentrarse en la raíz primera del sentido de la tragedia: el encuentro de lo apolíneo y lo dionisíaco. La determinación no puede ser más precisa. La fantasía creadora que hace al hombre tender a lo infinito se encuentra con la realidad limitada, con la vida que discurre en un presente de tiempo y espacio, y es esa confluencia la que da origen a la dimensión trágica del hombre consciente de sí mismo.

Entrevistos así los dos mundos por los que discurre la sensibilidad humana, Nietzsche toma partido, en principio, a favor de la vida real, la que transcurre en el presente próximo y, de acuerdo con su idiosincrasia, defiende con el máximo interés las artes rítmicas, la música, la danza y la poesía, porque en ellas no es esencial la representación, sino el palpitar de la vida haciéndose en cada momento. Pero, sobre todo, su espíritu se declara en abierta enemistad al mundo ilusorio nacido de la fantasía con pretensiones de infinitud.

De nuevo la intuición poética le permite advertir que este mundo, fruto de la actividad creadora humana, coincide con el objeto sobre el que actúa la función religiosa del hombre, y, en consecuencia, se declara enemigo irreconciliable de la religión y, más concretamente, del cristianismo.

La mayor parte, pues, de la filosofía nietzscheana está consagrada a la lucha contra una larga serie de cualidades de índole intelectual, lo apolíneo que la cultura de occidente considera como valores positivos. La oposición se hace cada vez más encarnizada, tanto por la dureza de los ataques como por los objetivos elegidos. En la cumbre, al menos por lo que afecta a la sensibilidad general, se encuentra la conclusión, de todos conocida: «Dios ha muerto», máxima expresión de su nihilismo.

La conclusión no puede estar más clara: todo lo que no es real es falso; en consecuencia, la actitud en pro de cualquier faceta humana en la que intervenga de algún modo lo ilusorio, equivale en el fondo a la mentira.

Aparte el ataque general a la religión en su conjunto o a su símbolo máximo, la figura de Dios, en la obra de Nietzsche son frecuentes las críticas negativas contra las tres notas que según hemos visto diferencian el fenómeno religioso del mítico o del mágico: el amor, la fe y la esperanza, a veces por separado, a veces, incluso, reunidos en una misma frase.

De nuevo su sensibilidad poética le permite intuir la presencia de un problema. No hay duda de que Dios como realidad convertida en tema de investigación desemboca necesariamente en un conflicto, dado que el hombre sólo puede investigar sobre objetos pertenecientes al mundo de la naturaleza y el concepto de Dios, por sí mismo, es ajeno a ella.

Nietzsche resuelve romper el tabú que prohíbe al hombre abrigar siquiera dudas sobre este tema y niega con toda firmeza la existencia de Dios.

A partir de esta negación entiende como antivalores todos los productos de la fantasía creadora humana y todas las manifestaciones del hombre que descansan sobre formas ilusorias.

La actitud extrema de Nietzsche, aceptando de manera exclusiva el mundo real, el aspecto vital de la existencia, y rechazando todo lo ilusorio, lo que procede de la actividad intelectual humana, es, al mismo tiempo, una denuncia contra una parcialidad injusta y un desequilibrio derivado de una injusticia radical.

Es cierto que la vida, el hombre concreto, es el que debe importarnos de verdad, y no la representación ideal de una humanidad inexistente. El mismo Evangelio, que Nietzsche ataca, coincide en defender el amor al hombre que se ve. Pero el hombre sin ideales, sin fantasía creadora, pierde la capacidad para una ética en progreso, para hacerse mejor.

La defensa del sentido de la vida con exclusión de todo vestigio de fantasía creadora limita al hombre a ser un elemento más de la naturaleza, sólo posible objeto de la ciencia.

Condicionados por su origen indoeuropeo, los filósofos de los tiempos modernos, y de ellos como ejemplo más claro el occidental Nietzsche, se nos muestran atraídos por una concepción naturista del hombre.

En contraste, la cultura española, asentada más bien sobre pueblos animistas, tiende a concebir al hombre liberado o liberándose de los condicionamientos que lo atan al mundo de la naturaleza. Las figuras y símbolos religiosos y las funciones consiguientes del amor, la fe y la esperanza se reflejarán en nuestra personalidad histórica y caracterizarán, sobre todo, nuestro desarrollo evolutivo antropológico.

La evolución de la personalidad histórica de España alcanza en la mística el desarrollo completo del primero de los elementos condicionantes de la categoría de religioso en los fenómenos culturales de un pueblo: el amor proyectado a lo infinito y concretado en una realidad divina.

Ya en nuestro siglo, Unamuno somete a la crítica la veracidad como real de ese ser proyectado y vivido como infinito amor. En la meditación unamuniana el concepto de Dios experimenta un giro de ciento ochenta grados, de manera que en verdad se sitúa entonces en el interior del hombre, se humaniza, aunque sin perder el rango de sagrado.

Por fin, este amor, desprovisto de realidad personal y de sacralidad, aparece en una obra de Buero Vallejo, «Casi un cuento de hadas», constituyendo el núcleo fundamental que da sentido a todo el drama.

La fortuna no acompañó a esta pieza literaria, pues sólo se mantuvo diecinueve representaciones en escena después de ser estrenada en Madrid la noche del 10 de enero de 1953. La crítica no advirtió su valor antropológico, no sólo indiscutible sino, además, de gran relieve.

En el cuento de Perrault, «Riquet, el del copete», encuentra Buero el tema para su «Casi un cuento de hadas» y hasta puede admitirse que la trama se ajusta con fidelidad a aquella narración infantil. No obstante, la obra de Buero adquiere en el desarrollo de los personajes los rasgos esenciales de una creación española de tránsito entre la culpabilidad dicotómica y la culpabilidad reflexiva, como tendremos ocasión de comprobar a través del análisis de sus mitos.

Al igual que Sófocles inicia su representación de Edipo Rey cuando su protagonista ocupa ya el trono de Tebas y todos los antecedentes que constituyen el substrato de la obra y de los que depende su significado más profundo se narran de manera retrospectiva o incluso meramente se insinúan, «Casi un cuento de hadas» descorre el telón ante el público para mostrarnos unas vidas en cuyo pasado han ocurrido hechos esenciales para la comprensión del sentido profundo de la obra.

Oriana es una mujer extraordinaria, «casi» un hada, que asiste primero al nacimiento de un príncipe, Riquet, horriblemente feo, sobre quien predice una gran sabiduría y la virtud de transmitirla a aquella persona a quien más ame.

Algún tiempo después asiste, igualmente, al nacimiento de dos princesas tal vez gemelas, la una dotada de gran belleza, la otra de monstruosa fealdad. Según su predicción, la primera carecerá de inteligencia y poseerá, al igual que Riquet, la virtud de transmitir a la persona que más quiera la cualidad que ella posee, la belleza. La segunda será sabia y prudente.

Esta infraestructura de la obra nos permite contemplar la excelsa figura de Oriana, al mismo tiempo gran ignorante de las cosas del mundo, dedicada a los menesteres más humildes:

«ORIANA.—Fregaba suelos, limpiaba el corral, ordeñaba las vacas...»

Y poseedora de un saber admirable respecto a lo humano:

«ORIANA.—Conocí gentes muy diversas que frecuentaban los salones. Algo vio en mí uno de ellos, un médico famoso, y me incitó a estudiar. Lo hice, y lo encontré fácil. Adquirí con los años fama, y los príncipes me llamaron a su lado. Se decía de mí que era un hada llena de poderes.»

La manifestación más clara de esa sabiduría y de esos poderes, ya lo hemos visto, estriba en su capacidad para provocar el amor. Un amor que pudiera, en cierto sentido, interpretarse como capaz de crear cualidades, producirlas por medio de «casi» sortilegios mágicos.

Nos encontramos, con toda evidencia, ante un mito de Celestina actuando en el subsuelo, en la raíz de nuestra personalidad histórico-antropológica.

Oriana revive cada una de las notas que, en la época conformadora de nuestra cultura, dieron significado al personaje de Fernando de Rojas. Pese a estas semejanzas que constituyen la uniformidad del mito, el análisis de ambas obras nos descubre un sentido muy distinto en la trascendencia de cada uno de los personajes.

Celestina, criatura de una época en que el honor orienta todos los movimientos humanos, tiene, en principio, sentido de ejemplaridad. Por ello, en el plano de lo consciente, la osadía de su saber debe costarle la vida; pero, al mismo tiempo, su sentido profundo condiciona la historia, su ejemplaridad adquiere el significado de un subconsciente colectivo, se convierte en elemento básico para la filogénesis de nuestra cultura.

Por su parte, Oriana, nacida en la cumbre de nuestra literatura de culpabilidad reflexiva, con mirada dolorosa, se contempla a sí misma fea y despreciada de todos. Sus deseos de amar, más fuertes que su vida, desencadenan una inconcebible actividad de su subconsciente que puede decirse da origen a casi toda la obra desarrollada en la escena.

Oriana resulta ser, por tanto, una figura de subconsciente ontogenético, artífice de un extenso panorama de problemas que intentaremos desentrañar con brevedad.

El dolor constituye, pues, su mundo real. En la torre, la noche, de nuevo el subconsciente, le muestra a modo de estrellas las vidas de los hombres, muñecos en sus manos. Es la insignificancia humana de la que ella forma parte.

Oriana se sabe una nada real. Le queda, sin embargo, una salida: su fantasía creadora es capaz de convertirla en una nueva Penélope, «Tejedora de sueños» de amor. Y, así, proyectando su realidad y su fantasía en mitos contrapuestos, colabora con el autor en dar sentido a un entramado de muñecos reales y deseos ilusorios.

Como maga, Oriana maneja a voluntad poderes extraordinarios, crea a lo divino personas y situaciones, y domina, desde la altura de un demiurgo valleinclanesco, con hilos invisibles las vidas que transcurren aquí abajo, en la tierra o sobre las tablas de la escena.

De esta manera, el primer mito de la obra, el de Celestina, da origen al segundo, el mito de la pareja.

Ya hemos tenido ocasión de exponer el sentido mítico de la pareja en las líneas que hemos consagrado al estudio de Don Quijote y Sancho. Se nos mostraban estos dos personajes literarios constituyendo una pareja de inseparables como corresponde a la época de honor en que son creados. En contraste, veíamos también cómo en las literaturas de culpabilidad estas parejas se convierten en incompatibles.

Ahora, en el nivel que nos encontramos de nuestro trabajo, el valor originario del mito de la pareja se esclarece y, tras un nuevo análisis, podremos alcanzar la radicalidad antropológica en que se asienta.

Es fácil advertir a primera vista cómo la sensibilidad humana, transcurriendo a la vez en los dos mundos que le son asequibles, el de la realidad y el de las representaciones, queda simbolizada en la doble personificación individual que es la pareja. De ahí que el carácter de cada uno se corresponda con las notas más significativas que determinan la manera esencial de esos dos mundos: la naturaleza, la vida real, lo concreto, de un lado. Y del otro, la cultura, los ideales, la fantasía creadora.

La realidad humana, sin embargo, no está compuesta únicamente por este doble mundo que resulta de lo próximo y lo distante en el espacio y en el tiempo, sino además, por una nueva duplicidad, la que se sigue de los poderes de su subconsciente anímico y de su desarrollo de la psique consciente.

Casi siempre la mitología derivó los efectos de esta segunda dicotomía del hombre hacia la primera, incluyendo las notas de la psique consciente en el miembro realista de la pareja y las del subconsciente, con algunas vacilaciones, en el miembro representativo de la fantasía creadora.

No faltan, sin embargo, ocasiones en que la mitología o la literatura recogen la doble pareja. Tal vez la cuádruple encarnación de Visnú sea la muestra más completa que registra la historia de la literatura.

Visnú se encarna en los hijos de Dazarata, correspondiendo la mitad de su poder al primogénito, Rama, un cuarto al segundo, Bharata, y el otro cuarto, en partes iguales, a los dos gemelos, Laksmana y Zatrugna, que han de ser, respectivamente, compañeros inseparables de Rama y de Bharata.

Sin duda, las aventuras de Rama y Laksmana, desterrados a vivir catorce años en la selva en lucha frecuente con figuras monstruosas, sobre todo con los rakshas, merodeadores nocturnos, perturbadores de la vida de los ascetas, corresponden al mundo del subconsciente. Mientras que, Bharata y Zatrugna, rigiendo la ciudad de Ayodya, se ajustan con mayor claridad al aspecto consciente de la vida humana.

Por otra parte, en el intercambio de discursos que se ofrecen entre sí Rama y Laksmana, la racionalidad y la prudencia corresponden las más de las veces al segundo, en tanto que Rama se expresa con osadía y valor, y con alternativas en el estado de ánimo.

En una ocasión llega a decir a su hermano Laksmana: «Tú eres mi otro yo», en un vislumbre de análisis anticipado en veinticinco siglos a los descubrimientos psico-antropológicos de hoy.

El estado de nuestra investigación nos permite asimismo, proyectar alguna luz sobre los motivos que condicionan a los miembros de la pareja para que sean inseparables en las etapas de honor del desarrollo de las culturas e incompatibles en las de culpabilidad.

Se trata, probablemente de que, en los albores de la formación de la personalidad, está muy próximo todavía el autismo mágico que hace del mundo de las representaciones un mundo real, de manera que el individuo que lo simboliza se hace complementario del compañero que simboliza la realidad concreta del entorno. Alcanzada la época de culpabilidad, en cambio, la reflexión permite al hombre advertir la esencial diferencia que separa esos dos mundos, y, por tanto, la incompatibilidad de los símbolos corresponde al sentido contradictorio del ser humano, al pertenecer, a la vez, a dos mundos contrapuestos.

Tras estos preliminares, el mito de la pareja en «Casi un cuento de hadas» cobra excepcional valor.

Al surgir todo el entramado de una fantasía creadora única, la mente de Oriana proyectada en la escena, la doble pareja que forman las dos hermanas gemelas, Leticia y Laura, y el desdoblamiento de Riquet en el feo y el bello, constituyen en su radicalidad una sola persona compleja. Son cuatro figuras simbólicas que, en su conjunto, dan sentido a una sola personalidad torturada.

Oriana, reflexiva, capaz de conocer su propia nada, en culpabilidad de origen, vive del modo más intenso, a la vez, su fealdad, su sentimiento de ser despreciada, y sus deseos de amar y ser objeto del amor de alguien.

La doble fuerza anímica que posee da vida, en primer lugar, a Riquet, fea realidad doliente, pero dotado al mismo tiempo de una poderosa fantasía creadora de amor, y luego proyecta su complemento femenino, de tendencias irreconciliables: su propia realidad fea y sus deseos ilusorios de belleza.

El monstruoso aspecto de Laura, la culpa de Oriana vista sin paliativos, es la dimensión real del hombre, momento insignificante entre dos nadas.

Leticia, en cambio, dotada de una belleza sin igual, es necia, porque sólo ignorando las propias cualidades puede el hombre desconocer su culpa. Son las ilusiones de Oriana que adornan su figura, no con cualidades reales, sino con poderosos deseos.

La fantasía creadora de Oriana continúa, dando lugar a la acción, al encuentro de su Riquet consciente, feo y creador, con la pareja femenina, con su sensibilidad desdoblada en las dos dimensiones que constituyen el mundo humano. Riquet, sabio, reconoce su culpabilidad, su Laura; pero, a la vez, dotado de fantasía creadora, desea el bien sin límites, el amor, su Leticia.

Consciente y subconsciente creadores, al encontrarse, sitúan la obra en un plano distinto, tanto por su complejidad como por el sentido distinto de radicalidad que adquieren.

Riquet, amado, se hace bello y se verifica, no como una mera ilusión, sino como un nuevo personaje que irrumpe en la escena. Es el amor que acaba de dar su fruto más preciado: la creación de una personalidad nueva. El hombre, proyectando su amor a lo infinito, acaba por cobrar rango divino.

Por su parte, Leticia, amada, se manifiesta sabia y prudente. Su sabiduría es también una criatura del amor, pero, además, supone un giro de tal magnitud en la interpretación del hombre que, sin su análisis, no sería inteligible el aporte de Buero a las letras españolas.

Nietzsche había concluido, a lo largo de su trayectoria de pensamiento, que ceder ante la tentación de aceptar como válido el mundo ilusorio, forjado por la fantasía creadora, era nefasto para el hombre. Sócrates y Jesucristo resultan los mayores enemigos de la humanidad por defender el aspecto apolíneo de la cultura, la belleza distanciadora y la humildad, el ser débil e insignificante. El hombre digno de ser defendido, según Nietzsche, es aquel cuya moralidad se encuentra «más allá del bien y del mal». Es el hombre próximo a la vida, al realismo que se encuentra en el mundo de la naturaleza, apto para un saber científico.

En contraposición a esta postura, el surgir, o el despertar, de la inteligencia en Leticia nos indica no sólo la aceptación del mundo creado por el amor, sino su valorización como bueno para el hombre.

El producto que resulta de la fantasía creadora podrá no ser real, mas, a pesar de ello, es valioso en grado sumo. El surgir, o el despertar, de la inteligencia en Leticia por efecto del amor es para nosotros un síntoma claro de que estamos ante una concepción del hombre opuesta a la de Nietzsche.

La cultura española en su etapa conformadora tiene ya, aparte de la mística, algunas muestras de la capacidad de creación que obra el amor, de las que aludiremos tan sólo a dos de ellas: Dulcinea, que, ante los ojos creadores de Don Quijote, se recubre de extraordinaria belleza y la dama boba, que, en la comedia de Lope de Vega, se convierte en inteligente al ser amada.

Ambos antecedentes e incluso la obra misma de Buero se encuentran, en opinión nuestra, dentro del complejo mito de Don Juan, en cuyo seno se da primero el caos humano que condiciona nuestra cultura y luego la valorización del amor como el único orden posible de nuestra personalidad histórico-social.

El amor que hace a Leticia inteligente está, por tanto, engarzado en nuestra evolución antropológica, pero dentro de ella significa la afirmación rotunda de que la aceptación del amor como fuerza creadora es, al menos en principio, nuestra regla de sabiduría.

Esta es, en esquema, la trayectoria que nos ha hecho recorrer el análisis del mito de la doble pareja, cuya síntesis no es otra cosa sino la personalidad de Oriana, el entretejido de su fantasía creadora, o, si se prefiere, la actividad del subconsciente de Buero mismo. Los símbolos, las proyecciones, han cobrado vida y, al igual que Augusto Pérez ante Unamuno, se rebelaron contra su ser ilusorio y decidieron mostrarnos sus auténticos valores.

La capacidad creadora que posee el amor no es sólo valiosa en el plano real de la generación, sino también en el ideal de la fantasía del que depende un segundo nacimiento del hombre, el que le hace, con verdad, ser calificado de humano.

En un debate de sumo interés, Riquet, el feo, el de clara inteligencia, se atreve a analizar el doble sentido en que puede proyectarse la fantasía creadora procedente del amor: él, como hombre, sólo puede convertir en inteligente a quien ame; la mujer, en cambio, sólo puede otorgar belleza al ser amado.

Observados los detalles de este nuevo problema, nos podrán facilitar un grado más de penetración en la profundidad antropológica del mito.

Su primer aserto, por lo que tiene de restrictivo, se nos descubre a primera vista contrario al mito de Dulcinea, cuya belleza no tiene más causa que el amor con que la ven los ojos del enamorado Don Quijote.

La divergencia nos hace pensar, no en un mito invertido, sino en que a Riquet le falta darse cuenta cabal de su propio significado. A él, en efecto, no le es posible otorgar belleza, pero la causa no estriba en la virilidad, que él no posee realmente. Su rebeldía le hizo creerse hombre, cuando en realidad es tan sólo un símbolo de la parte consciente del hombre. Y lo consciente sólo tiene poder para crear inteligencia, saber, mientras que al símbolo femenino, al subconsciente, le corresponde la creación de la belleza, del mundo artístico, de la sensibilidad.

El problema de Riquet, diríamos, se encuentra en no haber alcanzado todavía la dignidad trágica a que está destinado. Su ser simbólico espera el motivo desencadenante para advertir su enraizamiento en la nada y desmitificarse, hacerse mero hombre.

En el logro de esa categoría precisamente va a consistir el desenlace de la obra.

Como en «Las palabras en la arena», también en «Casi un cuento de hadas» el paso del mito a la tragedia se produce siguiendo un proceso que va del hombre risible al culpable, pero entonces la evolución de Asaf consistía en reírse primero de los otros al descubrir sus defectos y dolerse luego de sí mismo al contemplar su propia nada. Riquet, en cambio, nunca se ríe, sino que su experiencia evoluciona desde su ser de risible al de culpable.

El bello príncipe Armando, su rival ante el amor de Leticia, es quien lo toma por objeto de sus burlas, llegando incluso al calificativo de bufón, término que señala la esencia íntima de la risibilidad humana.

A la provocación, Riquet reacciona entablando una lucha en la que Armando pierde la vida. Tras este homicidio, la fealdad de Riquet se acentúa; su doble bello, incompatible con su verdad más honda, se aleja como una ilusión que se esfuma. La pareja alcanza su profundo sentido unitario. El mero hombre aparece en toda su magnitud ante Leticia. Oriana, la tejedora de mitos, se ha retirado a su torre. Laura también desaparece. Riquet y Leticia quedan solos. No queda otro camino a los amantes que realizar su creación amorosa desde la insignificancia de sus personas, desde su verdadera nada; en suma, desde su íntimo ser de culpables.

«Casi un cuento de hadas» concluye, así, mostrándonos ese primer producto de la fantasía creadora proyectada a lo infinito, el amor, en su aspecto humano desmitificado, fruto doliente del hacerse del hombre a partir de su nada radical.

El «casi» del cuento de hadas deja a Riquet y a Leticia sin veladuras en los ojos, cada uno solitario, caminantes sin caminos, obligados a edificar sus propias vidas y a dar a sus personalidades trágicas un sentido verdadero.

La breve escena final aporta un sentido nuevo que enriquece toda la obra. Viene a ser un replanteamiento en esbozo del problema de la creación amorosa, pero esta vez, manteniendo la actividad creadora dentro del conjunto de valores que corresponden al mundo de la realidad. En las incompatibilidades nietzscheanas se abre el camino de la armonía.

En suma, la fantasía básica en que se apoya la proyección a lo infinito del hombre en su etapa religiosa de la evolución: el bien ilimitado, el amor, la divinidad, es en sí un elemento positivo sea o no real su existencia.

Capítulo VIII

El tiempo en la neurosis y en la paranoia
«Irene o el tesoro» como la fe en la vida

El comentario de «Casi un cuento de hadas» puso ante nosotros un producto de la fantasía creadora: el amor proyectado, en clara coincidencia con el elemento básico sobre el que evoluciona la mente humana en la etapa religiosa de su desarrollo antropológico.

Pero ahora, al intentar seguir la trayectoria de ese ciclo evolutivo, un nuevo problema dificulta el camino de nuestra investigación.

El amor sin límites que aparece como ideal del hombre o como bien infinito objetivado en la figura personificada de la divinidad, que se nos presentaba entonces como punto de partida, cobra, en la prosecución de nuestro estudio, rango de meta, de fin hacia el que tiende el proceso creador de las culturas humanas. De esta suerte, nuestro trabajo se aproxima un momento a la conclusión aristotélica de que la causa final, última en ser alcanzada, es la primera en el propósito que guía la voluntad del hombre para la consecución de cada obra.

La filosofía del estagirita, sin embargo, se refiere tan sólo al plano lógico-ontogenético de la generación de cada producto humano que, aun cuando trasciende de este orden al orden cósmico, no por ello cambia su actitud respecto a las energías promotoras de los hechos.

Nuestra investigación, en cambio, se mueve dentro del campo de la antropología cultural en el que las fuerzas ordenadoras del orden lógico aparecen tardíamente y, por tanto, en situación conflictiva con el proceso filogenético que le precede y que da sentido al conjunto.

La mesa que el artesano construye aparece primero como imagen, como producto de la fantasía creadora en la mente del artífice y es, en efecto, esta imagen el faro que hace visible la meta que el constructor persigue a través de toda la trayectoria que ha de conducirle hasta la obra acabada.

Se trata, pues, de una representación que precede a una realidad. Ahora bien, cuando el fin perseguido no es el hecho real, sino, precisamente, esa imagen que sirve de guía, cuando todo el proceso permanece dentro de la actividad propia de la fantasía creadora, ¿cómo es posible que el producto preceda al mismo tiempo a cada una de las etapas a través de las cuales ha de realizarse?

El problema se encuentra, a nuestro entender, en la misma relación que guardan entre sí el germen y el organismo desarrollado. Cada uno de los elementos que componen el conjunto actúa ya desde los orígenes del proceso tanto si aparecen como manifestaciones positivas, como si se mantienen en meras fuerzas que apenas permiten descubrir leves indicios de un sentido.

La superación de cada etapa no consiste tanto en que nuevas cualidades se incorporen a la obra que se gesta, como en una estructura que desarrolla en paralelo todos sus componentes esenciales.

En el comentario de «Irene o el tesoro» que nos proponemos realizar a continuación este problema de estructura tal vez reste claridad a nuestras líneas, ya que el tema subyacente fundamental, el de la fe en el sentido antropológico, aparece con frecuencia relacionado con el amor e, incluso, con la esperanza.

El valor de la fe en su dimensión meramente humana se descubre en el ámbito popular cada vez que la frase de resonancia evangélica de que la fe traslada montañas se aplica con sentido universal a toda empresa que el hombre debe superar. Fe equivale entonces a entusiasmo, término cuya raíz «theos» manifiesta su significado primigenio de divinización, endiosamiento; pero que, desacralizado ya por completo, representa la energía ilimitada de que es capaz la voluntad de progreso, de elevación de sí mismo, que tiene el ser humano.

Acomodar nuestra sensibilidad a la aceptación de un bien infinito es, sin duda, salirse del mundo de lo real, al menos de lo real comprobable, mas, por ello mismo, condiciona nuestra esencia de «ser abierto».

Cuando Heidegger hablaba de lo «abierto» en el hombre se refería a la función ontológica de «encontrarse» y «comprender», de «ocuparse». Es decir, aludía a una nota que distingue al hombre como «ser capaz de tenerse en cuenta» y de «tener en cuenta», al mismo tiempo, a los demás y aun a él mismo.

La apertura de que tratamos nosotros tiene, más bien, un carácter antropológico evolutivo. El hombre llega a ser «abierto» no cuando es capaz de advertir su propia presencia o la presencia del mundo, sino cuando adquiere la posibilidad de trascender las dos coordenadas fundamentales que condicionan la naturaleza: el espacio y el presente. De tal manera que la apertura se le convierte en una vía de penetración en un mundo creado, ajeno al mundo natural que comparte con otros vivientes.

La condición de «abierto» en el hombre en la línea antropológica es necesaria para el acceso a las etapas histórico culturales de la magia y la ciencia, el mito y el símbolo; y la religión y lo que sus productos desacralizados nos deparen.

En consecuencia, el esclarecimiento del sentido de este proceso dejará nuestro estudio abocado a una interpretación filosófica del hombre diferente de las usuales.

Dentro del panorama cultural artístico la rehabilitación del sentido positivo de la fe ha tenido también claras repercusiones, de las que queremos destacar la obra cinematográfica «Ordet» (El Verbo), del danés Dreyer, y el drama de Buero Vallejo «Irene o el tesoro».

No podemos menos de experimentar sorpresa al advertir cómo dos obras tan diversas en la trama argumental, e incluso en las intenciones conscientes de los autores, contienen tantos elementos en común. En ambas se enfrentan dos mundos: el de la realidad habitual en que vive la cultura de occidente y el extraordinario, creado por la fantasía desbordada de la demencia.

Igualmente en una y otra, un niño nace muerto, hecho que influye de manera decisiva en el sentido primario de ambas obras.

Por último, cada una de estas piezas en la interpretación de su desarrollo antropológico nos conduce a una panorámica de problemas que giran en torno a la fe como cualidad fundamental del ser humano.

La película de Dreyer se estrena en Copenhague el 10 de enero de 1955, tan sólo 25 días más tarde que «Irene o el tesoro», y, aunque su argumento está basado en un drama de su compatriota Kaj Munk, del mismo título y que data de 1932, descartamos toda posibilidad de influencia, directa o indirecta, como causa originaria de este paralelismo en los elementos.

En nuestra opinión se trata más bien de unas fuerzas, intrínsecas a sendas culturas, que tienden a producir movimientos similares y que, por tanto, se manifiestan en complejos míticos semejantes.

Irene, sin familiares consanguíneos, vive en constante opresión en el seno de su familia política. Su marido murió, su hijo nació muerto; de este mundo de realidad tan ingrata se evade mediante la locura.

La fantasía creadora alucinatoria le permite la convivencia con un duendecillo, Juanito, clara extrayección del hijo muerto, a quien puede ver y con quien puede conversar.

A su vez, Juanito dialoga con un personaje invisible, superior a él y que dirige un tanto sus actuaciones. Para Juanito esa voz puede ser incluso la del mismo Dios.

Por nuestra parte, pensamos que tal figura de superioridad manifiesta, no puede ser otra cosa que la personificación de su padre, a quien Juanito nunca vio.

El público tiene en esta obra el privilegio de participar plenamente de cada uno de estos mundos contrapuestos: el de la realidad en que vive la familia, incluida Irene, y el de la fantasía creadora, producto de la imaginación alucinada de la protagonista.

La costumbre de Buero de hacer que el espectador experimente en sí mismo las más sutiles intenciones de los acontecimientos que se desarrollan en la escena, reviste aquí la forma de una alucinación colectiva. Todos pueden ver al duendecillo, oírle y oír también esa voz que sólo Juanito, entre los personajes de la escena, es capaz de percibir.

El primer problema que nos plantea, pues, «Irene o el tesoro» es el del sentido de ese doble mundo abierto a la sensibilidad humana.

La cultura occidental concedió el rango de verdadero, sin discusión, tan sólo al mundo de la realidad, mientras que el mundo creado por la fantasía, o bien era considerado como una locura carente de valor, o, en última instancia, pretendía acceder a la categoría de lo real mediante la fe que cosificaba el mundo transcendente.

Esta nueva visión del doble mundo abierto a la sensibilidad humana, realizada a través del prisma de la demencia y la cordura, atrajo en todo momento la atención de los creadores de arte como una fuente de inquietudes.

«Irene o el tesoro» rehabilita ante nosotros el mundo de la fantasía creadora, no por verdadero, sino por bueno. Con este giro se inicia, o quizá se consuma, la crisis de una mentalidad que parecía consustancial al género humano.

La salida de nuestro espacio y de nuestro presente, y la entrada en un mundo, fruto de la fantasía creadora, constituyó, para el hombre reflexivo, la violación de unas fronteras que separaban el mundo propio del hombre del que no puede pertenecer más que a los dioses. De un modo especial, este sentimiento de usurpación se incrementa hasta alcanzar rango de sacrilegio cuando el producto de la fantasía se abre al dominio de lo infinito.

Necesariamente, pues, en nuestro intento de aclarar el sentido de este intrincado proceso humano hemos de combinar todos los elementos que aquí se nos ofrecen y descubrir el factor común que los une.

Pese a los esfuerzos del psicoanálisis por hacer inteligible el mundo de la mitología así como el literario y pictórico como productos que reflejan la actividad psíquica del hombre, en especial en su dimensión subconsciente, tanto en el ser del hombre y sus tendencias, como en la esencia de los productos de su fantasía creadora, sigue dominando todavía una oscuridad tal que nos impide ver el orden que, de hecho, debe existir en ambos mundos y corresponder entre el uno y el otro, al modo como necesariamente coinciden los rasgos de un individuo y de su imagen.

La causa de esta oscuridad se encuentra, a nuestro entender, en la desproporción con que los estudios psicoanalíticos han atendido a los diversos aspectos del problema.

Freud descubrió y analizó uno de estos aspectos, el que comprende la vertiente neurótica del individuo y su reflejo en la figura mítica de Edipo. Pero, falto de una visión clara del conjunto y dominado por su intención terapéutica, no advirtió que su estudio abarcaba sólo una mitad del conflicto en que se encuentra el hombre.

Ante la otra mitad, comprensiva de los trastornos psicóticos, la terapia psicoanalítica se mostraba ineficaz y, por tanto, el médico Freud desistió de una investigación que sólo podía conducirle a conocimientos teóricos.

Este desequilibrio ha venido acentuándose de un modo progresivo a medida que los estudiosos de la psicología profunda posteriores a Freud fueron aportando nuevas aclaraciones del problema siempre desde el mismo punto de vista.

Ciertamente, los investigadores pertenecientes a la tendencia denominada antipsiquiatría, surgida hace unas décadas, se ocupan hoy con el máximo interés de la personalidad esquizoide, pero sus trabajos, valiosos en alto grado, no han conseguido contrapesar todavía el movimiento unilateral anterior.

La consecuencia más grave de esta desproporción en las atenciones prestadas a cada uno de los extremos no es, sin embargo, la ignorancia respecto a los procesos psicóticos, sobre los que existe abundante bibliografía, sino la falta de un sistema capaz de ofrecernos un medio de progreso hacia las raíces últimas del ser del hombre en la dimensión del subconsciente.

Las afecciones neuróticas, como hemos podido observar, consisten en una fijación al padre o a la madre, o a cualquier momento conflictivo de la vida en el que el individuo detuvo el desarrollo normal de su personalidad.

En síntesis, pues, el análisis de la neurosis nos muestra la fijación al pasado como nota más característica de su esencia.

Por el contrario, si ahora nos fijamos en las notas fundamentales que determinan la personalidad psicótica, sobre todo en la afección extrema de la paranoia, podremos descubrir una serie de rasgos con valor de futuro. Así, el paranoico, por ejemplo, vive en constante afán por redimir al género humano de los males que su sensibilidad descubre en el mundo en que habita.

Su actitud se encuentra, por tanto, pendiente de unos logros que el hombre no ha alcanzado todavía, pero que deben, por el valor cualitativo que encierran, convertirse pronto en su patrimonio. Los enemigos que advierte por doquiera suelen ser los incrédulos, ya por incapaces de desprenderse del presente, ya porque sus ideales son impuros por contagio con la malicia que todavía se asienta en el ser del hombre.

Incluso la pérdida de la realidad que caracteriza al paranoico guarda clara similitud con la cualidad de incierto que domina todo signo de futuro.

El hombre que, como ser abierto, tiene la posibilidad de revivir el pasado mediante la memoria o trasladarse al porvenir por vía de imaginación proyectada, se enferma de neurosis cada vez que su sensibilidad se detiene en un momento pretérito de su vida, o de psicosis si, atraído por el futuro no puede regresar a la vida de su fluir presente.

No debe extrañarnos el desequilibrio producido en los estudios del subconsciente a favor de la neurosis ya que es más fácil la comprensión del pasado que la del porvenir y, por tanto, debe, con toda lógica, precederle también en la historia de los descubrimientos del hombre sobre sí mismo.

El desarrollo real de la humanidad, sin embargo, no sigue este orden, sino el contrario. La primera mirada del hombre se entiende debe dirigirse necesariamente al futuro, pues de no ser así todo progreso se haría imposible. La preferencia por el pasado se da más bien en el estadio de la conciencia pensante.

Faltos de una visión equilibrada del conjunto y de las adecuadas distinciones del mundo real y del lógico, los investigadores psicoanalíticos han incurrido con frecuencia en un error sumamente grave para el buen entendimiento de la radicalidad última del ser humano.

En efecto, entendido el hombre como el resultado de una enfermedad de la naturaleza, se ha creído ver la neurosis como causa del desarrollo histórico de la humanidad, siendo así que los movimientos que determinan la espiral de la Historia presentan siempre como fuerzas propulsoras elementos que suelen corresponder a la paranoia. La neurosis, en todo caso, tiende, por el contrario, a restablecer etapas ya superadas por la evolución, tanto del individuo como de la sociedad.

Desde otro punto de vista, el esquema de conjunto esbozado nos fuerza a concluir en fórmula similar a la de Heidegger que el ser del hombre es el tiempo; pero entendiendo aquí los términos en un sentido antropológico previo a lo metafísico.

A este tiempo subyacente debe la actividad psíquica humana la posibilidad misma de la formación de símbolos.

Recordemos que la actividad simbolizante requiere, por una parte, la superación de lo concreto, y, por otra, la incidencia en un mismo punto de todos los elementos que integran el resultado simbólico, condiciones que sólo el tiempo puede cumplir.

Estas premisas apoyan la conclusión a que llega Spengler de que todo hecho que entra en la Historia se convierte automáticamente en un símbolo; pero el fenómeno no puede limitarse al ámbito de la Historia, comprensiva únicamente de lo que ya fue. Todo proyecto debe tender de igual manera hacia símbolos cuya radicalidad temporal se encuentra en el porvenir. Se trata, pues, en última instancia, de un esquema global que nos muestra al hombre abierto al símbolo.

El desenvolvimiento mismo del proceso nos ha conducido hasta el terreno propio del quehacer artístico.

Como ya tuvimos ocasión de observar en otra parte de este libro, el artista vive en constantes regresos y progresos que le permiten descubrir posibilidades del hombre que por desviaciones unilaterales en el pasado no habían logrado desarrollarse o que por el nivel cultural alcanzado en su tiempo permanecían todavía ocultas.

Las figuras básicas en que se reflejan estos movimientos pendulares son los mitos en su dimensión humana.

En cada mito de esta categoría se encuentra proyectado un aspecto del hombre, una inquietud producida por el movimiento que hace del hombre un ser inestable, un individuo en constante proceso evolutivo.

Si la figura en cuestión se abre a un tiempo pretérito, generalmente representado por el padre o la madre, bastará obstaculizar su trayectoria introduciendo un motivo que propenda a la detención para que la resultante adquiera los rasgos de una figura de neurosis.

El ejemplo más claro de esta forma del mito es el de Edipo, merced a los descubrimientos de Freud y a los constantes aportes de otros psicoanalistas sobre el tema.

Pero la mirada retrospectiva de la psique humana está muy lejos de ser la única que se proyecta en los mitos, ni siquiera podemos decir que sea la más frecuente. El futuro atrae al hombre y lo inquieta en alto grado y por motivos muy diversos. A esta situación psicológica deben corresponder unas figuras míticas inquietantes hasta la angustia, difusas por lo incierto del futuro, y de formas tan variadas como posibilidades tiene el porvenir del hombre.

Ante un panorama de tales características, con lo oscuro y lo múltiple como notas esenciales, la investigación psicoanalítica, carente de un sentido unitario a utilizar como hilo conductor, hubo de perderse en consideraciones parciales desprendidas del conjunto que sólo ofrecía su aspecto laberíntico y caótico.

En nuestra pretensión de esclarecer un tanto este sentido del problema psicomítico no podemos contar, en consecuencia, con una figura ejemplar unitaria. Los modelos en esta parcela del objeto que estudiamos valen únicamente para ilustrar fragmentos aislados de una totalidad que corresponde a la mente reconstruir a posteriori.

Nuestro trabajo sólo pretende apuntar algunos trazos de esa figura, los suficientes para hacer comprensible el sentido antropológico evolutivo en que se encuentran inmersas varias obras de Buero Vallejo, entre ellas «Irene o el tesoro».

En la propia tragedia de Sófocles, «Edipo, Rey», un personaje fundamental llega al ánimo de los espectadores sin pasar por la escena en que la obra se representa: es el difuso Layo, que, para Edipo, es el padre contrapuesto, el obstáculo en su camino, mientras que desde sí mismo su significado se invierte.

A Layo le inquieta el futuro. Desea un hijo que su mujer, Yocasta, no le da, y sus ansias acaban conduciéndole ante el oráculo. Aprende entonces el gran símbolo: cualquier hijo que le nazca de Yocasta le quitará la vida; pero la mente de Layo se fija en el futuro y lo interpreta como una realidad del mundo en que vive. Torturado, así, por el porvenir que le amenaza se resuelve a una acción imposible: detener el tiempo. El hijo, que ya se aproxima, debe morir.

El mito de Layo nos indica en primer término el valor simbólico de futuro que encierra la génesis de un hijo. Todo hombre al proyectarse hacia lo venidero se apercibe de que de un modo inexorable llegará su fin y el desarrollo de su capacidad individual quedará interrumpido. El hijo podrá continuarlo, pero esta vía conduce al mayor de los conflictos: el hijo, al continuar la evolución del padre, a la vez lo perpetúa y lo suplanta, le abre la única salida positiva hacia el futuro y le advierte de la imposibilidad de llevarla a cabo por sí mismo. Es, en suma, su vida y su muerte.

Muchos otros mitos completan esta significación del de Layo con matices importantes a resaltar. Recordemos de Medea cómo por amor lucha con el pasado, su padre, mata el presente, su hermano, y se entrega al futuro dando hijos a Jasón.

El motivo desencadenante en este caso, el que produce la fuerza creadora, es el amor y, por tanto, tan pronto como esta fuente de energía queda cegada por la conducta de Jasón, Medea no vacila en destruirle el futuro matando a sus hijos.

En una leyenda germánica primitiva de los Nibelungos, «Sigmundo y Signi», de elementos similares a los del mito de Medea, la dimensión futura de los hijos se hace aún más patente.

Signi envía sucesivamente los dos hijos, tenidos del matrimonio con Sigueir, a su hermano Sigmundo para que le ayuden a vengar a su padre. Comprobada la falta de valor para acometer la empresa proyectada, tanto del primero como del segundo, es decir, descalificados para la obra futura, la propia madre dispone su muerte.

El sentido futurista se advierte también en la brevedad de la vida con que se marca el destino de los héroes. El ser de los héroes consiste, sobre todo, en progresar con tal rapidez que bastan unos pocos años para realizar tareas que resumen una actividad normal de largos períodos de tiempo.

Un segundo aspecto del mito de Layo, de sumo interés para nuestro estudio, es el enfrentamiento con la propia muerte.

Consultar al oráculo es para el hombre la mayor de las osadías, es tener el atrevimiento de dirigir la mirada al futuro y, en consecuencia, descubrir como un propio reflejo la mirada de la muerte que aguarda, segura de su triunfo.

De nuevo, el significado fragmentario del mito requiere acudir a otras formas de sentido paralelo que nos aclaren no sólo matices, sino, incluso, aspectos fundamentales.

La Gorgona ocupa entre ellas un lugar destacado. En clara consonancia con un síntoma esquizofrénico petrifica a quien cruza con ella la mirada.

En el infierno de la Divida Comedia debe Dante volver la vista atrás y aún Virgilio le tapa los ojos para evitar un petrificación irreparable.

Si a la luz de este pasaje nos asomamos a la escena bíblica de la conflagración en que sucummben las ciudades de Sodoma y Gomorra, comprenderemos fácilmente que la prohibición de volver la cabeza no corresponde a la mirada al pasado, sino al futuro. La mujer de Lot sintió la lógica curiosidad de Layo y, en consecuencia, quedó convertida en estatua de sal.

Semejante significado tiene la pérdida de Eurídice por Orfeo, no resistiendo la tentación de volverse hacia el abismo final, si bien aquí el mito comprende además una visión en profundidad sobre sí mismo, su parte femenina, o subconsciente. Es innecesario aclarar que la mirada al propio ser en el sentido profundo del subconsciente y en el abismal del futuro están en íntima relación. Este es el motivo por el que Dante encuentra en el abismo infernal frecuentes muestras del don de la profecía.

Una vez informado Layo acerca de su propia muerte y de que de él sólo quedaría el hijo que Yocasta le habría de dar, las consecuencias que presenta el mito ofrecen un valor incalculable para el esclarecimiento de una personalidad esquizoide.

La voluntad de destruir al hijo y evitar de esta manera la única sucesión posible en el tiempo equivale, con toda claridad, a un suicidio como respuesta de rebeldía ante ese destino que lo condena dictatorialmente a morir.

Se trata aquí de un suicidio en el símbolo, de un suicidio en el que se pretende la muerte, no de la persona real, sino de su proyección futura.

En un cuadro clínico la equivalencia de este pasaje sería únicamente un síntoma psicótico de autodestrucción simulada; pero tanto la esquizofrenia como la creación mítica y literaria presentan también procesos en los que el suicidio destruye al individuo en su completa realidad presente. En tales casos el mecanismo de autodestrucción responde de manera ordinaria al descubrimiento de hacerse incompatible su yo auténtico, recóndito, el que vive en ese mundo de ideales todavía inalcanzados, con su yo falsificado, teatral, que debe acomodarse a este mundo presente de realidades concretas.

La creación mítico artística nos ofrece en otra obra de Sófocles, Ayax, un ejemplo típico de esta clase de valiosas sugerencias.

Los ideales heroicos de Ayax Telamonio eran claramente de lo que podríamos llamar un adelantado a su tiempo. El valor en la guerra le atraía, pero cuando su padre le aconsejó la piedad para con los dioses con el fin de que le ayudasen en el logro de sus planes rechazó la propuesta paterna con modales violentos alegando que él quería ser valeroso por sí mismo, que con la ayuda de los dioses también pueden triunfar los cobardes.

Sófocles en su tragedia recoge los últimos momentos de este valiente soldado convertido en un antihéroe. La locura le hace ver ejércitos donde hay rebaños de ganado, igual que en nuestras letras le sucede a Don Quijote, pero Ayax recobra en esos momentos la lucidez, vuelve a vivir en el mundo de lo presente, con lo que experimenta la contradicción que ofrecen sus ideales con su realidad. La vergüenza, sentimiento propio de quien ve descubierto el contraste de estas dos facetas de su personalidad, lo invade y lo tortura haciéndole poner fin a su vida con su propia espada.

En la presentación fragmentaria de los mitos que apoyan su significado simbólico en la radicalidad temporal del futuro, llegamos por último al conflicto de dimensión religiosa que subyace en el problema y que permite aclarar el sentido más profundo de este proceso de lo humano.

También aquí la figura de Layo puede servir de punto de partida para nuestro estudio. En efecto, su osadía de escudriñar el futuro se mueve entre elementos que nos descubren convicciones profundas de clara significación religiosa.

Layo acude al oráculo, medio por el que se expresa la divinidad, convencido de que el porvenir pertenece de un modo exclusivo a los dioses.

La respuesta, velada bajo unos términos que la inteligencia de Layo sólo puede captar a medias, nos permite vislumbrar un tanto el enojo del dios por la intrusión del hombre en el dominio de lo sagrado, celo que se advierte como una constante en la conducta de los seres divinos.

El comportamiento hostil de Atenea para con Ajax, es un ejemplo más claro; y más aún el castigo que en el Infierno de la «Divina Comedia» sufren los adivinos:

Ve allí el Dante «que todos estaban maravillosamente al revés, desde la barba hasta donde empezaba el busto, porque tenían vuelto el rostro hacia las espaldas y érales forzoso andar hacia atrás no siéndoles posible mirar adelante». Y poco después, con relación a Anfiarao, explica Virgilio: «mira cómo ha convertido en pecho las espaldas, pues de tanto como quiso ver adelante, no ve ahora más que atrás, y anda retrocediendo».

La consideración de estos pasajes nos permite adentrarnos, siquiera sea algunos pasos, en un mundo en el que dioses y hombres luchan irreconciliables por el dominio del futuro.

El fondo psicológico del problema tiene que estar, en lógica consecuencia, formado por un reducto en el ser del hombre donde lo agónico aparezca como característica permanente y aun quizá como nota esencial.

Enfrentarse al porvenir es, a la vez, un condicionamiento a que está sometido de manera inevitable el ser humano y una imposibilidad manifiesta de éxito en el presente.

Bastan ya los datos aportados sobre el tema para adivinar que ese elemento contradictorio, que constituye el reducto polémico del ser del hombre, no es otro que el destino.

Para la conciencia de los antiguos, y, en gran medida, incluso para el hombre de hoy, el destino es ciego en sus decisiones y loco a la hora de juzgar, pero esa lucha de aire desesperado, reflejada en tantos mitos y figuras literarias, nos descubre con toda claridad que, a niveles más profundos, el ser humano vivía convencido de que la victoria final era suya.

En el plano del subconsciente, por tanto, el hombre considera que su destino le pertenece por derecho propio, pese al grave obstáculo que supone el saberlo conquista imposible.

El resultado de la contienda entre el hombre y la divinidad permanecerá siempre en equilibrio, porque el futuro seguirá siendo incierto para los humanos, pero los dioses no podrán impedir que el hombre traslade su destino al presente y lo condicione bajo forma de proyectos, ideales y todos los demás signos de progreso.

El hombre, transformado así por la incidencia del futuro sobre su presente, tiene que abandonar la vida sosegada y convertirse en un ser inquieto e inestable, obligado a la constante tarea de hacer su destino de verdad propio.

Ahora podemos entender el debate angustioso de Adán en la encrucijada vital de seguir fluyendo con placidez en el presente o asumir la formación de su propio destino afrontando el inquietante porvenir. «Seréis como dioses» no era sólo una falsa promesa del espíritu maligno, era también una cualidad de la esencia humana, o al menos un germen de ella, al haber sido creada a imagen y semejanza de Yaveh. El conocimiento del bien y del mal le pertenece en cuanto este saber condiciona la posibilidad de hacerse a sí mismo y con ello adueñarse de ese destino que la aguarda.

Adán, en consecuencia, se decide por la responsabilidad y come la fruta simbólica. El hombre se hace en ese momento su programa e inicia su caminar por la historia.

La reflexión que sigue al degustar la fruta hace que Adán se vea a sí mismo, se encuentre desnudo y se avergüence. No se trata de un detalle superfluo, sino de una nota valiosa en extremo. El sentimiento de vergüenza acomete sólo al hombre que en el mundo de la cultura practica actos que pertenecen al mundo de la naturaleza. La vergüenza, por consiguiente, acusa al hombre que retrocede. Adán, que apreció como agradable el descubrimiento de la ciencia del bien y del mal, quedó obligado para siempre a mirar hacia adelante y a tomar el pasado como ilustración sobre errores y aciertos.

La marcha sin descanso tras el propio destino es el primer dolor, el primer trabajo, consecuencia de aquella decisión primera de hacerse a sí mismo. La segunda, al menos en su fin, es verse conducido a la muerte, porque la muerte es la nota básica sobre la que se traza su destino.

La vivencia del dolor hace que la voluntad de Adán vacile e incluso se arrepienta de haber iniciado su marcha por la senda de la hominización y así aprende que la divinidad, al guardar con celo el fruto de la ciencia, tenía sus motivos. El Paraíso natural del presente era tranquilo; Adán sufre el castigo por una culpa origen de la Historia.

Rebelde ante el tesoro del destino celosamente guardado por la divinidad fue también Prometeo.

Zeus había acaparado la posesión del fuego del sacrificio mientras los hombres quedaban obligados a vivir de un modo pasivo.

Prometeo, de naturaleza titánica, emparentada con la naturaleza humana y a la vez símbolo de la inteligencia que busca y que, por tanto, es capaz de errar, se propuso iniciar en el mundo una nueva forma de vida, la del progreso con esfuerzo, la de la conquista del propio destino.

Inicia la nueva senda robando el fuego a los dioses y entregándoselo a los hombres.

Las consecuencias son, en verdad, duras para él: Zeus, enojado, le ata desnudo a una roca del Cáucaso donde cada día un águila se alimenta de su hígado, o, según otras versiones, se petrifica, formas ambas que, tomadas como sentimientos, pueden entenderse como síntomas de esquizofrenia.

Pese a todo, Prometeo no se arrepiente, pues sabe que de su rebeldía y de los sufrimientos que le causa depende la dignidad del ser del hombre.

Este breve recorrido a través de las figuras míticas fragmentarias de significación psicótica y el descubrimiento del sentido de futuro que las condiciona, en contraste con las de sentido unitario y retrospectivo en que se reflejan las neurosis, puede facilitar a nuestro estudio la clave para el entendimiento de los problemas planteados al principio de este capítulo.

En su obra «Genio y locura» considera Jaspers la paranoia como enfermedad típica de los tiempos modernos, a diferencia de la histeria característica del medioevo.

Se trata, con toda claridad, del sentido contrapuesto de la historia que domina en cada una de estas épocas. La Edad Media mira al pasado, vive del recuerdo y se detiene en el análisis minucioso de particularidades que las grandes figuras de la antigüedad habían visto en su conjunto. A partir del Renacimiento, en cambio, el hombre proyecta sus ideales hacia un futuro sin límites, su intención avizora el porvenir, incluso cuando su entendimiento reconsidera el valor de las obras heredadas del mundo antiguo.

Hoy las manifestaciones, tanto dramáticas como cinematográficas, reproducen, en lógica congruencia, estos fenómenos que llenan de inquietud la vida real. La paranoia en las obras de Kaj Munk y K.

Th. Dreyer, o la esquizofrenia paranoide en la obra de Buero Vallejo, responden, en su dimensión más honda, a la manera como el hombre de nuestros días siente su ser de abierto, y de abierto precisamente al futuro.

Si ahora nos detenemos a considerar en su conjunto los elementos que componen la trama de «Irene o el tesoro» no nos será difícil advertir la presencia de lo que podríamos llamar un «complejo de Layo».

El hijo de Irene nace muerto. En apariencia este hecho es sólo motivo de dolor para la madre; pero, a niveles profundos del tiempo de futuro en que se gesta el símbolo, la fantasía obedece a causas que radican en sentimientos diferentes, incluso opuestos a los que a primera vista encontramos en la obra.

Sabemos que en psicología antropológica los hechos con frecuencia se convierten en fines, fenómeno que ya hemos tratado suficientemente en el capítulo V de este libro. De manera que en el subconsciente de Irene la muerte del hijo no es sólo un hecho doloroso, sino también un acontecimiento deseado y realizado por propia voluntad. El niño debe morir a fin de evitar, como en el caso de Layo, que sea la causa de su muerte, que se convierta en su substituto.

Para confirmar esta interpretación tan atrevida debemos acudir en primer lugar al paralelo que encontrábamos en la temática danesa de «El Verbo». También allí un niño nace muerto y en circunstancias inequívocas: el médico se ve obligado a destruirlo para evitar que, a consecuencia del parto, muera Inger, la madre.

El haber elegido la vida de la madre, sin embargo, no evita la continuación del conflicto radical del ser humano en lucha con su duración limitada; poco después Inger muere también y es necesaria la acción de Juan, el paranoico que se cree redentor como Cristo, y la fe de una niña para resucitarla.

Kaj Munk y Dreyer concluyen proclamando la necesidad de la fe en la vida. Sin ella, si la sociedad no cree, Inger tendría que pudrirse. Esa fe se ha logrado y así Inger vive; pero el hijo ha sido destruido y al interés de la madre sólo saben contestarle que el niño, en el cielo, también vive.

En segundo lugar debemos acudir, en demanda de apoyo a nuestra interpretación, a un examen interno de «Irene o el tesoro» en busca de rasgos que completen el carácter con que se muestra la protagonista, Irene. Si bien este auxilio no nos llegará de un modo inmediato, sino mediando un largo recorrido a través de problemas muy complejos.

En «Casi un cuento de hadas» hemos podido observar cómo cuatro de los personajes fundamentales de la escena, la pareja de hermanas y los dos Riquet, procedían en su constitución esencial de una personalidad única, la de Oriana, que en su fantasía creadora les había dado el ser.

Descendiendo un grado más hacia lo particular era allí visible la unidad de los Riquet, desdoblada intencionalmente por el autor.

De igual manera, en «Irene o el tesoro» una unidad originaria, anterior por tanto en esencia a los caracteres representados, está dando sentido a todos los personajes irreales y al menos a dos de los reales: a Irene y a su suegro Dimas.

Pero una dificultad más viene a sumarse en este caso a la aclaración del sentido unitario de la obra por faltar un personaje equivalente a Oriana, que sirva de punto irradiador de las diversas actitudes ante el mismo problema. Esta función debe ser realizada por cada uno de los espectadores, a quienes corresponde, en consecuencia, un papel de primer orden en la constitución de la infraestructura del drama. Con ello acabamos de alcanzar el principio básico que nos hará inteligible la génesis profunda de la obra.

El desarrollo del drama no es otra cosa que un conflicto radical del espectador extrayectado en dos figuras míticas que personifican la ambivalencia del sentimiento respecto al enfoque ético del problema en cuestión.

La norma tal vez sea universal respecto a la obra de arte, y lo que aquí aplicamos al espectador de «Irene o el tesoro» podrá ser válido con carácter general en todos los casos.

Podríamos decir en términos de Unamuno que al contemplar la obra de arte cada uno se recrea, tomando la palabra tanto en su acepción común de divertimento como en la etimológica de re-creación en el sentido de un crearse de nuevo, esta vez no según la naturaleza, sino por un proceso de hominización que corresponde a lo que nosotros venimos denominando «ser de abierto al futuro».

La imaginación y la fantasía del espectador de «Irene o el tesoro», provocadas por la mente creadora de Buero Vallejo, van reproduciendo en la escena, la primera, una figuras y unos hechos, que representan tendencias de significación propia que la reflexión puede descubrir, y, la segunda, motivos e intenciones recónditos que sólo el análisis puede traer a la luz de lo consciente.

Como primer producto de la actividad imaginativa vemos la aparición de dos personajes claramente diferenciados, Irene y Dimas, incluso contrapuestos por sus reacciones y su conducta moral. Pero un examen detenido, desde el ángulo de las fantasías inconscientes, basta para advertirnos de que el sentido que subyace en las raíces del problema resulta muy distinto.

A nivel de síntomas primarios, en efecto, Irene y Dimas no son otra cosa que alternancias de la actitud en torno a una sola línea directriz de la conducta originaria.

Tres nudos problemáticos caracterizan tanto el condicionamiento de Irene, tiranizada, como el de Dimas, tirano: el tesoro y el dinero, las alucinaciones y, en particular, la pérdida de sendos hijos.

Se trata, pues, de un único conflicto, el del espectador enfrentado a un destino ineluctable, que provoca en cada uno reacciones ambivalentes, cuyo valor unitario puede ahora seguirse sin dificultad.

Constituir el futuro, conquistar su propio destino es el quehacer doloroso que se ofrece a cada hombre; pero, en este caso, el espectador de Irene o el tesoro, como Layo, se rebela ante la condición primera que determina la esencia de su ser, la temporalidad: el hijo, símbolo de la sucesión, nace muerto, o, en su equivalente alternativa, debe morir porque su vida sólo puede conservarse a cambio del dinero de Dimas, precio altamente significativo, como tendremos ocasión de examinar.

Alcanzamos, así, dentro de la crítica interna de «Irene o el tesoro», a una primera comprobación de intencionalidad en la muerte del hijo por parte del complejo personal Irene-Dimas.

No olvidemos, para completar el argumento, que el sentido de los móviles profundos en las obras de Buero Vallejo consiste con frecuencia en unas insinuaciones. Por todo ello, nuestro comentario debe ir añadiendo sutiles matices a los trazos destacados que se imponen por sí solos.

Pero al carácter ambivalente del espectador no le satisface la solución adoptada de cerrar el futuro evitando la sucesión. El debate ante la imposibilidad de hacer compatibles el abrirse al futuro y permanecer continúa, de manera que una nueva rebeldía viene a oponerse a la rebeldía anterior: el hijo no debería haber muerto, y, por tanto, debe resucitar.

La única vía de entrada en este proceso es la de las alucinaciones que, de un lado, compensan la dureza de la realidad, y, de otro culpabilizan por la malicia abrigada en los motivos radicales del obrar.

La complejidad de aspectos que inciden sobre el conflicto proyectado empieza a perfilarse en torno a una línea que sintetiza los valores fundamentales expresados en el drama: la dialéctica eros y tánatos; la misma que en lenguaje mitológico era el fruto del árbol del Paraíso, la ciencia del bien y del mal, o la dialéctica inocencia-culpabilidad.

El hombre se debate oprimido en un mundo adverso que lo envuelve; pero esta hostilidad externa es sólo un tenue reflejo de las fuerzas destructoras que el ser humano encuentra en el interior de sí mismo. La ciencia del bien y del mal es primero experiencia del dolor; pasa a ser luego deseo de felicidad y sólo más tarde se convierte en norma moral y ética.

En «Irene o el tesoro» la dureza de la realidad era una situación insostenible de la que se puede salir únicamente por la creación de un mundo ilusorio, un paraíso de fantasías.

Opina Laing que la demencia es una manera de hacer visible lo no vivible. Tal es el caso de Irene, para quien las alucinaciones hacen visible una situación que, de otra manera, carecería de soporte.

El bien, pues, no se apoya en la realidad, sino en el deseo; su ser radica en la potencia de la fantasía creadora. Es la locura del bien que pide la fe como fuente necesaria de su sostenimiento.

Ante el destino, que con toda dureza se nos opone, Kaj Munk y Dreyer, por medio de la paranoia de Juan, postulan una fe en la vida, lo que equivale a decir que la vida es un valor positivo, un bien en sí misma.

Pero una afirmación de esta naturaleza, convertir en un postulado lo que en principio se presentaba como problema, es tanto como detenerse en el camino. En lenguaje mítico es incluso un regreso, el que Yaveh intentó evitar cuando expulsó del Paraíso a la primera pareja humana: «no sea que coman del árbol de la vida y vivan».

La tarea que cabe al hombre no es detenerse ni regresar, sino realizar el propio destino. De ahí que la fe demandada en «Irene o el tesoro» no recae sobre la vida, sino sobre el hombre, o al menos sobre la potencia que tiene el hombre de autocrearse. La vida no es buena en sí misma, la vida hay que hacerla buena.

La ética no es una moral impresa en la naturaleza humana, ni siquiera un conjunto de normas que eleven al hombre hasta un ideal prefijado por una ley externa o interna. La ética es el autocrearse del ser humano que da sentido al destino particular.

Por otra parte, debemos aclarar la identidad del personaje correspondiente a esa voz que dialoga con Juanito, y que sólo él y los espectadores son capaces de oír, si pretendemos adentrarnos un paso más en las raíces primeras del problema.

Desde el punto de vista psicoanalítico, como ya hemos indicado, la voz pertenece al padre de Juanito, y de ahí su carácter de súper-yo que manifiesta siempre, y que hace a Juanito identificarlo con la divinidad. Pero, en sentido genético-antropológico, su significado se hace más amplio.

También Sócrates oía una voz en su interior, que le avisaba siempre que debía acometer una obra nueva. Era la voz de su daimon particular, un demonio curiosamente ocupado en servirle un tanto de profeta.

Los romanos llamaron a este daimon, Genio, y le asignaron un papel de creador de cada individualidad. Era el dios de los nacimientos, de los cumpleaños, y, en general, de cada momento destacado de la vida del hombre en relación con el tiempo.

La cualidad de creador que domina en la esencia del daimon o del genio fue estudiada por Leo Frobenius, que entiende lo demoníaco o genial como la etapa que corresponde en el individuo a la infancia y en las culturas a los momentos de formación en que los pueblos se encuentran inmersos en una mentalidad mágica.

El lenguaje común recoge este valor cuando llama genial al individuo que mantiene la capacidad creadora infantil a lo largo de toda su vida.

Pero la voz demoníaca por excelencia es la de la serpiente que avisa a Eva de los poderes que se encierran en el fruto de aquel árbol privilegiado: la capacidad de hacerse hombre, de conquistar el propio destino.

Gracias al consejo de la serpiente el hombre pudo iniciar la tarea más noble que cabía imaginarse. Sólo el elevado precio de cada logro por la nueva senda podía provocar el desánimo y aun el arrepentimiento. Y así apareció proyectada la otra voz, la de Yaveh recriminando al hombre por su osadía, o la de Dimas, en postura insostenible, poniendo de manifiesto lo inhumano del esfuerzo por retener el presente.

Sin lugar a dudas, la línea dramática de Buero se traza con signos de autocreación humana; pero el caminar por esta senda se hace en extremo difícil.

El ensayo de búsqueda discurre por vía dialéctica que engloba la realidad y la irrealidad, el presente y el futuro, la vida y la muerte.

Ya hemos visto cómo la muerte del hijo suscitaba el problema de una rebeldía ante la condición humana del ser limitado a ser suceso, y, por tanto, a pasar y ser sucedido; pero, al mismo tiempo, en la sucesión se encuentra la única posibilidad verdadera de crear, de manera que el hijo debe volver aunque sea por medio de una fantasía.

La irrealidad sirve, así, de base para edificar todo un mundo de valores, esenciales en la constitución de lo humano.

Pero este mundo de valores, abierto ante el hombre, no debe ser el fruto de una ilusión efímera; no puede, si de verdad encierra valores, proceder de la nada y mantenerse desconectado de la vida real, que fluye en el presente de cada uno. El mundo de la fantasía creadora tiene que aprender, además, a influir sobre las circunstancias naturales del hombre e impregnarlas de un espíritu nuevo, darles sentido humano.

Una función de esta categoría es la que nos viene indicada por el enfrentamiento dialéctico entre el dinero de Dimas y el tesoro de Irene.

Desde una perspectiva semiológica, el dinero es un signo, que sirve de intermediario en una actividad de comunicación entre los hombres. El hecho carecería de importancia para nuestro trabajo, a no ser por la circunstancia de que lo comunicado por su medio, son siempre valores reales. Mientras que la palabra participa conceptos o, todo lo más, imágenes de las cosas, el dinero transmite, o se refiere, a las cosas mismas y al trabajo que supone su obtención. Es decir, el pasado se concentra en el presente en forma de poder acumulado de posible acción sobre el mundo físico.

El psicoanálisis interpreta el dinero como una potencia anal-sádica, con una gran capacidad destructiva perteneciente a la dimensión del tánatos en la vida humana.

Por el contrario, un tesoro, en cuanto signo, pese a estar constituido por significantes muy similares, sugiere unos significados muy distintos.

La valía del tesoro trasciende el ámbito de las cosas reales y físicas y se adentra en el mundo de lo humano, y no sólo cuando el término se emplea en sentido figurado para calificar la persona de virtudes excepcionales, sino también en su acepción directa. Un tesoro no es ya una acumulación de dinero que representa el fruto del trabajo; es, más bien, una fortuna que la suerte depara al héroe de probados méritos. La conquista del tesoro es algo así como la prueba iniciática que marca el destino de los privilegiados.

Es de notar el hecho de que el primer guardián del tesoro mítico suele ser un monstruo al que el héroe debe vencer; en algunos casos, como en los Nibelungos, queda luego bajo la custodia de un enano, y, por último, entra en el seno de las aguas. Tres claros símbolos del subconsciente, dispuestos en un orden altamente significativo.

La presencia del monstruo, palabra emparentada con el verbo mostrar, nos advierte de que estamos asistiendo al nacimiento de una personalidad nueva. En el origen de su trayectoria, al héroe se enfrenta su naturaleza animal, que le obstaculiza la conquista de su destino ennoblecido, el tesoro de ser él mismo.

El hombre descubre la posibilidad de sustraer al dominio del monstruo una parte esencial de su propio ser, la que forma el mundo de lo autocreado, la que ahonda sus raíces en el sentido del futuro.

Vencido el monstruo, la personalidad recién nacida, el enano, pasa a ocupar su puesto de celoso guardián.

El desarrollo evolutivo puede permitir pronto sepultar el tesoro en las aguas profundas, desde donde ejercerá siempre su poder invisible.

Nos encontramos, con toda evidencia, ante un complejo mítico-antropológico semejante al que contiene el libro del Génesis bajo la forma del fruto prohibido del árbol paradisíaco de la ciencia del bien y del mal, pero expuesto, esta vez, con predominio de los significados estéticos sobre los éticos.

Conquistar el propio destino, en la época heroica que marca el comienzo de cada cultura, es algo esencialmente bello, en contraste con la fealdad monstruosa que supone permanecer en el estado de pura naturaleza anterior.

Importa mucho destacar, para el fin de nuestro trabajo, que la nota distintiva de la belleza o el bien que caracteriza estos dos procesos míticos no es, en modo alguno, el origen de una divergencia, sino, por el contrario, un sólido punto de apoyo para un estudio de relaciones de parentesco entre las causas determinantes del gusto estético y la voluntad ética.

En uno y otro movimiento la transformación afecta al hombre de la misma manera: haciéndole cambiar su cualidad de ser solitario por la de ser sociable, o si se prefiere, el hombre trasciende la mera naturaleza y entra en el mundo de la cultura. La fórmula es fácil: las cosas sólo están, el hombre las dota de belleza o fealdad, las acciones sólo se realizan, el hombre las dota de bondad o malicia.

El proceso se hace más claro al considerarlo en su última etapa, en la que el ser humano adquiere la capacidad de conocer: el mundo, entonces, sólo existe, el hombre lo hace cognoscible.

La visión de conjunto nos muestra, en resumen, un movimiento de incorporación a lo humano de potencialidades que sobrepasan su naturaleza primera, y por medio de las cuales le es permitido relacionarse con su entorno en los niveles del sentir, querer y conocer.

No se trata, sin embargo, de un fenómeno subjetivo, en el sentido que tiene la palabra cuando se aplica a determinados acontecimientos accidentales en la vida del individuo, y que, por tanto, no modifican la esencia de la especie. El problema que nos ocupa afecta de un modo casi genérico y substancialmente al hombre, aunque el fundamento de la transformación experimentada no consista en la adquisición de nuevas realidades, sino en el acceso a nuevos grados de apertura.

Dentro del conjunto unitario que da a «Irene o el tesoro» la presencia del espectador proyectándose en la escena, el conflicto surge tan pronto como las tendencias en el individuo se bifurcan. Al aparecer la posibilidad de hacerse a sí mismo, una parte de las energías disponibles actúa en favor de la autocreación, mientras que otra parte toma cauces conservadores de la potencialidad natural preexistente.

El dinero representa estas últimas fuerzas defensoras del estado de naturaleza y Dimas, su propietario, toma por ello la forma que el mito calificaba de monstruosa; pero bastará cambiar la actitud de presente por una de futuro para que el dinero se transforme en el tesoro buscado por el duendecito cuya figura nos recuerda, tanto por sus dimensiones corporales como por su función, la del enano Alarico de la mitología germánico-nórdica.

No nos extraña que el tesoro no se encuentre, porque todos sabemos que el tesoro no existe; su imagen brillante corresponde a un mito de significación estética, ya superado en nuestro desarrollo cultural. En cambio, nos sorprende el descubrimiento de su valor en la autocreación de cada uno: el tesoro es Irene. El tesoro, éticamente hablando, es el bien con que el hombre autocreado puede enriquecer su naturaleza.

El proceso desmitificador dentro del plano ético de la personalidad termina en esta obra, al igual que en «Palabras en la arena», con un enfrentamiento del hombre consigo mismo. Ahora bien, este paso en el sentido del desarrollo humano condiciona, como hemos visto, el descubrimiento de la propia culpabilidad, y, por consiguiente, el ingreso en la etapa trágica de la existencia.

La conquista del tesoro suele llevar aparejada la temprana muerte del poseedor. Es el saberse mortal que supone la previsión del futuro, el precio de la ciencia del bien y del mal.

El tema aparece de nuevo en «Irene o el tesoro» bajo la forma dialéctica de vida y muerte, pero con unas características determinadas, que requieren consideraciones especiales.

Si a la muerte del padre sigue, como consecuencia en el individuo, un sentimiento de culpa retrospectiva, de carácter real, que se actualiza en forma de remordimientos, a la muerte simbólica del hijo debe acompañar una afección de culpa, cuyos rasgos han de tener sentido contrario, o, al menos, muy diferente.

De una falta verificada en un tiempo que todavía no ha sucedido lo primero que podemos afirmar es su irrealidad. Se trata, pues, de una falta no real, pero verdadera. El hombre, con su ser de abierto actuando sobre el destino, la presiente al modo de una repercusión sobre su fantasía creadora. La psique puede, en caso patológico, detenerse en ese acontecimiento del porvenir, de lo que resulta la mente paranoica, pero, aun en el caso de que la reacción se produzca dentro del campo considerado como de buena salud, las incidencias en el mundo presente no adoptan la forma de remordimientos, sino de insatisfacción.

Volviendo sobre nuestra interpretación de la génesis de lo trágico, el hombre desmitificado que encuentra su yo se inquieta por ese futuro de su destino, gigantesco en posibilidades y empobrecido tras cada momento en que una elección elimina una multitud de facetas para adoptar sólo una. De esta manera, las facetas quebrantadas provocan esa afección de culpa difusa e indeterminada en sus objetos, pero certera y dolorosa en los sentimientos.

El destino así autolimitado advierte la muerte cercana y debe asumirla, no sólo como algo inevitable por la propia naturaleza, sino, además, como un resultado al que conduce la decisión primera de conquistar el tesoro, comer la fruta de la autoconciencia.

Juanito, el duendecito minero de «Irene o el tesoro» con su pico de plata, metal de la luna y de la muerte, va «minando» la vida de Irene. El niño muerto que el subconsciente hace revivir es causa para Irene, su creadora, de una energía del tánatos en lucha con las fuerzas de eros que lo trajeron a la luz.

Cuando Juanito, o subconsciente de Irene, descubre que ella misma es el tesoro y cuando la voz o subconsciente de su paralelo, Dimas, le confirman la veracidad del hallazgo, el complejo Dimas-Irene debe desaparecer; él, camino del manicomio, ella, por una vía más artística, tal vez un suicidio disfrazado, cuyo sentido debemos establecer mediante la interpretación mítica.

Layo, el clarividente del futuro, muere a manos del hijo a quien él trató inútilmente de matar. Bien observado, Edipo es la fuerza tanática de Layo. Es el hijo cuya concepción conoce cuando regresa de consultar al oráculo, cuando la curiosidad por averiguar lo que el destino le deparaba había sido más fuerte que el celo divino por ocultarlo; nuevo Adán, Layo quiso saber y después morir.

La rebeldía prometeica, pese a todo dolor, aclara un tanto el significado del mito en el aspecto que mira al interés por la vida; mas, por lo que respecta a la muerte, que ahora nos ocupa, la dimensión de suicidio nos la ofrece Sófocles, con mayores detalles, en la figura de Ayax, muriendo de vergüenza por haber descubierto que sus victorias sobre los soldados enemigos no eran sino ataques a mansos corderos: el tesoro de su vida valerosa no era moneda real, sino posibilidad de futuro en el que la paranoia le había hecho detenerse.

Afectado de culpa por una falta venidera, Ayax se inquieta y se angustia hasta tal grado que la vida presente se le hace insostenible. Atenea se ha vengado. Insatisfecho hasta la muerte, Ayax se suicida.

La identidad de sentido con el fin trágico de Irene es clara. Las variantes que Buero introduce en el desarrollo del mito son, en consecuencia, acomodaciones a la problemática cultural española.

Por último, nos interesa destacar una nota referente a la esquizofrenia paranoide vivida en «Irene o el tesoro» muy discutida, y en nuestra opinión siempre mal entendida por la crítica, y es la entrada de Irene, con el niño en brazos, en un camino de luz cuando ya sabemos que se ha matado. Indudablemente, el autor utiliza aquí la forma de una salvación religiosa, pero, si a través de toda la obra, los valores representados por Irene se apoyan tan sólo en las fuerzas de la imaginación creadora, si se trata de alucinaciones paranoides, no es lícito atribuirles, a posteriori, significación trascendente real. Irene, en efecto, ya ha muerto, y, por tanto, no puede ser el origen de las imágenes alucinatorias en que revive.

La comprensión de este pasaje se esclarece si recordamos de nuevo que el sentido unitario de los diversos problemas planteados en la escena depende básicamente del espectador, el hombre que somos cada uno, proyectando en forma mítica nuestras tendencias.

Inger, la protagonista de «El Verbo», tras la muerte resucita, apoyándose en la fe en la vida.

El espectador de «Irene o el tesoro» es quien vive a la vez la dureza del mundo de las realidades presentes y los productos benéficos de su fantasía creadora bajo forma de alucinaciones.

La resurrección fantástica de Irene requiere la fe en el hombre, quizá la de cada uno en sí mismo, para atreverse a creer en el bien en medio de un mundo tan hostil.

Capítulo IX

La experiencia de lo negativo como superación de todo a priori El futuro y la esperanza trágica en «Madrugada»

Irrumpe en nuestro estudio el tema de la esperanza, y con él llegan para nosotros los mayores problemas, no sólo por lo que puede suponer la interpretación de unas obras plagadas de matices sutiles y de insinuaciones cuyo sentido último apenas se esboza en un símbolo, sino, sobre todo, por la luz que precisan los conceptos mismos en que se apoya la trayectoria evolutiva en este punto del proceso trágico humano.

Alcanzada por el hombre la dignidad de «ser abierto», junto a la naturaleza aparece un mundo imaginario en el que se mueven las criaturas producidas por la fuerza del amor; junto a la realidad surge la fantasía dando sentido al bien, constitutivo de un mundo de aspiraciones humanas; junto al fluir del continuo presente se hace posible un mundo de representaciones y proyectos al que asoma por primera vez la fuerza trascendente de un destino que debe ser conquistado.

No cabe pensar mayor prodigio que este resultado del «abrirse» que caracteriza al ser del hombre. Pero, a su vez, la sombra del mayor dolor debe envolverlo por doquiera, pues todos los valores encerrados en esta esfera de significación ultranatural se apoyan únicamente en la realidad del hombre como individuo momentáneo.

El ser de abierto permite al hombre aspirar a un amor inmenso, tender a un bien infinito y proyectarse en una duración ilimitada de ese mundo creado por la imaginación y la fantasía. Pero, al mismo tiempo, la naturaleza, la realidad y el estar fluyendo, es decir, el estar siendo, de cada individuo humano, permiten al ser del hombre advertir la condición de ente que sirve de único apoyo a toda su trascendentalidad.

De esta manera, ese fluir vital condenado a detenerse causará con su fin la aniquilación más absoluta de todo ese mundo edificado sobre él.

Una parte considerable de la teología cristiana pretendió que más allá de la muerte ese mundo, surgido de la condición de «abierto» en el hombre, continuaba subsistiendo dotado de fuerzas entificadoras;

pero una observación atenta descubre en este modo de pensar un eco del ultrarrealismo platónico, ya claramente insostenible.

Otra corriente teológica de raíces religioso-cristianas espera la resurrección de los muertos a una nueva vida en la que la entidad del hombre coincidirá en todo con su ser de abierto.

Un hecho de este alcance no puede, en modo alguno, ser negado. No existe contradicción entre un ciclo vital que concluye y una fuerza superior que le haga activarse de nuevo. No obstante, la envergadura del fenómeno reviste tales proporciones de inverosimilitud que se hace, por lo extraordinario, un acontecimiento increíble para una inteligencia humana.

Por otra parte alegar incognoscibilidad para desatender el problema, utilizar el agnosticismo para minimizar el valor de esta inquietud profunda del hombre es una clara superficialidad filosófica.

La pervivencia más allá de la muerte no es tanto un objeto para ser asumido por el conocimiento como un estado al que aspira la voluntad humana, un deseo que se asienta en las raíces más profundas del hombre.

Estamos ante un conflicto que sólo podemos calificar de gravísimo: el motivo que el ser humano encuentra para dar sentido a su vida, aparece, de pronto, como el mayor sin-sentido, falto de toda realidad, y apoyado únicamente en su contenido como valor.

Si el hombre consiguiese hacerse un ser lógico, con exclusión de cualesquiera otros impulsos, y, por tanto, descubierta su condición de mortal, eliminase los deseos de pervivencia; o si, por el contrario, no fuera otra cosa que sensitivo, de manera que bastase la fuerza de atracción hacia una ultravida para eliminar el convencimiento de estar limitado por la muerte, entonces no habría lugar para la tragedia.

En resumen, si el hombre no aspirase más que a lo posible y experimentable no viviría en conflicto consigo mismo; pero las aspiraciones humanas no admiten límite, ni de parte de la experiencia ni de parte de la posibilidad. Lo infinito, y, sobre todo, lo eterno son su meta, aun a sabiendas de que la muerte aniquilará todo este mundo sin fronteras que la imaginación y la fantasía crearan.

No cabe tampoco elegir entre la solución de finitud que le brinda la razón y la ilimitada a que tiende el deseo, pues una y otra son elementos esenciales constitutivos del ser humano. La elección en estos casos sólo determina la voluntad de ser o no creyente en sentido religioso, mas con ello no se evita en modo alguno la nota esencial que hace del hombre un ser contradictorio.

Bastan las líneas que anteceden para ver levantarse ante nosotros, en relación con este signo agónico que caracteriza al individuo humano, una larga serie de problemas de gran valor dentro de un estudio que pretende aclarar el sentido de la trayectoria antropológica en el marco del arte de la tragedia. Es el doloroso conflicto que torturó la vida de Unamuno y que por doquiera aflora en sus escritos.

A primera vista estos problemas con que hemos de enfrentarnos ofrecen un aspecto laberíntico, como si, movidos por causas diversas, irrumpiesen a capricho, tan pronto unos, tan pronto otros, en el escenario en que se muestra el hacerse de lo humano. Esta característica es sólo una consecuencia de la incertidumbre que domina en todo acontecimiento cuyo desarrollo corresponde al futuro.

La única vivencia que somos capaces de experimentar con respecto al tiempo es la de sentirnos presentes en un fluir continuo de los momentos de nuestra vida. El tiempo pretérito queda atrás, apto para ser retenido como recuerdo bajo la forma de una imagen de lo que fue real, pero imposible de ser vivenciado de nuevo.

Con más dificultad todavía llega hasta nosotros el futuro por medio de la imaginación creadora proyectándose hacia adelante. Experimentamos de continuo que los momentos esperados llegan por fin a fluir ante nosotros, pero jamás puede hacerse vivencia el futuro en sí.

Apresable es tan sólo la realidad que fluye en el presente, lo que está siendo, el ente. La vida humana discurre, también, como una manifestación más de este mundo real. El hombre es un ente por su propia naturaleza. Pero en ello no se agota su esencia. El hombre, en términos husserlianos aproximados, es capaz de retener el pasado y protener el futuro. Podríamos decir que se libera del flujo del presente para alcanzar el mundo de la intemporalidad. El hombre es, pues, un ente abierto al ser.

El aserto kantiano de que el tiempo es un a priori de la sensibilidad condicionó de tal manera la investigación filosófica posterior, que nadie osó, en adelante, rebelarse contra su autoridad e invertir los términos del problema. Para todo el pensamiento postkantiano el espacio y el tiempo, privados de realidad externa objetiva, hubieron de limitarse a ser determinaciones del yo sensitivo como medios que capacitaran el ejercicio de sus funciones.

Se trataba de condiciones primeras que harían posible, más tarde, la generación de los conceptos con validez universal. De este modo, previo a la experiencia, debía darse en el hombre el germen de la generalización.

Dominados por la fuerza de la primera autoridad filosófica alemana, Husserl concibió el ser del hombre apoyándose sobre el constante flujo del tiempo, y Heidegger, en su temporalidad existencial, conservó el ser en el ente, hizo del tiempo un generador del ser de los entes.

La orientación correcta de este problema exigiría repensar a Kant, al menos en los puntos decisivos de su doctrina filosófica, tarea imposible en estas líneas; pero tampoco podemos continuar el desarrollo de nuestro trabajo sin haber resuelto de manera precisa la dificultad originaria que obligó al filósofo de Koenisberg a contar con los a priori como base de su arquitectónica del pensamiento.

La experiencia, según Kant, sólo nos permite el acceso a lo particular, y, por tanto, el conocimiento universal no puede originarse en lo empírico, sino en algo ajeno a la experiencia, a priori, que debe proceder del sujeto que conoce.

A partir de estas premisas, la prodigiosa mente kantiana logró levantar un sistema completo de teoría del conocimiento sin fisuras visibles. La filosofía alemana posterior, asombrada, aceptó la sólida crítica, modificándola, repensando pasajes y aun tomando nuevos puntos de vista, pero sin atreverse a poner en crisis la base misma de sostenimiento de esa retorcida lucubración sistemática. Sólo Nietzsche, poeta más que filósofo, se mostró incrédulo ante la idea del a priori; pero su escepticismo no tuvo consecuencias positivas, al no haber aportado, tampoco él, solución alguna al conflicto.

El replanteamiento del problema requiere, a nuestro entender, distinguir la vivencia, en el proceso informativo del hombre, del recuerdo y de otras imágenes o fantasías que no corresponden a percepciones presentes a los sentidos.

La vivencia, por una parte, nos pone en relación directa, en contacto con la singularidad positiva de cada cosa o con la multitud como realidad particular, y por otra, nos permite advertir que las cosas percibidas están ocupando un espacio, y que nuestra percepción misma fluye en el tiempo.

El espacio y el tiempo son condiciones básicas de nuestra sensibilidad porque son condiciones fundamentales del existir, y no porque sea nuestra sensibilidad la que aporte el espacio y el tiempo a la percepción.

Pasados los momentos de una vivencia, el hombre tiene la posibilidad de recrear en su mente las imágenes correspondientes al acontecimiento pretérito mediante el recuerdo.

En este nuevo tipo de fenómeno, nos encontramos ante imágenes, vividas como tales en el presente, pero cuyo contenido pertenece ya al pasado. Se trata de objetos sobre los que el tiempo no fluye, y, en consecuencia, han dejado de ser entes para nosotros, independientemente de que lo sigan siendo o no en sí.

Tampoco fluye el tiempo sobre los objetos alumbrados por la imaginación reproductora o la imaginación creadora, de manera que, a través de cualesquiera de ellos, puede seguirse el proceso de distinción entre el mundo de lo real y el mundo ideal, de tanta riqueza en el desarrollo de la filosofía kantiana. Mas para el interés de nuestro estudio es preferible atenernos al contraste entre la vivencia y el recuerdo.

Toda realidad que cae dentro de nuestro campo perceptivo constituye para nosotros una vivencia. El conjunto de las vivencias que alguna vez pasaron por nuestro campo de percepción constituye nuestra experiencia personal.

La memoria nos permite retener en forma de imágenes los objetos vivenciales del pasado, pero esta retención presenta como cualidad primera un factor negativo: los objetos en cuanto recordados no son reales.

A veces, una segunda vivencia constata incluso que lo que un día existió ha dejado ya de existir: el viajero que vuelve y comprueba la desaparición de tantas cosas que le eran familiares antes de su partida; en el recuerdo continúan pero en la realidad ya no están.

Este proceso introduce en el campo de la experiencia la negación, fenómeno imposible de percibir vivencialmente.

Si ahora volvemos de nuevo nuestra atención a los problemas críticos planteados por la filosofía kantiana nos encontramos con un campo de posibilidades empíricas antes no sospechado que pone en crisis el planteamiento básico de la Crítica de la Razón Pura.

En efecto, lo puramente vivencial queda siempre limitado en su alcance a conocimientos singulares o, a lo sumo, particulares. Pero al extender el dominio de lo empírico a las imágenes obtenidas por vía del recuerdo experimentamos de hecho la negación, con lo que se abre el acceso a los conocimientos generales y universales.

Tan pronto como el hombre es capaz de negar está en disposición de concebir un objeto sin materia que le individualice, al modo de las imágenes del recuerdo, pero negándoles además la concreción que conservaban por haber sido una vez entes. He ahí, en síntesis, el principio de las imágenes universales y de los conceptos sin necesidad de acudir en auxilio de a priori alguno que fundamente el proceso.

Sin duda, si el término ente, como participio activo, significa estar siendo, su objeto es la realidad que fluye en el tiempo presente, mientras que el vocablo ser, en cuyo significado se advierte un sentido claro de permanencia, abarca ese otro mundo de imágenes y conceptos, caracterizado por el sentido de atemporalidad que lo fundamenta.

El ser no es, pues, el tiempo, sino todo lo contrario, ni fluye sobre el tiempo, sino que se asienta sobre el hombre.

Se sigue así, como primera consecuencia para nuestro trabajo, el hecho de que los acontecimientos reales del pasado carecen ahora de toda realidad, la imagen conservada en el hombre es una huella que no retiene nada real del acontecimiento a que se refiere, las marcas de pisadas o de ruedas sobre el camino no son, en modo alguno, personas ni vehículos. Atribuir realidad a los objetos del recuerdo es propio del pensamiento mágico. Por su parte, pretender la detención del tiempo es concebir el mundo de manera mítica.

En el centro del problema se encuentra, una vez más, al hombre como ente abierto al ser. Sobre él fluye el tiempo, pero su capacidad para retener y protener, que le permite representar el pasado y proyectar el futuro, fundamenta un mundo de creación humana en el que las cosas permanecen y, de todas ellas, de un modo especial permanece cada hombre mismo mediante su ser caracterizado como el yo permanente de cada uno.

De la gama ilimitada de implicaciones que pueden derivarse de esta determinación nos interesa aquí destacar el problema del hombre en lucha incesante contra el tiempo no como una mera forma accidental, sino como una cualidad propia de su esencia.

Podemos afirmar, sin temor a equivocarnos, que el mayor empeño del hombre es detener el flujo del tiempo, y, por consiguiente, permanecer en la existencia de un modo ilimitado. El primer interés se manifiesta en la pretensión de hacer del pasado retenido una vivencia real. Pero contra nuestro deseo, la inteligencia nos descubre que lo que fue ya no es, que el recuerdo no es realidad verdadera, sino ilusoria. La conclusión se impone: el pasado no es vivible.

Cabe todavía un segundo camino en el intento por resolver el problema de la fugacidad del tiempo dirigiendo la búsqueda en el sentido del futuro.

Sabemos que el pasado ya no es, que lo acontecido jamás permanece, pero nos queda por delante otro tiempo que todavía no ha llegado a ser. Quizá ese porvenir, de infinitas posibilidades, nos depare una situación permanente, sin flujo del tiempo destructor, o al menos repita aquel pasado que se nos mostraba como irrecuperable. Vuelven las primaveras, los veranos, y con ellos vuelven las mismas crisálidas, las mismas mariposas, las mismas golondrinas, y esto una y otra vez. ¿Por qué, entonces, no ha de volver también el hombre? ¿Por qué no han de revivir los muertos, y esto, de igual manera, una y otra, y otra vez?

A simple vista se advierte en el ejemplo la forma mítica del eterno retorno. Se entiende, en ella, el fluir del presente recorriendo una línea circular, que cierra la cadena de los acontecimientos, para empezar un nuevo ciclo en el que se repitan los mismos hechos y los mismos individuos que los protagonizan.

La concepción cíclica del tiempo no resiste tampoco el examen crítico de la inteligencia.

Es cierto que cada año vuelve a ser primavera y verano, con las mismas manifestaciones de vida, pero ni un solo insecto, ni una sola planta vuelve. Todo ser viviente que recorre el ciclo del tiempo es siempre nuevo y su ciclo vital es único.

Nada puede objetarse a la filosofía heraclítea con respecto a los entes. Ninguna cosa real es, todo fluye, y así, el sol es nuevo cada día.

La primera verdad del tiempo es, por tanto, su discurrir lineal e irrepetible.

Alcanzar a entender la cualidad de rectilíneo que caracteriza el fluir del tiempo no es tan importante por las implicaciones científicas como por las repercusiones sobre el hombre en sus dimensiones más hondas y radicales.

Sabemos que al término de cada ciclo individual, con la muerte, concluye la existencia para siempre. La persona humana y todas sus manifestaciones vitales están, de antemano, destinadas a un fin cierto e inevitable. Más allá, nuestro nadie.

Lo efímero del hombre en cuanto ente, sin embargo, y la falta de solidez en que su ser pueda sostenerse, no son obstáculo suficiente para impedir que las aspiraciones humanas trasciendan todas las fronteras.

Así, el campo natural de lo empírico, que cabría esperar tuviese como límite en el pasado el recuerdo más antiguo, mediante el lenguaje se extiende de la experiencia personal a la colectiva, de manera que hasta nosotros llegan imágenes y pensamientos que pertenecen a épocas remotas de la historia del hombre; y ni siquiera con ello se cierran las posibilidades de retroceder en el tiempo, pues la ciencia acerca hasta nosotros acontecimientos de hace millones y millones de años.

También hacia el futuro, el proyecto, o con mayor propiedad, la protención del tiempo se extiende sin límites.

Nos encontramos, sin duda alguna, ante el mayor conflicto que puede afectar al hombre: la grandeza infinita de su ser, apoyándose sobre una realidad entitativa destinada a la muerte aniquiladora, dotado de una inteligencia que trasciende la realidad y avisa de su finitud irreversible, y de una voluntad que toma por meta el adueñarse de ese mundo trascendente a la realidad y darle entidad real. En una palabra, el sentido contra el absurdo, la espera contra la nada, contra el nadie de cada uno.

En este conflicto de la personalidad, que con todo rigor puede calificarse de agónico, la función del arte se eleva, por derecho propio, a un rango de primer orden.

Ahora las consideraciones de Nietzsche sobre el arte griego, contraponiendo lo apolíneo a lo dionisíaco, adquieren un significado nuevo. El desarrollo cultural del pueblo griego traza, en efecto, sobre su historia, dos líneas nítidamente perfiladas. Es posible que la causa originaria de estos dos movimientos tan diversos se encuentre en el complejo étnico que constituye la base de la población helena, según hemos visto en otro capítulo de este libro, pero ahora nuestro interés se centra sólo en las características de esos dos trazos históricos que marcan el talante inquieto de Grecia.

Los atributos de Apolo a través de la mitología griega y las notas predominantes en torno a su culto señalan una actitud ante el mundo en la que las cualidades de índole intelectual se erigen en medida de todas las cosas. Se trata de un mito solar, rector de un oráculo de sabias respuestas, es cierto; pero advirtamos bien cómo en la raíz primaria de cada una de sus cualidades básicas apunta la intemporalidad como fundamento primario de su capacidad simbólica. Es vidente, profeta, el que hiere con arco y ve la muerte a distancia; el dios de la figura, que de las artes prefiere la estatuaria, que fija el recuerdo de dioses y de héroes.

El mito de Dionisos, en cambio, expresa siempre categorías de esa realidad que fluye ante nosotros y con nosotros. Dionisos vive el presente y muere en sacrificio, y si muestra predilección por la música y el canto es sólo por tratarse de manifestaciones artísticas que agotan en el fluir presente todo su contenido humano.

La tragedia griega es, ciertamente, el punto en que se encuentran lo apolíneo y lo dionisíaco, pero este hecho está lejos de ser un azar de la Historia. Más bien podemos decir que la esencia misma de lo trágico consiste en enfrentar la naturaleza entitativa del hombre con su ser autocreado, cuyos valores trascienden el mundo de lo real.

La tragedia re-presenta, trae ante nosotros a retenerse lo que fue o a protenerse lo que será. Mas sólo representa fluyendo en nuestro tiempo vital, coexistiendo con nosotros.

En el arte de la tragedia el hombre descubre la imagen de su espíritu ilimitado, reflejada en la realidad de sus más duras limitaciones.

El logro fundamental que los griegos alcanzan con su pericia en la factura de tragedias se encuentra, a nuestro entender, en la plasmación de un arte que consiste en la superación de la radical contrariedad que suponen las manifestaciones artísticas del equilibrio y el ritmo, o del ser y el ente.

El desarrollo filosófico, en cambio, agotada la creatividad griega tras el largo esfuerzo, o tal vez por la desmesurada personalidad de Sócrates y Platón, no fue capaz de superar el mismo problema que planteaban las posturas del pensamiento de Parménides y Heráclito. Lamentablemente, tanto la filosofía griega como la moderna y contemporánea sólo supieron desarrollar la vía filosófica derivada de las artes de equilibrio, y aun cuando Hegel filosofó al modo de Heráclito, su sistema no alcanza una superación del antagonismo con la postura tradicional parmenídea, o lo que es lo mismo, no logra una filosofía a partir del arte trágico, si bien su esquema de tesis, antítesis y síntesis está, en cierto modo, postulando una solución de características similares a la que aquí insinuamos.

La cultura española avanza con paso firme hacia una metafísica entre cuyos presupuestos se encuentran, en lugar destacado, precisamente, los elementos originarios del arte trágico. La obra dramática de Buero Vallejo nos brinda una vez más todo el material antropológico del que confiamos extraer las bases de esta nueva filosofía española que se avecina.

En «Madrugada», podemos descubrir el tiempo como substrato radical sobre el que se apoya toda la trama escénica, y del que, incluso, cabe derivar el inicio de una actitud metafísica del autor.

Mauricio, afamado pintor, ha muerto. Amalia, su modelo, con quien había contraído matrimonio en secreto, se duele, al mismo tiempo, de la pérdida de su marido y de la falta de comprensión en que vivieron los últimos seis meses, y necesita descubrir los motivos para rehacer el amor entre ellos. Los familiares acuden, creyéndolo moribundo, con el fin de apoderarse de la herencia. Un reloj de pared preside la representación de toda la obra.

Una crítica interna de las inquietudes que actúan en «Madrugada» nos lleva a la conclusión de que la esencia de todos los conflictos consiste en una dialéctica entre dos núcleos de problemas constituidos en torno al cadáver y al reloj. Se trata de un tiempo que ya no es frente a otro tiempo que está siendo.

El dinero, para los familiares consanguíneos, y el amor quebrantado, para la esposa, pertenecen al pretérito, al tiempo del cadáver oculto en las habitaciones interiores, pero los pobres humanos que todavía viven, se esfuerzan por recobrarlos para el tiempo del reloj. No hay interés mayor para los mortales que el de retener el presente en sus vidas, pero no hay tampoco verdad más cierta que el pasar y el morir. Contra la muerte y el pasar, la vida ensaya esperanzas.

A distintos niveles y desde puntos de vista muy diversos, la dialéctica se entabla. Las intervenciones no responden tanto a posturas antagónicas como a intenciones contrapunteadas, que en algunos momentos alcanzan incluso el aire de las voces de una fuga.

Ya hemos visto cómo el dinero, desde una perspectiva simbólica, encarna el significado de los valores del presente. En virtud del ahorro, el trabajo acumula sus poderes en forma de moneda y se guarda para su utilización en el momento oportuno.

Dimas vivía para conservarlo. Los familiares de Mauricio, en cambio, se esfuerzan por adquirirlo cuando, sin ellos saberlo, ya es imposible. De la fortuna en cuestión había dispuesto Mauricio, y, por tanto, ahora, en el momento en que el problema se representa, ese dinero pertenece al mundo del cadáver y no al del reloj.

El anacronismo producido reviste importancia de primer orden, ya que el traslado en el tiempo se hace sobre el objeto que, por antonomasia, significa el dominio del reloj: el dinero tiene, entre sus primeras funciones, la de servir al hombre como don o presente en que se muestra la capacidad de dominio sobre el mundo de lo real.

Por otra parte, el amor entre Amalia y su esposo, apagado seis meses antes de la muerte de Mauricio, no puede menos de pertenecer también al tiempo del cadáver. Pero ella, con energía desacostumbrada, se niega a admitir como irreparable esa pérdida.

Algo debió de ocurrir aquel día en que Mauricio acudió a despedir a su hermano que se iba a América, y ese algo tuvo que ser la causa originaria de que se destruyera el amor entre ellos dos.

Parece como si el hecho de averiguar el motivo primero del quebranto amoroso pudiera hacer variar el rumbo de la historia ya transcurrida, como si un acontecimiento perdido en el pretérito y salvado para la memoria tuviese capacidad de influir y aun cambiar lo que fue. Pero estamos muy lejos de una problemática tan simplista.

No se trata de una acción más sobre la realidad, en paralelo con el empeño de los familiares consanguíneos, sino de reproducir íntegro el conflicto para un objeto que pertenece al mundo de lo abierto forjado por el hombre. Se trata de dar consistencia a los valores humanos fruto de la imaginación y de la fantasía creadoras.

Entre estos valores vimos destacarse, al hablar de «Casi un cuento de hadas», precisamente la proyección amorosa.

En la obra que ahora nos ocupa, el tema se repite, pero con un enfoque muy distinto.

Mientras que la personalidad de Oriana se nos mostraba exuberante, próxima al prodigio, casi un hada, haciendo complejo el estudio de sus criaturas por la abundancia de formas salidas de su fantasía, Amalia, en cambio, debe esforzarse más allá de lo imaginable para retener y dar sentido al escurridizo fruto único de su creatividad.

A juzgar por sus palabras, y aun por lo expuesto en primer plano, Amalia, pretende saber si Mauricio la había nombrado heredera por amor o por cualquier otra causa: compasión, agradecimiento. Algún crítico aludió a lo desproporcionado de los medios utilizados para un fin tan exiguo, y pudiera no estar del todo falto de razón si todo se limitase a ese primer plano en que se exponen los motivos conscientes. Pero en «Madrugada», y de un modo especial por lo que respecta a su protagonista, los niveles posibles de interpretación, los diferentes sentidos ocultos bajo la trama, se suceden a medida que observamos la obra a través de nuevos prismas.

Por de pronto es fácil adivinar todo un mundo de figuras del subconsciente simbolizado en esos interiores ocultos al público, apenas vislumbrados por los personajes de la escena y en los que un cadáver, la muerte, ocupa un lugar privilegiado, casi exclusivo.

Si desde este nuevo punto de vista reinterpretamos la obra, Amalia se convertirá para nosotros en una figura mítica que toma a su cargo significar el tiempo en su vertiente hacia el porvenir y, sobre todo, la inevitable destrucción de todos los objetos pertenecientes al mundo de la actividad creadora humana.

Para Amalia el amor descuella como criatura primordial entre todo ese panorama de objetos creados. Lo valora como ya hiciera Oriana, pero sabe además que la trascendencia más allá de la realidad que caracteriza su ser depende del existir real en el tiempo del sujeto hombre.

El amor puede acabar porque el individuo humano lo destruya eventualmente, o porque el hombre mismo agote su tiempo de vida.

El planteamiento de la obra pasa de esta manera sin solución de continuidad al plano antropológico e incluso a niveles metafísicos que apenas vamos a insinuar en estas líneas.

El problema radical desde el que se agita la esencia misma del hombre se plantea en «Madrugada» girando en torno a esa figura femenina, la dimensión subconsciente de lo humano que da sentido unitario a toda la pieza dramática.

Ahora podemos entender la dimensión amorosa del hombre dotada de características similares a las que en el arte ofrecía el mundo de Apolo en la cultura griega.

Mauricio no era pintor por casualidad, sino porque sus cuadros, como las estatuas de los helenos, están destinados a eludir el flujo del tiempo y perdurar.

Ahora bien, ese mundo creado intrahumano o interhumano, apolíneo en sus aspiraciones, perdura únicamente apoyado en lo dionisíaco de la existencia. Desde el mundo del reloj la mirada de Amalia otea el futuro en el que encuentra, primero el destino en el que cabe el apagarse o no de su amor; más allá, al otro lado de la muerte, cerrado el mundo del hombre, se abre el mundo de la rebeldía.

A través de Amalia el individualismo humano busca un algo que dé sentido al ser de abierto de cada uno.

Esa búsqueda es, a la vez, esperanza y tragedia o quizá esperanza trágica. Amalia busca un punto de apoyo para su trascendencia, pero todas las respuestas que se le hacen conscientes pertenecen a la dimensión temporal de su vida; todos habían hablado con Mauricio, pero el objeto de sus palabras era siempre el mismo: pedirle dinero.

La escena se mueve entonces en ese aire de fuga de que hablábamos líneas atrás, hasta que una de las respuestas aporta un elemento nuevo a los factores en juego. Mediante un escrito anónimo un amor culpable había sido la causa de aquella pérdida.

La inquietud de Amalia cesa de un modo repentino, al comprobar que en el origen del mal se encontraba una culpa.

Seis meses antes, o tal vez seis meses más tarde, cuando el amor creado amenace con apagarse, será por causa de un delito. De nuevo Adán es responsable de su propio destino y por ende también de sus propios sufrimientos.

Con ello, sin embargo, no se agota el sentido trágico de la culpa encerrado en la obra. Un episodio anterior abre nuestro estudio a dimensiones nuevas del problema, al modo de una clave para alcanzar profundidades últimas y radicales del ser humano.

Un asesinato, un fraticidio, tiene lugar también a destiempo, en un contrapunto entre el mundo del cadáver y el del reloj.

Lorenzo resuelve matar a su hermano Mauricio, y aunque no consigue hacerlo en realidad, es decir, en el tiempo del reloj, porque Mauricio ya no existe, no deja de convertirse en un criminal a consecuencia de esa culpa que pertenece al tiempo del cadáver: en apariencia el pasado, pero metafísicamente el futuro.

Un crimen, después de todo, siempre se comete en el futuro. El hombre se hace homicida cuando todavía es responsable de su propio destino, cuando la voluntad todavía es libre para elegir. La acción podrá o no realizarse, pero la culpa ya está en el hombre porque el deseo ya ha delinquido. El asesinato mismo sería fruto para conocer el árbol malo y nada más.

Lorenzo, así, desde su crimen a destiempo, en contrapunto entre el mundo de la realidad y el del cadáver, contribuye a esclarecer el sentido unívoco de todos los demás elementos desplazados en la obra: el dinero, el amor, la muerte; pero no termina con ello su alto valor significativo.

El asesinato de que se hace culpable presenta una fisonomía muy distinta a la que suelen ofrecer los crímenes ordinarios. Por de pronto, su realización es un imposible absoluto, al no existir la condición primera de todo asesinato, una vida humana que destruir. El objeto del crimen, por tanto, no es la vida del hombre Mauricio en cuanto ente, sino en cuanto ser. La destructividad, en este caso, tiene las mismas características que su término opuesto, la creatividad humana.

El mundo de amor creado por Oriana en «Casi un cuento de hadas», o el de la fe en «Irene o el tesoro» se corresponden con el mundo destruido por Lorenzo. A la fantasía creadora se opone la fantasía destructora.

Si el hombre, por su dimensión de abierto, es capaz de crear un mundo de valores permanentes, de sentido ilimitado, en el que todo es, los valores negativos deben tener también cabida en él. La esfera de la creatividad humana no se encuentra sólo contrapuesta a la esfera de lo real, es decir, el ser no queda negado sólo en el ente, sino también, dentro de su propio mundo, se hace posible una nueva negación que es el no ser. Se trata de una creatividad indudable: negar las criaturas surgidas por vía imaginativa o fantástica.

Aquí aparece el primer atisbo del problema cumbre de la metafísica. La negación completa del mundo del ser como producto de la creatividad humana da origen al concepto de la nada.

Lejos de la filosofía tradicional, en la que la nada puede entenderse como la negación completa del mundo de los entes, la evolución antropológico-artística de la cultura española nos permite adivinar un nuevo planteamiento del problema. Tan pronto como los elementos significativos del mundo de la realidad se desplazan, al menos por vía imaginativa, ante nosotros se levanta un nuevo universo, enriquecido por todos los valores creados por el hombre.

A la base de este mundo nuevo, el universo de los seres, se encuentra, como ya hemos visto, la capacidad de negar, cuyo límite da origen a ese concepto de la nada, punto óptimo de partida para la elaboración de un sistema metafísico con todas las implicaciones a nivel intelectual que de ello puedan seguirse. Pero lo más importante para nuestro estudio estriba en el hecho de que, a partir de esa negación absoluta, en nuestro mundo de los seres surgen emparentados la metafísica y otro aspecto de la disciplina filosófica al que pertenece la ética.

La nada, o el no ser de los entes, brinda la ocasión para hacerse toda clase de preguntas radicales a partir del hombre como creador sostenedor de ese universo del ser. Ahora bien, el ente particular hombre tiene también su ser correspondiente cuya negación da origen al nadie, concepto que en la filosofía española de signo humano que se avecina será sin duda más radical que el concepto de la nada.

Desde ahora estamos ya en disposición de entender que, si bien el nadie de cada uno habrá de producirse de manera necesaria cuando concluye el tiempo de nuestro fluir por el presente, la factura de su concepto pertenece a esa capacidad que denominamos fantasía destructora humana.

El hombre trasladándose al futuro adelanta su propia muerte y crea su nadie.

Producto de la fantasía destructora, el nadie se nos presenta, pues, como fruto de una culpa de proyección futura.

Desde el momento en que el hombre se autoconcibe mortal, su psique, en cierto sentido, se considera responsable de la propia muerte. Los hechos y los deseos, lo que ocurre y lo que el hombre quiere, a niveles de psicología profunda se identifican. El saberse mortal, por ello, equivale a sentirse culpable de ser finito.

La mitología, al explicar este proceso, divide la personalidad humana en dos hemisferios que corresponden, en esencia, a los dos mundos de que venimos hablando en nuestras líneas: el yo humano y el yo divino. El primero, el hombre real, el que vive y muere, es quien sufre el castigo, y, por tanto, debe ser el culpable. Por el contrario, el yo que unifica todos los ideales ilimitados, el que trasciende la realidad presente, el proyectado en la divinidad, es quien ejerce las funciones morales imponiendo la pena de morir al delincuente, al que, con su culpa, se hizo reo de muerte.

Sigmund Freud, con buena fortuna, designó estos dos aspectos con los términos de «Yo» y «súper Yo». La investigación freudiana alumbró los caminos de la psicología y los hizo transitables hasta límites insospechados.

Por nuestra parte pretendemos únicamente apuntar, con referencia a la dimensión antropológica del problema, que la génesis de la culpa se encuentra relacionada con el descubrimiento de la propia finitud, con el límite de la muerte sentida como un castigo. De esta manera, la autoridad del padre es sólo un símbolo que sigue a la existencia de una moral, pero no la origina. El ser ético del hombre nace como respuesta compensatoria a la culpabilidad que supone el estar destinado a la muerte.

La eticidad, por tanto, es una primera respuesta a la ciencia del mal y una primera esperanza del bien. Por la culpa vino la muerte, por la virtud habrá de venir la vida.

De esta manera, al seguir la trayectoria de los problemas metafísicos y éticos en el sentido de sus orígenes, descubrimos, no sin sorpresa, que los elementos primarios en el orden filosófico coinciden exactamente con los que en el dominio del arte constituyen la esencia de la tragedia.

No nos parece aventurado afirmar que la nota más generalizada con respecto a lo trágico es la de representar para el hombre un límite insuperable, un problema al que no puede darse solución alguna, lo que vulgarmente se llama un callejón sin salida.

La muerte, sin duda, es la situación humana que responde del modo más preciso a esta nota. El ser mortal y, sobre todo, las situaciones que provocan el enfrentamiento con esta condición humana dan motivos al hombre para sentirse fatalmente destinado a una aniquilación sin esperanza.

La culpabilidad que caracteriza la literatura ha venido siendo objeto de amplios comentarios con respecto al mundo griego, a partir de la obra de Dodds «Los griegos y lo irracional». Por nuestra parte, pensamos que no se trata, en absoluto, de un fenómeno aplicable a la literatura griega únicamente, sino a los ciclos literarios en general, según hemos venido comentando a través de nuestras páginas.

La tercera nota, la del sentido ético que subyace en la tragedia, goza también de buena acogida entre los estudiosos hasta el punto de afirmarse con frecuencia que hay más ética en una obra trágica que en un tratado sobre esa disciplina.

Por último, queda el espinoso problema de la esperanza que cabe encontrar en la tragedia.

A pesar de una cierta incompatibilidad con la primera de estas notas, con el enfrentamiento a una muerte destructora e inevitable, en opinión precisamente de Buero Vallejo, lo trágico debe ser por esencia esperanzador.

De no existir la esperanza en el hombre no se plantearía siquiera el problema como tal, suele afirmar Buero. Pero esperanza, ¿de qué?

En la respuesta a este interrogante se empeña toda la obra literaria de Buero Vallejo. O quizá, como él opina, la tragedia en general tenga este empeño como una condición que le afecta desde su radicalidad misma.

Lo primero que atrae nuestra atención en esta actitud esforzada de lo trágico hacia la esperanza es el hecho de que se manifieste habitualmente en forma de búsqueda.

Una vez más, el mito de Prometeo nos aclara el valor significativo que se encierra en esto que pudiéramos llamar sentido del arte de la tragedia.

La sabiduría prometeica se manifiesta siempre como una búsqueda de verdades que permanecen ocultas, un esfuerzo por descubrir, a veces mediante la astucia, los símbolos más útiles para el bienestar de la vida y más eficaces para la iluminación de la inteligencia. En suma, Prometeo investiga y aprende.

Frente a él Zeus posee el saber por su propia naturaleza, sin que medie, por consiguiente, esfuerzo alguno para ello.

Los comentaristas han venido entendiendo a Prometeo como el símbolo del esfuerzo que cuesta al hombre el conocimiento, frente a la sabiduría ilimitada y estable de la divinidad.

Dentro de esta interpretación tradicional, la actitud prometeica ante la tragedia se hace ya inteligible, pero es en el sistema complejo del mundo del ser y del mundo del ente donde alcanza su dimensión más acabada.

Entre Prometeo y Zeus se produce una pugna dialéctica en la que el primero encarna la capacidad activa del hombre, su vida en ese presente en el que está siendo, sintiendo y pensando; el hombre en el mundo de la realidad, obligado a vencer, con esfuerzo, las resistencias de la naturaleza.

Zeus, en cambio, con su saber global y espontáneo representa la dimensión humana del ser, en la que no hay procesos de aprendizaje, sino recuerdos y proyectos estáticos, que mantienen sintetizado y sin esfuerzo todo cuanto, en la dimensión del ente, sólo se alcanza mediante el análisis y a un alto precio de dolorosa fatiga. Además, los límites que la realidad impone, no existen en el mundo ideal del ser, de manera que la fantasía creadora tiene poderes que alcanzan lo infinito y lo eterno.

En líneas generales, se advierte la coincidencia entre el mundo de Zeus y el ámbito de lo religioso.

La capacidad de crear pertenece a los dioses. Ahora bien, la creatividad no revierte en objetos de sentido único, ni siquiera uniforme. Por el contrario, las vías que toma esta capacidad para manifestarse son, al menos, tres, en dependencia del sentido del tiempo: pasado, futuro y presente, siempre trascendiendo los límites de lo real. Los valores religiosos, por tanto, en justo correlato adoptarán las formas de rito y culto, profecía y ética, y vida y sacrificio.

Después de la etapa mágica en la que los seres de las cosas se entendían como entes, y de la mítica en la que el hombre tomaba sus propias cualidades psicológicas por criaturas externas personificadas, es ahora la etapa del desarrollo religioso la que pugna por hacérsenos clara.

El ser del hombre mismo, autocreado infinito por las funciones del sentir, pensar y querer se nos muestra como un ente real, dotado de capacidad operativa.

En una palabra, la característica esencial de lo religioso consiste en dar al conjunto de las notas que constituyen el ser del hombre carácter de ente.

Si ahora volvemos nuestra atención sobre el problema de la esperanza se entiende sin dificultad que en la concepción religiosa del mundo no existe conflicto alguno que pida soluciones especiales: el ser del hombre es real y, por tanto, debe subsistir más allá de la muerte.

Desde un punto de vista radicalmente opuesto, desde lo que podríamos llamar actitud positivista, cabe rechazar todo vislumbre de esperanza como ilusión vana. Si todo el mundo del ser se destruye con la muerte, o si, a lo sumo, ignoramos siempre toda otra posibilidad, no tiene sentido ocuparse de ello, ni, mucho menos, concederle valor alguno.

Esta puede ser, ciertamente, una postura adoptada respecto a la trascendencia, una manera filosófica de pensar, pero la voluntad de imponer límites no implica limitaciones verdaderas. A pesar de la postura adoptada, la esperanza renace una y otra vez en lo profundo del sentir humano y aflora al plano de lo visible a través de las manifestaciones artísticas.

El arte, en nuestro caso la tragedia, abre una grave fisura en las raíces mismas del mundo cerrado del positivismo.

Además de un cómo para explicar los hechos pertenecientes al mundo de lo real, es preciso atender a un por qué y a un para qué, válidos a la hora de dar sentido al mundo abierto producido por la fantasía y la imaginación creadoras.

La metafísica humana tendrá por objetivo esa trascendencia que es el ser del hombre, el mundo de su autocreatividad. Al arte corresponde trazar los caminos, de los cuales ya hemos visto cómo la estatuaria fija el pasado y la música eleva el presente. Pero el papel más significativo a este respecto nos lo brinda la tragedia.

En ella se hacen presentes, se re-presentan, el pasado y el futuro del hombre; lo apolíneo se hace dionisíaco, el tiempo muerto del pretérito convertido en presente permite, por analogía, anticipar el porvenir. Pero en ese adelanto de lo incierto no sólo se presiente el destino, sino que, además, se descubre, inevitable, el fin, la conversión segura en tiempo de cadáver.

De este pequeño esbozo podemos concluir que la tragedia toma el ser del hombre en su totalidad, incluida su muerte, como base de su creación, y se propone valorizarlo, dignificarlo; en suma, transformarlo en un ser verdaderamente humano.

Tomando esta conclusión como nuevo punto de partida, nos damos cuenta de que la esperanza religiosa y la esperanza que podemos llamar trágica apenas si tienen algo en común.

La primera discurre en el sentido del tiempo que fluye, y pretende la perdurabilidad del ser del ente del hombre.

La esperanza trágica, en cambio, ilumina tan sólo el mundo ideal creador y trata de dar sentido a los valores creados por el hombre mismo.

La esperanza cobra así el rango de valor de los valores y su fórmula debe expresarse en estos o parecidos términos: aunque el hombre haya de morir su ser vale.

De esta manera, la esperanza, falta de todo apoyo real, fundada únicamente en la autocreatividad humana, pierde las cualidades de pasiva y apacible que la caracterizaban en el medio religioso para convertirse en una actitud inquieta y doliente.

De acuerdo con su pertenencia al dominio de lo prometeico, la esperanza trágica tiene que ser aprendida con gran esfuerzo, tiene que ser, en todo momento, buscada.

De las consideraciones que anteceden puede deducirse que la esperanza reúne, en sí, las dos notas que determinaban el amor y la fe, es decir, la creatividad y la valorización, y afronta, además, el problema de la muerte, pero, al no lograr trascenderlo, su función específica permanece todavía muy oscura para nosotros.

La afirmación de la valía otorgada al ser, pese a estar destinado a la muerte, provoca, de inmediato, nuevos interrogantes con signo de futuro: ¿Para qué la creatividad? ¿Para qué los valores mismos?

La pregunta evangélica ¿de qué le vale al hombre ganar todo el mundo si pierde su alma? en el plano de la tragedia se invierte: ¿de qué vale al hombre crear todo un mundo, desarrollar su espíritu, si su destino es la muerte?

En «Madrugada» Amalia se conforma con una respuesta perteneciente al tiempo del cadáver y vuelve a la cabecera de su esposo muerto con el amor reconquistado; pero su actitud en el orden metafísico no puede ser más que un símbolo, un indicio de nuevos interrogantes trasladados a nuevos planos.

Capítulo X

El arte y la hominización
Realidad e idealidad en «Aventura en lo gris»

Al igual que en la literatura clásica el complejo que hemos denominado de Layo se encontraba diseminado en una multitud de obras y de mitos, también ahora, al afrontar el problema del futuro y su derivado, el conflicto de la esperanza, habrán de presentársenos igualmente parcializados según los enfoques y variantes desde los que se pueda afrontar el tema. Nuestro estudio requiere, pues, nuevos esfuerzos.

La ayuda necesaria para avanzar algunos pasos más por esta senda puede proporcionárnosla el contraste con otras obras en las que Buero ensaya otras maneras de traslación temática.

El ejemplo más oportuno a nuestro propósito se encuentra en «Aventura en lo gris», en la que tienen lugar procesos en gran medida complementarios de los que acabamos de examinar.

De la gran complejidad que caracteriza la obra, lo que primero llama nuestra atención es un sueño colectivo que experimentan los personajes, un grupo de refugiados que pasan la noche en un albergue.

Las manifestaciones oníricas suelen tomarse como ejemplo típico de situaciones irreales. En este sentido la escena de «Aventura en lo gris» nos lleva a un mundo producido por la imaginación creadora; pero, al mismo tiempo, el mundo de los sueños resulta, a partir de Freud, el mundo en que habitan las criaturas del símbolo.

Lo ocurrido durante este sueño, pues, está lejos de la realidad, como los recuerdos o los proyectos lo están de los hechos. Pero en esta ocasión no es el tiempo el agente que separa los dos mundos, no es, como en «Madrugada», un mundo del reloj en contraste con el mundo del cadáver. En «Aventura en lo gris» el sueño colectivo expresa acontecimientos que pertenecen al mundo de los deseos, son fruto de la voluntad y no de la inteligencia.

Uno de los personajes, el joven Carlos Albín, que padece alucinaciones, mata durante este sueño a su gran amiga, Isabel.

Cuando los durmientes despiertan de nuevo a la realidad comprueban que, en efecto, Isabel ha sido estrangulada. Tras algunas indagaciones el profesor Silvano descubre que el asesino no había sido Carlos, sino Goldmann, el dictador disfrazado, que había intentado violarla.

Basta la consideración de estos hechos para comprender que la personalidad de Carlos Albín contiene, invertidos parcialmente, los elementos que determinaban la esencia del carácter de Irene y Lorenzo.

La fantasía creadora de Carlos forja también un mundo aparte del real, pero, a diferencia del de Irene, el suyo es destructor. Carlos en su delirio destruye nada menos que la amistad y, tal vez, el amor.

En cuanto a la similitud con Lorenzo, se encuentra en el crimen cometido por vía imaginaria; pero la traslación en el tiempo, que fundamenta la irrealidad en «Madrugada», toma aquí la forma de una alteridad en la persona que lleva a cabo el acto de asesinar propiamente dicho.

Nos encontramos ante una función simbólica por sí misma valiosa en alto grado. No obstante, para comprender el desarrollo de la figura de Carlos Albín en su verdadero significado artístico, necesitamos observar el paralelismo que existe entre su doble trayectoria de normalidad y delirio.

Los intereses positivos de Carlos quedan centralizados en torno a dos manifestaciones destacadas de su paso por la escena.

Por una parte el cariño y respeto que muestra hacia Isabel, a quien hace objeto de las más delicadas atenciones, incluso con respecto al hijo que ella tiene, fruto de la violación por parte de un soldado. Por otra, la admiración que profesa a Goldmann como líder de su pueblo, tal vez como ideal de su propia vida.

En apariencia estos dos puntos se mantienen inconexos, pero la similitud del desenlace final de ambos nos hace sospechar que existe una íntima relación entre el significado de uno y otro.

En efecto, Carlos en su delirio destruye a Isabel y explica más tarde que la mató porque ella se había negado, se negaba siempre a la unión amorosa con él. Motivos que corresponden, según las indagaciones de Silvano, a los que tuvo Goldmann para matarla realmente: haber intentado en vano violarla.

Cuando Carlos descubre la verdad de los hechos dispara contra Goldmann su pistola y lo mata. De esta manera, en su delirio destruye uno de sus ideales y en su estado normal el otro.

Adivinamos que Carlos Albín aspira, en su fantasía creadora, a un mundo bueno, a un mundo de amor simbolizado por Isabel, de cuyo hijo quisiera ser el padre, a la vez que su predisposición paranoide para ver el futuro le enfrenta con su propia nada, con su muerte inevitable, y, en consecuencia, se hace destructor, identificado con la persona de Goldmann, primero de sus propias criaturas, después de sí mismo. Por último, tras el suicidio simulado en el asesinato de Goldmann, su doble destructor, Carlos abandona al niño, porque no es suyo, y desaparece en una huida egoísta que le hace perder su propio sentido.

Ahora podemos entender un grado más el significado triunfalista de la vuelta de Amalia al lado de su marido muerto al final de «Madrugada»: el amor que Carlos destruye es el que ella trata de reconquistar, un amor no real, sino posible. El logro de Amalia, con un término neologista, podría llamarse la amorosidad, o la capacidad humana para amar.

Pero es con respecto al crimen a destiempo de Lorenzo y a la larga cadena de implicaciones antropológicometafísicas, como la figura de Carlos se hace más valiosa y su significación cobra mayor relieve.

La tesis metafísica como postura radical del filosofar humano nos había llevado a considerar el conjunto de valores que constituyen el ser carente de sostenimiento. La muerte cierta del hombre aniquilará todos los valores del ser apoyados únicamente en su entidad. El nadie arrastra al ser a la nada.

Ahora un nuevo matiz viene a modificar un tanto el problema en su base.

El asesinato de Carlos, desviado, no en el tiempo, sino en la identidad de la persona que ha de ejecutarlo, nos permite encontrar, en oposición al nadie, en vez del yo, el nosotros. El sostén de los valores ya no es el individuo humano aislado, sino la persona como síntesis de una colectividad social.

No es una simple anécdota carente de valor el hecho de que, en las representaciones de tragedias en la antigüedad clásica, los actores llevasen el rostro cubierto con una máscara, que recibía el nombre de persona, y que ese detalle diera origen a nuestro término actual de persona. Por el contrario, gracias a la observación de aquella costumbre, podemos entender el significado de trascendencia que subyace en el concepto de persona en contraposición a la inmanencia que indica el de individuo.

El actor cubierto con la máscara, las más de las veces de un héroe o de un Dios, adquiría, en su virtud, la capacidad de transformarse y hacerse otro. Ser personaje era tanto como asumir los valores representados por un modelo superior, ir más allá de la mera naturaleza.

El actor unido a su máscara abandona la individualidad natural, pierde su ser de cerrado, in-diviso, y toma sobre sí unos valores que, en cierto modo, le eran ajenos.

La forma del proceso psíquico por la que el hombre se incorpora esos valores externos no difiere en nada de la que tiene lugar en los actos de significación mágica:

Ambas manifestaciones humanas, en efecto, se apoyan en mecanismos que corresponden a la etapa autística de la mente.

Entre la magia y la representación dramática, sin embargo, existe una profunda diferencia, marcada, sobre todo, a partir de los contenidos materiales y de la intencionalidad predominante en cada caso.

El mago actúa siempre sobre la naturaleza, si bien esa naturaleza puede ser la humana; el actor, en cambio, ejerce sus poderes artísticos, de manera exclusiva, sobre el ser del hombre. El actor, en lo más profundo de su intimidad, es un «hacedor» de hombres, divinos o meramente humanos, tomándose a sí mismo como único barro para su modelaje.

El autismo en tales circunstancias, actuando sobre seres, no sobre entes, deja de ser ilusorio para hacerse ideal.

El poder que la magia pretende ejercer sobre la naturaleza se convierte en una energía verdadera, capaz de producir efectos de excepcional categoría en lo que pudiéramos llamar vida del espíritu.

El resultado de la transformación experimentada en este proceso es el hombre sociable, que no consiste en una multitud de individuos integrados en un grupo, sino en una diversidad de personas que se comprenden y se «com-prenden» hasta tal punto que la suma de las personas agrupadas, la sociedad, toma el carácter de una personalidad nueva, de índole superior.

Volviendo ahora al significado de Carlos Albín en la trama de «Aventura en lo gris» nos damos cuenta de que posee un valor, a juzgar por su ideal de identificación con Goldmann, hasta el punto de sustituirlo en todo el desarrollo alucinatorio del crimen, equivalente al de la máscara del dios que cubría el rostro del actor en la tragedia griega.

Una vez más se ofrece a nuestras consideraciones la dimensión religiosa, oculta en el transfondo del conflicto.

La figura modelo a que tienden los ideales de Carlos Albín aparece también en la obra con una doble caracterización: la de Alejandro, dentista, hombre de carne y hueso podríamos decir, identificado como el actor, y la persona del ser trascendente, Goldmann, el hombre de oro, a quien, en verdad, aspiran tanto Carlos como Alejandro.

El «Hombre de oro» es, por todo ello, un auténtico modelo, es decir, un mito, un personaje cuyo ser tiende a la naturaleza divina. Pero las circunstancias de que Buero lo rodea nos permiten además utilizarlo a modo de clave para el esclarecimiento de uno de los temas que más esfuerzos viene costando a quienes se interesan por el sentido de los orígenes de la hominización.

Nos encontramos ante un modelo único, que, en el caso de Alejandro, representa sus aspiraciones internas, mientras que Carlos lo siente como una realidad que vive fuera de él.

En los comienzos de la década de los sesenta surgió, en nuestra cultura occidental, una discusión a gran escala acerca de la prioridad de los elementos psicológicos o de los sociales en la génesis y desarrollo de los procesos de hominización propiamente dicha.

Parece indiscutible que los trabajos de Norman O. Brown, por un lado, y los de Herbert Marcuse, por otro, representan las dos posturas más radicales en torno al problema.

Entiende Brown, apoyado en las doctrinas freudianas, que las aberraciones psíquicas de la primera infancia constituyen el germen de la verdadera personalidad adulta, y que, a partir de esos elementos primarios, puede llevarse a cabo un completo psicoanálisis de la Historia.

Por su parte, cree Marcuse que los motivos básicos que fundamentan el progreso de lo humano se encuentran en los dominios sociales y no psicológicos. La prioridad corresponde a las relaciones interhumanas, y, por tanto, deben tomarse como punto de partida las doctrinas de Marx acerca de la historia. Los cambios, en consecuencia, pueden efectuarse por vía de revolución y no por medio de las lentas transformaciones psíquicas que preconizan los adictos a la prioridad de las fuerzas del subconsciente.

Esta síntesis que acabamos de hacer, aunque breve en extremo, basta para permitirnos comprender cómo el planteamiento psíquico del problema se nos presenta bajo la forma de una disyunción.

Se nos ofrece la posibilidad de elegir entre lo psíquico y lo social como móvil primero de nuestro ser de hombre, pero la elección que se nos propone resulta insatisfactoria ya que, en ambos casos, quedamos obligados a renunciar a un aspecto del problema que también nos parece verdadero.

Los argumentos y los análisis se sucedieron y se multiplicaron, pero ninguna de las dos tendencias logró responder por sí sola a todos los puntos conflictivos cuestionados.

Al atender ahora al complejo entramado de funciones de «Aventura en lo gris», nos parece encontrar el resquicio por el que la luz pueda despejar las dificultades surgidas en torno a este punto radical del proceso de hominización.

El móvil primero que permite avanzar al hombre hacia el perfeccionamiento de su propio ser lo descubrimos en cada caso en la creación de un modelo, un mito que fije nuestras aspiraciones. Ahora bien, la nota esencial del ser modelo, no acertada a descubrir por los partidarios de las teorías antes expuestas, no estriba en una característica social ni psicológica con exclusividad.

Ser modelo es tanto ser diferente como ser otro. El modelo vale para apoyar el desarrollo psíquico como lo hace Alejandro con su propio ser «hombre de oro» y también para apoyar el progreso de los valores sociales. Y así, el mismo «hombre de oro», siendo otro para Carlos Albín, le sirve de auténtico faro en su caminar por las sendas de la hominización.

No terminan con lo dicho las conclusiones que podemos obtener de esta dimensión de los personajes de «Aventura en lo gris».

Una vez ofrecida a nuestra consideración la posibilidad de que nuestros modelos míticos se originen indiferentemente en nuestra psique o en el mundo exterior, tanto la psicología como la sociología pierden, sin más, su pretendido rango de generadoras de los procesos de hominización, rango que pasa a ser ostentado por la facultad para crear modelos, es decir, la capacidad artística.

En efecto, lo psicológico y lo social son manifestaciones de un movimiento progresivo en el desarrollo del hombre, pero el primer impulso debe ser fruto de la creatividad humana, y ésta sólo puede proceder de los dominios de lo artístico.

Por otra parte, el hecho de que la formación de modelos, la creatividad mítica, pertenezca a unos momentos en que se desarrollan las fuerzas originarias de lo puramente psicológico y social motiva, a nuestro entender, la actitud de rechazo que tanto la psicología freudiana como la sociología marxista tienen con respecto al sentimiento religioso.

Justifica Sigmund Freud su postura poniendo de manifiesto las relaciones que guardan las concepciones religiosas con los fenómenos neuróticos, en especial con las neurosis características de los pueblos primitivos.

De su argumento nos interesa destacar dos notas, que corroboran los puntos en que se apoya nuestro trabajo: el primitivismo atribuido a los fenómenos religiosos, que Freud sitúa en un estadio anterior a las manifestaciones de la psicología racional, y, acorde con la naturaleza de su disciplina, la cualidad de interior de esa causa, la neurosis.

También Carlos Marx mantiene la opinión del primitivismo para el origen de las manifestaciones religiosas, pero el motivo en que basa su actitud de rechazo, expresado en la célebre frase «el opio del pueblo», es externo, de acuerdo con el carácter dominante de su disciplina, la sociología.

Muy diferente es la suerte que corre la simbología religiosa en el medio artístico. Los problemas cambian aquí de signo ante unas circunstancias en nada similares a las que dominaban en los campos psicológico y social.

Arte y religión puede decirse que nacen identificados, o, al menos, entremezclando sus propios temas, y sólo el desarrollo posterior de sus evoluciones particulares determinará la personalidad específica tanto de sus contenidos como de sus formas.

Al menos en ese aspecto del problema que ahora nos ocupa, el de la génesis de los modelos, arte y religión suponen, al mismo tiempo, una misma capacidad para diferenciarse y aun para hacerse otro. Se trataba de una posibilidad en el hombre para automodelarse según un ideal interno o externo.

El autismo primitivo hizo de estos modelos realidades concretas y poderosas, dotadas a la vez de virtud ejemplar y de celo para imponer su propio modo como norma de toda conducta humana.

De esta manera, los modelos quedaron en principio sacralizados, convertidos en seres religiosos; y así, arte y religión coincidían entonces en sus objetos e incluso en sus valores.

A partir de ese principio común el desarrollo evolutivo del arte consistió fundamentalmente en una progresiva desacralización y humanización de todo ese mundo de símbolos.

Se entiende ahora que en los dominios del arte no tenga cabida un rechazo de lo religioso a la manera como se produjo en la psicología freudiana y en la sociología marxista. Una actitud semejante supondría tanto como renunciar a las propias esencias primigenias.

El artista, creador de los dioses, vuelve, una y otra vez, al mundo simbólico en que reinan los mitos en busca de nuevos sentidos que dar al progreso de los valores humanos.

Goldmann, «el hombre de oro», el mito semisagrado/semihumano, es la primera mitad de uno de estos modelos que el arte nos muestra para facilitarnos la autocrítica.

Su imagen en un cartel sirve a modo de espejo para que Alejandro se reconozca, vea su propio ser interior.

Carlos, en cambio, ve en el poderoso hombre real, Goldmann, que se le enfrenta, un ejemplo al que acomodar su forma de vida.

La otra mitad del desarrollo del hombre está representada en la obra por la figura de Silvano, ex profesor de Historia en la Universidad, cuyas características en gran medida contrastan, o, incluso, se oponen a la personalidad de Goldmann.

No es un azar, sino un símbolo el que la disciplina explicada por Silvano sea la Historia. El detalle nos permite comprender que le preocupa el pasado, y, por tanto, los orígenes del hombre, su constitución. Como Edipo, si quiere vencer sus tendencias neuróticas, ha de sobreponerse al dominio paterno, descubrir el sentido humano de los secretos de la esfinge, sucumbir a los horrores de la peste, ser mendigo y alcanzar un fin apoteósico.

Goldmann, por el contrario, desde su postura política, está, como Layo, destinado a escudriñar siempre el futuro, irrumpe en los dominios de la divinidad e incluso mata.

A pesar de la marcada oposición entre estos dos personajes, en los valores más íntimos que cada uno de ellos encarna se produce una verdadera superposición de símbolos.

La coincidencia en el albergue presenta los rasgos típicos de un «encuentro». Tanto el uno como el otro siguen en sus movimientos el sentido retrospectivo de sus trayectorias primeras: Silvano ya no es profesor de Historia, Goldmann ya no es dirigente político. Ambos son ahora tan sólo el hombre ante la muerte, ante ese destino común inevitable.

Todas las opciones han de limitarse al cómo y para qué vivir y morir. Y en torno a tales opciones se plantea el gran reto, el gran pugilato de la obra.

Frente al mítico «hombre de oro», casi sagrado, aparece aquí en su dimensión más clara y profunda el mero hombre, el que sabe su origen humilde y se conforma con la intrascendencia de su destino.

Este ser mero hombre, sin embargo, no le impide asumir también funciones de modelo; pero un modelo que se ofrece, no a la copia, sino a la creatividad que cada uno debe ejercer sobre su propia naturaleza para convertirse en un sí mismo auténticamente humano.

Al contar en la obra con esta dimensión de las posibilidades del hombre, «Aventura en lo gris» completa un aspecto importante de la evolución antropológica.

Los ideales de Silvano, apenas insinuados en una leve pincelada artística, nos permiten adivinar que la meta última a la que tiende el arte, desacralizando los símbolos míticos asentados en su origen, es el hombre mismo, desnudo de toda trascendencia mas no por ello desvalorizado, sino, al contrario, alcanzando en este ser humilde su dignidad más alta.

A partir de la función preponderante del arte también los ámbitos psicológico y social ganan sentido entrecruzando sus temas y sus desarrollos: el hombre con el hombre es dominio o servicio; al otro se le puede percibir y utilizar o sentir y querer. Mas tales alternativas no suelen separarse de individuo a individuo; antes bien, cada hombre es al mismo tiempo el conjunto de todas esas tendencias que el arte separa y ejemplifica al mismo tiempo que une y simboliza.

Goldmann y Silvano, ejemplos de tendencias humanas, constituyen también un símbolo unitario, son una misma cosa, como uno eran Layo y Edipo, reyes de la misma Tebas, esposos de la misma Yocasta.

El resultado es, así, en el proceso científico, el logro de la personalidad, que es, a la vez, culminación de un proceso psicológico y social, y, sobre todo, en la vertiente artística, el tránsito del mito a la ética.

El gran reto de que hablábamos líneas atrás cobra, en este último sentido, nuevos significados y nuevos valores.

Disponemos ahora del conocimiento de dos aspectos del hombre que se desarrollan siguiendo líneas cuyos puntos se corresponden entre sí. Nos referimos al proceso de hominización propiamente dicho que discurre por la vía del arte, como acabamos de ver, y a los progresos experimentados por las ciencias psicosociales en el aspecto en que se ocupan de la evolución del hombre.

Pues bien, la esencia del ser ético puede quedarnos esclarecida en alto grado si consideramos que su puesto en el proceso de hominización que sigue el sentido artístico es el correspondiente al de la personalidad en la línea del discurrir científico sobre el hombre.

En efecto, ser ético es tanto como haber logrado, en el proceso de formación del propio destino, un estadio en el que el yo de cada uno sienta al otro como propio, al mismo tiempo que se conciba a sí mismo como constituido también por los demás. En suma, ser ético es estar abierto a lo humano.

Según todas las conclusiones que vamos obteniendo a lo largo del presente trabajo, ese acceso al plano ético en el desarrollo humano sólo sería posible mediante el enfrentamiento consigo mismo y el descubrimiento de la propia culpabilidad.

En Silvano no existe síntoma alguno relativo a este proceso. Silvano es todo lo más un derrotado, pero no un culpable.

No se trata, sin embargo, de un fallo en la obra, ni tampoco de una excepción a la regla. En el carácter de Silvano no se da la culpa porque él mismo como figura de la escena es sólo la mitad del personaje que le da sentido. A su otra mitad, a Goldmann, es a quien corresponde la alternativa culpable en el análisis de la propia personalidad.

Silvano es, por tanto, el ideal puro de la vida humana, mientras que Goldmann es la realidad doliente que cada hombre debe superar.

En el reto entre Silvano, la actitud ética que podemos calificar de buena, la del servicio a los demás, y Goldmann, la ética negativa, la del afán de dominio sobre el hombre, triunfa la opción primera. Pero lo más importante para nuestro propósito estriba en que su victoria se debe al enfrentamiento con la muerte.

La proximidad del fin, o incluso la conciencia de su certeza e inevitabilidad, es motivo suficiente para hacer cambiar el baremo con que se mide la valoración de la vida humana.

La muerte como destino último del hombre es, a la vez, causa de que la vida pierda sentido y motivo de un sentido nuevo de la vida.

Cada hombre como individuo dispone de un fluir por el tiempo situado entre los límites infranqueables del nacer y el morir. La esperanza de una pervivencia en un más allá que trasciende la muerte parecía el único consuelo posible al egoísmo individual, y, por consiguiente, el rechazo de esa esperanza por parte de la psicología freudiana y de la sociología marxista era equivalente a una desesperación absoluta.

En el mundo de lo real, las personalidades divinas surgidas de la proyección de los símbolos no pueden sostenerse desacralizadas. En el proceso artístico de la hominización, en cambio, en ese mundo fruto de la creatividad humana, la desmitificación da paso a la ética, y, en ella, los valores meramente humanos se dan a sí mismos un nuevo sentido.

A la muerte desesperanzada de Goldmann sigue la muerte ética de Silvano, a quien se ha unido Ana, antes fiel compañera de Goldmann, como claro indicio de una transformación personal proyectada en la escena.

Silvano y Ana mueren por salvar al niño; de esta manera, en el sentido de sus vidas reaparece la esperanza, pero no es ya el egoísmo de pervivir como realidad en un tiempo sin límites, sino una esperanza distinta, la esperanza creadora que procede de la actitud ética de la vida.

Ningún otro elemento podía existir con tanta capacidad sintomática del estadio alcanzado en el proceso evolutivo de hominización. La actitud para con el niño indica, sin lugar a dudas, el valor que lo humano en sí supone para cada uno de los miembros en conflicto:

Goldmann lo ignora, Carlos Albín, su fiel reflejo, lo olvida porque no es suyo. Silvano y Ana, en cambio, lo sienten éticamente como su propio yo que debe salvarse y, por tanto, el hecho de que sus vidas se aproximen al fin no conlleva la pérdida de sentido.

No quiere esto decir, sin embargo, que la muerte deje de ser dolorosa. Ambos lo sienten, e incluso Ana lo recalca: no es más que «...una pobre mujer que todavía quisiera vivir».

El intento de análisis que acabamos de hacer de «Aventura en lo gris» deja, ciertamente, una larga serie de matices apenas insinuados y como requiriendo nueva luz que aclare hasta las últimas consecuencias los valores antropológicos y filosóficos que contiene la obra.

Algunos de estos huecos esperamos se cubran con los comentarios que vamos a dedicar a «Hoy es fiesta» y a «La señal que se espera», piezas en las que, en muchos aspectos, se completa el sentido que tiene la esperanza en «Aventura en lo gris». No obstante, dada la profundidad de la obra, no cabe esperar de ella un comentario que la haga fácil.

Es una lástima que la crítica, en el momento de su estreno en el Teatro Club Recoletos de Madrid, el día 1 de octubre de 1963, no hubiera tenido tiempo de reflexionar y, en consecuencia, tomara «Aventura en lo gris» por un «complicado melodrama vacilante» y considerase la obra como «una equivocación desde la primera hasta la última línea», en nuestra opinión con la más flagrante injusticia.

Capítulo XI

El laberinto y la esfera; la génesis del sentido
Transmarxismo y transfreudismo en «Hoy es fiesta»

Durante los primeros años de dramaturgo, Buero Vallejo tomó la costumbre de incluir, junto a la publicación de cada una de sus obras, un comentario autocrítico, explicando, casi siempre, la infrestructura que servía de base a cada pieza teatral y el sentido último que él había querido darle.

Los comentarios correspondientes a las cinco obras que hemos estudiado, pese al interés que supone siempre el conocer la opinión del autor y los móviles conscientes que tuvo en cada caso para escribir, sólo en raras ocasiones coincidían con el enfoque antropológico que nosotros venimos dando a nuestro trabajo. En cambio, las páginas que Buero dedica a interpretar el sentido intencional que subyace en «Hoy es fiesta» presentan un problema íntimamente relacionado con la orientación básica de nuestro estudio.

Con palabras más de filósofo que de crítico, entiende Buero Vallejo que «Hoy es fiesta» es una obra que «procura esbozar el carácter trágico de la esperanza». Con esa frase cerraría el autor su comentario y si continúa es sólo para explicar el largo alcance de un párrafo tan breve.

También por nuestra parte nos hemos visto tentados de entrecomillar las líneas más significativas del comentario de Buero y pasar sin más al estudio de otras obras. No obstante, tras algunas reflexiones sobre el particular, nos pareció que no estaría de más esclarecer algunos detalles que nos sugieren tanto la obra misma como esas páginas de autocrítica.

A modo introductorio, «Hoy es fiesta» nos permite entrever una de las proyecciones míticas que más repercusiones antropológicas está teniendo en nuestro siglo. Nos referimos al complejo laberinto-esfera, al que ya en otras ocasiones hemos hecho referencia en nuestras páginas, y al que Rof Carballo dedica agudas consideraciones en su libro «Entre el silencio y la palabra».

La disposición del escenario en azoteas diversas, a distintos niveles y con diferentes salidas no deja lugar a dudas. Es un verdadero laberinto.

En la protohistoria de nuestra cultura occidental, el palacio de Cnosos tenía, en uno de sus patios, una terraza de mosaicos dispuestos en forma laberíntica, según todos los indicios, para celebrar en ella la danza de la grulla, una especie de baile ritual realizado con movimientos renqueantes, como los de las grullas en celo: nueve pasos y un salto.

El número nueve es una clara referencia al origen lunar del rito, al igual que la etimología del vocablo, laberinto, derivado de labrys, hacha de doble filo, formada por dos semilunas, creciente y menguante, creadora y destructora.

Nueve pasos de danzante, tal vez sobre un solo pie, y un vuelo final, vienen a ser algo así como el tránsito por el ciclo de la vida y la entrada en el dominio de la muerte, del que se espera salir resucitado.

No puede ponerse en duda el parentesco entre esta danza ritual y el juego de la rayuela, de nueve casillas más una figura circular de totalidad, y cuyo recorrido debe hacerse desplazándose sobre un solo pie. La obra de Julio Cortázar que toma este juego como lema y título podría, en consecuencia, estudiarse, probablemente con éxito, desde este punto de vista de un laberinto de sentido mítico lunar entre cuyas relaciones se encuentra también el origen del lenguaje.

Por su parte, Buero Vallejo sabe extraerle al tema su gran riqueza de intuiciones psicológicas milenarias sin perder de vista un solo momento la naturalidad de un hecho cotidiano.

El laberinto de Buero tiene, como el de Cnosos, su minotauro guardián, Nati, la portera, que vigila con celo la puerta y trata, por todos los medios a su alcance, de impedir la entrada a los vecinos: «mastín con faldas», le llama Elías.

La luna no aparece hasta los momentos postreros de la obra; no obstante, su función como presagio de muerte no deja de manifestarse a lo largo de todo el drama.

En nuestro siglo una forma de laberinto se ha hecho muy popular: el fútbol, en cuyo juego la disposición de los hombres en el campo y, sobre todo, sus movimientos, se desenvuelven en maneras intrincadas que bien podríamos comparar con la danza de las grullas. Pero este deporte presenta una característica distintiva que, por sí sola, lo pone en relación con las energías más profundas que mueven nuestra cultura. Nos referimos al balón, objeto perseguido por todos, fin de todos los movimientos de los danzantes, y cuya redondez simboliza la totalidad, el pleno sentido dentro de este mundo laberíntico, el orden dentro del aparente desorden de la vida humana.

Perseguir la esfera es, pues, buscar un sentido que dé valor a nuestros ininteligibles problemas.

En «Hoy es fiesta» se esboza también esta danza ritual en pos de una solución positiva a la tragedia humana de la muerte. Sabas y Paco pelotean de una a otra terraza. Una particularidad, sin embargo, debe ser destacada: la pelota con que juegan es de trapo, lo que nos está calificando de endeble y apenas conformado el sentido de nuestro destino. La esfera no alcanza la redondez deseada.

La obra en su conjunto será, en lógica consecuencia, más que un logro, un esfuerzo continuado de búsqueda; más que unos frutos, encontramos las flores que los presagian.

Tras este preludio en que se vislumbra el sentido último del drama, en «Hoy es fiesta» acuden de nuevo a la escena varios de los elementos que hemos ido descubriendo en otras obras de Buero Vallejo, pero combinados ahora de un modo diferente o cargados con matices distintos.

El dinero aparece como uno de estos elementos que debemos aislar del gran entramado que compone la obra.

En un proceso paralelo al de Dimas, cuyo dinero, símbolo de la realidad, se transforma en el tesoro de Irene, símbolo del bien como ideal humano; y en una inquietud en cierto modo similar a la de los familiares de Mauricio en «Madrugada» esperando una herencia a destiempo sin saberlo, los personajes de «Hoy es fiesta» viven también cada momento de ese día festivo con el ánimo puesto en una lotería que puede salvarles de las penurias económicas en que se encuentran.

El número que todos juegan se ve agraciado, en efecto, con el primer premio, pero una vez más, los poderes del arte se manifiestan: el décimo a que se refieren las participaciones no existe y, por consiguiente, el dinero resulta irreal. Las participaciones son tan sólo papeles sin valor alguno.

El proceso desemboca así, de manera violenta, en un encuentro con una negación absoluta. La no existencia del décimo, el sin valor de los papeles, nos descubre el enfrentamiento con un ser nada que se nos impone.

Las fuerzas profundas del arte ensayan aquí un nuevo impulso de la cultura española, acorde con su destino, por la senda humana de su metafísica.

Sabemos que la expresión artística, o, si se prefiere, el arte como lenguaje, se distingue, entre el conjunto de formas que el hombre utiliza para comunicarse, por la fuerza para despertar sensaciones hasta entonces dormidas, por la capacidad de evocar situaciones vitales nuevas, diríamos, por el poder de crear; pero, ¿cómo se lleva a cabo este actuar del arte sobre nuestra sensibilidad? O, en otros términos, ¿en qué consiste ese modo humano de expresión que llamamos arte?

Las sensaciones que el hombre ha logrado diferenciar, siquiera sea parcialmente, dentro del enorme cúmulo de estímulos que le afectan, pueden utilizar el lenguaje en cualquiera de sus formas como medio expresivo; su nivel de racionalidad lo permite. Pero el problema surge cuando se trata de expresar, no una sensación ya conocida, sino que intenta, por vez primera, darse a conocer. No existe entonces, ni puede existir, término alguno que le convenga, y, por ello, el lenguaje se descubre como medio insuficiente de expresión.

Dentro de ese mundo de sensaciones indiferenciadas se hace posible, además, la combinación de elementos de la que resulte un entramado nuevo, dotado de coherencia interna.

Estamos ante un proceso paralelo al razonamiento en la psique consciente, dotado, al igual que éste, de una lógica, la denominada lógica de la acción, y que con más propiedad debería denominarse lógica del pensamiento inarticulado.

Pues bien, si el sistema de lenguaje racional, en cualquiera de sus formas, es inaplicable como medio de expresión al mundo de la sensibilidad indefinida, se hace necesario un procedimiento distinto de expresividad válido para este tipo diferente de afección psíquica.

Esa vía, apta para la expresión de los fenómenos de la psique inarticulada, es el arte; pero de estas precisiones no se deduce todavía la esencia de ese «como» de la expresión artística del que depende ahora la luz en el camino de nuestro problema.

Mucho se ha discutido, y la polémica continúa, acerca de si el lenguaje es un sistema signitivo o simbólico.

Se trata, a nuestro entender, de una discusión estéril, por cuanto su punto de partida se encuentra desplazado del verdadero origen del conflicto.

Ambas posturas enfrentadas coinciden en afirmar que la diferencia fundamental entre signo y símbolo estriba en una relación de semejanza entre el objeto y su representación en el segundo caso, y en la falta de todo vínculo de similitud en el primero.

Una bandera sería, así, un signo, por no parecerse en nada al país que representa, mientras que un mapa entraría en el rango de símbolo por su indudable similitud de forma con él.

La Real Academia de la Lengua Española admite que el signo pueda evocar, no sólo de manera convencional, sino también por su propia naturaleza, mientras que limita la aplicación del vocablo símbolo a conceptos morales e intelectuales.

Con ello no se aclara tampoco el problema que aquí nos ocupa, si bien en esa alusión al dominio de lo moral e intelectual se vislumbra una inquietud a niveles profundos que puede orientarnos hacia el motivo originario que distingue un vocablo de otro.

No creemos que la diferencia se encuentre en la cualidad de relación que guarda lo representado con el evocador, ni tampoco en la naturaleza, material o inmaterial, del medio empleado. Nos parece más acertado situar el punto de partida en esa dualidad que forman el mundo de sensaciones claramente diferenciadas, que pueden representarse por medio de signos, y el mundo de la sensibilidad indeterminada, que sólo se evoca de manera adecuada mediante símbolos.

Ahora podemos comprender la precisión con que el signo hace referencia al objeto representado, y la nitidez de los límites en que lo enmarca, hasta el punto de que el vocablo «término» responda con exactitud al signo acabado del lenguaje; pero, sobre todo, destaca la univocidad que existe entre el objeto mental y su signo lingüístico. Aun en aquellos casos en que un mismo término vale para significar varios conceptos, sólo se trata de una duplicidad accidental de un mismo término; una palabra entra dos veces en el código de la comunicación para expresar en cada ocasión una cosa diferente, pero, en cada una de ellas, su delimitación sigue siendo precisa y exacta.

Por el contrario, el símbolo nos acerca a objetos indefinidos por la forma e ilimitados por el contenido, inestables, inquietos, como dotados de intensa fuerza vital que les impulsa siempre a un más allá. Por su profundidad el símbolo es insondable y, por tanto, oscuro en sus sentidos, pero de un modo especial, nos interesa destacar aquí la multiplicidad de dimensiones en que nos afeta y nos mueve.

Tal vez ésta sea la característica que más contribuya a esclarecer nuestro problema del cómo de la expresión en el dominio del arte.

De acuerdo con su etimología: «syn-ballein», reunir en un punto, concentrar, diríamos, traer varios elementos a colaborar en una misma empresa, el símbolo se hace reiterativo, nos llama una y otra vez con distintas voces, variando los matices, intercambiando sensaciones. Y todo ello, no para conseguir un solo efecto unívoco final, sino para transformarnos a nosotros mismos, para enriquecer nuestra propia humanidad.

Quizá el motivo de discusión en torno a la cualidad de signo o símbolo del lenguaje lo haya brindado el hecho de que la palabra, medio óptimo para la comunicación racional, sea, al mismo tiempo, excelente materia en que se basa la expresión artística más generalizada, la literatura.

Entonces la palabra trasciende los límites de su ser término, bien sea por sí misma, o vinculada a la esencia de unos hechos, narrados o escenificados, que por naturaleza pertenecen también al dominio del símbolo.

De igual manera, el parentesco que liga entre sí a las criaturas del mito y a las del arte puede entenderse ahora mejor, a la luz de la nueva perspectiva que supone la expresión simbólica común. La creación artística traslada los mitos del más allá a un más acá, dentro del mundo, pero no los desimboliza. Las criaturas del arte pierden la sacralidad mítica, pero conservan el misterio que hizo sagrados a los mitos.

El problema tiene, todavía, otro aspecto en el que la conflictividad llega a situaciones límite, el de la dimensión religiosa del ser humano.

El símbolo sigue siendo aquí la única forma adecuada de expresión, lo que determina una relación indudable con los dominios del mito y del arte que estamos estudiando.

Las cualidades humanas, en sus múltiples aspectos, proyectadas en un cosmos trascendente, constituyen, como hemos visto en repetidas ocasiones, el poblado mundo de los mitos. Se trata de un proceso de formación de sentido unitario.

En cambio, el mito da origen a una diversidad de procesos, según la naturaleza propia de las observaciones que suscita.

La psicología cosifica los mitos y los hace objeto de un saber científico; el arte, en cambio, al trasladarlos a un cosmos más próximo, los humaniza.

Pero no son éstas las únicas salidas del mito. La Religión, por su parte, continúa su proceso de proyecto en la trascendencia, con una característica esencial distintiva: la infinitud.

Ya no se trata de cualidades específicas humanas, reflejadas aisladamente como en los mitos, sino del hombre entero, con todos sus ideales, dando lugar a dos formas distintas de proyecto cuyo conjunto completa las aspiraciones ilimitadas del ser humano.

De un lado, surge la divinidad, infinita en su ser y en sus atributos, de duración eterna, en evidente correlación con los últimos deseos de cada hombre. Pero un proyecto con tales características, por sí sólo, no resolvería las aspiraciones de cada individuo en concreto. De ahí que surja, a modo de complemento, una vía de acceso del hombre a ese cosmos trascendente para vivir en él por un tiempo sin límites.

El caso del Budismo, religión carente de divinidad y de ultravida, no altera la esencia del problema, pues el nirvana, aspiración máxima del budista, supone también un tránsito a lo ilimitado, a la nada absoluta a la que sólo se puede llegar mediante un duro ejercicio de ascesis que elimine todo deseo.

El arte tiene capacidad para tomar las criaturas de la religión y trasladarlas de su cosmos trascendente a nuestro cosmos humanizado, al igual que antes lo hiciera con las criaturas del mito.

Lo que cabe esperar de este nuevo contraste sólo pueden ser duros golpes a la fantasía creadora y a todo su mundo de ilusiones.

En el doble espejo religioso-artístico, el hombre se contempla, a un tiempo, infinito en aspiraciones y miserable por naturaleza; eterno, según sus deseos, y avocado a la muerte por su propio destino. Es decir; el hombre, en esta confrontación, descubre el sentido trágico de su existencia.

Alcanzamos así una nota esencial del arte de la tragedia: el parentesco que liga sus figuras con las de la proyección religiosa. Pero en el tránsito de una actitud a otra puede advertirse cómo las figuras que acceden a la categoría de trágicas deben experimentar la pérdida, no sólo de su carácter sagrado, como en los mitos, sino además, de su perfección y, sobre todo, de su continuidad en el tiempo. De esta manera el ser del hombre, abierto al futuro, se hace conflictivo en extremo.

A primera vista podría creerse que el problema lo plantea tan sólo la visión adelantada de un fin cierto, pero la verdad está muy lejos de ser así.

La tragedia mantiene como forma adecuada de expresión el símbolo, y, por tanto, la figura de hombre resultante conserva la insondabilidad en su seno, el misterio profundo de un saber hasta dónde y hasta cuándo de su ser; mas con la clara conciencia de lo ilimitado de sus deseos y de la infinitud de los ideales a que los símbolos se refieren. En suma, que el hombre trágico desea y aspira con magnitud similar a la de las figuras religiosas que sustituye.

En su conjunto, pues, la figura del hombre trágico nos muestra la gran contradicción de la naturaleza humana, tendiendo, a la vez, a la muerte y al nadie por su destino, y a la infinitud y a la eternidad por sus ideales y aspiraciones. La conclusión se impone: aun ante lo imposible, el hombre espera, y la imposibilidad y la esperanza son, por igual, cualidades suyas; la primera en cuanto a su naturaleza de ente y la segunda por lo que respecta a su dimensión de ser.

Buero Vallejo, en su comentario a «Hoy es fiesta», al que aludíamos páginas atrás, parte de una fórmula en cierta medida equivalente a este punto que acabamos de exponer. Según sus palabras: «Es más que probable que el meollo de toda tragedia esté formado por el problema de la esperanza». Se trata de un esperar conflictivo, un esperar incluso cuando lo que se espera es imposible; ese es el «modo» en que la tragedia se constituye.

Para cerrar el ciclo, en el proceso que venimos desarrollando queda todavía por estudiar el eslabón que une el problema del arte en general, y en particular el de la tragedia, con el de la filosofía; o más concretamente, con el de la metafísica.

Edmund Husserl, pese a la comprobación constante de su error, se esforzó, a través de su obra, en mostrarnos la filosofía como constituida por las cualidades propias de una ciencia. Vano esfuerzo, originado en una lamentable identificación entre saber y conocer, o dicho en sus términos, entre lo signitivo y lo simbólico.

La conciencia de estar trabajando en una disciplina de pleno rigor intelectual habrá sido, sin duda, la causa de que una mente tan profunda como la suya haya puesto tanto empeño en mantener lo que consideraba la categoría más alta en las labores de pensamiento.

Pero si destacamos la opinión de Husserl no es porque el suyo haya sido el único error, ni siquiera el más grave de los que los filósofos, y aun los científicos, han mantenido acerca del concepto mismo de la filosofía.

En los comienzos de nuestra cultura de occidente, se entendió que la filosofía abarcaba todas las manifestaciones intelectuales de la humanidad. De ahí que, a medida que las distintas ramas del saber se independizaban, la filosofía experimentase una pérdida, un sentimiento de disminución, o incluso, una desvalorización.

Por otra parte, el positivismo la humilló con el menosprecio de todas sus lucubraciones, tomándolas como meros juegos inútiles del pensamiento.

No es fácil salir de un estado confuso de la mente. Multitud de ideas diferentes, a veces opuestas entre sí, pretenden, con similares justificaciones, ser tomadas por las más ciertas. El hombre necesita, entonces, considerar diversas posibilidades, ensayar múltiples caminos, y, a pesar de todo, muchas veces se agotan sus fuerzas sin que la luz haya acudido en su auxilio.

No nos extraña, pues, la confusión reinante en torno a problemas tan sutiles; pero, ¡con qué claridad hubieran podido enfocarse las cuestiones en litigio si los antiguos hubieran revisado sus actitudes filosóficas a la luz de los principios de Jenófanes, y si los modernos hubieran observado libres de apasionamiento la génesis de las teorías de Feuerbach!

La filosofía griega, en efecto, procede, en su conjunto, de oponerse a los mitos.

Los milesios, en los comienzos de todo filosofar, se ocupan, ciertamente, del mundo, pero es un mundo que con anterioridad se había llenado de dioses.

Incluso Sócrates, cuando trajo la filosofía desde las estrellas hasta el hombre, no pudo menos de ver dentro de ese hombre, de su propio yo, un ser sagrado: su daimon particular.

Más tarde, cuando esos dioses se marchan, la cosmología como ciencia se independiza y nadie advierte que, con ello, la filosofía en cuanto tal nada pierde de lo que, en verdad, le es propio: esos dioses, oriundos del cosmos y, poco después, pobladores del Olimpo, no desaparecen ante el saber científico; sino que, llamados por Platón, acuden en forma de ideas y pueblan el mundo de los conocimientos, el Cosmos Noetós. En el traslado pierden la naturaleza sacra de que gozaban, pero conservan la capacidad de asombrar, que les corresponde por su valor simbólico inalienable.

En la plenitud de los tiempos modernos, Inmanuel Kant supo retomar el problema platónico de las ideas y darle una dimensión nueva. En sus manos, las ideas adquirieron perfiles claros en el sentido de sus funciones, redujeron su número y, sobre todo, se hicieron ilimitadas, infinitas.

La posteridad admiró el talento kantiano por su gran aporte a la cultura filosófica, tanto como mostró su extrañeza de que un filósofo que no conocía a fondo la obra de Platón hubiera logrado, el que más, hacer progresar sus doctrinas en torno a este punto que nos ocupa. Para encontrar la respuesta, sin embargo, basta advertir que, si grande es la ignorancia de Kant acerca de las ideas en la filosofía platónica, mayor es su conocimiento del Dios Perfecto de la religión medieval.

Queda claro, pues, que la filosofía moderna se opone a la religión como la griega se oponía a los mitos.

Feuerbach, reflexionando sobre estos temas, se dio cuenta de que el concepto que el hombre se forma de la divinidad se corresponde con el que tiene de sí mismo, elevado a lo infinito. Dios, diríamos, es el hombre sin límites, proyectado en un cosmos trascendente.

Un descubrimiento de tal envergadura hubiera producido una revolución de primer orden en el mundo filosófico de no haber derivado sus energías por cauces de una estéril polémica acerca de la verdad o falsedad de las creencias religiosas.

Y no fue eso todo. Los bandos constituidos por los partidarios de cada una de las posturas, exacerbados los ánimos, se enfrentaron en una gigantesca lucha por conservar o desterrar la religión del mundo. Un hito en esta contienda lo marca la célebre frase de Marx: «la religión es el opio del pueblo». No importa que en el contexto su sentido se atenúe; de hecho, tales palabras recorrieron el mundo, a modo de bandera contra la religiosidad misma del hombre. Considerada como alienante, la religión debía suprimirse.

En un medio tan excitado, no se acertó a comprender que sin la religión no hubieran sido posibles ni el arte ni la filosofía.

La sentencia de destierro viene a ser algo así como suprimir, en el plano individual, la primera infancia, teniendo en cuenta que, durante ese período, el ser humano es siempre un gran inválido y, además, todo ese tiempo se pierde en una amnesia completa.

Cabría objetar que la infancia pasa, y que el hombre adulto debe substituir al niño. Cierto, pero es necesario reconocerle el valor de etapa condicionante.

El marxismo no ha conseguido, y tal vez no consiga nunca, superar ese error, que no por accidente ha condicionado el universo entero de nuestra cultura. Podrá modificarse, de hecho muchos pensadores de esa línea, calificados de heterodoxos, y muchas escuelas, en principio de filiación marxista, han evolucionado hacia posturas opuestas, o hacia una apertura a la dialéctica con pensamientos diferentes, suavizando así, o, superando la dogmática característica de su dimensión más genuina. Pero si la llamada postura ortodoxa persiste su error parece insuperable.

El marxismo parte, en efecto, de la prioridad del grupo sobre el individuo, lo que equivale a poner la mirada en las relaciones que el hombre mantiene con sus semejantes, con el consiguiente menoscabo de la atención al desarrollo del hombre en sí mismo.

De esta manera se explica también el grave desenfoque sufrido por el arte entre sus seguidores ortodoxos, perdiendo su función propia de agente hominizador, para tomar, en cambio, la tarea impuesta de colaborar en la socialización de la cultura.

En la actitud opuesta al marxismo se encuentra la escuela freudiana del psicoanálisis.

El descubrimiento del subconsciente con su enorme riqueza, y el hallazgo, incluso, en esta zona del hombre, de las figuras míticas y de los personajes divinos dio a Freud y a sus seguidores, que no dejaron de ver los puntos de contacto entre ese mundo de lo sagrado trascendente y el mundo del arte, la posibilidad aún mayor de adentrarse en el sentido antropológico positivo de la religión por sí misma. Pero también en ese caso la inútil polémica acerca de la verdad o falsedad de las creencias religiosas hizo impracticable una auténtica revolución filosófica dentro de la cultura occidental. Por añadidura, una nueva discusión vino a desviar la mirada de quienes hubieran podido, todavía, enderezar el yerro. Nos referimos al problema de si el primitivismo de los pueblos en las etapas mágica, mítica y religiosa es o no patológico.

La tercera oportunidad de resolver el conflicto se le brinda, en opinión nuestra, a la filosofía española que se avecina, y en la que concurren todos los signos favorables.

Entre nosotros se podrá superar tanto la postura unilateral del socialismo marxista, que sólo admite la comunicación signitiva, como el error del psicoanálisis, que, teniendo como tema el mundo simbólico del subconsciente, se pierde en una confrontación racional de veracidad de hechos.

La próxima filosofía española no se opondrá, ya es previsible, ni a los mitos, como la griega, ni a la religión, como la occidental centroeuropea. En nuestra cultura, la filosofía habrá de oponerse al arte, y en ello estribará su mayor ventaja.

Quiere esto decir que el cambio de esencia en el proceso de nuestro desarrollo, que debe producirse para alcanzar el nivel filosófico, afectará a unas criaturas que habitan en nuestro mundo, y no en un mundo trascendente.

De esta manera, la característica de humana que venimos descubriendo en la cultura española, dominará también en su estadio filosófico por derecho de naturaleza.

Con todos estos elementos de juicio ya disponibles, podremos ahora continuar el estudio de «Hoy es fiesta» de un modo sistemático, o, al menos, coherente.

La esperanza puesta en ese premio mayor de la lotería, la confirmación de haberlo obtenido, y esa nada de unos papeles sin valor en que acaban todas las ilusiones, van a constituirse en tres elementos de permanente conflicto para el hombre, que se debate en lucha heroica con su miserable destino.

Al ocuparnos de «Madrugada» hemos tenido ocasión de entender cómo el proceso filosófico que desemboca en el concepto metafísico de la nada procede, por antropomorfismo, del proceso fundamental humano en el que el yo logra adelantar su propia negación en el nadie.

La nada es, por lo tanto, un mito, una proyección sobre el mundo, del hombre autonegándose. De esta manera, cada vez que aparezca en nuestro camino un problema de esta naturaleza, sabremos interpretar su sentido correcto, y no nos será difícil descubrir la génesis humana de que procede.

El premio mayor de la lotería de «Hoy es fiesta», resuelto en una nada, puede convertírsenos ahora en la clave que nos permita adentrarnos en el complicado mensaje de la obra.

Al saberse víctimas de un fraude, los vecinos, entre indignados y decepcionados, se proponen denunciar a doña Balbina por delito de estafa. Silverio va convenciendo a uno tras otro de que no lo hagan, y ante el éxito, cuando ya sólo falta una papeleta por entregar, pronuncia la frase: «a pesar de todo, son de oro», que para nosotros reviste un valor incalculable.

Como en «Irene o el tesoro», el dinero de un lado y el oro de otro, vuelven a ejemplificar posiciones antagonistas, pero esta vez no son personajes diferentes los que se inclinan a cada una de las actitudes posibles, sino los mismos, que evolucionan y toman, primero, un papel y después el otro.

Por otra parte, ateniéndonos al significado preciso de las palabras de Buero, no debemos entender el pasaje como un cambio. Los vecinos no han dejado de ser una cosa para convertirse en otra, sino que ambas cualidades perviven en ellos: «a pesar de todo, son de oro», es decir, no importa todo lo que son, todos los defectos e incluso toda su malicia; al mismo tiempo son también de oro, con todo lo que esa cualidad supone.

Cuando hablemos, por tanto, del proceso en estas páginas, será más con relación al sucederse de los hechos en la escena que a transformaciones reales.

Lo decisivo para nuestro trabajo se encuentra en el contraste entre dos actitudes, representadas por los símbolos del dinero y del oro respectivamente.

A primera vista no se advierte incompatibilidad alguna, ni siquiera oposición radical, entre estos dos símbolos. Sólo leves diferencias, que afectan, sobre todo, a la realidad material en que cada uno se apoya. Por el contrario, son mayores los motivos de identificación, ya que, en muchos aspectos, se aproximan, bien porque el oro se haga dinero, o porque el papel moneda represente al oro.

Para encontrar las causas profundas del enfrentamiento, o lo que es lo mismo, para descifrar el mensaje de que tales símbolos son portadores, necesitamos atender a síntomas que puedan apuntar a las raíces del conflicto.

Se trata de unas circunstancias que, por sí mismas, pueden determinar el rumbo de nuestras investigaciones: una sola función y dos modos de desempeñarla.

Observados los motivos y la naturaleza de la función simbolizada, nos damos cuenta de que, por esencia, pertenece a la dimensión social del hombre, a las relaciones interhumanas.

Por lo que respecta a los modos, en cambio, la complejidad surge ya desde los inicios.

El primer problema lo plantea el hecho de que, en este caso, además de la relación propiamente dicha, aparecen también, como componentes inseparables, los medios materiales empleados.

El papel moneda y el oro moneda pueden cubrir idénticos fines, pero, en sí mismos son algo muy diferente: simple papel inservible y oro de ley.

Si ahora tenemos en cuenta que la función de relacionar, por su carácter humano puede ser simbolizada, descubrimos esas dos caras opuestas del problema que buscábamos.

La base humana radical en que necesariamente han de apoyarse las relaciones sociales, el principio psicológico previo a toda función interhumana, puede carecer de verdaderos valores; puede ser, en lenguaje de su símbolo, «no más» que papel «des»-preciable, que sólo representa, o, por el contrario, poseer la nobleza del oro, brillar por derecho propio. La oposición muestra, pues, en primer término, inautenticidad contra autenticidad.

Por otra parte ese oro, metal noble por excelencia, es, al mismo tiempo, el más inútil de todos los metales. En la práctica no sirve para nada. Sólo brilla; pero, eso sí, para brillar no necesita más colaboración que la luz del sol.

Con la inutilidad práctica y la nobleza de reflejar la luz como cualidades esenciales, el oro comprende en su ámbito de simbolización únicamente un tipo de hombre, un sentido de lo humano: el que sigue en su desarrollo la trayectoria propia del mito, la religión, el arte y la filosofía.

El artista y el filósofo, en efecto, constituyen una manera humana que tiene por misión iluminar al hombre, enriquecer su auténtica vida interior, impulsar el crecimiento de los valores de signo exclusivamente humano, y nada más.

No cabe dudar del parentesco, o, al menos, la semejanza que guardan estas notas con las que a través de largos períodos de la historia han unido a un grupo de hombres, los alquimistas, en busca de algo, un tanto misterioso, llamado la piedra filosofal.

Intentar la transformación de cualquier metal en oro fue sólo un principio mágico, que más tarde evolucionó hacia una vía científica de investigación; pero el interés básico de los alquimistas no se limitaba a obtener una capacidad de actuar sobre la realidad mundana, sino que en su sentir, de origen religioso, su espíritu exquisito pretendía, en primer lugar, la purificación del hombre mismo; autoconvertirse en buenos y nobles como el oro. En ese sentido debe entenderse también el intento de transformar en oro todos los metales como un intento de purificar el mundo, no como un mero propósito de enriquecimiento particular o de grupo.

Otro metal valioso, la plata, suele acompañar al oro en su ciclo simbólico, a modo de un contrario que aclara en cada momento el sentido de los valores en juego.

Oro, Sol, Luz brillante, Fuego, Día, enmarcan así una cara de la vida, a la que se opone la otra mitad: Plata, Luna, Luz pálida, Agua, Noche.

A la vista de estas dos constelaciones de datos no es difícil adivinar la continuación de ambas líneas en el ámbito de lo puramente humano: el mundo de la consciencia en vigilia y el mundo onírico, por ejemplo; o el pensamiento heterónomo y la magia; pero de una manera especial nos interesa atender al par que forman lo bueno y lo malo, o, tal vez con mayor precisión, la bondad contra la malicia, contra la voluntad perversa, tanto si se hace consciente como si no.

En una obra del propio Buero que ya hemos comentado, «Las palabras en la arena», situada en tiempos de la vida pública de Jesucristo, puede verse una leve reminiscencia de este sentido último de la plata. La esclava fenicia transmite un mensaje de infidelidad, acción por la que recibe como recompensa: «Cinco discos de plata como cinco lunas... Cinco lunas propicias a mis deseos... Atesorar y comprar... Comprar y atesorar... La plata me rescatará... Hombres y ganado ella me dará...»

La entrada en la Edad Moderna supuso una alteración profunda en todo el conjunto del problema. En principio pudo creerse que la riqueza perdía la capacidad de ejercer dominio sobre el hombre al quedar abolida la esclavitud en Europa Occidental, pero no tardó mucho tiempo en advertirse que las nuevas circunstancias hacían posible una dominación que iba más allá de los individuos aislados para abarcar colectividades enteras. La letra impresa daba la posibilidad de formar y dirigir la opinión pública, y originar movimientos sociales a medida del deseo de quienes disponían de medios económicos suficentes. El hombre de armas pierde la primacía del poder y pasa a servir a los ricos que, no sólo le pagan, sino que, además, le controlan.

El avaro se convierte así en un ridículo fósil, mientras que el potentado se hace honorable y digno de crédito.

Poco después, la ciencia dejó bien claro que la pretensión de los alquimistas de convertir cualquier metal en oro no pasaba de ser una ilusión fantástica. Duro golpe para el sustrato de magia que animaba la secta, pero en modo alguno desaliento para los espíritus delicados que alcanzaban a sentir el fondo de perversidad dominante del dinero, sin olvidar la capacidad para el bien que alberga el ser humano, y que puede ser simbolizada mediante el oro. Es el hombre en solitario, defendiendo sus posibilidades de nobleza, del mundo, que tiende a corromperlo. Es el mito de la madre tierra, terrible devoradora.

La época en su totalidad, edades moderna y contemporánea, parece debatirse entre dos fuerzas contrarias, con valores aproximados a los que antes señalábamos a los símbolos del oro y de la plata, si bien el oro mismo, convertido en moneda, se degrada y entra en el conjunto que forman sus antagonistas.

Ese mundo entendido como gran enemigo produce, en la imaginación delirante del Bosco, el prodigioso cuadro, paradójicamente llamado de las «Delicias», plagado de visiones de espanto y horror, y en el que no falta la visión del oro en monedas defecadas, el excremento en que acaba la nobleza envilecida. En «Las tentaciones de San Antonio» la potencia artística del Bosco, casi podríamos decir su profecía, se concentra y aclara: el monstruoso mundo es un diabólico enemigo del hombre. Flaubert, siglos más tarde, lo volvió a expresar de la misma manera.

La vida de Lutero, por su parte, según el estudio que le dedica Norman O. Brown en su libro «Eros y Thanatos» ofrece un modelo acabado de cuanto venimos diciendo: diablo-dinero-excremento es para él el conjunto de lo mundano, que le tortura hasta extremos inverosímiles. El caso para nosotros tiene, además, la importancia de darse en virtud de móviles de índole religiosa, lo que nos permite, ciertamente, entender que toda la malicia de su mundo procede de un más allá que le da sentido; pero, sobre todo, nos avisa de la probabilidad de encontrar, en el arte literario o en la filosofía posteriores, réplicas al problema apoyadas tan sólo en procesos humanos.

Ambas materias, en efecto, responden con creces a nuestras espectativas.

En el campo de la literatura recordemos que, al comienzo de la segunda parte de «Fausto», es Mefistófeles precisamente, el Diablo, el inventor del papel moneda.

El fin logrado con el descubrimiento no es otra cosa que el desarrollo del poder imperial, el incremento del dominio del hombre sobre el hombre.

La solución de Goethe se confirma y hace más explícita todavía a la luz de unas frases de Wagner en «El oro del Rhin» que, en gran medida, sentencian el conflicto: «Sólo conseguirá el poder quien renuncie al amor.»

Los contrarios se convierten ahora en amor y poder, dos manifestaciones humanas que pertenecen ambas a la categoría de lo social, a las relaciones interindividuales, pero el propio Wagner aclara pronto la génesis del proceso: «Sólo quien consiga hacer con el oro del Rhin un anillo, alcanzará el poder.»

Es decir, se trata de una transformación del oro que duerme bajo las aguas del Rhin, de la profunda personalidad buena, en un anillo, símbolo de subyugación.

El movimiento toma esta vez como punto de partida la radicalidad humana, que se encuentra con los otros, y, en vez de verse, ve.

También entre los pensadores abundan los conceptos que deben gran parte de su inspiración a la conflictividad artístico-religiosa de los tiempos del Bosco y de Lutero: el mundo hostil de Schopenhauer, el poderío alemán, de Hegel, la voluntad de dominio, de Nietzsche, y tantos otros, hasta llegar a Heidegger. Pero nuestra atención ha de limitarse ahora a esas dos grandes figuras antagónicas que centralizan las concepciones psicológica y social, Freud y Marx, y a las corrientes ideológicas que parten de ellos.

En la base psicológica profunda del hombre, según Freud, se encuentran dos principios: el uno que lleva a la vida, el otro que tiende a la muerte; por el primero, el de la creatividad, el individuo busca su propia conservación y su desarrollo; en virtud del segundo, en cambio, el de la destructividad, aparecen toda clase de resistencias y desviaciones del normal desenvolvimiento humano. Pero en modo alguno debe entenderse que tales principios se corresponden con el bien y el mal. El subconsciente en que radican estos principios carece de leyes morales. En todo caso, aunque no lo dicen Freud ni sus discípulos, pueden emparentarse con lo bello y lo feo, ya que la sensibilidad estética sí alcanza los niveles del subconsciente.

Por lo que respecta a las doctrinas marxistas, el hecho de basarse en las relaciones interhumanas, el ser socialistas, les da una situación de privilegio para dar un buen impulso al desarrollo del problema que nos ocupa.

Marx pretendió convertir la dialéctica hegeliana del espíritu en una dialéctica de la materia, pero el resultado fundamental a que llega es al cambio de una filosofía de la esencia por una filosofía de la actividad. O dicho en términos lingüísticos, cambia la filosofía del nombre por la del verbo de acción.

La ventaja de esta nueva manera de iniciar el discurrir filosófico estriba en su coincidencia con la evolución genética, tanto del individuo como de la especie. En efecto, la mentalidad infantil y la primitiva alcanzan antes a entender el lenguaje que trata de actividades que el que se refiere a substantivos, incluso a los nombres propios.

Desde la actividad la relación se hace necesaria de manera inmediata, bien sea con el mundo físico, materialismo dialéctico, bien con el mundo humano, materialismo histórico.

El análisis del problema en este último aspecto permitió pronto advertir que, en el enfrentamiento con los otros, el hombre tiende, por naturaleza, al menos al principio, a ejercer un dominio semejante al que ejerce sobre las cosas; los demás no son otros yo, sino objetos para mí; y el medio para lograrlo es, precisamente, el poder económico, el dinero.

No hay aquí un enfrentamiento teórico de un par de contrarios, sino un modo eficaz de hacer fecundas las relaciones sociales dentro del grupo humano. El beneficio de todos es bueno, mientras que el de unos pocos a costa de los demás es malo.

En el sociomarxismo se da, por tanto, una verdadera valoración ética de las acciones, pero, en lógica congruencia con la radicalidad de su sistema, esa ética sigue a la conducta, no la fundamenta. Volviendo a los conceptos vertidos en el capítulo VI, al comentar «Las palabras en la arena», se trata ahora de la bondad o malicia de los frutos y no del árbol. La bondad o malicia del hombre radica en sus obras de relación interindividual.

El valor ético del ser humano es, pues, en todo caso, una consecuencia de la acción, y no su causa.

Una vez alcanzadas ideas claras acerca de este punto, el desarrollo de las doctrinas económico-marxistas es ya fácil. El acierto en el planteamiento económico y la justicia social que de él se deriva produjeron, sin embargo, un daño en el interior del marxismo: sus partidarios, atendiendo a las virtudes de sus doctrinas, lo consideraron un sistema acabado, tanto en el sentido político como en el filosófico. En consecuencia, todo pensar que transponía sus límites debía ser considerado como falsas teorías burguesas.

En la crítica hecha a la dialéctica hegeliana, como un movimiento que parte de la nada y por medio de la nada llega a la nada, no advierten los fundadores del marxismo que esa falta de realidad que circula por la trayectoria filosófica de Hegel constituye la base esencial del proceso de hominización, el fundamento de la creatividad humana, según hemos visto en capítulos anteriores de este libro.

Al prescindir de esa dimensión del hombre, el marxismo se autolimita gravemente para alcanzar en su desarrollo una filosofía que trascienda el plano de lo cósmico. Todo lo más, cabe hablar en sus doctrinas de concepto de la ciencia en general, o de concepciones científicas del mundo y del hombre.

Los métodos preconizados por sus pensadores tienden a la investigación acerca del ente, soslayando los problemas del ser.

La despectiva consideración de burguesa, dada a los estudios de psicología profunda y al método del psicoanálisis empleado en esa disciplina, inicia la estéril polémica a que nos hemos referido páginas atrás, para la que apuntábamos, como solución posible, la superación del conflicto mediante la entrada en juego de un tercer elemento, la persona, que asume funciones radicadas en un estadio anterior.

Después de este largo peregrinar a través de la historia y de las ideologías de nuestra cultura, en busca de indicios y síntomas que nos aclaren la prefiguración de dos símbolos, el oro y el dinero, como par de contrarios, esperamos haber hecho inteligible ese problema que marca algo así como el fondo del drama de Buero Vallejo, «Hoy es fiesta».

El premio mayor de la lotería, esperado por todos, llega, al fin, pero pronto se descubre su sinvalor: falta el billete, y, por tanto, las participaciones no representan dinero, ni mucho menos, oro. Representan, más bien, la miseria de una pobre señora, doña Balbina, que, presionada por un cúmulo de humillaciones, tomó esta falsificación como medio de paliar un poco sus dificultades.

Una revelación de suma importancia se produce entonces, aunque no se manifieste así de consciente por parte de los interesados: esas participaciones falsas siguen, en virtud de la firma, representando el poder en manos de los poseedores, siguen poseyendo la fuerza de dominio propia del dinero. De esta manera, al renunciar a esos papeles sin valor, los personajes de «Hoy es fiesta» renuncian, de hecho, al dominio, y, por eso, son de oro.

El par de contrarios, oro-dinero, ha entrado en escena, pero no se trata de una oposición excluyente. Lejos de ello, el ser humano que aquí alcanza la dignidad áurea lo hace «a pesar de todo», es decir, asumiendo a la vez unas y otras cualidades; siendo, al mismo tiempo, oro y plata.

En las profundidades últimas del ser humano, donde Freud situaba los dos instintos básicos, el de la vida y el de la muerte, encuentran Jung y Erich Neumann la parte del hombre que corresponde a la sombra, el Mefistófeles de cada uno, ese inventor del dinero para ejercer el dominio sobre los otros. Pues bien, debido a la permanencia de esa sombra a través de todo el proceso experimentado en «Hoy es fiesta», pronuncia Silverio acerca de sus compañeros de escena ese «a pesar de todo».

No se trata, sin embargo, de una culpabilidad responsable, de un ser malvados. Casi podríamos decir que se trata de todo lo contrario: de un ser víctimas. El «todo» que marca el «a pesar» de Silverio es, en sí, una larga cadena de miserias, de ignorancia, de dificultades, e incluso de injusticias sufridas por parte de la sociedad, y quién sabe si también por parte de ellos mismos. Lo importante es que tales circunstancias y no otras son las que se presentan entonces constituyendo a unos individuos en la realidad.

Si ahora observamos el problema, no por lo que respecta a la permanencia de la sombra, sino desde el punto de vista de lo que esos hombres devienen, o que, simplemente, ponen de manifiesto: su ser de oro, nos será fácil distinguir dos vertientes, según atendamos a la trayectoria del proceso o al estadio final alcanzado.

No es malo el intento de salir de la miseria, de la ignorancia y de toda esa situación difícil y humillante en que viven los personajes de «Hoy es fiesta». No sería impropio calificarlo incluso de admirable; pero la dignidad del oro se alcanza únicamente anteponiendo a estas ventajas la comprensión para con doña Balbina, renunciando al dominio sobre ella, siendo generosos por encima de los intereses particulares.

La conclusión final tiene mucho en común con las notas que caracterizaban la ética marxista, por cuanto el bien, en su máximo grado, se encuentra en las relaciones sociales, en el tratamiento que los demás nos merecen; pero la problemática de Buero Vallejo trasciende de nuevo estos límites. Para ser bueno es necesario todo eso, pero ser bueno no es todo eso. La esencia de la bondad y de la malicia radica en el hombre, en esa propiedad que le permite ser simbolizado por el oro.

Al llegar a este punto se nos produce la impresión de que entre ambas notas del proceso, la necesidad de obrar bien en favor de los otros, y la esencia de la bondad en el hombre se da una contradicción interna, ya que la radicalidad ética o pertenece a las obras en sí, o al realizador de las mismas.

La solución del conflicto no es, sin embargo, difícil.

El yo sobre el que recae la eticidad humana no es el individuo, sino la persona. De esta manera, en lo abierto del ser abierto que caracteriza al hombre, entra, como constituyente, no sólo el ser del mundo, sino también el ser de los otros. El yo creador que se abre mediante la imaginación y la fantasía encuentra aquí, en su externidad, otros yos coproductores del mundo.

Las diferentes posibilidades de actitud a tomar por el yo de cada uno ante el yo ajeno que descubre en el mundo determinan, precisamente, las posturas ético-filosóficas a que nos venimos refiriendo: el yo individualista ve, en cada otro yo que entra en su mundo, un objeto más a su servicio, o, en todo caso, un nuevo ser emanado de su propia creatividad; el yo social, en cambio, entiende que tanto el yo de los otros como el de él mismo son sólo parte de una unidad superior, la sociedad, que les da todo su sentido; por último, el yo persona tiende a considerar esos yos ajenos que aparecen en su mundo como sus iguales en dignidad, de manera que puede, lo que se dice, verse en ellos.

Entre los artistas españoles, especialmente entre los poetas, aparecen con frecuencia alusiones a ese yo ajeno con tales características que la consideración de persona, según los rasgos que venimos pronosticando, se hace indudable: «mientras haya unos ojos que reflejen / los ojos que los miran», dice Gustavo Adolfo Bécquer, o «El ojo que ves no es / ojo porque tú lo veas, / es ojo porque te ve», de Antonio Machado, expresiones ambas que se valen del órgano de la vista para su alegoría. Unamuno, más directo, unifica los yos de una pluralidad, trascendiendo, sin duda, el nivel socialista: nos-«otros», nos-«uno».

Esta inquietud de la cultura española constituye, a nuestro entender, una de las piedras angulares en que se apoya, en su conjunto, la obra dramática de Antonio Buero Vallejo, y de la que el pasaje de «Hoy es fiesta» que ahora estudiamos puede servirnos de paradigma. En la renuncia al dominio se adivina que todos han visto reflejadas en doña Balbina sus propias miserias, se han visto en ella.

Si recordamos que la formación de la personalidad, a la luz de la tragedia griega, consiste en cubrir el propio rostro con la máscara de un héroe o de un dios, en divinizarse, la escena de «Hoy es fiesta» cobra un sentido nuevo. En vez de verse en un dios, los personajes de Buero se ven en el hombre, y en el hombre despreciable, en el caído a las profundidades de la miseria humana; así alcanzan la noble dignidad del antihéroe.

El proceso de que nos estamos ocupando comprende dos etapas netamente definidas, como dos hemistiquios de un verso en cuya cesura se asienta esa nada del dinero a que tantas veces hemos aludido.

Forma el primero de esos hemistiquios la esperanza del premio mayor de la lotería. Con él quedarán resueltos todos los problemas reales que afectan a esos hombres concretos que viven en la escena y podrán superar las dificultades que su mundo en torno les presenta.

Es de notar que se espera un acontecimiento que, de hecho, se produce: el gordo de la lotería cae en el número que ellos juegan. Mas pronto es descubierto el sin valor de aquellos papeles y, por tanto, todo queda convertido en una nada que nada puede resolver, al menos en el dominio de lo real.

El segundo hemistiquio empieza entonces, cuando la realidad ha fracasado. A partir de esa nada, el hombre asume su propia miseria y, curiosamente, es de esta manera como logra alcanzar en sí mismo cuanto en el entorno había dado por perdido: se hace oro. Lo que el papel no valía lo vale el ser humano, a condición tan sólo de que aprenda a verse en los otros. Es decir, a condición de que no vea, en los otros yos, ni cosas, ni aun, conceptos, sino símbolos.

La metafísica a que nos aboca el arte dramático de Buero Vallejo coincide, pues, con la forma dialéctica hegeliana de las negaciones, e incluso con el contenido nihilista que Marx le atribuye, pero, en modo alguno identifica la realidad con lo racional. Antes al contrario, los contrapone y hace que se excluyan, y limita el éxito de la esperanza a la conquista de los valores éticos.

El éxito de la esperanza, circunscrito por Buero a la elevación del hombre a la dignidad ética, subraya de nuevo la nota dominante de la cultura española, la conquista de una metafísica esencialmente humana. Las esperanzas del hombre, sólo en el hombre pueden cumplirse.

Resulta significativo a este respecto, sobre todo teniendo en cuenta la falta de influencias mutuas, el hecho de que uno de los pensadores más destacados hoy día en España, Laín Entralgo, haya dedicado sendas obras al estudio de los dos temas que se nos han revelado como básicos en la infraestructura de «Hoy es fiesta»: la esperanza, que Laín analiza en «La espera y la esperanza» y el yo ajeno, extensamente tratado en «Teoría y realidad del otro».

Al igual que Ortega y Unamuno aproximan su pensamiento filosófico a la característica humana de nuestra cultura, ahora Laín Entralgo toma por objeto de sus ensayos esos dos puntos fundamentales de lo que puede ser nuestro desarrollo en el porvenir.

Debemos, todavía, hacer una referencia al tiempo en que los acontecimientos relatados se producen. Se trata de un día de fiesta, de las que no son de guardar. Es un dato expreso, y, por tanto, indudable, al igual que ser día cinco de mes. De ambas precisiones resulta la primera imposibilidad: ninguna fiesta no religiosa coincide en España con un día cinco de mes.

Por otra parte, el sorteo de una lotería en la que al premio mayor corresponden 7.500 ptas. por peseta, proporción que ocurre únicamente en la lotería de Navidad, sitúa la fecha en el día 21 ó 22 de diciembre; segunda incongruencia.

Todavía se complica un poco más la determinación de la fecha anual verosímil con el dato de que a la semana siguiente se inicia una verbena en la ciudad —que, sin duda alguna, es Madrid—; el dato hace probables los meses de primavera o verano.

Podemos concluir que los hechos narrados acontecen en un tiempo imposible, esbozan una negación que comprende al tiempo mismo, es una fecha que no existe en el calendario. Ese premio mayor de la lotería que toca y se resuelve en nada, desde la nueva perspectiva de la negación del tiempo podemos decir que toca «nunca». Pero, entiéndase bien que el tocar nunca no equivale a no tocar. La lotería, de hecho toca; no como se esperaba, no en el sentido del dinero, pero toca, y de ahí el ser de oro en que concluyen los interesados.

Hablar del nunca, sin embargo, es algo tan antropomórfico como hablar de la nada. Ni la nada ni el nunca pueden ocurrir. El mundo está ahí, y su fluir es continuo. Sólo el hombre deviene nadie, y cada ser humano que lo sabe, puede proyectar su propia negación sobre el mundo espacial absoluto y darle forma de «la nada», o sobre el fluir absoluto mismo, y darle forma de «nunca».

La nada, por tanto, no se opone a las cosas, sino a lo infinito; ni el nunca se opone a los entes, al fluir de las cosas, sino a la eternidad.

La existencia humana queda, de este modo, constreñida a los límites de un ente en el espacio y en el tiempo, de manera que la infinitud y eternidad de su ser se apoyan únicamente en su alguien, cuyo destino ineludible es el nadie, base primera, sin duda, de esa metafísica a que nuestra cultura se aproxima.

La condición de pertenecer al mundo del arte, y en consecuencia, su característica de expresarse de manera simbólica, determinan que lo particular y lo general dentro del drama guarden alguna similitud, o, al menos, cierto paralelismo, que permita explicar unos pasajes por medio de otros.

En la espera de «Hoy es fiesta», en su otear el futuro, no falta el oráculo: doña Nieves echa las cartas y, por medio de ellas, da incluso respuestas que recuerdan, en cierto modo, las de la pitonisa. Pero doña Nieves es claramente un oráculo en decadencia. Apenas tiene clientes, porque su fama se va perdiendo poco a poco.

La función sacra, o lo que es lo mismo, el actuar humano mediatizado por el designio divino, disminuye a medida que aumenta la responsabilidad del mero hombre. Tras el oráculo no se oculta un dios, sino los deseos humanos acerca de algo que debe ser autoconquistado.

El problema del futuro vuelve así al primer plano de nuestras consideraciones, esta vez con los matices nuevos que se derivan de su relación con la esperanza.

Ya sabemos que nuestro fluir en el tiempo presente puede retener el pasado y protener el futuro, y que la pretensión de vivir en este tiempo retenido es neurosis, y la de vivir en el tiempo protenido es paranoia.

Ahora podemos comprobar que ambas tendencias patológicas de la psique tienen en común el deseo de un siempre real, la protesta ante la característica de nuestro ser de estar sujeto a nuestra entidad.

Proyectada la cuestión al mundo de la trascendencia, nos da, evidentemente, la dimensión religiosa del ser. Pero, entonces, bastará atender en su raíz a los dos enfoques posibles del sentido del tiempo para encontrar las dos maneras de religión que Díez Alegría distingue en su libro «Yo creo en la esperanza».

Las religiones rituales, en efecto, pretenden mantener el pasado inalterable; quieren establecer en el presente la propia morada.

Las religiones ético-proféticas, en cambio, se dirigen al futuro en busca de un tiempo en que los ideales del presente se hagan realidad.

Al arte trágico pertenece la potestad de acercar estos problemas al mundo de lo humano y, con ello, situar al hombre ante su propio conflicto. Los pusilánimes, ante la dificultad surgida, dirán que la tragedia es pesimismo. Para los magnánimos, sin embargo, la actitud debe ser muy otra: el problema verdadero es el hombre y, por tanto, en él hemos de buscar las soluciones, aunque duela.

Si vivir en el pasado es neurosis, y en el futuro paranoia, la primera tarea que se nos impone es la de averiguar dónde está la salud psíquica, qué actitud saludable corresponde al ser humano abierto a lo infinito.

En el pretérito se quedan momentos entrañables de nuestro yo, afecciones vividas que a ningún precio quisiéramos perder. Pasaron deudos y amigos, nuestra memoria conserva los instantes en que fueron, y nuestra voluntad de apresar el pasado guarda, con la admiración filosófica de Unamuno, los cadáveres, pero, obsérvese bien, sólo los de aquellos que hemos conocido. La segunda o tercera generación de los descendientes abandona o reduce los restos sepulcrales. Este modo de conducta nos hace pensar que el motivo que lleva al hombre a guardar sus muertos es, sobre todo, el intento de recuperar su pasado perdido en ellos. El pasado es un desgarro, que sólo se equilibra con el ejercicio, la virtud, del desprendimiento.

También nuestra persona deja, en el tiemo que fue, valiosas relaciones, conformadoras un día de su sociabilidad. Es preciso ser ecuánimes y desprendidos, pero no vale entonces el desprendimiento, que menosprecia: a los muertos prometemos no olvidarlos, porque el olvido es una ingratitud. El reconocimiento es, por tanto, norma de justicia.

La mirada hacia el porvenir debe ser de igual manera consciente de que el futuro es inapresable por carecer de entidad. Tan sólo nuestro yo puede proyectarse, crear mediante la fantasía un tiempo que todavía no es; pero ese producto de la fantasía se realiza en el presente, y desde el presente es desde donde cabe la posibilidad de esperar los momentos en que algo fluya, esperar acontecimientos que nos den algo que nos falta.

Lo duro de esta actitud de espera estriba en la certeza de que ese flotar nuestro en el tiempo hacia el futuro nos conduce, no a la plenitud que deseamos, sino al fin de todo nuestro ser. Así como en el pasado perdíamos deudos y amigos, en el futuro se acaba nuestro yo mismo, son los demás los que nos pierden a nosotros. ¿Cómo puede, entonces, convertirse el esperar humano en la virtud de la esperanza? ¿Cómo podemos librarnos de caer en la paranoia?

Este es, en nuestra opinión, el problema fundamental de «Hoy es fiesta».

A través del oráculo de doña Nieves puede invadirse el tiempo que los dioses se han reservado para sí y, de alguna manera, dominar con ellos, ser felices, divinizarse. Pero el oráculo decae, la actividad de doña Nieves se destaca como nuevo símbolo. Estamos ante una figura compleja y sutil en extremo.

Se puede afirmar que Silverio asume todos los papeles de la obra; que desde él cobrarán sentido los demás personajes, a la manera como en «Casi un cuento de hadas» Oriana proyectaba su creatividad amorosa en las cuatro figuras principales de la escena.

«Hoy es fiesta», interpretada así a partir de Silverio, reviste la forma de un complejo de Layo modificado por la intención salutífera de Buero Vallejo.

Acudir al oráculo con el fin de adelantar el futuro y hacerlo vivible en el presente, concretarlo en una realidad de nuestro yo individual, es insano; pero es saludable, en cambio, tener la mirada abierta a lo venidero y condicionar favorablemente lo que será.

Doña Nieves —el aspecto trascendente de Silverio— interroga el futuro, y los naipes le dicen la verdad: «Sorpresas cercanas... Fiesta en su casa. No le faltará el aquél... Papeles valiosos se acercan... por esquinas.

MANOLA.—¡Dios mío, qué misterio!
DOÑA NIEVES. (Cauta.)—¿Va bien con la pregunta?
TOMASA. (Muy contenta.)—¡Yo creo que sí!
DOÑA NIEVES. (Señala otra pareja.)—Levante. (Tomasa lo hace. La mira y medita.) Dos de oros. Lágrimas y disgustos vienen por caminos cortos. Siete de espadas: discordias, decepción, peligro de cárcel.
TOMASA.—¡Ya se torció!
DOÑA NIEVES.—Según lo que digan las otras. (Señala, y Tomasa levanta otra pareja.) El caballo de copas y el tres de oros. Recibe buenas noticias que le trae un joven moreno... entre dos luces.
TOMASA.—¡Eso sí que es verdad! ¡Cabal! ¡Lo que yo pensaba! ¿Levanto?
DOÑA NIEVES.—Sí. (Interpreta.) Oro, lujo y esplendor.
TOMASA.—¡Ay, que sale! ¡Ay, que sale!
DOÑA NIEVES. (Prudente.)—Pero las espadas vuelven a señalar disgustos.»

El carácter simbólico permite que la respuesta sea válida a diferentes niveles: Tomasa acepta las lágrimas que se sigan, con tal de que la lotería caiga en su número: «¡Como me toque la lotería, me importan un bledo! ¿Cuántas lágrimas hay que echar? ¿Mil? ¡Pues, hale, a echarlas! ¡Pero que me toque la lotería!», predisposición inconsciente a la dolorosa renuncia que le valdrá más tarde el calificativo de áurea.

Pero lo que nos importa, sobre todo, es descubrir el sentido de la respuesta al nivel meramente humano del problema de Silverio.

Al igual que Layo, Silverio se preocupa por el futuro, se atreve a iluminarlo con su mirada, y, como es natural, se le revela en su fuero interno, lo mismo que al rey de Tebas le revelara el oráculo su muerte ineludible: el hijo que le nazca de su mujer le sustituirá sin remedio.

A Layo se le hace insoportable morir, se rebela ante su propio destino e intenta detener el tiempo, matar la descendencia que le dé Yocasta.

Para Silverio, en cambio, como mero hombre que es, la solución no puede ser esa. Dar sentido a la vida no consiste en pretender vivir siempre, porque nuestro destino cierto es morir.

Silverio, por tanto, ensaya soluciones válidas dentro de su contradictorio ser, a la vez ilimitado y destinado a un fin insuperable.

En la tarea que el futuro nos impone se hace necesario, en primer lugar, crear al hombre que cada uno de nosotros llevamos en germen, hacernos a nosotros mismos. Pero, en manos de Silverio, ese hombre que realiza se convierte probablemente en marioneta, muñeco para la representación de un día, magia que permite ver lo que no es.

La obra, según quedó redactada por Buero Vallejo, no dice en ningún momento que entre las tareas realizadas por Silverio figurase la de la marioneta o el guiñol. No obstante, hay en su oficio algo que se le asemeja y que, en consecuencia, hace aparecer por vía artística muchos de los valores que en otros casos se objetivan mediante la marioneta. Silverio habla siempre de sus trabajos de manera un tanto peyorativa: retratos a duro, saltimbanqui... Pero sabemos de él, por Elías, que era «un gran tipo» y que podría haber llegado a lo que se hubiera propuesto. Pilar, su mujer, le ayuda y admira sus habilidades extraordinarias para esas artes.

Muchos años han pasado desde entonces, pese a lo cual Silverio no ha abandonado del todo su quehacer primero. Todavía durante ese día de fiesta se ocupa en la realización de uno de esos tubos de feria a través de los cuales se pueden ver maravillas. Poco a poco el trabajo progresa, pero, en el momento en que las participaciones de lotería se descubren falsas y Sabas intenta maltratar a doña Balbina, el tubo sirve para golpear la cabeza del agresor e impedir así un posible homicidio.

En el incidente el tubo se estropea, la magia ha desaparecido, a través de él ya no se ve nada.

No deja de ser significativo que esta nada se produzca en relación con la nada del dinero, de que hablábamos al estudiar el tema de la obra.

Advertido el vínculo que existe entre ambos procesos de obtención de una nada, se entiende que aquella renuncia al dinero, a la constelación de la plata, para acceder al oro, equivale aquí a esa pérdida de la magia, de la pálida luz lunar, como requisito indispensable para obtener la verdadera iluminación del sol.

El nuevo acceso a la nada que aquí se nos brinda tiene para nuestro trabajo un gran valor, tanto por lo que el hecho representa por sí mismo, como por el significado de apoyatura que puede alcanzar en el concierto de símbolos que el drama actualiza.

La nada que se ve a través del tubo después del golpe nos aproxima un grado más al nadie en que la nada se origina.

Hemos aludido ya a la relación que guardan estos momentos actuales de Silverio construyendo ese tubo a través del cual se pueden ver maravillas, con aquellos años de juventud en los que trabajó en el circo. El tema nos sugiere algunos antecedentes literarios, cuyos problemas replantea.

Valle Inclán, por ejemplo, crea sus esperpentos describiendo a los seres humanos según pueden verse en los espejos cóncavo-convexos de feria, de manera que sus defectos queden resaltados, bien porque lo grande se haga desmesurado, bien porque lo pequeño disminuya hasta convertirse en ridículo.

Por medio de este procedimiento se logra una visión detallada de cualidades humanas, de aspectos parciales del hombre, que, de esta manera, no pueden pasar inadvertidos. Para una visión panorámica de la vida del hombre sobre la tierra, el propio Valle Inclán imagina el mundo como un «tablado de marionetas», desde la altura de un demiurgo, los pobres mortales no son otra cosa sino muñecos de torpes movimientos.

También García Lorca utiliza la marioneta, e incluso el esperpento, pero al autor de «Así que pasen cinco años» no le hacen falta espejos de feria que deformen la imagen del hombre; le basta el tiempo, que todo lo cambia.

Por su parte, Buero Vallejo escucha con atención el mensaje de sus predecesores. Entiende muy bien la insignificancia radical del hombre y la inconsistencia de sus pretendidos valores; pero su inquietud va un grado más allá y una cuestión radical se le impone: ¿Qué será de esos muñecos cuando la muerte siegue esos hilos que los unen a la vida? Y si a partir de entonces nada queda de ellos, ¿qué sentido puede tener incluso ese lapso de tiempo que viven realmente? ¿Qué puede conceder valor a lo que está destinado al fin?

No es necesario para Buero que las pasiones hagan a los hombres ridículos, ni que el tiempo aje sus virtudes. Pueden el circo, el saltimbanqui o las marionetas representar actos excepcionales, pueden mostrarse en retablos de inigualable belleza; si están destinados al nadie, ¿tiene sentido el retablo mismo?

La respuesta de Buero a todos estos interrogantes va a ser siempre positiva y clara, pero no fácil.

En circunstancias similares, la prodigiosa mente de Kant no encontró más salida que la de apoyarse en la realidad de un Dios sancionador de la conducta humana y sostenedor de su existencia después de la muerte. Kant necesitó a Dios, sin advertir que con ello no resolvía el problema, sino únicamente, lo aplazaba. Si nuestro comportamiento ha de acomodarse a unos preceptos recibidos para que Dios nos premie, si nuestro ser buenos consiste en la obediencia, toda ética se hace imposible.

La bondad a que se tiende, siguiendo las directrices de la moral filosófica kantiana, es un mito, y, por tanto, habría que buscar su verdadero origen en el desarrollo del ser del hombre, con lo cual nos encontramos de nuevo en el principio.

Ciertamente, el estudio que Kant lleva a cabo en la «Crítica de la

Razón Práctica» difiere bastante del proceso que acabamos de indicar en estas líneas. En la búsqueda de Kant puede verse con claridad la persecución de un objetivo preciso, la esencia de la ética en sí misma. Sólo en el momento de radicalizarla en la propia creatividad humana, vacila, por considerar que el mero hombre, destinado a la muerte, no es base suficiente para fundamentar algo tan valioso, la valía misma.

Han de pasar varios siglos hasta que Nicolai Hartmann se decida a tomar como principio de su ética justamente el punto de vista contrario al de la conclusión kantiana. En vez de apoyarse en un Dios sancionador de la conducta, toma por hipótesis básica de su obra la no existencia de Dios.

Podría creerse que, de estos dos extremos, Buero se inclina por el el segundo; que la condición del hombre de estar destinado al nadie equivale a prescindir de la dimensión religiosa en la vida humana. Pues bien, observando el problema de cerca, el planteamiento difiere radicalmente de ambas posturas.

El hombre, como responsable de su propio destino, tiene ante sí la tarea de hacerse, y para ello cuenta con la nada de ese tiempo futuro, que todavía no es, pero que él puede protener desde el presente. Se trata, por tanto, de una tarea que tiene, como notas esenciales, el propósito y la espera.

Pero no es posible pro-ponerse algo, autoproponerse un yo si, de antemano, no nos hemos fijado en un modelo, o, con más propiedad, si antes no hemos creado el modelo de yo que pretendemos alcanzar.

Ahora bien, los medios con que el ser humano cuenta para forjarse modelos son, según hemos podido entender, la proyección religiosa y la proyección artística. De esta manera, el Dios que Kant necesitaba para sancionar la moral, y del que Hartmann prescinde en la elaboración de su ética, se nos convierte aquí en el primer programa del trabajo sobre nosotros mismos.

Huelga aclarar que en este punto nos estamos refiriendo, de un modo exclusivo, a las religiones de sentido profético, a las que José M.ª Díez-Alegría añade el calificativo de éticas. El añadido, entendemos, es de plena justicia, porque sólo ellas, por su esencial mirada al futuro, predeterminan las cualidades morales humanas. Las religiones rituales, por el contrario, tienden a retener como inalterable el pasado ya muerto.

El yo en su desarrollo evolutivo se ha propuesto unas metas para sí mismo mucho antes de que la conciencia individual lo sospechase siquiera. Desde las profundidades de cada yo, o del conjunto de yos que constituyen un pueblo, surge una energía que nos impulsa a realizarnos y nos propone los modelos adecuados a nuestro fin. Así aparece, de manera natural en el hombre, la religiosidad que da sentido a los mitos y a los dioses, a modo de proyectos de las aspiraciones internas de cada uno.

Tan pronto como el arte trae hasta el más acá esas figuras originarias del mundo de la trascendencia, el verdadero ser del hombre, limitado al menos por la muerte, entra en conflicto con sus propias tendencias a la infinitud, a la duración eterna. El yo demiúrgico ve entonces al yo del mero hombre como una marioneta, movida por hilos para todos visibles menos para sí misma; como truco de feria, que se ve y no es.

Desde esta perspectiva, la marioneta y el guiñol dejan de ser escenificaciones para niños para cobrar un valor significativo como un arte que anuncia la proximidad de una filosofía basada en el hombre, de características similares a la que venimos pronosticando acerca del porvenir de la cultura española.

La pregunta por el sentido que puede caber a la ética, teniendo en cuenta que el hombre es un ser destinado a la muerte, no tiene, por tanto, carácter de cuestión primera, sino última. En la raíz del proceso, el hombre tiende a la ética por su propia naturaleza.

El gran problema que se esboza en el estadio artístico de la evolución humana culmina en el filosófico al aparecer la conciencia reflexiva; es decir, cuando el hombre advierte que ese futuro protenido no es un tiempo real, sino ilusorio, o lo que es lo mismo, cuando alcanza a comprender que en ese futuro estará su muerte ineludible, su fin.

A esos niveles, los interrogantes que antes considerábamos básicos se nos muestran ahora condicionados por las circunstancias que median entre los hechos mismos y la formulación de problemas acerca de ellos.

En el plano filosófico la cuestión radica en preguntarse si vale la pena ser marioneta para quien aspira a ser demiurgo, si se puede dignamente ser hombre teniendo por modelo la divinidad. O, en último término: ¿es bueno para el mero hombre aspirar a lo imposible?

De nuevo nos encontramos ante la esencia de la tragedia y ante la esencia, también, de nuestra metafísica de sentido humano.

Tan pronto como el arte logra traer los ideales del hombre del mundo trascendente, al mundo meramente humano en que vivimos, el propósito y la esperanza de infinitud pierden todo realismo, se convierten en algo que, en buena lógica, puede calificarse de ilusorio e incluso inútil.

La prudencia podría aconsejar, en tales circunstancias, el abandono de una lucha tan improcedente. Que el hombre se convenza ya de la sinrazón de sus pretensiones.

Pero el ser humano no declina en su empeño; antes bien, redobla sus esfuerzos por encontrar una solución favorable del conflicto.

Buero Vallejo, como trágico próximo a la filosofía, no sólo plantea, una y otra vez, el problema en sus dramas, sino que, además, piensa y se debate consigo mismo en busca de una salida, de una luz que nos salve. Según él, tiene que haber soluciones, pues de lo contrario, la propia naturaleza nos haría desistir.

Esquilo, sin duda, tuvo una convicción semejante, cuando, al final de su trilogía sobre Orestes, hizo que se evitara lo inevitable.

El desarrollo de «Hoy es fiesta», a nuestro entender, nos da las mejores pistas para una solución positiva del conflicto.

El propósito y la esperanza de obtener el premio mayor de la lotería, de todo punto imposible por no existir el décimo correspondiente y por no existir tampoco ese tiempo festivo, se resuelve, sin embargo, en algo cuyo valor supera con creces al ilusorio premio que se esperaba: en ser «de oro». Y todo ello en virtud de una renuncia a convertirse en poderosos, al dominio del hombre sobre el hombre. Las torpes marionetas han renunciado a ser demiurgos, y, por ello, alcanzan una dignidad artística insospechada.

Silverio, al igual que sus compañeros, pierde también su participación de lotería, y además estropea su largo trabajo, del que esperaba obtener algún dinero; pero, en su caso, la doble renuncia no basta. El tubo, a través del cual dejan de verse las maravillas de feria, nos va a ayudar pronto a comprender el mensaje último que el destino nos envía por su medio.

Su mujer, Pilar, muere de repente, antes de que Silverio hubiera cumplido su propósito de confesarle sus culpas con la esperanza de obtener de ella una palabra de perdón.

Podría bastarnos la contemplación de los hechos según se producen para descubrir la tragedia que se cierne sobre la vida de Silverio. A sus propios ojos será siempre un culpable, pues nadie podrá ya perdonarle, muertas la niña y Pilar. Pero no es este el único sentido del pasaje, ni siquiera el de mayor importancia, dentro de la dimensión antropológica de que nos venimos haciendo eco en nuestro trabajo.

En las profundidades del lenguaje de símbolos, Pilar pertenece a Silverio, es un reflejo de su yo persona. Con frecuencia se preguntan si sienten de la misma manera, si advierten las mismas claridades y las mismas cosas. Ella, sorda, le tapa los oídos a él, para que, un momento, se le asemeje más. Los detalles que confirman esta identificación pueden multiplicarse, pero esa minuciosidad es innecesaria.

«Se **me** va a morir», dice Silverio, con un claro posesivo de interés que, además del cariño que siente por ella, nos anuncia que algo suyo, él mismo, está destinado a la muerte y habrá de alcanzar su propio nadie, como nada resultaron el premio de la lotería y la maravillosa visión a través del tubo de feria.

La viabilidad de una interpretación en este sentido se completa observando el problema desde el punto de vista que suponen las sensaciones especiales de Pilar respecto al tiempo y a ese día, festivo y doloroso: «Hay días extraños... Días en que parece como si el tiempo se parase, o como si fuese a suceder algo muy importante.»

Lo que va a suceder es, precisamente, su muerte, acontecimiento en el que el tiempo se detendrá para siempre. Entonces, cuando Pilar habla, todavía el tiempo está fluyendo. El detenerse, por tanto, corresponde al futuro de ella, sí, pero también de Silverio: ¿No te ocurre a ti eso a veces? Le pregunta Pilar a continuación.

Algunos instantes más tarde Silverio se muestra inquieto y turbado.

Todavía contamos con un nuevo apoyo a nuestra teoría, y es la relación de paralelismo que existe entre Silverio y Silvano, el personaje de «Aventura en lo gris», que entrega su vida por salvar la de un niño. Las caracterizaciones de la personalidad en «Aventura en los gris» se producían con frecuencia por desdoblamiento, de manera que dos figuras contrapuestas representaban, en su conjunto, un tipo humano con todos sus problemas. Así es como Silvano ejemplifica sólo la mitad que corresponde al mero hombre, en tanto que su oponente, Goldmann, el hombre de oro, desempeña un papel mítico. Silverio, en cambio asume, él solo, la totalidad de la persona humana, pero manteniéndola por entero dentro de los límites de ese mero hombre, del trágico culpable.

Desde cualquier ángulo que se le vea, pues, Silverio representa siempre el hombre frente a la muerte como final de su destino.

Estas notas son a nuestro entender las que dan el verdadero sentido a la obra, que es, en consecuencia, un sentido de futuro. Los recuerdos y las posibilidades que tuvieron esos recuerdos se convierten, desde este punto de vista, en proyectos y propósitos, y las esperanzas que cabe fundar en tales planificaciones del futuro: «Con mis pinceles y mis libros de física bajo el brazo». Nosotros podemos leer: Con la posibilidad de dominar la ciencia, de entender y saber las leyes que rigen el mundo que nos rodea, o con la de crear un mundo nuevo, si el nuestro no nos gusta.

En la encrucijada, Silverio toma el camino simbolizado por los pinceles, emprende la ruta que conduce a lo humano. Su decisión es clara, pues aun en aquellas situaciones en que debe aplicar su saber de física, las leyes de la reflexión de la luz en los espejos, lo hace para construir un tubo de feria, un artefacto de intención mágica anterior a la ciencia. Un aparato de sentido artístico, según hemos visto en nuestra breve alusión al esperpento.

Todas las conversaciones con Elías no son otra cosa que una dialéctica en torno al futuro que cada hombre tiene delante, y en el que debe, paso a paso, hacerse a sí mismo. Se puede llegar a ser un gran tipo, o quedarse en lo que se llama un saltimbanqui; un artista de renombre, o un titiritero cuyo número deja pronto de gustar al público; todo es cuestión de voluntad y cualidades. Entre todos esos resultados tan diversos apenas hay diferencias esenciales: Silverio habrá de ser, en todo caso, un mero hombre, y lo será, precisamente, por haber aprendido a conocerse, por su capacidad reflexiva.

La gran complejidad que envuelve la figura de Silverio tal vez pueda ahora hacerse más inteligible, acudiendo de nuevo al mito de Layo, que él, dentro de los límites que le impone el traslado al mundo del arte, encarna y aun enriquece.

Layo intenta la muerte de Edipo, porque habrá de sucederle un día en el reino y en el hogar, porque al mirar al futuro descubre el nadie que le aguarda; en última instancia, porque Edipo no es él mismo.

Silverio, por su parte, aprende también de sus títeres, de sus ferias, su propio ser de mortal; que la hija de su mujer no es suya, no le prolonga a él la vida en el mundo, sino que se la quita. Por eso, en lo más profundo de su conciencia, la odia y desea su muerte a cambio de seguir él viviendo. Y así se le plantea otro problema que supera en gravedad al de ser sucedido, que le marca su destino. Se trata de dar valor o no a la única vida que le corresponde, y de dárselo o no, para qué.

En Silverio, como en Layo, dos fuerzas pugnan por la primacía: la que tiende a hacerle individuo, contra la que tiende a hacerle persona, la de solitario entre cosas para sí, contra la de un movimiento interior que nos permite sentir la dignidad de los otros.

Esa lucha no es una batalla que se gana o se pierde. Y si el tiempo que fue nos pedía el sacrificio de amigos y deudos, al tiempo que será le debemos nuestro propio sacrificio. El pasado nos permitía ser sanos al precio de la virtud del desprendimiento. Para mantener la salud psíquica mirando al porvenir, es necesario ser generosos.

Silverio, en su intimidad, es sobre todo un ensayo de futuro saludable, un titánico esfuerzo por hacer de sí mismo un auténtico mero hombre sin que le duela su nadie.

La muerte de la niña, verdadera según la obra, símbolo de una posibilidad según nuestra interpretación antropológica, fue para Silverio la llamada de la paranoia, la tentación de seguir el camino que Carlos Albín recorriera en «Aventura en lo gris». Pero esa no es la única puerta que se abre para el hombre. Queda la solución generosa de Silvano, de morir para que el niño viva, y ésta es la senda que, al fin, emprende también Silverio: interviene resuelto para que Daniela viva, y viva llena de generosidad.

Silverio mismo relaciona a Daniela con la hija de Pilar de cuya muerte se acusa: «vida por vida». A nosotros, en la dimensión simbólica en que nos movemos, nos parecen identificables. Se trata de que Silverio asume su ser mortal, renuncia a todo en favor de los otros, de los que han de sucederle; supera lo que de patológico tiene el complejo de Layo. En buena lógica debe, él también, alcanzar la dignidad de ser de oro, la ética nueva de los que miran al futuro: el propósito sumo, los otros, la única esperanza, el nadie.

Poco después el despliegue de los símbolos continúa. La luna se asoma primero, y pronto domina la escena.

Angel Alvarez de Miranda, estudiando la obra literaria de García Lorca, nos muestra, con riqueza documental, el valor de la luna como mito de muerte y resurrección. El disminuir hasta anularse y el crecer hasta la plenitud pueden haber sido las causas originarias del símbolo por la similitud entre las lunas y las vidas humanas, pero un análisis del problema con mayor osadía nos deja ante un conflicto que pide de nosotros sacrificios más radicales.

La luna es siempre la misma, mientras que las vidas humanas se suceden siempre sin repetirse nunca. De esta manera el significado de muerte se clarifica, pero el de resurrección queda reducido a una vana apariencia de realidad. Tanto García Lorca como Buero aceptan el significado destructivo, el thánatos que trae la luna cada vez que su rayo mira al hombre. La resurrección, sin embargo, debe permanecer entre las ilusiones originadas en la creatividad humana: el morir es la meta última de nuestro destino.

A pesar de todo, el valor del símbolo se mantiene; pero su sentido no es el de una resurrección como una vuelta a la vida, sino algo muy distinto. Al igual que la lotería, aunque mediase un nunca y una nada, tocaba verdaderamente, y de ahí el ser de oro de los personajes, el hombre, pese a la muerte o, tal vez, debido a la muerte, tiene su valor, da sus frutos. Es como la semilla que, si no muere, no puede fructificar; o como esa otra frase evangélica: el que busca su vida la perderá y el que la pierde la encontrará.

Nos sorprende la posibilidad de un sentido positivo de la muerte que es, sin duda, la mayor de las negaciones, pero empezamos a vislumbrar que en la muerte, o, al menos, en el conocimiento de su inevitabilidad, radica el ser de la máxima dignidad humana, la capacidad ética.

Vale, por tanto, la pena vivir aunque se esté destinado a la muerte, si el estar destinado a la muerte eleva nuestro valor de hombres.

Ante la tragedia, al ser humano le cabe la esperanza; mas no la esperanza de seguir viviendo, sino una esperanza nueva, la de llegar a ser mero hombre. Por eso doña Nieves, el oráculo en decadencia, humanizada ya y ante lo imposible, deja oír una vez más sus proféticas palabras: «Hay que esperar... Esperar siempre... La esperanza nunca termina... La esperanza es infinita...»

Capítulo XII

Signos de muerte y ética de la generosidad
La esperanza humanizada en «La señal que se espera»

Después de los comentarios que anteceden, en especial los dedicados a «Hoy es fiesta», el sentido antropológico que subyace en «La señal que se espera», apenas necesita esfuerzos para hacerse visible.

A pesar de todo, no nos parece inútil dedicar algunas páginas al estudio de esta obra, pues en ella encontraremos, por una parte, la incidencia en un solo drama de varios aspectos y temas ya tratados, a la manera de una visión de conjunto; y, por otra, el modo en que se resuelven aquí algunos de los conflictos puede servirnos de orientación a la hora de intentar la mayor claridad en obras que todavía no hemos analizado, o, incluso, a la hora de buscar un sentido unitario al conjunto dramático de Buero dentro del panorama histórico-antropológico de la cultura española.

La preocupación por el problema de la esperanza no ofrece dudas, a juzgar por el título mismo, «La señal que se ESPERA», así como por todo el desarrollo de las inquietudes conscientes de cada uno de los personajes; pero además, a niveles profundos, en los dominios de la infraestructura psíquica, la obra discurre igualmente por vías de ese futuro que tanto inquieta al ser humano.

La estructura metafísica del tiempo tiene también en «La señal que se espera» un valor fundamental, que es preciso esclarecer si pretendemos descubrir el sentido último de la vida de estos personajes.

Luis, un gran compositor de obras musicales, sufría graves trastornos psíquicos, a consecuencia de haber olvidado una de sus creaciones artísticas. Su yo se debatía en una lucha desesperada por vivir de nuevo unos instantes perdidos para siempre en el tiempo pretérito. Lo infructuoso de sus esfuerzos le hace acudir a la naturaleza en busca de una ayuda extraordinaria: construye un arpa eólica para que una tarde el viento toque en ella la melodía olvidada.

En realidad, a Luis le había faltado la virtud del desprendimiento. Susana había roto sus relaciones amorosas con él al conocer a Enrique. Claramente, Luis la había perdido, pero su yo no se resignaba, no se conformaba con su nueva situación de un presente vivido en solitario. Rebelde ante la pérdida, quiso creer que era él quien había terminado las relaciones con ella, que su yo quedaba intacto, a pesar de aquel incidente que había tenido lugar en unos momentos que pertenecían al pasado.

Enrique, por su parte, manifiesta no creer en la posibilidad misma de que la señal suene. Asegura no esperar ningún acontecimiento que, de algún modo, se asemeje a una maravilla, a un prodigio.

De lo que Enrique dice, sin embargo, a lo que siente en su intimidad, media un abismo. Por las sospechas y acusaciones de los demás lo sabemos.

Examinados de cerca, Luis y Enrique son sólo dos facetas de la personalidad humana, enfermas por igual, aunque con patologías de signo contrario. El uno olvida el pasado, no se atreve a mirar su propia desnudez, la censura se lo impide. El otro, aterrado ante el futuro, que amenaza con tragárselo, se aferra al presente, al dinero que ya no posee; una indudable psicosis le afecta, si bien él atribuye a Luis, a su otra mitad, esa dolencia.

Desde un plano que podría creerse marginal, Bernardo y Ramona, dos criados de la casa, esperan también la melodía del arpa eólica, que, según ellos, habrá de coincidir con la llegada de una carta con noticias de un sobrino ausente, de un sobrino que es casi un hijo, diríamos nosotros, un hijo que no es suyo. Un nuevo oráculo, el tío Carmelo, les orienta y les indica algunos detalles de ese futuro que se aproxima.

El papel que representa Julián, amigo de la familia, que viene a consolarse con ellos de sus graves problemas, no queda bien determinado. Parece una síntesis de los distintos aspectos de la función consciente del hombre en contraposición al subconsciente representado por Susana, pero su carácter apenas se perfila, quedando limitado a una repetición de mensajes expresados ya por la figura de Enrique.

De una manera muy remota un rasgo de Julián pudiera entenderse como un trazo de unión con Luis: la crítica que hace de sus composiciones. Pero todo el aire es de un aficionado y no de un entendido. Para nuestro trabajo hubiera sido mejor que Julián fuese profesor de Filosofía del Arte, y no de Filosofía en general. También nos hubiera convenido que su vida se viese amenazada de algún mal ineludible, con el fin de que su figura abarcase el enfrentamiento con la muerte que representa la pareja de los criados.

No pretendemos, naturalmente, que de estas innovaciones saliese la obra mejorada en su dimensión dramática. Podríamos decir que ese no es asunto de este libro.

La obra contiene, a pesar de todo, elementos suficientes para poder servir de base a un estudio en el que aparezca, en primer plano, una visión global de la salud psíquica del hombre frente al problema conflictivo del tiempo en su doble vertiente de mirada al pasado y mirada al futuro.

En la función múltiple de Susana se encuentra, a nuestro entender, la clave para una oportuna interpretación del sentido unitario de la obra.

Debe ser pura casualidad, o, más acorde con el lenguaje de la obra, pura coincidencia, el hecho de que su nombre recuerde, por el sonido de sus dos últimas sílabas, «sana», el papel salutífero que desempeña.

Importa destacar cómo sobre ella recae, por transferencia, la enfermedad de Luis: ya no sabe, está a punto de volverse loca.

El efecto curativo llega al fin. La melodía suena: la censura que retenía a Luis en el pasado se levanta, y Luis entra de nuevo en el presente, en el tiempo que fluye por su vida real.

No se trata, sin embargo, de un proceso simple de curación de una neurosis. El hombre que se nos muestra tiene valores de símbolo, es un artista, y lo es, acorde con su función, del arte del presente: es músico.

Para un individuo vulgar afectado de neurosis la psicoterapia hubiera supuesto no sólo la vuelta a la realidad, sino, además, el conformarse con ella. La sensibilidad exquisita de Luis no le permite el conformismo. Por encima del mundo real en que vivimos es necesario crear un mundo distinto, un mundo humano agradable y digno de ser vivido. Por todo ello crea, y crea sonidos palpitantes, ritmos armoniosos que acaricien y eleven nuestro sentir.

Por lo que respecta a la sintomatología de signo contrario, la que se advierte en las tendencias psicóticas de Enrique, los procedimientos de terapia no varían. También en este caso la enfermedad se transfiere a Susana, que se expresa en términos similares a los utilizados en el transfer experimentado con Luis.

Los resultados terapéuticos son igualmente positivos, y Enrique se libera de las ligaduras que le atan al presente. La trayectoria culmina en el momento en que Enrique se decide a mostrar la carta que ocultaba con todo celo, y en la que se le comunicaba su ruina económica.

De nuevo el dinero, como en Dimas, como en los familiares de Mauricio, como en los afortunados con el premio mayor de la lotería en «Hoy es fiesta»; pero esta vez, aparte la dilación en mostrar la carta, no hay subterfugio alguno: el dinero, simplemente, se pierde.

Alcanzado el estado de salud por parte de Enrique, no se sigue inquietud alguna de creación artística. Enrique no es un hombre símbolo, sino real y común. Por ello, los signos claros de futuro sano presentan caracteres válidos para la vida ordinaria. Al final del proceso, Enrique logra haber resuelto de un modo satisfactorio los tres problemas que, según la psicología adleriana, condicionan el equilibrio psíquico del hombre: la comunicación, el trabajo y el amor.

Pese a la salud y al equilibrio psíquicos, el hombre no deja de vivir en constante angustia por la amenaza de muerte que pende sobre él en cada momento. Nuestro destino es sólo nuestro mientras el fluir de nuestro tiempo nos lo permite. Cada instante que vivimos tiene el deseo y la esperanza de vivir los instantes que siguen, pero, a la vez, tiene el convencimiento de que uno de esos instantes será el último. La esperanza es como un áncora en el aire, un ancla no anclada.

A todos los personajes de «La señal que se espera» amenaza por igual la muerte; todos oyen la señal anunciadora, pero el papel de representar sus efectos en escena corresponde, en principio, al matrimonio de criados, Bernardo y Rosenda. También para ellos llega lo que tanto tiempo habían estado esperando: la carta con noticias de Ramonciño, el sobrino, casi un hijo. La carta, sin embargo, no es suya: es del cónsul de España en Perú, que les comunica que Ramonciño ha muerto.

Una vez más, Susana desempeña la función de psicoterapeuta, de manera que sobre ella recaen, por transferencia, los síntomas de la angustia profunda que sufren los criados, en especial el peligro de muerte, y su nota característica de proceder del mar. Asimismo, es ella quien lee primero la carta y quien los consuela tras la dolorosa noticia. A los resultados bien se les puede calificar de espectaculares. El amor crece, las relaciones se dulcifican y, sobre todo, una gran paz los invade.

Está claro que el conocimiento y la aceptación de las propias limitaciones tiene para el hombre efectos salutíferos. La vida serena que inician los criados es una clara consecuencia de ello, pero, al mismo tiempo, los términos en que se expresa ese sosiego corresponden a un lenguaje de muerte: es la calma de los cementerios, la paz en que, decimos, descansan los muertos.

Desde una perspectiva global, «La señal que se espera» nos muestra ahora su verdadero protagonista: la muerte instalada en el corazón del hombre.

Llaman nuestra atención, a este respecto, dos notas que en modo alguno pueden considerarse como accidentes casuales. Nos referimos a la localización y a una de las palabras fundamentales del título: «Señal».

Hablar de Galicia como tierra de misterios y de magia podría no ser más que un tópico literario, una manera simple de introducirnos en algo extraño, en algo un tanto diferente de nuestras costumbres de carácter predominantemente lógico; pero, en el caso de la obra que comentamos, circunstancias especiales dan al hecho un valor indiscutible, por cuanto determina el sentido tanático de la infraestructura del drama.

En una pequeña zona costera de Galicia, más o menos en la llamada Comarca del Ortegal, existe la convicción profunda, y aun nos atreveríamos a decir, se da el fenómeno curioso, de que, a la muerte, preferentemente a la muerte de familiares y amigos, preceden determinados signos de aviso, o quizá, símbolos anunciadores, conocidos con el nombre de «señales».

No se trata de los consabidos presagios favorables o desfavorables, como puede ser el canto alegre o lastimero de la urraca, válidos para noticias buenas o malas. Las señales nunca anuncian nada bueno, ni siquiera males pasajeros. Tampoco se puede decir que las señales sean signos arbitrarios a los que, de una manera convencional, se les haya atribuido un significado. Las señales son siempre símbolos de muerte, irreconocibles antes de consumarse los acontecimientos a que se refieren.

En la aldea de Ladrido, por ejemplo, J. A. nos contaba su experiencia: iba de noche hacia su casa cuando vio acercársele una sombra que se movía en sentido contrario. Por respeto, no por miedo, se santiguó; al paso de una segunda sombra, en gesto también respetuoso, se arrodilló. Poco después siguió su camino, completamente tranquilo.

Unos días más tarde moría un íntimo amigo suyo, Alvaro, y J. A. iba al entierro, de prisa por lo avanzado de la hora. Al llegar al punto exacto del camino donde viera las sombras se encontró con el cortejo fúnebre que ya salía. Un familiar suyo, que iniciaba la comitiva portando el estandarte, le indicó que se santiguase, lo que hizo J. A. sin más; a continuación otro familiar, ante la proximidad del féretro, le hizo seña de que se arrodillase y también lo hizo. Después se levantó y siguió al entierro. Sólo al cabo de algún tiempo se dio cuenta de que entre los acontecimientos de aquella noche y los del día del entierro se daba una coincidencia tan clara. Eran señales.

Relatos de parecidas premoniciones se repiten con frecuencia en la zona.

Las señales se esperan siempre y se temen, pero, una vez cumplidos los hechos presagiados, vuelve la paz y el sosiego. Ante lo inevitable no vale rebelarse.

A primera vista, el drama de Buero nada tiene en común con el fenómeno de las señales tantas veces experimentado en esa comarca de Galicia. En la obra se habla siempre de la señal en singular, mientras que en la creencia aludida se utiliza el plural, aun en aquellos casos en que el hecho es uno y simple. Por otra parte, la melodía es algo tan heterogéneo a las cartas recibidas que no es fácil hablar de símbolos anunciadores. Por último, tanto en este caso como en una alusión a su señal que hace Silverio en «Hoy es fiesta», a nivel inconsciente lo que se espera es, con todo rigor, lo contrario de la muerte y del fin. De la señal se espera que nos brinde una salida aceptable, una solución positiva del conflicto que supone para el hombre aspirar a lo eterno e infinito y estar destinado al nadie.

Son en verdad tres posibles objeciones correctas, pero cada una de las cuales deja un resquicio abierto que nos permite vislumbrar, como verosímiles, otras interpretaciones distintas de las que intencionalmente tuvo el autor.

Una sola señal de aplicación polivalente es tanto como un plural disfrazado, figura invertida de la creencia gallega. Una melodía no es un símbolo de los acontecimientos que le suceden, pero su forma pertenece a la más universal de las artes. En cuanto al mensaje de muerte propiamente dicho, generalizado a los casos en que se anuncia la creatividad en el arte o en la vida misma, resulta algo más problemático.

La voz del oráculo dijo a Layo la más cruel de las verdades para el hombre, la de estar destinado a la muerte; a modo de un consuelo mal entendido por el rey de Tebas, la divinidad añadió que la vida seguiría, que su sucesor en el trono de la ciudad y en el amor de la reina habría de ser una prolongación de sí mismo, un hijo. El oráculo que llevan dentro los personajes de Buero sin eufemismos aclara que ese hijo no supone continuidad alguna de sus propias personas, que la muerte es absoluta e irremediable. A pesar de todo, el hombre debe ser ético y hacerse bueno. El futuro nos pide nuestra entrega a los otros, al género humano: la generosidad.

Después de que ha sonado la señal que se esperaba, llega la noticia de que un hijo, el que no era suyo, ha muerto lejos, y ha muerto por falta de comprensión, de calor humano; otro hijo se hace posible, el de Enrique, que al fin se despega de su detención en el presente y admite ser sucedido. Según la primera versión de la obra, el día de su estreno, el 21 de mayo de 1952, en la carta que recibe Julián tras la señal, se anunciaba un futuro hijo; un aspecto de gran valor para lo que venimos diciendo, pues, dado el abandono de su mujer y sus frivolidades, el hijo podría ser suyo o no, de manera que resultaba un símbolo unificador de las dos clases de ejemplos. El hijo anunciado sería la sucesión de Julián de un modo pleno, aun siendo suyo.

Quedan todavía por comentar al respecto las alusiones que Luis hace a sus hijos, las composiciones musicales, que produce con la colaboración inspiradora de Susana. El fruto de la creatividad artística aparece aquí como una nueva forma de permanencia en la vida más allá de la muerte: las obras creadas, los hijos, serán nuestro testimonio de que hemos vivido, son nuestra única esperanza de que algo de nosotros mismos permanezca.

Los motivos que el hombre tiene para esperar se han apoyado de ordinario en el poder de los seres que pueblan el mundo de la trascendencia, el sortilegio del mago o el prodigio divino. Incluso la figura máxima de las letras españolas, Don Quijote, confiaba también a la maravilla el encuentro con la aventura oportuna. Luis, en cambio, esperaba que la naturaleza por sí sola desencadenase los mecanismos que le hiciesen posible recordar su criatura olvidada y le permitiesen recuperar la salud de su mente, perdida en el pasado.

La señal llega al fin, pero no son ni la divinidad ni la naturaleza quienes la ofrecen, sino el hombre mismo; el arpa eólica suena accionada por las manos de Susana, que es el subconsciente salutífero de todos los personajes que viven el problema de «La señal que se espera».

Ya Cervantes había utilizado el mismo recurso para con su Alonso Quijano: los familiares y amigos que iban preparando los encuentros extraordinarios y dando apariencia de fantástico a lo que no era otra cosa que ardides humanos. Buero, por su parte, consciente del paralelo que su solución guarda con el modelo cervantino, se empeña en titánico esfuerzo por avanzar un paso en la conquista de una esperanza para el hombre. Con todo, la lucha no sale del ámbito de lo humano, el áncora sigue en el aire, es un ancla no anclada. La esperanza es posible, sí, pero a través de la ética de la generosidad.

Es preciso destacar, porque reafirma el sentido de la obra, el valor que adquieren algunos datos observados desde el punto de vista de la simbología psicoanalítica.

La acción humana que desata la señal esperada la realizan manos femeninas. Es decir, depende de la parte oscura del hombre, de la sombra. Ahora bien, esta dimensión del ser humano admite también igualmente como símbolo el mar, lo que en el drama que estudiamos es una explícita amenaza de muerte, o por el símbolo de la madre, lo que nos lleva a una consideración particular sobre el tema: la que resulta del mito hesiódico de la esperanza.

En efecto, de la vasija de Pandora no salió a tiempo la esperanza. En opinión de Nietzsche, esa circunstancia nos avisa del mayor de los males que aquejan a la humanidad: el entender como un bien, porque lo llevamos dentro, lo que más daño nos hace a través de toda nuestra vida. Para nosotros, sin negar la validez de la lucubración nietzscheana, el detalle del relato de Hesíodo es una clara referencia a la madre, según vimos en el capítulo V de este libro; pero es ahora cuando más podemos descubrir el verdadero sentido del problema en la constante trágica del teatro de Buero.

Layo y Edipo tenían una cosa en común: la voluntad de poseer a Yocasta. Por ello resultaban a la vez incompatibles e inseparables; la concordia, que supone el respeto mutuo, les era absolutamente ajena, ya que el único interés de cada uno era despojar al otro de la esencia de su ser. Al mismo tiempo, ambos querían identificarse con el otro de la manera más radical. Layo quería ser su propio hijo para seguir viviendo, seguir reinando en Tebas y disfrutando del poder y del amor. Edipo deseaba, con igual fuerza, convertirse en Layo para enjendrarse a sí mismo en Yocasta y seguir viviendo por tiempo indefinido. De ahí que Layo pretenda matar a Edipo, que no es él mismo, y Edipo mate, de hecho, a Layo, porque en él no ve a su propia persona.

En el fondo de la cuestión ese padre y ese hijo, o, mejor dicho, ese padre y a la vez hijo, el hombre, oculta en su interior y proyecta en el interior de la madre el terrible fuego de la esperanza.

La vasija de Pandora, la madre, en virtud de su potencia de creadora de vida, adquiere la forma del gran símbolo: el que reúne en una sola figura la creatividad, la infinitud y, por tanto, la esperanza y el subconsciente.

Se puede también decir que cada uno de nosotros lleva, en su subconsciente creador de la fantasía ilimitada del futuro, las raíces de la esperanza; de una esperanza que, al pasar del reino de lo sacro al mundo meramente humano, deviene dolor y tragedia antes de convertirse en lo que hemos llamado la ética de la generosidad.

Para entender en «La señal que se espera» el irreconciliable antagonismo que se produce entre Enrique y Luis, es necesario, en nuestra opinión, rastrear en el fondo de sus ánimos esa radical esperanza que, si Layo y Edipo proyectaban sobre Yocasta, ellos proyectaban sobre Susana, figura de un subconsciente creador de arte y de vida.

Dentro de la concepción orgánica de las culturas encontrábamos las referencias a parejas de inseparables como síntoma de que, en el proceso cíclico, empieza a declinar la etapa conformadora, la época heroica, de igual manera que las parejas de incompatibles puros anuncian la entrada en los tiempos de predominio de los sentimientos de culpabilidad. Pues bien, ahora podemos añadir un tercer síntoma: el que nos muestra la superación por vía de síntesis de los dos tipos de parejas anteriores, aquel en que la inseparabilidad y la incompatibilidad coinciden. El resultado es el hombre trágico, el ser contradictorio que anima las verdaderas raíces de lo humano.

Con este descubrimiento nos adentramos en una de las notas esenciales que caracterizan el aporte de Buero Vallejo al desarrollo de la cultura española.

La cultura griega y, más tarde, la cultura occidental, por medio de la filosofía y de la ciencia esclarecieron misterios, ordenaron conceptos; en suma, crearon el reino de la lógica y racionalizaron el cosmos e, incluso, el mundo del hombre. Pero en un sector de la cultura griega, el que ve nacer y desarrollarse la tragedia, y en una gran parte de la cultura española, la que determina sus rasgos esenciales, los movimientos que marcan el progreso avanzan en otro sentido, hacia la oscuridad de las profundidades humanas y pretenden entender aun allí donde las reglas de la mente fallan. No se trata, sin embargo, de un mundo en desorden, del mundo de lo ilógico, semejante al que se intuye a través de las obras del teatro del absurdo.

Si Sócrates hubiera tenido verdaderos continuadores; si Platón, en vez de romper sus tragedias, hubiera comprendido que los productos de la fantasía libre encierran verdades profundas distintas de las verdades que se refieren al conjunto de la realidad de las cosas, es posible que el objeto que, a nuestro entender, va a correr a cargo de la filosofía española, se hubiera adelantado en más de veinte siglos, pero las fuerzas que mueven la historia son parciales y, por serlo, esa tarea nos quedó reservada.

Las corrientes artísticas que intentan crear un mundo en desorden o, tal vez, un mundo ajeno al orden, parten del cosmos como origen, y en ellas el hombre mismo es cosmogónico.

En la génesis de los movimientos culturales a que nos referimos, en cambio, se encuentra siempre el hombre mismo; el punto de partida es lo que podríamos llamar una antropogonía.

Los problemas que desencadena lo trágico no conducen nunca a un verdadero absurdo, a un efecto sin causa. La tragedia nos lleva, más bien, al descubrimiento de que tanto las causas como los efectos, en los procesos de sentido humano, radican únicamente en el hombre. En vez del absurdo nos encontramos, pues, la soledad y la contradicción; es decir, el hombre solo, a la vez efecto y causa.

Quizá se entienda mejor cuanto acabamos de exponer si recordamos que la característica esencial de la filosofía española que, esperamos, se avecina, será la de oponerse al arte, la de estar generada por un paso de concienciación sobre los productos del sentir artístico, de las criaturas que el hombre traslada desde el mundo de la trascendencia al mundo de lo meramente humano.

Nos hemos encontrado, pues, al final de una larga cadena de problemas, este nuevo conflicto del hombre: el de la inseparabilidad e incompatibilidad encontradas, identificadas. Podría creerse, a juzgar sobre todo por la tardanza en el hallazgo, que se trata de una conclusión en las etapas del proceso evolutivo experimentado por los personajes de Buero en su aspecto antropológico. En realidad, esta nueva forma conflictiva no concluye: inicia un ciclo de dificultades que la tragedia debe recorrer paso a paso. El mismo Buero avanza no poco a través de estas oscuridades, haciendo caminos, pero nos parece que es más importante todavía haber abierto la senda para nuevas posibilidades futuras, tanto en el dominio propio de la tragedia como en el campo de la metafísica que debe seguirle.

SECCION 3.ª

**LA ESTETICA COMO PUNTO DE PARTIDA
PARA UNA FILOSOFIA DE SIGNO HUMANO**

Capítulo XIII

La cuádruple dimensión de una cultura
El ser mortal de los dioses
Patriarcalismo y matriarcalismo superados
en «La tejedora de sueños»

No es un azar que Homero haya elegido como tema de sus dos grandes epopeyas las hazañas llevadas a cabo en el sitio de Troya y las proezas y aventuras posteriores de uno de los héroes de esa guerra. Lo que estaba ocurriendo en los tiempos narrados no era un episodio más de la historia del hombre. Los sucesos de entonces constituyen la mayor transformación experimentada por la humanidad en todos los tiempos, comparable a la llegada del cristianismo a Occidente.

Cualquier otro acontecimiento, por revolucionario que haya sido, tuvo efectos más limitados, o, si fueron universales, cambiaron preferentemente las relaciones del hombre con el medio, mientras que a los tiempos narrados por Homero corresponde un cambio en la esencia misma del ser humano: una época de matriarcado cede su puesto a un patriarcalismo absoluto.

Las repercusiones que este hecho tuvo en el desarrollo posterior de la cultura caen fuera de todo cálculo, pues apenas existe faceta alguna de la vida humana en que no se advierta la impronta de aquel cambio.

La naturaleza de este trabajo, sin embargo, selecciona los campos que deben ser objeto de nuestro estudio y evita así el oscurecimiento que supone siempre el excesivo número de aspectos a distinguir.

El primer reflejo de los cambios experimentados puede verse, en lógica congruencia con la índole humana del problema aquí implicado, en el enorme caudal de mitos que, a partir de los tiempos en cuestión, inunda el suelo de Grecia.

La sobreabundancia de creación mítica es ya, por sí misma, una prueba evidente de graves conflictos en la época en que los mitos se gestan. El hombre inquieto, asaltado en su interior por una gran multitud de vivencias nuevas, proyecta en ese cosmos animado de misterio los frutos de sus sorpresas, de su extrañeza. Más importante todavía que la cantidad, es el sentido que estos mitos expresan, el asombro prefilosófico que sus figuras nos permiten adivinar.

El tema mismo del matriarcado perdido y del patriarcado impuesto aparece como una de las principales constantes del mundo mítico griego y llega hasta la tragedia, como lo probara Bachofen hace ya más de un siglo.

Investigaciones recientes atenúan la importancia de los descubrimientos de Bachofen en el sentido de que tal vez no haya existido nunca un matriarcado real, si entendemos la palabra en su acepción directa como «el gobierno ejercido por las madres»; no obstante el espíritu matriarcalista como concepción del mundo humano, como criterio valorativo, parece indudable.

Pero no son estas las únicas consecuencias transmitidas por vía mítica, ni siquiera las de mayores efectos en la interrelación humana a que dieron lugar.

En el conjunto de figuras que constituyen la mitología griega se forjan los rasgos decisivos de la mentalidad dominante en toda el área occidental desde la antigüedad hasta nuestros días.

Dentro de esa nueva mentalidad cobra especial interés para nosotros el sistema de valores a que da origen, y que, a niveles profundos, rige nuestra conducta.

La función bélica a cargo de los varones elevó la habilidad para la guerra y más concretamente, la valentía, al primer rango de los valores, hasta el punto de que ambos términos, valentía y valor, se convirtieron en equivalentes dentro del lenguaje ordinario.

Con respecto al nuevo papel de la mujer, es preciso destacar también algunas características significativas. La pasividad tal vez sea la nota más generalizada de entre las funciones que la sociedad patriarcalista ha venido asignando a los miembros del sexo femenino. De ahí que su belleza, cualidad pasiva por antonomasia, llegue a ser apreciada como objetivo primario de estimación. Pero, sobre todo, ese predominio de la pasividad explica el cambio de sentido de algunas valoraciones de primer orden. Por ejemplo, la virtud, palabra que, en su origen, significaba destreza para la acción, como todavía es utilizada al hablar del virtuosismo musical, pasó a utilizarse tan sólo con referencia a las cualidades que la mujer debe reunir para hacerse un objeto conveniente al varón.

Ocupa, sin duda, la cumbre de estas virtudes femeninas la fidelidad.

No es difícil hacerse cargo de lo cómodo que resulta para el nuevo tipo de hombre conquistar primero a una mujer, irse después a conquistar tierras, y, a la vuelta a casa, encontrar disponible, fiel, la conquista primera.

El mito de Penélope ejemplifica ese ideal de mujer, que guarda inquebrantable fidelidad al marido veinte años ausente de Itaca.

Por otra parte, la importancia de la figura de Penélope no se limita a su capacidad para servir de modelo de esposa fiel. En su vida encontramos, además, abundantes notas que nos permiten profundizar hasta las raíces mismas de su constitución mítica.

Era hija de Icario, rey de Esparta y de una Náyade. Al casarse, abandona su pueblo natal y se traslada a Itaca, ciudad en la que reinaba Ulises, su marido.

Estamos asistiendo, pues, al nacimiento de una sociedad patriarcalista. En efecto, tan sólo unas generaciones antes, vemos a Edipo instalarse en la ciudad de Tebas de la que era reina Yocasta.

También es significativa en este mismo sentido la cicatriz por la mordedura de un jabalí, que distingue a Ulises. Se trata de una huella que indica haberse negado a morir, una vez cumplido el tiempo de mandato como rey sagrado; es la señal desfigurada de los profundos cambios históricos que acaban de sucederse.

La literatura homérica, elaborada en el apogeo de la época conformadora de la cultura griega, destacó la fidelidad de Penélope y la fuerza de Ulises en honor de la virtuosa reina y del valiente rey.

La tragedia, en cambio, producto de una época de culpabilidad, prefirió detenerse en la figura de Clitemnestra, que le brindaba mejor oportunidad para resaltar las graves consecuencias que pueden seguirse de la transgresión de esa conducta convertida en norma. La difícil encrucijada de Orestes sólo tiene una salida: el matricidio, porque el padre necesariamente ha de ser vengado. Las arcaicas furias acusan al matricida, pero los dioses Apolo y Atenea, sometidos al orden moderno de Zeus, lo defienden y logran su absolución.

Más de treinta siglos nos separan ya de las guerras de Troya y todavía Occidente se sigue rigiendo por los presupuestos de entonces.

El medio habitual, a través de ese largo período de tiempo, ha dominado por encima de las mentes más claras y de las sensibilidades más exquisitas. Ni el arte ni la filosofía han sabido desmitificar la valentía masculina y la fidelidad femenina y darles el justo valor dentro de un equilibrio de valores verdaderamente humanos.

Sabemos que el miedo es un estado negativo para el hombre, porque en él la capacidad tanto para la reflexión como para la acción disminuye e incluso se anula; pero tampoco es buena la valentía, que hace del ser humano un destructor de sus semejantes. La cólera de Aquiles es una clara sinrazón del héroe, un desequilibrio mental, cuyas repercusiones sólo pueden medirse en daños sociales.

A la base del problema parece encontrarse el prejuicio de que la cualidad contraria al miedo es la valentía, cuando lo cierto es que al miedo lo que se opone como cualidad positiva es la paz, el sosiego. Nunca un mal puede compensar de otro mal, ni mucho menos, como en el caso que nos ocupa, los males propios pueden remediarse con los ajenos.

Con respecto al otro punto en cuestión, el de la fidelidad femenina al marido ausente, no es necesario extenderse mucho para comprender el radical desequilibrio que le sirve de base.

La obra de Antonio Buero Vallejo, «La tejedora de sueños», supone una violenta sacudida a esta forma de mentalidad nuestra, tres veces milenaria, y que, sobre tantos aspectos vitales, nos hizo ser injustos por prejuicio.

Penélope y Ulises acuden ahora a la escena, pero en su nueva venida no muestran ya las señales del honor que antes los caracterizaba. Ya no son la «fiel» Penélope y el «valiente» Ulises, sino dos culpables, dos antihéroes.

De los mitos conformadores de la cultura griega pasamos, de un salto, a las figuras meramente humanas de la etapa de tragedia de la cultura española.

Un traslado de tal magnitud, en el tiempo y en las circunstancias, implica una larga serie de cambios en lo que podríamos llamar la mirada comprensiva de los acontecimientos. Sólo con una mentalidad flexible y bien dispuesta para romper prejuicios, y con una sensibilidad abierta a un orden nuevo de valores humanos seremos capaces de sintonizar con el sentido de vida diferente que fluye en los pasajes de «La tejedora de sueños».

Poco después de su estreno en el Teatro Español de Madrid el 11 de enero de 1952, algunos comentaristas mostraron un cierto rechazo de la obra por considerar ilícita la destrucción de un modelo de conducta que parecía connatural al hombre. Resultaba intolerable la osadía de Buero, atreviéndose a negar la validez de un mito de significación tan positiva.

La claridad del síntoma facilitaba el diagnóstico: el drama inquietaba, nos pedía el esfuerzo de replantearnos un problema que creíamos resuelto definitivamente.

Es la resistencia al cambio, porque el cambio, al menos en este caso, se interpreta como una pérdida que afecta, de un modo directo, al sexo masculino, que ve disminuir sus privilegios, e indirectamente al femenino, por cuanto sus virtudes pueden ser menos estimadas.

En el desarrollo de la humanidad se han producido varias veces transformaciones en las que el dominio por parte de uno de los sexos sobre el otro se invirtió, de manera que el dominante pasó a dominado y viceversa.

Suelen interpretarse estos giros en el ejercicio de la dirección de la comunidad, como consecuencia del régimen económico dominante. De esta manera, cuando la economía se apoya en una actividad que por tradición corresponde a la mujer, el régimen toma el signo de matriarcalista.

Durante el período paleolítico, según esta teoría, las costumbres eran patriarcales porque la caza, que constituía el principal recurso económico, era practicada por los varones; durante el Neolítico, en cambio, las normas de vida emanaban de las mujeres, porque eran ellas quienes protagonizaban la agricultura, principal tarea en aquella época.

La salida del Neolítico y la entrada en la Edad de los Metales, momento en el que sobre el suelo griego se producen los episodios de las Guerras de Troya, supone un nuevo cambio en las directrices sociales, explicable igualmente por leyes de índole económica: tanto la manipulación industrial de los metales como su utilización en la guerra constituyen tareas de indudable carácter masculino.

Parecería que los hechos confirman la veracidad de las doctrinas marxistas sobre la historia: la economía rigiendo los destinos de los pueblos.

Profundizando un grado más en las causas, sin embargo, volvemos a entrar en conexión con el sistema freudiano de motivos inconscientes que se expresan mediante símbolos.

No hay duda de que la economía influye en la historia, e incluso de que, en cierta medida, la determina; tal es el caso de los patriarcados y matriarcados en dependencia del sexo de mayor producción en cada época. Pero cabe todavía buscar una raíz anterior en las causas, y preguntarse por qué los distintos pueblos han coincidido en distribuir las tareas sobre los sexos de la misma manera. Alegar diferencias naturales en la fortaleza física del hombre y de la mujer, es una razón parcial, pues si bien es válida con respecto a la caza y a la recolección de frutos silvestres, no lo es en cuanto a los trabajos agrícolas propiamente dichos. El cultivo de la tierra requiere un gran vigor, y, por tanto, la preponderancia de esta tarea en la economía de un pueblo debiera, lógicamente, ser causa de un régimen patriarcal durante el período Neolítico.

A nuestro entender, a la base de la asignación de determinadas tareas a cada uno de los sexos se encuentra una similitud constitutiva entre las funciones a realizar y las características del sexo correspondiente, lo que equivale a decir que entre los trabajos y los sexos se advierte una clara relación simbólica.

En efecto, la constitución orgánica de cada sexo presenta ciertas afinidades con las funciones posibles a desarrollar dentro del grupo humano, lo que, por una parte, mueve a la asignación o elección de tareas, que se convierten en específicas del hombre o de la mujer, y, por otra, influye, de manera decisiva, en la consideración social del sexo afín a la tarea predominante en cada época.

Así se explica la atribución a los varones de las actividades de la caza y la guerra, en evidente consonancia con la nota de externo e hiriente que caracteriza al sexo masculino, mientras que las tareas agrícolas, en las que la tierra, receptora de la semilla, en lenta gestación produce los frutos, se asemejan al sentido de receptividad e interioridad que caracteriza la sexualidad femenina.

A partir de estas premisas algunas diosas que llegan al mundo antiguo, procedentes del Neolítico, o incluso de etapas de la Prehistoria, presentan características que evolucionan hacia actividades que pertenecen al dominio reservado al sexo masculino. Tal es el caso de la cazadora Artemisa, o de la guerrera Atenea.

Con toda probabilidad, el origen de Artemisa se encuentra en la primitiva señora de los animales, la que procuraba su fecunda reproducción, con vistas a la abundancia de la caza, que los varones de la tribu debían realizar. El advenimiento del patriarcalismo la hizo a ella misma cazadora, pero la nueva cualidad le impuso la condición de ser virgen, de ser estéril, o lo que es lo mismo, de perder la principal prerrogativa femenina, la creatividad interior. Al invadir el campo de lo masculino hubo de negarse la propia femineidad.

El origen de Atenea se pierde también en la oscuridad de la prehistoria. Hesíodo nos la presenta belicosa, amante del estruendo y de la batalla, pero en las fuentes de su información no es difícil descubrir una gran parcialidad hacia el lado patriarcalista indoeuropeo. Los caracteres atribuidos a Atenea no son otros que los que los vedas, por ejemplo, utilizan para describir a Indra, el dios de la función guerrera.

Estas cualidades de la diosa, sin embargo, distan mucho de ser primarias.

Hesíodo era cadmeo de raza, procedente por tanto de la zona de Asia Menor de claro influjo de la cultura hitita, en la que, probablemente, aprendió las tradiciones y leyendas indoeuropeas. Su propio nombre es un indicio inequívoco de arcaísmo, al pertenecer a una lengua pregriega, y tal vez prehelénica. Las migraciones libias que, a través de Creta, llegaron al continente portando su diosa Palas superpusieron ambos cultos. El resultado, Palas-Atenea, en el que Atenea ocupa la segunda mitad y sirve, con frecuencia, para adjetivar el conjunto, constituye una prueba más de su valor ancestral. El caso es semejante al de tantos templos dedicados al culto de la Virgen María, donde antes se veneraban diosas paganas.

Estas circunstancias hacen que a los poemas homéricos llegue Atenea como una figura sumamente compleja. Muchas cualidades destacan en ella, entre otras la de ser invencible en la lucha; pero, a juzgar por su actuación tanto en la Ilíada como en la Odisea, no se le podría llamar, con justicia, la diosa de la guerra. Más bien parece que su invencibilidad procede de la energía que le proporciona el representar la primera parte de la triple luna, la luna nueva y creciente. Es decir, su juventud creadora.

A partir de esa radicalidad lunar de Atenea, en cambio, la variedad multiforme de sus mitos cobra fácilmente un sentido unitario.

El ser lunar de Atenea nos da una personificación antagónica a la cualidad solar de Apolo. No obstante, los aspectos en que coinciden ambos mitos sobrepasan aquellos en que se oponen. Sospechamos, pues, la existencia de un núcleo anterior de motivos al que uno y otro se subordinan.

La observación de los vínculos familiares que unen a estas dos divinidades, no sólo entre sí, sino además con otros dioses del panteón griego, y las características que rigen las principales relaciones internas del conjunto nos parecen las vías más oportunas para averiguar el significado profundo del problema.

Apolo y Artemisa son hermanos gemelos, hijos de Latona, la diosa del distante mundo de los Hiperbóreos.

Atenea y Dionisos, por su parte, son también hermanos: primero por su origen común en Libia y por la naturaleza lunar de ambos, y segundo, por la segunda gestación que cada uno de ellos recibe en el cuerpo del padre Zeus, Atenea en la cabeza y Dionisos en el muslo.

El núcleo originario se nos manifiesta ahora bajo la forma de la paternidad común de Zeus, nexo supremo, que da valor de constelación a lo que parecían estrellas dispersas del cielo mítico heleno.

A propósito de «Casi un cuento de hadas», hablábamos en el capítulo VII de la cuádruple encarnación de Visnú en los cuatro hijos de Dazarata, rey de Ayodja, y el paralelo que suponía la cuádruple personificación de las ilusiones y fantasías de la mente creadora de Oriana. El problema vuelve ahora a nuestras páginas con esta cuádruple proyección mítica, orientadora de los ideades de la naciente cultura griega.

La variante griega de estos símbolos del desarrollo de la personalidad abre para nosotros una nueva vía de acceso a la comprensión del mundo antiguo en el sentido orgánico de su historia.

Al principio, cuando Grecia se gesta como unidad cultural, los cuatro mitos de la tétrada y el padre Zeus, a modo de ideales propuestos al hombre, determinan el sentir y el pensar de los pueblos a que están dando origen.

Un padre bien destacado, y unas madres desdibujadas o inexistentes suponen el primer impulso hacia el patriarcalismo, la primera parcialidad histórica irreversible del mundo antiguo.

Las posibilidades originales de la tétrada, sin embargo, eran mucho más ricas.

A diferencia del planteamiento indio, según la versión del Ramayana, en que los cuatro elementos son del sexo masculino, en Grecia dioses y diosas se reparten equitativamente las funciones constitutivas de la personalidad cultural del pueblo en su conjunto. Incluso en la distribución de las parejas no falta el equilibrio: masculino y femenino para los gemelos, y masculino y femenino también para los otros miembros.

Pronto se deshace este equilibrio a favor de Apolo, ante cuya presencia se estremecen los demás dioses que forman la asamblea del

Olimpo. Sócrates y, sobre todo, Platón, desarrollan en su filosofía con gran preferencia aquellos aspectos de lo humano que corresponden a las cualidades que determinaban la figura apolínea, simbolizada por el Sol.

Atenea misma se hace Apolínea, se masculiniza y se convierte en la principal defensora del patriarcalismo del padre Zeus.

El arte trágico, por su parte, destaca la figura de Dionisos como contrapuesta a la de Apolo, lo que, en la interpretación de Nietzsche, da lugar al encuentro fecundo de lo distante y lo próximo, de lo onírico y lo real.

La teoría de Nietzsche bipolariza el problema y da origen mediante la síntesis superadora de los términos, a un nuevo modo de pensar filosófico, que podría llamarse la filosofía trágica.

Pero la parcialidad continúa. Olvidando la reminiscencia de elementos femeninos que, a juzgar por su presentación en «Las Bacantes», tenía Dionisos en su origen, Apolo y Dionisos representan los aspectos masculinos de la persona: consciencia y subconsciencia, fantasía y realidad, el pensamiento y la vida; pero lo femenino en sí, en su radicalidad primera, se ha malogrado en germen.

Como consecuencia de este desarrollo unilateral de la cultura, sólo una determinada manera de inteligencia pudo prosperar entre nosotros: la que, en sus características, coincide con las formas y actividades viriles.

Las repercusiones de cuanto acabamos de decir se acusan con mayor claridad que en parte alguna en el dominio de la filosofía, cumbre de los quehaceres intelectuales.

Tanto para los griegos como para los modernos, el pensar filosófico consiste en una penetración de la mente en las profundidades del cosmos o incluso del hombre mismo, en busca de esencias y principios que pongan orden en el caos de sensaciones que nos llegan de fuera o de dentro, pero que nos llegan. La filosofía persigue el ser de las cosas o el ser del hombre, pero, en cualquier caso, se trata de un ser distante, ajeno por naturaleza o extrañado violentamente cuando se trata de desvelar el ser del propio yo.

El pensar trágico, que fundamenta la filosofía nietzscheana, supone un considerable avance hacia la solución del conflicto: el paso que va de la actitud unidimensional de los filósofos anteriores a la bipolaridad que se configura con la intromisión de lo dionisíaco como nuevo fundamento de todo el edificio de nuestra cultura.

El verdadero progreso en filosofía suele darse tras un regreso a un momento anterior, en el que las condiciones históricas hicieron que las posibilidades de un hallazgo se desarrollasen sólo parcialmente. Al reconsiderar el problema cabe, en un nuevo recorrido, llevar a buen término aquello que las circunstancias primeras habían hecho olvidar.

Mucho se ha hablado, en este sentido, del regreso de Kant a Platón, de Hegel a Heráclito, de Husserl a Pirrón, de Heidegger a Parménides, etcétera... Pues bien, el regreso que hace posible la filosofía trágica de Nietzsche consiste, a nuestro entender, en una vuelta, no a las doctrinas de un filósofo o de una escuela filosófica, sino a las actitudes mentales que subyacían en la creación de los poetas tanto líricos como trágicos de Grecia.

De esta manera, su filosofar dejó de ser racionalidad pura, visión clara de soluciones a los problemas del conocimiento, para convertirse en algo distinto: un acercamiento a lo humano no pretendiendo tanto comprenderlo por vía de conocimiento, como si se tratase de un objeto más, cuanto distinguirlo en su idiosincrasia como dolor de saberse hombre, criatura limitada, ser contradictorio.

Grecia contemplaba lo bello en las obras de intención artística que le brindaban los admiradores de Apolo y se asomaba, así, a la eternidad de un mundo creado por la fantasía de unos hombres soñadores, al mismo tiempo que, en las fiestas rituales del año nuevo, aprendía de Dionisos el fluir vital como realidad básica de los mortales. Enfrentadas la fantasía y la fiesta, según Nietzsche, surge la tragedia, forma esencial del hombre consciente.

La díada nietzscheana fue, probablemente, una señal de alerta para Freud. El padre de la psicología profunda pudo aprender en esa dualidad el posible enfoque de la mente humana en dos direcciones, y añadir, en consecuencia, la esfera del subconsciente a nuestro mundo psíquico. Continuando el proceso de formación de la personalidad, C. G. Jung intuyó varias veces la solución del conflicto en el recurso al número cuatro, al cuádruple sentido como síntesis de la totalidad humana, pero tampoco él logró la fórmula precisa del problema porque la condición patriarcalista de la cultura de Occidente se lo impidió.

Jung advierte que el cuadrado, la cruz y el círculo funcionan, tanto en los sueños como en otras manifestaciones del subconsciente, a modo de símbolos de la totalidad de la persona; pero, al adscribir sus deducciones al dominio de la psicología, su descubrimiento esclarece sólo la problemática de cada individuo, y no la de cada cultura entendida orgánicamente como una persona, con toda la complejidad de manifestaciones que ello significa.

Dentro del campo antropológico, la cruz inscrita en el círculo constituye el símbolo más acabado de la personalidad de una cultura, al contener un centro, una tétrada y una infinidad de puntos cerrando el conjunto.

Por otra parte, la filosofía de Nietzsche tuvo otro claro influjo en la reflexión filosófica posterior. El existencialismo y el vitalismo supieron aproximarse al hombre, a su realidad actuante, tuviera o no carácter racional; incluso entendieron, como Dionisos mostrara a los griegos, que la muerte es el último destino del ser humano.

Que Nietzsche no llegase a superar el patriarcalismo, sin embargo, no supone menoscabo alguno de su talento. En el regreso que precede a su filosofar propio había situado su nuevo punto de partida en una época lo suficientemente remota como para no verse limitado a la claridad apolínea como única manera aceptable de pensamiento, pero, al mismo tiempo, lo suficientemente tardía como para no poder superar la dualidad Apolo-Dionisos, que decidía la masculinidad de todo el desarrollo cultural de Occidente.

Pese a ello, Nietzsche intuyó muy bien que la renovación del pensar filosófico requería nuevos sacrificios de algunos axiomas que habían servido de base a todas nuestras creaciones intelectuales, y de ahí su anuncio de la muerte de Dios.

El tema no era nuevo en la cultura de los pueblos del Rhin. Ya las leyendas de los antiguos germanos hablaban de que «todos los dioses tienen que morir»; y Hegel, en 1802, escribe la frase precisa, «Dios ha muerto». Nietzsche, por tanto, hereda de su pueblo la predisposición a entender lo divino como un concepto desposeído del don de la inmortalidad. Para incluir al Dios cristiano en la ley general faltaba sólo saltarse el tabú del respeto multisecular por él gozado en nuestra historia. Esa fue la osadía nietzscheana, gran escándalo de quienes entendían la tradición como un valor inmutable.

Pero en el conjunto de la filosofía trágica de Nietzsche no parece probable que ese dios que ha muerto sea sólo el dios de la cristiandad, ni siquiera que lo sea primordialmente.

El hecho de que todos los dioses sean mortales, traducido al lenguaje del subconsciente, equivale a decir que todos los ideales son transitorios y, por tanto, que todas las culturas que los sustentan están destinadas a pasar, a decaer. Se explica de esta manera que, algunas décadas después de Nietzsche, otro alemán, Oswald Spengler, señalara en la cultura de Occidente los síntomas inequívocos de la decadencia; y que, aún más tarde, Martín Heidegger, tanto en «Sendas perdidas» como en «Nietzsche», al considerar la frase de Nietzsche «Dios ha muerto», pudiera interpretarla como el derrumbe de toda la filosofía platónica y postplatónica, cuya metafísica se apoya en la existencia de realidades trascendentes.

La frase, pues, adquiere, dentro de la mentalidad del pueblo germano, el rango de un símbolo de caducidad y de muerte a todos los niveles, y por ende, su validez es múltiple. No obstante, dado el regreso de Nietzsche a etapas prefilosóficas griegas, en las que la evolución antropológica gestaba el encuentro de los opuestos Apolo y Dionisos, nos parece que en la radicalidad del problema late el símbolo originario del patriarcalismo de Occidente: Zeus, como padre común de ambos mitos y de ambas mentalidades contrapuestas.

El indoeuropeo Zeus, que había prohijado a todos los inmortales pobladores de la Hélade, y que en la cultura del Rhin vivía en suelo propio, en su segundo ciclo, esta vez como padre de los mortales dioses, muere al fin. La noticia nos la da un loco que, con toda seguridad, había oído hablar de Diógenes y, quizá, se creía una encarnación suya:

«¿No oísteis hablar de aquel loco que en la mañana radiante encendió una linterna, se fue al mercado y no cesaba de gritar: "¡Busco a Dios! ¡Busco a Dios!"? Y como allí se juntaban muchos que no creían en Dios, él provocó grandes carcajadas. ¿Se habrá perdido?, decía uno. ¿Se ha escapado como un niño?, decía otro. ¿O estará escondido? ¿Le daremos miedo? ¿Se embarcó?, ¿emigró?, gritaban mezclando sus risas. El loco saltó en medio de ellos y los atravesó con la mirada. "¿A dónde fue Dios? —exclamó—, ¡voy a decíroslo! Nosotros lo hemos matado, ¡vosotros y yo! ¡Todos nosotros somos sus asesinos! Pero, ¿cómo lo hicimos? ¿Cómo pudimos sorber el mar? ¿Quién nos dio la esponja para borrar todo el horizonte? ¿Qué hicimos cuando soltamos esta tierra de su sol? ¿Hacia dónde se mueve ahora? ¿Hacia dónde nos movemos nosotros? ¿Nos alejamos de todos los soles? ¿No caemos incesantemente? ¿Y hacia atrás, hacia un lado, hacia delante, hacia todos los lados? ¿Acaso existe todavía un arriba y un abajo? ¿No vagamos como a través de una nada infinita? ¿No nos empaña el espacio vacío? ¿No hace más frío? ¿No viene continuamente noche y más noche? ¿No tenemos que encender linternas en la mañana? ¿No oímos aún nada del ruido de los sepultureros que enterraron a Dios? ¿No olemos todavía nada de la descomposición divina? ¡También se descomponen los dioses! ¡Dios ha muerto! ¡Dios sigue muerto! ¡Y nosotros lo hemos matado! ¿Cómo nos consolaríamos nosotros, los peores de todos los asesinos? Lo más sagrado y poderoso que hasta ahora poseyera el mundo, se ha desangrado bajo nuestros cuchillos. ¿Quién borrará de nosotros esta sangre? ¿Con qué agua podríamos limpiarnos? ¿Qué fiestas expiatorias, qué juegos sagrados, tendremos que inventar? ¿No es demasiado grande para nosotros la grandeza de esta hazaña? Jamás hubo hazaña más grande —¡y quien nazca después de nosotros, pertenece, a causa de esta hazaña, a una historia superior a toda la historia anterior!" Entonces guardó silencio el loco y miró de nuevo a sus oyentes: también ellos guardaban silencio y lo miraban extrañados. Por último, él tiró su linterna al suelo haciéndola pedazos y apagándola. "Vengo demasiado pronto, dijo entonces, todavía no ha llegado la hora. Este enorme acontecimiento está en camino aún y vaga, todavía no ha penetrado hasta los oídos de los hombres. El rayo y el trueno necesitan tiempo, la luz de los astros necesita tiempo, las hazañas necesitan tiempo, aun después de haberse hecho, para ser vistas y oídas. Esta hazaña está más lejos de ellos que las estrellas más distantes —y, no obstante, ¡son ellos quienes las hicieron!" Se refiere todavía que el loco penetró ese mismo día en distintas iglesias y se puso a cantar en ellas su Requiem aeternam deo. Habiéndole hecho salir e interrogado, se limitó a contestar siempre: "¿Qué son pues aun esas iglesias si ya no son fosas y tumbas de Dios?"»

En pleno día y en medio de la multitud, en vano buscaba Diógenes a un hombre. Todos tenían la apariencia humana; pero el hombre ideal de la cultura griega, el proyectado en las figuras divinas y depurado por la ética humanística de su tiempo, era inencontrable. El loco a que se refiere Nietzsche en «La Gaya ciencia», en cambio, invierte el orden del proceso. No busca la persona humana dotada de cualidades ideales, sino el ideal de perfección convertido en persona. Se trata, pues, de un mismo problema, cambiado el punto de vista, el sentido de la observación. Diógenes contempla el fracaso del hombre en sus aspiraciones éticas, tras un largo peregrinar de su pueblo por sendas de mitos y filosofías. Nietzsche, por su parte, en medio del camino, descubre la inconsistencia de los ideales que el pasado nos marcara, y, por tanto, la necesidad de hacerse cada uno a partir de su realidad propia. La filosofía de Nietzsche inicia así la tragedia de una cultura. El padre, el modelo mítico-trascendente, Dios o Zeus, debe morir. El loco lo sabe, y sabe también que «Nosotros lo hemos matado» y que, en consecuencia, somos culpables.

Ese plural recalcado: «Nosotros lo hemos matado —¡vosotros y yo!», no es un mero azar estilístico. Es, más bien, la indicación clara de una intencionalidad que, en principio, llamaremos colectiva. La culpa que aquí se quiere manifestar no pertenece a un individuo aislado, ni siquiera a cada uno de los individuos tomados separadamente.

Cada ser humano que se decide a emprender la tarea de hacerse a sí mismo, debe iniciar su camino asumiendo, como condición indispensable, la culpa del parricidio. Su padre, modelo predeterminante de su individualidad, tiene que morir para que su yo pueda elegir libremente su propio destino, para que pueda hacerse su propio modelo de persona.

Freud, el descubridor del parricidio individual, del Edipo que constituye la raíz de nuestro destino humano, relaciona los modelos paterno y divino, que identifica como figuras de superyo, pero no acierta a distinguir, al mismo tiempo, las diferencias esenciales que separan los procesos que conducen a cada uno de estos términos; no llega a proclamar que los dioses son los padres de las culturas, que la distancia que media entre la figura del padre y la del dios es la que va del dominio de lo psicológico al de lo antropológico.

La culpa que antes denominábamos colectiva, se nos muestra ahora con los caracteres de lo que podemos llamar culpabilidad cultural. De la misma manera que, muerto Layo, Edipo se hace rey de Tebas y ocupa el puesto del padre asesinado, tras el deicidio la cultura del Rhin, por medio del propio Nietzsche, aspira a la deificación y profetiza el advenimiento del superhombre.

Parece indudable que esa corona acarreó también graves infortunios al pueblo germano: dos superguerras que dejan bien patente la pertenencia del ser humano, más a la categoría de mendigo que a la de héroe en proceso de divinización.

Los síntomas de decadencia que presenta la cultura occidental, la que reavivó y desarrolló los temas antes apuntados en la época helenística de la cultura griega, hacen presumible un final no muy lejano, como bien lo manifiesta la obra de Oswald Spengler. Las grandes cumbres filosóficas cuya metafísica gira en torno al mundo o al hombre mundano, empiezan a perderse en el pretérito de nuestra historia. Pero al despertar los tiempos modernos, como hemos visto, en los nuevos pueblos, no sólo renace la cultura antigua sino que, además, alborean culturas de características propias, enraizadas en ancestrales modos, de sentido telúrico latente en el seno de cada madre-tierra.

La filosofía de estas culturas nuevas muestra a la vez la diversidad de aspectos, a causa del origen remoto de esas fuerzas impulsoras, que latían en el subsuelo de cada pueblo; y un elemento de coincidencia de todas ellas, debido al desencadenante próximo que hizo posible el despertar del milenario letargo de tantas energías. Este motivo, del que depende la unidad de sentido de todas las culturas nacientes, no es otro sino la común oposición a Zeus y a Apolo como máximos responsables de la unilateralidad de nuestro desarrollo cultural. Apolo debe perder su monopolio sobre la inteligencia, y Zeus debe morir.

La cultura del Rhin, cuya primera nota distintiva se encuentra en el resurgir de los mitos como tales, como seres que pertenecen al mundo de la trascendencia, muestra, bien visibles, tanto el decaer de Apolo, que en adelante compartirá el dominio intelectual con Dionisos, como el destronamiento del patriarcalista Zeus en cuanto rector único de nuestra sociedad y de nuestra historia.

Pero estas señales de cambio no son exclusivas de la Cultura del Rhin, sino comunes a todas las culturas nacientes, conservando en cada caso sus características particulares, debido a los condicionamientos primarios a que aludíamos líneas atrás.

Dentro de la complejidad que presenta en España la salida de la Edad Media, hemos podido separar, en el capítulo III de esta obra, tres direcciones de signo bien diferente: la teológica, la mística y una tercera, que entonces examinamos en su aspecto mítico, y cuyo sentido primario era su carácter esencialmente humano. Se encontraban en este último grupo figuras como las de Don Juan, la Celestina, etc.

Cada uno de estos tipos literarios que entonces examinábamos equivale a uno de los aspectos de la concepción del mundo, a una de las dimensiones que en otras culturas, particularmente en la griega, se expresan por medio de mitos. En nuestro trabajo, a los personajes literarios en cuestión les hemos venido dando también el calificativo de míticos; pero debemos aclarar que, además de ser humanos por el sentido de sus significados, lo son también por la falta de naturaleza divina que los caracteriza. Si recordamos la comparación que hicimos entre el mito del origen del mundo en el caos originario griego y la figura de caos humano que significa el personaje del Don Juan, son evidentes las conclusiones a que llegábamos entonces de una cultura de signo cosmogónico, frente a otra de signo antropogénico; pero incluso si comparamos nuestra figura de Don Juan con la de Fausto, símbolo de la concepción del mundo en la cultura del Rhin, sentimos, de un lado, al personaje centroeuropeo intentando el dominio tanto de sí mismo como de su entorno mediante poderes extraordinarios, mágicos o diabólicos, y del otro, al español procurándose un mundo y una vida sin más ley que sus propios deseos, de modo que ni siquiera el mundo trascendente en que habitan los muertos merece para él respeto alguno por encima de su caprichosa voluntad.

Asentado ese humanismo en la esencia de nuestra cultura, constituyendo el germen cuya evolución habrá de dar el desarrollo histórico de la personalidad de España, carece de sentido entre nosotros hablar de una naturaleza mortal de los dioses. Respecto a este punto, sin embargo, se da, entre ambas culturas, un movimiento en paralelo. Los dioses no pueden morir, porque los dioses propiamente dichos nunca entraron siquiera en la escena de la vida cultural española; pero sobre sus equivalentes, los hombres divinizados, símbolos de la divina realeza, sí recae una decidida sentencia de muerte. La obra más significativa a este respecto nos parece «Fuenteovejuna», de Lope de Vega, en la que el todopoderoso comendador Fernán Gómez debe sucumbir a manos de todo el pueblo:

«—¿Quién mató al comendador?

—Fuenteovejuna, Señor.»

Frase que encierra una culpabilidad colectiva adelantada en dos siglos a la de «Nosotros lo hemos matado» de Nietzsche.

Los argumentos en que líneas atrás nos apoyábamos para identificar el Dios que ha muerto de la obra nietzscheana con el Zeus patriarcalista, triunfador en las guerras de Troya, se refuerzan ahora con el paralelo que nos brinda la popular pieza de Lope de Vega.

En efecto, los rasgos con los que el autor configura la personalidad del comendador Fernán Gómez presentan un objetivo primario de sus intenciones por el que podemos adentrarnos hasta la esencia de su sentido.

La voluntad de Fernán Gómez busca siempre, por encima de cualquier otro fin, rendir el honor femenino. Si en este camino encuentra algún obstáculo, no dudará en la utilización de los medios que le permitan satisfacer sus deseos y por eso avasalla y tortura a todo su pueblo sin distinción de sexos; pero tanto el dominio como la conquista guerrera son cualidades de su esencia misma. El punto de origen de su sentido propio es su condición de patriarca, y de ahí su deseo de poder sin límites sobre lo femenino en sus aspectos primarios.

Fernán Gómez es claramente el Dios de Nietzsche que ha muerto, el patriarcalista Zeus que entre todos hemos matado. Fuenteovejuna lo ha hecho.

Unamuno, en «El sentimiento trágico de la vida», entiende por su parte que «El verdadero Dios del paganismo helénico es más bien que Zeus Padre (Júpiter), la sociedad toda de los dioses y semidioses». Y aunque no llega a hacer explícita la idea de Dios como superyo de la personificación de una cultura, sienta con toda claridad los principios suficientes para que nosotros podamos deducirlo: «Y es que sentimos a Dios, más bien que como una conciencia sobrehumana, como la conciencia misma del linaje humano todo, pasado, presente y futuro, como la conciencia colectiva de todo el linaje, y aún más, como la conciencia total e infinita que abarca y sostiene las conciencias todas, infra-humanas, humanas y acaso sobre-humanas.»

A pesar de todo, la obra unamuniana no es plenamente significativa al respecto, pues su filosofía se encuentra, a medias, determinada por el sentir español y por el pensar europeo.

Para encontrarnos de nuevo inmersos en el problema que nos ocupa hemos de volver a las fuerzas de signo antropológico que subyacen en la dramaturgia de Buero Vallejo.

Un dato de sumo interés para entender la trayectoria seguida por nuestra cultura en el sentido que nos ocupa se encuentra en el hecho de que la mente creadora de la tétrada básica de «Casi un cuento de hadas» pertenezca a una persona del sexo femenino.

Oriana, dentro del desarrollo de la cultura española, desempeña una función paralela, en principio, a la de Zeus con respecto a la cultura del pueblo griego. De ambos, en efecto, dimanan sendas figuras compuestas por cuatro elementos, es decir, sendos símbolos de totalidad psicoantropológica.

Coinciden, ciertamente, uno y otro conjunto en muchas cosas, tales como en el equilibrio cuantitativo de elementos masculinos y femeninos, en la existencia de una pareja de hermanas, tal vez gemelas, etc.; pero, a la vez, marcadas diferencias los separan hasta el punto de poder afirmar que nos encontramos abocados a una cultura nueva, de signo esencialmente distinto de la cultura clásica.

Por de pronto, Oriana no es un personaje divino, ni siquiera mítico, en cuanto lo mítico indica la pertenencia al mundo de lo trascendente. El «casi» de «casi un hada» nos advierte de su ser meramente humano, pese a la similitud con otros temas que la imaginación creadora situó en el más allá.

Esta primera distinción obedece a la característica señalada para la cultura española de tratar, en todo momento, con el ser de lo humano, al tiempo que pronostica, una vez más, la condición básica de esa filosofía hispana que se avecina, de tender a una superación del mundo de lo artístico y no del mundo de lo religioso.

Por otra parte, el hecho de que nos encontremos con un elemento unificador de naturaleza femenina supone para el desarrollo de nuestra historia un grave momento de encrucijada. ¿Estará tal vez la cultura española evolucionando hacia un nuevo matriarcalismo? La muerte de Zeus, la muerte de Fernán Gómez, ¿podrá suponer el origen de un nuevo reinado marcado por el sino de lo femenino?

La respuesta adecuada no nos parece que pueda ser la afirmativa ni la negativa. Del futuro esperamos, más bien, un producto cultural en el que queden superados, tanto el patriarcalismo como el matriarcalismo que alternativamente han venido dominando largos períodos de la historia del hombre.

La paternidad de Zeus, sin duda, desequilibró la potencialidad de fuerzas de la tétrada griega a favor, sobre todo, de la figura de Apolo, que pasó a dominar en todo el mundo del pensamiento y en gran parte del de la estética, y, en menor grado, a favor de Dionisos, que acotó para sí el dominio sobre los ritmos estéticos vitales. Es decir, en ambos casos lo masculino se impuso sobre lo femenino.

Ese desarrollo unilateral de Apolo y de su complemento Dionisos en los albores de la historia griega tuvo como consecuencia más destacada el carácter masculino de todas las culturas que habitaron con posterioridad el suelo de Occidente.

En todas las facetas de la vida se advierte la huella de cuanto acabamos de decir, pero en estos momentos nos interesa tan sólo destacar la significación en que culmina el proceso: el sentido de la filosofía occidental.

Mucho se ha hablado acerca de la mujer en relación con el saber filosófico. Se ha llegado a afirmar, incluso, que, por naturaleza, la mujer está mal dotada para la filosofía. No ha habido mujeres filósofos, y ese parece ser el argumento decisivo para tal conclusión.

Examinados los hechos desde nuestra perspectiva, sin embargo, el problema se traslada a un sistema nuevo de motivos bien diferentes.

Apenas nacida la filosofía entre los griegos, Apolo la marcó con su sello, la fecha, claro símbolo de la sexualidad masculina.

En efecto, desde Parménides, la filosofía tiene como objetivo primordial un conocimiento del mundo, y aun del hombre, por esencias, es decir, extrayectando el ser sobre los entes tanto del mundo físico como del mundo humano.

Sólo en dos momentos de la historia del saber filosófico se produjo el movimiento inverso, la introyección de los entes sobre el ser. Nos referimos a Heráclito y al idealismo alemán.

Se insinúa en uno y otro caso un filosofar caracterizado por el sentido de lo femenino; la interiorización, parcial en Heráclito, por el «nada es», y estéril en los filósofos del idealismo alemán por el solipsismo a que conduce.

Pero en modo alguno se trata de intentos carentes de valor.

La cualidad de externa de la sexualidad masculina hace que la fecundidad le sea ajena al varón; de ahí que valga como símbolo la flecha de Apolo, que, una vez salida del arco, ya no le pertenece. Por el contrario, la sexualidad femenina no es sólo receptiva, sino, además, creadora. La flecha con sentido inverso no sería nunca un símbolo válido en este caso. El símbolo adecuado a la función sexual femenina lo constituye la actividad de tejer.

La parte femenina de la tétrada griega presenta en su constitución más honda un proceso de formación simbólica con todas las características esenciales que aquí venimos persiguiendo.

Es posible que Artemisa y Atenea, Arthemis y Athena, tengan un punto de origen común; los elementos fonéticos de sus nombres, en los que coinciden la primera vocalización, la dental y la nasal, podrían considerarse como una primera prueba de ello; pero más importante para nosotros es su proceso de formación mítica.

Artemisa se relaciona con la naturaleza pura: la selva, los animales; y con la naturaleza originaria del hombre: la danza, los partos felices y la muerte tranquila. Podríamos decir que es un mito de fecundidad animal que evoluciona o amplía su ámbito de manifestaciones a la formación y destrucción de la vida humana en su sentido biológico natural.

Por su parte, Atenea presenta también entre sus atributos primarios un nexo de unión con la vida animal, pero no desde un punto de vista de pura naturaleza, sino como paso a un mundo civilizado. Pegaso, por ejemplo, se domestica por su medio y sólo así Belerofonte puede utilizarlo.

A partir de este hecho, en claro paralelo con el aspecto del mito de Artemisa que se relaciona con la fecundidad animal, podemos entender el sentido que tienen las intervenciones de Atenea en relación con el mundo de lo humano.

Ella inspira a los carpinteros la construcción de carros, enseña la alfarería y, en general, es maestra de las artes y consejera de prudencia. Es decir, enseña al hombre a sobrepasar el mundo de la naturaleza para entrar en el mundo de la cultura.

Lo que Artemisa representa en el orden biológico lo representa Atenea en la dimensión psicoantropológica del ser humano.

Si reparamos ahora en que, entre las cualidades de Atenea, se encuentra la de tejerse sus propios vestidos como una nota altamente significativa, podemos comprender la trascendencia de los pasajes en que la diosa realiza por sí misma esta clase de actividades.

Podría enseñarla a los hombres como las demás técnicas, pero no lo hace. Antes bien, se enoja cuando una mujer, Aracne, se jacta de tejer mejor que ella.

Resulta curioso que en el certamen en que se enfrentan ambas tejedoras tras el desafío, Atenea plasme en su lienzo el pleito que ella misma sostuviera un tiempo con Poseidón por la prerrogativa de dar nombre a la recién fundada ciudad de Atenas. La majestad de los dioses se convierte en su tapiz en algo así como la tónica dominante, la que inspira cada uno de los detalles.

Aracne, en cambio, entreteje con sus hilos aventuras amorosas que los mismos dioses llevan a cabo, tanto con diosas como con mortales. La astucia y el disfraz son, en este caso, los medios de seducción empleados con más frecuencia, resultando el conjunto un verdadero testimonio de acusación contra la moralidad de los olímpicos.

Parece probable la influencia patriarcalista indoeuropea sobre el sentido que inspira la obra de la diosa, mientras que las figuras de Aracne respiran, todavía, el aire matriarcal que con anterioridad circulara sobre el suelo helénico.

La conversión de la rival en araña por parte de la diosa explica el celo con que en el mito de Atenea se guarda la actividad de tejer. No se trata de una técnica más en el conjunto de medios para posibilitar la entrada del hombre en la civilización, sino del símbolo de un poder distintivo, de la capacidad misma de hacer al hombre civilizado; y esa prerrogativa es sólo divina.

Por un pecado semejante, el de traer el fuego de Zeus a los hombres, recibió Prometeo su duro castigo.

Los ejemplos nos llevan de nuevo a ese pasaje del Génesis, al que tantas veces hemos acudido en nuestras páginas, de la sentencia que Yavéh dicta sobre Adán y Eva por una falta equivalente, la de comer el fruto del árbol de la ciencia. Con clara intuición de las características que distinguen la personalidad masculina de la femenina, el Dios de Israel impone al hombre el deber de trabajar, una función claramente externa, y aun cuando deba hacerse su propia personalidad, debe conseguirlo a partir de la realidad mundana que ya es.

Para la mujer, por el contrario, el precio de su ciencia lo pone Yavéh en tener hijos con dolor, en una función que claramente alude a una creatividad interna.

Eva, entre Artemisa y Atenea, entreteje al hombre como las Moiras, con una fuerza propia que actúa sobre un dominio que es, por naturaleza, ajeno al poder del padre Zeus.

De esta manera el mito nos brinda la actividad de tejer como el símbolo de la participación femenina en la tarea civilizadora del mundo. Se trataba en principio de un símbolo de creatividad humana, válido a todos los niveles de progreso del hombre sobre la naturaleza, incluso en el plano de lo filosófico; pero cuando la filosofía griega alcanza el grado de desarrollo suficiente para cuestionarse los problemas básicos del ente y del ser, ya Apolo con su flecha había indicado el sentido externo de ese pensamiento. Parménides, entonces, proyectó el ser sobre los entes, suprimiendo toda la actividad, y Heráclito entendió la actividad sin ser, hasta el punto de considerar a los propios dioses, los ideales de lo humano, como fluir puro.

Privado así de una base de apoyo en el ser, el posible desarrollo de la filosofía femenina quedó condenado, desde sus orígenes, a un tejer sueños, a un lucubrar ilusorio, carente de toda realidad.

En consecuencia, el papel de la mujer se hizo pasivo; su valor máximo fue ser bella, y su virtud ser fiel. En último extremo, su actividad simbólica, el tejer, se transformó en el desprestigiado «zurcir», que simboliza, más bien, el servilismo de reparar lo que el varón ha destruido.

Si ahora la cultura occidental, o, exclusivamente, la cultura española, estuviese evolucionando hacia un nuevo matriarcalismo; si después de que «Dios ha muerto», o de la muerte de Fernán Gómez, sus puestos pasasen a ser ocupados por autoridades supremas de sexo contrario, los papeles se invertirían por lo que respecta al grupo de humillados y humillantes, así como por lo que respecta al sentido predominante del pensamiento filosófico. Lo infinito quedaría sustituido por lo insondable. Nos encontraríamos ante una arquitectura nueva en torno a la cual se levantarían nuevos sistemas de valores; pero los resultados serían tan estériles como lo han venido siendo en nuestra historia de treinta siglos los unilaterales sistemas metafísicos de la filosofía parmenídea.

Los síntomas que ofrece la evolución antropológico-artística, al menos en España, nos permiten vislumbrar un destino muy diferente para un futuro ya próximo de nuestra cultura.

Muere Fernán Gómez, como ya antes había muerto Celestina; y Oriana, tras un despliegue de imaginación creadora, se retira a su torre. Sobre la escena queda al fin, sin padres, una pareja; pero, a diferencia de la tétrada griega reducida a los masculinos Apolo y Dionisos, en «Casi un cuento de hadas» la reducción nos ofrece un hombre verdadero y una mujer verdadera, el mero ser humano que ha de hacerse a sí mismo.

Tensiones de estos signos son las que, a nuestro entender, afloran en «La tejedora de sueños» y provocan, tras su estreno en Madrid en 1952, un conflicto que podríamos llamar de características revolucionarias, entendiendo el término como cambio radical en el sistema del orden establecido.

La protesta airada de algunos críticos parece obedecer al dolor producido por el derrumbe de todo un cuadro de valores que treinta siglos de tradición habían consagrado como inamovibles e, incluso, como connaturales al ser humano.

Algunos sectores de la intelectualidad española dignos del máximo respeto se mostraron también disconformes con una obra que, a su juicio, destruía un mito clásico merecedor de gran estima.

El propio Buero, en el comentario que acompaña a la primera edición de «La tejedora de sueños», contrapone a ellos sus puntos de vista, según los cuales un mito se enriquece cuando se le enfoca desde nuevos ángulos. Y este es el caso de su Penélope, observada como una Clitemnestra en potencia.

Ciertamente, la erudición contenida en esas páginas autocríticas era buena y los argumentos esgrimidos, correctos en alto grado; a pesar de todo los ánimos no se tranquilizaron, ni Buero convenció.

En el fondo se trataba de un problema diferente del que se mostraba a plena luz en la escena.

Buero pudo probar que su pieza dramática trasladaba un tema de la literatura de honor a la literatura de culpabilidad; y que era presumible que algún trágico ya lo hubiera visto de esa manera en la antigüedad clásica. Pero el público y, sobre todo, la crítica que en los años cincuenta de nuestro siglo asiste a la representación de la obra acusa el dolor de una herida abierta en su sentir, no lo griego, sino lo español más íntimo.

El mito se enriquece, es cierto, mas no con el descubrimiento de una culpabilidad lejana; no con la comprensión de que Penélope podría haberse convertido en una Clitemnestra asesina de su marido y víctima de su propio hijo. «La tejedora de sueños» nos hace sentir, más bien, el resquebrajamiento bajo nuestros pies del suelo de nuestras costumbres, la base de nuestro entendimiento del mundo en que vivimos.

La belleza, don supremo con que la mujer apreciada se hace digna del marido valiente, es una cualidad que se pierde con el paso del tiempo, de ese tiempo que impone la fiel espera del marido que lucha en tierras lejanas.

La fidelidad se convierte así en la enemiga natural de la belleza. Las dos cualidades que, como por esencia, determinaban el ser de lo femenino, y que, en realidad destruyen todas las posibilidades de realización de la mujer como verdadero ser humano.

Esa es Penélope, la que a la luz del día teje y en la oscuridad de la noche deshace su trabajo, porque sabe que en su propia obra está su mayor enemigo, el tiempo que le hace avanzar hacia una decisión que convertirá en nadie al Ulises que espera. Es la tarea ilusoria de un tejer sin hilos, el fluir de los entes que nunca son.

Ulises, por su parte, ha ganado batallas y conquistado gloria, pero a su vuelta a Itaca comprobará con duelo la esterilidad de sus hazañas y aventuras, lo infecundo de una vida de héroe en la lejanía del hgar. La flecha de Apolo le señaló caminos de honor para varones; pero en su propia casa tiene que entrar como mendigo a buscar el fantasma de lo que fue y ya no es. La flecha, después de todo, sólo conducía al reino de la muerte.

Ambos por separado, Penélope y Ulises, acaban por descubrir la infecundidad de sus vidas dedicadas a tejer ilusiones, a conquistar apariencias.

«La tejedora de sueños», sin embargo, no es obra derrotista; no destruye una realidad para dejarnos en el desconcierto de no saber hacia dónde debemos encaminarnos. Se trata, por el contrario, de un drama que, con la ayuda del entorno cultural de nuestro pueblo, sugiere vías positivas para el desarrollo de otros aspectos del problema coyuntural en que nos encontramos.

Dos modos de esclavitud: la del entendimiento, representada por Euriclea, la que todavía cree en los héroes y les sirve, y la de la voluntad, personificada por Dione, que, a sabiendas de la falsedad de sus palabras, entona una rapsodia heroica, un himno a las hazañas de Ulises y a la espera fiel de Penélope.

Las esclavas sin nombre: la primera, la segunda, la tercera y la cuarta, salmodian esas glorias que la tradición ha consagrado y que, convertidas en prejuicios, sirven de modelo a lo largo de los siglos.

Al mismo tiempo, en la escena, ambos esposos se desenmascaran mutuamente, y su ser de antihéroes, expuesto al desnudo, duele.

Comprendemos muy bien que las Guerras de Troya en que Ulises se hiciera merecedor de tan altos honores, y tantas guerras que en nuestra historia y en nuestros días los varones excelsos han desencadenado para la salvación de los pueblos, y nuestra reciente contienda nacional, en la que muchos alcanzaron la dignidad de cruzados, no son otra cosa más que el testimonio palpable, la prueba manifiesta de ruines instintos, encubiertos bajo capa de nobles ideales de altruismo.

Un personaje, en apariencia de poco relieve, revela uno de los trazos, imperceptibles a la mirada ingenua, que en un cuadro determinan la condición de obra de arte. Este personaje es Euriclea: la nodriza que Homero sabe esclava del palacio de Itaca y que en «La tejedora de sueños» es ciega.

El cambio introducido no es un azar ni un capricho del autor; es la clave que trae a la luz significados ocultos en la infraestructura de la obra.

Ulises y Penélope, y con ellos el hombre y la mujer en nuestra sociedad en la segunda mitad del siglo xx, viven esclavos de prejuicios que el desenvolvimiento de la historia ha determinado, y padecen una grave ceguera que les impide tomar el camino que conduce a la libertad.

Los caminos existen o, al menos, pueden hacerse, y el ser humano, si quiere, cuenta con el sentido de la vista para descubrirlos; Euriclea, a su modo, ve, y por eso no cae en el engaño de Dione cuando ésta pretende confundirle los colores de las madejas de lana.

Los esclavos sí saben oponerse a los esclavos.

Esta primera clave de la obra nos conduce a la segunda, igualmente valiosa: la esclavitud no es sólo ceguera, es también maldad. La perversión de Dione tampoco es ajena a los móviles soterrados de la sociedad de hoy.

Libres del prejuicio de que la valentía es un valor, la lucha del hombre contra el hombre, ejemplificada aquí en la guerra como caso límite de esta propensión humana, deja visible su esencia íntima de culpa en la acepción vulgar de la palabra, o sea la de extrema perversión.

Los términos en los que Penélope increpa a Ulises en las últimas escenas de «La tejedora de sueños» traslucen esta actitud nueva:

«PENÉLOPE. — ¿Por qué te fuiste?... Nosotras queremos paz, esposo, hijos..., y vosotros nos dais guerras, nos dais el peligro de la infidelidad, convertís a nuestros hijos en nuestros asesinos.»

Y, más adelante:

«Cobarde... Sí, tú, prudente Ulises. Eso ha sido tu prudencia: cobardía y nada más... tu cobardía lo ha perdido todo... ¡Tú eres el culpable! Tú, por no hablar a tiempo, por no haber sido valiente nunca.»

Las cualidades fundamentales que conforman la valía de la mujer en un medio patriarcalista, la belleza y la fidelidad, se conmocionan también en la obra de Buero, quizá incluso con más fuerza que la valentía de los varones.

La envidiada Helena, la que por su belleza es sólo comparable a una diosa, en palabras de Ulises:

«Ya no existe.»

Y no es porque haya muerto, no:

«Es vieja y fea.»

Es decir, pasó con el fluir del tiempo sobre los entes lo que en sí carecía de valor, lo que era transitorio en este mundo de simples mortales, lo que sólo la divinidad conserva de un modo permanente.

En cuanto a la virtud más apreciada de la esposa, la fidelidad al marido ausente, inquebrantable al paso de los años, la fidelidad proverbial de Penélope, es mera apariencia, vacía de valor auténtico:

«PENÉLOPE: Te fui fiel.

ULISES: Sólo con el cuerpo.»

La cuestión de la fidelidad femenina, observada desde la perspectiva de la vida de la mujer como persona, conduce a conflictos en extremo graves.

La ausencia prolongada del marido deja a la esposa, biológicamente, infecunda; psicológicamente, sola; socialmente, menesterosa. En suma, la historia patriarcalista de las culturas occidentales ha hecho norma de conducta, virtud ejemplar, un proceder que conlleva la esterilidad y la frustración en la mitad del género humano.

La crítica que entonces se escandalizaba de los cambios propuestos en «La tejedora de sueños» tal vez no acertase a ver en la obra más que un ataque a la moral cristiana, que prohíbe todo comercio amoroso fuera del matrimonio, o tal vez se resistiese a admitir la pérdida del privilegio masculino de asegurarse, por un precepto moral y religioso, el derecho exclusivo sobre la mujer elegida como cónyuge. En cualquier caso, la sociedad representada por algunos de los críticos de entonces se negó a una revisión de los principios en que se basaba el orden de valores puestos en crisis.

De haber aceptado la reflexión sobre los problemas que se planteaban, habría comprobado que no era la supresión de moral alguna la vía propuesta para resolver el conflicto, sino otra cosa mucho más sencilla: cambiar la agresividad interhumana, la lucha del hombre contra el hombre, por la paz, la ayuda mutua entre todos los seres humanos.

El hogar es el símbolo que con mayor mesura puede indicarnos los nuevos rumbos a seguir en nuestro desarrollo cultural. El amor que supone una familia, en la que en común se afrontan las dificultades y en común se prospera; en común se cría a los hijos y de común acuerdo se les permite formar su propia personalidad, tiene, en el orden del macrocosmos, un sentido paradigmático: las guerras de los varones, con flechas, espadas o fusiles, pueden ser abolidas; las discordias femeninas, que en el interior despiertan envidias y resentimientos, deben ser superadas. La agresividad debe limitarse a ser el signo de la lucha del hombre contra el medio; la cordialidad y el amor deben presidir todas las relaciones interhumanas. Se trata de traspasar el cerco de la esclavitud que nos domina.

Es necesario vencer la ceguera de Euriclea y ver, y la malicia de Dione y amar. Pero ver ¿qué? y amar ¿a quién?

Estos dos interrogantes tienen un significado especial en toda la obra de Buero Vallejo. Podría decirse que cada nueva pieza es un modo nuevo de replantearse las mismas preguntas para dejar bien clara la necesidad que tenemos de un conocimiento adecuado de los problemas y de un corazón limpio para resolverlos.

En lógico paralelo, la filosofía española ha de empeñarse en una intensa búsqueda de respuestas que nos aproximen a soluciones válidas a niveles conformadores de una teoría del conocimiento y una ética, dentro de la característica humana de nuestra cultura.

El personaje de Ulises recreado por Buero en «La tejedora de sueños» tiene, en esta problemática de la filosofía española, un significado especial.

Los nuevos tiempos en que transcurre su segunda vida artística piden cambios radicales en su conducta y, sobre todo, en sus ideales. Tendría que abandonar su agresividad de patriarca y entrar en un mundo de amplia colaboración entre los seres humanos; tendría que dejar su condición de individuo, y no para hacerse simplemente parte de un grupo social, sino para conquistar la dignidad de persona.

243

Pero Ulises no ve ni ama. Ulises sufre la esclavitud de una ceguera y una malicia de características especiales.

La estructura formal subconsciente de «La tejedora de sueños» coincide en sus rasgos esenciales con la que presentaban los ritos de la fiesta del año nuevo, en los orígenes de las culturas antiguas, tanto en el Medio Oriente como en la Hélade.

El dios agrario del ciclo anual, representado por su sacerdote o por el exarconte, se lamenta de su fin ya muy próximo. La ineludible muerte se acerca; su sustituto, el año nuevo, aparece y se dispone a iniciar su recorrido por el tiempo. Surge entones la gran sorpresa, la anagnórisis; el año viejo puede reconocerse en el año nuevo, retorna la alegría y se entonan cánticos de júbilo. La vida renace.

La fiesta reproduce, en forma ritual, un mito de muerte y resurrección; el pasado vuelve otra vez, en eterno retorno. Es el tiempo sentido como un movimiento cíclico.

Para Murray, esa representación ritual de la fiesta del año nuevo supone el inicio de un proceso cuyo desarrollo concluirá en la tragedia.

Sin pretender entrar en la polémica suscitada por esta teoría etnológica sobre el origen de la tragedia, nos parece oportuno aludir a la permanencia, a través de todo el proceso, del tema del enfrentamiento con la muerte y de la búsqueda de un motivo que, a pesar del destino, justifique y dé sentido a la vida humana.

Cuando Buero traslada a Ulises del mundo de la epopeya al de la tragedia, debemos entender que, en realidad, lo enfrenta a su propia muerte, al hecho de tener como fin último la nada.

Ulises vuelve a Itaca disfrazado de mendigo, es decir, representando el papel de un vagabundo viejo y menesteroso.

En la psicología del mendigo es frecuente el desarraigo del suelo paterno para vivir en un constante vagabundeo por determinados lugares, recorriendo siempre el mismo ciclo, como un acto ritual.

Con idéntico rigor mantiene el mendigo el rito de vestirse de harapos. No se trata de un problema de indigencia; es una norma inquebrantable emanada de las capas más hondas de la psique; es algo así como la voluntad decidida de habitar fuera del tiempo. Esas ropas envejecieron ya. Los harapos, por tanto, hacen del mendigo un hombre ante la muerte. Por último, la mendicidad conlleva el comer siempre de limosna, el alimentarse de los deshechos, de lo que ya no es apto para la vida, rito que confirma el designio de muerte ya esbozado.

Así vuelve Ulises a Itaca, como el año viejo al final de su ciclo por el tiempo.

En su palacio todo parece estar preparado para celebrar una fiesta ritual de año nuevo para repetir, una vez más, un mito de muerte y resurrección: Penélope teje y desteje cada día y cada noche un sudario para Laertes, padre de Ulises; precisamente la luna, el astro que con la periodicidad de un mes muere y resucita, ilumina sus tareas nocturnas. Tampoco carece la fiesta de los personajes que han de participar en los juegos agonales, los pretendientes de Penélope, entre los que destaca el presunto vencedor, el joven Anfino, espíritu del año nuevo que ha de ocupar pronto el puesto del anciano rey.

Pero Ulises, como Euriclea, es ciego. A la esclava, la ceguera no le impedía ver el color de las madejas de lana; su incapacidad está limitada a determinadas cosas. De igual manera, Ulises sufre la imposibilidad de ver sólo en un determinado sentido: el de reconocerse en los otros.

Los pretendientes habitan su propio palacio y aspiran a conquistar la misma mujer que él conquistara años antes. Reproducen, por tanto, su propia imagen; pero Ulises no alcanza a verse reflejado en ellos y los mata. Anfino se caracteriza por haberse ganado el afecto de Penélope, lo que supone un nuevo grado de semejanza con la imagen del anciano rey; a pesar de todo, tampoco esta vez Ulises llega a la anagnórisis, y también Anfino muere atravesado por su flecha.

La ceguera del agresivo patriarca cobra en este último caso un significado mayor, pues Anfino no sólo representa la imagen individual de Ulises; se identifica igualmente con su hijo Telémaco, por contar con la inclinación de Dione que Telémaco no ha logrado, y se identifica con el padre de Ulises, Laertes, ya que ocupa su puesto en el sudario tejido por la reina.

Todavía queda otra víctima que ha de sucumbir bajo el poder de Ulises: la esclava Dione, la urdidora de engaños, la astuta, la que se brinda a cantar la rapsodia que narra los hechos tal como el rey Ulises quiere que pasen a la posteridad; pues bien, la que, en espíritu, reproduce más fielmente el ser de Ulises, Dione, ha de morir ahorcada.

Estos tres momentos homicidas que acabamos de indicar pueden servirnos para aclarar algunas características que distinguen la evolución cultural española.

Muere, en primer lugar, a manos de Ulises, una multitud: el grupo de los pretendientes de Penélope.

Si las frases nietzscheanas referentes a que «Dios ha muerto» y a que «nosotros lo hemos matado» deben entenderse como un parricidio edípico realizado, no por un individuo, sino por una cultura, y si la muerte de Fernán Gómez, llevada a cabo por los habitantes de Fuenteovejuna, tiene el mismo significado en la cultura española, en este episodio de «La tejedora de sueños» hemos de encontrar el problema opuesto: el de un claro «complejo de Layo», suscitado igualmente en el plano antropológico-cultural.

Esta conclusión, sin embargo, no agota el contenido significativo del pasaje que comentamos. Años antes, Unamuno, en «El sentimiento trágico de la vida», alude a Dios sentido como una pluralidad, a lo divino como un ser colectivo que no implica, ni mucho menos, una pluralidad de dioses.

Desde la atalaya que nos brinda la obra de Buero Vallejo, parece posible interpretar los términos unamunianos como un síntoma de que los ideales de nuestro pueblo, de nuestro Dios, empiezan a trascender el individualismo de un yo que sólo vive por sí y ante los demás.

Para Ortega y Gasset «yo soy yo y mi circunstancia»; pero ahora advertimos que esa circunstancia mía son los otros; y no tanto porque vivamos en sociedad, cuanto porque mi ser yo mismo tiene como meta suprema comprender el ser que hace a los otros sentirse otros yo.

El ser abierto del «ser-ahí», que nos propone la filosofía de Heidegger, se resuelve en una metafísica mundana, porque el abrirse del ser-ahí conduce al ser de los entes. La metafísica española, en cambio, habrá de ser esencialmente humana, ya que el abrirse del yo trasciende la entidad de lo real y busca ser comprendido por el ser de los otros para comprenderse.

La muerte de Anfino nos brinda algunos detalles significativos, cuyo esclarecimiento puede suponer un paso importante hacia la comprensión de uno de los aspectos de mayor valor en la obra de Antonio Buero Vallejo, y, en consecuencia, de los rumbos por los que habrá de discurrir pronto, creemos, nuestra filosofía.

Anfino era uno de los miembros de ese grupo de pretendientes de Penélope destruido por Ulises. Por ello su caso participa de cuanto se ha dicho y se pueda decir de la colectividad que sucumbe, a la vez que cuanto se diga de él en particular afecta a esa multitud en la que él se encuentra inmerso. Anfino es, por tanto, otro puente de enlace, otra clave para hacer visible en el plano artístico un panorama nuevo de valores oculto bajo la realidad de lo concreto.

La característica de este personaje, consistente en representar al mismo tiempo a Laertes y a Telémaco, sugiere la idea de que la oposición que distingue, respecto al tiempo, los complejos de Layo y de Edipo, encuentra aquí una nueva forma que los supera y los contiene: como el propio Ulises se encuentra también representando simbólicamente en el personaje de Anfino, matar al padre como Edipo, o al hijo, como Layo, son, en el fondo, no sólo una y la misma cosa, sino, sobre todo, una autodestrucción. Antecesores y descendientes, la humanidad entera en su conjunto es elemento constitutivo de cada yo. La ley general en que puede concluir este proceso no es otra que la universalidad de la persona.

La pluralidad que caracterizaba al dios de «El sentimiento trágico de la vida» sin aproximarse al politeísmo, se descubre ahora como ideal supremo de esa cultura nuestra, que nos modela.

El diagnóstico psicoantropológico del Ulises de «La tejedora de sueños» puede completarse atendiendo a los signos e insinuaciones que presenta la muerte de la esclava Dione.

Una vez exterminados todos los pretendientes, el arco de Ulises se tensa de nuevo, amenazando la vida de Penélope. Es sólo un gesto, tan ficticio como el disfraz de mendigo con que el rey entra en su palacio de Itaca. Penélope, la verdadera mitad femenina de Ulises, cumplido el ciclo ritual del tiempo se resiste también a morir. Muere, en cambio, su mitad femenina simbólica, la esclava que, según vimos, reflejaba con fidelidad la imagen interior del rey.

Dos notas destacan en las circunstancias que caracterizan la muerte de Dione: el hecho de que Ulises se limite a decretar la sentencia, no a ejecutarla, y la manera expresa de ejecución mediante la horca.

Todo parece aludir aquí a ese aspecto complementario del problema, concerniente a la dimensión femenina del individuo. No se entiendan, sin embargo, estos términos con referencia a un matriarcalismo. Se trata más bien de la esclavitud, ya comentada, que tiene por signo lo malvado y de la ceguera interior que esa esclavitud conlleva.

Si la muerte del grupo de los pretendientes y la particular de Anfino nos permitía advertir en Ulises los rasgos característicos de los complejos de Edipo y de Layo reinterpretados con sentido universalista, la sentencia dictada contra Dione nos permite entender cómo el personaje de Buero presenta, además, entre sus síntomas, el del complejo que podríamos denominar de Yocasta.

La reina de Tebas, en efecto, albergaba en las profundidades de su corazón perversos deseos, tanto con respecto a su marido, Layo, como a su hijo, Edipo. Al primero esperaba causarle la muerte por medio de un hijo que ella formaría en sus propias entrañas. Sólo el destino preservó la vida del segundo de las maquinaciones tramadas por Layo y consentidas por ella, perversiones que ocultaba bajo la apariencia de proteger la integridad del rey y su propio honor, amenazados por el hijo, según lo había manifestado el oráculo.

Ese honor femenino, sin embargo, el que preserva la sexualidad de sentido interno de la mujer del dominio del varón, era utilizado por Yocasta a modo de instrumento para ejercer, por vía indirecta, el poder sobre la ciudad: el que supere determinadas pruebas poseerá su lecho y será rey.

El seno de Yocasta recibió a Edipo; ciegos ambos para reconocerse se amaron, como, ciegos en el cruce de caminos, Edipo y Layo se creyeron enemigos y lucharon.

Cuando la mirada de Edipo consigue, al fin, escudriñar su interior y descubrir su humana culpabilidad, los ojos del que osó verse a sí mismo se ciegan, al tiempo que Yocasta, ocultadora Madre Tierra, al ver su secreto revelado, abandona la existencia, suspendida en el aire, sin más contacto con esa tierra que ella simboliza que un cordón alrededor de su cuello.

También Dione muere en la horca y también, en la raíz de su capacidad destructora, se encontraba el mismo afán de dominio indirecto sobre la casa real de Itaca.

Pueden bastar, por tanto, estas consideraciones para comprender que Ulises, al destruir su propia imagen, reproducida en la figura de Dione, completa un símbolo de humanidad actual decadente, universaliza en su persona toda una cultura agresiva que se autodestruye.

En resumen, la conducta agresiva de Ulises se desvela como un suicidio cultural que es preciso impedir.

Los otros no son nuestros enemigos, como la historia de Occidente nos ha venido diciendo; los otros son una parte de nosotros mismos, nuestro yo externo, nuestra personalidad.

Empieza a perfilarse la primera respuesta válida a las preguntas que antes formulábamos: ver ¿qué? y amar ¿a quién?

Lo que tenemos que alcanzar a ver, si queremos curarnos de la ceguera de Ulises, es nuestra imagen reflejada en los demás; es vernos viendo a los otros.

La segunda respuesta es sólo consecuencia y aplicación de la primera: nadie puede ser nuestro enemigo si compartimos los problemas, los defectos y toda clase de miserias. La agresividad interhumana debe dejar paso al amor mutuo, al amor universal entre los hombres.

El antiguo aforismo, que con tanta fortuna recoge Sócrates, de «conócete a ti mismo», en nuestro caso debería decir, pues, «reconócete en los otros».

Una nueva dimensión de la obra, decisiva para nuestro trabajo, se nos descubre al enfocar los problemas, no desde el punto de vista de Ulises, sino desde la perspectiva que anhela la mirada de Penélope.

En el seno de una sociedad de signo patriarcalista, como la representada por Ulises, la actitud adoptada por la mujer suele oscilar entre el sometimiento ciego a las normas que el varón le impone, tal es el caso de Euriclea, y una curiosa rebeldía ante el orden establecido, que no supone cambio alguno en la estructura formal de la sociedad, sino únicamente la posibilidad de subversión de las funciones asignadas a cada sexo, de manera que la mujer no quede excluida del ejercicio del dominio sobre otros seres humanos. La pertenencia de Dione a este segundo grupo es indudable, a juzgar por los subterfugios de su conducta que, según vimos, la asimilaban un tanto a Yocasta; pero esta conclusión no agota la validez de la figura mítico-artística de Dione.

La esclava rebelde que busca ejercer el poder ejemplifica, en lo humano, los mismos impulsos que movieron a Artemisa y a Atenea a empuñar las armas de Apolo. Y también para Dione al precio de ser virgen, de incapacitarse para el amor y la creatividad.

Se vislumbra así, en la base de esta rebeldía, lo que Adler denominaba «la protesta viril»: un deseo imposible de hacerse varón que, por su imposibilidad misma, tiende a desembocar en el típico complejo de prostitución cuya génesis ya hemos estudiado por extenso en nuestro libro «Psicología de la ceguera».

El sentido de la flecha marcó rumbos a los valores: engendrar hacia fuera, fecundar el mundo, se hizo noble tarea. Y por contraste, recibir la semilla, crear dentro de sí, cayó en desprestigio ante las gentes. Las diosas evitaron ser fecundadas; mas no por ello alcanzaron potencia alguna para engendrar hacia fuera. Por eso, a modo de compensación, Artemisa propició la fecundidad animal, y aun la humana, y Atenea se convirtió en la protectora de la creación artística.

Unos momentos de atención al modo de tragedia que sufre Antígona pueden aproximarnos no poco al nudo del conflicto en cuyas raíces pretendemos adentrarnos.

Antígona no elige la virginidad por virtud, sino porque su hado trágico le presenta en disyuntiva la posibilidad de ser creadora de nueva vida o cumplir, mediante determinados ritos, deberes de índole funeraria.

La autoridad de Creón decide dejar sin honores fúnebres a su hermano muerto, Polinices. Antígona se rebela contra el poder de su tío como antes el titán Prometeo se rebelase contra Zeus. Ambas rebeldías tienen en común el motivo causante, el dominio patriarcalista; pero se diferencian, hasta oponerse, los sectores de la personalidad que en cada caso se rebelan: Prometeo trae el fuego a los hombres, ilumina las conciencias, libera el ver. Antígona, por el contrario, entra en el oscuro mundo de los muertos, trasciende el ámbito de la razón y llega al del misterio en busca de un hermano que ya no responde; libera el amar, y lo libera incluso de la reciprocidad de ser amado. Por eso Prometeo, en lo alto del Cáucaso, sufre que un águila le devore el hígado, mientras que Antígona desciende viva al seno de la tierra para morir allí ahorcada como su madre. Hemón comprende el sacrificio de su amada y la sigue al abismo, donde también se precipita Eurídice.

Al fin, Creón, el rey, quedándose solo, constata que la débil Antígona era su hijo, su mujer y él mismo.

Es un claro paralelo de la proyección antropológica que descubríamos en el Ulises de «La tejedora de sueños», si bien el personaje de Buero abarca las dos vertientes de rebeldía que encontrábamos líneas atrás: la del ver, la que mira al exterior, personificada en la tragedia griega por Prometeo, y la del amar, la introspectiva, la caracterizada en Grecia, precisamente, por Antígona, que en el personaje de Sófocles sólo representa este segundo aspecto.

Acudir ahora al enfrentamiento entre Creón y Antígona nos permite adentrarnos un grado más en el significado antropológico-artístico de la esclava Dione. Ella también, como Antígona, debe ser virgen, mas no por elección, sino por ser víctima del rechazo de Anfino, al tiempo que por hacer víctima de su rechazo a Telémaco.

Nos percatamos, por el contexto de la obra, que una misma cosa es despreciar y ser despreciado. Con ello, la figura de Dione muestra perfiles nuevos en el intrincado panorama de problemas que laten en «La tejedora de sueños».

La esclavitud de Euriclea la convertía en ciega, no para ver las cosas, sino para ver al hombre. La esclavitud de Dione era perversidad, y, por tanto, también ceguera; mas no para ver las cosas ni para ver al hombre, sino para ver al hombre como es. Dione es la esclava rebelde; pero su rebeldía es negativa porque pretende ejercer el mismo dominio que rechaza en los demás.

Algunos movimientos feministas en la actualidad reivindican para la mujer derechos equivalentes a los que, en su rebeldía, buscaba Dione para sí. Se pretende una manera de igualdad entre ambos sexos que deja intacta la injusticia que durante tantos siglos hemos sufrido, sólo que ejercida con otros criterios. En vez de hablar del sexo fuerte y el sexo débil se hablará del hombre débil y el hombre fuerte, del más y el menos inteligente. En suma, se trata de distribuir de otro modo el poder patriarcalista, no de superarlo.

Los móviles de Antígona tienen un sentido radicalmente distinto. No pretende, en modo alguno, suplantar a Creón en el mando de la ciudad. Es impensable, por ejemplo, que Antígona tratase de evitar que su hermano Eteocles recibiese las honras fúnebres ordenadas por el rey, su tío. Los intereses de la hija de Edipo y Yocasta son otros.

María Zambrano dice de Antígona que «entreteje los hilos de la vida y de la muerte»; y, a nuestro entender, esa es una de las primeras verdades que deben predicarse acerca de ella. En fecto, Antígona se vuelve trascendente porque pretende dar vida al ser; porque, a cambio de no crear vida en el plano de la realidad, crea una vida superior que alcanza al reino de los muertos, reino que, por esencia, permanece.

Si ahora nos volvemos un momento a lo que llamábamos complejo de Yocasta, podemos descubrir que la reina de Tebas, en la narración de Sófocles, manifiesta la extraña propiedad de ejemplificar, al mismo tiempo y en el mismo proceso sintomático, las dos vertientes, negativa y positiva, que acabamos de ver personificadas en las figuras de Dione y de Antígona. Yocasta se encuentra, así, más allá del bien y del mal.

Cuando Edipo decide abandonar la casa paterna, la que literariamente se expresa como correspondiente a los padres adoptivos, su decisión supone, a la vez, el asesinato del padre que dejará de ser para él modelo y autoridad, y la voluntad clara de reengendrarse en el vientre materno para hacerse a sí mismo. Esta segunda mitad de su destino comportaba un primer paso que le permitiera comprender su naturaleza genérica, hacerse cargo de su propia realidad básica. La vía de acceso a este conocimiento, llamémosle entitativo, le quedó expedita merced al enigma que le propone la esfinge: el animal cuadrúpedo, bípedo y trípedo. Edipo advierte que se trata del hombre; aprende entonces, diríamos, lo que es, como realidad, el ser humano.

Que sepamos, nunca se ha dicho por qué era terrible ese monstruo de la comarca, por qué tenía la potestad de devorar víctimas humanas, no obstante resultar claro su carácter.

Se trata de un animal compuesto, al modo de una quimera, si bien son otros los animales básicos que lo integran.

La potestad que tenía aquel monstruo de devorar a los transeúntes con quienes se encontraba y que no lograban descifrar su enigma no se debía a un mero capricho de los dioses, sino a poderes que emanaban de su propia naturaleza.

Al igual que la Quimera, su madre según algunas versiones, la Esfinge era, con toda probabilidad, un símbolo calendárico. El fluir del tiempo era, así, un atributo de su esencia. No parece, sin embargo, que esa temporalidad sea tan sólo la que caracteriza la entidad de los entes, el estar siendo de las cosas reales; a un simbolismo de ese tipo se aproxima más bien la Quimera. La Esfinge posee siempre rostro humano, sea masculino, como la esfinge egipcia de Gizeh, sea femenino, como en el caso del monstruo de Tebas que ahora nos ocupa.

Puede decirse que ese tiempo de calendario que vive en la Esfinge comprende la vida del hombre y, en cierto modo, la domina. De ahí el profundo enigma que ella sabe y que ella es, y que resulta indescifrable para quien no sepa entender la temporalidad humana. La clave del enigma es el tiempo en el que transcurre la vida del hombre, un tiempo dotado de energías capaces de transformar al débil niño en robusto adulto y, a su vez, hacer del fuerte mancebo un menesteroso anciano.

El símbolo de la segunda madre, matriz en la que se gesta la personalidad humana; la que a la vez era devoradora madre tierra, terrible esfinge y refugio de esperanza, el acogedor seno de Yocasta, el símbolo de todo este mundo nuevo, llega a la sensibilidad griega demasiado tarde. Ya los milesios, y sobre todo Parménides y Heráclito, habían decidido, para su filosofía, el sentido de la flecha de Apolo, el pensar mundano de los entes, incluso proyectando sobre ellos la intemporalidad del ser.

La figura de Penélope en «La tejedora de sueños», contrapuesta a los demás personajes que conviven con ella, nos brinda la mejor oportunidad para entender cuál sea el verdadero punto de partida de ese nuevo filosofar a que está abocada nuestra cultura.

La obra en su conjunto consiste en un esperar complejo, lleno de intenciones, apenas insinuadas a veces, expresadas con toda claridad otras. El grupo de los pretendientes, el símbolo de los intereses colectivos, incluyendo a Anfino entre ellos, pone su esperanza en Penélope, a la manera como Edipo la había puesto en Yocasta. Buscan el lecho de la reina para acceder a un trono, esperan reengendrarse en la segunda madre para alcanzar la posesión de su propio ser persona.

Ulises vuelve para evitar que Penélope sea otra Clitemnestra y Telémaco otro Orestes. En realidad vuelve para conservar su vida y su corona, para evitar ser Layo; mas cuando cree haber triunfado contra todos los Edipos de cuyo peligro le avisaba el oráculo de su presentimiento, se desvela ante él, por boca de Penélope, el enigma de la esfinge: «¡Te disfrazaste porque te sabías viejo!...»

El terrible calendario de rostro humano anuncia el fin. Penélope, la esperanza de todos, teje un sudario.

Pero esa moneda tiene un reverso: Penélope, la esperanza de todos, sobre ese sudario teje una imagen. Es en cierto modo la imagen de Ulises, la que todos llevaban impresa en sí mismos, y que el propio Ulises no supo ver.

Penélope, la Yocasta de nuestra cultura, nuestra segunda madre, tejía el ser de un hombre nuevo; tejía el ser de un hombre que no supiese de guerras ni de odios, sino de amor. Tal era su propia esperanza: «Esperar... Esperar el día en que los hombres sean como tú... y no como ése. Que tengan corazón para nosotras y bondad para todos; que no guerreen ni nos abandonen. (...) Pero para eso hace falta una palabra universal de amor que sólo las mujeres soñamos... a veces.»

Trascendente hasta el reino de los muertos como Antígona, refugio maternal como Yocasta, el símbolo de Penélope nos habla, en sentido positivo, de ver al hombre y de amar al hombre. Penélope está libre de la esclavitud de Euriclea y de Dione. Para la filosofía española, sin embargo, no es esto lo que más importa. El significado básico de su figura se encuentra en la recuperación y oportuno encuadre en nuestro desarrollo cultural del mito de la tejedora.

Penélope teje la imagen del hombre que no tiene; tal vez la imagen del hombre que no existe y debe existir, el modelo de imagen humana en que debemos mirarnos. Son los hilos de la vida y de la muerte, o quizá, hilos que están más allá de la vida y de la muerte.

Empezamos a comprender que esta es la nueva virtud, que sustituye a la pasiva virtud patriarcalista de la fidelidad incondicional al marido ausente. La virtud de la mujer es creadora, y aun podríamos decir, es la creatividad misma.

En el plano filosófico, este símbolo de segunda madre, como matriz que es, determina el verdadero punto de partida, a cuyo regreso está condicionada la adecuada respuesta a las preguntas que, páginas atrás, descubríamos como esenciales en el desarrollo de la futura filosofía española: ver ¿qué? y amar ¿a quién?

Resulta ahora evidente la necesidad previa de reengendrarse para crear el propio ser persona, recrearse dotado de valores intemporales, renacer al mundo de la trascendencia.

Ahora bien, esta actividad creadora, y creadora precisamente de modelos de hombre nuevo, corresponde, según vimos en otro capítulo de este libro, a la esencia del arte. Debemos concluir, por tanto, que en el origen de nuestra filosofía se encuentra la estética.

Las tres parcas del mito dejan paso a un símbolo unificado al entrar en la tragedia.

Edipo, consciente de que su destino es recorrer el ciclo de la vida y morir, quiere trascender lo inevitable y alcanzar un estado de permanencia; busca reengendrarse en la matriz de lo eterno y recrearse en lo inalterable.

Su calendario, su programa de un solo ciclo vital, su esfinge, muere porque él aprendió la intemporalidad, volvió al vientre materno a engendrar su propio ser.

La Esfinge y Yocasta, repercutiendo sobre la persona de Edipo, se nos descubren aquí como el anverso y el reverso de un mismo problema: la realidad del hombre, limitada a un espacio y un momento, y las aspiraciones del ser humano, los valores asentados sobre lo eterno.

La filosofía de Apolo nos ha transmitido una inquietud precisa por el orden del cosmos. De ella hemos adquirido también el concepto claro de una metafísica, entendida como una oposición a la mentalidad mágico-religiosa. Pero el sentido de lo estético sólo se hace inteligible dentro de un sistema cultural cuya filosofía consiste en oponerse al arte, en el seno de una cultura en que se cambie el fundamento en el macrocosmos de los entes por el microcosmos humano.

La estética entre nosotros no puede ser un intento por descubrir cuál sea, objetivamente, la esencia de la belleza mundana. A nuestra filosofía compete esclarecer que la estética consiste en recrearse, en hacerse esa segunda naturaleza que trasciende el orden del tiempo; en una palabra, dar origen al propio ser.

Para Parménides y la mayor parte de los filósofos posteriores, las cualidades del ser giran en torno a la inmutabilidad: el ser no puede ganar nada ni tampoco perder nada, no tiene principio ni fin. Sin duda, el atribuirle tales características se debe a entender el ser como sustrato de los entes.

Desde nuestro punto de vista, en cambio, el ser es permanentemente perfectible.

El ente que Heráclito ha visto fluir de un modo constante, haciéndose y deshaciéndose al mismo tiempo, transformándose, el ente mundano de la realidad se apoya sobre una base que permanece: la materia, que dio lugar al célebre principio de Lavoisier: «Nada se crea ni nada se pierde. Todo se transforma». Para el ente específico cuya manifestación activa de estar siendo es vivir, el viviente, y dentro de esta especie, para el caso particular del hombre, el fenómeno se convierte en un problema distinto.

La parte del viviente que corresponde al elemento «vida» se pierde y, por tanto, el viviente no se transforma; se muere.

La entidad del hombre queda así sujeta al terrible enigma de la Esfinge: recorrer el camino de la vida una sola vez, disponer sólo de un lapso de tiempo para vivir. Y esto es válido incluso aceptando como verdad objetiva la creencia religiosa en otra vida, pues esa nueva vida habrá de ser «otra», con solución de continuidad entre ambas.

Pese a esa condición de limitado por el tiempo, el hombre, sobre su entidad caduca, engendra una segunda naturaleza, se recrea en una segunda gestación que da lugar a su ser persona, a ese ser edificado en el tiempo y sobre la temporalidad, pero de naturaleza distinta de lo temporal en sí.

Las cualidades del ser que alcanzamos en este proceso nada tienen que ver, pues, con las del estático ser de Parménides.

Nuestra filosofía se dirige al encuentro de un ser que tiene como primera y esencial prerrogativa la creatividad. No se trata, sin embargo, de una fuerza real similar a la que hace activos a los entes; no es una dinámica derivada del fluir de la realidad en el tiempo. La capacidad creadora del ser se mueve, por el contrario, fuera del ámbito de los objetos temporales y materiales, y de ahí el orden nuevo a que pertenecen sus funciones.

El doble simbolismo que suponían la flecha de Apolo y la tejedora, vuelven a sernos útiles aquí en el esfuerzo por aclarar el sentido y valor de esta dimensión del ser del hombre.

Se trata de una creatividad que mira en primer lugar hacia fuera, hacia el mundo, y crea, entonces, el ser de los entes. En efecto, nunca los entes podrían tener ser si el ser del hombre no lo creara.

Del ser de los entes y del ser de las actividades toman su origen la magia y la ciencia, y las filosofías del mundo y de las ciencias.

Cabría objetar que la ciencia se mueve dentro del dominio de lo objetivo, y que, por tanto, no necesita una creación previa de sus elementos; pero no es difícil comprender que sin el ser de los entes ni siquiera sería posible la matemática: no sería verdad que dos y dos son cuatro, porque en el mundo de los entes jamás se produce el número dos, ni tampoco el número uno. Los entes en sí se mueven dentro del dominio de lo que denominábamos un laberinto, sin que cada uno tenga nada en común con los otros. El decir «uno» o decir «dos» supone haber creado ya el ser de esos entes que queremos sumar.

Por otra parte, la capacidad creadora del hombre se dirige hacia un cierto «adentro» para crearse a sí mismo.

Podría entenderse este nuevo campo de influencia como el resultado de un simple cambio de sentido en la dirección simbólica de la flecha de Apolo: la mirada desde el mundo hacia la intimidad humana; pero esta interpretación no nos daría el verdadero alcance del problema.

Entender de esta manera la magnitud de la nueva etapa filosófica que se nos propone equivaldría a minimizarla, a convertirla en un intento más de cuantos se han hecho por explicar linealmente el ser del hombre. De lo que aquí se trata es de apoderarnos de una dimensión nueva del ser, de hacer del lineal hilo un tejido en el que se abarca toda una superficie. La incorporación del símbolo de lo femenino al pensar humano no supone un nuevo paso en el sentido del trabajo, sino la conquista de la virtud de la creatividad, entendida como un valor distinto de los que nos brindan, de ordinario, el ente y el ser mundanos.

Nuestra cultura recupera, humanizados por el arte, los mitos de Artemisa y Atenea, da cabida y valor a Antígona y Yocasta a la par de Creonte y Edipo, y deja, así, el camino expedito a la filosofía para afrontar el estudio de esa capacidad del hombre consistente en recrearse en la intemporalidad y la trascendencia.

El quehacer cultural humano en su totalidad permite vislumbrar los trazos de un primer esbozo de estructura sistemática de sus núcleos fundamentales: el hombre, ente y ser a la vez, de un lado manipula la realidad mundana en el trabajo, la dirige como fin a lo útil y la entiende en su saber científico acerca de ella. De otro lado crea su propio ser, fruto de la capacidad estética, lo encamina como fin al bien ético y lo entiende en un conocer que podríamos llamar metafísico.

Muchas filosofías que entendieron al hombre sólo como ente lucubraron con gran provecho sobre múltiples aspectos de la realidad, y alcanzaron notorios progresos en sus objetivos. Tal es el caso del pragmatismo, del positivismo y de la filosofía social marxista; pero, faltas de vías de acceso a la trascendencia, estas filosofías acabaron en saberes científicos o en meras visiones del mundo. En el punto de vista opuesto, otras filosofías que entendieron al hombre sólo como ser desarrollaron prodigiosos sistemas, prometedores de grandes soluciones a problemas radicales de la humanidad; pero, faltas de un punto de apoyo en sus lucubraciones, desembocaron en el desprestigio de la filosofía misma. El idealismo alemán, por ejemplo, pertenece a este grupo.

El planteamiento de los problemas prefilosóficos en la cultura española se inclina, ciertamente, del lado del ser; no obstante, dos síntomas claros nos mueven a pensar que las realizaciones que se avecinan perderán esa parcialidad. Nos referimos a la magnitud extraordinaria de lo laberíntico en toda la gama de nuestras obras de arte, lo que supone una inquietud radical por tomar al ente como punto de partida, y a la preocupación, tantas veces expresada por Unamuno, de tratar con el hombre «de carne y hueso», es decir, en su estricta realidad.

Los personajes de la obra dramática de Buero, por su parte, se muestran también afectados por estos dos síntomas con la característica, en el primero de los casos, de una verdadera lucha por salir del caos laberíntico originario y entrar en los dominios de la esfera; y con la nota, en el segundo de los problemas, de haber logrado, de hecho, poner en la escena esos hombres «de carne y hueso» que en las obras de Unamuno no pasaron de ser una aspiración del autor.

«La tejedora de sueños» se nos convierte, en consecuencia de cuanto hemos dicho, en un primer programa de inquietudes culturales españolas que, en su dimensión artística, habrá de desarrollar más tarde el propio Buero, y en su dimensión filosófica permanece como enunciado de grandes cuestiones que habrán de abordar en su día los pensadores que el futuro nos brinde.

Hemos visto cómo la esclavitud de la ceguera y la esclavitud de la perversidad abrían los interrogantes de ver ¿qué? y amar ¿a quién? para los que ya en «La tejedora de sueños» se iniciaba el sentido de la respuesta: descubrir la propia imagen en los otros, verse y amarse en el hombre, o ver y amar al hombre. Nos parece innecesario aducir ejemplos ilustrativos para afirmar que estas dos tareas, creadoras de una problemática metafísica y ética de sentido humano son notas de claro predominio en toda la obra de Buero; pero el análisis del proceso nos condujo a una etapa previa, la estética, origen de la creatividad misma, a la que conviene dedicar todavía algunas líneas más.

Las frases: «verse en los otros» y «amarse en los otros» expresan, en un determinado sentido, finales de sendos procesos que parten de la esclavitud de la ceguera y de la esclavitud de la perversidad. Este sentido es el de la flecha de Apolo, que, de la frase, destaca el término «los otros», y que en «La tejedora de sueños» corresponde a lo que debiera tender Ulises. Desde el punto de vista de Penélope, en cambio, lo subrayable de las frases es ese «se» del ver«se» y del amar«se», y por tanto, en el origen de cada uno de los procesos en este caso está el constituirse.

Nos encontramos ante las dos virtudes fundamentales por las que el hombre conforma su propio ser: la de corregir y la de crear. Son las funciones asignadas por Yavéh al padre Adán y a la madre Eva: el esfuerzo del trabajo y el dolor del parto; con la salvedad de que, en estas líneas, hemos de entender el pasaje aplicado únicamente a la dimensión humana del problema, a la facultad que tiene el hombre de ser persona.

Con frecuencia, esas dos virtudes se han erigido en principios y se han excluido o ignorado mutuamente. «El arte por el arte», frase tantas veces repetida, sea con sentido positivo o negativo, supone el punto álgido de este divorcio. «El arte por el arte», en el fondo, es tanto como decir el arte por nada, un sinsentido.

Por otra parte, toda tarea de perfeccionamiento requiere, como condición previa, la existencia de un modelo hacia el cual deben encaminarse todas las correcciones; de manera que, sin el arte creador de esos modelos, todo progreso en este sentido se hace inviable.

Los tabúes de la tradición y del sentimiento ritual-religioso fijan los modelos de individuo y de pueblo, y así nuestra primera madre ha de crearnos según el modelo del padre o del dios; de ahí que para reengendrarse en la segunda madre, en Yocasta, se haga necesario ser antes parricida o deicida, y sobrepasar después el tiempo calendárico de la esfinge.

En el «descenso a las madres», Fausto, el aspirante a la eterna juventud, contrae matrimonio con Helena, la belleza eterna.

Penélope deseó con vehemencia, y aun envidió de Helena esas supremas cualidades: la eterna juventud, que triunfa sobre la esfinge, y la eterna belleza, gozo de la verdadera creatividad artística, disfrute del modelo de hombre nuevo propuesto a la cultura de un pueblo.

Penélope, la tejedora, consigue en el telar de sus sueños esa imagen de un nuevo Ulises, Anfino, que será eternamente joven y bello y que eternamente la recordará joven y bella.

Capítulo XIV

Del eterno retorno cósmico al ensayo humano
Abstracción y endopatía en «Historia de una escalera»

La variedad de aspectos implicados en «La tejedora de sueños» y el orden estructural en que se manifiestan nos permitieron adelantar algo así como un programa, válido, al mismo tiempo, para hacer más inteligible el sentido de otras obras de Buero Vallejo, y establecer los cuadros de materias fundamentales que, en breve, creemos que habrán de componer nuestros sistemas de filosofía.

De todas las materias que integran ese programa, la de la constitución radical del hombre, que implica la consideración de la estética como el ámbito de la creatividad de lo humano, habrá de ocuparnos en primer lugar, no sólo por su situación privilegiada para ser un buen punto de partida, sino también porque las dos obras en que Buero afronta el problema con mayor profundidad, «Historia de una escalera» y «El tragaluz», comportan sendas derivaciones hacia métodos que brinden probabilidades de éxito.

Perjudicó mucho al esclarecimiento de los valores simbólicos y antropológicos de estas dos obras la circunstancia histórica de aparecer en una época en la que los valores sociales gozan de mayor prestigio que cualesquiera otros, y aun llegan, a veces, a eclipsarlos.

Tácitamente se ha venido aceptando que el conjunto de individuos constituye por sí una sociedad. La masa, lo gregario, se entiende entonces como lo social imperfecto; la persona y la personalidad no pasan de ser términos imprecisos, aplicados, sobre todo, a aquellos casos en los que se quiere destacar un nivel moral aceptable o en los que el individuo ocupa cargos políticos relevantes.

Estos conceptos pueden aclarárosnos un tanto si recordamos que el individuo hombre, al abrirse a lo humano, al verse y amarse en los otros, en suma, al humanizarse, se convierte en persona. En el paralelo colectivo, si los individuos de un grupo gregario evolucionan y se hacen personas la masa se convierte en sociedad.

Cuando el grupo en el que se observa la evolución socializadora está formado, en su conjunto, por todo un pueblo, ese proceso de desarrollo equivale a lo que la antropología llama una cultura.

Al hablar, por tanto, del proceso de desarrollo del hombre como individuo o como pueblo, comporta siempre un grave riesgo mantener a ultranza criterios de subordinación o de prioridad.

No es posible que el individuo en pleno aislamiento consiga el desarrollo de su propia personalidad, ya que este desarrollo exige el abrirse a «los otros»; ni tampoco es pensable una sociedad que no esté constituida, en su base, por individuos. Se impone, pues, una circunscripción superior, que abarque, a la vez, lo individual y lo colectivo y los siga en su evolución hacia la persona integrada en una sociedad. Esta circunscripción debe ser, a nivel científico, la Antropología Cultural, y, a nivel de pensamiento, la Filosofía de Signo Humano, la que venimos preconizando para nuestro futuro. En cualquier caso, el adecuado tratamiento de los problemas sociales requiere, tanto como la consideración individual, la colaboración de los símbolos para su eficacia en las propias tareas evolutivas, o como ayuda al intelecto para entenderlas.

Las características más destacadas de «Historia de una escalera» pueden permitirnos, observadas desde este enfoque, aclarar el alcance de valores apenas insinuados por los comentaristas o incluso ignorados en su totalidad.

La acción tiene lugar, según comenta el propio Buero, «de puertas afuera». Es decir: se trata de un conflicto de extraversión, de un problema suscitado al enfrentarse el individuo con el mundo de los entes que componen su entorno. El fluir del tiempo, en consecuencia, debe ser el principal antagonista de la obra, en caso de entender que el protagonista es el hombre. En las profundidades metafísicas del tema, podrían también invertirse los papeles, y entonces esa «Historia de una escalera», ese «afuera» que la escalera personifica sería el verdadero protagonista contra el que luchan los personajes, los seres humanos que suben y bajan por ella en el tiempo que dura su historia.

De cualquier modo, es el tiempo el mayor obstáculo en la vida de aquellos convecinos, de aquellos viajeros que Buero hace pasar frente a la Esfinge, presta a devorarlos:

«FERNANDO.—¡Es que le tengo miedo al tiempo! Es lo que más me hace sufrir. Ver cómo pasan los días, y los años... sin que nada cambie.»

Esta inquietud, por otra parte, no es una preocupación superficial de Fernando, utilizada a modo de una frase ambiental dentro de la obra. Muy al contrario, tales manifestaciones concluyen una charla sostenida con Urbano en la que Fernando expone una de sus máximas aspiraciones: «...Sólo quiero subir. ¿Comprendes? ¡Subir! Y dejar toda esta sordidez en que vivimos». Y preceden a un encuentro con Carmina en el que solicita su amor, y aclara:

«FERNANDO.—Carmina, desde mañana voy a trabajar de firme por ti. Quiero salir de esta pobreza, de este sucio ambiente. Salir y sacarte a ti. Dejar para siempre los chismorreos, las broncas entre vecinos...

Acabar con la angustia del dinero escaso, de los favores que abochornan como una bofetada, de los padres que nos abruman con su torpeza y su cariño servil, irracional... (...) Sí. Acabar con todo esto. ¡Ayúdame tú!»

El conflicto de Fernando se adivina sumamente complejo: quiere subir, y, a juzgar por sus explicaciones, ese subir sólo significa mejorar su situación económica, o, en todo caso, cambiar de clase social; pero, al mismo tiempo, es un asiduo lector de libros y escribe versos, quiere cultivarse y tener la sensibilidad de un poeta. Nosotros diríamos, que desea crear su propio ser persona. En este empeño piensa que el amor de Carmina puede ser para él una gran ayuda, y no alcanza a descubrir que en el amor mismo se encuentra la esencia de ese subir que busca.

Fernando adquiere, así, los rasgos particulares de un símbolo. Su problema nos hace pensar en una de las tareas más arduas impuestas al hombre: la conquista del propio ser en la intemporalidad.

Buero nos propone, por medio del arte de la tragedia, elevar nuestra condición humana, subir desde el plano de esta realidad que se nos da a un mundo nuevo, creado por nuestra fantasía poética y sostenido por el deseo contra toda esperanza.

La dimensión artística asume aquí las funciones que, tradicionalmente, corresponden a la mentalidad religiosa. Se trata, en efecto, de una verdadera conversión.

Convertirse, en sentido religioso, es elevarse sobre el mundo de la realidad en que vivimos, pasar del sólo ver y vivir de realidades a la decisión de aceptar y practicar lo que, de suyo, es increíble e irrealizable. La realidad que fluye en el tiempo es, por igual, un obstáculo para el religioso y para el artista. En el punto de partida coinciden, pues, ambas posturas, y hay también cierta semejanza en el método que habrán de seguir, en la conversión de que hablábamos líneas atrás; pero se diferencian radicalmente en la actitud adoptada ante el fin a que pueden llegar: un mundo eterno, tan real como este en que vivimos, en la trascendencia de lo visible, para el primero, y la intemporalidad ilimitada del ser, inmanente, irreal y verdadera, para el segundo.

La filosofía española, caracterizada por oponerse, no a la religión, como la filosofía greco-occidental, sino al arte, nos muestra de nuevo su primer objetivo: fundamentar y dar sentido a la estética.

De todas las disciplinas que la cultura occidental ha calificado de filosóficas tal vez la estética sea la menos evolucionada. Su aparición tardía le da una historia corta en la que los tratados son escasos en número y un tanto difusos en su expresión, y, lo que es más grave, ninguna filosofía parte de ellos para fundamentar adecuadamente su sistema.

La causa originaria de este desfase no puede estar sino en el hecho de haber entendido la filosofía como opuesta a la religión, y, en consecuencia, haber enfocado siempre la estética como una mirada al mundo de lo real. Y esto es válido no sólo para los objetivistas, sino también para los subjetivistas. La célebre cuarteta de Miguel Angel: «Dime, oh Dios, / si mis ojos realmente / la fiel verdad de la belleza miran, / o si es que la belleza está en mi mente / y mis ojos la ven doquier que giran» plantea el problema en torno al que iba a discurrir la historia de la estética; pero no radicaliza la cuestión como a primera vista parece. Se trata de saber si el placer experimentado ante lo bello obedece a un proceso externo o interno, si el motivo primero está en el cosmos o en la psique; pero no en saber si es real o irreal.

Lo sensual como punto de partida sí fue entendido con toda claridad ya desde Baumgarten; pero esa mirada hacia fuera imposibilitó ver el fin, que sólo en el propio hombre podía encontrarse.

Kant siguió la mejor senda, caminando retrospectivamente desde la Crítica de la Razón Pura, el dominio del conocimiento, regido por las leyes de la causalidad, a la Crítica de la Razón Práctica, el ámbito de la libertad, regido por las leyes morales, y, por último, a la Crítica del Juicio, el oscuro campo de los principios del placer y del dolor. Al llegar a este estadio Kant retrocede, no para fundamentar desde el juicio la voluntad y el conocimiento, sino para intercalar los principios obtenidos en las profundidades de su última crítica entre las dos primeras, a modo de un puente que une las leyes invariables de la razón pura con el mundo libre de la razón práctica.

El genial filósofo de Koenisberg sucumbe, en este proceso, víctima de su propio genio. La imposibilidad de obtener en la experiencia conocimientos de validez universal le había llevado a considerar necesaria la existencia de unos principios a priori, que resolviesen el conflicto. Tras esta conclusión en su método, todo el sistema arquitectónico de su filosofía pudo elevarse a partir del conocimiento. Pero, de hecho, su base era una hipótesis y no un descubrimiento verdadero, como ya hemos visto en otra parte de este libro. Si Kant hubiera partido de la negación como único principio generalizador, la construcción de su filosofía se hubiera invertido, comenzando por fundamentar la estética en un proceso de creatividad del propio ser del hombre a partir de la negación de la propia entidad, y tanto la ética como la teoría del conocimiento se hubieran derivado de los mismos principios.

Huelga decir que con estas rectificaciones a la filosofía kantiana no pretendemos minusvalorar la obra de Kant, ni en sí misma ni como aporte al desarrollo del intelecto humano.

El tiempo y el lugar en que Kant filosofa estaban rodeados de unas circunstancias que no permitían más que tanteos para salirse de veras del realismo más o menos puro. No cabe objetar que Kant inicia y los filósofos alemanes inmediatamente posteriores desarrollan una filosofía idealista, pues el idealismo entiende que lo real es producto de la mente humana, pero no crea, en modo alguno, un mundo irreal válido, en el sentido de no pertenecer al mundo de las cosas, sino al del ser propio del hombre. El a priori kantiano como conformador del mundo, como la participación del hombre en la constitución de lo mundano para hacerlo inteligible, no es nada en sí más que ese participar, y no podía serlo porque la religión griega y la religión medieval condicionaban y limitaban el ámbito de lo filosófico allí y entonces.

Una nueva aproximación al sentido que pretendemos aclarar en el tema que nos ocupa, podemos encontrarla en la llamada «Filosofía de los valores». En su conjunto, el modo de filosofar axiológico enfoca multitud de problemas desde puntos de vista que nos parecen los más acertados: la identificación en muchos casos, por ejemplo, del valer y el ser; pero, al no distinguir entre el ser y el ente, no encuentra lugar adecuado para dar asiento a los valores. Se habla entonces de una irrealidad que no corresponde al ser de lo ideal, pero le sigue en paralelo. Le falta, en suma, a la filosofía de los valores entender que el hombre tiene la capacidad de autoconstituirse, de crear su propio ser, que no es sostén de valores, sino el valor mismo.

De estas consideraciones se desprende una nota muy positiva respecto a la filosofía española que se avecina: el hecho de que para su creación y desarrollo no será necesario destruir primero todos los sistemas anteriores, propensión a la que la historia de la filosofía nos tiene acostumbrados. Bastará fijar los principios básicos y determinar el orden que ha de seguir el proceso, para que la mayor parte de las lucubraciones filosóficas de todos los tiempos empiecen a vislumbrarse como piezas útiles y valiosas del nuevo sistema. Las filosofías superadas no pasarán a la condición de falsas, sino a la de verdades parciales, que precisan un todo superior que les dé sentido.

Ese constante recomenzar el estudio de los problemas, propio de la historia de la filosofía de Occidente, obedece, en cierto modo, a la naturaleza misma del conocimiento filosófico, a su intento de apoyarse cada vez en puntos más profundos y de hacer retroceder más las bases primeras de su fundamentación; pero no es sólo esto. Desde Parménides y Heráclito quedó planteado a los pensadores un conflicto que apareció como insoluble hasta nuestros días: el «todo fluye» o el «todo es» abría una sima insalvable entre dos maneras de concebir los principios radicales del filosofar, y como en una y otra actitud se descubría fácilmente cierta verdad, cada filósofo que se decidiese a adoptar un modo como preferente al otro podía ser rebatido, sólo con repensar sus conclusiones desde la postura opuesta.

Heidegger acertó, el primero, a proclamar la no identidad del ente y el ser; pero a la hora de establecer las diferencias esenciales, anclado en el modo de filosofar parmenídeo, tampoco superó el dilema.

Tendremos oportunidad de volver a debatir la cuestión en el próximo capítulo; pero ya desde ahora necesitamos dejar explícito que esa nada tan temida por Heidegger se opone al ente, no al ser. Es posible, por tanto, fuera del mundo de la realidad, un cosmos del idealismo, formado por el ser de los entes, y otro cosmos de los valores, formado a partir del ser del hombre.

En el plano del ente, las cosas fluyen en el tiempo y en el espacio, y nosotros fluimos con ellas sintiéndolas, queriéndolas y conociéndolas. En el plano axiológico, en cambio, las energías del hombre se reflejan sobre sí mismo creando su propio ser; valorando entonces el sentir, el querer y el conocer como artífices de ese nuevo cosmos, que está más allá del dominio del tiempo y del espacio.

Explicar la génesis antropológica del idealismo, por su parte, puede sernos útil por cuanto en ella se hacen visibles las etapas de un proceso que todavía no ha alcanzado la madurez.

La mente de Platón concibe la existencia de dos mundos claramente definidos: el de las realidades imperfectas, el de las meras apariencias, que, sin dificultad, puede identificarse con el mundo del fluir continuo de Heráclito, y el mundo de las ideas, en el que las realidades son puras y perfectas, claro reflejo del ser de Parménides.

No podía sospechar Platón que este segundo cosmos fuese el fruto de la creatividad humana, pues a toda la cultura griega le es ajena la idea de creación en ese sentido. Los dioses hacen, construyen, conforman; pero en ningún momento se les ve producir algo de la nada. Por eso Platón necesitaba un apoyo real para sus ideas, un lugar verdadero en el exterior para situar en él las realidades arquetípicas.

El descubrimiento de ese doble cosmos, sin embargo, no deja satisfecho a Platón, cuya sensibilidad de poeta advierte nuevas dimensiones enriquecedoras del problema. De ahí que, en un estadio a nuestro parecer claramente distinto, introduce otro elemento, también doble, en su esquema filosófico: el sol, cuya luz hace posible que las cosas aparezcan, para el mundo de la realidad imperfecta, y su paralelo, el bien, en el mundo de las ideas, cuya extraña función parece ser la de dar sentido y unidad a las ideas mismas que componen el segundo cosmos.

Desde una perspectiva antropológica, el proceso platónico puede, sin distorsión alguna del fenómeno, integrarse como una intuición de la filosofía de los valores, que se adelanta en veinticinco siglos a los grandes axiólogos de la modernidad.

Las circunstancias en que aparece el otro gran sistema idealista, el alemán, difieren profundamente de las que concurrían en el filósofo de la Academia. La religión judeocristiana había traído al mundo occidental su Dios creador absoluto, creador desde la nada preexistente. Importa destacar aquí que lo creado por este Dios, en primer lugar, es el mundo de las cosas, el de la realidad, y, después, el hombre, también como realidad. Es decir: en su conjunto, ese cosmos imperfecto en que todos vivimos, según la filosofía platónica.

Los pensadores medievales hubieron de sufrir el encuentro de la filosofía griega y la religión judeo-cristiana, y su mayor empeño hubo de consistir en reconciliar ambas posturas. El resultado podría sintetizarse en un Dios que es, a la vez, creador del mundo de las cosas y sede del mundo de las ideas.

El cristianismo, como mentalidad, aportaba otras muchas concepciones nuevas, además del mundo como fruto de una creación a partir de la nada; pero, al no entrar en conflicto con la filosofía griega, no recayó el mismo debate sobre ellas, y permanecieron como meros problemas de índole religiosa.

En especial, el tema del «Reino de los Cielos» albergaba el germen de toda una filosofía nueva que entonces no llegó a desarrollarse, pese a ser su noticia la «Buena Nueva» predicada por el Cristo.

El reino en cuestión «no es de este mundo», característica que hizo pensar inmediatamente en una trascendencia, en una ultravida tras la muerte, de manera que las notas más significativas acerca de «la buena nueva» que ese reino suponía pasaron casi inadvertidas.

Se trata de un reino cuyo Rey viene a este mundo «para dar testimonio de la verdad»; pero esa verdad por la que el Rey muere es parte de su esencia, puesto que él es «el camino, la verdad y la vida».

Jesucristo, el Rey de ese reino de la «buena nueva», se nos muestra aquí como un triple mito o como un mito de validez triple.

Una vida que se alcanza renaciendo del agua y del espíritu; o lo que es lo mismo, renaciendo de dos elementos simbólicos cuyos orígenes míticos se pierden en las lejanías de la prehistoria. El primero de ellos, el agua, alude a la maternidad, al subconsciente; es la parte femenina, una primera madre universal en la que se gesta el mundo entero de las cosas reales. El segundo lo complementa: es un poder fecundador, que, en principio, era el viento, más tarde el fuego, y por último el espíritu.

La Iglesia petrificó ambas figuras ritualizándolas en los sacramentos del bautismo y la confirmación, que, si bien conservan un claro valor religioso teológico, carecen de aquella riqueza ancestral que un día fuera su patrimonio.

Por otra parte, tampoco los contemporáneos de Jesús penetraron en el nuevo sentido de su mensaje y exclamaban: «¿Cómo podrá el hombre volver al vientre de su madre?»

A juzgar por los primeros vestigios que poseemos, esa pareja de contrarios conforma el mundo. El Génesis nos recuerda que «El espíritu de Yavéh flotaba sobre las aguas»; quizá, «soplaba sobre las aguas». Así se engendraba el mundo.

También hasta los griegos llegan reminiscencias del par de contrarios, pero individualizados, actuando por separado y alternativamente. Para Tales el principio de todas las cosas es el agua; para Anaxímenes, el aire. Es probable que esta parcialidad, movida por la fuerte tendencia al sentido unitario del principio, haya contribuido no poco a las filosofías irreconciliables de Parménides y Heráclito, y, más tarde, haya configurado el mito platónico del Hermafrodita como origen del hombre.

En el mensaje evangélico late una inquietud muy diferente.

Los ritos egipcios de iniciación tenían dos pruebas esenciales que los aspirantes debían superar: la prueba del agua y la prueba del fuego. De ellas salía el hombre nuevo, capaz de penetrar en el sentido de los arcanos y leer los textos sagrados.

Jesucristo va un paso más allá de todo esto. No se trata de crear un mundo de realidades a partir de una nada preexistente, ni siquiera de transformar al hombre dándole un destino sagrado. Se trata de un proceso muy distinto: la divinización del «hijo del hombre», convertir al hombre en un auténtico creador, no a partir de la nada como una irrealidad preexistencte, sino creador de un mundo irreal, tan irreal como es el mundo de los símbolos, y crearse a sí mismo, renaciendo de los símbolos, apto para vivir esa nueva vida y habitar en el reino de Cristo; podríamos decir, en el reino de los valores.

Una vez constituido el fundamento del hombre nuevo, su vida, el segundo significado mítico de Cristo, la verdad, no ofrece dificultades hermenéuticas. La verdad es ver a Cristo en cada hombre, ver al hombre divinizado. E igualmente por lo que respecta al último de los mitos, el primero en la enunciación de Jesús, el camino, la conducta, que no puede ser otra más que la de amarse los unos a los otros.

San Agustín de Hipona acomete, adelantado, una de las empresas más esforzadas que jamás ha vivido el género humano. La tarea consistía en la conversión de la mentalidad griega, forjada en los dioses conformadores del mundo, a la mentalidad cristiana del hombre conformador de sí mismo, del hombre que lleva dentro al Dios Creador.

No tuvo verdadero éxito el esfuerzo de san Agustín. No podía tenerlo porque la cultura griega predominaba sobre la incultura cristiana, de manera que, por necesidad, habría de prevalecer la filosofía de los primeros sobre la religiosidad de los segundos. El resultado del encuentro fue, en consecuencia, una teología medieval que aplica al Dios judeocristiano las concepciones filosóficas de Platón y Aristóteles, y, más tarde, en el pensamiento moderno, dos concepciones del mundo, una griega y otra judeo-cristiana, enfrentadas por entender el origen como fruto de una transformación o una creación; pero en ningún momento se alcanzó a distinguir con claridad que mientras los griegos hablaban de una concepción del mundo, el cristianismo aportaba un concepto nuevo del hombre.

Con estas premisas puede entenderse ahora que la creatividad, propiedad exclusiva del hombre, sea para alcanzar el mundo de lo irreal, sea para hacerse a sí mismo capaz de vivir en la irrealidad de los símbolos, fuese atribuida, a modo de proyecto, a un dios creador del mundo de las cosas reales, primero, y después, perdida la dimensión del proyecto, se atribuyese al propio hombre el poder de crear nada menos que el mundo de los entes, la realidad misma. A esta última etapa corresponde precisamente la filosofía del idealismo alemán.

Es curioso que, en los tiempos modernos, la filosofía de los valores siga al idealismo como dos fenómenos sin vinculación alguna, independientes el uno del otro, tanto en las causas como en los contenidos de su pensamiento; al contrario de lo ocurrido en la antigüedad, donde los valores surgen como efecto de la aparición de las ideas, al modo de una conclusión del proceso de perfeccionamiento del ser.

Es probable que en la base de ese divorcio entre el moderno idealismo y la axiología se encuentre también esa impropia dualidad de principios en que se apoyan todavía los pensadores de la cultura de Occidente.

Seguimos discutiendo sobre la falsa alternativa de si el mundo es conformado por los dioses o creado por Dios, sin advertir que el mundo no es ni conformado ni creado, sino conocido, de tal suerte que el acto de conocer conforma al hombre, no al mundo.

La verdadera dualidad, por tanto, debe señalar la preexistencia del mundo de las cosas, de un lado, acorde con la mentalidad del pueblo griego, y del otro, el cosmos de autocreación del hombre, en el que los valores cobran auténtico sentido; ese mundo irreal que alberga el sentir, el querer y el conocer, y cuya dimensión filosófica se enraíza en la historia judeo-cristiana.

La estructura de la filosofía de Hegel podría llevarnos a pensar que en su sistema se encuentra la superación de esta dualidad conflictiva que venimos planteando. Un mundo de la naturaleza y un mundo del espíritu contrapuestos como tesis y antítesis, y el espíritu absoluto como síntesis que los comprende. Pero el examen atento de la dialéctica hegeliana, pese a los momentos equívocos por que atraviesa, nos deja pronto convencidos de que se mueve, en su totalidad, dentro del mundo del ente y del pensamiento acerca del ente; incluso el mundo de la conciencia caracterizado por la capacidad de volverse sobre sí mismo, es una parte del mundo externo, o, a lo sumo, un puro reflejo de ese mundo externo que constituye la naturaleza. Prueba de ello es que, al enfrentar al ser con la nada para resolverse en el devenir, esa nada es algo tan externo como lo es el ser, el ente al que se contrapone.

Cuando se habla de que con la filosofía de Hegel Europa alcanza su madurez intelectual, debe entenderse que con él queda superada la sima abierta en los comienzos del filosofar europeo por el antagonismo entre las doctrinas de Parménides y Heráclito, pero únicamente en el sentido en que las entendieron los griegos. En modo alguno, sin embargo, puede admitirse que esa supuesta madurez europea abarque también los antagonismos que encontrábamos entre el pensar filosófico a que había conducido la mitología griega y los gérmenes de una filosofía nueva contenidos en la mentalidad religiosa de la cultura judeo-cristiana.

Faltaba entre los griegos el concepto de infinito como el verdadero contrario de la nada.

Si el infinito existe, si se da fuera de nosotros, no hay cabida para la nada en el afuera del hombre. Si admitimos, en cambio, la existencia del mundo universo como uno, fuera de ese uno el mundo universo se encontraría con la nada.

La cumbre de la filosofía de Hegel consiste, a nuestro entender, en haber afrontado ese problema del encuentro entre el ser y la nada.

En ese planteamiento dialéctico, la tesis corresponde al ser de Parménides y la síntesis al devenir de Heráclito; pero entre ese inicio y esa conclusión media una nada cuyo concepto habían heredado Parménides y Heráclito de la mentalidad filosófica de los milesios.

La historia de la filosofía tiende a hacernos creer que el descubrimiento filosófico de Tales y sus dos sucesores en la escuela filosófica de Mileto fue el de señalar al agua, lo indefinido o el aire como principios posibles de todas las cosas. De haber sido así, la importancia del momento no hubiera pasado de ser un mero accidente.

El verdadero signo revolucionario que aportaba el pensar de Tales consistió en la idea de un principio, un comienzo para el todo, término que lleva implícito un límite. Si el todo tiene un principio, antes del principio el ser se encuentra con la nada.

Por tanto, la antítesis en ese momento de la dialéctica hegeliana a que nos referíamos, la nada, supone el regreso de Hegel, no sólo al pensamiento contrapuesto de Parménides y Heráclito, sino al punto exacto en que comienza la filosofía europea. Hegel como cumbre significa, así, el cierre de un ciclo bien definido de filosofía: la del ser uno, limitado por la nada.

Con estas palabras no pretendemos afirmar que la filosofía de Occidente haya agotado sus posibilidades. Muchas obras de contenido claramente europeo han visto la luz después de Hegel y estamos seguros de que muchas más seguirán apareciendo en el futuro. Queremos decir, tan sólo, que el conjunto de las lucubraciones filosóficas europeas se completa como un sistema de límites con la filosofía hegeliana. Los viajes por el afuera del hombre acaban de dar la vuelta al mundo; el primer ciclo de exploraciones ha concluido.

Asistimos, de esta manera, al espectáculo del hombre empeñado en la búsqueda de sí mismo, siguiendo movimientos que presentan la forma de un verdadero ensayo. Se repiten casi idénticos los pasos, se recorren caminos muy semejantes. Tal es el método por el que el hombre pretende salirse del círculo de lo mundano que lo encierra y en cada nuevo intento sólo consigue una nueva aproximación al fin propuesto.

Si los mitos mostraban las cualidades humanas proyectadas en el mundo exterior bajo la forma de figuras semidivinas, ahora, al afrontar la etapa en que el hombre se hace creador de su propio ser, el proceso se reinicia una vez más: siempre en el afuera, primero, un dios crea el mundo; después, es el hombre quien crea ese mismo mundo; por último, en ese mundo se dan, de un modo objetivo, los valores.

En el horizonte de la cultura española se destaca cada vez con mayor claridad la silueta de una ingente tarea filosófica. Será necesario, como primer paso, instalarse en un nuevo punto de partida, fundamentar desde perspectivas propias un pensamiento que difiere notoriamente de las concepciones grecoeuropeas del mundo. La segunda etapa consistirá en revisar, desde las nuevas bases, todo el patrimonio filosófico de la humanidad, sometiéndolo a crítica y reinterpretándolo. De esa manera, la historia, que según Hegel asume incluso el error, tendrá ocasión de dar la mejor de sus lecciones: la que nos permitirá comprender el verdadero sentido de muchos esfuerzos de la imaginación creadora que no supieron acertar con la senda adecuada, o no vieron claro cual era, en última instancia, el fin buscado, el destino que atraía sus intereses. Por último, deberán nuestros pensadores edificar toda la arquitectónica de esa filosofía nueva cuya gestación ha sido objeto de constante interés a lo largo de todas nuestras páginas.

La vuelta ahora de nuestra mirada a los problemas que nos encontrábamos al comienzo de este capítulo puede sernos provechosa, pues ya el horizonte que enmarcaba nuestra visión de aquellos temas ha cambiado.

El «de puertas afuera» de «Historia de una escalera» y, lo que nosotros llamaríamos «de puertas adentro» de «El tragaluz» se adivinan claramente como fundamentos que han de servir de apoyo a la naciente actitud filosófica.

La visión del mundo como un todo limitado por la nada entra en crisis. El espacio y el tiempo, que contienen al mundo universo de la realidad, no admiten límite alguno. Pero junto al afuera en que se dan el espacio y el tiempo, se encuentra el adentro, fruto de la creatividad humana, que no limita al afuera porque le es ajeno. Se trata de un mundo irreal, pero válido; es el mundo de los valores, sostenido por el ser del hombre y no por la entidad de lo real.

La realidad entitativa y la creatividad del ser se convierten así en dos principios rectores de nuestro pensamiento; el primero, válido para el saber científico, y el segundo, para la constitución y desarrollo de la filosofía de signo humano que se avecina.

La inquietud que Fernando muestra ante el tiempo y su clara tendencia a la huida del espacio, de aquel espacio en que transcurre su vida monótona; en una palabra, su sentirse incómodo en su afuera, supone un inequívoco síntoma de crisis, de esa crisis del monismo grecooccidental a que aludíamos líneas atrás.

El término subir, que Fernando emplea cada vez que quiere referirse a sus proyectos de cambio, explica el esfuerzo que conlleva la autocreación de ese mundo de los valores. Hacerse a sí mismo, adquirir la ciencia del bien y del mal, exige la salida del paraíso. Cabe decir que la filosofía de signo humano es una filosofía trágica, una filosofía en la que el dolor constituye una de sus bases más sólidas.

Se trata de que, a diferencia de la filosofía de los milesios que empieza deciendo: «el principio de todas las cosas es...» nuestro punto de partida se encuentra en la autoconcienciación de que el principio de todo hombre es su nacimiento, o, a lo sumo, el momento de ser engendrado, antes del cual está su nadie, y su fin es la muerte, tras la que su nadie reaparece de nuevo.

La realidad externa, el afuera, no tiene principio ni fin, sólo cambia. El ser humano, por el contrario, comienza y se acaba, pero tiene la facultad de concebir un mundo de valores permanentes.

El predominio en áreas separadas de estos dos órdenes, el externo y el interno, se refleja con nitidez en los intentos de la teología por fundamentar la existencia real de Dios. Los griegos primero, y más tarde santo Tomás de Aquino en sus célebres «cinco vías», apelaron a pruebas basadas en el mundo de los entes y sus manifestaciones como fruto de unas causas o estadios para unos fines. Por otra parte, el Dios que, según san Agustín habita en el interior del hombre, prueba su existencia, en criterio de san Anselmo, por la vía del pensamiento.

Resulta curioso que, a pesar de la falta de probatoriedad de ambos procedimientos por igual, las vías tomistas hayan conservado su prestigio, mientras que el argumento ontológico fue objeto de unánime rechazo. Sólo Hegel, en todo el pensamiento postkantiano, se atrevió a rehabilitar a san Anselmo; pero tampoco por preferir el mundo interno, sino por su identificación de ambos mundos: «Todo lo real es racional, todo lo racional es real.»

La mística, en particular la mística española de santa Teresa y san Juan de la Cruz, sirve a filósofos como Bergson para intentar una vía nueva de acceso a la divinidad. Se entiende a Dios como una realidad que el hombre es capaz de percibir en su interior sin la mediatez de los sentidos. García Morente asegura, incluso, haber experimentado por sí mismo esta manera de percepción metasensorial.

Los diversos caminos en busca de una solución satisfactoria al problema que suscita el ser de la divinidad se entrecruzan así en un punto; el de las coordenadas filosóficas de Unamuno.

Mientras la atención del hombre tuvo como único objetivo el afuera, el hombre pudo vivir feliz en el Paraíso, trabajándolo como un huerto e incluso «poniendo nombres a las cosas». Interpretaba entonces lo creado de su propio ser como perteneciente también a ese mundo externo que contemplaba su mirada y entendió que el creador de todo era su Dios, el Todopoderoso capaz de dar la fuerza necesaria para la actividad de los entes reales. Después de Hegel ese dios omnipotente, agotada su función patriarcalista, decae y, poco más tarde, Nietzsche anuncia su muerte. De este modo aparece en Europa el primer esbozo de una filosofía trágica.

Pero el hombre, un día, se atrevió a mirarse a sí mismo y descubrió su desnudez, su soledad y la responsabilidad de ser el verdadero creador de un mundo nuevo: el mundo de la belleza, el bien y la verdad. El hombre era «como Dios», o el hombre era Dios; o, al menos, Dios habitaba en el interior del hombre. El atributo primero de divinidad había dejado de ser el poder y en su lugar aparecían la belleza, el bien y la sabiduría infinitas.

No todo era gozo, sin embargo, en el nuevo orden, recién explorado, de la reflexión humana. El precio de las maravillas conquistadas era la pérdida de aquel paraíso de sosiego y el paso a vivir cultivando el propio desierto, con dolor y a la espera de una muerte cierta, que pondrá fin a todas nuestras conquistas.

Intuía Nietzsche que si Dios existía él era dios. Unamuno, por su parte, vive inquietudes cuyo origen guarda gran semejanza con el motivo desencadenante de la intuición nietzscheana.

Desde la perspectiva de un mundo real, que existe sin dar posibilidad de coexistencia a la nada, se adivina que el Dios todopoderoso creador de lo externo, el de los filósofos patriarcales, ha muerto.

Por el contrario, el Dios que habita en el interior del hombre, el creador de lo bello, lo bueno y lo verdadero, mientras el yo de cada hombre sea y se proyecte al infinito, El es.

Nietzsche vio así su yo divinizado, y Unamuno, un paso más allá, tras haber comido la fruta prohibida, aprende que su yo es «como un Dios», que su yo es creador de su propio dios. Como consecuencia, su Dios y su yo identificados tienen como destino el mismo fin, la caída en el nadie de la propia muerte.

Unamuno revive, por tanto, el problema planteado en los orígenes de la cultura del Rhin de que «todos los dioses son mortales»; pero su punto de vista, que es el punto de vista de la cultura española, es muy diferente. El ser mortal de nuestros dioses se debe a su «habitar en el interior del hombre», a estar constituidos por el ser mismo del hombre proyectado idealmente a lo infinito; nuestros dioses son los dioses contemplados por nuestros místicos y reflejados ahora en nuestra filosofía.

Para Unamuno, el sentimiento de la vida era trágico por la osadía de mostrar la propia desnudez sin ocultarse a la mirada de Yavéh. Al mostrarse la propia desnudez, al escudriñar sin autoengaños, el hombre aprendió el trabajo, el sufrimiento y la muerte; aprendió la tragedia.

De esta manera la filosofía de Unamuno, en el sentido en que Unamuno es más auténticamente español, nos lleva a comprender la esencia de esa nueva metafísica que vendrá a substituir a la metafísica del mundo uno, limitado por la nada. La verdadera esencia de la nada, según puede deducirse de los presupuestos unamunianos, consiste en pensar un mundo sin mí, sin mi yo que lo piense.

La manera de concebir la nada es, indudablemente, el índice más claro de la línea metafísica de una cultura, por ser la nada un término absoluto, un límite máximo; es decir, el trazo que con mayor nitidez separa y, por tanto, define el ser.

Si ahora nos situamos en nuestro concepto de la nada como nuestro nadie, si advertimos que lo definido somos nosotros mismos, que la limitación humana es nuestro punto de partida, nos será fácil comprender la esencia radicalmente trágica que caracteriza nuestra filosofía.

En su conjunto, la obra dramática de Antonio Buero Vallejo se encuentra inmersa en esta nueva línea cultural. Bastaría subrayar los términos de «limitación humana», por ejemplo, para disipar toda duda que pudiera surgir al respecto. Pero nuestro mayor interés recae ahora sobre «Historia de una escalera», porque en ella se da la circunstancia particular de ensayar el cambio de actitud; es algo así como el símbolo del esfuerzo que precisa nuestro pueblo para llevar a cabo una revisión de nuestra manera de ser y nuestro modo de estar en el mundo, y para decidirse, al fin, a fundamentar nuestros principios sobre bases de signo diferente.

El «afuera» que enmarca toda la obra y, podría decirse, la limita, es una cárcel de la que necesitamos liberarnos, es una condena ante la que Fernando se rebela.

«Historia de una escalera» fue calificada por el propio autor de «apocalipsis» y, ciertamente, el epíteto resulta de lo más adecuado a su tema y a su desarrollo.

Las épocas históricas que viven o presagian graves convulsiones suelen caracterizarse por una alta frecuencia de creaciones artísticas, sobre todo literarias, de signo apocalíptico.

La sociedad que ve conmoverse las bases en que apoyaba sus modos de vida proyecta en sus diversas manifestaciones de arte su inquietud e inseguridad: el mundo se destruye para siempre en una catástrofe, en una conflagración universal, o sufre sacudidas que lo amenazan con la aniquilación, pero a las que sigue una apocatástasis en la que todo queda dispuesto para empezar de nuevo.

La obra de Buero muestra una apocatástasis evidente: El primer Fernando y la primera Carmina fracasan; pero el segundo Fernando y la segunda Carmina, sus respectivos hijos, replantean el problema. La «Historia de una escalera», como Historia, inicia un nuevo ciclo.

El tema mítico de esta obra tiene, pues, semejanza con el ritual del año nuevo a que aludíamos en el capítulo anterior; pero en modo alguno nos encontramos ante una mera reiteración de los mismos problemas. El planteamiento mítico que se nos ofrece en «Historia de una escalera» nos enfrenta a un panorama diferente de cuestiones, que abre nuevas perspectivas de futuro a nuestra cultura.

La aparición cíclica de determinados fenómenos naturales como la sucesión anual de las estaciones y el diario recorrido del sol por el firmamento, hizo que muchos pueblos primitivos, en especial los de origen indoeuropeo, de sensibilidad predominantemente extrovertida, entendieran tales hechos como modelos universales del suceder. Y el hombre mismo, tanto en su aspecto físico como en su dimensión propiamente humana, quedó involucrado en la temporalidad, considerada como un movimiento reiterativo sin fin.

Para otros pueblos de distinto origen, con toda probabilidad descendientes del Cro-magnon africano, cuya sensibilidad introvertida les inclinaba al animismo, la consideración de los mismos fenómenos adquirió matices claramente diferenciados. El individuo, tomado como punto de partida, determinó que los mismos hechos se interpretasen con criterios soteriológicos.

Grecia en gran medida y, sobre todo, la cultura del Rhin se inclinan del lado del naturismo. El mito del eterno retorno aparece por doquiera en estas áreas bajo múltiples formas, contribuyendo a una visión acerca del hombre en la que lo trágico se hace sinónimo de un pesimismo radical.

A Nietzsche se debe una formulación de este mito en términos científico-matemáticos: una vez que los elementos, no infinitos, que constituyen el universo en su totalidad se hayan combinado entre sí de todos los modos posibles, necesariamente se habrá llegado a un nuevo principio, a partir del cual todo volverá a suceder como antes sucediera.

Tendremos oportunidad de ver otros alcances del eterno retorno que sirven a Nietzsche para fundamentar una gran aventura filosófica, pero si nos limitamos ahora a sus primeros datos y los tomamos al pie de la letra el argumento nietzscheano se apoya, con toda evidencia, en dos premisas no justificadas, y, por tanto, su validez es nula: de una parte se entiende que el número de elementos que componen el universo es finito y por otra desconoce totalmente la capacidad creadora del hombre dentro de ese mundo de irrealidad al que tantas veces nos hemos referido a lo largo de estas páginas.

En suma, el concepto de eterno retorno estudiado por Nietzsche está limitado por la mentalidad realista grecooccidental hegeliana, de la que el filósofo trágico no logró liberarse.

También Leo Frobenius y Oswald Spengler, pese a tratar problemas esencialmente humanos, enmarcan sus obras dentro de un sentido limitado por un determinismo realista. Las culturas como seres vivientes, como árboles, siguen un movimiento cíclico, cerrado —empiezan, se desarrollan y acaban— y ni siquiera es posible predecir un nuevo principio. Son, en cierto modo, apocalipsis sin apocatástasis.

En la obra de Albert Camus «El mito de Sísifo» el problema del eterno retorno se agudiza y se hace conflictivo en alto grado. Ya no es el universo real el que vuelve a empezar su carrera sin fin, ni son las culturas, las sociedades, las que recorren cíclicamente sus sendas. Ahora es cada hombre, el individuo concreto, quien se enfrenta a su destino de vivir un lapso de tiempo y morir. Vivir monótonamente una vida, siempre igual a otra vida; como Sísifo, subir una y otra vez la piedra a la montaña para que una y otra vez la piedra vuelva a rodar hasta el fondo del valle.

Se manifiesta así la preocupación en la cultura de occidente por el problema del absurdo, tanto a niveles de sensibilidad como en el plano filosófico propiamente dicho. Ahora bien, el absurdo consiste en esencia en el enfrentamiento entre el hombre y el mundo, en el intento infructuoso de dar una unidad de sentido al cosmos en su conjunto, lo que lo convierte, a nuestro entender, en una visión más, metamorfoseada, del cosmos de signo naturista procedente de los griegos.

Es muy significativa la elección de Sísifo, mito solar por antonomasia, como símbolo de la vida humana. Cargando una y otra vez con la misma piedra, Sísifo representa al sol que cada día se eleva sobre el horizonte para volver a descender siempre sin la esperanza de que alguna vez su esfuerzo le permita permanecer en lo alto del cielo.

Para los griegos, sin embargo, Sísifo no era un personaje tan simple. Su eterno repetir la ingente tarea era un castigo impuesto por los dioses, con toda probabilidad, y Albert Camus lo sabía, por haber encadenado a la muerte. Se trataba, por tanto, del símbolo de la aspiración humana a no morir, más que del de la muerte de cada uno vista como una reiteración monótona del mismo hecho.

Soslayando este aspecto del mito los pensadores existencialistas de nuestro siglo, incluido el propio Albert Camus, dominados por el hecho de que la muerte es cierta, inevitable y definitiva, interpretaron la condena de Sísifo como un símbolo que generaliza y unifica el tener que morir de cada hombre. De esta manera, Sísifo se convierte en un Adán sin esperanza, al mismo tiempo que el hombre simbolizado por el mito se aparta del ser específicamente humano para identificarse tan sólo con el ente y someterse a sus leyes. De ahí el ser contradictorio, como último resultado a que se llega, y el sinsentido del hombre y del mundo, que alcanza incluso a conmover las bases en que se apoya toda la teoría de los valores por faltarles una consistencia real en el tiempo.

El panorama de inquietudes en que viven inmersos los pueblos cuyas raíces históricas se ven afectadas de animismo y no de naturismo difiere notoriamente de cuanto acabamos de exponer.

Por de pronto, las destrucciones del mundo vistas como ciclos invariables y sucesivos por los herederos del pensar indoeuropeo ocurren en este otro mundo como hechos ejemplares que, o se dan sólo una vez o, si se repiten, lo hacen con notas diferenciadas que anuncian un claro progreso sobre la situación anterior.

Baste recordar la leyenda del diluvio único descrito en el poema sumerio de Gilgamesh, que el Génesis reproduce, añadiendo la posterior aparición del arco Iris como símbolo y promesa de Yavéh de que no volvería a darse una nueva destrucción de la humanidad de tales características.

En general podría decirse que tanto la actitud de los pueblos judeo-cristianos como la de los árabes, emparentados con ellos según la Biblia por su origen en Ismael, manifiestan un signo común de futuro que es la esperanza de la salvación.

Religiosamente este término significa la creencia en que después de la muerte cada ser humano habrá de resucitar para entrar en una nueva vida que ya nunca tendrá fin.

A primera vista parece que nos encontramos ante un hecho equivalente al Hades de los griegos, pero un examen más atento nos descubre diferencias esenciales entre ambas mentalidades:

La mitología griega y después la filosofía platónica entienden que el hombre posee el atributo natural de la inmortalidad. Tras la muerte, el alma de cada ser humano continúa viviendo. Para los judeo-cristianos e islámicos, en cambio, los muertos resucitarán de un modo pleno por efecto y obra del ser divino.

La debilidad de su filosofía propia hizo que estos pueblos razonasen sus creencias tomando como base el superior desarrollo filosófico griego, lo que produjo como resultado histórico teologías que intentaban verter los conceptos de la religión revelada en moldes racionales de signo naturista.

Recordemos una vez más el descubrimiento de Jenófanes de que la filosofía se opone a los mitos, hecho que puede confirmarse con el análisis estructural del cosmos de las ideas expuesto por Platón, ideas cuya semejanza con los dioses olímpicos resulta indudable. De esta manera, el ultrarrealismo platónico tiene como claro antecedente el naturismo de origen indoeuropeo que domina en la mitología del pueblo heleno.

Si aplicamos ahora estos principios a la posible evolución histórica de las culturas judeo-cristiana e islámica, deberemos concluir que la filosofía propia de estos pueblos no es sino la filosofía de signo humano que venimos preconizando para el futuro ya inmediato de la cultura española.

Pero la conclusión es cierta sólo en parte. Sobre el territorio español coexistieron durante siglos judíos, árabes y cristianos en relaciones hostiles que tenían como causa inmediata, pero no única, la lucha por el poder. En realidad, esos tres pueblos habían desarrollado, cada uno por separado, sendas capacidades que sólo en su conjunto podrían constituir el desarrollo armónico del ser humano.

Los árabes cultivaron la sensibilidad, lo sensual en todos sus aspectos; los cristianos el querer, la conducta, y los judíos el pensamiento, la inteligencia. En suma, quedaban planteadas las bases de lo bello, lo bueno y lo verdadero, a partir, en cada caso, del ser del hombre; lo que hubiera desembocado en una fundamentación filosófica de la estética, la ética y la crítica.

Pero, de hecho, árabes, cristianos y judíos agotaron sus energías en la lucha, con lo que la filosofía posible no llegó a desarrollarse. En su lugar surgieron, en cambio, manifestaciones artísticas que permitieron la pervivencia desacralizada de los gérmenes religiosos de aquellos tres pueblos, conformadores de nuestro subsuelo cultural.

De ahí que nuestra filosofía habrá de oponerse, no a la religión, sino al arte, aunque ese arte que constituye nuestro punto de partida extraiga sus contenidos y actitudes de una mentalidad religiosa previa.

Nos encontramos, pues, ante el comienzo de un nuevo ciclo; pero no vuelve a ser todo lo mismo que fuera la vez anterior, sino muy diferente. Sísifo repite su esfuerzo, mas no para subir a la montaña la misma piedra de antes, sino otra. Y tampoco es el mismo Sísifo, sino el hijo, el Junior, que espera inventar un camino distinto y construir con los materiales irreales de su padre y con los suyos propios la gran obra intemporal del ser verdaderamente hombre.

Uno de los elementos decisivos en la constitución de la trayectoria apocalíptica con apocatástasis de «Historia de una escalera» acaba de mostrársenos en su plena desnudez. Del primer Fernando al segundo Fernando no va sólo la diferencia que media entre la trayectoria solar de un día y la del día siguiente, sino algo más.

La situación es idéntica sólo si la juzgamos desde el punto de vista de los términos verbales en que se manifiesta. El segundo Fernando, en efecto, repite, treinta años más tarde, casi las mismas palabras de su padre:

«FERNANDO, HIJO.—Sí, Carmina. Aquí sólo hay brutalidad e incomprensión para nosotros. Escúchame. Si tu cariño no me falta, emprenderé muchas cosas. Primero me haré aparejador. ¡No es difícil! En unos años me haré un buen aparejador. Ganaré mucho dinero y me solicitarán todas las empresas constructoras. Para entonces ya estaremos casados... Tendremos nuestro hogar, alegre y limpio..., lejos de aquí. Pero no dejaré de estudiar por eso. ¡No, no, Carmina! Entonces me haré ingeniero. Seré el mejor ingeniero del país y tú serás mi adorada mujercita...»

Un público o una crítica pesimistas, demasiado influidos por la secuela de naturismo que se extiende por una amplia zona de Europa, y con ojos poco agudos para descubrir el ser otra que caracterizaba la cultura española, propendieron a interpretar el retorno de «Historia de una escalera», el repetirse las aspiraciones del primer Fernando en su hijo, como una prueba de que su vida quedaba inevitablemente abocada al fracaso. De haberse fijado en las circunstancias que rodeaban al segundo Fernando en el momento en que expone a la segunda Carmina sus proyectos y en toda la escena que sigue, las conclusiones hubieran sido diferentes.

El amor que puede surgir entre Fernando y Carmina hijos no se ve amenazado esta vez por una nueva Elvira interpuesta, ni por la tentación de emparentar con un suegro rico. El obstáculo ahora es la oposición de los padres, a la que el segundo Fernando se enfrenta con digna rebeldía.

El futuro podrá llevar a estos jóvenes a un nuevo fracaso, es cierto; pero no lo es menos que ante ellos aparece un horizonte lleno de signos de esperanza.

Si para Albert Camus Sísifo estaba, a pesar de todo, contento de su suerte, para Buero Sísifo está sobre todo, esperanzado.

El mito del eterno retorno que constituye el eje argumental de «Historia de una escalera» anuncia, por tanto, para nuestra filosofía una nota más que la va a diferenciar de los sistemas filosóficos que dominaron en las culturas griega y del Rhin.

Tanto los griegos como los centroeuropeos entendieron que la filosofía era un saber radical que el hombre alcanzaba mediante la razón, y cuya forma coincidía con la del saber que rige las ciencias. De ahí los ciclos cerrados en que se han venido expresando los mitos de eterno retorno de signo naturista, surgidos en las áreas culturales en cuestión. Pero el modelo mítico que se nos brinda en «Historia de una escalera» tiene como principal característica, según hemos visto, la de presentar el fenómeno en actitud de cambio, de manera que los ciclos cerrados que tendían bajo el dominio del naturismo a la repetición sin fin toman, en nuestro caso, la forma del ensayo que tiende al perfeccionamiento progresivo del ser humano.

Ya la tragedia griega se apoyaba, según el propio Buero, en un presentimiento básico de esperanza que a veces logra incluso aflorar a la superficie. Esto no significa una excepción, sino un origen distinto para la dimensión artística de la cultura griega, emparentada probablemente, en algunas de sus raíces más hondas, con los pueblos de raza hamita que con anterioridad a las invasiones de los indoeuropeos habían poblado el suelo de la Hélade.

La filosofía española no aspira a un saber científico propio del ente mundano, no busca leyes fijas que delimiten el sentido de los procesos que se dan siempre en el afuera. El objetivo de nuestra filosofía es el ser del hombre mismo, cuyo adentro es necesario crear por vía de irrealidad, crear de la nada, y cuyo logro ni es científico, ni invariable, ni se da tampoco nunca de una sola vez. Es decir: nos encontramos ante el ensayo como método adecuado para el progreso filosófico.

Los hechos que se repiten no son ciclos cerrados sino sucesivos intentos de unos logros que siempre tienen la posibilidad de ser superados por logros ulteriores.

La filosofía grecooccidental también ensaya, pero en sus culturas no es el ensayo una meta consciente de sus aspiraciones. Por eso el ensayo español no fue nunca bien comprendido más allá de nuestras fronteras.

El mito de Don Juan, por ejemplo, en el que se repite sin cesar la búsqueda de un equilibrio amoroso, fue interpretado por Albert Camus como un Sísifo que agota en la cantidad de experiencias el valor y el sentido de su vida, sin advertir la aparición en su horizonte de una criatura nueva, Doña Inés, que, al fin, alcanzará para él la salvación eterna.

El acontecimiento en que culmina la trayectoria vital de Don Juan es una verdadera conversión, de hecho en el plano religioso, pero paradigmática en la dimensión filosófica. Don Juan se convierte porque, antes de que caiga el último grano del reloj de su vida, su voluntad tiene un instante de arrepentimiento que le permite salvarse. Pero Don Juan se convierte también porque su actitud de estar atento tan sólo al afuera, su dirigirse al mundo como único objetivo de su mirada, experimenta al fin un cambio radical de sentido. Doña Inés no será para él un nuevo objeto de placer, alguien con quien **hacer** el amor; será la persona de quien enamora**rse**. En este cambio de sentido Don Juan ha interiorizado a su amada y ha abandonado el mundo de la mera sexualidad que compartía con las demás especies del reino animal, para acceder al plano del amor y alcanzar ese nivel que, con propiedad, puede llamarse humano. Al menos en el mundo del arte, Sísifo acaba de colocar su piedra en la montaña.

Tanto en las palabras del primer Fernando a Carmina como en el diálogo que reviven sus hijos se advierte el convencimiento de que la conquista del amor condiciona el éxito de la tarea de conversión propuesta.

Parecería que en la base de ese nuevo mundo, fruto de la creatividad del hombre, se encuentra la ética; pero esta conclusión no nos parece acertada. Un punto más atrás, el primer Fernando tuvo ante sí la entrada en el verdadero camino: haber desarrollado su sensibilidad de poeta y haberse entregado al mundo del arte, con lo cual no hubiera sucumbido a la tentación de lo real que le suponía el poder económico de Don Manuel. Sería de este modo la estética, más que la ética, la puerta de entrada a esa nueva dimensión de lo humano que nos ocupa.

La cultura española ofrece, a nuestro entender, valiosos puntos de apoyo a esta segunda hipótesis.

El Bosco pinta en los Países Bajos su célebre «Jardín de las Delicias», cuadro que pronto viaja a España. A partir del 8 de julio de 1593 figura en el inventario de El Escorial y poco más tarde es objeto de estudio del padre Sigüenza. Es indudable, por tanto, que esta obra ha tenido gran influjo en el arte español ya desde el siglo XVI.

Pues bien, «El jardín de las Delicias» es un tríptico que contiene dos creaciones del mundo. La primera, sobre los paneles laterales cerrados, representa el tercer día de la creación: la tierra ya contiene plantas, pero todavía no animales, y el Hacedor es claramente Dios Padre, un anciano con tiara y barba.

La segunda creación se encuentra en el panel de la izquierda, abierto, y representa el final del sexto día, puesto que ya figuran en él Adán y Eva. El Hacedor, en este caso, no es la primera persona de la Trinidad, sino la segunda, El Verbo, representado por un joven, evidente influjo de la alquimia medieval que atribuía la creación del mundo a Dios Padre y la del hombre a Dios Hijo.

Es importante destacar que en el libro del Génesis, base de estas dos creaciones de El Bosco, se intercala entre ambos pasajes un momento que supone el germen de un modo creador nuevo: Adán, y no Yavéh, da nombre a cada uno de los animales que pueblan la tierra, y después da nombre también a la mujer. Es decir, Adán recrea el mundo de la realidad en el mundo irreal de la palabra, crea el mundo de los símbolos, distinguiendo en el proceso una segunda fase en la que el ámbito de lo simbólico se extiende a la que es hueso de sus huesos y carne de su carne, a la mujer amada.

El libro del Génesis, en suma, contiene la narración expresa de la creación del mundo real, obra de la divinidad, y el esbozo de una segunda capacidad creadora, propia del hombre, y en la que ya se vislumbran, al menos, dos grados: el de la creatividad misma, lo que hemos venido considerando como el origen de la estética y que origina el descubrimiento del símbolo, y el de la interiorización del amor, el de la personalidad, que corresponde a la dimensión ética como autocreación del hombre.

Entre el esquema creador que sostiene «El Jardín de las Delicias» y el que subyace en «Las Meninas» no es difícil advertir un claro paralelismo de formas estructurales, a la vez que un notable cambio de sentido en la intención, consciente o inconsciente, del mensaje.

La figura del creador, que fundamentaba la obra de El Bosco, tanto en la representación que cubre los paneles cerrados como en el tríptico abierto, aparece también en el cuadro de Velázquez, pero después de experimentar un cambio esencial en su dimensión artística. El propio Velázquez, representado en el acto de pintar un cuadro, nos recuerda a Adán y no a Yavéh poniendo nombre a las criaturas y creando ese mundo del símbolo que ha de servir de base a toda la obra estructurada del ser humano propiamente dicho.

Cuando Ortega y Gasset compara la pintura de Velázquez, por haber fijado el punto de vista en el ojo del pintor, con la filosofía de Descartes, por haber éste tomado el Yo como punto de partida y fundamento de sus lucubraciones, y cuando Unamuno manifiesta que el filósofo francés debiera haber dicho «siento, luego existo», uno y otro filósofo españoles estaban, ciertamente, escuchando la llamada de una nueva filosofía que pugnaba por salir a lo consciente desde ese subsuelo que dio sentido a «Las Meninas».

La deducción cartesiana de la existencia del yo basada en el pensamiento fue corregida, primero por Kant, que analiza cómo el «yo pienso» acompaña siempre al hombre en sus tareas mentales, y después por Husserl, que no se atrevió a deducir una existencia, sino a reconocer el origen de una fenomenología: «yo pienso lo pensado».

La actitud del Velázquez pintado en el cuadro de «Las Meninas» nos da un punto de partida diferente para nuestro filosofar. Traducido en palabras, Velázquez nos habla de crear; nos dice, «yo creo...» y lo creado, en este caso, no es ni el mundo, ni siquiera el hombre, como en «El Jardín de las Delicias». Lo creado por Velázquez es algo inalcanzable de un modo indirecto por el espectador y visible, tan sólo, mediante su imagen reflejada en un espejo. Lo que Velázquez crea es la irrealidad del símbolo. Lo que Velázquez pinta es el ser de la creatividad humana y por ello «Las Meninas» nos muestra la estética como el posible punto de partida de la filosofía española.

No carece de valor el hecho de que durante tanto tiempo se haya discutido acerca del objeto representado en ese cuadro del que «Las Meninas» sólo nos muestra el reverso.

Cada una de las hipótesis proviene, tanto de la impresión causada por el cuadro mismo, como por la problemática de la cultura española proyectada sobre él.

La obra artística surge cuando una sensibilidad creadora percibe los impulsos inarticulados de las energías latentes en su medio cultural y les da sentido. No es necesario que las teorías se confirmen, ni siquiera que sean verdaderas; basta que se formulen para que la obra artística haya cumplido la función positiva de actuar como desencadenante de las inquietudes que latían en el inconsciente individual y colectivo de la cultura en cuestión.

«Las Meninas», como obra de arte, tiene esta doble propiedad: la de proceder de ciertas capacidades potenciales de nuestra cultura y la de mover a los contempladores a ensayar viabilidades en busca de soluciones satisfactorias.

Velázquez provocó así, mediante el cuadro de «Las Meninas», la preocupación por la posibilidad o imposibilidad de descubrir el contenido verdadero de su cuadro dentro del cuadro. Lo que está pintando el Velázquez representado en el cuadro de «Las Meninas» puede sernos inalcanzable. Si fuese esta la interpretación correcta, podríamos concluir que lo que pinta el Velázquez representado es el pintar mismo, la creatividad pura, con todas las derivaciones positivas del descubrimiento; pero, a la vez, nos provocaría la sensación de que el ser del arte carece de finalidad, o, al menos, que esa finalidad resulta incomunicable; el arte valdría sólo por el arte, lo que nos llevaría a una verdadera intrascendencia del ser artístico. Sísifo, entonces, agotaría su vida en subir indefinidamente la misma piedra a la montaña.

Si el cuadro interior representase, en cambio, el cuadro primero, el de «Las Meninas» mismo, habría que pensar que el segundo cuadro contiene a su vez un tercero y éste, un cuarto, y así sucesivamente.

La trascendencia así lograda reflejaría con mayor claridad incluso ese mito del sinsentido protagonizado por Sísifo.

Las dos representaciones que anteceden tienen en común la necesidad de entender que los reyes, Felipe IV y María Ana de Austria, cuyas imágenes vemos en el espejo, se encontraban allí en persona ocupando un lugar equivalente a aquel en que suele situarse cada espectador que, a través del tiempo, ha contemplado el cuadro de «Las Meninas». De esta manera, la obra, puede decirse, abre sus puertas para que todos nos sintamos partícipes de la escena, para que todos aprendamos nuestro posible ser símbolo, abierto al mundo del arte. Velázquez, entonces, habría pintado en «Las Meninas» el ser universal del hombre. Si El Bosco, en opinión del padre Sigüenza, pintaba a los hombres como son por dentro, Velázquez nos habla de lo que el hombre puede llegar a ser si desarrolla su capacidad creadora de ese mundo de irrealidad poblado por los valores.

Queda, por fin, una tercera hipótesis acerca del posible contenido de ese cuadro interno de «Las Meninas»: la de que figuren en él los reyes que vemos reflejados en el espejo.

En un trabajo titulado «El espejo de Las Meninas», Buero Vallejo aduce en favor de esta solución argumentos basados en las leyes matemáticas de la perspectiva y otras pruebas documentales de gran peso, de manera que la polémica parece resuelta en este sentido.

La circunstancia de que sea Buero precisamente quien acierte con el camino adecuado para descifrar ese enigma de «Las Meninas» nada tiene de extraño, pues no sólo cuenta con los conocimientos suficientes acerca de la pintura que el caso requiere sino que, además, su personalidad y la de Velázquez guardan, en nuestra opinión, estrecha semejanza: indómitos ambos ante la autoridad, parcos en su obra, de gran cautela en las palabras, puros en su sentir. Pero en lo que más se aproximan es en la manera de ver sus respectivos mundos y, por consiguiente, en la dimensión en que plantean los problemas y en las posibilidades de salida que brindan a los conflictos humanos con que se enfrentan.

Nos parece por ello que Buero, antes de haber descubierto ese enigma de «Las Meninas», ya lo había presentado, porque él habría utilizado fórmulas equivalentes en situaciones similares.

Si como solución, pues, del enigma del cuadro lo que el Velázquez representado está pintando es lo que vemos en el espejo, entonces el signo de nuestra filosofía queda predispuesto a entrar en cauces bien determinados.

El pintar mismo y lo que ese puro pintar significa, o sea el mundo irreal, fruto de la creatividad humana, y edificado a partir de la estética, no es, en su esencia, ningún ente que podamos captar mediante los sentidos externos. La vía verdadera de acceso a lo pintado es el espejo. De manera directa, la vista ve sólo el reverso del cuadro, su entidad real, su mundanalidad; pero la cualidad de humana que condiciona la creatividad de lo irreal requiere, tanto para su comunicación como para su entendimiento, perspectivas diferentes.

El Velázquez que pinta es un Velázquez representado; su lienzo no contiene reyes, sino imágenes de reyes; su verdad, por fin, nos llega reflejada. Nos encontramos claramente inmersos en un mundo de símbolos, en el mundo de los nombres puestos por Adán a las criaturas. Siguiendo la cadena de inducciones, todo nos mueve a sentir que nuestro encontrarnos dentro del cuadro de «Las Meninas» no se debe a nuestro ser de espectadores ni a que los reyes reflejados ocupasen el sitio que ocupamos nosotros, sino a nuestro ser símbolo, capaz de recibir y reflejar la simbología del cuadro; a nuestra capacidad de recrearnos en la obra.

El «yo pinto» de Velázquez puede traducirse por consiguiente como: yo creo símbolos que valen en el mundo intrahumano. Es decir, yo creo los valores.

Confundió a muchos estudiosos el cuidado que tuvo Velázquez de que el espejo reprodujese únicamente las imágenes de los reyes, excluyendo toda nota que pudiera identificar lo reflejado con un cuadro. La riqueza pictórica que esta característica da a la obra es incalculable, ya que permite toda clase de interpretaciones, pero, visto el hecho desde el plano filosófico añade una precisión más a las vías posibles de solución del conflicto: lo reflejado en el espejo equivale al ser intemporal de los reyes, aunque este ser guarde clara semejanza con la entidad, fluyente en el tiempo, de que participaban las regias personas mientras vivían. En última instancia, mediante ese verse los reyes en el espejo y no en el cuadro que los representa, Velázquez nos habla de la necesidad de que la mirada al adentro del hombre, cuando en ese adentro se refleja el mundo, se apoye en una mirada al afuera, a la realidad entitativa, que da origen a ese reflejo del ser de las cosas en el ser del hombre. Lo femenino de la creatividad interior debe estar fecundado por lo masculino de la realidad mundana.

«Las Meninas», sin embargo, no es un cuadro en el que se pinte la realidad, sino el ver, de manera que aun el mundo está visto con ojos humanos. Lo oculto en sí, y que el espejo nos descubre, sugiere, una vez más, la capacidad que el hombre necesita para poder habitar ese mundo nuevo creado por él mismo. Pensemos, para comprender bien este extremo, en otro momento en que Velázquez oculta, al menos en gran parte, el dato esencial de otro de sus cuadros: el rostro de su Cristo en la cruz. El espectador necesita entonces un nuevo espejo, el de su imaginación creadora, para alcanzar la excelsitud de lo humano que aquellas pinceladas sugieren.

En el desarrollo antropológico de la cultura española, la pintura de Goya, o al menos la parte más significativa de ella, va a ocupar un puesto que podríamos llamar antagónico de la obra velazqueña.

Goya regresa también a «El jardín de las delicias» de El Bosco y, en su progreso, sustituye asimismo la acción creadora de la divinidad por la del hombre. Pero el sentido de creatividad humana que sugieren sus pinceles contrasta con el que descubríamos en la infraestructura del doble cuadro de «Las Meninas».

Los hombres «como son por dentro» que pinta Goya tienen la capacidad de crear valores negativos. El «yo pinto» podría expresarse ahora diciendo: Yo pinto la destructividad de que puede llegar a ser capaz el hombre.

La escena representada en «Los fusilamientos de La Moncloa» ilustra de un modo admirable este principio de la dimensión artística de Goya. Se ve el horror de los que mueren y el horror de los que lo presencian; pero la postura de espalda de los que matan nos oculta sus caras. El espejo de la fantasía creadora pone aquí ante nosotros un verdadero abismo de perversidad.

No se trata, sin embargo, de una cualidad necesaria del ser del hombre, de una condición inherente a la esencia de lo humano. La pintura de Goya nos habla, más bien, de un posible sentido involutivo del hacerse hombre. De la ternura y delicadeza que muestran sus figuras infantiles, sugestiva promesa de excelentes frutos en la madurez, a la dolorosa realidad de la senectud monstruosa de las pinturas negras, se configura una clara inversión de valores. Es la historia vista como un regreso.

También en el libro del Génesis encontramos esta vez un planteamiento paralelo y, con ello, una nueva oportunidad de entender el sentido de las fuerzas que mueven los pinceles de nuestro pintor: tan pronto como Adán y Eva prueban la fruta del árbol de la ciencia del bien y del mal, tan pronto como adquieren responsabilidad ética, pierden la tranquilidad de conciencia paradisíaca en que vivían y pasan a sentirse culpables, a ver la vida como una pérdida.

De la pared de la habitación que aparece en «Las Meninas» cuelgan dos cuadros que representan, el uno la diosa Atenea imponiéndose a la humana Aracne y el otro, la victoria del divino Apolo sobre Marsias. Gállego toma estos cuadros interiores como clave para interpretar el mensaje de «Las Meninas» y entiende, en consecuencia, que Velázquez quiere destacar el triunfo del arte divino sobre el humano, el de su propia obra sobre la de tantos profanos en la materia de pintar.

Si aceptamos como válida esta interpretación, o al menos su punto de partida, que es el de la disputa entre dos tipos de arte o entre un arte y una artesanía, la clave para entender a Velázquez sería la de la creatividad como facultad divina del hombre, mientras que la clave para entender a Goya se encontraría en el último destino de Aracne, convertida en araña, y del rey Midas, condenado a llevar, en adelante, orejas de asno. Es decir, en la derrota del hombre, que vuelve a la animalidad.

El divino Velázquez y el genial demoníaco Goya van a tener, más tarde, su encuentro en Picasso.

El abismo de perversidad que nos sugerían las fuerzas destructoras patentes en «Los fusilamientos de La Moncloa» alcanza un punto de profundidad máxima en «El Guernica» de Pablo Picasso.

Al poder de las bombas, lanzadas por hombres, atrincherados en el símbolo de la más terrible de las aves, sucumben humanos y bestias; el orden universal se resquebraja y salta en pedazos. Pero el cuadro de «Guernica» no sólo muestra la destrucción del mundo y del hombre; en él se destruyen también la luz, los colores y la pintura misma. «El Guernica» es un símbolo de la destrucción de los símbolos, la idea de la destrucción de las ideas. En una palabra: «El Guernica» es el apocalipsis más completo jamás creado por el arte.

«El juicio final» de Miguel Angel o «El naufragio de la Medusa» de Gericault, obras que sirven a Larrea para introducirnos en el sentido de «El Guernica», son también apocalipsis por la magnitud de la catástrofe que representan, al tiempo que la esperanza de salvación que sugieren provoca en nosotros un presagio de apocatástasis. Picasso, en cambio, separa muy bien ambos procesos. Por un lado, «El Guernica», destrucción plena de todos los órdenes, incluido quizá el divino, pues el hombre muerto en cruz bajo el caballo nos habla, en cierto modo, de un deicidio; y, por otro, la resurrección de los valores, su apocatástasis, expresada en la serie de cuadros que dedica a «Las Meninas».

A los veinte años de concebido el cuadro que expresa su más profunda sima —la destrucción de Guernica— realizado en parte del verano y el otoño de 1957, pinta Picasso sin interrupción un total de 58 cuadros, 45 de los cuales tienen por tema «Las Meninas»; nueve, palomas; tres, paisajes y un retrato de Jacqueline.

Este conjunto de cuadros de Picasso expresa también la idea de un proceso de búsqueda; pero lo buscado en este nuevo modo de ensayo no es un orden a partir de un caos, sino algo previo. Se trata de crear el medio humano en el que después será posible evolucionar de un caos a un orden. Picasso siente que el planteamiento más adecuado de esta inquietud se encuentra en «Las Meninas» de Velázquez y por eso las toma como materia de su ensayo.

La serie picassiana se inicia con una recreación completa de «Las Meninas» en blanco y negro, como si todavía no hubieran sido inventados los colores, y dando a la figura del Velázquez representado proporciones de gigante. Es el artista, el demiurgo hacedor de un mundo nuevo, que nos dice: «Yo tengo la divina capacidad de crear.»

Si el patriarcalista Zeus muere en Fuenteovejuna y, tal vez, el matriarcalismo en ciernes muere en la figura de Celestina, el Dios Creador, en cambio, se metamorfosea en artista, y crece.

Los pasos que siguen parecen alumbrar la génesis de la personalidad humana. La infantita, centro del cuadro de Velázquez, de género femenino y niña todavía, va perfilando en sucesivos cuadros, en un movimiento de progreso y regreso, su figura humanizada.

No es casualidad que, a continuación de esta primera parte de la serie, aparezcan sus nueve cuadros de palomas. El símbolo más espiritualizado de cuantos pinta Picasso viene aquí a completar el primer sentido del hacerse hombre.

Larrea incluye en sus textos sobre «El Guernica» un post scriptum que, por su importancia a este respecto, transcribimos íntegramente:

«Casi un año después de terminado y entregado este escrito, veo en una revista una sorprendente fotografía de Picasso con una paloma posada en su cabeza.

»Todavía unos meses más tarde, removiendo con muy distinto objeto la literatura patrística de los siglos II al V, me entero con el correspondiente asombro de que la fórmula "Yo soy el Alfa y el Omega" alude místicamente al Espíritu. Así lo exponen Irineo, Tertuliano, Hipólito, Dídimo Alejandrino, Epifanio, Filastro, Primasio... La razón, tomada sin duda de ciertos gnósticos, es que en el sistema de la numeración griega, las letras alfa (= 1) y la omega (= 800) suman la cifra 801 que es la misma que traducen por su parte las letras que componen el vocablo **peristerá** con que se designa en griego a la "paloma" $(80 + 5 + 100 + 10 + 200 + 300 + 5 + 100 + 1 = 801)$.

»Procede añadir que la palabra "Jonás", escrita en la clave de la bóveda de la Sixtina bajo la enorme figura del profeta así llamado, precisamente encima de la cabeza del Cristo adviniente como Juez en el Juicio Final, significa en hebreo "paloma".

»Como todo ello viene a corroborar en dimensión maravillosa algunos de los conceptos aquí vertidos con motivo del Guernica, no parece inoportuno consignarlo.»

Aparte estos valores en el ámbito de la kábala, la paloma ha tenido siempre un valor simbólico muy rico, bien conocido popularmente y que, por tanto, sugiere posibilidades inagotables de interpretación en los cuadros de Picasso.

La paloma es mensajera, por ejemplo; con lo que su símbolo, en relación con nuestra personalidad, nos vuelve comunicables, abiertos al mundo y a los otros.

La paloma es también emblema de la paz y, por ello, su valor como un símbolo que temblara en «El Guernica» ante la amenaza de aniquilación, en la serie de «Las Meninas» simboliza un futuro pleno de sentido constructivo y de amistad entre los hombres y entre los pueblos.

No aludiremos siquiera a tantos otros cuadros de la serie, cuyo análisis sobrepasa los límites de este trabajo; pero sí quisiéramos recordar que el ciclo se cierra con tres paisajes, un retrato de Jacqueline y un fragmento de «Las Meninas» que comprende el retrato de Isabel de Velasco. Es decir, un contacto con la realidad en tres tiempos, una alusión al amor y un nuevo signo velazqueño a modo de un paréntesis final.

Los 58 cuadros de la serie picassiana por tanto, frente al descenso a la sima de la perversidad humana de «El Guernica», representan una escalada a las cumbres, el esfuerzo de una subida. Es el ensayo de la constitución de nuestra personalidad a partir de nuestra capacidad autocreadora y concluyendo en el amor, o, al menos, incorporándolo a nuestro ser persona, no en la génesis, sino en un momento ulterior de nuestro desarrollo.

Las conclusiones que hemos podido obtener de nuestro recorrido por algunos puntos culminantes de la pintura española nos permiten, al volver una vez más nuestra atención al sentido prefilosófico que subyace en «Historia de una escalera» de Buero Vallejo, ver con nueva luz el panorama cultural que se despliega ante nuestra mirada.

Ahora comprendemos mejor lo que significa Fernando debatiéndose entre dos fuerzas opuestas que inciden sobre él y la función precisa que corresponde al amor de Carmina en el modo de solución que pueda tomar el conflicto.

Las ansias de subir que acosan a Fernando tienen como manifestación consciente la forma de un cambio de vida en el que queden superadas las dificultades económicas. En la obra encontramos la respuesta adecuada a esta manera de enfocar el problema: a modo de contrapunto, dos personajes bajan por la escalera al comienzo del tercer acto hablando de los últimos modelos de coche y haciendo clara ostentación de riqueza. Por la diferencia de edad que los separa y por las viviendas que ocupan nos hacen pensar que representan la escena futurible de Fernando padre y Fernando hijo, cumplidas sus aspiraciones.

Pero el hacerse verdaderamente hombre exige algo muy distinto de esta manera frívola de ver la vida. De estos dos personajes debería decirse que no han probado siquiera el fruto del árbol de la ciencia del bien y del mal. Todos sus intereses pertenecen al mundo movido por las fuerzas de la realidad, sin que se advierta síntoma alguno por el que pueda otorgárseles dignidad humana.

El deseo de cambio que simboliza Fernando se asemeja más a la dimensión antropológica que señalábamos en relación con el desarrollo de la creatividad artística en la cultura española, y requiere la decisión personal de emprender la senda que lleva a las soluciones de sentido positivo. Todos debemos hacernos artistas para crear primero nuestro propio modelo y para realizarnos después a nosotros mismos según nuestros propios ideales. El hacerse hombre tiene la forma de una cuesta arriba que sólo a pie se puede subir, y, por añadidura, sin que señal alguna nos indique el mejor sendero: «Caminante, no hay camino / se hace camino al andar». El verdadero hombre crea su propio modelo; el que le sigue pertenece a su grey.

«Historia de una escalera» tiene como punto de partida la necesidad de hacerse hombre, de hacerse el artista de sí mismo. Es la rebeldía del que come la fruta del árbol prohibido y sufre las dolorosas consecuencias. El tipo de hombre que se plasma en esta obra ensaya el descubrimiento y la creación de la propia figura.

El primer Fernando fracasa porque no afronta de veras la tarea de hacerse artista.

Por otra parte, Fernando fracasa también por no ser fiel a lo que sabe le conducirá al mejor de los éxitos, el amor de Carmina.

Se trata de dos cosas radicalmente diferentes, pero que en su conjunto constituyen la base de la personalidad humana: saber hacerse artista y saber entregarse al amor.

Ya en «Casi un cuento de hadas» Buero hacía del amor el centro en torno del cual giraba la fantasía creadora de Oriana. Ahora podemos comprender que sólo el artista de sí mismo es capaz de crear el amor al otro.

Volviendo a la mitología clásica recordamos que Zeus, el modelo más acabado del constituirse la personalidad del hombre de occidente, reunía en su versión romana de Júpiter dos categorías supremas de la esencia de lo divino: el ser óptimo y el ser máximo. Había una tercera categoría de igual dignidad que era la de ser el primero, pero en la cultura romana no ostentaba esta dignidad Júpiter, sino Jano, el dios de la puerta, el que era el primero en el orden de los sacrificios.

Esta jerarquía de dignidades en la formación de la personalidad queda delimitada con toda precisión en «Historia de una escalera» por lo que respecta al ser primero, la autocreación como artista, y en cuanto al ser óptimo, el amor. La tercera de estas cualidades supremas, la del ser máximo, se encontrará, en nuestra opinión, explorando el más profundo sentido de otra obra de Buero: «En la ardiente oscuridad», si entendemos los deseos de ver de Ignacio como ansias de conocer. De esa manera, la metafísica del conocimiento o la dimensión filosófica equivaldría a ese aspecto de la personalidad que en Júpiter recibe el calificativo de máximo.

Fernando no consigue la entrega de sí mismo que requiere el amor y de ahí que, en su fracaso, haya recogido todo el dolor de la rebeldía sin la compensación del goce de la vida.

Lo que Buero nos propone en su obra es una rebeldía nueva: la de negarse a ser víctima de la autoperversidad humana.

En el libro del Génesis se insinúa también el signo de este proceso. Cuando Yavéh descubre que la desobediencia ha divinizado a Adán, «He aquí al hombre hecho como uno de nosotros, conocedor del bien y del mal», toma la precaución de evitar el último paso que aún le cabía al rebelde Adán: «que no vaya ahora a tender su mano al árbol de la vida, y comiendo de él viva para siempre. Y le arrojó el Señor Dios del Jardín de Edén, a labrar la tierra de la que había sido tomado. Expulsó a Adán, y colocó a oriente del jardín de Edén los querubines con espadas de hoja flameante, para guardar el acceso al árbol de la vida».

Pues bien, a pesar de Yavéh, es necesario probar esa nueva fruta, volverse atrás sin respeto a esas espadas de fuego y recuperar la vida. Esa es la preocupación de Fernando: subir, abandonar esa escalera, el «de puertas afuera» en que se encuentra y entrar al reino de esa vida en que queda superado el tiempo.

El hombre que en «Los fusilamientos de La Moncloa» de Goya y, sobre todo, en «El Guernica» de Picasso desciende a los abismos de la perversidad, es el mismo que debe alcanzar la creatividad de «Las Meninas» de Velázquez y ensayar el desarrollo del propio ser persona anunciado en la serie de «Las Meninas» de Picasso.

No se limita, sin embargo, «Historia de una escalera» a proponernos una vía de autocreación del ser del hombre en la dimensión de individuo, que es la ejemplificada por Fernando.

Fernando y Urbano son en el plano simbólico una misma personalidad con enfoques diferentes.

Nos bastaría cambiar la raíz latina «urbs», del nombre de Urbano por la correspondiente raíz griega «polis» para encontrarnos la esencia de este personaje un tanto oscuro. Urbano es, en efecto, el político; pero, sí hemos de entenderlo bien, debemos añadir que se trata de la dimensión política de Fernando, la extensión al plano de lo colectivo del problema que Fernando representa en la evolución de la cultura española. Urbano no es el antagonista de Fernando, sino, en todo caso, el antagonista de Silvano y de Silverio.

El subir de Urbano es el mismo subir que Fernando exponía como su aspiración máxima, pero proyectado sobre el ser humano como colectividad: «si yo subo, subiremos todos». Lo psicológico y lo social, freudismo y marxismo, encuentran en la obra una unidad superior que es el hacerse persona de cada individuo, tanto aislado como en comunidad.

También Urbano fracasa en su ensayo de hacerse verdaderamente hombre, y fracasa por no haberse sabido hacer poeta, artista de sí mismo, y por no haber logrado el amor de Carmina, pese a haberse unido con ella en matrimonio.

Una vez más, la ética que Carmina representa, la entrega del hombre al amor y a la amistad, requiere como estadio previo la estética, creadora de ese mundo nuevo en que puedan asentarse los valores.

Urbano fracasa, finalmente, porque también él sucumbe al dominio de la realidad mundana. Las leyes en que confía y de las que espera soluciones satisfactorias, son fuerzas válidas en el dominio de lo entitativo, necesarias para el orden externo de los asuntos mundanos; pero son de todo punto incapaces de crear nada válido en el plano irreal de este mundo interior que nos ocupa.

El dinero, cuya tentación vence a Fernando, y la ley, a que Urbano se entrega, son fuerzas, ejemplos claros de poder. El arte y el amor, por el contrario, exigen de nosotros la renuncia a todo dominio, y nos sitúan fuera de toda uniformidad.

San Agustín, el hombre que presintió y estuvo a punto de lograr una verdadera filosofía de signo humano, comprendió muy bien el sinsentido de los preceptos legales para regir la ética, y de ahí su célebre máxima, «ama y haz lo que quieras». Es el amor como centro de la vida, como dignidad óptima.

No relacionó sin embargo el santo de Hipona, al menos de manera explícita, esta máxima con su otra sentencia célebre, «Dios habita en el interior del hombre», lo que hubiera hecho adelantar la autoconciencia humana en muchos siglos.

Ya en el Evangelio aparecía clara la minimización de la ley, y la propuesta de dos puntos que, al substituirla, daban las bases para el mayor giro de la mentalidad filosófica de la historia: «Amarás a Dios» y «Amarás al prójimo».

Si en filosofía Dios es tanto como los ideales máximos del ser humano, si «Dios habita en el interior del hombre», el «Amarás a Dios» como lo primero nos habla de valorarnos a nosotros mismos, no al modo de un engreimiento vano, sino autocreándonos, haciéndonos artistas de nuestro propio ser. Lo segundo, «semejante al primero», lo óptimo, es entregarse a los demás en el amor y en la amistad. Y esto tiene validez tanto al nivel individual de Fernando como en el colectivo de Urbano.

El aporte de algunos otros personajes enriquece, sin duda, el contenido antropológico de la obra. Esas tres mujeres que, en su conjunto constituyen el signo de la triple luna: Trini, la virgen, imagen de la nubil Atenea, la siempre joven que, a pesar de los años, es capaz de suscitar el amor del niño Manolín; Rosita, la amante, la Afrodita; y Paca, la madre Hera, representan la triple faz, a la vez creadora y destructora, de lo femenino.

A lo largo de todo el desarrollo del drama, la permanencia inalterable de este triple signo ejerce una función simbólico-artística bien determinada. Todo cambia, todo fluye en el tiempo de ese afuera en que vivimos; pero a través de esos ecos de eternidad de la Diosa nuestra sensibilidad sintoniza con otros valores de un orden nuevo, capta armonía de contrarios. El agotador esfuerzo de hacerse hombre, envuelto siempre en fracasos desalentadores, se ilumina aquí con una luz distinta: nuestro apocalipsis empieza a convertirse en un ensayo lleno de esperanza.

El segundo Fernando no nos parece ahora que sea alguien diferente del primero. Tenemos la impresión, más bien, de que nos encontramos ante una posibilidad que no llegó a realizarse, que estamos ante un nuevo futurible del primer Fernando que ha sabido elegir el verdadero camino de la hominización.

Pero «Historia de una escalera» no es sólo el afuera del hombre, su vivir en el mundo del ente buscando su adentro en el ser; es también, y aun nos atreveríamos a decir, sobre todo, el afuera que refleja nuestro adentro. Se trata de una escalera con la cualidad humana de tener historia. La escalera es por tanto un nuevo personaje de la obra, una personificación invisible de un modo directo y que precisa, como el espejo en «Las Meninas», un medio en el que reflejarse. Ese particular personaje, sin duda, somos nosotros mismos proyectados, vista nuestra irrealidad como imágenes en el espejo.

En la gama de posibilidades antropológico-artísticas que nos brinda la obra, la nueva vertiente a que acabamos de asomarnos contiene, como nota más destacada, la aproximación crítica a uno de los momentos de mayor relieve en la Historia de la Estética.

Después de que Hegel llevase la filosofía occidental a su punto culminante, muchos pensadores pertenecientes a la cultura del Rhin se volvieron al arte, tal vez en busca de un nuevo punto de origen de sus lucubraciones filosóficas; si bien, como ya hemos indicado, nunca manifestaron abiertamente que las conclusiones obtenidas al respecto debieran convertirse en la base de sustentación de las etapas posteriores del discurrir filosófico.

Una de las vías que alcanzó mayor desarrollo dentro de estos movimientos fue la de la «Proyección sentimental» o «Endopatía», conocida por su denominación alemana de «Einfühlung».

Para los partidarios de esta teoría sobre lo estético, el hombre proyecta en el arte sus sentimientos y, en consecuencia, imprime en las criaturas mundanas los caracteres propios del ser orgánico. En palabras de Teodoro Lipps, máximo representante de este movimiento, «La forma de un objeto es siempre el ser formado por mí, por mi actividad interior. Es un hecho fundamental de toda psicología y mucho más aún de toda estética, que en el sentido estricto de la palabra no haya ni pueda haber y aun sea un disparate el "objeto sensible". Puesto que el objeto existe para mí —y sólo de objetos de este tipo podemos hablar— está compenetrado por mi actividad, por mi vida interior... Sólo hasta donde exista esta proyección sentimental son bellas las formas. Su belleza consiste en que en la idea me realice yo libremente en ellas».

En principio, esta manera de proyección presenta las mismas características que acabamos de señalar respecto a la proyección de la escalera en la obra de Buero. Nos encontramos, pues, como punto de partida, en la estética como «proyección sentimental».

La coincidencia, sin embargo, se da únicamente en el punto de partida.

La publicación en 1908 de la tesis doctoral de Wilhelm Worringer «Abstraktion und Einfühlung», cuya versión española lleva el impropio título de «Abstracción y naturaleza», supuso una gran revolución entre los estudiosos de la estética.

Para Worringer la proyección sentimental es sólo la mitad del problema. La otra mitad de la voluntad de arte se encuentra en el afán de abstracción, por el que el hombre tiende a liberarse del sentimiento de terror que le produce el caos del mundo. Por el arte se tiende a fijar ese mundo cambiante, haciéndolo, no sólo estable, sino, sobre todo, permanente. Si el volumen se convierte en plano, su materialidad se pierde, el objeto queda abs-traído, puesto fuera del mundo de las puras cosas.

Este nuevo polo de la voluntad de arte está recogido también en la escalera a que nos enfrentamos en la obra de Buero.

La característica decisiva en la determinación del modo abstracto en el arte se encuentra en el predominio de la línea recta sobre la línea curva. Lo rectilíneo, en efecto, pertenece al orden inorgánico, a lo cristalino; la curva, en cambio, señala la presencia de lo orgánico, la vida.

Pues bien, la escalera en cuestión está construida a base de rectas en toda su estructura. Es cierto que la imaginación libre del lector puede tender a convertirla en una curva en espiral, en escalera de caracol; pero, de hecho, es completamente rectilínea.

El sentido estético que se desprende de «Historia de una escalera», no puede asimilarse, sin embargo, al que Lipps y Worringer deducían de sus investigaciones.

Tanto Lipps como Worringer pertenecían de lleno a la cultura del Rhin y, por ello, no debe extrañarnos su propensión a entender el problema centrándolo en la mundanalidad de lo real.

Ese proyectarse y ese abstraer tienen el afuera del hombre, o al encuentro entre el afuera y el adentro, como el medio natural de lo humano. En cambio, para la filosofía española que puede inferirse de la obra de Buero, la proyección sentimental y la abstracción constituyen dos síntomas por los que se manifiesta la verdadera inquietud artística del hombre: el esfuerzo por salirse de lo mundano.

Cuando el hombre proyecta sus sentimientos y en ese proyecto se descubren los rasgos propios de lo orgánico, advertimos el esfuerzo por liberarse de la condición de ente, fijando ésta en formas proyectadas. Y cuando, de la naturaleza o del hombre mismo, abstrae y hace inmóvil lo que en la realidad fluye, está claramente mostrando su capacidad de ser, buscando la dimensión de lo intemporal.

Al tiempo que nosotros, espectadores, nos proyectamos en la escalera, los personajes de la obra se convierten en una historia particular nuestra, en esa historia que no narra acontecimientos de nuestra vida, sino posibilidades a las que nuestra vida se abre.

La escalera es, así, un símbolo del ser de Fernando como proyecto de lo humano. Por la escalera suben y bajan los habitantes de aquella casa madrileña, y bajan, definitivamente, los muertos. Fernando quiere subir y alejarse, y le teme al tiempo, a la vida real. Lo que Fernando pretende y a lo que la obra nos incita es a una rebelión contra la condición humana, contra el ángel que guarda la puerta del Paraíso y contra Yavéh, que nos prohíbe el acceso al árbol de la vida.

Es necesario ser como dioses, pero no sólo conocedores del bien y del mal, sino además, creadores de un mundo nuevo, de ese mundo de la irrealidad que se inicia en la dimensión estética del hombre.

La estética según los pensadores de la cultura del Rhin es un encuentro del hombre con el mundo, como si el hombre fuese un viajero que viene de una realidad diferente. En la cultura española, por el contrario, la estética significa el inicio del alejamiento del mundo. El hombre es como un viajero que parte de la realidad hacia otro mundo autocreado por él.

El mundo del que se parte y el mundo al que se va son las dos fuerzas entre las que el hombre se debate y las que determinan su mirada alternativa hacia adelante y hacia atrás.

El arte empieza, al fin, a ofrecernos las notas fundamentales que nos van a permitir el acceso a su sentido primario y su correcto encuadre dentro de las funciones humanas.

Si los dioses son los padres de las culturas, y si los principios de la estética se basan en el hecho de que el hombre usurpe a la divinidad su capacidad creadora, el arte equivale a un complejo de Edipo dentro del ámbito de lo antropológico. Es necesario sublevarse contra Yavéh y sus ángeles guardianes para ocupar su puesto de dueño del Paraíso, comer libremente los frutos del árbol de la vida y adquirir la dignidad de creadores. Se trata, pues, de destronar a Yavéh y entrar de nuevo en ese vientre materno que es el Paraíso.

El anuncio de la muerte de Dios no dejó a Nietzsche en el convencimiento total de que la divinidad hubiera desaparecido. En una frase propia de su genio proclamaba un nuevo aspecto del problema: «Si Dios existe, yo soy Dios.»

Estamos ante el vislumbre, entre poético y filosófico, de una transformación del concepto del ser del hombre mismo.

La cultura del Rhin no pudo superar su condicionante naturalista indoeuropeo, y por eso Zeus debe morir. En la cultura española, en cambio, la divinidad humanizada muere sólo en el aspecto del dominio, muere sólo el tirano; pero el creador crece, produce un mundo nuevo a partir del arte y sobre él apoyará más tarde su filosofía.

En nuestro apocalipsis un mundo se destruye, el del hombre como ente, y otro mundo surge con vigor renovado, el mundo del ser humano; el mundo en el que se entiende el «yo soy Dios» de Nietzsche como «yo soy creador».

El hombre en la cultura del Rhin entiende su esencia como un hacerse en el que el tiempo va marcando su ser hasta concluir su plenitud en la muerte. La esencia del ser hombre en la cultura española se sitúa más allá del tiempo, en la capacidad misma de autocrearse en el mundo de la irrealidad de los valores.

Fernando, a través de sus futuribles, nos sugiere la fórmula adecuada a nuestro yo, que no es la fórmula que Ortega, influido por la cultura del Rhin, nos da de «yo soy yo y mi circunstancia», sino esta otra: «yo soy yo y mis posibilidades».

Capítulo XV

El espejo del tiempo, el casos de la locura y la pregunta por el «quién» La doble mirada de Jano en «El tragaluz»

El afuera escénico en que discurría toda la trama de «Historia de una escalera» tenía un claro «adentro» buscado y ansiado por los personajes como única esperanza de acertar con el camino que lleva al hombre a la dignidad de lo humano.

Ese adentro primero, que era necesario alcanzar para convertirlo en punto de partida de todo un proceso de verdadera hominización, se encontraba en la autocreatividad de un mundo irreal, asiento de los valores, cuya génesis constituía el principio del ser estético y de sus frutos, las actividades artísticas.

Ese adentro buscado en «Historia de una escalera» es, con toda claridad, el mismo en que nos sitúa «El tragaluz».

Ambas obras podrían dar la sensación de un contraste entre los puntos de vista adoptados en cada caso: la una parte del afuera para buscar el adentro mientras que la otra parte del adentro para conquistar el afuera.

No se trata, sin embargo, de este simple juego.

El momento antropológico de «El tragaluz», a nuestro entender, supone la conquista previa y ya consolidada de nuestro adentro, y toma esa conquista como base para cimentar sobre ella el edificio de nuestra personalidad.

«El tragaluz», es, pues, en la evolución antropológica de nuestra cultura, el paso siguiente a «Historia de una escalera».

El primer signo de este progreso lo advertimos en el tiempo. Ese tiempo tan temido por Fernando puede decirse que ha quedado, al fin, sintomáticamente trascendido.

Los acontecimientos pertenecen a nuestra actualidad: en Madrid, treinta años después de acabada la guerra civil. Pero en la obra están siendo narrados por dos personajes de un lejano futuro, por medio de un aparato capaz de rastrear el pasado, y, en cierto modo, revivirlo, rescatarlo del olvido y del anonimato injusto en que lo sumiera la historia. El pasado deja, así, de «haber pasado».

La misma superación puede observarse también en el desarrollo de los acontecimientos en sí, pues el desencadenante principal de toda la situación trágica en que se encuentra la familia objeto del experimento, la subida al tren por parte de Vicente, el hermano mayor, va a ser impedida por el padre, aunque hayan transcurrido ya treinta años: «¡Tú no subirás al tren!»

El tiempo, que en «Historia de una escalera» tendía a fluir, tiende aquí a concentrarse, a estabilizarse en una casi eternidad.

El replanteamiento que venimos preconizando de toda la filosofía de occidente desde el ser del hombre como condición básica se apoya, a partir de ahora, en nuevos motivos.

Dice García Morente, al inicio de su «Introducción a la filosofía», que «La concepción del hombre como una esencia quieta, inmóvil, eterna y que se trata de descubrir y de conocer, eso es lo que nos ha perdido en la filosofía contemporánea, y hay que reemplazarla por otra concepción de la vida en que lo estático, lo quieto, lo inmóvil, lo eterno de la definición parmenídica no nos impida penetrar por debajo y llegar a una región vital, a una región viviente, donde el ser no tenga esas propiedades parmenídicas, sino que sea precisamente lo contrario: un ser ocasional, un ser circunstancial, un ser que no se deje pinchar en un cartón como la mariposa por el naturalista. Parménides tomó el ser, lo pinchó en el cartón hace veinticinco siglos y allí sigue todavía, pinchado en el cartón, y ahora los filósofos actuales no ven el modo de sacarle el pincho y dejarlo que vuele libremente».

El conflicto se ha venido planteando en términos que hacían imposible una solución satisfactoria.

Si el ser había de coincidir con la realidad espaciotemporal, su característica decisiva había de ser el constante cambio, el fluir en consonancia con Heráclito y no con Parménides; pero, en este caso, el conocimiento y la verdad perderían toda su consistencia.

La alternativa hizo que la cultura occidental oscilase desde sus comienzos mismos entre esas dos posibilidades, incapaces, cada una por separado, de resolver el problema.

En repetidas ocasiones hemos explicado ya la nueva actitud en que está entrando la filosofía en la cultura española. Lo que ahora puede inferirse del planteamiento estético de «El tragaluz» no es sólo una nueva confirmación de cuanto hemos dicho, sino el comienzo de un paso más allá en el proceso de constitución del ser del hombre.

En el mundo de los entes reales la actividad se produce siempre por determinadas fuerzas, cuya combinación da como resultado el sentido del movimiento.

La filosofía de Occidente no acertó a descubrir otras posibilidades de ser que no fuesen las de la entidad; no supo ver ese otro mundo ultrarreal, constituido a partir del ser del hombre y cuyo sentido no le viene dado por la combinación de fuerzas, sino por algo muy distinto.

La acción positiva de las fuerzas de la realidad permite el desarrollo y movimiento del ente. Por el contrario, el desarrollo del ser requiere, en primer lugar, la colaboración de un factor totalmente negativo, la «supresión» de «límites», y, después, la autocreación de los valores, cualidades de naturaleza irreal.

Importa destacarlo otra vez: el mundo irreal de la autocreatividad del ser no está movido por fuerzas. Pero esta afirmación no equivale, en absoluto, a que la rigidez sea característica propia del mundo de la irrealidad. La rigidez pertenece también al dominio exclusivo del ente, y se produce cuando las fuerzas interiores de la resistencia superan a las externas del cambio.

Lo propio del ser es, por una parte, su ligereza y absoluta maleabilidad por su condición inmaterial. Por otra parte, al haber superado la ley del flujo en el tiempo, que impera en la realidad de sentido único, el ser se ha hecho capaz, no sólo de permanecer, sino, además, del ir y regresar y de concentrar en sí los siglos, tanto pasados como venideros.

De esta manera, el panorama de problemas del ser extiende ante nosotros un nuevo abanico de posibilidades, que exige, una vez más, la revisión radical del concepto mismo de filosofía.

La perspectiva desde la que fue concebido «El tragaluz» coincide, en esencia, con esos puntos de vista desde los que puede otearse la nueva problemática de la filosofía que ahora se vislumbra.

Un artista, Antonio Buero Vallejo, en la segunda mitad del siglo XX de la era cristiana, trasciende con su capacidad creadora el flujo del tiempo hasta alcanzar siglos lejanos; tan lejanos que, para entonces, habrá que recordar que Madrid fue la capital de una nación, la llamada España; y no se adelanta así en el tiempo para situar en él unos acontecimientos imaginarios, sino para volver, desde esa lejanía, a observar nuestra actualidad e incluso su enraizamiento anterior, treinta años antes de aquel en que la obra se representa.

Las mitologías o religiones de algunos pueblos de origen indoeuropeo nos ofrecen, con diversas variantes, los rasgos diferenciales de una figura divina de gran interés para nuestros propósitos. Georges Dumézil dedica el capítulo III de su libro «Los dioses de los indoeuropeos» al análisis de esta personificación mítico-religiosa, estudio en el que apoyamos nuestras sugerencias a ese primer planteamiento de «El tragaluz».

En un mito de los Brāhmanas se cuenta cómo: «Cuando Indra atacó al terrible demonio Vrtra con su arma, el vájra, el rayo, convencido de que era el más débil y de que había fallado su golpe, se escondió y los demás dioses se escondieron con él. Un poco más tarde pensaron: "No sabemos si Vrtra ha muerto o si vive todavía. Uno de nosotros debe ir a averiguarlo". Se dirigieron a Vāyú, el dios del Viento (el Aire) y le dijeron: "Ve a ver, Vāyú, si Vrtra está vivo o muerto; eres el más rápido, si todavía vive podrás volver enseguida". Contestó: "¿Qué me daréis como recompensa?" "¡La primera exclamación ritual, vásat (en el sacrificio) del rey Soma!" "¡De acuerdo!" Se fue y comprobó que

Vrtra estaba muerto. Cuando regresó les dijo: "Vrtra está muerto; ¡haced lo que pensabais hacer si moría!"»

Explica Dumézil que: «la cualidad que determina que Vāyú haga el peligroso servicio de la exploración es la facultad que tiene de correr tanto hacia atrás como hacia adelante, de proseguir libremente si Vrtra está muerto o de encerrarse en el refugio si está vivo».

En la cultura indo-irania, el puesto equivalente al indio Vāyú, lo ocupan dos divinidades de signo contrario: el «Vai bueno» y el «Vai malo», que en la teología del zoroastrismo se convierten en una pareja antitética de gemelos: el Espíritu del Bien (Spenta Mainyu) y el Espíritu del Mal (Angra Mainyu). En ellos se refleja claramente la doble posibilidad originaria del hombre de dirigirse hacia el bien y hacia el mal.

Por último, en Roma el dios paralelo, Jano, ofrece la peculiaridad de poseer dos caras, de tal suerte que con la mirada abarca el doble recorrido de Vāyú. Jano es, además, el Dios del caos originario, lo que le da un nuevo sentido de principio.

El hecho de que en la India «Aditi de dos cabezas», madre de los Aditya, madre primordial, desempeñe a veces la función de dignidad primera, la perteneciente a Vāyú, y de que en Roma, en un fenómeno paralelo, Juno se convierta en la diosa de los nacimientos, reviste para nosotros gran valor.

La salida del caos, primer paso en el proceso de hominización, está relacionada con ese momento de superación del fluir del tiempo de los entes, y, por tanto, con la posibilidad del ir y el regresar, y de hacerlo con la rapidez del viento. Por otra parte, esa génesis del ser del hombre requiere el concurso de una madre, que es a la vez causa originaria y punto de partida. Este esquema estructural del principio contiene todavía una nota más, y es la de la posibilidad indiferenciada de elegir el bien y el mal como caminos del hacerse.

La condición de indoeuropeos de los pueblos en los que el mito se gesta, determina su carácter naturista. El dios que puede ir y volver es el viento, y lo que puede hacer Jano es mirar en las dos direcciones del espacio. Incluso cuando Platón sitúa a sus personajes mirando al fondo de la caverna, los reflejos que allí ven éstos son los de los cuerpos espaciales que pasan frente a la entrada.

El planteamiento del problema en la cultura española presenta algunos rasgos básicos diferentes.

El espejo de «Las Meninas», al permitirnos ver las imágenes de los reyes que está pintando Velázquez, reproduce en realidad, en el plano del arte, el ir y volver del mito indoeuropeo. Y, al igual que los prisioneros de la caverna platónica no se veían a sí mismos reflejados, sino las sombras de otros que pasaban, tampoco nosotros, contempladores de «Las Meninas», nos vemos en el espejo. Podríamos sentirnos tentados a pensar que todo coincide; pero las características en que el ir y el volver aparece en «El tragaluz» de Buero Vallejo nos van a dar la clave para interpretar el nuevo sentido filosófico que ahora se gesta.

Está claro que el hombre pudo siempre volver sobre sus pasos, cambiar la dirección en el espacio. Por tanto, el mito del ir y regresar indoeuropeo carecería de valor si hubiera de mantenerse dentro de los límites espaciales que le marcaron las culturas que fueron su cuna. Lo que la naturaleza no ha conseguido nunca es volverse en el tiempo. El mito platónico del Timeo, visto dentro del campo de lo real, es un deseo imposible. Pero en el mundo de la irrealidad de autocreación humana el fenómeno, no sólo se hace viable, sino que, además, se convierte en un problema de principio, en una cuestión que pertenece, por esencia, al dominio de la estética.

El experimento de «El tragaluz» nos habla así de que el primer resultado de la nueva filosofía, el primer logro de la creatividad estética, es un ser que no fluye en el tiempo como los entes, sino que trasciende la realidad y puede, por tanto, ir y volver. En el futuro de los siglos coloca Buero una especie de espejo que no nos devuelve imágenes solamente, sino, sobre todo, acontecimientos que pertenecieron al tiempo. Ese espejo temporal, sin embargo, coincide con el mito de la caverna de Platón y con el espejo de «Las Meninas» de Velázquez en reflejar imágenes ajenas a las de los espectadores. La innovación consiste, pues, en el traslado de un conflicto del dominio del espacio al dominio del tiempo. Con ello se trata de replantear el problema radical de la filosofía desde presupuestos diferentes.

Si la metafísica en la cultura greco-occidental llega a la conclusión de que el ser es el tiempo, la metafísica que se gesta en la cultura española parte de la aceptación de que el ser es la trastemporalidad. La filosofía que se inicia en Grecia y surca Europa entiende el ser como el mundo, como la naturaleza en su totalidad y, en consecuencia, identifica el ser con lo que está siendo, con el ente. El colosal esfuerzo de Heidegger logra distinguir dos categorías, la de lo óntico y la de lo ontológico, que corresponden al ente y al ser; pero su descubrimiento no lo aparta de lo mundano, y, por tanto, su filosofía continúa dentro del naturismo.

En gran medida al margen de la filosofía europea, Shakespeare, aparentemente en los mismos términos, nos habla de un problema diferente. Ya no es la forma substantivada de «el ser», sino la verbal: «ser o no ser». Y esa es, dice, la pregunta fundamental, la cuestión.

Lo que ahora empieza a divisar nuestra mirada es un paisaje nuevo del problema.

El verbo ser substantivado, el más universal de los conceptos, abarca el ente, lo que está siendo, la realidad, y el ser, lo que permanece, como efecto de una mente que lo piensa; pero también lo que fue, lo sido y lo que será, e, incluso, lo que podría haber sido, lo futurible.

Pero, recalquémoslo, real es tan sólo el ente. Las demás formas pertenecen al mundo irreal autocreado por el hombre; y a la filosofía le compete el ir rescatando de ese caos originario humano el caudal de valores que posibilita el nuevo panorama de la creatividad.

El conjunto de imágenes que el espejo del tiempo nos devuelve nos va a permitir la asistencia a lo que podríamos llamar nuestro propio nacimiento antropológico-cultural.

El punto de partida del naturalista Jano, el Caos originario, que es también el punto de partida de la cultura greco-occidental, tiene una clara réplica de sentido humano en «El tragaluz». El padre, loco, vive y nos hace vivir un caos primigenio; un caos que no se da en la naturaleza, sino en el interior del hombre.

No es difícil comprender que si, superado el desorden del caos originario griego, se alcanza el orden del cosmos, tras la superación del caos mental que supone la locura habrá de encontrarse un orden diferente, el orden que pertenece al plano del ser.

Ya hemos visto cómo la literatura española recreaba en el mito de Don Juan un caos humano a partir de dos formas caóticas anteriores: la del burlador y la del convidado de piedra. Se reunía así en la figura de Don Juan el desorden ético y el desorden sagrado; y por eso, cuando Zorrilla permite a su Don Juan Tenorio ordenarse éticamente por el amor, Don Juan se salva también en el plano de lo religioso.

La locura del padre en «El tragaluz» asume algunos aspectos del caos humano simbolizado por Don Juan, pero no se limita a ellos. Su locura nos va a sugerir, además, una manera nueva de desorden cuya superación habrá de conducirnos a la dimensión filosófico-metafísica de la cultura española.

La mitología griega ofrece abundantes ejemplos en los que la locura hace presa en héroes, semidioses e incluso en un dios, Dionisos; pero todo en estos mitos parece indicar un origen no indoeuropeo, probablemente libio-hamita.

Los mitólogos habían sido unánimes en admitir el origen tracio de Dionisos hasta que Karl Kerenji encontró señales de su paso por Creta pertenecientes a una época anterior. Este descubrimiento aproximaba muchos puntos divergentes del dionisismo histórico; pero no explicaba todavía de manera satisfactoria algunos extremos, como, por ejemplo, el hallazgo de un sello con la imagen de Dionisos en Mohenjo-Daro, perteneciente a la cultura no indoeuropea del Valle del Indo.

Sólo se resuelve el conflicto si el mito de Dionisos es de origen libio, creado por la raza hamita en época anterior a las migraciones que dieron lugar a la cultura sumeria en Mesopotamia y a las de Harappa y Mohenjo-Daro en el Valle del Indo.

El dios sacrificial, Dionisos, el espíritu del vino, viaja con su pueblo en diferentes direcciones; en una de ellas, en el tercer milenio antes de

Cristo, llega hasta la India, y en otra atraviesa Creta y llega al Continente para afirmarse en la Tracia.

Otras circunstancias externas en el desarrollo del mito tienen también gran interés, como son su doble nombre, Dionisos Zagreo, resultado de un encuentro de dos divinidades de similares características, la una propia del lugar y la otra viajera, o el hecho de haber sido vestido de mujer en su infancia, costumbre muy arraigada entre los cretenses.

El conjunto de estas características va a convertir el mito de Dionisos en modelo y coordinador de toda una serie de figuras, tanto divinas como heroicas, formando contraste con el carácter predominantemente naturista de la religiosidad griega.

En la dimensión interna de Dionisos se encuentra, quizá como nota más destacada, el padecer de locura provocada por la enemistad de Hera, y el provocar él a su vez, con frecuencia, la locura en todo aquel que se resiste a su culto.

En ocasiones, esta demencia es motivo de que los padres maten a sus propios hijos, como en el caso de Penteo, muerto a manos de Agave, según se describe en «Las Bacantes» de Eurípides.

Al núcleo de Dionisos pertenece, con toda claridad, la leyenda de Atamas, tanto por la locura infundida por Hera, como por haber sido éste su preceptor durante la infancia.

En la trama mítica de este personaje se encuentra un fiel reflejo del pasaje bíblico en el que Abraham sustituye a Isaac por un carnero como víctima. Por su parte, Atamas, en su locura, mata a su hijo Learco, confundiéndolo con un ciervo. Es importante asimismo destacar el paralelo de esta leyenda con una versión hebrea de un midrás en la que Lamec, ciego, mata de igual manera a Caín.

La locura de Heracles, infundida también por Hera, durante la cual mata a varios de sus hijos, presenta algunos aspectos que nos hacen pensar de nuevo en un origen extra-griego.

Heracles, como Dionisos, es uno de esos héroes semidivinos de doble nombre, con toda probabilidad como reminiscencia de dos mitos que en su encuentro se superpusieron. Se llamaba Palemón y, precisamente tras la matanza de su hijos, pasó a llamarse Heracles en honor de Hera. Dada, además, la semejanza de sus aventuras con las de Gilgamesh, el héroe del poema sumerio, es probable que el mito primero fuese de origen libio, gestado en ese pueblo hamita cuyas migraciones hacia el Este fundaron las culturas de Sumeria, en Mesopotamia, y las de Harappa y Mohenjo-Daro, en el Valle del Indo.

La locura que los mitos griegos nos transmiten parece, pues, obedecer a un conflicto entre esos dos pueblos fundamentales que se encuentran sobre el suelo de la Hélade.

La línea animista del pueblo hamita, que tiende por su propio impulso a humanizarse, se ve interrumpida en su desarrollo por el dominio del naturismo ejercido por los pueblos indoeuropeos invasores. Se produce de esta manera lo que los psiquiatras llaman una situación invivible y que sólo la locura puede hacer vivible de nuevo. Así se explica que la locura la inflija Hera y la sufran semidioses o héroes prohijados por Zeus.

En cierta medida, los mismos principios pueden servir para aclarar la frecuencia con que en la cultura del Rhin se da la locura en personas de gran capacidad creadora. Jaspers, en su obra «Genio y locura», estudia varios de estos casos, a los que encuadra como enfermos de esquizofrenia, es decir: de mente dividida. La división, en estas mentes tan capacitadas para crear, es posible se deba al esfuerzo por salirse del naturismo ancestral que domina la infraestructura de la cultura del Rhin.

La cultura española no ha producido en la realidad ese tipo de hombre, a la vez genio creador y loco, o al menos no lo ha producido de manera tan destacada como los pueblos del Rhin. En la dimensión artística, en cambio, sí disponemos de figuras de primer orden.

La locura de Don Quijote puede servir, con toda justicia, de modelo máximo de la creatividad de nuestro pueblo. También Don Quijote se vuelve loco ante una situación invivible, como es la de los ideales caballerescos, los ideales de una justicia humana implantada por la fuerza de la espada.

En el plano de la realidad el paralelo de mayor semejanza con la crisis sufrida por Don Quijote lo encontramos en la aplicación que san Ignacio de Loyola hace de las palabras evangélicas ante san Francisco Javier: «¿De qué te sirve ganar el mundo si pierdes tu alma?»

Estamos claramente ante un cambio: el del orden del mundo externo al del mundo interno, el del naturismo al del humanismo. Don Quijote, por eso, no es esquizofrénico, sino paranoico. No tiene la mente dividida entre dos mundos, sino que rechaza uno de ellos para habitar tan sólo el otro.

En resumen, el caos de signo humano que supone la locura y del que Buero Vallejo nos hace partir en «El tragaluz» tiene, como primera nota característica, la particularidad de no representar un verdadero principio originario sin precedentes, sino un punto que es sólo inicial para un determinado proceso, el que lleva al hombre a la creación de su mundo irreal interior. Se trata, en esencia, de independizar el mundo del ser del mundo del ente.

En el plano de lo real, todo cuanto ha sadido del caos queda sujeto a la ley de causas y efectos. Las cosas están sometidas a un orden, están entrelazadas como los hilos de un tejido, constituyendo la urdimbre del mundo. Los términos latinos «ordo», orden y «ordiri», urdir, entrelazar, pertenecen, sin duda, a una misma raíz. El hombre, dentro de este sistema del mundo en orden, tiene también su lugar en la trama. Es un ente más entre los entes reales.

Pero cuando una cultura de signo humanista se ve obligada a someter sus autoconcepciones a los moldes mundanos del orden, el panorama de autocreatividad interior se convierte en un caos mental, en una locura de la que es preciso autorrescatarse, volviéndose a ese otro mundo diferente, constituido por la irrealidad del símbolo. San Juan evangelista lo entendió muy bien cuando iniciaba su Evangelio con un antiguo himno mandaico redactado en arameo que dice: «En el principio estaba La Palabra / y la Palabra estaba junto a Dios. / Y Dios era La Palabra, / que en el principio estaba junto a Dios.»

Para las culturas de origen animista, en efecto, el principio sólo puede ser una capacidad interior, entendida a la vez como símbolo y como espíritu.

Para los pueblos de signo naturista, en cambio, en el principio existe un caos material informe constituido por algún elemento específico: agua, aire, o por el conjunto indeterminado de múltiples elementos.

La tercera posibilidad, la que ahora nos ocupa, se produce como consecuencia del dominio ejercido por una cultura de origen naturista sobre otra de signo animista. El resultado es ese caos simbolizado generalmente por la locura, y, en ocasiones, por la ceguera. La salida de este caos habrá de suponer una crisis del sistema que tiene como base el orden.

La cultura del Rhin ha sufrido un grave conflicto interno al no poder encuadrar al hombre mismo, con todos sus atributos, en el orden de signo externo que domina su infraestructura filosófica. El resultado de este proceso ha sido el descubrimiento de un nuevo principio básico atribuido al ser del hombre: lo absurdo. Absurdo, sin orden, se convirtió así en un atributo negativo de lo humano.

El principio de causalidad, la ley de que todo efecto tiene una causa, no se cumple en determinadas regiones profundas de lo humano en las que prima la libertad, y por ende, el hombre, un efecto sin causa, es un absurdo.

Si es verdad que la acción de entrelazar los hilos en una urdidera dio lugar al concepto de orden, no es menos cierto que ya para los antiguos ese concepto no abarcaba en su totalidad al ser humano. De ahí que, frente a las ataduras del «ordiri» cupiese la posibilidad de ser desatado. Esta puerta de salida del rigor del orden mundano tenía en latín dos términos de idéntico significado, pese a su forma contradictoria: los verbos «solvere» y «absolvere». Es probable que el primero responda a un modo originario de sentir la liberación como fenómeno positivo, mientras que el segundo añade la partícula «ab» para indicar el sentimiento de que con ello se niega precisamente esa imposición de lo mundano sobre el hombre.

En cualquier caso, lo importante a destacar en el problema es el convencimiento profundo, sostenido ya desde los tiempos más antiguos, de que el hombre puede ser desatado, liberado de esos hilos que constituyen la trama del orden, sin que por ello tenga que caer en el caos del absurdo. El hombre, en cuanto ser autocreado, está libre de la ley de causa y efecto, está absuelto de las ataduras del orden; es un «absoluto».

Hegel toma este concepto como uno de los puntales de su filosofía; pero lo entiende más como una totalidad que como una liberación. La historia, como conciencia universal, alcanza por el cristianismo la religiosidad y entra en sí misma. Parece llegar así al grado máximo de conciencia y de saber científico-filosófico mantenidos dentro de un completo orden, como corresponde a la cumbre de la filosofía de Occidente.

En la radicalidad del absolver, sin embargo, se encuentra un sentido diferente, cuyo desarrollo puede darnos una dimensión nueva de la filosofía a partir de un nuevo concepto del hombre.

Poder substraerse al rigor del orden mundano supone una capacidad interior que tiende a la autoliberación, a ser absuelto: en una palabra, a lo absoluto.

Son presupuestos distintos de los de Hegel, y, por tanto, los procesos seguidos también difieren, pese a lo cual no es difícil descubrir un cierto paralelismo entre ellos.

Ese absoluto a que se llega como consecuencia de la autoliberación del sistema mundano del orden contiene las mismas notas que la teología ha venido atribuyendo a la divinidad, lo que nos sitúa dentro de una dimensión religiosa, si bien el dios de ésta no coincide, en sus características, con el naturalista Zeus, sino con el Dios interior de san Agustín.

La idea de Dios, por otra parte, como superyó de una cultura, implica a su vez la pertenencia a la Historia, al conjunto de los humanos.

Bastará, empero, considerar la condición de irreal que caracteriza ese mundo interior, fruto de la autocreatividad del hombre, para advertir la disparidad de filosofías a que nos enfrentamos.

A niveles antropológicos, dar categoría de racional a todo lo real y, sobre todo, dar categoría de real a todo lo racional, es tanto como crear un mundo amenazante; el cosmos está presto a devorarnos porque le pertenecemos, somos una parte de él y en cada momento podemos convertirnos en él, petrificarnos. En una palabra: el panteísmo racionalista esquizofreniza.

Por su parte, una actitud filosófica y vital en la que se pretende dejar de ser mero ente para adquirir la categoría de ser, puede, bajo la amenaza del naturismo o del panteísmo, convertirse en una tarea de redención, no sólo de ser mero ente, sino, además, de ser mero hombre. Esta huida de la propia realidad hizo paranoicos a los griegos descendientes de culturas animistas y marcó el más profundo sello en la cultura española.

Los ideales de Don Quijote y su modo de locura, cobran, así, un sentido unitario. La mirada de Don Quijote al mundo exterior descubre, bajo la realidad de unos molinos de viento, la potencia oculta de gigantes, lo real racionalizado; pero si lucha con ellos no es por su mera presencia frente a sí, sino porque, mediante otra mirada, su reflexión interior advierte que esas fuerzas gigantescas dominan el espíritu del hombre que quiere ser libre. La locura de Don Quijote, por tanto, consiste en ser redentor, en librar al hombre de las ataduras del orden que lo ligan a lo mundano, y que hacen de su creación interior una realidad.

A la vista de cuanto acabamos de decir el padre loco, en «El tragaluz», se convierte en una figura particularmente esclarecedora del sentido filosófico de la cultura española.

El padre está loco porque su hijo mayor, con todas las provisiones familiares, se subió en el tren de la posguerra, se hizo poderoso, aun a costa de la muerte de su hermana menor. El padre está loco, pues, a consecuencia del dominio de lo mundano.

De ahí que la primera manía de este gran loco consista en recortar las figuras humanas que aparecen en las postales o en las láminas de las revistas. Pretende, de esta manera, «liberarlas de la postal». Nosotros diríamos: redimirlas de la condición de ser sólo entes, liberarlas de las ataduras del orden mundano de las cosas.

El lamento de García Morente por la rigidez que, desde Parménides, viene sufriendo el ser en la filosofía occidental, se hace rebeldía en el loco de «El tragaluz». No basta la contemplación pasiva de ese desarrollo histórico que consideramos equivocado; es preciso construir su contrapartida.

Tras haber devuelto al ser su independencia respecto del ente, tras haberlo desprendido de la realidad para darle ligereza, para permitirle el libre traslado a través del tiempo y del espacio, y en ambas direcciones como el viento, se requiere darle también su verdadero valor positivo, su verdadero ser. Y así aparece la segunda manía, la gran pregunta:

«¿Y éste ¿quién es?»

Pregunta que será también la de nuestro futuro, la que se hacen esos dos personajes que desde los siglos contemplan nuestra actualidad. La pregunta viene a ser algo así como nuestra gran redención metafísica, el descubrimiento del sentido que le es propio al hombre.

En repetidas ocasiones nos hemos detenido a considerar, en la dimensión negativa del problema, cómo la pregunta que Heidegger tomaba por originaria, «¿por qué el ente y no más bien la nada?», habría de transformarse, en nuestra filosofía, en esa otra de por qué el alguien y no más bien el nadie, que entendíamos más radical que la heideggeriana. La nada, en efecto, no puede darse nunca en el mundo que le es propio, el mundo de la realidad, mientras que el nadie es el destino inevitable del hombre.

Ahora, en el aspecto positivo de la cuestión, la pregunta, fruto del asombro entre los griegos, del ¿qué es? debe, lógicamente, ceder su puesto a esa gran pregunta formulada por los personajes de Buero de ¿quién es?

No debe pasarnos inadvertido el hecho de que sólo pudiera contestar de manera afirmativa a la gran pregunta el padre loco y, tal vez, los personajes que lo contemplan desde el lejano futuro:

«EL PADRE.—(...) Y esta mujer que cruza, ¿quién es? (Los mira.) Claro. Vosotros no lo sabéis. Yo sí.»

La psicosis que el padre padece hace que su mentalidad se sitúe en un tiempo futuro, al modo de una huida del presente, que le disgusta. Nos encontramos de nuevo ante un complejo de Layo, confirmado también por la muerte del hijo.

Reinterpretado, incluso, el problema de Layo a la vista de la obra de Buero Vallejo, se abre la posibilidad de entender que el padre de Edipo no actuó por egoísmo, o, al menos, no actuó sólo por eso.

El padre mató a Vicente, en «El tragaluz», para evitar que llegase a ser lo que verdaderamente era:

«EL PADRE.—Tú no subirás al tren.

(Comienza a oírse, muy lejano, el ruido del tren.)

VICENTE.—(Lo mira.) ¿Por qué me mira así, padre? ¿Es que no me reconoce? (Terrible y extraviada, la mirada del PADRE no se aparta de él. VICENTE sonríe con tristeza.) No. Y tampoco entiende... (Aparta la vista; hay angustia en su voz.) ¡Elvirita murió por mi culpa, padre! ¡Por mi culpa! Pero ni siquiera sabe usted quién fue Elvirita. (El ruido del tren, que fue ganando intensidad, es ahora muy fuerte. VICENTE menea la cabeza con pesar.) Elvirita... Ella bajó a tierra. Yo subí... Y ahora habré de volver a ese tren que nunca para...»

Pudo también Layo intentar evitar que su hijo fuese un parricida.

Ese padre loco, sin embargo, no es sólo futuro. En su gran pregunta coincide con los personajes del futuro, ciertamente; pero tiene también la capacidad de volverse al pasado para impedir lo que ya fue: su hijo Vicente no habrá de subir al tren y aquella hija que murió de hambre, vivirá y tomará la figura de Encarnita, habrá reencarnado. Esa locura, por tanto, es un verdadero caos, mas no del espacio, sino del tiempo; es otro Jano que mira al pasado y al futuro, y otro Vāyú, que puede ir y volver.

Esa capacidad, que sólo comparte con los personajes que desde el futuro experimentan, le permite dar respuestas afirmativas a la gran pregunta. El sabe quién es porque puede redimir a cada persona de su estar en la postal y en su tiempo; él sabe quién es y también quién fue y quién será o habrá sido, y aun quién hubiera sido; él, como Celestina, sabe del hombre.

La gran pregunta parece encerrar dificultads mayores todavía, puesto que los cuerdos del presente, la cordura del mundo, no tiene recursos capaces de dar respuestas satisfactorias.

Del asombro griego, del pararse a prestar atención a lo cotidiano, surgía, de un modo inmediato, la pregunta ¿Qué es? La realidad estaba delante provocando interrogaciones y dejándose arrancar respuestas más o menos parciales que, a su vez, daban lugar a nuevas cuestiones y a nuevos esfuerzos por adecuar la mente a cada estadio resultante.

El problema que ahora nos plantea la pregunta por el «quién» difiere del griego, no sólo en grado, sino también en esencia. La única realidad del hombre que se muestra a nuestros sentidos es su ser ente, o, a lo sumo, mediante la memoria, su haber sido ente. La pregunta por el quién, en este caso, puede contestarse con un nombre; pero esto equivale a no haber entendido la gran pregunta. Lo buscado en la gran pregunta no es la realidad entitativa de cada individuo, no es su mundanalidad; la gran pregunta busca, como única respuesta válida, el ser del hombre, su autocreación en la irrealidad del sentir, el querer, y el pensar y el conocer.

Ahora bien, ese ser irreal del hombre no es asequible a los sentidos y, por tanto, el asombro de los griegos ante los acontecimientos cotidianos y su pregunta filosófica son, ante la gran pregunta, fórmulas ineficaces.

El sentido de la gran pregunta no mira al afuera, sino al adentro.

Laín Entralgo dedica una gran parte de su obra «Teoría y realidad del otro» a una visión panorámica del gigantesco esfuerzo de la filosofía moderna por encontrar una vía de acceso exactamente a lo que el título del libro indica, a la realidad del otro, al yo que se encuentra en la intimidad de cada uno de nuestros congéneres. Vano empeño el de tales filósofos, comparable tan sólo al de los teólogos en busca de una demostración de la existencia de Dios. El yo ajeno no es experimentable porque no es mundano, no es una cosa; en sentido estricto, no es una realidad.

Cuando la filosofía de Occidente alcanza en Heidegger la noción del abrirse, el hombre, abierto, cae sobre el mundo, es arrojado, yecto; es una cosa más entre las cosas y, en consecuencia, un sinsentido. El abrirse que presagia la filosofía española, por el contrario, no hará que el hombre salga de sí para encontrarse caído en su afuera, en el mundo. Nuestro abrirse tendrá por objeto permitir la entrada de los otros en nosotros mismos.

La obra de Buero viene a ser algo así como un manifiesto de este cambio de sentido.

El adentro en que habita el padre loco con su mujer y su hijo menor, Mario, ese sótano o nueva caverna, tiene un tragaluz por el que entran, no las sombras de la realidad, sino los síntomas que nos permiten descubrir los problemas que afectan en lo más hondo al ser humano: Alguien lleva una receta; sufre por un enfermo; sufre también el enfermo mismo. Pasan nuestras víctimas; sufren por culpa de nuestro egoísmo y nuestra desaparensión. En suma, por ese tragaluz entra lo humano en nosotros.

Pero esa conclusión, lejos de cerrar el proceso a que venimos asistiendo, señala únicamente su punto medio, el eje alrededor del cual gira el verdadero conflicto de nuestra filosofía.

Esa ventana que se abre, ese tragaluz que da nombre al drama, bien observado, muestra los mismos rasgos simbólicos del mito básico que da sentido a toda la obra: la doble faz de Jano.

El tragaluz es un ojo que mira al afuera para ver el adentro de cada uno. Por el tragaluz salen las flechas de Apolo, que escudriñan el mundo, y entran los hilos de Atenea, que entretejen figuras humanas en el fondo de la caverna.

No se trata, sin embargo, de una solución sincretista, limitada a una mera suma de la filosofía tradicional masculina, de sentido mundano, más la posible filosofía femenina, creadora, que mira al adentro. La nueva filosofía española presupone esas dos maneras filosóficas, pero no se resuelve en una suma, sino en una superación. El símbolo de Jano que se nos propone ni siquiera necesita su doble rostro tradicional para desarrollar su función doble. Le basta un solo ojo para mirar al adentro y descubrir, en su propio adentro, el adentro de los demás.

A pesar de la aparente simplicidad de este enunciado, el problema del cambio de sentido que pronostica «El tragaluz» es sumamente complejo y su logro habrá de requerir un gran esfuerzo y un largo peregrinar de la inteligencia de nuestro pueblo.

Está claro que se rechazan las meras apariencias de lo humano, lo semejante al hombre que la civilización nos brinda. Por eso el padre loco rompe el televisor que su hijo Vicente les regalara. Tampoco le vale su propia imagen reflejada en la luna del armario; es un extraño que no le «dice nada». Tendría también que ser liberado del espejo, del ser mera imagen, y poder decir algo en el adentro verdadero.

En ese pequeño episodio, con todos los visos de intrascendencia, se encuentra una clave muy significativa para empezar a entender el sentido del cambio.

No es suficiente ver, ni siquiera verse. Ver y verse son actos mundanos que pertenecen a la flecha de Apolo. Es necesario decir y decirse; pero, adviértase bien, ese decir y ese decirse no son actos separables. El nuevo Jano simbolizado por el tragaluz, el que tiene un solo ojo, mira al adentro y al afuera al mismo tiempo, dice diciéndose y se dice diciendo. El transeúnte que lleva una receta en la mano nada dice a una mirada mundana, y lo dice todo a quien mira por el tragaluz. El afuera entonces deja de ser mundano; se convierte en el adentro de los demás. Ahora bien, el adentro de los demás no impresiona nuestros sentidos y, por tanto, no puede ser percibido. La única vía de acceso a ese mundo irreal de la autocreación interior humana debe pertenecer a un medio también irreal y autocreado. A ese medio, en principio, le llamamos «la palabra».

Si recordamos de nuevo la frase con que se inicia el cuarto evangelio, «En el principio era la palabra», el término cobra un sentido de fundamento de todo un orden distinto del estudiado por la filosofía occidental en torno a los entes. La palabra, vista a través del tragaluz, es, a un mismo tiempo, principio y fin. Es principio, no porque pertenezca sólo al comienzo de un proceso de constitución, sino porque guía todo el desarrollo de ese proceso hacia su fin. Es un principio rector. Esa misma cualidad le hace también fin, en un acto inseparable del ser principio.

La semiótica viene estudiando la palabra como un medio transmisor. Un hombre comunica algo a otro hombre. El valor de la palabra a que nos estamos refiriendo en estas páginas es muy diferente. El hombre, al abrirse a los otros, al abrirse a que los otros le digan, convierte la palabra, no en un medio transmisor de algo, sino en el símbolo de la comprensión humana. Lo transmitido no es algo, sino alguien. Comprender es, pues, la manera como llega a nuestro mundo interior el mundo interior de los otros.

Tanto el cuarto evangelio como el himno mandaico que san Juan toma por modelo literario expresan de un modo rotundo que esa palabra, que era el principio, estaba junto a Dios e, incluso, era Dios.

Faltos de una verdadera filosofía oriental-cristiana, los teólogos sólo atendieron al sentido de la persona de Cristo, en quien la palabra encarna; pero una visión de conjunto de las culturas que se desarrollan en torno a Europa y a la cuenca del Mediterráneo nos plantea nuevos problemas.

La realidad fluye en el tiempo, sin principio ni fin. Hablar, por tanto, de un principio es siempre un antropomorfismo. La divinidad, por su parte, suele ser ese antropomorfismo sublimado.

Cuando los milesios y después los pluralistas hablaban del principio de todas las cosas, tomaban como punto de apoyo elementos de clara pertenencia al orden mundano. No es fácil encontrar filósofos posteriores cuyo pensamiento se base exclusivamente en una concepción de este signo; pero es obvio que la inclinación a esta manera de entender la filosofía propende al panteísmo o al materialismo como formas finales.

Entre los griegos no fue ésta la única manera de concebir el principio. Los pitagóricos primero, y más tarde Platón, entendieron que el verdadero principio se encontraba en el número.

Antes de proseguir el razonamiento conviene recordar que el número no es algo que pueda darse, por sí, en la naturaleza exterior. La realidad que fluye en el tiempo es siempre concreta y, por tanto, siempre diferente. Dividirla en porciones y darle a cada una de ellas valor de unidad es una tarea mental, ajena al mundo mismo. Sólo la inteligencia divide y separa y, de este modo, ordena y numera.

Sin que tampoco en este caso podamos hablar de un desarrollo puro de esta línea de pensamiento, sí podemos observar que las doctrinas filosóficas que se inclinan a considerar el número como primer punto de apoyo evolucionan preferentemente hacia concepciones filosóficas de sentido idealista y a entender a Dios como persona separada del Cosmos y como inteligencia ordenadora de la realidad. El análisis de la forma y el descubrimiento de su estructura suelen alcanzar gran perfección dentro de estos sistemas.

La civilización occidental supo combinar estos dos principios, el que parte de la realidad mundana y aporta el contenido de las proposiciones, y el que parte de la inteligencia y nos brinda los esquemas formales que sirven de moldes para aquellos contenidos. El éxito verdadero de este esfuerzo de adecuación entre inteligencia y realidad fue siempre el saber científico.

La presencia del tercer principio no dejó nunca de hacerse notar a través de la historia de Occidente; pero sin perder su significación marginal entre las fuerzas rectoras de nuestro desarrollo. La fuerza de la mundanalidad, convertida en prejuicio, le impidió, en todo momento, salvar su independencia.

El fenómeno de lo artístico tenía la virtud de provocar en los ánimos una inquietud, un interrogante por su origen, que no se satisfacía ni con el principio material de los milesios y pluralistas, ni con el formal de los pitagóricos. Había que buscar una solución diferente o suprimir el problema.

Platón fue, tal vez, una de las primeras víctimas del conflicto. Un carpintero, al trabajar la madera, podía hacer una auténtica cama, mientras que un pintor, al dibujarla, lograba sólo una mera apariencia, una imagen tan falaz como la reflejada en un espejo.

A partir de este breve comentario que en «La república» de Platón se dedica al tema, el arte no ha logrado desembarazarse del lastre que le suponía, no las palabras explícitas del comentario platónico, sino la consideración previa que el párrafo implica.

La comparación entre la tarea de hacer una cama y la de pintarla, y el valor de la primera y el menosprecio de la segunda sólo son juicios coherentes si se trata, efectivamente, de tareas homogéneas; y, dado que la construcción de una cama pertenece al orden del mundo, la comparación sólo es posible si el pintarla también lo es.

Platón menosprecia la pintura como mera imitación de la naturaleza; pero no es lo más grave de su diatriba contra el arte la falacia de ser mera apariencia, sino la pretensión de que alcance la categoría de lo real.

Muchas veces se ha defendido contra Platón la capacidad creadora del arte; pero el conflicto quedó sin resolverse, intentando que lo creado fuese una realidad más dentro del orden de lo mundano. Así se entendió siempre el mito de Pigmalión, escultor que construye una estatua tan perfecta que se enamora de ella, y a la que Afrodita le da vida.

Tampoco Leonardo da Vinci consigue liberarse del prejuicio cuando se lamenta de que sus cuadros no pasen de ser una ficción, y se dedica a la matemática para poder crear de veras.

La «Ciencia Nueva» de G. B. Vico nos presenta los caracteres distintos de esa otra manera cognoscitiva que venimos persiguiendo. Frente al tradicional pensar por conceptos, sitúa Vico un pensar por imágenes y símbolos, válido en áreas extralógicas de la actividad mental humana, fundamentalmente en el área de lo artístico.

El acertado desarrollo del saber científico en nuestro medio hizo que las otras maneras de actividad humana, la filosofía y el arte, procurasen para sí saberes de índole científica. Tal es el esfuerzo de Husserl y el síntoma que ahora descubrimos en Vico, cuando llama ciencia a su modo nuevo de adentrarse en el seno de lo humano.

Pero tras la «Ciencia Nueva» de Vico no se encuentra un saber científico, sino otra cosa. Lo que Vico siente y lo que hubiera expresado, libre de la supervaloración del saber científico, es que la estética consiste en un conocimiento —no un saber— acerca del hombre en su proceso de autocreación, obtenido mediante las imágenes y los símbolos que nos transmite el arte, y correspondiente a la etapa de la sensibilidad, tanto individual como colectiva.

El mito de Pigmalión podría, entonces, reinterpretarse como el del hombre que trata de liberarse del dominio de lo real. Las mujeres de su entorno siguen una conducta mundana, lo que le hace renunciar al matrimonio. Al modo de una substitución, esculpe una estatua de marfil de tal belleza que su sensibilidad se conmueve: la estatua, Galatea, le dice al fin lo que las mujeres de su tierra no le decían.

Nos encontramos, pues, ante un principio que no es ni el material de los milesios y pluralistas, ni el formal de los pitagóricos, sino el principio creador de «La Palabra».

Donatello estaba equivocado cuando increpaba a su zuccone diciéndole: ¡Habla! Esa palabra buscada, sólo podría oírla en su interior, en su mundo autocreado.

Deja así de ser válido el comentario platónico de que el arte es una mera imitación de la naturaleza, y también el de sus oponentes, que entienden el arte como creador de realidades nuevas. El arte sólo es válido si lo creado por él es el hombre mismo como autocreador; el hombre en la dimensión simbólica de la palabra.

El decir y el decirse, convertidos en un acto único que es ese ojo del nuevo Jano, que mira, a la vez, a ese adentro y a ese afuera particulares que son el yo y el otro, que mira a los otros en el propio yo: ese decir-decirse, entendido como «La Palabra», que es principio y es también fin, porque está junto a Dios y es Dios, nos permite esclarecer el sentido último de lo que hubiera significado, en el plano de una auténtica filosofía cristiana, la frase de san Agustín de que «Dios habita en el interior del hombre».

La capacidad humana de crear da valor a todo un mundo infinito de sentido irreal. La misma palabra que en el Génesis decía «hágase» y por la que el mundo se iba configurando, dice ahora «sea», y en el interior del hombre los valores se desvelan. El ser humano, émulo de sus ideales divinos, se diviniza.

Pero la divinidad no es sólo la sublimación del individuo. A los dioses corresponde, sobre todo, el papel de súper-yo de cada cultura. Dios es, por tanto, en sentido filosófico y dentro del mundo irreal de autocreación humana, la palabra común entre los hombres, el símbolo de la sociabilidad. Con Dios como el uno supremo y colectivo de todos nuestros ideales sublimados, el hombre comprende al hombre, recibe su palabra.

La herencia de san Agustín da a la cultura italiana la inquietud permanente de interpretar desde un punto de vista cristiano todo el desarrollo cultural del mundo antiguo. Ciertamente, lo que podríamos llamar línea ortodoxa, la aceptación de los dos principios, material y formal, combinados, dominó siempre la parte consciente de las teorías; pero en el subsuelo de cada problema no es difícil descubrir el latido de ese tercer principio; por el que intentaba salir a la luz el sentido humano de la verdadera filosofía cristiana.

En la época del Renacimiento, por ejemplo, se llegó a entender al hombre como inmerso en un proceso de autoliberación del ser finito, y de ahí la frase «Y seremos como dioses».

Mucho después Pier Paolo Pasolini entendía que un proceso similar era el que había llevado a Jesucristo a un grado tal de perfección que él, sin ser creyente, lo consideraba «divino».

Parecidos gérmenes larvados, pugnando por imponerse a la conciencia, pueden observarse a lo largo del desarrollo de una parte considerable de la filosofía, aunque siempre sofocados por la ortodoxia.

Con motivo de la discusión acerca de los universales, a punto estuvo el nominalismo de romper el prejuicio. Una de las posibilidades de la palabra, la que sirve para nombrar la realidad, tanto si su forma es la individual como si es la colectiva, ponía de manifiesto su valor de signo o símbolo; pero la fuerza de esta doctrina no pudo superar las dificultades procedentes de la concepción de Dios como ente real.

Otro momento crítico del problema se encuentra en el nuevo enfoque filosófico que suponen Descartes y el cartesianismo. Buscando una verdad clara y distinta y, al mismo tiempo, incontrovertible, sobre la que no quepa ni siquiera la posibilidad de la duda, llega Descartes al «yo pienso» como raíz absoluta de la certeza.

No parece arriesgado afirmar que la vivencia responde más al fenómeno interno de la palabra que al del pensamiento propiamente dicho. Descartes apercibió su sí mismo diciéndose, e incluso supo distinguir su inextensibilidad. Debió, por tanto, alcanzar el descubrimiento del mundo irreal de la palabra; pero su conclusión fue precisamente la opuesta: puesto que pienso, existo.

Una vez atribuida la existencia real al yo pensante y a las ideas y perfecciones sostenidas por él, Dios, como perfección absoluta, debe existir también y de un modo necesario para dar sentido a esos atributos del yo. Si ahora suprimiésemos del proceso la existencia real, el razonamiento concluiría en afirmar que «en el principio era la palabra, y la palabra era Dios».

En resumen, por doquiera encontramos al ser pugnando por liberarse del ente, empeño en el que tropieza siempre con el obstáculo del hilemorfismo, que pretende dogmáticamente la exclusiva en las soluciones de los problemas filosóficos.

Las características del problema en la cultura española son diferentes por evolucionar el tema, no en el medio religioso-filosófico, sino en el místico-literario. Decir «tan alta vida espero», o proclamar «volé tan alto / que le di a la caza alcance» son frases que encierran ideales humanos tan alejados de la naturaleza que, traducidas al lenguaje de la filosofía, trascienden el orden de los entes.

Pero la invitación más rotunda a romper el orden hilemórfico establecido la encontramos en «El tragaluz» de Buero Vallejo. Ya hemos visto cómo el padre, loco, pretende liberar a cada figura de la postal que la aprisiona; pero esto no es todo. Los personajes que experimentan desde el futuro dicen que en nuestra época «se hablaba con frecuencia de que los árboles no permitían ver el bosque... es preciso también que el bosque no nos impida ver los árboles».

Ahora bien, ese bosque no es más que una metáfora para nombrar a la humanidad y los árboles, por consiguiente, son los individuos humanos. Se trata, pues, de ver al hombre y ver a la humanidad a través del ojo de Jano; percibir «la palabra», que es principio y fin al mismo tiempo, que da sentido al hombre y a la humanidad.

Es una locura romper el orden establecido, y es, por tanto, un caos primigenio y un nuevo origen.

El mito de Jano, con su doble mirada, y el de Vāyú, con su doble sentido, tienen un paralelo en la religión persa postgática, cuyas variantes ofrecen particular interés para nuestro trabajo.

El Dios primario se divide en el «Espíritu del Bien (Spenta Mainyu) y el «Espíritu del Mal» (Angra Mainyu). Es decir, de ese Dios primero, del Dios del Caos, que posee dos direcciones, no surge sólo la fluidez del ir y el volver, sino también el antagonismo, la incompatibilidad.

En el plano del mero hombre, el Génesis nos presenta el mito de la primera pareja humana, Adán y Eva, que, tras probar el fruto del árbol de la ciencia del bien y del mal, iniciado el camino de su autodivinización y arrojados del paraíso, tienen dos hijos que constituyen un prototipo acabado de incompatibilidad. De igual manera, Edipo, tras matar a su padre y emprender el camino del máximo desarrollo de su propia personalidad, tras hacerse rey, engendra hijos incompatibles hasta la muerte.

La lección del mito no parece difícil: El hombre que tiene la osadía de reflexionar y dirigir la propia mirada al interior de sí mismo descubre su ser contradictorio.

La filosofía, desde Heráclito y Empédocles, se ha venido preocupando, a lo largo de su historia, del problema de los contrarios y su unión como origen de todas las cosas. En la época del Renacimiento italiano el tema se generalizó y llegó a convertirse en la manera habitual de abordar todos los conflictos, tanto por parte de los pensadores como de los artistas.

Pico de la Mirandola nos interesa, en particular, porque en sus lucubraciones llega a la conclusión de que la belleza es, precisamente, un compuesto de contrarios. La belleza no puede darse en Dios, debido a su simplicidad.

Pico ilustra su doctrina con el mito de Armonía, nacida de Afrodita: el amor, la concordia, y Ares: la discordia, la guerra.

Entender la belleza como compuesta y como fruto de la unión de contrarios obedece, sin duda, a inquietudes muy profundas y muy constantes en el espíritu humano. Nos parece, incluso, ser las mismas que llevaron a Kant a situar el juicio estético entre la razón pura y la razón práctica, a modo de un puente que enlaza los principios en que se basan sus dos primeras críticas.

Kant y Pico intuyeron que la sensibilidad estética se producía en el encuentro de dos mundos; pero, en nuestra opinión, no acertaron a distinguir el signo característico de esos dos mundos porque el dogma del hilemorfismo se lo impedía.

El fenómeno del arte, base del juicio estético, sólo puede tener sentido si enlaza el mundo de lo real con el mundo de la autocreación humana, o sea, si el arte es creación que significa lo irreal y parte de la realidad. El hombre, capaz de crear el arte, por el arte se recrea a sí mismo, e inicia el desarrollo de su personalidad interna. El arte es, pues, la palabra como principio. Por último, el arte supone la unión de la filosofía de signo masculino con la filosofía de signo femenino. Es el ojo de Jano mirando, a la vez, a dos mundos opuestos.

De nuestro Jano, el loco de «El tragaluz», nacen también dos hijos incompatibles, Vicente y Mario; en cierto modo, el malo y el bueno, y, con toda claridad, el que vive en el afuera y el que vive en el adentro.

Con estos dos hermanos incompatibles y con Encarna como unión de contrarios elabora Buero un complejo cuadro de símbolos antropológicos.

El padre loco, el que conoce la respuesta a la gran pregunta, reconoce en Encarna a Elvirita, la hija que murió de inanición por culpa de Vicente. Encarna representa, por tanto, una hermana de Vicente y Mario.

Por otra parte, ella se ve a sí misma en la esquinera, personaje que no habla pero que le dice todo un posible futuro. Encarna es también, desde este punto de vista, una personificación de la esquinera.

Vicente, el que vive en el afuera, ha hecho que Encarna muera, en cuanto Elvirita, y que, en cuanto esquinera, se prostituya.

Mario, en cambio, el que vive en el adentro, comprende a Encarna como persona amada.

Las relaciones de ambos hermanos con Encarna son así, dentro de la dimensión simbólica en que nos encontramos, incestuosas.

Pero el incesto, ya hemos tenido ocasión de considerarlo, es el tabú fundamental, que marca el tránsito de lo prehumano a lo humano, a la vez que una práctica permitida a los dioses, con la particularidad, entre éstos, de que las diosas no pierden por tales relaciones su virginidad.

El cuadro de insinuaciones artísticas que presenciamos en estas escenas de la obra nos permite aventurar que estamos asistiendo al despertar a lo consciente de los signos decisivos de nuestra cultura. Los que vivimos en el hoy de «El tragaluz» simbolizamos un estado prehumano de lo que puede ser nuestra humanidad; pero en nuestra cultura germinan ya nuevos ideales.

Encarna, como diosa a quien está permitido practicar el incesto, al menos en la dimensión del símbolo, será madre virgen como Anat, y como María la Madre de Jesús, fecundada por el Espíritu de Dios; diríamos, por el Gran Símbolo. El hijo que de ella nacerá habrá de ser, como comienzo de una nueva era, un héroe epónimo, y como alegoría cristiana, un redentor.

Los personajes que contemplan nuestro presente desde el futuro tenían una gran pregunta: ¿Quién es? Y para contestarla necesitaban ver a un mismo tiempo el bosque, la humanidad, y los árboles, cada individuo, cada hombre. El padre loco, ante la misma gran pregunta, necesitaba liberar a cada figura humana de la postal que la aprisionaba, tarea que requería una mirada que abarcase, a la vez, la figura y la cartulina, el hombre y el entorno; se trataba de liberar al hombre de su ser ente; pero con ello alcanzamos sólo el inicio de un proceso, la entrada, por el arte, en el mundo de la irrealidad autocreada por el hombre. Redimir al hombre, sin embargo, no es sólo eso.

La redención, o sea convertir al hombre en un absoluto, precisa al menos, un paso más: absolverlo del pecado, liberarlo de sus culpas; en suma, enseñarle la palabra «perdón».

Debemos volver a recordar que sentirse redentor es un síntoma de paranoia, o al menos de propensión a la paranoia, y que el paranoico, como opuesto al neurótico, retenido por el pasado, padece una fijación al futuro. El neurótico pretende que el pasado siga siendo presente y el paranoico se empeña en vivir lo que todavía no es vivible.

La cultura española tiene tal propensión a la paranoia que incluso sobre el pasado, sobre su propia historia, proyecta ideales y perfecciones que sólo pueden entenderse como aspiraciones de nuestro porvenir.

No es raro ver cómo se llega a definir la historia de España como «la narración de los gloriosos hechos llevados a cabo por nuestros compatriotas de otros tiempos», y cómo, en la biografía de reyes u otros mandatarios, se oculta todo lo desfavorable, e incluso, se atribuyen virtudes excelsas a personas de conducta perversa.

Pero el pasado tiene una función valiosa para el hombre y, cuidando de evitar la caída en la neurosis, debe recuperarse, recordar lo que fue, en tanto «que fue». Esa es la tarea que da sentido y dignidad a la historia.

De igual manera, conscientes del riesgo de ser afectados de paranoia, debemos afrontar el problema de nuestro futuro con voluntad de buena salud psíquica. La tarea, en este caso, debiera ser competencia de la política, puesto que el sentido correcto de la política es, precisamente, el inverso al de la historia. Lo importante es adentrarse en la aventura de un porvenir y una redención sin paranoia.

Es probable que, en la manera de comportarse los personajes de Buero respecto a la redención de la culpa, se encuentre la mejor vía de solución para el problema de nuestras tendencias paranoicas.

En el capítulo I de este libro aludíamos a una diferencia notoria entre los culpables de Sófocles y los culpables de Buero. Edipo Rey, una vez descubierta su culpabilidad, dedica todo su esfuerzo a purificarse y a reconquistar una limpieza tal de su persona que pueda permitirle la glorificación por derecho propio. El caso de Edipo es sólo ejemplo de una tendencia general de la mentalidad griega. El ser culpable era una mancha susceptible de ser borrada, un accidente ocurrido en un determinado momento y que el paso del tiempo puede dejar atrás.

En la cultura judeo-cristiana la culpabilidad tiene un sentido muy diferente; es también superable e incluso puede lavarse en el bautismo, pero no es el esfuerzo por la autopurificación el medio adecuado para lograrlo, sino el pago de su precio, satisfecho por alguien que toma sobre sí las culpas ajenas. Los ritos del chivo emisario tenían ya este sentido, si bien a modo de un presagio de lo que sería la figura del redentor como cumbre del proceso. La redención es, en última instancia, la obra de un Dios, que derrama su sangre inocente como rescate del hombre aprisionado por la culpabilidad. El propio Jesús viene a sacrificar su vida y a cumplir así la voluntad del Padre, a quien no gustaron «las ofrendas y holocaustos». Los méritos del redentor sacrificado se aplican al hombre culpable mediante la palabra «perdón»: «perdonados te son tus pecados»... «hasta setenta veces siete».

La cultura europea no ha sabido superar una actitud ética que deriva de esa mentalidad característica del pueblo griego.

En la base del derecho se encuentra siempre, como presupuesto, la idea de que el hombre ha de pagar sus propias culpas. También esta vez la teología tradujo el pensamiento griego y lo aplicó a la moralidad cristiana, hasta el punto de que al sacramento del perdón se le llama «penitencia». La Inquisición llevó a la hoguera a los culpables de herejía. Y cuando la conciencia filosófica elaboró los grandes sistemas de ética, los puntos de partida hubieron de ser materiales o formales, como única alternativa.

Nietzsche intuyó que nuestra mentalidad estaba encerrada en unos límites impuestos, y no vaciló en romper las ligaduras del prejuicio. Para comprenderlo basta fijarse en el título de su libro «Más allá del bien y del mal».

El comportamiento de los culpables en la dramaturgia de Buero rompe de nuevo el prejuicio multisecular de la historia de Occidente y alienta en nosotros la esperanza de encontrar una salida satisfactoria del conflicto. Los culpables que Buero nos presenta, al descubrir la propia culpabilidad, no intentan lavar mancha alguna, no cuentan siquiera con la posibilidad de una inocencia reconquistada. Para estos antihéroes sólo cabe la actitud de mirar al adentro, al propio ser y regenerar allí el valor destruido. Estos culpables, en virtud de la culpa misma exteriorizada, se autotransforman, se convierten.

En las culturas de signo naturista cada hombre tiende a ver en el otro que tiene delante una entidad mundana, una parte del cosmos, que se enfrenta al propio yo. El otro es, así, una amenaza, un presunto enemigo que es necesario rechazar. Si ese rechazo agresivo origina un sentimiento de culpabilidad, debe entenderse como un accidente externo, superable por un acto ritual de purificación. Pero si la cultura se hace de signo humano, si se aventura en un proceso de interiorización, no sólo de sí mismo, sino también de otro que se le aproxima, entonces el rechazo agresivo se convierte en destructividad de los valores que el otro posee. De esta manera, el sentirse culpable desencadena un mecanismo compensatorio de regeneración. El otro no es una parte del cosmos externo que amenaza al propio yo, sino un valor nuevo que es preciso instalar en el adentro. Es un valor que transforma al yo en el nosotros.

No se entienda, sin embargo, este término como un simple plural del yo, ni siquiera como una suma de individuos entre los que se encuentra mi yo. La forma correcta de entender el nosotros conquistado es la que Unamuno intuía en su célebre expresión «nos-otros - nos-uno», apuntando a esa identidad que debe establecerse entre cada hombre y su prójimo. La transformación del yo en nosotros no significa el cambio del individuo por la grey ni por el grupo, sino por la sociedad de personas.

El experimentar los culpables, en la dramaturgia de Buero, una conversión de estas características se repite una y otra vez, hasta hacerse una constante suya en los procesos que podemos llamar éticos. Habremos de volver, por tanto, sobre el tema, y esperamos, de las diferentes situaciones, obtener perfiles más claros de lo que podríamos llamar el segundo objetivo de la filosofía española.

Plantear estos problemas a partir de «El tragaluz» ofrece ventajas, ya que en esta obra se da, por una parte, el tránsito, sin solución de continuidad, de lo estético a lo ético, y, por otra, el trazado del sentido de la nueva ética, que es sumamente claro.

Los dos hermanos incompatibles porque viven en el adentro y en el afuera, representantes de la doble mirada de Jano e hijos suyos, como Dios del Caos, significan con toda propiedad la dimensión estética del hombre, incluso en su posibilidad de ser interpretados como bien y mal; pero este último aspecto equivale al inicio de la transición.

Lo bueno y lo malo, contemplados como posibilidades en sí, pertenecen, sin duda, a la estética. Bastará, sin embargo, afrontarlos como convertibles el uno en el otro, dentro de la dimensión de lo humano, para que surja la cualidad de lo ético en el proceso.

Así ocurre en el caso de esos dos hermanos que nos ocupan. En Vicente la transformación apenas se insinúa: cada vez acude con más frecuencia al adentro en que vive Mario con sus padres y allí, obligado a reflexionar, tiene vislumbres de su propia malicia.

Por lo que respecta a Mario, el enfrentamiento consigo mismo es manifiesto: un sueño le indica que está arrastrando a su hermano al abismo, que le está atrayendo al adentro donde habrá de encontrar la muerte.

En el lenguaje metafísico, el de mayor importancia en la obra, esta llamada al adentro de Mario a su hermano es la llamada del ser al ente y, por tanto, pertenece todavía a la dimensión estética del proceso; pero el hecho de que Vicente, el hombre mundano, muera, transfiere de manera inmediata el problema a la categoría de lo antropológico. Mario ha reflexionado y se ha desdoblado en un yo externo, el de su hermano Vicente, y su propio yo interior; Mario acaba de probar la fruta prohibida y se ha apercibido de su ser mortal; con ello ha adquirido también conciencia de culpa: en su corazón se ha instalado, por fin, el ser ético.

Asistimos, en este pasaje, a la ejemplificación de un momento crucial del proceso filosófico humano: Mario, al adentrarse en sí mismo y descubrir su propio ser serpiente, su radical culpabilidad, comprende a Vicente, al que era su hermano incompatible; y lo comprende interiorizándolo limpio de toda culpa, convertido en el hermano bueno: en una palabra, redimido.

El comportamiento de Mario tras esta conversión, como es habitual en los culpables de Buero, va a consistir en una identificación con el hermano muerto por su causa y en la asunción de su personalidad hasta el punto de tomar como suyo el hijo que Vicente engendrara en Encarna. Recibirá igualmente a la propia Encarna, su amada, superando los impulsos de rechazo provocados por la pertenencia de ella a su hermano Vicente, estableciendo un nuevo ambiente de comprensión humana.

Encarna, por su parte, porque ama, comprenderá sin reservas a Mario, trascendiendo todo conflicto.

De esta manera, el hijo que Encarna lleva en su seno habrá de ser, en el plano humano, un nuevo Cupido, hijo del Dios de la Guerra y la Diosa del Amor. Pero en su aljaba no habrá sólo flechas que inyecten atracción mutua entre los amantes; hijo también de Mario en la dimensión de lo simbólico, del que habita en el adentro, en su aljaba estará, sobre todo, la palabra, la comprensión entre los hombres. Será un redentor sin paranoia porque su redención consistirá en asumir las propias culpas y perdonar las de los demás.

SECCION 4.ª

LA DIMENSION ETICA DEL HOMBRE

Capítulo XVI

Zurván y Orfeo. Creación y libertad
Los ideales ante el espejo en «Mito»

Los dos capítulos anteriores, en su conjunto, nos permitieron entrever el sentido del proceso que se está gestando en el subconsciente creador de nuestra cultura. Todo parece indicar el esfuerzo por la substitución o transformación de una mentalidad centrada en lo real, mundano, en la que el hombre mismo, en palabras de Heidegger, se define como «el-ser-en-el-mundo», en otra que, a partir de la capacidad creadora de lo humano, intente la construcción de un mundo nuevo, en el interior del hombre mismo, válido no sólo en el plano de lo individual, sino también en el de la sociedad entera merced a «la palabra».

Nos proponemos ahora, en capítulos sucesivos, comentar dos obras de Buero: «Mito» y «Jueces en la noche», aparentemente muy distintas por la disparidad de argumentos; pero que, a niveles antropológicos, coinciden en ofrecernos una especie de síntesis de los problemas que los dos comentarios presentaban en forma de proceso.

Si antes asistíamos al esfuerzo continuado por la construcción y conquista de un mundo verdaderamente humano, el mundo interior, a partir de la realidad del cosmos, lo que ahora presenciamos es el estado de lucha por sí mismo, la incompatibilidad hecha contienda.

La crítica fue casi unánime en tildar de maniqueísmo a «Jueces en la noche», pretendiendo con ello descalificar la obra. Parece general el convencimiento de que acerca del maniqueísmo ya está todo dicho, conclusión a la que, creemos, se ha llegado de una manera un tanto precipitada.

No conviene olvidar que el primer credo de san Agustín fue el maniqueo, y que en ningún momento de su posterior filosofía desaparece el problema dualista, bien-mal, base fundamental del maniqueísmo.

Manes había intentado unir en una misma iglesia las religiones budista, zoroástrica y cristiana. La filosofía de san Agustín aspira a una síntesis todavía mayor, la de la razón griega y la fe oriental; pero en su búsqueda tropezó siempre con el obstáculo primero: la dualidad, la incompatibilidad entre los elementos que había que conciliar.

En lugar de ese ostentoso rasgarse las vestiduras, será preferible, pues, examinar con toda ecuanimidad los síntomas antropológico-culturales que se nos muestran a través de «Jueces en la noche» y «Mito» para ver si también de estas obras obtenemos alguna luz sobre nuestro posible futuro.

Ya hemos visto cómo la historia de la filosofía greco-occidental gira en torno a un conflicto planteado al modo de una disyuntiva desde Parménides y Heráclito: o «el ser es», y el cambio es un fenómeno de apariencia, o «nada es; todo cambia», dilema que Hegel resuelve con el concepto del devenir, haciendo una gran violencia al discurrir dialéctico. En nuestra opinión, bastaría distinguir entre la entidad de lo mundano como realidad en sí, en actitud de un fluir continuo, y la misma realidad en cuanto conocida por el hombre, la realidad dotada de ser, para superar el conflicto.

Otras disyuntivas primarias como masculino-femenino; exterior-interior y sus derivados: matriarcado-patriarcado, naturismo-animismo, etc., han surcado toda la historia humana, y siguen requiriendo una atención detenida por parte de los pensadores para esclarecer su sentido propio así como el sentido de muchos problemas a los que su enfrentamiento da lugar.

El conflicto maniqueo de la incompatibilidad entre el bien y el mal, por tanto, no es un problema a soslayar, ni es tampoco un tema superado ya definitivamente por algún pensador o alguna escuela filosófica, ni mucho menos.

La doctrina filosófica elaborada por Manes fue calificada de sincretista por el hecho de que toma elementos del budismo, del zoroastrismo y del cristianismo; pero, a la raíz de la innovación que él propugna, no es difícil descubrir un principio rector único, que le permite, incluso, elegir con un cuidadoso criterio selectivo qué aspectos debe adoptar de cada una de las religiones antedichas para construir su sistema. Se trata, en efecto, de situarse, como punto de partida, en la génesis del hombre, y no en el origen del mundo.

El mito cosmológico, que presenta el esfuerzo del universo por abandonar el reino de las tinieblas y entrar en el reino de la luz, nos da la impresión de un mundo visto con ojos humanos.

Por su parte, el mito antropológico, complementario del anterior, en el que destaca la salvación como fin único e incluso como sentido único del hombre, nos sugiere lo humano visto con ojos divinos.

La cultura greco-occidental que ha modelado nuestra inteligencia nos ha hecho admitir, sin crítica, que sólo puede haber un principio; que necesariamente causa primera sólo puede haber una: el agua o el aire, o cuatro elementos; pero un solo principio genérico. La aparición de las parejas de contrarios como problema obligó siempre a complicados artificios mentales en busca de soluciones en las que se armonicen a cualquier precio los incompatibles. Cabría simbolizar toda la historia de la cultura de Occidente en ese empeño que Hegel resume con la breve fórmula de tesis, antítesis y síntesis.

La mentalidad forjada en suelo persa presenta, como característica propia, la adopción de un sistema binario para fundamentar toda la arquitectura de sus concepciones genésicas, tanto cosmológicas como antropológicas. Todo comienzo, todo origen obedece a la conjunción y lucha de dos principios igualmente poderosos: el bien y el mal, la luz y las tinieblas.

Pensar, al modo griego, en un principio único para todas las cosas supone concluir en la imposibilidad del cambio. En efecto, se cambia porque un elemento recibe la influencia de otro. No es pensable siquiera un cambio sin la colaboración de un agente que actúe sobre un elemento que cambia. De ahí que Parménides entienda que todo cambio es mera apariencia, y que la teología cristiano-medieval haya atribuido a Dios la más absoluta inmutabilidad.

Los presupuestos de que partía la cultura persa contenían, en germen, otros rumbos del pensamiento, otros enfoques de los problemas diferentes, no sólo en grado, sino en esencia.

También el sentir de Zoroastro debe proyectarse en el afuera y atribuir al cosmos, en consecuencia, cualidades que corresponden exclusivamente al ser del hombre. Son las características generales de lo mítico; pero las particularidades que se nos ofrecen en este caso señalan claramente un sentido distinto de la posible historia.

El movimiento no será aquí nunca un conflicto a resolver, sino una destreza que ha de ser alcanzada. El «nada es; todo fluye», que Platón pone en boca de Heráclito, es una actitud del pensamiento ante la realidad del mundo. «Montar a caballo y manejar el arco», ideales de un persa, son categorías de un orden diferente. Los griegos «viajaban para ver», querían contemplar y sentir por sí mismos el contacto con lo verdadero. El tercero de los ideales del persa: «decir la verdad», nos pone, por el contrario, ante una dimensión dinámica del hombre.

Una cultura asentada sobre este tipo de base debe mostrar en su sentido estético, en su primer despertar a un mundo irreal de autocreación humana un claro predominio de las formas activas sobre las pasivas; el esfuerzo debe perseguir la agilidad como un destino.

La cultura persa se gesta, pues, en una dualidad radical de incompatibles; dos poderes máximos de naturaleza divina: la luz y las tinieblas, que son, a la vez, el bien y el mal, constituyen el conjunto de la realidad cósmica, y luchan sin posible reconciliación.

El hombre de esta cultura, el que fue capaz de proyectar en el mundo una dualidad tan extrema ha de enfrentarse, por necesidad, a una tarea de superación del conflicto que supone dividir el cosmos en dos mitades en tal grado diferentes que no admiten ni siquiera puntos de contacto. En principio, se habla de una mezcla, como estado actual del mundo; pero la mezcla de incompatibilidades es, por esencia, un imposible: luz y tiniebla no pueden coincidir jamás. La solución es otra muy distintinta, que no llegó nunca a hacerse consciente entre sus pensadores:

Esos dos mundos radicalmente opuestos eran, sin embargo, idénticos entre sí, eran el uno la réplica exacta del otro.

Las doctrinas del joven Manes nos dan la clave para resolver esta dificultad primera de un sistema filosófico que no pasó de su estadio de germen.

Manes se sentía identificado con un hermano gemelo de nauraleza divina que le sugería a cada instante el proceder y el pensar oportunos. Era una especie de demonio socrático, pero con la conciencia de no ser diferente de sí mismo. Se trataba de un doble, visto como en un espejo. El propio Manes, según el Mani-Codez de la Colección Papirológica de la Universidad de Colonia, nos lo describe así: «De repente apareció frente a mí este espejo mío (este espejo que es mi espejo, que es mío y me refleja, me devuelve exactamente mi imagen) muy gentil de aspecto y muy grande.»

La referencia es altamente significativa: Manes se ha visto a sí mismo, no en su realidad, sino en sus ideales, se ha visto en su proyecto de hombre, se ha visto logrado en su ser. Es él mismo, puesto que se ve en su espejo propio, pero no es su realidad, puesto que se ve reflejado en el espejo; es su propia réplica divina; es su interior iluminado por la luz del bien.

La juventud de Manes aparece, de esta manera, marcada con los caracteres propios de una esquizofrenia, una mente dividida entre la realidad concreta y los deseos de un mundo posible. Nos recuerda, por tanto, la propensión sufrida por los pensadores de la cultura del Rhin de que nos habla Jaspers, con la diferencia de que en el fundador del maniqueísmo se logra un equilibrio y un sosiego que, probablemente, salvarán el conflicto sin caer en la enfermedad. Los intelectuales centroeuropeos se angustian ante la amenaza de perder la realidad que los sostiene. El mundo interior, irreal, que vislumbran es, como se desprende de la obra poética de Rilke, tan inestable como una imagen reflejada en un espejo, como una fuente que mana sin cesar y nunca es, como la curva dibujada por una pelota en el aire. Para Manes, en cambio, el hermano gemelo que ve en el espejo es un espíritu divino, es el Paráclito.

Cuando san Agustín afirma que Dios habita en el interior del hombre, sin saberlo, sigue bajo el influjo de su primer credo, sólo que ha acertado a llamar «interior» a lo que Manes llama «su propio espejo».

Vuelve así el tema del espejo a auxiliarnos en nuestro camino hacia el esclarecimiento del sentido que pueda tener el empeño del hombre por la conquista del reino de lo verdadero. Y no estamos, pese a todo, ante una reiteración. La capacidad evocadora de paralelos intelectuales que posee una superficie que reproduce con toda claridad la imagen de cuanto se le pone delante es tan grande que, a cada paso, el pensador se ve obligado a recurrir, en sus lucubraciones, a comparar los procesos de la mente con esa reflexión de las imágenes en el espejo.

Es preciso, no obstante, hacer notar que las distintas alusiones a este medio mundano suelen ir acompañadas de matices, a veces sutiles, que dan al símil valores nuevos, con frecuencia opuestos a los obtenidos en otros casos en circunstancias casi idénticas.

El hecho de que Manes vea en su espejo su propia imagen divinizada nos descubre un sentido profundo del dualismo persa.

Si Manes se duplica en un hermano gemelo celeste, que es el Paráclito, que es también su yo perfecto, su deseo de sí mismo proyectado en un futuro absoluto; es decir, si lo que el espejo reproduce no es la imagen fiel de lo que se le muestra, sino el término de lo que el hombre concreto debe llegar a ser, en la duplicidad vislumbramos dos mundos que corresponden a los que nosotros hemos venido llamando el cosmos de la realidad y el de la irrealidad autocreada por el hombre.

Un retroceso en la historia persa hasta los tiempos del reformador Zoroastro nos hará interpretar la lucha entre la luz y las tinieblas marcada por el mismo signo: lo real frente a la irrealidad producida mediante la fuerza creadora del arte y desarrollada en diversos planos hasta completar el mundo de lo humano, libre de los condicionamientos espaciotemporales.

Las doctrinas budistas aportan a este esfuerzo transformador un método, que es la ascética. El hombre aprende el camino de la purificación, que le va permitiendo separarse de lo real mundano, hasta lograr su desaparición como ente en el nirvana.

Por último, el Cristianismo brinda a Manes un fin para la vida humana: la salvación, a la vista del cual, todo el maniqueísmo se transforma en un gran proceso de redención universal.

Con ello, la actitud psíquica de la cultura persa, podríamos decir, el problema antropológico, ha experimentado el cambio que va de las tendencias esquizofrénicas a las tendencias paranoicas. La misión del redentor cobra tal relieve que incluso el redentor mismo debe ser redimido.

Para los maniqueos esta conclusión era sólo un hecho real, cuyas consecuencias afectaban únicamente al credo y a la liturgia; pero a niveles del pensar filosófico que pueda derivarse de ese fenómeno religioso el punto en cuestión se convierte en un símbolo de gran trascendencia.

Entender que el redentor debe ser redimido presupone entender que la humanidad posee en sí misma capacidad redentora, equivale a decir que el redimido redime. Llegamos, de esta manera, a un concepto nuevo de humanidad.

De que el hombre necesite ser redimido y pueda, a la vez redimir parece desprenderse una acción recíproca, lo que requeriría, a su vez, el desarrollo del ser sociable como fundamento de todo el mecanismo redentor; pero el propio Manes, en el escrito de juventud que hemos reproducido anteriormente, nos brindó el mejor medio para adentrarnos en el sentido originario de su doctrina: ese hermano gemelo, el Paráclito, que es él mismo, le dice, según Kephalaīon I:

«En el año en que Ardashir el rey (?) (estaba a punto?) de (...) la corona, entonces el Paráclito Viviente descendió a mí y me habló. Me reveló el misterio secreto oculto a los mundos y a las generaciones, el misterio de la Profundidad y de la Altura. Me reveló el misterio de la Luz y de las Tinieblas, el misterio del Combate y de la Guerra y de la Gran Guerra (...) que las Tinieblas han suscitado. Me reveló también cómo la luz ha (subyugado?) las Tinieblas por su mezcla y cómo el mundo ha sido fundado. Me explicó que allá arriba las Naves (la Luna y el Sol) han sido constituidas a fin de que los dioses de la Luz desciendan a ellas para purificar la luz extraída de la creación y arrojar al abismo el desecho y el deflujo; (él me explicó) el misterio de la formación de Adán, el primer hombre. Me enseñó también el misterio del Arbol del Conocimiento del cual comió Adán (a raíz de lo cual sus ojos fueron capaces de ver). También el misterio de los Apóstoles que han sido enviados al mundo a fin de "erigir" las Iglesias; el misterio de los Elegidos y de sus mandamientos; el misterio de los Catecúmenos, sus auxiliares, y de sus mandamientos; el misterio de los pecadores y de sus obras, del castigo que les amenaza. De manera que todo lo que ha sido y todo lo que será me ha sido revelado por el Paráclito. Todo lo que el ojo ve y lo que el oído oye y lo que el pensamiento piensa (...); lo he conocido todo por él, todo lo he visto gracias a él, y he llegado a ser (con él) un solo cuerpo y un solo espíritu.»

La dualidad radical de los principios incompatibles, pese a haberse mantenido intacta a través de todo su desarrollo histórico, empieza a mostrar los primeros indicios de una salida del conflicto.

No se insinúa siquiera la posibilidad de una solución fácil, como sería la aparición de un tercer elemento superador del antagonismo. De lo que aquí se trata es del descubrimiento de un sentido para la vida del hombre.

Por el sentido las diferentes dimensiones del tiempo, los tiempos del maniqueo, se constituyen guardando un orden: en el pasado, las dos fuerzas contrapuestas, incompatibles, del todo separadas, luchan; en el presente, el estado de mezcla de luz y de tinieblas, de bien y mal, exige una actitud purificadora; el futuro nos reserva una nueva separación de los elementos, pero sin lucha, por el triunfo definitivo del bien.

Sin duda, una evolución de esta naturaleza tiene signos claros que pertenecen al dominio de lo humano y no al del mundo. El hombre de esta cultura se siente a sí mismo cuando está atribuyendo al cosmos esas cualidades y esa historia. De ahí que viva problemas que en su entorno tienen carácter de insolubles.

El hombre que se interesa por el mundo irreal de los valores de autocreación interior habita en el cosmos como un desarraigado, como un viajero.

El maniqueísmo, congruente con esta conclusión problemática de la cultura a que pertenece, preconiza para sus adeptos vivir sin sede fija, una especie de peregrinar constante que nos recuerda otra de las tendencias psicopatológicas que con frecuencia sufre el individuo humano y que, atribuida como propensión a una determinada cultura, le marca un sello antropológico altamente significativo. Nos referimos a los trazos psicológicos propios del mendigo.

Manes y el maniqueísmo sintetizan de esta manera las propensiones más importantes por las que puede derivar la patología psicótica humana: esquizofrenia, paranoia y síndrome del mendigo.

La cultura persa de Zoroastro a Manes podría resumirse en un enfrentamiento del hombre con el cosmos enfocado no hacia una conciencia de esfuerzo por la constitución de la propia personalidad, sino hacia una actitud de lucha.

La salida del conflicto revestirá, según veremos más adelante, un carácter musical lleno de nuevas posibilidades simbólicas.

La filosofía de occidente, en su conjunto, rechazó el doble principio de la religión irano-persa, que el maniqueísmo nos brindaba como solución, tal vez por entender, al pie de la letra, que esa dualidad se refería a la génesis del Cosmos.

El propio san Agustín, al plantearse el problema del origen del mal, no supo distinguir entre la deficiencia física y la perversidad moral, y así llegó a la conclusión de que el mal es sólo un bien imperfecto.

A partir de entonces, la metafísica se debate en un perpetuo intento por encontrar un principio único, que pueda servir de punto de apoyo sólido sobre el que edificar sus complicadas contrucciones, y encuentra siempre frente a sí, más o menos velados, dualismos que pugnan por romper la actitud dogmática que les cierra la salida a la superficie de la clara conciencia. Dios y mundo, extensión y pensamiento, fenómeno y noúmeno, son ejemplos destacados de este conflicto.

Es de nuevo la filosofía hegeliana la que señala el punto culminante de esta lucha en el subsuelo de la cultura occidental, con su dicotomía mundo-espíritu, dos realidades que componen un solo principio: el todo.

Después de Hegel, el núcleo formado en torno a la mentalidad cosmogónica griega empieza a resquebrajarse, y el verdadero sentido de las teogonías y cosmogonías teológicas orientales se abre camino, al fin, en nuestros sistemas de pensamiento.

Nietzsche, que ya en su juventud, al escribir «El origen de la tragedia», había sabido regresar a momentos prefilosóficos griegos, en plena madurez plantea una de sus mejores obras: «Así hablaba Zaratustra» tomando como paradigma de su pensamiento precisamente al reformador de la religión irano-persa. «Así hablaba Zaratustra» pretende aportar a la cultura europea la luz de la sabiduría que Zoroastro aprendiera de Auramazda, el clarividente.

Sigmund Freud, franqueada la vía de acceso al dominio de lo prerracional merced al regreso de Nietzsche a las fuentes mítico-religiosas, acierta a situar, en las raíces mismas de la conducta humana, dos instintos, el de vida y el de muerte, eros y thanatos, equivalentes, con toda claridad, al sentido que en la religión irano-persa tenía Espenta Mainyu y Angra Mainyu.

El problema de los principios y su significado puede ahora esclarecerse de un modo notable. El cosmos, como conjunto de lo real, no tiene un principio absoluto ni tampoco un ser permanente; su esencia consiste en estar siendo, en cambiar, fluir en el tiempo. Cuando se habla de la edad del Universo y los cálculos científicos le dan una duración aproximada a dieciocho mil millones de años, los investigadores se están refiriendo a nuestro universo en la manera en que está conformado en la actualidad en sistemas y constelaciones, con determinadas propiedades físicas; todo ello, sin embargo, sólo significa que antes de esa fecha la realidad estaba concentrada de otro modo; pero existía.

Tener un principio y un fin, y, entre tanto, permanecer, en sentido estricto, es un problema exclusivo del hombre. Los entes particulares tienen principio, fin y permanencia relativos al ser humano, proyectados por vía mítica o aclarados por el pensar científico. Bastará, por tanto, considerar, una vez más, la dimensión antropomórfica de las cosmogonías y teogonías para descubrir el sentido humano que subyace en la cultura persa y podernos enriquecer con los valores aportados por su sistema dualista.

En capítulos anteriores hemos atendido preferentemente a la contraposición entre el cosmos como suma de la realidad entitativa y el mundo de lo irreal autocreado por el hombre. Se trataba entonces del esfuerzo por adentrarse en sí mismo, vencer la temporalidad de lo real y descubrir, en consecuencia, el mundo de los valores. Este esfuerzo nos conducía como primera etapa a la conquista de la dimensión estética del ser humano.

La contraposición que pretendemos afrontar ahora presenta unas características muy diferentes. La ciencia del bien y del mal que antes descubríamos como problema para el hombre se convierte aquí en la disyuntiva que contrapone dos posibilidades irreconciliables entre las que el hombre autocreado debe elegir. No estamos, pues, ante dos verdaderos principios en el sentido que la palabra tiene como equivalente a origen. La dualidad se refiere más bien a principios como directrices, como actitudes radicales que pueden dar sentidos diversos a la vida auténticamente humana.

Un mito persa recogido en época tardía, pero con toda probabilidad de origen arcaico puede iluminarnos el camino hacia las nuevas metas: Zurván (el Tiempo Ilimitado o quizás el Tiempo como Destino) ofrece un sacrificio para tener un hijo. En el momento de este sacrificio nada existe todavía. Pero Zurván duda de la eficacia de su acto y así le nacen dos hijos en vez de uno: Angra Mainyu, fruto de la duda, y Ahura Mazda, fruto del sacrificio. Zurván había prometido hacer rey del mundo al que naciera primero. Angra Mainyu es el que sale antes del vientre materno, de manera que cuando Ahura Mazda comparece ante su padre es demasiado tarde para obtener el reinado. Ligado por la promesa hecha, Zurván asigna a Angra Mainyu el reinado del mudo, pero lo limita a una duración de nueve mil años (el Tiempo Limitado) al final de cuyo período, Ahura Mazda triunfará sobre su maléfico gemelo, instaurando definitivamente su reino.

Con toda evidencia estos gemelos del mito equivalen a lo que en la doctrina de los Gatha, anunciada por Zoroastro, eran «los dos Espíritus, nacidos gemelos, que son el uno el mejor, el otro el peor en pensamiento, palabra y acción. Entre los dos el sabio elige bien, no el ignorante. Y cuando estos dos Espíritus se encontraron, establecieron en principio la vida y la no vida».

La reforma de Zoroastro ha hecho que lo que en la tradición iranopersa eran dioses se convierta en espíritus o fuerzas bajo una sola potestad divina que reserva para Ahura Mazda. De esta manera, el propio Ahura Mazda como dios de un panteón politeísta se transforma en Espíritu Benéfico, Espenta Mainyu, al igual que Ahriman se transforma en Angra Mainyu, Espíritu Maléfico.

El dualismo de Zoroastro, por tanto, queda establecido como una doctrina prefilosófica, al mismo nivel que eran todavía prefilosóficas las doctrinas de Tales o de Pitágoras.

La comprensión del sentido propio de este dualismo requiere todavía el esclarecimiento de un nuevo concepto, el del término Mainyu, que ambos contrarios poseen en común. Mainyu, que generalmente se traduce como espíritu, deriva de una raíz indoeuropea y en védico su significado es el de «ímpetu», «ardor», con un valor que se aproxima a «fuerza psíquica». No obstante, la esencia de este concepto en la doctrina de Zoroastro podría decirse que se encuentra en relación con la voluntad. Es, según los Gatha, una libre elección; de ahí que pueda acompañar al término «spenta» (literalmente: incrementante, fortificante) y al término «angra» (destructor).

La cultura persa no alcanzó la madurez suficiente para desarrollar su filosofía o no tuvo la fortuna de producir una mente clara como la de Sócrates, con respecto a la cual Zoroastro y Manes pudieran llevar el signo «pre» como el que tienen los presocráticos griegos.

Las circunstancias en que se desarrolla la personalidad de san Agustín, tanto las geográficas como las histórico-culturales y religiosas le impidieron asumir esa función a la que parecía propender por temperamento y capacidad. No obstante, a través de una inquietud que no desaparece a lo largo de toda su obra, es posible recuperar el esquema general de esa filosofía que nunca llegó a hacerse explícita.

A san Agustín le inquietaba saber de dónde puede proceder el mal. Se hacía preguntas en ese sentido porque todas las soluciones posibles manifestaban la incompatibilidad con algún atributo divino, es cierto; pero está clara también la procedencia maniquea del problema, diríamos, la posibilidad de que tanto el mal como el bien sean esencias originarias.

San Agustín, sólo filósofo, se hubiera preguntado por consiguiente, tanto por la razón de ser del mal como por la razón de ser del bien.

El mal, en efecto, no puede proceder de un Dios infinitamente bueno; pero no tenemos prueba alguna de que la divinidad sea la causa del bien. Para un filósofo, ambos conceptos son igualmente problemáticos.

Un planteamiento en estos términos nos conduce a una ética muy distinta de la que a lo largo de la historia vino desarrollándose en la cultura greco-occidental.

Aristóteles analiza posibles virtudes, los estoicos buscan un modelo de la conducta humana en la naturaleza y aspiraban a una feliz impasibilidad. Los tiempos modernos discuten sobre materialidad o formalidad de la ética y sobre autonomía o heteronomía.

El germen ético albergado en la cultura persa y que afecta en sus inquietudes a san Agustín reúne unas características particulares que pueden servirnos para llevar un grado más allá el desarrollo de la filosofía de signo humano que nos ocupa.

Nos encontramos ante una ética en sí misma heterónoma, pero autónoma en cuanto autocreada por el hombre. Es una ética cuyo sentido depende de los ideales de hombre elaborados por la estética en su esfuerzo por independizarse del dominio de lo mundano. En terminología sartriana podríamos decir que es una ética ajustada al proyecto del hombre, y que un psicoanálisis existencial debiera tratar de descubrir sus raíces.

El mito de Zurván y la reforma de Zoroastro se entienden ahora a nivel filosófico como el doble camino que la voluntad puede emprender a partir de ese primer momento de gestación de lo humano en el dominio de la irrealidad autocreada. En última instancia y coincidiendo de nuevo con la terminología sartriana, a partir de la libertad radical.

El bien como incrementante y el mal como destructor son las dos posibilidades que se ofrecen al hombre en ese camino que parte de la libertad y debe conducir hacia una meta siempre inalcanzable que es el proyecto de sí mismo.

La ética, por tanto, debe ser también autocreada en el mundo interior para el desarrollo de la propia personalidad, punto de vista desde el cual deberían ser repensados Nietzsche, Freud y Sartre, entre otros.

En la obra dramática de Antonio Buero Vallejo podemos advertir claros signos que presuponen esta nueva dimensión filosófica a que venimos aludiendo con la particularidad además de no limitarse al área de lo ético, sino de trascender al campo del conocimiento.

La marca del dualismo, en efecto, caracterizará tanto un enfrentamiento entre el bien y el mal entendidos al modo de posibilidades verdaderas en el proceso de hacerse el hombre, como la lucha entre la verdad y el error manifestados bajo la forma simbólica de luz y tinieblas. Bastará para comprender este último extremo analizar los términos con que Buero titula una de sus obras más filosóficas: «En la ardiente oscuridad».

Llegamos de esta manera, al punto en que algunas consideraciones sobre «Mito», en este capítulo, y sobre «Jueces en la noche», en el siguiente, podrán permitirnos avanzar algunos pasos en la visión antropológica de nuestra cultura y en la prospectiva de nuestro futuro filosófico.

En «Mito» se representa una representación. Podríamos compararla, por tanto, al cuadro dentro del cuadro, tantas veces tratado en pintura, y descubrir en consecuencia el plano de lo irreal como dimensión propia de la creación artística; pero con ello sólo conseguiríamos sobreabundar en el sentido de la estética como autocreación humana ya desarrollado suficientemente en otros capítulos de este libro. Lo que ahora nos interesa es poner de manifiesto un nuevo signo que caracteriza esta representación dentro de la representación.

«Mito» es una obra de sentido quijotesco en la que se representa un Don Quijote. Se trata, pues, de un segundo grado de la irrealidad pero es un segundo grado que, en cierta medida, reproduce el grado primero.

Al igual que el espejo de Manes, en la escena de «Mito» se representa lo representado con la particularidad de que la representación no es una réplica fiel del primer grado de irrealidad, sino una reproducción transformada.

El tema elegido por Buero para su representación dentro de la representación, el mito de Don Quijote, nos indica además que el segundo grado de irrealidad aludido en la obra es precisamente el segundo grado de desarrollo de la cultura española. Nos encontramos, pues, reflexionando acerca del sentido de nuestra propia autocreatividad. Es, diríamos, nuestro ser ético el que se cuestiona; empezamos a vernos en nuestro propio espejo.

Al padre loco de «El tragaluz» nada le decía su propia imagen reflejada en el espejo. Ahora el problema es diferente. Los extraterrestres, criaturas irreales producidas por la fantasía creadora de un paranoico, nos traen una buena nueva, la esperanza de un mundo de amor y entendimiento entre los hombres. Ante ellos nuestra mala conducta quedará desvelada: «...Ningún daño reservan a los cuerpos / mas sí el espejo de una gran vergüenza.» (...) «Lívidos cuerpos / se balancean, cuelgan

333

de las ramas / en nudos que ellos mismos habrán hecho / después que los enfrenten al espejo / donde verán la imagen que ocultaban.»

Valle Inclán hacía también de sus esperpentos un espejo en el que pudiéramos mirarnos; pero se trataba de espejos con características especiales, eran como esos espejos de feria que deforman la imagen de tal suerte que los defectos se acentúan: los gordos se hacen rirículamente gordos y los flacos ridículamente flacos. De esta manera ningún defecto puede pasar inadvertido.

Buero por su parte pretende que la obra artística por sí misma sea un medio de hacer consciente al ser humano de sus limitaciones éticas y aun de su malicia. No es necesario deformar para hacer visible; bastará mirarse en los ideales del bien para advertir nuestra imperfección o nuestro mal. Los espejos de Buero actúan por contraste, por lo que los griegos llamaban conocimiento por los contrarios, y así se entabla una especie de estado de lucha: el afuera y el adentro, las derechas y las izquierdas, dominadores y dominados, todos los grupos de incompatibles se enfrentan en una contienda que puede tener algo de real, pero sin perder nunca un significado simbólico trascendente: «Es la pedagogía.»

En un plano que podríamos llamar visible, Buero presenta aquí un gobierno tiránico que trata de ocultar tanto la rebeldía de sus súbditos como la masacre que va a causar entre tales rebeldes. El dictador pretende hacer creer que los disparos que se oyen son tan sólo un entrenamiento de preparación ante un posible ataque. Es un ensayo de representación con sentido pedagógico. Pero, al mismo tiempo, todo este panorama de acciones e intenciones nos permite alcanzar una nueva dimensión del problema: el valor simbólico de los hechos reales.

De la realidad concreta misma los pitagóricos inferían la dimensión simbólica del número, con lo que lograban introducir la metafísica en el cosmos.

La dimensión simbólica a que puede conducirnos el planteamiento de doble representación en Buero no se refiere a la realidad concreta del mundo, sino a las acciones del hombre real. Lo que se pone por tanto como objeto a alcanzar por la metafísica es el sentido de la conducta humana. Las acciones como símbolos.

En los últimos decenios algunas obras dramáticas como «Santa Juana de los mataderos», de Bertolt Brecht, o «El diablo y el buen Dios», de J. P. Sartre, replantearon el problema del bien y el mal a niveles que bien podrían calificarse de filosofía maniquea, llegando a la conclusión, más o menos rotunda, de la imposibilidad de hacer el bien.

Algunos ensayistas se fijaron igualmente en que en el Quijote de Cervantes se llega a los mismos resultados: el caballero que busca enderezar entuertos fracasa siempre en su intento.

A la filosofía española corresponderá esclarecer el sentido del problema. Es imposible hacer el bien, como es imposible hacer el mal,

334

porque tanto el bien como el mal pertenecen a la dimensión simbólica de las acciones humanas.

El bien y el mal no forman parte del orden del cosmos, sino de ese mundo interior en el que el hombre mismo es autocreado; son el aspecto positivo, incrementante, y el negativo, destructor o, de manera más precisa, autodestructor. La frase que hemos citado de «Mito» no deja lugar a dudas: después que el hombre descubre su propia malicia comprende que se ha autodestruido, que él mismo ha anudado la cuerda de la que pende su cuerpo.

Pierde sentido, en consecuencia, la secular polémica entre las éticas formales y las éticas materiales. Hablar de materia y de forma en la ética sólo puede hacerse al modo de una analogía con el modo como los escolásticos entendían el paralelismo entre el ser divino y los entes finitos. La ética no es ni material ni formal, sino humana.

Aparte esa representación básica de Don Quijote dentro de una obra quijotesca, «Mito» nos ofrece dos momentos más de representación dentro de una representación, un tanto contrapuestos, y que nos pueden ayudar a entender mejor la problemática de sentido doble en que puede enfocarse la ética.

En uno de estos pasajes, Eloy sufre un engaño del que le hace víctima Rodolfo, haciéndole creer que viaja en una nave espacial y que se encuentra en grave peligro.

La semejanza con algunas aventuras de Don Quijote es clara; pero el ser esencialmente burlado de Eloy comporta una dimensión objetiva del mal, no tan clara en la obra cervantina.

En el otro momento de representación en segundo grado, Eloy se reviste de la personalidad de Ismael para salvarlo. La policía sigue a Eloy disfrazado de Ismael, lo acosa cada vez más y, al fin, lo hiere de muerte.

De nuevo los ecos cervantinos: el final cuerdo del gran loco y el descubrimiento de la inutilidad de todos los sueños; pero en el pasaje encontramos ahora la objetividad del bien, el sentido positivo de la ética.

El «como si» que caracteriza estos dos momentos contrapuestos no sólo los sitúa en ese segundo grado del desarrollo del mundo irreal autocreado por el hombre, sino que nos sirve, además, para adentrarnos en el significado de su dimensión simbólica.

Eloy para Rodolfo e Ismael para Eloy tienen, sin duda, el valor de espejos tan propios como lo era el Paráclito para Manes; pero Rodolfo no acierta a verse en Eloy de una manera incrementante; lo que ve ante sí es un simple loco, ajeno a toda similitud consigo mismo, pese a que su papel en la obra es representar a Don Quijote, al loco que Eloy es y que en otro tiempo también representó. Rodolfo, por tanto, al negarse a reconocer su propia imagen en Eloy, se está autodestruyendo, está tomando para sí el valor simbólico del mal.

Eloy, en cambio, no vacila en identificar su personalidad con la de Ismael. Esperar que los extraterrestres nos traigan la maravilla de un buen entendimiento entre los hombres en nada se diferencia de esperar, como fruto de una revolución, una sociedad justa. El loco Eloy y el revolucionario Ismael tienen, como símbolos, un valor idéntico.

La primera tarea que debemos emprender, la más difícil, es arrancar a Rodolfo su secreto.

Eloy, como espejo, ofrece a Rodolfo dos imágenes bien claras de sí mismo: la imagen de su realidad, fluyente en el tiempo, y la imagen de su posibilidad de ser.

Ante sí tiene Rodolfo un paranoico, su posible futuro, el hombre que dentro de algunos años habrá sido él, el hombre que le anuncia su pasar y su morir; pero Rodolfo niega que esa imagen le pertenezca y en una congruente reacción de mala fe quiebra el espejo y se burla de Eloy, el envidioso. De esta manera, la segunda imagen queda falseada y lo que hubiera podido ser dignidad humilde se convierte en gloria vana.

Rodolfo es claramente consciente de su malicia, sabe que canta partituras transportadas y que, por tanto, esas condecoraciones no son otra cosa que su propia burla; lo sabe y por eso se considera rechazable, de modo tal que, en la dimensión del símbolo que le brinda su espejo, se rechaza y se autodestruye.

Una pregunta se hace ahora inevitable: ¿por qué Rodolfo, si es consciente, elige el mal? Pregunta que nos retrotrae de inmediato a otra anterior: ¿por qué puede Rodolfo elegir?

El psicoanálisis existencial condujo a Sartre a considerar la libertad como el fundamento de hecho de todos los valores.

No pretendemos en estas líneas someter a crítica el desarrollo y los descubrimientos alcanzados en «El Ser y la Nada». Un aspecto fundamental del hombre: su espíritu inserto en el mundo, progresa de modo notable en esta obra e incluso logra, en este sentido, puntos no superados por otras filosofías; pero su conclusión radical acerca de la libertad nos deja insatisfechos. Después de Sartre seguimos preguntándonos ¿cómo es posible elegir?

La filosofía europea de Kant a Shopenhauer entendió la libertad como una supresión de la ley universal de causa y efecto. Surgía, por tanto, un grave conflicto: o la libertad era una mera apariencia, el efecto de unas causas que permanecían ocultas, o el principio universal de que no hay efecto sin causa tenía fallos inexplicables.

La vida en su desarrollo cotidiano no deja lugar a dudas de que el hombre puede querer libremente; pero entonces se trasladó el problema a un segundo grado: puedo querer, sí, pero ¿puedo querer querer?

Ese poner el problema en segundo grado ha sido objeto de prolíficas explicaciones, pese a lo cual el nudo del conflicto sigue, en nuestra opinión, inalterado.

Elegir entre varias realidades propuestas, o elegir un orden para apropiárselas, es un hecho real e indudable; pero no parece que de él pueda desprenderse un verdadero sentido de la libertad. El hombre y los animales eligen porque tienen fines propios que cumplir, y, en ese caso, la libertad relativa no suprime ni altera la ley de causa y efecto.

La elección en segundo grado o la elección misma debe entenderse como relativa a un mundo ajeno al cosmos real.

Ahora bien, el ámbito de lo ajeno al cosmos de lo real es precisamente el mundo de la irrealidad autocreado por el hombre. La verdadera libertad, en consecuencia, es un problema de la filosofía de signo humano de que venimos hablando.

El empeño de permanecer encerrados en el círculo de lo real impidió a los pensadores de la cultura del Rhin resolver de manera satisfactoria el problema de la libertad. Ese segundo grado del querer nada significa si no nos permite salirnos del Cosmos; el segundo grado pediría un tercero: el poder querer, querer querer, y la cadena se extendería a lo infinito sin solución alguna.

La representación dentro de una representación que encontramos en «Mito» ofrece una posible salida del conflicto por un camino diferente.

Velázquez, pintando un Velázquez pintando, nos sugería la idea de la creación artística misma representada en el lienzo, la creatividad como tal dando sentido a la estética.

Por su parte Cervantes nos describe a Don Quijote leyendo el Quijote. Dentro del proceso antropológico que nos ocupa, no cabe duda de que el recurso empleado por Cervantes supone un desarrollo mayor en la autonomía del mundo irreal respecto del cosmos, puesto que no es un individuo real el que reflexiona para descubrir su imagen autocreada, sino que es el fruto de la creatividad el que se contempla a sí mismo.

Si a la fórmula de Velázquez llamamos primer grado en el proceso de simbolización, a la de Cervantes debemos llamarla grado segundo.

La doble figura de Don Quijote presentando el Quijote, que Buero lleva a escena en «Mito», es un nuevo ejemplo, dentro de esta segunda línea, que ofrece ventajas incluso sobre la solución cervantina.

El problema de la libertad no se plantea ahora entre elegir una pera o una manzana, sino entre elegir ser Eloy o ser Rodolfo; pero de esta manera la radicalidad humana, que Sartre sitúa en la libertad, se desplaza hacia la autocreación.

Cabría preguntarse todavía qué es antes, si ser libre o autocrearse, pues el sentido que suele darse a la libertad parece condicionar la posibilidad misma de toda creación; pero eso es tan sólo un nuevo espejismo filosófico, semejante al primer a priori kantiano.

La capacidad humana de negar permitía el acceso al dominio de los conceptos universales sin recurrir a ese a priori que Kant co-sitúa con la experiencia en el origen de todo conocimiento.

Los actos libres, por su parte, requieren siempre el concurso de una negación, explícita o implícita, para llegar a producirse. Ya cuando elegimos entre una manzana o una pera, si queremos que nuestra elección sea libre, hemos de hacernos conscientes de que una de las dos frutas «no» ha sido elegida; pero es en la libertad ética, que ahora nos ocupa, donde el problema cobra dimensiones insospechadas.

La elección entre la manzana y la pera sólo se hace posible si ambas frutas se muestran a la vez al alcance de nuestra mano, si ambas realidades aparecen simultáneas en nuestro espacio exterior perceptible. De no habérsenos mostrado más que una, la elección carecería de sentido, y en este caso, el acto de la libertad se vuelve más claro: tomar o «no» tomar la fruta que se nos ofrece.

Mientras se actúa dentro del reino de la naturaleza las cosas se presentan, ordinariamente, en el grado positivo de su realidad, de manera que la fruta se toma si el apetito la reclama y no, en el caso contrario, sin hacerse cuestión de ello; e igualmente, se toma una pieza primero y después la otra, sin que surja vacilación alguna a través de todo el proceso.

También Zurván tenía la intención correcta de ofrecer un sacrificio para tener un hijo, y el efecto deseado se hubiera producido de un modo natural de no haber surgido esa vacilación, ese momento negativo, que dio lugar a la doble posibilidad: a esos dos gemelos contrapuestos, Espenta Mainyu y Angra Mainyu.

La disyuntiva en que Buero nos pone de elegir entre ser Eloy o ser Rodolfo guarda clara relación con nuestra libertad ética: somos tan libres de elegir entre esas dos maneras de ser como de elegir una manzana o una pera. El problema se encuentra ahora en averiguar el quién o el qué de esas dos figuras y su posible origen.

Max Scheler concluye su «Etica» declarando que en el origen de nuestra moralidad no se encuentran las normas, el principio legal del deber, como afirmaba Kant, sino los «prototipos». Determinados hombres surgen en nuestro horizonte, dotados con un poder especial que atrae nuestra conducta y nos fuerza a tomarlos por modelos de nuestra propia personalidad. No vamos hacia ellos; nos arrastran, tienen la capacidad de dar sentido moral tanto a individuos como a colectividades. Frente a estos prototipos aparece —siempre según Max Scheler— otra manera de modelo, que es la de la «contrafigura», encarnada también en determinados hombres que igualmente nos atraen, pero que fundamentan, no nuestro correcto ser ético, sino nuestras vías de error.

La disyunción en que nos sitúa «Mito» de Buero Vallejo parece, a primera vista, un ejemplo más de prototipo y contrafigura y podría tomársela como una confirmación de la teoría scheleriana; pero un examen detenido convierte, por el contrario, la obra de Buero en un conflicto sintomático que obliga a un replanteamiento radical del problema de los orígenes del ser ético.

Por de pronto, Eloy y Rodolfo se ofrecen a nuestra voluntad de elegir nuestro ser nosotros mismos como dos posibilidades, como la manzana y la pera de nuestro espacio exterior se ofrecían a nuestra mano. No se trata, por tanto, de un prototipo y su contrafigura, sino de dos prototipos contrapuestos, tan capaces el uno como el otro. Son, en su categoría de símbolos, el bien y el mal, los dos Mainyu, Angra y Espenta, ambos de igual naturaleza divina sólo que de distinto signo.

Por otra parte, Eloy y Rodolfo no existen como realidad, no son hombres dotados de una energía capaz de arrastrarnos. Eloy y Rodolfo son reflexiones de Don Quijote sobre Don Quijote; son el fruto puro de la autocreación humana. El prototipo y la contrafigura, identificados en su esencia, dejan de pertenecer al cosmos de la realidad y pasan a habitar en el mundo autocreado por el hombre, dejan de ser criaturas del afuera para convertirse en criaturas del adentro.

La libertad pierde así la dignidad de principio originario que le otorgara Sartre, al precisar, al menos en el dominio de lo ético, una creatividad previa que le brinde el doble sentido de su posibilidad de elegir. Para determinarse a ser Eloy o ser Rodolfo es necesario auto-crear primero, en el mundo de lo irreal, nuestro Quijote, desdoblarlo después en dos figuras contrapuestas, y sólo entonces cabe decidirse por una de ellas.

Puede decirse, en consecuencia, que para alcanzar el momento de la libertad ética es necesario que la creatividad estética haya logrado, no sólo la contrafiguración de un modelo del ser hombre, sino que, además, la capacidad de negar haya brindado la oportunidad de elegir entre dos modelos posibles.

El nuevo punto de vista en que nos han dejado estas conclusiones sitúa ahora ante nosotros, como objetivo destacado, el qué o el quién de esos modelos de nuestro ser ético. ¿Quién es Rodolfo? ¿Quién es Eloy? Y si tantas notas los identifican en la dimensión del símbolo, ¿en qué consiste su ser diferentes, e, incluso, su ser opuestos?

Entendía Max Scheler como prototipos puros el «santo», el «genio» y el «héroe», cada uno de los cuales posee notas especiales, intransferibles e incomunicables de unos prototipos a otros.

En el panorama de consideraciones que aquí se nos impone, el segundo de los prototipos, el genio, nada tiene que ver con una investigación acerca del ser ético del hombre. El genio tiene su puesto reservado en el campo de la metafísica; pero en el dominio de la eticidad sus notas no son sólo indiferentes, sino además compatibles con cualquiera de las otras dos formas de prototipo. En cuanto a la incompatibilidad que separa al santo del héroe no nos parece tenga por motivo el estar constituidos por notas distintas y con distinta esencia, sino más bien, el consistir precisamente en la oposición radical de sentido: ser santo es lo contrario de ser héroe. Nosotros diríamos: según el subconsciente de la cultura española, que se pone de manifiesto en la dramaturgia de Buero Vallejo, para ser santo es necesario ser antihéroe.

La categoría de «giro copernicano» que supone esta nueva concepción de la ética se advierte con mayor claridad si descendemos de esa terminología y hablamos, con toda sencillez, del bien y del mal, de lo bueno y lo malo.

El buen modelo ético, el auténtico, el que no falsea las partituras para cantarlas es Eloy, el loco, el olvidado, el fracasado, el gran próximo a su ser nadie.

El modelo de lo malo, el inauténtico, es Rodolfo, pese a sus honores y condecoraciones, pese a su rotundo triunfo. Sin duda nos encontramos ante una ética evangélica en la que el primero debe hacerse el último y el servidor de todos; pero en el cristianismo no falta nunca la promesa de una recompensa, la entrada en el reino de los cielos, mientras que en «Mito» Eloy muere sin el menor vislumbre de un premio. Tal vez quiera decir algo así la frase de Cristo: «el que busque su vida la perderá»; pero aun en este caso se añade que «el que la pierda la encontrará». La esperanza cristiana, que no tiene por qué dejar de ser válida, no es en Buero fundamento para la ética.

Es preciso ser bueno; no hay duda. Las causas, sin embargo, no existen, porque las causas pertenecen al mundo de lo real. Es preciso ser bueno contra toda causa.

De lo que estamos tratando es de un proceso, que tiene lugar en un mundo autocreado por el hombre y que puede tomar un sentido incrementante de lo humano mismo, y en eso consiste el bien; o puede tomar un sentido destructor, que es el mal.

El desarrollo incrementante del ser hombre es, pues, un sentido, no un fin. La muerte, como fin del hombre, interrumpe el proceso; pero no cambia el sentido de lo humano.

Es posible interrogarse acerca del porqué y el paraqué de lo ético; pero debe ponerse entonces sumo cuidado en no entender estas preguntas como trascendidas al cosmos de lo real. No se habrá de buscar el origen en una causa que haga de la ética una actividad humana regida por leyes procedentes del exterior, una actividad heterónoma; ni tampoco se han de perseguir unos fines que la conviertan en algo útil, como puede serlo un martillo o una máquina, o incluso el saber científico. De los porqués y paraqués de la ética sólo pueden dar sentido los principios y las tendencias.

Estamos, pues, evidentemente, ante una ética de sentido humano ya que es el hombre su creador y en el desarrollo del hombre agota su destino.

Nos sorprende, sin embargo, que tenga que ser el antihéroe el modelo del bien, y no el héroe; que sea Eloy el prototipo incrementante, cuando toda su figura nos recuerda, por el contrario, la decadencia.

En otro punto destacado de su «Etica», nos habla Max Scheler del principio de solidaridad, por el que cada ser humano plenamente socializado se hace co-responsable de los actos de los demás.

No nos cabe la menor duda de que Max Scheler está en lo cierto al situar el principio de solidaridad en la cumbre del proceso ético; pero si hemos de justificar la dimensión de bien que ese principio encierra, no nos parece del todo adecuada la conclusión de la corresponsabilidad como fundamento del valor. El paso decisivo que, a nuestro entender, se alcanza en la solidaridad no es otro que la salida del hombre de sí mismo.

Cuando el dominio de la naturaleza abarcaba todas las cosas, cuando el círculo de lo real todo lo encerraba, el hombre, mediante su capacidad reflexiva, como una fuerza mágica, rompió las cadenas que le ataban al cosmos, autocreó un mundo irreal hecho de la nada y entró en sí mismo. Así surgió el mundo de la estética, un mundo lleno de dioses, de fantasmas y de nombres para sustituir a las criaturas del mundo real abandonado. Se había producido la primera negación general.

En ese nuevo cosmos de la irrealidad aparecen las artes como instrumentos que permiten al hombre autocrearse y verse. Todo se convierte para él, de esta manera, en un espejo múltiple en el que puede ver su propia imagen desde todos los ángulos. El hombre tiende, de este modo, a ocupar el centro del universo y a hacer que todas las cosas le sirvan, incluso los demás hombres. En una de las cumbres de este proceso, en lo que hemos llamado la «literatura del honor», surge la figura del héroe, el prototipo del dominio del hombre sobre el hombre, modelo para el individuo humano cuyo valor supremo es el desarrollo de su sí mismo.

Esta cumbre alcanzada por el hombre en su desarrollo toma entonces la forma de un nuevo círculo que le encierra, esta vez, en el ámbito de lo individual. Se hacía, por tanto, necesaria una nueva salida, evitando siempre la vuelta a la naturaleza, que hubiera supuesto, simplemente, un retroceso en el desarrollo de la hominización. Esta conclusión deja, en principio, cerradas todas las vías de una posible apertura, de manera que el problema desemboca en un nuevo conflicto.

Las religiones, por su parte, tienden a dar valor de realidad al mundo irreal autocreado por el hombre; crean, por este medio, nuevos mundos en la trascendencia y toman por salida la dirección hacia esos mundos; pero, con ello, sólo se logra un regreso o, a lo sumo, una permanencia en el estadio alcanzado.

Un arte nuevo, dotado de características especiales, la tragedia, intermediario entre la creatividad estética y la ética, surge, por fin, trayendo soluciones inesperadas.

El héroe de la literatura del honor sólo tenía en su contra la brevedad de la vida; pero esta dificultad no lo hacía trágico, porque la fama podía sobrevivirle por un tiempo ilimitado. En su interior no tenía enemigos y fuera de él, si alguien le era hostil, lo destruía, y si alguien le era favorable lo consagraba a su servicio. Es frecuente ver, entre esos amigos, el compañero inseparable, del que tanto hemos hablado, y que ahora se nos perfila como un claro reflejo de la individualidad del héroe, el espejo en que ve su propia grandeza.

Con la llegada de la tragedia el mundo de lo humano se conmociona. También esta vez, en la base del cambio introducido, en la base del progreso, se encuentra una negación: el héroe, que se veía confirmado tanto en las cosas como en sus semejantes, se ve ahora, negado, en el espejo de su propio destino.

El héroe trágico también se desdobla, mas no para encontrar frente a él un compañero inseparable, que le confirma sus valores, sino para debatirse en una grave crisis interna que va a transformar su imagen en la imagen de su antagonista. No se trata del otro que aparece en el afuera como el enemigo; es su sí mismo como destino y, por tanto, como ser.

Algunas tragedias que no muestran al antagonista como otro permiten ver el conflicto con mayor claridad. En «Edipo Rey», por ejemplo, Edipo empieza siendo un auténtico héroe: destruye como a un enemigo a quien le interrumpe el paso, descubre el enigma de la esfinge y se hace «rey» de Tebas. Pero al llegar el momento de la crisis todos los valores heroicos se hacen cuestionables: el viajero que le impedía el paso, el enemigo, era su propio padre; la reina a quien desposa y que le convierte en dominador era su propia madre; el enigma que la esfinge le proponía no era tanto el hombre en general cuanto su propio destino, su sí mismo. Según una versión antigua del mito, incluso, la respuesta que Edipo da a la esfinge no es «el hombre», sino «yo mismo».

El nuevo Edipo que ahora se nos muestra tiene en su esencia, como valores, precisamente la inversión de los valores del héroe, tiene como valor sumo el reconocimiento de su ser culpable; es un antihéroe.

La revolución trágica estriba, pues, en el acceso a la culpa. Es la culpa de ser héroe y dominar sobre los otros, es la culpa inevitable de ser hombre.

De esta manera, el sentido decadente que encontrábamos caracterizaba al antihéroe y que nos parecía minusvalorable se nos descubre ahora como el gran progreso, como el triunfo sobre la inocencia paradisíaca.

El antihéroe es el hijo bueno por el que Zurván ofrece el sacrificio; se adelanta sin embargo el héroe, el perverso hijo de la vacilación, y ejerce el dominio. Nos queda la esperanza de que esa promesa, con aires de profecía, de que el tiempo de la dominación sea limitado se cumpla y empiece el reino del bien sobre la tierra.

Es esta una esperanza difícil de interpretar de un modo correcto, por cuanto puede inclinarnos a concebir la tragedia resolviéndose en una utopía. Las utopías, en efecto, suelen surgir como una reacción ante lo trágico; pero en modo alguno como una derivación suya. Lo paradisíaco y lo utópico son dos formas de esa inocencia que no consiste en conquistar el bien, sino en desconocer el mal. El hombre de una cultura que inicia el desarrollo de su autoconciencia, que por primera vez sufre el dolor de saberse destinado a la muerte, que se juzga culpable de su propio destino, mira hacia atrás y añora el paraíso perdido de la inocencia. Por el contrario, el hombre perteneciente a una cultura evolucionada, que ha pasado de la culpa a la moral, y se ha debatido en busca de soluciones positivas de la condición humana, proyecta en el futuro una humanidad que ha sido capaz de reconquistar la inocencia y alcanzar una felicidad hasta entonces velada.

Pero todo esto no tiene que ver lo más mínimo con la salida de sí mismo que la tragedia nos brinda. El único reino del bien que nos cabe esperar es el cambio de la mentalidad del héroe por la del antihéroe.

En «El oro del Rhin» el Nibelungo aprende que «sólo el que renuncie al amor alcanzará el poder». Aquí se trata de invertir los valores, de manera que el hombre nuevo sepa renunciar al poder, ya que sólo así alcanzará el amor.

Si Edipo hubiera sabido renunciar al poder habría cedido el paso al anciano viajero, y sólo así hubiera podido reconocer a su padre. E incluso lo hubiera reconocido de hecho, pues desde la actitud del antihéroe los otros son nuestros superiores, nosotros somos para ellos, no ellos para nosotros. Es decir, ser antihéroe, o lo que es lo mismo, haber comprendido la revolución trágica, consiste en salir de sí mismo por el único camino posible: hacia los otros.

Según los términos de esta conclusión la tendencia que acabamos de poner de manifiesto corresponde a la línea directriz que marca el sentido de la tragedia.

Queremos aprovechar aquí el momento, porque tal vez ningún otro nos sea tan propicio, para recalcar cómo no se trata de una finalidad. Si se tratase de un fin, se cumpliría, como llega a Nueva York el navío que tiene como fin ese puerto. Pero el hombre no llega nunca ni a salir de la naturaleza ni tampoco a salir de sí mismo. Nos encontramos, frente a la finalidad, a la misma distancia que media entre un deseo y un querer; sólo el segundo tiene un fin. Cuando hablamos, por tanto, de la finalidad de lo trágico, o de cualquier otra función del mundo irreal autocreado, la palabra debe entenderse en el sentido que los escolásticos llamaban analógico.

El aislamiento de esa dimensión lineal de la tendencia trágica nos permite ahora iluminar con una luz nueva el verdadero alcance del término «segundo grado», que tanta inquietud viene produciendo entre los filósofos de los últimos tiempos.

El primer grado de la creatividad nos permitió salir del dominio de la naturaleza y entrar en el mundo irreal autocreado por el hombre; se cambiaba entonces la dirección de la flecha de Apolo, como símbolo, por el sentido interior del tejer, que simbolizaban las tareas de la diosa Atenea. Por el segundo grado, la salida del sí mismo va a suponer, no la vuelta al afuera, a la naturaleza, sino la extensión del adentro propio a otros adentros; esta vez no será la flecha de Apolo, que da la muerte, el símbolo adecuado, sino la flecha de Cupido, que lleva a la vida.

En resumen, el ser hacia el que avanzamos mediante la tragedia difiere esencialmente del ser que nos mostraban las demás artes. El nuevo mundo, también ireral, que ahora se nos muestra es el mundo de la ética.

De momento podemos destacar de esta nueva faceta de lo humano, como cualidad determinante, el hecho de que se trata de un problema de relación, no en el sentido de la capacidad de comunicar, sino en el de valorar. El hombre ético que se fragua en la tragedia debe aprender, ante todo, a desvalorizarse a sí mismo para incrementar el valor de los otros.

Por último, la dimensión lineal de lo trágico y su esencial trastrueque de valores nos hacen más comprensible la mutación de Edipo, rey de Tebas, en ciego mendigo. La ceguera y la mendicidad unidas dan como resultado el prototipo del hombre dependiente de los demás y, por tanto, configuran el mejor símbolo para el cambio de actitud valorativa a que tiende la tragedia. Ser ciego y ser mendigo es tanto como recibir todo de los otros; ser un desposeído.

Pero la tragedia no consiste sólo en su dimensión lineal. En su propia constitución interna, en lo que podríamos llamar su contenido, se encuentra un nudo conflictivo, al menos tan importante como su trayectoria.

Muchas obras de carácter trágico, como «Los siete contra Tebas», «Antígona», o «El diablo y el buen Dios» y varias de Buero, entre las que se encuentra «Mito», presentan una manera de conflicto que no consiste en el enfrentamiento del prototipo consigo mismo, con su propio destino, sino con otra figura prototípica de tendencias radicalmente opuestas a las suyas. Es la pareja de incompatibles forzados a encontrarse en la escena. En apariencia, el problema consiste en la lucha de dos individuos cuyos ideales o cuyas aspiraciones chocan entre sí; todo parece reducirse a una simple incompatibilidad particular.

Buero Vallejo, a lo largo de toda su obra, y concretamente en «Mito», nos ofrece numerosos indicios de que esa incompatibilidad no se da entre dos individuos, sino en el interior de una sola persona. La misma personalidad caracteriza a Eloy y a Rodolfo, al igual que coincidían los dos hermanos de «El tragaluz», y aquí cabrían otros muchos ejemplos.

La incompatibilidad, por tanto, no pertenece al afuera, sino al adentro. Cada ser humano es, a la vez, un héroe y un antihéroe. Y si ser héroe es ser para sí mismo, y si ser antihéroe es ser para los otros, o, incluso, ser en los otros, el hombre se convierte en la imposibilidad de ser, al mismo tiempo, sí mismo y los otros.

Pues bien, sólo a partir de esta incompatibilidad íntima del hombre se hace posible el acceso al ser ético. Sólo creado el doble prototipo puede el hombre ejercer la libertad ética.

Pero esa libre elección no es un hecho, de manera que el conflicto quede resuelto en favor de uno de los dos prototipos y el otro quede anulado; se trata únicamente de una actitud interna, de una tendencia, que en todo momento deja abiertas todas las posibilidades futuras. Pese a haber elegido, el hombre sigue siendo ese ser contradictorio, constituido por la pareja de prototipos incompatibles. Así, ser bueno estará siempre condicionado por saber que no se es bueno.

Elegir ser Eloy o elegir ser Rodolfo equivale a querer el bien o querer el mal; no a hacerse bueno o a hacerse malo.

Todo parece indicar que nos encontramos de nuevo ante el problema de la oposición de contrarios, que tantas preocupaciones suscitó entre los neoplatónicos y los renacentistas italianos. Es probable incluso que los conflictos que entonces afrontaban y los que se nos presentan ahora a nosotros obedezcan a unos mismos principios. Pero el ámbito de inquietudes y, por consiguiente, el sentido de la tendencia, son de índole muy distinta.

La oposición de la guerra y el amor, de sus mitos, Ares y Afrodita, y que su encuentro sea fecundo, supone un planteamiento enriquecedor tanto a niveles teológicos como de la filosofía de signo cosmogónico. La contradicción que arraiga en el ser mismo del hombre, en cambio, es un fenómeno verdadero para el que no cabe solución alguna.

Parece indudable que la preocupación filosófica por el problema de la unión de los contrarios no se remonta sólo a las corrientes neoplatónicas, ni siquiera a Platón, sino que ya era un tema inquietante entre los órficos y órfico-pitagóricos. Con este dato la búsqueda del sentido de la tragedia se abre a nuevos horizontes de los que podrá salir notablemente enriquecida.

Es posible, por tanto, que si en nuestro regreso nos remontamos hasta el mito de Orfeo, logremos, al progresar de nuevo, arrancar al arte de la tragedia algún secreto todavía escondido en sus profundidades.

Las investigaciones acerca de la existencia histórica de Orfeo no han proporcionado descubrimiento alguno que pueda inclinarnos ni a la aceptación de su realidad ni a su rechazo. Parece, por un lado, que fue efectivamente un rey de Tracia; mientras que, por otro, presenta los caracteres de un dios de la vegetación humanizado. A niveles de la actividad mitogenética del hombre esta incertidumbre histórica puede resultarnos beneficiosa ya que, en ambos casos, el proceso revela una clara función proyectiva de la sensibilidad: si se trata de un dios humanizado comprendemos que los rasgos divinos han de corresponderse con los humanos para identificarse, y, por el contrario, si es un mero hombre quien alcanza la dignidad mítica es también evidente que son sus cualidades elevadas a la categoría de modelo las que permiten culminar el proceso.

Por otra parte, esa incertidumbre puede servirnos también para ilustrar la indiferencia que tiene la realidad a la hora de examinar el desarrollo del mundo interior autocreado por el hombre. Pero esos valores, desprendidos de lo que podríamos llamar aspecto negativo del problema, apenas revisten importancia si los comparamos con la riqueza inagotable del mito en sí.

A juzgar por algunos datos significativos, el orfismo contenía los gérmenes de una gran revolución cultural filosófica, que apenas llegó entonces a insinuarse. El pueblo jamás superado en la capacidad de abrir nuevas vías para el desarrollo de la mente humana estaba todavía inmaduro para aceptar el reto del movimiento órfico.

Mientras los milesios hablaban de principios cosmogónicos y los eleatas abstraían el ser, los mitos órficos remontaban los orígenes de todo a una divinidad peculiar, Fanes, que contenía los gérmenes de todas las cosas, incluidos los dioses. Fanes recibe el calificativo de Ericepeo, probablemente, portador de vida; él mismo nace de un huevo. Y Aristófanes, en «Las aves», le llama «Eros», el dios del amor. Es decir, «en el principio fue la creatividad». De ahí que cuando Zeus reclama la paternidad del mundo deba antes tragarse a Fanes, lo que le permite crear de nuevo el universo a partir de su propio interior.

Algunos interpretan esta doble creación, la de Fanes y la de Zeus, como el doble cosmos platónico, el de la realidad de las ideas y el de las apariencias sensibles.

De Fanes, siguiendo el mito órfico, surge la Noche y después otra divinidad de un valor filosófico incalculable: Cronos, el tiempo. Se trata de un ser monstruoso, sin duda de origen oriental, identificado por Gomperz precisamente con Zurván, el tiempo primordial de la mitología persa.

El poeta Píndaro heleniza a Cronos al desposeerlo de su monstruosidad, pero conservándole su naturaleza divina.

Por último, de manera previa a la creación de los dioses, alcanza también entre los órficos rango divino el Eter, algo así como el espacio absoluto, divinidad más bien pasiva, que no parece haber sido personificada ni en la forma humana ni en la monstruosa.

Desde la mentalidad cosmocéntrica griega no era concebible un orden teogónico en el que la creatividad fuese anterior al tiempo y al espacio, de modo que el proceso acabó por invertir los términos, y Cronos pasó a ser el padre de Eros y de Eter, según lo recoge Proclo, por ejemplo. Pero ya mucho antes, el desdén de Aristóteles por los llamados pitagóricos se basa, sobre todo, en que atribuyen mayor perfección a la potencia que al acto. Es decir, para la concepción metafísica de Aristóteles es inconcebible que algo camine hacia un estadio más perfecto si no cuenta ya desde su origen con la existencia, en sí o en otro, de la perfección a que aspira. El Dios primero, por tanto, debe contar con todas las perfecciones, de manera que el incremento de su ser resulta absurdo.

El movimiento órfico consistía, con toda probabilidad, en tomar como punto de partida unos presupuestos inversos a los aristotélicos. Tal vez no se haya hecho nunca consciente de la dimensión revolucionaria de sus doctrinas. Por eso hablamos de gérmenes y no de logros; pero basta ese impulso primero para que intentemos ahora vislumbrar al menos la energía subyacente en aquellos movimientos prefilosóficos.

Al modo mítico de proyectar en el afuera los procesos que tienen lugar en el adentro, los órficos atribuyeron al mundo la capacidad de evolucionar, por sí mismo, hacia mejor. Esa capacidad no era otra cosa sino el poder de crear: En el principio era la creatividad. Fanes, el Protógono, tenía en sí la semilla de todas las cosas, incluidos los dioses.

No sospecharon siquiera los órficos creadores de la teogonía que cuando hablaban de los dioses y del cosmos estaban configurando el sentido más profundo de su credo acerca del hombre. En consecuencia, hubieron de añadir un nuevo mito, sin duda etiológico, el desmembramiento de Zagreo, para explicar el origen de la doble naturaleza humana, el compuesto de bien y mal que constituye el ser del hombre mismo.

Zagreo, el dios niño, identificado con Dionisos, es atraído por los titanes mediante algunos juguetes infantiles (peonzas, muñecos articulados) y un espejo. Una vez en sus manos, los titanes dan muerte al dios niño, se reparten los trozos de su cuerpo y se lo comen. Irritado, Zeus destruye a los titanes con el rayo, y luego, de sus cenizas, crea la humanidad. «Por eso el hombre tiene una gran parte del mal, la que proviene de los titanes destruidos, y una pequeña parte de bien, la correspondiente al dios.»

Se explicaba así algo que ya se creía, la eticidad humana, al tiempo que se daba forma a un grave conflicto: la coincidencia en el hombre de esa pareja de contrarios, que lo convierten en un ser contradictorio.

Se habla de lo uno y de lo múltiple y se buscan explicaciones; pero el verdadero problema órfico, incluso de este aspecto, dista mucho de la actitud cosmogónica de los milesios y pluralistas.

Cronos y Eter divinizados, exaltados a categorías primordiales, presuponen una inquietud de índole matemática; el número y la figura son sus resultados en la filosofía pitagórica. Pero el número y la figura son sólo esqueletos de la realidad, y, por tanto, inadecuados, según la mente cosmogónica de Aristóteles, para fundamentar sobre ellos el ser.

De Platón, en cambio, podría decirse que vive filosóficamente en una encrucijada: intenta con todas las fuerzas de su pensamiento descubrir el lugar del ser en la realidad, pero sólo ve claro el mundo de las ideas. De ahí que su filosofía sea un intento de conciliar el ser de Parménides con el número de Pitágoras.

Cuando en los tiempos modernos la crítica kantiana replantea el problema platónico de las ideas, la nueva filosofía va a tener un claro eco del orfismo, tanto en su estructura visible como en su inspiración más profunda.

Tiempo y espacio, Cronos y Eter desmitificados, formas básicas de la sensibilidad, no deben su origen a la experiencia; son formas **a priori,** debidas a una capacidad en el hombre.

Involuntariametne nos preguntamos: ¿Capacidad de qué? ¿Acaso de crear? ¿Se trata entonces de una desmitificación de Fanes, el Protógono?

No olvidemos que Kant llama a esta entronización suya del **a priori** un «giro copernicano», entendiendo por tal el cambio de una filosofía cosmocéntrica por otra antropocéntrica. Es posible que el propio Kant, al atribuirse la paternidad de ese cambio en la actitud filosófica, intuyera un alcance mayor del que realmente tuvo.

Cabría aquí proseguir el análisis del paralelo entre la filosofía kantiana y las doctrinas órficas: la necesidad como segundo **a priori** kantiano y la diosa Necesidad órfica, el ser de la ética en la «Crítica de la razón práctica» y el bien y el mal en el mito de Zagreo; pero todo ello no sería más que sobreabundar acerca de un tema que no nos parece el de mayor interés.

Si en la cultura griega, pues, y tal vez en toda la cultura occidental, no se sobrepasaron las meras insinuaciones en el desarrollo de los gérmenes de la nueva filosofía que presuponía el movimiento órfico, el motivo se encuentra, sin duda, en la tiranía ejercida por la mentalidad cósmica, que no permitió jamás salirse de la ley de causa y efecto. Si todo cuanto se da en un efecto estaba ya contenido en sus causas, toda creación auténtica es imposible. En todo caso, pueden combinarse elementos de una manera nunca lograda antes y obtener así unos efectos hasta entonces desconocidos, con lo cual, en realidad, nada se ha creado.

Podría objetarse ya aquí que nada se ha creado, salvo la idea de combinar los elementos de una manera distinta. Pero esto sería sólo una nueva insinuación del problema.

Vivimos todavía inmersos en el prejuicio de que los principios contienen toda la perfección posible, pese a que el espectáculo de cada día y la historia entera nos están mostrando lo contrario.

En el profundo sentir de un órfico estaba clara la perfectibilidad, al menos en el dominio de lo humano. Los órficos son los primeros en hablar del alma, una especie de soplo de vida, unido accidentalmente al cuerpo, de por sí inerte. Tal vez el Ka de los egipcios sea un antecedente del alma órfica. El faraón ya lo poseía en vida, mientras que el pueblo, al menos al principio, sólo lo adquiriría después de la muerte.

Parece que guardaba una clara relación con el tiempo; que poseer el Ka era algo así como adquirir historia.

Todo ello nos confirmaría con mayor claridad algo que ya se hace visible en la dualidad alma-cuerpo del orfismo: la concepción del hombre como réplica del proceso teogónico en el que Cronos y Eter representan los elementos activo y pasivo en el plano de la divinidad.

La nota decisiva, sin embargo, para comprender la perfectibilidad humana se encuentra en la capacidad que tiene el hombre de divinizarse. La naturaleza del hombre no es sólo titánica, sino que encierra también una chispa divina. Algunos ritos nos enseñan la gran tarea de purificarnos de lo titánico; pero el incremento de lo divino se logra fundamentalmente por el rito de la manducación del dios, una práctica que guarda estrecho paralelo con el sacramento cristiano de la comunión, con la diferencia de que mediante el sacramento de la comunión el cristiano se fortalece, mientras que el rito órfico transforma al hombre en un verdadero dios. Ese es el sentido de las palabras de Empédocles: «Os digo que soy un dios inmortal, no ya un mortal.»

Podría entenderse, a juzgar por el dato de la manducación del dios, que el mito órfico de la hominización indica el afuera como lugar de procedencia de la parte divina del hombre y que en ese afuera el dios es ya perfecto antes de convertirse en un elemento del compuesto hombre. La duda, sin embargo, pronto se desvanece, pues también en este caso el orfismo habla de gérmenes: el dios ingerido por los titanes es todavía un niño, ciertamente divino, pero desposeído incluso de la sabiduría necesaria para descubrir el engaño de que se le hacía objeto. Parece que se trataba más de una promesa que de una divinidad constituida. En cuanto a la fiesta ritual el dios aparecía bajo forma de toro, que era comido crudo tras la muerte por descuartizamiento. Nos encontramos, pues, ante un proceso de autodivinización del hombre, con claros síntomas de una creación a partir de la nada, o a lo sumo, a partir de la mera naturaleza, simbolizada por los titanes.

A la vista de los elementos que componen ese protohombre salido de las manos de Zeus, nos llevamos la primera sorpresa: la parte mala, de la que es necesario purificarse, la naturaleza titánica, es fuerte y está bien dotada para el trabajo y la contienda. La parte buena, en cambio, la divina, o al menos la que puede convertirse en divina, se caracteriza por la debilidad, la inocencia y el deseo de jugar.

Alcanzamos de nuevo, de esta manera, la pareja de contrarios que constituyen el ser del hombre. De un lado, el héroe, con su fortaleza titánica, su agresividad y su afán de dominio sobre el mundo y sobre los demás hombres; la utilidad y, en gran medida, el progreso están de su parte. No olvidemos que un titán era Prometeo, el héroe civilizador que trae el fuego a los hombres, que les enseña a realizar múltiples trabajos, que les encamina hacia el desarrollo de la inteligencia y con ella les brinda la oportunidad del saber. De otro lado, la debilidad del antihéroe, el niño, germen de lo divino, atraído primero por el juego de la peonza, una imagen del mundo, después por los muñecos articulados, imagen del hombre y, por último, por el espejo, imagen de sí mismo. Tres estadios en la constitución del mundo interior irreal; inútil, pero valioso; divinizante según los órficos; incrementante del hombre, en términos de la cultura persa; nosotros le llamaríamos autocreador.

Los órficos, y siguiendo a los órficos los trágicos, aprendieron a ver esta forma de pareja de contrarios no precisamente como dos tipos de elementos opuestos que entran en la composición del ser humano, sino como la contradicción misma del ser hombre. Se trata de que cada hombre es en su totalidad naturaleza titánica, puesto que todo lo imaginado fuera de esa naturaleza es puramente irreal, al tiempo que sólo la chispa de divinidad hace que el hombre sea hombre.

Ahora bien, lo importante aportado por la tragedia al conflicto de la unión de los contrarios consiste, a nuestro entender, en haber hecho del problema la base de la dimensión ética humana.

De cuanto acabamos de decir parece desprenderse un sentido de la ética en el que no se encuentra ninguna divinidad que la imponga, ni tampoco la forma de una ley, ni unos valores objetivos que debemos descubrir. La ética que se nos muestra como consecuencia del desarrollo del arte trágico es una ética que debe crearse, porque no existe en parte alguna, y sólo puede crearse autocreándose el hombre mismo en el sentido del antihéroe.

El concepto y el sentido de la ética que pueden deducirse del conjunto de la filosofía de Nietzsche coinciden en algunos aspectos con las notas que caracterizan la ética de autocreación humana que venimos analizando; pero se oponen a ella en otros no menos decisivos.

El hombre se autocrea y por eso, si Dios existiese, él, Nietzsche, sería Dios. Se trata de un proceso evolutivo que camina hacia la divinización humana; es la trayectoria que lleva al superhombre. Este superhombre, sin embargo, es todo lo contrario de un débil; sería, más bien, un superhéroe de naturaleza claramente titánica.

Podría afirmarse que la nota más destacada en la filosofía de Nietzsche es su sentido de creatividad; pero en su empeño de mantenerse fiel al pensamiento de Heráclito y oponerse a Parménides y a Platón, en su esfuerzo por adecuar todas sus lucubraciones a la idea del devenir, se hace esclavo del cosmos y cercena, a nuestro entender, la mejor de las posibilidades que latían en su inquietud innovadora; detiene su impulso hacia la auténtica autocreación humana.

El ambiente más favorable al desarrollo del orfismo no fue la filosofía, ni la de entonces ni la posterior. La oposición a los mitos y a los dioses, a la dimensión religiosa del hombre, no podía permitir el libre desenvolvimiento de un espíritu que contaba con la creatividad como principio, como punto de partida hacia un mundo en que lo humano crece. El medio oportuno para el desarrollo del orfismo sólo podía conformarlo el arte.

No nos estamos refiriendo aquí a que en el medio artístico el orfismo pudiera manifestarse más fácilmente como la realidad que era; lo que pretendemos decir es que la misma concepción básica que permite formular el mito que manifiesta el sentido de la creatividad persiste en el plano de lo artístico, y aun se incrementa a medida que el arte se desarrolla. El mismo germen subyace, diríamos, en el mito y en el arte evolucionado.

El surgir del arte no tiene como único efecto para el hombre la aparición ante él de un mundo de irrealidad, sino además la obligación ineludible de enfrentarse a un dualismo básico, a un dualismo situado, no en el plano de la inteligencia, sino en el de la sensibilidad. El cosmos real está delante y se ve; pero también lo está la figura, tan visible como las cosas. Frente al mundo cósmico de lo concreto el mundo artístico del «como si», y entre ambos el hombre, obligado a sentir primero y a reflexionar después.

El origen del problema de los contrarios se aparta, de esta manera, de lo uno y lo múltiple en la naturaleza, para situarse en un conflicto de signo humano.

Es natural que la primera reacción del hombre sea la de calificar de verdadero el mundo cósmico y de ficticio el mundo del arte, un mundo de ficción, como todavía hoy acostumbra a llamarse. Lo natural del hecho, sin embargo, no debe impedirnos comprender el perjuicio que supuso a la filosofía de Occidente una interpretación parcializada en este sentido. El mundo del arte es irreal; pero es tan verdadero como las cosas reales. No se trata de un mundo ficticio, sino de un mundo creado.

En el primer grado de lo artístico ambos mundos aparecen incluso bajo la forma de una réplica; el arte representa a veces la naturaleza física, a veces la naturaleza humana en su aspecto exterior. Son las artes plásticas.

Pero el problema básico que ahora nos ocupa, ni queda limitado por las artes plásticas, ni es siquiera este aspecto su raíz más honda.

Las artes del ritmo: el canto, la música, y, en cierta medida, la danza, no «representan», sino más bien «presentan», ofrecen, surgiendo de la nada, sus combinaciones de tiempos y sonidos al espacio.

Nietzsche vio en el encuentro del arte de la figura y el arte del ritmo, representaciones de Apolo y Dionisos, el origen de la tragedia; pero una lectura de sus obras con intención antropológica nos convence fácilmente de que el verdadero encuentro sentido por Nietzsche no era el del arte de la figura y el arte del ritmo, sino la oposición entre el mundo del trabajo y el mundo del juego, entre el mundo de la realidad y el mundo del «como si».

La obra de Nietzsche «El nacimiento de la tragedia» nos ofrece el gran descubrimiento de lo artístico como sustituto de lo religioso, lo que supone atribuir al hombre la función creadora, antes reservada a los dioses.

Tenemos aquí, como anteriormente en algún momento de la obra de Kierkegäard, la impresión de un relámpago que ilumina por un instante la noche del naturismo occidental.

Pero ya al propio Nietzsche le faltó la capacidad necesaria para analizar sus intuiciones y distinguir el sentido radical de cada elemento. En relación con el tema que ahora nos ocupa, le vemos tomar como característica del arte trágico notas que corresponden a todo arte sin especificar, y atribuir el origen de la moral a falsos planteamientos metafísicos derivados de la filosofía de Parménides y de Platón, y no precisamente al arte trágico.

Cuando Heráclito interpreta el devenir de la realidad mundana como una actividad lúdica está, con toda evidencia, proyectando sobre el cosmos un sentido del ser propio únicamente del hombre. Nietzsche apoya algunos aspectos decisivos de su filosofía en ese pasaje, lo que le hace víctima de un error, que pudo evitar con toda facilidad tan sólo con haber tomado como base el mito de Zagreo y los titanes.

Es seguro que la carencia de un sentido de finalidad, tanto en el fluir cósmico como en la actividad lúdica, haya sido el motivo por el que ambos pensadores identificaran estos puntos extremos de un proceso.

No juega el mundo, sino el niño Zagreo, la divinidad en potencia, esa parte del hombre destinada a convertirse en la capacidad creadora, y juega primero con una imagen del mundo, con una imagen del hombre después y, por último, con una imagen de sí mismo.

El mundo de lo real está regido con todo rigor y seriedad por la ley de causa y efecto. Respecto a lo lúdico podría afirmarse lo contrario; pero eso no sería más que el sentido negativo del problema.

Junto a lo real se encuentra también la naturaleza titánica, propia de las tendencias del héroe y que comparte con el mundo físico el sentido o, al menos, la valoración de la fuerza.

En el dominio de lo titánico la ley de causa y efecto ha sido substituida por un proceso basado en los motivos de la finalidad; los titanes atraen al niño Zagreo sabiendo de antemano sus reacciones y con un objetivo también predeterminado. Prometeo, por su parte, enseña a los hombres el trabajo y el uso de la inteligencia. En suma, a la dimensión titánica del hombre le corresponde el saber y el saber hacer, el dominio sobre el mundo.

Frente a lo titánico encontramos por último el juego, donde ya no rigen ni la ley de causa y efecto ni los motivos de la finalidad; estamos lejos de la fuerza, del dominio y del saber, donde sólo importa crear.

Mas tampoco el mundo de lo lúdico nos muestra un contenido uniforme, tampoco en él se da la unidad simple.

Zagreo juega con muñecos articulados, imagen del hombre, y en ese juego su actitud implica un «como si». El mundo creado es, en este caso, una réplica del mundo de lo real. Juega también con peonzas varias, en las que se advierte la imagen del mundo; pero entonces el juego no tiene el carácter de un «como si», o al menos no lo tiene de un modo evidente. En esta manera de jugar, al igual que en el saltar y en el correr, se adivina, más bien, un sentido no figurativo de lo lúdico.

El paralelismo entre estos dos modos de juego y los rasgos distintivos de Apolo y Dionisos, según Nietzsche, parece indudable. Lo apolíneo y lo dionisíaco, por tanto, entendidos como las resultantes mítico-artísticas de la evolución del juego figurativo-simbólico y del juego de puro movimiento, se encuentran en el origen de la tragedia si por origen entendemos antecedentes, factores pertenecientes a una etapa anterior, no elementos que componen, sin más, lo trágico.

El espejo, el tercer objeto con que los titanes atraen al niño Zagreo, nos brinda una nueva clave para progresar en la comprensión del problema.

Para los filósofos del período helenístico el pasaje debe entenderse como un paradigma del doble cosmos platónico, el de la realidad y el de las apariencias. Se trata, sin duda, de una interpretación coherente dentro del pensamiento de la época, pero no alude siquiera a la dimensión creadora del hombre y mucho menos a la autocreadora, simbolizadas en el pasaje. Faltaban siglos todavía para la madurez que el desarrollo de esos gérmenes requería.

Zagreo, creador mediante el juego de un mundo del «como si» y del mundo de la creatividad pura, sin leyes que lo predeterminen, al mirarse en el espejo ve un nuevo mundo creador que es el mundo de su sí mismo. Es la creatividad que reflexiona y que da origen, por tanto, a una creación en segundo grado. Es un juego que contiene la semilla de un arte distinto, de un arte que nos ofrece, a la vez, un «como si», una representación figurativa, y un ritmo, un fragmento del tiempo presente en un espacio. Se trata, pues, de un arte cuyo «como si» es el hombre mismo en su ritmo vital.

Se advierte aquí el encuentro de la capacidad creadora con su criatura; el encuentro de la creatividad, emergiendo de capas profundas y oscuras de lo humano, con la obra creada, resuelta en forma de figura.

Pero todo esto no es, en absoluto, suficiente para dar origen al arte trágico. La tragedia requiere que ese «como si» del hombre no permanezca aislado en la línea que tiende a lo divino, sino que se encarne en su naturaleza titánica, en el ser mero hombre. He aquí el núcleo del problema humano de la unión de contrarios, el conflicto presentado por los órficos, sentido por los trágicos y, en cierta medida, formulado filosóficamente por Sartre en «El Ser y la Nada» con su frase: «el hombre es lo que no es y no es lo que es». Sólo que Sartre atribuye esa característica de lo humano a lo abierto e indeterminado del futuro y se remonta así a la radicalidad del ser libre del hombre en vez de apoyarse en la creatividad como base primera.

La cultura griega tuvo, pues, en el orfismo y en la tragedia el germen de una filosofía esencialmente distinta de la que tiene su origen en los milesios y eleatas y que se cierra con Hegel y sus epígonos. En aquella filosofía, reprimida hasta Nietzsche y el existencialismo, bullía la creatividad como postulado primero del ser verdaderamente hombre.

Es probable que la existencia de la filosofía de signo cósmico y la de las condiciones que la hicieron posible hayan obstaculizado e impedido incluso el desarrollo de esa otra postura que no pasó, en mucho tiempo, de sus gérmenes. El mundo externo es el depositario de la fuerza y el poder, y además ejerce la tiranía de su ser modelo. Se entiende la concepción del mundo como fundamento y condicionante de la concepción del hombre, olvidando que, con frecuencia, la manera de sentirse hombre predetermina la concepción del mundo.

El sentido último que tenían esos postulados en que se basan el orfismo y la tragedia griega, y que llega hasta el existencialismo en la filosofía occidental, tal vez pueda aclararse un tanto si hacemos explícita una pregunta que se nos viene imponiendo en estas líneas: ¿Por qué se llama «orfismo» ese movimiento místico-teológico griego? Es decir: ¿Qué papel desempeña el mito de Orfeo en una postura que tiene la creatividad por base?

La primera necesidad de lo apolíneo es la luz, porque en la esencia de Apolo está el ver y en la de su mundo el ser visible. Se le asignan a este dios, como notas propias, la lejanía y la figura, entendiendo esta última, no al modo de las figuras pitagóricas, esquemas geométricos, sino como dibujos recortados en el espacio, es decir, como la unidad de cada cosa del mundo, como la individualidad de lo real. En su conjunto, lo apolíneo resume de esa manera el sentido de lo externo visto por el hombre, lo real salido del caos y ordenado según la inteligencia en un sistema coherente.

La esencia de lo dionisíaco resulta mucho más compleja, pero no faltan tampoco en ella notas claras que nos indiquen su último sentido: El juego infantil de Zagreo, el grito salvaje de Pan y el canto y la danza frenéticos de Dionisos sólo pueden conciliarse como partes de un todo que es el mundo autocreado por el hombre, donde no existen leyes que predeterminen una figura ni el predominio de la razón que imponga una conducta dentro de un orden.

El dios Dionisos es, congruentemente, un dios que emerge, y que emerge de lo oscuro, tal vez la noche o el misterio, y sin forma precisa. Con toda seguridad así aparece también el ser del hombre para sí mismo, así siente el hombre su propio yo.

Orfeo es, al mismo tiempo, y con la misma intensidad, sacerdote de Apolo y de Dionisos; pero no lo es ni por vacilación ni por eclecticismo. Orfeo es sacerdote de una religión o, mejor, profeta de una mentalidad superadora de esas posturas antagónicas.

La lira que Orfeo toca es un instrumento de Apolo, no sólo porque el dios también la toque, sino por ser un objeto mundano y porque su efecto, la música, pertenece al cosmos, como muy bien supieron decir los pitagóricos.

Su canto, en cambio, pertenece a lo dionisíaco, porque Dionisos canta, ciertamente, pero, ante todo, porque el cantar mismo es pura creatividad humana.

Por tanto, cuando Orfeo canta acompañado de su lira está uniendo los mitos de Apolo y de Dionisos. Esta función unificadora es, sin duda, importante, lo que podría inducirnos a creer que en ella agota Orfeo su significado. El valor de Orfeo como mito, sin embargo, es mucho más rico.

En cada anécdota atribuida a Orfeo, en cada característica suya es fácil descubrir un sentido de trascendencia del símbolo de un mundo que se encuentra más allá del ámbito que comprende la anécdota o la actividad característica de su vida. La lira de Apolo, acompañando a las canciones, alcanza el mundo autocreador de Dionisos; mientras que, por su parte, el canto, siguiendo la armonía de la lira, deja de ser sólo frenesí para hacerse cordura. Se trata, parece ser, de mundos recreados por el arte.

Las fieras que se amansan o los árboles que se doblegan al escuchar su canto y su música dejan de ser sólo fieras y árboles para ser además criaturas humanizadas.

El centauro Quirón profetiza que si los argonautas navegan en compañía de Orfeo podrán pasar ante las sirenas. Un canto frente a otro canto; pero el de las sirenas era destructivo, cantaban dulcemente para atraer a los marineros y después los atacaban; el de Orfeo, en cambio, era verdadera creatividad, cantaba el origen del mundo y de todas las cosas.

No se trata de que Dionisos se haga apolíneo y Apolo dionisíaco, ni de que el mundo exterior y el interior se encuentren. Orfeo nos enseña que la esencia del canto no consiste en ser sonido en el espacio, sino el medio de recrear el mundo interior del hombre en un afuera propio, que es adentro del otro; el hombre siente así al hombre; la voz se anticipa, de este modo, a la palabra. El canto de Orfeo, en la tragedia, se hace coro.

Si el mito de Orfeo simboliza la recreación del interior del hombre en cada hombre del afuera, el enlace del hombre autocreado y los otros, resulta ahora comprensible que el orfismo haya logrado el acceso a los conceptos de bien y de mal, haya iniciado la recreación de lo humano a niveles éticos.

El mundo trascendente en que Nietzsche situaba el origen de la moral cambia también de signo, pues no se trata de una trascendencia al orden divino, sino a un orden abierto de lo humano a lo humano.

En la cultura española se da una inquietud equivalente, por la índole de los problemas, a la que en Grecia supusieron Orfeo y el orfismo, si bien en nuestro caso las manifestaciones son muy diferentes, así como lo es también el sentido hacia el que derivan.

Don Quijote y Sancho, viendo con ojos creadores el uno y realistas el otro, replantean, en la creación artística literaria, las posturas que en el mito adoptaron Dionisos y Apolo, con la particularidad, en la obra cervantina, de transformarse el esbelto y sabio Apolo en un necio rechoncho, símbolo de la desvalorización de la actitud cosmocéntrica griega. El mundo hostil, que se aquieta por el canto de Orfeo, se agiganta ante la mirada recreadora de Don Quijote para desvanecerse pronto, ante los contempladores, como efecto de la fiebre del caballero.

Los personajes cervantinos salen a la escena en «Mito» de Buero Vallejo; pero la evolución experimentada ha sido muy grande, no sólo porque el delirio paranoico produzca extraterrestres en vez de caballeros, lo que supone una actualización de las circunstancias, sino por otros procesos que afectan a estratos mucho más profundos de la personalidad.

El hecho de que Don Quijote se desdoble en Rodolfo y Eloy, incompatibles entre sí, es suficiente para transformar una obra de literatura de honor en otra de literatura de culpabilidad. Don Quijote, el uno héroe y el otro antihéroe, son como los dos Edipos, el rey y el mendigo, o como los dos Zagreos, el niño que juega y la figura que aparece en el espejo. Pero en «Mito», como en la tragedia y no en la filosofía, se toma partido por el antihéroe. La realidad puede estar del lado de Rodolfo, pero el valor lo está del lado de Eloy; la figura del espejo prevalece sobre lo real. Lo mismo parecía desprenderse de las doctrinas de Manes viéndose en el Paráclito, ideal supremo de lo humano.

Un curioso cuadro de Barjola, «El espejo de Patricio», puede ilustrar, de manera gráfica, el cambio de valores a que estamos aludiendo: un espejo en ángulo retiene la imagen de Patricio, pese a que Patricio no se encuentra ya en la habitación donde está el espejo. El propio Barjola nos explica que el personaje se llama Patricio para que sugiera la idea histórica de la antigua Roma.

Es el ser del hombre reengendrado en la intemporalidad, el segundo Edipo autoengendrado en la matriz materna, que es su propio interior pasando de la condición de individuo a la de persona.

Pero la nota que más nos interesa destacar ahora respecto a las nuevas características que presenta el doble Quijote en «Mito» es la de la asimilación al mito de Orfeo, y a sus derivaciones trágicas.

«Mito» es una obra escrita expresamente para ser cantada; es el libreto de una ópera cuya música nunca llegó a componerse. Si el proyecto se hubiera cumplido, lo cantado hubiera sido el enfrentamiento entre los dos Quijotes, el uno fuerte y que atrae para destruir, el que transporta las partituras de manera que el canto se convierte en puro lucimiento, en suma, un mito de sirena que cautiva a los navegantes; el otro débil, que canta con autenticidad, que logra identificarse con su prójimo hasta el sacrificio de la propia vida, es el Orfeo que buscamos, capaz de recrear el ser de cada hombre como constitutivo del propio ser, capaz de recrearse en los otros.

«Mito» se nos convierte así en un síntoma de la cultura española, del que podemos deducir un diagnóstico sobre la esencia de nuestra ética y un pronóstico acerca de una posible salida de la tragedia, por vía ética, hacia la sociabilidad.

Capítulo XVII

Creatividad y destructividad
Crisis de la sociedad y crisis de la familia
El descenso a los infiernos en «Jueces en la noche»

Al asistir al espectáculo de una representación teatral no es fácil desprenderse de la impresión que pueden causarnos los hechos anecdóticos del argumento y, en general, de la trama que sirve de ropaje a los problemas, y penetrar en el verdadero conflicto humano que, si la obra es buena, subyace a niveles más profundos. En el caso de «Jueces en la noche» el peligro de esa permanencia en la superficie era mayor por tratarse de acontecimientos demasiado vivos en el público español de aquellos momentos, otoño de 1979, y, tal vez, porque la prensa anunció el drama como «la España de hoy vista por Buero Vallejo», poniendo, de esta manera, el acento en unos hechos políticos, unas izquierdas que tímidamente salen a la luz después de varias décadas de clandestinidad y unas derechas que pretenden continuar disfrutando de unos privilegios que ya se les han hecho habituales.

La crítica, no sabemos si con excepciones, no pasó de ahí. Se habló con frecuencia de maniqueísmo, tal vez por entender que una bondad real se concentraba en la persona de Fermín, el torturado hasta la muerte, mientras que la persona de Juan Luis Palacios encarnaba un mal puro.

El interés que suscitaba el ser de España, viviendo un proceso de transición de un estado de dictadura a un estado de democracia, justificaba una obra dramática en la que se abordase el conflicto de las distintas fuerzas encontradas y en pugna por prevalecer, al tiempo que justificaba también las reacciones de una crítica que no dejaba de verse implicada en el drama, como una fuerza más de entre las afectadas por el cambio.

Ahora bien, el interés que determina el desarrollo de nuestros comentarios difiere notablemente del que puedan alcanzar esos aspectos coyunturales del país y, por tanto, aun las consideraciones que hagamos sobre ellos se harán desde otros puntos de vista.

En principio Juan Luis y Fermín representan para nosotros una nueva pareja de incompatibles, héroe y antihéroe, que la creatividad de Buero Vallejo va a unir de un modo sutil. El doble papel de don Jorge nos brinda la primera clave: es, en la vida consciente, en el mundo diurno, como un «padre» de Juan Luis, mientras que en el nocturno, en los dominios del subconsciente, es padre de Fermín. En su noche, además, el propio Juan Luis se identifica con Fermín al sentirse ejerciendo como médico, carrera que Fermín cursaba cuando fue detenido. Por último, la asipración a una misma mujer, Julia, al igual que Layo y Edipo aspiraban a Yocasta, nos permite descubrir no sólo el sentido en que se identifican, sino también en el que difieren.

Empieza a vislumbrarse así, en «Jueces en la noche», el conflicto de un solo hombre, que se debate consigo mismo en busca de un principio autocreador que le conduzca al desarrollo de su ser ético. La dimensión maniquea de la obra, el bien y el mal como posibilidades radicales del hombre, se viste aquí con los símbolos del médico y el abogado. Se trata, claramente, de dos maneras de trascendencia del individuo a la persona. En efecto, ser médico y ser abogado coinciden en la necesidad de contar con los otros, de ser actitudes abiertas del hombre hacia el hombre, al tiempo que, al menos en la dimensión de los símbolos, se oponen en el sentido de la apertura: el médico intenta la salud de sus semejantes, mientras que el abogado quiere intervenir en sus conductas, juzgarlos y, en cierta medida, ejercer el dominio sobre ellos.

Las preferencias de Buero por el antihéroe se confirman y aun se aclaran; pero en modo alguno queda limitado a estos aspectos el valor de «Jueces en la noche».

Cuando Nietzsche tomaba partido en favor del héroe como modelo de actividad y de vida, en contra del santo e incluso del artista afectados, según él, de resentimiento, era coherente, no sólo con su veneración del pueblo griego y de su influjo en la cultura occidental, sino, además, con su propia trayectoria filosófica: el héroe encarna, como ninguna otra figura, esa voluntad de poder que, según Nietzsche, da sentido a la naturaleza en su conjunto y, sobre todo, al hombre.

Bastará suponerle a Buero igual coherencia para encontrarnos franqueando el camino de acceso, al menos, a las directrices básicas de la ética que buscamos.

Después de Nietzsche, la doctrina del afán de dominio experimentó un grave proceso de degradación, hasta el punto de convertirse en una burda ansia de poder del hombre sobre el hombre, antinatural y marcada, con toda claridad, por fuertes sentimientos de culpa; pero en su origen la teoría nietzscheana era algo muy distinto. La voluntad era la fuerza de cohesión que determina el ser uno de cada individuo, tanto en el ámbito de la pura naturaleza como en la esfera de lo humano. En cualquier caso, era la fuerza por la que cada uno podía imponer su realidad en el mundo y permanecer. La vida alcanzaba así el significado de una cumbre en la manifestación de esta energía creadora. Y todo ello dentro de la más pura inocencia: «Más allá del bien y del mal». Esa inocencia que Rousseau entendía como previa al estadio de civilización del hombre, situada ahora en un momento posterior de nuestra cultura de Occidente, como meta que debemos alcanzar en un inmediato futuro.

Quedaba, de esta manera, rechazada la moral, esa moral que hace del hombre un culpable, por conducir hacia una debilitación de la vida. Por otra parte, ese rechazo no se basaba únicamente en las consecuencias a que conducía. También los fundamentos en que se apoyaba eran, para Nietzsche, insostenibles. Como la metafísica, la moral se basa en la existencia de un mundo trascendente, un cosmos divino que da valor a un entramado de ilusiones sin sentido.

De ahí que la filosofía de Nietzsche necesite la previa muerte de Dios para su desarrollo. Dios o el fundamento trascendente de nuestro mundo real, Dios o el poder de condicionar nuestra conducta desde una trascendencia ajena a la vida, debe morir para que nuestro mundo sea el único mundo objetivo posible, para que la vida humana se encamine hacia el superhombre.

La filosofía tradicional de Occidente, la que en Hegel había alcanzado su máxima cumbre, se encontraba desde entonces abocada a dificultades que tenían todos los visos de insuperables. Empeñarse en proseguir a través de los mismos senderos conducía o a bizantinismos, o a la obligación de dar sentido de realidad a todo un mundo de irrealidades. La disyuntiva parecía clara: o se negaba la filosofía, como hicieron, sobre todo, las distintas formas de positivismo, o, si se pretendía continuar filosofando, era necesario subvertir los valores que habían servido de base al desarrollo de la cultura occidental. Este último camino fue el elegido, en particular por Kierkegäard oponiéndose a Hegel, por Marx invirtiendo su dialéctica y por Nietzsche llevando a cabo un verdadero trastrueque de valores. En todos los casos el punto conflictivo parecía ser el mismo: es insostenible la validez de una metafísica que se apoya, no en la realidad de nuestro mundo, sino en poderes y manifestaciones que lo trascienden, en un mundo del más allá.

En esas filosofías que surgen a partir de la descomposición del hegelianismo descubrimos, ciertamente, una firme tendencia a tomar al hombre como fundamento de sus lucubraciones, pero sigue siendo únicamente el hombre real, su vida o su conducta, el que les sirve de apoyo.

El sentido a que tiende la cultura española, en cambio, permite, según hemos venido insinuando tantas veces en nuestras páginas, vislumbrar una filosofía de signo distinto. Se trata de una filosofía que tiene también al hombre como base, mas no únicamente como ente real, sino, además, como ente capaz de crear el mundo del ser. De esta manera, la metafísica habrá de entenderse sostenida, no por algo que trasciende nuestro mundo, en el sentido de que se encuentra más allá de él, sino en una capacidad autocreadora cuya trascendencia no significa estar más allá del mundo, como si el mundo se interpusiese entre nosotros y la metafísica, sino más acá, de nuestro lado, en nuestro propio interior.

El cambio de sentido en la búsqueda de un punto que radicalice el discurrir filosófico basta para hacer comprensibles todas las fuerzas autoras de la historia y para hacer posibles nuevos progresos sobre ella.

La realidad de Dios en la trascendencia del mundo hacia el afuera se convierte en un problema de fe religiosa, ajeno a la filosofía; mientras que en el plano filosófico se hace necesaria la concepción de Dios como ideal, a la vez, de la autocreatividad interior de cada individuo y de la suma de autocreaciones que forman una cultura.

La preferencia que Buero manifiesta por el antihéroe conlleva la preferencia por ese mundo irreal, autocreado en cada hombre, carente de toda fuerza dominadora; y, congruentemente, por esa vía de comprensión entre los hombres que es la dimensión social de la persona humana.

Pero lo importante de «Jueces en la noche» en este aspecto no es tanto valorar lo humano frente al mundo, cuanto destacar la doble posibilidad de la persona, la del bien y la del mal, aquí en los símbolos del médico y del abogado.

Para Nietzsche la ética era rechazable por necesitar de la metafísica como base de sustentación y por pertenecer su esencia también al orden de la metafísica.

Para Buero, en cambio, dentro de las mismas coordenadas filosóficas, cambiado sólo el sentido de esa metafísica, la ética se convierte en un problema de primera categoría.

La debilidad en el individuo, esa debilidad que supone la falta de actitudes agresivas o de dominio, esa debilidad que simboliza el dios niño Zagreo, es necesaria como base para fundamentar la ética pero no es suficiente. Se precisa, además, la actitud de apertura a los otros.

Nos encontramos de nuevo ante la conquista de ese segundo grado del mundo irreal autocreado que, según veíamos, daba consistencia al ser de la ética; pero «Jueces en la noche» nos va a ayudar a comprender algunos condicionantes decisivos de esa autoconquista que se ofrece al hombre como tarea.

Advertimos que ni Fermín llega a ejercer la medicina ni tampoco Juan Luis ejerce la abogacía. En la intencionalidad de estos símbolos, por tanto, no se encuentra en primer lugar la acción, la conducta humana, ni siquiera en relación con los otros, sino un objetivo distinto, previo a todo acto: la nueva flecha de Apolo, dirigida a un afuera nuestro, que es interior de los otros, sólo puede alcanzar su meta si se convierte en un tejido de Atenea. La apertura del hombre hacia los otros carece de sentido en el cosmos de lo real, lo que obliga a cada uno a recrear en su propio interior el interior irreal de los otros para hacer posible cualquier valor de comunidad. Podemos, de esta manera, distinguir en la relación interhumana un primer momento que consiste en la interiorización de los otros, no como entes reales, sino como seres humanos. A este momento en que el hombre se autocrea creando a los otros debemos reservar la consideración de lo ético.

El ser de los otros así recreado puede contar, entre sus notas, con la cualidad de incrementante, es decir, puede tener la condición de estar mejorando; o puede, por el contrario, presentarse como decreciente en su esencia, como empeorando sus propias cualidades. Esta doble posibilidad coincide, en principio, con el bien y el mal en la dimensión ética. El hombre bueno se recrea creando a los otros en situación de hacerse mejores, mientras que el malo tiende a que los otros empeoren en su ser.

En un segundo momento de la relación interhumana surge la conducta, al modo de un hacer para con los otros o de un comunicarse con ellos. Es algo así como el fruto de la ética, pero que está muy lejos de ser la ética misma. «Por los frutos los conoceréis» es frase evangélica. Y como ya hemos visto tanto Ortega como López Aranguren recalcan que el bueno, el verdaderamente bueno, es el árbol que es capaz de producir esos frutos buenos a la manera de un resultado.

Unamuno, por su parte, plantea incluso una acción objetivamente buena, la crítica que Joaquín Monegro hace de un cuadro de Abel Sánchez, como fruto de una mala conciencia radicada en la envidia.

Para designar el valor de la relación interhumana en la dimensión de la conducta preferimos el término «moral» en consonancia con un uso del lenguaje que no parece del todo consciente.

El triunfo en la cultura griega de la concepción de lo real como valor máximo hizo que a lo largo de toda la historia de la filosofía, según venimos diciendo, se hiperdesarrollarse un sentido naturista de la inteligencia, en perjuicio del progreso de la dimensión verdaderamente humana del hombre. Era lo más fácil que ocurriese así, por lo que no culpamos de ello ni a los griegos ni a los filósofos posteriores. Es simplemente un hecho que debemos constatar si queremos entender la zozobra de la filosofía en la actualidad.

Jenofonte atribuye a Sócrates la hazaña de haber trasladado la filosofía de los astros a los hombres. Tanto la frase de Jenofonte como las características mismas de la filosofía socrática podrían hacernos creer que lo que había ocurrido entonces era el cambio de una filosofía cósmica en una filosofía humanista. Pero nada más lejos de la verdad.

Muchos siglos después, el «yo pienso» de Descartes se interpreta como un cambio de pensamiento que, hasta entonces, había sido cosmocéntrico y desde entonces se convertía en antropocéntrico; por tanto, la filosofía socrática no había logrado ese pretendido humanismo.

Tampoco parece lograrlo de veras Descartes, puesto que poco más de un siglo después, Kant pretende ser él quien da el «giro copernicano», por medio del cual se alcanza lo que se atribuía a Descartes.

Y a su vez, si hubiera sido cierta la autoatribución de Kant, no hubiera hecho falta ese humanismo que creen haber descubierto los existencialistas y tantos otros a través de la historia de la filosofía.

Nosotros nos atreveríamos a decir que todos esos momentos son atisbos de algo que todavía no ha salido a plena luz. Advertir que el hombre es consciente, pero limitar el ámbito de la conciencia a ser conciencia de algo, sea este algo el mundo o el propio sujeto, puede significar un paso gigantesco en la historia de la filosofía, pero en modo alguno puede llamársele una revolución filosófica. El pensamiento que resulta de un cambio de esa naturaleza sigue siendo cósmico, puesto que tiene al cosmos de lo real como modelo. Dentro de una conquista así, tan limitada, no tendría sentido la ignorancia que descubre Sócrates en sí mismo. Una conciencia que sólo tiene capacidad para recrear lo mundano es, con toda seguridad, una conciencia cosmocéntrica, y toda filosofía que parte de ella en sus lucubraciones es una filosofía de signo naturista.

En la inquietud socrática y, sobre todo, en la creatividad de los trágicos, sin embargo, late algo más. La mayéutica pretende alumbrar ideas de una condición tal que la conciencia del mundo no les afecta en nada; a ellas precisamente se refiere la ignorancia de Sócrates.

La tragedia, por su parte, puso de manifiesto el conflicto de un sentido fenoménico de la conciencia, inalterable igualmente por la conciencia de la realidad cósmica; eran los fenómenos que convertían al ser del hombre en bueno o en malo.

Platón, que estuvo cerca de resolver el problema fundamental al distinguir dos cosmos esencialmente diferentes, se apartó de toda vía de solución y apartó con él a un largo período de la historia filosófica, al atribuir al cosmos de las ideas mayor realidad incluso que al mundo de las apariencias, y al considerar el bien como la idea de las ideas o realidad de las realidades, algo así como la causa de lo real.

Estas desviaciones de lo que hubiera sido el correcto enfoque de los problemas filosóficos hacen que Aristóteles, al abordar el problema del bien y del mal, le busque un encuadre en su sistema de conocimiento del mundo por sus causas. El resultado de esta pretensión fue la «ética», término que utilizó en principio Aristóteles en forma de adjetivo, significando lo relativo a las costumbres. Con ello, lo ético y lo no ético habrían de referirse con exclusividad a la conducta humana, a unas determinadas acciones que tienden a repetirse y a mecanizarse, y que por eso son costumbres. Es decir, la ética quedaba sujeta a ser una parcela de la realidad cósmica. Poco después los estoicos pudieron, incluso, interpretar lo ético como lo ajustado a modelos de la naturaleza.

Lo que «Jueces en la noche» nos presenta en primer plano corresponde casi por completo a un segundo momento de las relaciones interhumanas, a lo que llamábamos moral, y que, en la historia de la filosofía, guarda estrecho paralelo con el enfoque dado por Aristóteles al problema de la ética. En efecto, si Fermín y Juan Luis no ejercían la medicina ni la abogacía sí se dedicaron ambos a la política.

No se trata, ciertamente, de una actuación pasajera, que ocupe un momento accidental en el desarrollo de la obra. Por el contrario, al menos en lo tocante a Juan Luis, figura que encarna el papel simbólico del hombre en conflicto, la acción política ocupa la mayor parte del tiempo de la escena, pero en modo alguno podemos decir que la política le dé sentido.

Las notas que caracterizan a Juan Luis como individuo coinciden con las que, en la doctrina del afán de dominio de Nietzsche, según la interpretación de la posteridad, determinaban el mejor desarrollo del hombre. Juan Luis ansía, hasta considerarlo el mayor móvil de su vida, ese poder sobre el hombre que pueden proporcionarle el dinero y los puestos decisivos en la política.

En la dimensión de la personalidad, sin embargo, Juan Luis Palacios ofrece rasgos muy diferentes, a veces opuestos a los de sus ansias de poder.

Cuando el nibelungo de «El oro del Rhin» descubrió, por la imprudencia de las ninfas, que para conseguir el poder era necesario renunciar al amor, no vaciló en tal renuncia. El nibelungo fue, pues, congruente con sus verdaderos deseos. El protagonista de «Jueces en la noche», en cambio, no tuvo el vigor que requería un empeño como el que parecía representar y no renunció, en ningún momento, al amor de Julia. Se trataba claramente de que en el fondo de su personalidad pugnaban otros intereses muy distintos.

Nos encontramos ante la figura de un héroe en cuya intimidad más honda se encuentra un antihéroe. Es muy significativo, al respecto, que el síntoma de paranoia de mayor claridad que se manifiesta en sus palabras se corte de manera rotunda por una intervención de sus jueces nocturnos:

«JUAN LUIS. — ... ¡Sólo hombres como yo podían sacar al país de su parálisis evitando otro gran dolor! ¿Es que no puede un hombre rectificar sinceramente? ¡Contestadme!

D. JORGE. — Sí.

J. LUIS. — Muchos lo han hecho, y sin su esfuerzo volverían a tronar los cañones. ¿Lo negáis?

CHELO. — No.

J. LUIS. — Entonces no tenéis derecho a castigarme.

VIOLÍN. — Nadie te va a castigar. Pero no creo que tú puedas ayudar a nuestra patria.

J. LUIS. — ¡Como muchos otros, lo haré mal que os pese!

CHELO. — Muchos o pocos, bienvenidos sean a la tarea. Usted no puede.

VIOLÍN. — Otros, acaso. Tú, no.

J. LUIS. — ¿Por qué?

VIOLÍN. — Tu pasado te lo impide.»

Dada la importancia fundamental de estas frases dentro de la obra, no hay duda de que han sido muy meditadas y calibradas por parte de su autor. A pesar de todo, es posible que en el trazado de las circunstancias haya actuado también con gran libertad el subconsciente.

Unos momentos antes, en el mismo sueño, Cristina dialoga con Juan Luis:

«JUAN LUIS. — Quédate, Cristina. ¿No quieres oír el Trío?
CRISTINA. — Ya lo han tocado.»

Cristina es médico, y ejerce una medicina dialógica, similar a la recomendada por el médico español Rof Carballo en sus libros. Es una medicina que recuerda por sus métodos al psicoanálisis, pero en la que el terapeuta tiene una función mucho más activa.

Cristina se adentra en la personalidad de sus pacientes con preguntas tan incisivas que sus intervenciones parecen operaciones quirúrgicas realizadas sobre las conciencias; al mismo tiempo, sugiere e indaga. En suma, Cristina hurga y remueve el mundo íntimo. Es como un ejercicio de la medicina que tuviera por base filosófica el tejido de Atenea. Su frase «Ya lo han tocado», referente al Trío, pone en un pretérito algo que todavía habría de ser en un futuro, al menos en la dimensión del subconsciente manejada en la obra.

La frase del Violinista: «Tu pasado te lo impide», queda así en un paralelo como algo que no corresponde con exactitud al plano de lo meramente temporal.

Juan Luis, de hecho, se ve afectado en una fibra muy sensible de su mundo interior. En ese «pasado» no puede estar comprendido sólo el tiempo, ya que ninguna acción del pretérito podría, por sí sola, impedir las justificaciones de un político afectado de paranoia.

Lo que verdaderamente impide a Juan Luis Palacios sentirse redentor es, a nuestro entender, su capacidad para identificarse con los otros, o más en concreto, su capacidad para identificarse con Fermín.

Pero en esta identificación se encuentra sólo media verdad. Fermín significa la parte buena de Juan Luis, una de sus posibilidades. El violinista, la sombra de Fermín, el médico de sí mismo que Juan Luis necesita y el otro médico, el que se encarna en un personaje femenino, Cristina, la que atiende a Julia, hablan de un pasado del que es preciso desprenderse y curarse y del que Juan Luis, en efecto, no se desprendió: no avisó a la policía.

Juan Luis Palacios lleva, pues, consigo otra personalidad con la que también se identifica. Esa personalidad está representada en la obra por Ginés Pardo, la verdadera mitad mala de Juan Luis. Ginés Pardo, en un pasado ya muy lejano, forjó la trampa en la que quedó embaucada Julia, su mitad femenina, y ahora, en el debate presente de Juan Luis, un intercambio de pistolas los identifica con toda claridad.

En este último doble sentido que afecta a la personalidad de Juan

Luis no se da, al menos a primera vista, una nueva oposición de contrarios, sino un nuevo aspecto de la misma que puede ayudarnos en nuestro empeño de comprender mejor el sentido de nuestra cultura.

Se ha hablado mucho del componente de estoicismo que interviene en la constitución de la cultura española desde Séneca hasta nuestros días. María Zambrano le dedica un estudio, «Pensamiento y poesía en la vida española», incluido en el volumen de «Obras Reunidas» publicado por la editorial Aguilar en 1971, en el que analiza algunos momentos en los que el factor estoico se hace notar con mayor claridad: las coplas de Jorge Manrique, la «Epístola moral a Fabio», los poemas de Antonio Machado; y un momento muy destacado de antiestoicismo, representado por la obra de Unamuno.

No cabe duda, en efecto, de que el planteamiento básico del estoicismo, según el cual «todo cambia en la naturaleza; pero el hombre debe permanecer inalterable e impasible ante tales cambios», lo que supone una postura de gran serenidad y de meditación ante el problema de la muerte, es una nota característica de nuestra cultura. La producción literaria lo atestigua con frecuencia, y también nuestro folklore, nuestras fiestas y nuestros ritos. Baste pensar, por ejemplo, en la actitud que debe mostrar un torero para que una corrida de toros resulte de buena calidad. Ser español, en este aspecto, quiere decir haber logrado un completo dominio sobre sí mismo ante la certidumbre de la propia muerte. Se comprende que el no querer morir de Unamuno pueda ser considerado como un contraste, o como un ejemplo de antiestoicismo.

Si entendemos esta oposición al modo de una dicotomía, del lado del estoicismo se encuentra la naturaleza para ser contemplada y el hombre, que reflexiona, tanto acerca de esa naturaleza como acerca de sí mismo. Ese hombre reflexivo sabe que la muerte es inevitable y trata de conformarse con lo que no tiene remedio alguno.

El tipo de hombre que se encuentra del lado del antiestoicismo, por el contrario, se caracteriza, no por una falta de meditación acerca de los mismos temas, sino porque de su meditación resulta una actitud de rebeldía, de inconformismo y de revolución, y todo ello incluso ante lo inevitable.

La personalidad de Juan Luis, identificada antes con Fermín por el no ejercer, e identificada ahora con la de Ginés por la acción mediante el simbólico intercambio de las armas, nos revela, por fin, su conflicto más hondo: aspirar a ser médico y ser terrorista.

Al símbolo benéfico del médico y al de dominio del abogado se añade ahora el símbolo del terrorista como destructor. El sentido originario de la ética se abre así en un panorama que comprende el bien puro, que construye; el mal puro, que destruye, y el hombre real, presa entre las dos fuerzas, intentando a la vez el dominio y la justicia.

Sólo entendido el problema de esta manera puede hablarse de maniqueísmo en la obra, y también sólo de esta manera «Jueces en la noche» es «la España de hoy vista por Buero Vallejo».

Aunque sólo la personalidad asumida como real, la representada directamente por Juan Luis, habla de un modo explícito de la salvación de España, es decir, aunque sea ésta la única que toma un papel redentorista, también las otras dos actúan en función de un quehacer redentor; incluso de la obra entera puede afirmarse una tarea salvífica o, al menos la búsqueda de una ética de salvación. No es discutible el tema en relación con Fermín, tanto por su elección de carrera, la medicina, como por su inquietud política. Pero, aun pareciendo más aventurada la idea con respecto a las actividades terroristas, y, sobre todo, en la cara de mal absoluto que nos ofrece Ginés Pardo, también el terrorismo se funda, en la dimensión más íntima de quien lo ejerce, en unas tendencias de pura paranoia. El terrorista destruye siempre «para salvar» a su patria o a su comarca de algo, para liberar al mundo de una idea que lo «corroe», de ahí que las actividades terroristas suelan darse en grupos de ideologías extremas, donde la visión parcializada del mundo coincide con problemáticas puras.

Desde esta perspectiva, pues, «Jueces en la noche» se nos muestra como una mirada al futuro y como una búsqueda de soluciones éticas a problemas que, en el presente, se ven cerrados.

Pero una interpretación de la obra desde tal perspectiva sólo puede tener la validez de un punto de apoyo para pasar pronto a una dimensión más honda de los conflictos planteados. En efecto, el juego cambiante de la temporalidad nos advierte que nos encontramos, también ahora, dentro de una figura simbólica, y que la verdadera significación que el autor quiere dar a sus personajes se encuentra, no en el tiempo trascendido, sino en una trascendencia total del ser del hombre consciente. Lo que Buero afronta en «Jueces en la noche», es una especie de superación del estoicismo y antiestoicismo propios de la cultura española, una trascendencia de los problemas a lo Antonio Machado y a lo Unamuno.

Con frecuencia, los autores de teatro juegan con el tiempo, de manera que a la escena acuden acontecimientos que todavía pertenecen al futuro, por ejemplo. El mismo Buero lo ha hecho también algunas veces. No es este el caso de «Jueces en la noche». Aquí no se trata de un trastrueque de momentos, sino de algo muy distinto. La celebración de esa fiesta de cumpleaños ni es ni habrá de ser nunca, y no sólo porque entonces ya Julia habrá muerto. La fiesta no se celebrará porque está fuera del tiempo. Por eso, cuando Julia entra, al fin, en su fiesta, con el lamento de haber envejecido mucho, Fermín puede consolarla diciendo: «Aquí no hay edad.»

La trascendencia de que hablábamos, según la cual se traspasaban los límites, no hacia un más allá, sino hacia un más acá, se extiende ahora del sentido del espacio al sentido del tiempo; mas no para quedarse en él, sino para utilizarlo a la manera de un nuevo símbolo.

La superación de la dicotomía estoicismo-antiestoicismo de la cultura española y con ella la superación del entender la ética a partir de la naturaleza como modelo necesita un regreso en el tiempo a momentos anteriores al estoicismo, a esas corrientes órficas en que el estoicismo se forja. Ese regreso debe abrirnos a nuestro futuro auténtico, ciertamente; pero en ese regresar es preciso advertir el signo de una trascendencia hacia el adentro irreal del hombre en busca de unas raíces propias del ser de la ética misma.

La fiesta de Julia es, con toda claridad, el mito del descenso a los infiernos. El cantor tracio, según la versión tardía de su hazaña, desciende al Hades en busca de Eurídice, que había muerto a consecuencia de la mordedura de una serpiente. Las coincidencias entre esta forma del mito griego y los últimos momentos de la obra de Buero son grandes: Julia muere también a consecuencia de un veneno y el doble bueno de Juan Luis, Fermín, la recibe en ese inframundo o supramundo donde podrán participar de la música y del canto.

No obstante, ni el mito clásico ni la escena creada por Buero Vallejo en su obra limitan su significado a ese aspecto negativo. No se trata de simples aventuras o de hechos aislados, ni mucho menos de acontecimientos anecdóticos.

En la mitología órfica intervenían, con capacidad creadora, Cronos, el tiempo; Fanes, la luz y la Noche. El inframundo a que Orfeo desciende, sin duda era un lugar donde la Noche ejercía su dominio. Allí la Noche creaba, probablemente, monstruos, los monstruos que simbolizaban o manifestaban la culpabilidad humana. Orfeo desciende cantando y tocando la lira, y los monstruos dulcifican su aspecto, aplacan su malicia y se rinden al poder humanizador del arte.

Juan Luis, por su parte, experimenta reiteradamente unos fenómenos que muy bien podemos denominar «descenso» a sus «noches». En ese inframundo propio, el personaje de Buero se encuentra con sus «jueces», clara proyección de sus culpas y de sus responsabilidades, paso necesario para adentrarse en su ética; pero no es esto lo único que allí ocurre.

En el Hades de Juan Luis habitan sus víctimas, al modo de espíritus vengadores hasta un determinado momento en que la escena cobra matices nuevos; es el momento de la entrada de Julia en ese inframundo. Nos damos cuenta entonces de que toda la creatividad de la obra estaba pendiente de ese último símbolo: Julia, la parte femenina de Juan Luis, al igual que la noche, figura del subconsciente, y representación al mismo tiempo del amor tenía allí su lugar reservado y su instrumento dispuesto, la viola, nueva figura de lo femenino, incluso por el género del sustantivo con que se designa. Antes de su llegada el violonchelista y el violinista estaban como «no ejerciendo»; sólo después de su incorporación al grupo, completado el trío, pueden actuar. Se trata de que sólo ahora se ha completado la personalidad de Juan Luis: su parte buena, la que le llevaba a identificarse con Fermín, el aspirante a médico, representada por el espíritu del propio Fermín convertido en violinista; su parte mala, la que le hacía identificarse con Ginés Pardo, el terrorista, transformado ya en símbolo; el violonchelista, espíritu de alguien que fue ejecutado por acusaciones de terrorismo, y su síntesis creadora, que es Julia.

Orfeo, mediante la música y el canto, obtenía el permiso para hacer salir a Eurídice del Hades. El descenso de Juan Luis a sus noches y la ejecución, al fin, de la Marcha del Trío Serenata como «¿La música de la esperanza en el futuro?... ¿El himno a la vida?» nos permiten interpretar el sentido último de «Jueces en la noche» en su conjunto.

Ya hemos visto páginas atrás cómo, en el plano diurno de la obra, ni Fermín ejercía la medicina ni Juan Luis la abogacía; podría añadirse que tampoco Ginés Pardo ejecuta por su propia mano el acto terrorista en que muere el general. Nos valía entonces el sentido negativo de los pasajes para sugerir la dimensión simbólica de la búsqueda de la ética, su hacerse desde la nada, y sus contrastes con la moral en el orden práctico.

Ahora, en el plano nocturno, en la dimensión verdaderamente creadora del hombre, el valor primero de los símbolos debe mantenerse. De esta manera, el no ejecutarse en determinados momentos el Trío Serenata debe recordarnos la génesis del ser ético de lo humano, y ese extraño momento en que la música suena sin ejecutantes, con la viola sobre la silla, nos habla también de la creatividad a partir de la nada.

Pero algo muy importante se añade en la solución de lo creado esta segunda vez, en la ejecución práctica que sigue en el plano nocturno de la obra: lo ejecutado es música, un himno a la vida, una canción de esperanza en el futuro. No nos encontramos, por tanto, ante una nueva salida de la ética a la moral, sino ante algo muy distinto.

Al igual que la reflexión del hombre sobre sí mismo daba lugar, en el campo de lo real, al saber psicológico, y en el dominio de la irrealidad, a la creatividad estética manifestada en el arte, el adentrarse en las raíces de la capacidad volitiva propia y descubrir los fundamentos de la ética no se resuelve sólo en una conducta moral, válida en la parte mundada del hombre, sino que, además, enriquece la dimensión autocreadora de lo humano con el aporte de un nuevo elemento no bien definido todavía. Podríamos llamar a este nuevo logro, en su sentido positivo, la sociabilidad o, tal vez, la amistad.

Los artistas suelen tomar la música como símbolo de este nuevo estadio del desarrollo autocreador del hombre.

Si del tríptico de El Bosco «El jardín de las delicias» hiciéramos una doble lectura, de izquierda a derecha y de derecha a izquierda, y las consideráramos equivalentes, iríamos de la creación paradisíaca a la vida y de la vida al infierno musical, en el primer sentido, y del infierno musical a la vida y de ésta a la creatividad paradisíaca, en el segundo movimiento, para concluir que un acto creador comienza y termina en el paraíso tanto como empieza y termina en el infierno musical. En el inframundo de El Bosco, como en el de Buero, late una humanidad nueva; y en ambos casos, la lectura de derecha a izquierda es la más optimista y la más prometedora para el género humano y para España en particular: «un himno a la vida, un canto de esperanza en el futuro».

Cirici Pellicer, en un artículo titulado «El universo mítico de Picasso», que publica «El Correo de la Unesco» en el número correspondiente a diciembre de 1980, afirma reiteradamente la condición maniquea que caracteriza a la pintura picassiana. Basa este crítico sus comentarios en la frecuencia con que, en las pinturas de Picasso, el bien y el mal quedan separados y ocupando espacios distintos. La observación nos parece válida, pero insuficiente, por cuanto el maniqueísmo picassiano es mucho más profundo y radical.

Picasso denuncia la perversidad humana, capaz de crear la guerra y conducirse con violencia contra víctimas inocentes. Sabe también, en contraste con esta denuncia, proclamar «La alegría de vivir». En el medio queda la paz, simbolizada por la paloma, tantas veces representada por nuestro pintor; es una paz de equilibrio, de inactividad; es algo que equivale al no ejercer que encontrábamos en la obra de Buero. «La alegría de vivir» —«La joie de vivre»— tiene otro signo. Para hablar de paz en ese caso es necesario aclarar que se trata de una paz activa. El símbolo entonces no es la paloma, sino la música y la danza, y su alcance penetra hasta la creatividad del bien.

Picasso es, pues, maniqueo, no porque pinte lo bueno y lo malo separados, sino porque entiende que el bien y el mal son dos principios originarios del ser ético del hombre.

No es un azar ni un convencionalismo el hecho de que la música sea utilizada como símbolo de esa creatividad buena de lo humano. El fenómeno obedece, sin duda, a las características propias de la música misma. El sonido, uno de sus dos elementos fundamentales, que consiste en establecer un orden, la regularidad en las vibraciones sonoras, se presenta en el caso de su unidad operativa, la nota aislada, con la apariencia de una individualidad simple; pero esa apariencia no corresponde, en absoluto, a la verdadera realidad de un sonido musical. Cada nota, dada en un tono determinado, va acompañada siempre de los armónicos, vibraciones imperceptibles a simple oído que modifican, en su esencia, la manera de presentarse el sonido primero a la persona que escucha. Las vibraciones de esos armónicos corresponden a otras notas que, de haber sonado con la misma intensidad, producirían acordes musicales.

La nota simple, pues, encierra ya en sí los elementos que han de entrar en la composición armónica de un coro o de una orquesta. De ahí la aptitud primera de la música para simbolizar el desarrollo de lo humano: también el individuo, convertido en persona, contiene en sí los elementos básicos para fundamentar la sociabilidad, para armonizarse con los otros.

La danza, por su parte, tiene la facultad de presentar aislado el segundo momento en que se basa la música como arte, el ritmo.

El hecho de que Picasso incluya la danza en su cuadro «La alegría de vivir» puede obedecer a la necesidad de hacer más explícita plásticamente la condición musical de la escena representada; pero el valor de la danza misma enriquece notablemente el mundo irreal de autocreación humana y, por tanto, como elemento en el cuadro de Picasso, se hace significativa en alto grado.

Ya desde Homero tenemos noticias de un extraño mito de origen egipcio, el de Proteo, que posee la facultad de metamorfosearse en cualquier especie de animal. Tan pronto se nos muestra como león rugiente, tan pronto como un águila. Luciano de Samosata en el «Diálogo de la danza» interpreta estos poderes proteicos como el fruto del arte de danzar. Proteo viene a ser, para Luciano, algo así como el mito de la pantomima, o la divinidad que hace arte consigo misma; es la capacidad de imitar convertida en un semidiós.

Poseía también Proteo el don de profetizar; pero sólo entregaba sus secretos a quien lograba apresarlo, es decir, a quien conseguía detener su ritmo de danza.

Reinterpretado en el lenguaje de la utocreación humana, el mito de Proteo nos habla de la prodigiosa transformación que espera al hombre que sea capaz de convertir el ritmo del tiempo en un canto de esperanza en el futuro, en un himno a la vida.

El descenso de Orfeo a los infiernos y la réplica de este mito en el último descenso de Juan Luis a su inframundo tienen ahora, a nuestro entender, un significado más visible: si en las profundidades de la personalidad se instala el amor, la culpabilidad cambia de signo y, mediante la música como símbolo, el hombre empieza a vibrar con los otros hombres, armoniza con ellos y se transforma en el amigo.

Los órficos primero y los estoicos después tuvieron la mayor de sus preocupaciones en cambiar la mentalidad humana, de tribal y familiar en universal; pero, al no entender sus propios símbolos, derivaron hacia el mundo de lo real, hacia lo político, hacia el afuera, unos movimientos que sólo tenían sentido en la dimensión de la autocreatividad, en el mundo interior de cada uno. Una proclama de amor universal busca la sociabilidad humana; no parte de ella. El punto de partida se encuentra en el descenso al propio abismo y en el establecimiento del amor en las profundidades de la propia persona.

Los cínicos inventaron un término para designar al habitante de esa universalidad que se estaba produciendo en el mundo antiguo: «cosmopolita», ciudadano del mundo. Es un nuevo síntoma, que nos confirma la inquietud profunda que vivía la época; la fuerza de una metamorfosis violentaba las conciencias; pero la atracción de la realidad cósmica era todavía superior a la que mostraban esos gérmenes de una nueva etapa en el desarrollo evolutivo de lo humano.

El cristianismo quizá lo haya expresado con todo rigor. En esa forma: «habéis oído...; pero yo os digo...» se hace explícito el cambio de una mentalidad tribal, de una conciencia de nación frente a las naciones, en una mentalidad radicalmente distinta, en una conciencia de amor que se extiende hasta los confines de la Tierra.

La postura maniquea respecto a los mismos problemas supone, a nuestro entender, un aporte valioso: El maniqueísmo trae una proclama de iglesia universal, sometida a prácticas ascéticas rigurosas, ciertamente; pero con la salvedad de un placer, no sólo permitido, sino recomendado como el mejor medio de purificación del hombre, el placer musical.

El deleite producido por la música y el canto tiene para los maniqueos el sentido de una elevación del espíritu, de una vibración en la que el alma se ordena y mueve hacia lo divino. El propio Manes sabía componer himnos para ser cantados y la música con que debían ser entonados.

San Agustín, el gran heredero del sentir maniqueo, entendía que «El que canta y reza, dos veces reza», doblando así el valor de la oración por el hecho de ser entonada.

Podría decirse, atendiendo al espíritu que mueve a la antigüedad, que el sentido de lo universal se manifiesta con gran vigor; que en algunas escuelas deriva hacia concepciones políticas en las que la universalidad se asimila a lo cósmico; que en el cristianismo primitivo la idea se espiritualiza y que los maniqueos, presintiendo que se trata de una metamorfosis más profunda, se expresan utilizando un símbolo, la música, para indicar el alcance de los cambios que esperan.

En los tiempos modernos reaparece el problema con intensidad redoblada, a la vez que los obstáculos redoblan también su fuerza de oposición al desarrollo de esa nueva etapa evolutiva del ser del hombre.

Los descubrimientos geográficos, la ciencia y las artes se expresaban a partir del supuesto de una humanidad única, que en su conjunto abarcaba el «género humano»; pero también en el mundo político surgían las nacionalidades, como clanes, dominadas por un poder endógeno plasmado en un concepto depurado, «la patria», símbolo evidente de la rivalidad y la enemistad entre los pueblos. En nombre de la patria se toman las armas para luchar contra otros hombres que tienen otras patrias.

La familia es quizás el núcleo social en que se mantienen con más arraigo las características propias de la tribu primitiva. El pequeño grupo se cierra sobre sí mismo, constituyendo una unidad económica contra otras sociedades económicas similares, una unidad de afecto en el mismo sentido y una autoridad de padres sobre hijos como sobre cosas. Es cierto que la familia está en crisis, y estamos seguros de que las energías que mueven el cambio son las de una ética universalista; pero falta todavía una conciencia clara del buen camino hacia el progreso verdadero, y las manifestaciones que se observan tienden a una promiscuidad de sexos y a una sustitución de la autoridad paterna por una autoridad estatal, es decir, el cambio se produce, en principio, en un sentido puramente cósmico en vez de conducirse hacia lo humano.

Por último, en el orden del pensamiento, las tensiones parecen ser las de mayor fuerza de todas.

La filosofía en sí y los aspectos filosóficos de la psicología y la sociología mantienen, en sus capas profundas, una gran lucha por esclarecer cuál de los dos principios, el del individuo y el del grupo, debe prevalecer sobre el otro.

El debate, sin embargo, no ha conseguido traspasar los límites de lo real, de manera que lucubraciones como las de Hegel, en las que se maneja lo absoluto y en las que se descubre la historia se explican desde un todo cósmico y realista. Marx invierte algo del sistema hegeliano, pero es su dialéctica; no el sentido radical del ser del hombre. Pese a todo, Marx estuvo muy cerca de dar al pensamiento de Occidente el mayor giro que recuerda la historia. Su regreso a Epicuro para replantearse desde él el quehacer de la filosofía llevaba la intuición de que era en ese filósofo griego donde se encontraba el germen de lo verdaderamente revolucionario, el concepto de amistad; pero, al igual que Epicuro, Marx derivó su investigación hacia los átomos.

Otro vislumbre de salida del conflicto lo encontramos en la psicología de Jung, en particular en su descubrimiento del arquetipo; sólo que el descubridor vio en ello un fenómeno más de la realidad y no un síntoma de algo que trascendía el ámbito de lo real.

Por camino distinto de cuantos acabamos de ver se condujo el pensamiento de Nietzsche. El lenguaje puramente lógico y el discurrir ajustado a términos puramente mentales no le bastaban para expresar sus conceptos nuevos y ha de utilizar, como los maniqueos, el símbolo de la música para iluminar el sentido de sus mensajes.

Pero tampoco el gran poeta de la filosofía logra, en nuestra opinión, la fórmula positiva que buscamos.

Nietzsche, el más maniqueo de los filósofos, el que supo ver con la mayor claridad la capacidad a un tiempo creadora y destructora del hombre, «No olvides que el peor enemigo eres tú mismo: tú mismo te acechas en las cavernas y en el bosque», dedicó todo su esfuerzo a destruir el edificio inservible de la metafísica occidental y junto con ella destruyó también sus propios caminos posibles. No sólo destruyó la irrealidad que está más allá del mundo; destruyó igualmente la irrealidad que está más acá, del lado del hombre.

Esperamos de la cultura española una solución adecuada del conflicto por caminos similares a los de Nietzsche, pero de signo contrario. Esperamos una creatividad humana positiva; no encauzada por la voluntad de poderío hacia el cosmos, sino por vías de reflexión hacia un mundo irreal autocreado.

El último descenso de Juan Luis a su inframundo y la llegada de Julia cobran ahora un significado más visible. Allí «no hay edad», allí, por tanto, se empieza algo nuevo, algo que se expresa con el lenguaje del símbolo: «la música es tuya»; la música es del amor y de la amistad; se canta a la vida y a la esperanza, lo que nos hace decir que: «Jueces en la noche» es la España del futuro, presentida por Buero Vallejo.

Capítulo XVIII

Filosofía del honor y filosofía de la culpabilidad
La filosofía de la voluntad desde la perspectiva
del esquematismo kantiano
Jano, Pan y Proteo, mitos de un nuevo sentido
de revolución en «Llegada de los dioses»

Ya hemos visto cómo los dos momentos que, según Dodds, caracterizan la creación literaria entre los griegos, el del honor y el de la culpabilidad se repiten en la historia de la literatura española y, cómo, probablemente, sea una tendencia general en la evolución de la creatividad literaria de todos los pueblos que alcanzaron un nivel cultural adecuado; el desarrollo de la capacidad humana en sí requiere un movimiento en ese sentido.

La salida de la Edad Media europea y la entrada en lo que se llamó «El Renacimiento» supuso el origen de una constelación de culturas en cuyos procesos de desarrollo, casi simultáneos, no es difícil descubrir tendencias en la creatividad, extensivas a todos los ámbitos de la producción artística, señaladas claramente por los signos de este fenómeno a que nos estamos refiriendo.

Pero estas culturas nuevas, y en especial la cultura del Rhin, no se mueven impulsadas tan sólo por las fuerzas creadoras del arte; junto a la creatividad artística se encuentra, al menos, la potencia del concebir consciente; junto al sentir está el pensar; junto al arte, la filosofía.

Esa inquietud del pensamiento moderno, según hemos visto, suele consistir en replanteamientos de temas que la cultura griega ya había iniciado, pero que no llegó a desarrollar de un modo satisfactorio. Son, diríamos, los temas de la época helenística, retomados una y otra vez en regresos cada vez a momentos anteriores.

En este sentido, nos parecía que la primera decadencia que amenaza a la cultura de Occidente se refiere a esa dimensión heredada de los griegos, y que convierte a los tiempos modernos en un apéndice de la antigüedad.

Ahora bien, el objeto sobre el que versa la filosofía moderna no es el único problema que incide en la constitución del ser de lo filosófico que entonces se manifestaba. La filosofía que se descubre en la cultura del Rhin tiene también un subsuelo antropológico que, al igual que en el caso de la literatura, va a dar como resultado una manera propia del pensar, con diferencias para cada época, en paralelo con el mismo fenómeno observado en la creatividad literaria. La filosofía, en efecto, tiene también su período de predominio del honor y su período en el que predomina la culpabilidad.

En el primero de estos momentos la razón se impone como el valor radical en que debe apoyarse el filosofar mismo. Podría considerarse a Inmanuel Kant como la figura más representativa, quizá incluso como un modelo acabado de esta mitad inicial de la filosofía europea. La razón se contempla entonces a sí misma, pensando y conociendo, y contempla también las manifestaciones de la voluntad, queriendo y no queriendo. Se trata, pues, de una razón que se nos muestra con los rasgos característicos del héroe. Es una razón que se esfuerza pero que no se duele. La misión de la crítica en tales circunstancias consiste en evitar la infiltración de dogmatismos, en evitar prejuicios y en procurar, por tanto, que la razón se convierta en un juez inapelable en materia de filosofía.

La razón y la crítica vinieron a ser algo así como las dos condicionantes básicas de todo quehacer filosófico. Con Hegel puede entenderse que el proceso ha alcanzado el máximo de su desarrollo; no obstante, a través de sus epígonos esa manera de criterio se extiende hasta nuestros días.

El segundo signo propio de la cultura del Rhin, el que guarda mayor similitud con el sentido de la culpabilidad, aparece en el momento en que deja de ser la razón el punto de partida del filosofar y toma su puesto la voluntad. Schopenhauer y Wagner inician el movimiento, pero es Nietzsche quien hace de esa actitud una filosofía nueva.

Ciertamente ya Kant había filosofado acerca de la voluntad; le había dedicado uno de sus libros fundamentales: la «Crítica de la razón práctica»; pero en el enfoque kantiano la voluntad es contemplada desde la razón; el querer, lo bueno y lo malo, en suma, lo ético, era un tema más, objeto de análisis por parte del conocimiento.

Nietzsche, en cambio, invierte el sentido de la crítica. En la raíz más profunda del ser hombre se encuentra «la voluntad de poder», dotada, si es auténtica, de fuerzas activas. El pensamiento es sólo el fruto de fuerzas reactivas, que se oponen al poder originario de la voluntad. La crítica nietzscheana, por tanto, trata de buscar el sentido primero del hombre en el querer, y no en el conocer. La pregunta básica será, pues, algo así como: «¿Qué quiere el que...?», aplicada a cada caso en particular. ¿Qué quiere, por ejemplo, el que busca la verdad?

Este giro en el planteamiento de lo filosófico mismo conlleva una nueva manera de filosofar. Ya no se trata de admirarse contemplando; se trata de sentirse comprometido, de perturbarse y sufrir con la tarea que ser hombre nos impone. En suma, nos encontramos ante la filosofía trágica y, en consecuencia, ante el problema de la culpabilidad, vivido a niveles de conflicto filosófico.

Nietzsche tuvo la conciencia clara de que estaba pensando cosas que nunca habían sido pensadas hasta entonces, que estaba incluso descubriendo una nueva manera de pensar. Nos parece, sin embargo, que no alcanzó a ver que de su actitud filosófica podían seguirse unos rumbos para la creatividad distintos de los que él había imaginado, incluso contrarios a los que figuraban en sus propias premisas. Nos estamos refiriendo a las posibilidades del pensamiento nietzscheano dentro del campo de lo irreal.

La cultura del Rhin en su conjunto mantuvo siempre, a modo de axioma, la idea, tal vez nunca expresada así, de que «sólo el cosmos de lo real es; lo no real no es y, por tanto, debe ser desechado». Nietzsche, el gran revolucionario, el rebelde ante tantas cosas, en este aspecto se mantuvo dentro de la tradición e incluso fue más riguroso que sus predecesores. De manera explícita, se opuso a la dialéctica hegeliana, porque en ella figuraba el no-ser como una de las etapas de la constitución del ser. Frente a esto, Nietzsche entiende que no se da nunca lo negativo, sino lo diferente. Con ello descubre la pluralidad de principios como base de su filosofía, al modo como, en capítulos anteriores, apuntábamos, se insinuaba en la cultura persa.

Pero, a nuestro entender, el aporte filosófico que supone la revolución nietzscheana no se limita a su pensamiento explícito, a las doctrinas concretas que contienen sus obras, sino, además, a las posibilidades que pueden derivarse de sus premisas, siguiendo rumbos distintos a los suyos.

Tomada la voluntad, al menos transitoriamente, como verdadero punto de origen del ser hombre; tomado el poder que se manifiesta en esa voluntad como una fuerza activa de carácter primordial, sin duda la razón, por una parte, y la moralidad, por otra, obedecen a fuerzas reactivas, que actúan en sentido contrario a las primeras; pero nada nos obliga a tomar esas fuerzas reactivas como malas, como la perversión de la naturaleza humana. Oponerse a las fuerzas activas, comunes al cosmos y al hombre, es la primera condición indispensable para iniciar el camino de salida del mundo de lo real puro.

Al leer el primer libro de Nietzsche, «El origen de la tragedia», se concibe la esperanza de una apertura al mundo de la irrealidad autocreada por el hombre. La creatividad artística tiene allí, en efecto, un valor encomiable, dentro de unas tendencias que se aproximan mucho a un fuera del cosmos; pero en obras posteriores, en lógica congruencia con su línea de pensamiento, también los frutos del arte quedan degradados.

Si nos tomamos ahora la osadía de replantear los problemas nietzscheanos desde sus puntos de partida, pero con una perspectiva diferente, de acuerdo, no con lo que fue, sino con lo que pudo haber sido, aparece completo ante nuestra mirada un panorama de la filosofía de la autocreatividad humana.

Lo real tiene como propiedad básica el ser ente, el estar siendo, es decir, el estar dotado de fuerzas activas. No es excepción de esta regla la realidad humana. El hombre en cuanto real pertenece al mundo de lo activo, es un ente.

Pero el esfuerzo de Nietzsche por entender al hombre limitado a ese su ser ente, a no ser otra cosa más que realidad activa, aparte de ser una pretensión insostenible, no conduce al desarrollo positivo de lo humano, sino a un retroceso empobrecedor: es bueno para el hombre reaccionar ante su propia realidad y crear un fuera del cosmos en el interior de sí mismo.

De todas las maneras de reaccionar, la más clara, ya lo advierte el propio Nietzsche, es la memoria. Recordar es hacer que permanezca lo que ya no está siendo; es dar, por primera vez, ser al ente. En este caso, es necesario destacarlo, el pasado, ese tiempo en el que ya nada fluye, vuelve a nosotros en virtud de un acto por esencia consciente. La razón es, por tanto, un producto suyo.

Al final de este proceso reactivo se encuentra el conocer, no como una mera réplica de la realidad, ni tampoco al modo de un saber científico, sino como una capacidad creadora del ser del ente llamado hombre.

El fluir de las fuerzas activas puede verse obstaculizado también por fuerzas reactivas procedentes de la voluntad.

Se trata, en este caso, de dos fuerzas idénticas por su naturaleza, fuerzas de carácter volitivo, que se oponen entre sí, que reaccionan, unas, ante la actividad de las otras.

En principio todo está claro en la teoría nietzscheana: los puntos de partida de estas fuerzas son diferentes y de ahí no sólo que se opongan, sino que además den origen a dos concepciones diferentes de la moral: la moral del señor y la moral del esclavo. Nos parece incuestionable la necesidad de que se produzca, en un determinado momento, una reacción del hombre ante las fuerzas puramente cósmicas que lo conducen, dentro de su condición primera de ente, para que empiece a darse eso que llamamos moral, para que el acto volitivo comience a ser.

Pero que Nietzsche asimile las fuerzas activas del estado de naturaleza a la moral del señor tiene, para nosotros, no sólo visos de ser una concepción errónea de la «genealogía de la moral», sino, sobre todo, de obedecer a una inversión en el sentido del proceso.

Es necesario que contra las fuerzas activas actúen fuerzas reactivas para que empiece a haber moral. Es este un primer movimiento en el que se aísla lo voluntario como un producto de irrealidad; se trata de un equivalente de la memoria, mas no en el sentido del pasado, sino en el del futuro.

La conducta del hombre en su conjunto tenderá así hacia una meta, hacia un modelo en el que confluyen todos los fines morales que el ser humano puede proponerse. Son los dioses de los profetas. El hombre, que se había liberado de su pertenencia a la naturaleza al conseguir aislar el acto volitivo en forma de ser, se encuentra ahora esclavo de esos modelos que se le imponen desde el futuro. Nos encontramos ante una moral en el sentido originario de la palabra, ante una costumbre que se nos impone como ley. Contra esta ley y contra los modelos de conducta que arrastran al hombre hacia unas metas predeterminadas debe reaccionar el «señor». Ahora bien, esa reacción no debe llevarlo, en modo alguno, a una vuelta al estado de naturaleza, al dominio simple de las fuerzas activas, sino a un nuevo estadio de autoliberación en el que se sienta alejado a la vez de su condición de ente y de su estar dominado por los modelos externos creados por la ley de la costumbre.

No es esto, sin embargo, todo lo ocurrido en el desarrollo del proceso. El hombre que acaba de liberarse de la servidumbre de la naturaleza no se ha hecho esclavo de los modelos de conducta por haberlos creado y haberlos proyectado en el futuro, sino por algo muy diferente e incluso opuesto a ese proyecto. Se trata de que en el ser de lo voluntario se ha infiltrado la memoria; el hombre, en vez de ser atraído por un futuro incrementante, se ha hecho presa del pretérito; la mirada hacia atrás ha convertido en estatuas de sal a los dioses de los profetas.

El fin de lo volitivo no puede encontrarse en ser recordado ni en ser conocido. Lo volitivo busca tan sólo poder querer libremente, busca ser libre. Pues bien, el camino para alcanzar tales metas no puede ser otro más que la adopción de la moral del señor.

El resentimiento y la mala conciencia impiden al hombre caminar ligero. Son, en efecto, el mayor lastre que podemos recibir del pasado. Al señor, en primer lugar, le son ajenas estas cualidades.

Los dioses tienen siempre el riesgo de fijar los modelos, propenden siempre a delimitar su figura, de manera que les haga fáciles al recuerdo. El señor debe, por tanto, prescindir de ellos.

Sale ahora a nuestro encuentro la pregunta por el señor. ¿Quién es ese hombre que ante la denominación de señor se siente aludido? ¿Qué cualidades determinan su auténtica condición de señor?

La posesión de la libertad como cualidad distintiva y las frecuentes alusiones de Sartre a Nietzsche nos hacen pensar que el tipo del señor tuvo gran influencia sobre el autor de «El ser y la nada» en el momento de hablar de la libertad radical del hombre. Ahora bien, según hemos aclarado en el capítulo XVI al referirnos a este tema, la libertad es, precisamente, un concepto negativo, de manera que la doctrina nietzscheana sólo se hace viable si se invierte el sentido de sus fundamentos.

Ser señor, por tanto, no consiste en disponer de las fuerzas activas de la naturaleza sin mezcla de fuerzas reactivas, sino en otra cosa muy distinta. El señor debe negar el estadio alcanzado por el rebelde ante la naturaleza, debe negar su dependencia de los modelos fijados por la ley de las costumbres y hacerse a sí mismo. Se ha hecho ligero porque se ha desprendido de su pasado; pero eso es sólo una negación más. Se ha desprendido de su ser pétreo y ya, con sus pies ligeros, puede danzar; pero, ¿cuál es su danza?

Hemos visto también en el capítulo XVI cómo la creatividad precede a la libertad en las condiciones radicales del ser hombre: el hombre debe autocrearse para llegar a ser libre.

El señor, desprendido del lastre de su memoria, su pasado hecho piedra, danza con los pies ligeros, danza como danzaban las figuras de «La alegría de vivir» de Picasso, simbolizando, pese al principio de Nietzsche, la creatividad del bien.

El señor se autocrea, pues, en la dimensión de lo volitivo; se autocrea para el querer. Por tanto, su acto creador mira al futuro; es decir, crea su propio destino, crea su ser trágico.

Hemos completado así el sentido de uno de los aspectos más fecundos de la filosofía de Nietzsche. Al apoyarse en la voluntad como principio y no en el conocimiento, el pensamiento nietzscheano mira al porvenir como única salida. La voluntad no es atraída nunca por el pasado, ni siquiera por el presente si no es para conservarlo. Se quiere sólo lo que ha de servirnos en el futuro, próximo o lejano.

La memoria y la voluntad, el pasado y el futuro, extendidos ante el pensamiento de Nietzsche como un panorama infinito de doble signo, dan lugar a otro de los grandes núcleos de su filosofía: «El eterno retorno».

La creatividad poética juega con dos sendas ilimitadas en las que la mirada humana se pierde en la lejanía, donde lo mismo vuelve siempre diferente, donde todo retorna al ser.

No advierte, sin embargo, el poeta que ese retorno del ser no pertenece al cosmos de la realidad, sino al mundo de lo irreal autocreado por el hombre. El pasado y el futuro, en su dimensión infinita, pueden volver si el hombre los llama; pero no vuelven a fluir como entes; vuelven sólo al modo de representaciones irreales, pero válidas; no vuelve su entidad sino su ser.

Por otra parte, la memoria y la voluntad, aun confluyendo ambas en el ente llamado hombre, no bastan por sí solas para dar como resultado el ser humano propiamente dicho. Pasado y futuro son dos irrealidades que no pueden yuxtaponerse sin un presente que las una; y no puede tampoco unirlas un presente real.

El paso de una filosofía de la razón a una filosofía de la voluntad no supone, por tanto, el logro de un medio para adentrarse en el ser humano hasta alcanzar su origen, ni mucho menos. La pregunta: ¿qué quiere el que...? no es, en consecuencia, la más radical de la filosofía. Es sólo la pregunta que tiene como respuesta la filosofía trágica.

Para alcanzar, en las raíces de lo humano, el punto a partir del cual cobren sentido todas las manifestaciones siguientes, es necesario preguntarse por algo que sea capaz de unir el ente hombre con el ser hombre, es necesario preguntarse por algo que haga posible, en el presente, el paso de lo real a la irrealidad. Este algo, nos parece, sólo puede ser el gusto. La pregunta radical será, pues, ¿qué siente aquel a quien algo le gusta? y su complementaria ¿qué siente aquel a quien algo no le gusta?

La respuesta podrá formularse de muchas maneras, pero en cualquier caso el resultado será siempre el mismo: el descubrimiento del arte.

Habla Kant, aludiendo a este proceso, de un estado contemplativo. El término nos parece muy acertado, pero no así las interpretaciones que, con frecuencia, se han dado de él.

El prefijo, con-, que lleva el vocablo, nos indica la idea de una simultaneidad, de algo que se está dando, a la vez, en dos planos diferentes. Respecto a la segunda mitad, el componente -templo o -templar nos sugiere ese fenómeno que se experimenta al entrar en un templo, como la presencia de lo sagrado afectando a nuestra sensibilidad; es como la entrada en otro mundo, que, a un mismo tiempo, llama y prohíbe. Por otra parte, cuando se templa una guitarra, se lleva a cabo un acto por el que el instrumento adquiere la capacidad de emitir unos sonidos determinados, se pone a tono.

En lo contemplativo, pues, se pone el hombre a tono frente al mundo para sentirlo de una manera nueva, para sentir otro mundo, que ya no es el mundo de lo real, pero que se corresponde con él; se trata de un mundo creado como en un espejo, sintiéndolo mundo del espejo.

Algunos pensadores, como Goethe o Groddeck, han creído ver al artista y en particular al poeta, como sumergiéndose en el todo. Ese mundo desdoblado, que el artista ve, les pareció ser el preámbulo de una unión. A nosotros, en cambio, nos parece el inicio de un distanciamiento que va a dar sentido al verdadero ser hombre. El poeta, y en general todo artista, contempla porque percibe, a un mismo tiempo, el cosmos de que está saliendo y el mundo irreal que está creando en su propio interior.

De esta manera, lo que se siente en el gustar supone un desdoblamiento del mundo, que hace posible retener el pasado y conocerlo y prevenir el futuro y quererlo.

En este sentido es en el que cabe interpretar la «Crítica del Juicio» de Kant como un puente tendido entre la «Crítica de la Razón Pura» y la «Crítica de la Razón Práctica». Es decir, el gusto como el nexo que une la razón con la voluntad, el pasado con el futuro.

Contemplar y gustar, recordar y conocer, proyectar y querer son las tres dimensiones del hombre autocreado, del hombre capaz de habitar en el mundo irreal de los valores; pero no son en absoluto, no pueden ser cualidades de lo real. Lo propio del hombre real es vivir, estar viviendo el presente de un tiempo que fluye.

Nietzsche vio con claridad que no existe otra cosa para el hombre más que su vivir y, en consecuencia, empeñó todo su talento en buscar un encuadre de todo lo humano, o, al menos, de todo lo valioso, en el fluir de la vida. Así, primero hubo de rechazar la memoria, como una fuerza reactiva que detiene el fluir vital y, poco después, hubo de hacer lo mismo con el arte y la fantasía religiosa, porque tampoco estas cualidades pertenecían al hombre como puro ente; por último, igual destino cupo a la moral, ya que sobre sus preceptos gravita el pasado como una de sus condiciones fundamentales. El resultado fue limitarse a filosofar sólo acerca de la voluntad, sin advertir que también en este caso la irrealidad se infiltraba en su posible sistema.

La voluntad, en efecto, incide sobre la vida misma, actúa sobre el presente; mas su verdadero sentido debe extraerlo de un futuro irreal que llama, de una fantasía creadora de objetos tan irreales como los productos artísticos o como los dioses.

Llegados a este punto podemos comprender, por una parte, que la filosofía de Nietzsche sea trágica porque en ella el hombre debe responsabilizarse de su propio futuro y comprometerse en la elaboración de su propio destino y, por otra, que algo ha cambiado de tal manera para el hombre, que ya no le sirve el concepto que tenía de sí mismo. El hombre que debe surgir como consecuencia de haber afrontado esta nueva manera de filosofar habrá de poseer entre sus notas, características que no corresponden al hombre actual, que, podría decirse, dan origen a un nuevo tipo de ser humano: al superhombre.

Con el alumbramiento de esta idea alcanza su máximo nivel la filosofía nietzscheana, ciertamente, y también culminan nuestras posibles deducciones para una filosofía de la autocreatividad como fundamento de lo humano. Entender, en efecto, que se trata de un mero hombre, que Dios ha muerto y que el superhombre ha de reemplazarlo en sus funciones, presupone que la transformación ha de efectuarla el hombre mismo, desde su condición humana actual, hasta concluir ajustándose a ese modelo superhumano que se autopropone; en suma, se trata de una autocreatividad.

En resumen, Nietzsche rompe las estructuras en que se apoyaba la cultura del Rhin, se automargina y elabora una filosofía en la que subyace una gran fuerza autocreadora del hombre; pero no supo automarginarse lo suficiente como para liberarse del sentido naturista que constituía su pasado histórico.

La diferencia que le separa del sentido de la cultura española parece pequeña; pero el encontrarse en las bases fundamentales del filosofar causa nada menos que una nueva inversión, no sólo en el orden de los problemas, sino, sobre todo, en las notas características del futuro que nos cabe esperar.

La cultura europea desde Schopenhauer y Nietzsche camina, por la senda de un realismo intencionado, hacia la pérdida de toda esperanza. Dios ha muerto y no cabe, en consecuencia, esperar una nueva vida más allá de la muerte, no cabe esperar salvación alguna; Dios no existe y, por tanto, es ilusorio todo orden que podamos atribuir al mundo, el cosmos entero carece de un paraqué que lo justifique.

Spengler da el título de «La decadencia de Occidente» a la más importante de sus obras. Se trata de un Occidente cultural, visto a la manera de un organismo vivo que inicia el período de su senectud. Mueren los dioses, mueren los mitos y también el propio superhombre debe morir.

Ya en época muy reciente Michael Foucault en «Las palabras y las cosas» anuncia la conclusión lógica del proceso: la muerte del hombre. Siguen viviendo los hombres, naturalmente, pero esos ideales de grandeza, o, al menos, de dignidad que le cabía esperar al ser humano no tienen sentido. Pandora ha abierto de nuevo su caja y también la esperanza se ha escapado.

Unamuno, español por su sensibilidad, europeo por su formación filosófica, vivió en propia carne la tragedia de advertir la irrealidad del ser, sin renunciar a la búsqueda de una entidad real que le dé al ser la capacidad de fluir en el tiempo.

«De Dios a Dios» se titula un capítulo de «El sentimiento trágico de la vida». Dos concepciones diferentes, incluso opuestas, de la divinidad motivan un debate en la conciencia de Unamuno. El Dios de la razón y el Dios de la vida, o el Dios de los filósofos frente al Dios vivo, padre de Jesús. Respecto al Dios de la razón, nada nos prueba que exista, más bien, todo parece indicarnos que no existe; el Dios vivo, aunque existiese, no sería Dios, porque sería limitado.

El planteamiento unamuniano, en el fondo, aborda el conflicto de la incompatibilidad entre el ser y el ente. De las dos concepciones de Dios, en efecto, la una consiste en tomarlo como ser y, por tanto, irreal, mientras que la segunda elige la realidad como punto de partida, siendo entonces imposible el ser absoluto que la idea de un Dios requiere.

En otra obra de Unamuno, «Niebla», se nos ofrece un claro paralelo de este conflicto, en su dimensión humana:

Augusto, el protagonista de la novela, viaja un día a Salamanca para entrevistarse con el propio Unamuno y exponerle su negativa a morir. Nos encontramos, pues, ante un ser, un personaje irreal, fruto de la fantasía creadora de Unamuno y que, pese a su irrealidad, pretende vivir, tener entidad cósmica, fluir en el tiempo.

Por otra parte, Augusto no pretende sólo vivir una vida humana verdadera, una vida real; sus aspiraciones abarcan también el movimiento inverso, el que va del ente al ser; Augusto quiere vivir siempre, alcanzar la intemporalidad propia de los seres que pertenecen al mundo de lo irreal.

Como conclusión podría decirse que Unamuno vislumbra la distinción y la incompatibilidad entre ambos mundos, el del ser y el del ente, mas no por ello deja de esforzarse por hacerlos coincidir; su obra entera podría servir de símbolo de la conquista de lo imposible. En el prólogo a la «Vida de don Quijote y Sancho» el sentido de su empeño alcanza su expresión más clara: llevar a cabo una cruzada para rescatar el sepulcro de don Quijote.

Antonio Machado manifiesta explícitamente aceptar como propia la filosofía de Unamuno: «Esa tu filosofía, (...), gran don Miguel, es la mía». Nos parece que este convencimiento se debe tan sólo a que el verdadero poeta suele ignorar el alcance filosófico de sus poemas, si se atiende, sobre todo, a los supuestos implícitos de que parte la sensibilidad a la hora de hacer poesía. Antonio Machado, consciente, aceptaba como propia la filosofía unamuniana; pero a niveles más profundos, su subconsciente crea todo un panorama de problemas nuevos o, al menos, da a los mismos problemas una perspectiva muy distinta.

Para una visión realista del mundo es cierto que «nada se crea ni nada se pierde, todo se transforma». La filosofía europea contó siempre con esta premisa, a la que Lavoisier sólo tuvo que darle la fórmula verbal adecuada. En consecuencia, todo filosofar gestado en Europa tomó como inamovible el principio realista y así, una lucha interna se establece en el pensamiento de cada filósofo entre esa norma básica y una verdadera creatividad que permita salirse de los moldes establecidos. Nos parece «La evolución creadora» de Bergson el punto en que esta lucha culmina. Por momentos, incluso, el naturismo amenaza con derrumbarse, pero tampoco entonces se pasa de tales amenazas.

Antonio Machado, en cambio, sí se atreve a romper el viejo prejuicio: «¿Dices que nada se crea? / No te importe, con el barro / de la tierra, haz una copa / para que beba tu hermano. / ¿Dices que nada se crea? / Alfarero, a tus cacharros. / Haz tu copa, y no te importe / si no puedes hacer barro.»

Hacer una copa «para que beba tu hermano» es nada menos que haber creado la hermandad. No te importe si «no puedes hacer barro». El barro está ahí. Es la realidad, que no tiene por qué ser hecha ni destruida. Lo que importa es crear el ser del hombre, y esa creatividad es la que puede encontrarse como sentido último de los poemas de Antonio Machado.

Aparece una vez más la creatividad como problema fundamental de nuestras páginas; pero en modo alguno nos encontramos ante una reiteración de temas ya examinados suficientemente por nosotros.

El punto de partida de la autocreación humana que podemos descubrir en la poesía de Antonio Machado es también la dimensión ética del ser del hombre; pero tanto el enfoque de los conflictos radicales con que se enfrenta, como la vía por donde busca una salida que le dé sentido al hombre mismo se encuentran dentro del ámbito de lo claramente metafísico.

Si «nada se crea»; si, en efecto, «no puedes hacer barro», le queda al hombre, sin embargo, la posibilidad de hacer una copa «para que beba tu hermano», es decir, le queda la posibilidad de hacerse hermano, de sentir a los otros como semejantes suyos.

Antonio Machado entiende muy bien este hacerse hermano como un hacerse en la dimesión ética de la persona; no en el mero aspecto social del individuo. No se trata de una identificación que unifique, sino de una comprensión que distinga y eleve: «El bueno es el que guarda, cual venta del camino, / para el sediento, el agua; para el borracho, el vino». Lejos de un etnocentrismo que intenta asimilarse a los otros, aquí se trata de hacerse a sí mismo haciendo a los otros ser también ellos mismos.

La consecuencia de esta actitud, en el momento de alcanzar el nivel metafísico en el desarrollo total de su trayectoria, es la de encontrarse ante una disyuntiva cuyos términos apuntan al puro ente o al puro ser: «Morir... ¿Caer como gota / de mar en el mar inmenso? / ¿O ser lo que nunca he sido: / uno, sin sombra y sin sueño, / un solitario que avanza / sin camino y sin espejo?»

En ambos casos la aniquilación parece indudable; convertirse en la gota que cae en el mar, en esa pequeña parte de realidad que cae en el todo real, es tanto como indiferenciarse, como perder del todo la personalidad propia. En el otro sentido se alcanza una soledad absoluta, un desarraigo completo de la realidad y, por tanto, la pérdida de la existencia.

Todo está humanizado en la obra de nuestro poeta: la lluvia, el paisaje, el tiempo, Dios y el hombre mismo en su sentir y pensar. Se proyecta siempre el sentimiento, tanto en el adentro como en el afuera y es un proyecto de cuyas particularidades podemos extraer los rasgos típicos del hombre español, modelo de nuestra cultura.

Un símbolo de gran importancia, el camino, va a darnos la imagen del ser de lo humano. Es inútil buscar una realidad perdurable en la que se asiente la entidad del hombre, es inútil buscar al hombre, como tal hombre, en el mundo de lo real: «Caminante, son tus huellas / el camino, y nada más; / caminante, no hay camino, / se hace camino al andar.»

El camino, como ser, es necesario crearlo: «Yo voy soñando caminos...» Tal vez resuma este conocido poema el conjunto de inquietudes que marcan eso que hemos llamado la filosofía de Antonio Machado.

El camino se sueña al mismo tiempo que el viajero canta, y canta acerca de su propio corazón, acerca de su sentirse sintiendo la «espina en el corazón clavada». Es decir, el hombre se autocrea en un acto de autosentirse, de verse, uno, separado del mundo. Se presienten en esta actitud las bases de una filosofía en la que se invierte el punto de partida nietzscheano. Lo irreal autocreado, en vez de la realidad cósmica.

También en este poema se dice que la oscuridad hace desaparecer el camino, en un paralelo con el dejar de sentir: «La tarde más se oscurece; / y el camino que serpea / y débilmente blanquea, / se enturbia y desaparece. / Mi cantar vuelve a plañir: / Aguda espina dorada, / quién te pudiera sentir / en el corazón clavada.»

La conciencia del hombre queda así condicionada al estar sintiendo; ese es el único punto de apoyo posible de lo humano. El pasaje alude, indudablemente, al futuro que nos amenaza; pero no nos parece que se trate de lo incierto, como al futuro suele calificarse, sino, tan sólo, de la pérdida del sentir, que indudablemente nos aguarda, ya que el pasado y el futuro sí son visibles. Lo que no puede ser el pasado ni el futuro es objeto de vivencia, sino sólo de recuerdos y proyectos. Algunos versos de otros poemas pueden ayudarnos a entenderlo mejor:

«Este amor que quiere ser / acaso pronto será; / pero ¿cuándo ha de volver / lo que acaba de pasar? / Hoy dista mucho de ayer. / ¡Ayer es Nunca jamás!»

«Al andar se hace camino, / y al volver la vista atrás / se ve la senda que nunca / se ha de volver a pisar.» El eterno retorno de Nietzsche sólo tiene aquí el sentido de una mirada al pasado y al futuro como el ser de lo que fue y de lo que será, pero no como una vuelta a la vida, como una vivencia que se repite. Cuando llegue el momento en que nuestro gusto deje de contemplar nos encontraremos «uno, sin sombra y sin sueño, / un solitario que avanza / sin camino y sin espejo». Es decir, se habrá acabado para nosotros nuestro ser autocreado y ya ningún espejo ni humano ni divino, reflejará nuestra imagen; se habrá consumado nuestro destino en el nadie.

La esperanza, esa esperanza de perdurabilidad de la persona, desaparece de nuestro horizonte; nos espera la oscuridad y el no sentirnos. Pese a todo, no sería justo calificar a Antonio Machado de pesimista. Cabría, más bien, decir que en la filosofía de Machado se invierte la conclusión a que llega Foucault de que «el hombre muere aunque los hombres sigan viviendo». En el caso de nuestro poeta, los hombres mueren, mas no el hombre.

El ideal de hombre no se encuentra amenazado de muerte, perdiendo su sentido, sino por el contrario, autocreándose independiente del cosmos. Decae el cosmos de lo real a medida que se advierte su falta de sentido, su carencia de finalidad; pero el hombre de la cultura española, el hombre trágico de la obra poética de Antonio Machado se descubre a sí mismo como capaz de crear su propio destino, de dar sentido a su propia vida. Las notas que caracterizan este modo de ser lo humano, pues, no sugieren un final, sino un inicio.

Todo parece indicarnos que nos encontramos ante un tipo de hombre nuevo, que sueña caminos, se autocrea en el mundo de la irrealidad; mas no concluye ahí su osadía; una vez autocreado, crea también a Dios, en un acto de recíproca generosidad: «Yo he de hacerte, mi Dios, cual Tú me hiciste, / y para darte el alma que me diste / en mí te he de crear.»

La esperanza de perdurar en el tiempo, la esperanza de que se cumpla ese deseo de ser un ente más que pertenece al mundo de los entes se ha perdido a cambio de haber ganado la posibilidad de elevarse por encima del cosmos y hacerse verdadero hombre. Se ha cambiado la perdurabilidad por la dignidad.

Podría dársele también el nombre de esperanza a esa nueva dimensión de lo humano, o quizá el de fe; la denominación importa poco. Lo importante es saber que en este nuevo mundo hecho por el hombre, todo se crea y todo se pierde. Para crear es necesario aprender desprendimiento y generosidad, aprender la comprensión de los otros como primer sentido de la vida, aprender ética. Para que algo se pierda basta que se pretenda retener como propio: «Moneda que está en la mano / quizá se deba guardar; / la monedita del alma / se pierde si no se da.»

Cuando llegue el momento en el que la muerte ponga fin a nuestro único caminar por la vida se habrá consumado el acto máximo de nuestra generosidad si todo lo hemos hecho comprendiendo a los otros; nada se habrá perdido porque nuestro hermano seguirá bebiendo en la copa que le hemos hecho con el barro de la tierra.

Condicionar a la perdurabilidad el valor de nuestros actos es no haber comprendido la nueva dimensión del hombre basada en la generosidad como principio supremo.

La sensibilidad de Buero Vallejo, por su parte, ya lo hemos expresado por extenso en diversas ocasiones, está en alto grado marcada por el signo de lo hispano. Podría creerse, incluso, que sólo lo hispano interesa a nuestro dramaturgo, pues es frecuente verle considerar desde los presupuestos propios de la cultura española temas griegos, como en el caso de «La tejedora de sueños», o acontecimientos que tienen lugar en Francia como el que desarrolla en «El concierto de San Ovidio». Una obra, sin embargo, nos va a probar que no hay olvido de otras culturas en el enfoque de sus temas, sino una verdadera vocación por la cultura propia. La obra a que nos referimos, «Llegada de los dioses», presenta en nuestra opinión una serie de conflictos cuyo sentido se esclarece a medida que se comparan los planteamientos culturales europeos y los españoles.

En el título de este drama utiliza Buero la palabra «llegada», lo que nos hace pensar que esos dioses vienen por primera vez, que nosotros asistimos al advenimiento de lo divino. En un pasaje de la obra, por el contrario, se expresa la esperanza de que «los dioses volverán a pasear por la tierra», entendiéndose entonces que el autor habla de dioses caídos, de dioses cuya influencia en el mundo ha sido un día efectiva y ahora se espera su retorno.

No se trata indudablemente de una contradicción que invalide uno de ambos términos; más bien creemos se encuentra aquí un síntoma de que «Llegada de los dioses» se gesta en el conflicto de dos culturas que se encuentran y procuran mutuamente imponerse sus premisas básicas.

En la cultura europea un poeta, Hölderlin, se esfuerza en una tarea recreadora de los dioses griegos. Se buscaba entonces la vuelta de unas criaturas míticas cuya desmitificación había producido la filosofía griega. Se buscaba, por tanto, el regreso a una nueva ingenuidad, a un pensamiento libre de prejuicios que posibilitara el surgimiento de una filosofía de signo distinto a la que durante tantos siglos había marcado el saber de occidente.

Poco más tarde, desmitificadas por segunda vez esas personalidades divinas con la muerte de Dios anunciada por Nietzsche, ve la luz esa filosofía presentida, la filosofía trágica de la voluntad de poder.

Cuando Buero hace decir a uno de sus personajes, Felipe, que «Los dioses volveran a pasear un día por la tierra», sentimos sus palabras como un paralelo de Hölderlin, anunciando la proximidad de una filosofía tan trágica como lo fuera en la cultura del Rhin la filosofía de Nietzsche. La vuelta de los dioses de Buero es como una reflexión que no trae de nuevo dioses, unos dioses que han de vivir entre los hombres, sino el recuerdo de una idea que ha de fecundar al hombre mismo. Por eso, esos dioses que vuelven, vienen por primera vez como humanos, llegan por fin como el cumplimiento de una esperanza o de una fe que el hombre tiene en su propia capacidad autocreadora.

«Llegada de los dioses» nos parece, pues, una obra en la que Buero somete a un duro contraste la pérdida de la esperanza cósmica en la cultura europea con el nacimiento de una esperanza humana en la cultura española. Mientras ellos afirman que el hombre muere, decimos nosotros que el verdadero hombre está naciendo todavía.

Otro indicio de que la obra pretende imbuirnos la idea de que un nuevo tipo de hombre está a punto de nacer podemos encontrarlo en esa insinuación de incesto que se produce entre Julio y Nuria.

Considera Levi-Strauss que el tabú del incesto es el tabú más universal porque de él depende que se sea o no miembro de la comunidad humana, que se sea o no capaz de sociabilidad. El tabú del incesto marca, así, el comienzo de la historia del hombre.

La mitología y la literatura han quedado sensibilizadas a este poder mágico del tabú del incesto, de manera que su transgresión sirve, a modo de símbolo, para indicar cada nuevo comienzo tras un regreso, o cada inicio de una nueva etapa en la conquista del ser de lo humano.

Ibsen, en «Espectros», lo utiliza y por su medio comunica a los espectadores algo así como la sensación de que está empezando la modernidad.

Varios escritores latinoamericanos hacen uso igualmente de situaciones incestuosas o que tienden al incesto. Piénsese, por ejemplo, en «Pedro Páramo» de Juan Rulfo, «Sobre héroes y tumbas» de Ernesto Sábato, «Los reyes» de Julio Cortázar y, sobre todo, en «Cien años de soledad» de Gabriel García Márquez.

En su conjunto, de esa literatura salimos impresionados de novedad, quedamos esperando el amanecer de una nueva gran cultura.

El incesto en Buero se nos presenta cargado de unos valores simbólicos distintos. A veces, como en «El concierto de San Ovidio», no se trata de un parentesco de sangre, sino de una actitud materno/filial, la de Adriana con Donato; a veces, como en el caso que nos ocupa de «Llegada de los dioses», la transgresión no llega a realizarse, ni siquiera a ponerse en grave peligro.

Julio y Nuria son, en efecto, hijos de un mismo padre, de manera que el idilio amoroso que se insinúa entre ellos provoca la idea de un incesto con más fuerza quizá que si de hecho la unión sexual llegara a realizarse. En nuestra opinión, sin embargo, no es esto lo que más importa destacar. Lo decisivo en esta forma de conflicto entendemos estriba en que ese algo que se esboza y no se consuma adquiere como consecuencia el valor de un signo que trasciende su particularidad para extenderse al conjunto de la obra.

Si, tomando este signo como punto de partida, nos fijamos en la estructura que presenta el drama en su conjunto, nos será fácil descubrir que la pieza se apoya en un esquema formado por trazos en los que dominan la simetría y el contraste.

Ante Julio surgen dos figuras femeninas, Nuria y Verónica, equidistantes de él por la edad. Nuria es su hermana a la vez que su inocente enamorada. Confiesa ella que ya siendo niña le había sentido amor, pero entonces la diferencia de años se interponía entre ellos como un obstáculo insalvable. Podría decirse que Julio era para Nuria algo así como un padre.

Por su parte, Verónica, amante real de Julio, desempeña ante él funciones que recuerdan la maternidad. Nos encontramos, por tanto, ante un doble incesto de Julio, el uno por la línea ascendente y el otro por la línea descendente. Insinuado el que se refiere a una relación consanguínea, consumado, en cambio, el que se produce en la relación materno-simbólica.

La relación de Julio con su padre, tiene, también en virtud de esa simetría y constante de la obra, una doble vertiente, que le hace vivir en actitud contradictoria consigo mismo: se identifica con él, en cuanto padre de Nuria y, a la vez, lo rechaza en cuanto que la condición maternal de Verónica lo convierte en padre y rival.

Nos encontramos, pues, inmersos en un ambiente simbólico de incesto, que nos anuncia la proximidad de un cambio en la concepción del hombre; pero el rumbo que ha de tomar ese movimiento de cambio está todavía indeciso. Las fuerzas de signo incrementante, las que nos conducirían hacia un hombre mejor, y las destructivas, las que nos pueden llevar incluso a una catástrofe de la humanidad, se encuentran en equilibrio.

La función de la triple manera de ver que tiene Julio, el psíquicamente ciego, puede darnos la clave para entender el sentido de esta situación conflictiva y para descubrir posibles soluciones.

La capacidad voluntaria de imaginar permite a Julio «ver» a los otros como él quiere verlos. Suele utilizar este medio para ridiculizar las mezquindades humanas que conoce y sospecha en quienes lo rodean.

En ocasiones, la ceguera psíquica de Julio desaparece y «ve» realmente. En uno de estos momentos, más largo que de costumbre, contempla muchas cosas y se deleita en ellas, pero llama a todo eso «la nada», la realidad es por consiguiente, tan «nada» como antes fuesen para él las tinieblas.

Por último, la fantasía creadora actúa a veces sobre él haciéndole «ver» fenómenos extraños. Casi siempre estas visiones van acompañadas de sufrimiento, como el que produce una amenaza o una profecía de signo trágico. Tanto él como Verónica entienden que en estas visiones se encuentra la verdad más profunda acerca del hombre y de su dignidad.

En la «Crítica de la Razón Pura», en el capítulo dedicado al esquematismo trascendental, se enfrenta Kant al problema de explicar la relación entre los fenómenos y los conceptos: ¿Cómo es posible que los fenómenos experimentales, propios de la intuición sensible, encajen en los conceptos puros del entendimiento?

Se requiere el concurso de una facultad mediadora, el esquematismo de la representación, para salvar esa distancia. Pero ese esquematismo de la representación requiere, a su vez, ser explicado, pues por sí sola esa representación se encuentra tan ligada al concepto que no justificaría el extremo fenoménico con el que se quiere relacionar. Así aclara Kant que el esquema representativo es una parte de la imagen. La imaginación reproduce, por tanto, el fenómeno sensible de manera individual o particular y luego la representación generaliza lo reproducido.

La imaginación kantiana, diríamos, viene a ser algo así como el punto medio entre dos mundos, el de los fenómenos, el de las intuiciones sensibles, y el de los conceptos puros, el del entendimiento.

La semejanza entre las tres maneras de ver de Julio y el esquematismo trascendental de Kant es evidente. En ambos casos, un extremo lo ocupa la visión del cosmos y el punto medio la imaginación. En el otro extremo, claro en Kant, el de los conceptos puros del entendimiento, pone Buero algo diferente por cuanto no es el sistema de los conceptos, pero que ha de igualarle en el alcance filosófico.

Si a lo percibido en la visión de la realidad se le puede llamar «la nada» en «Llegada de los dioses», no puede, indudablemente, entenderse esa afirmación más que en el sentido del valor; se pretende, tan sólo, manifestar que la realidad es lo menos importante a la hora de mirar con ojos profundos, a la hora de filosofar. Si en ello ha residido el punto de apoyo de la filosofía europea ahora es necesario invertir el orden de los valores.

La facultad mediadora, la imaginación, que en el esquematismo kantiano comprendía, por una parte, la capacidad de reproducir los objetos sensibles y, por otra, la representación generalizada de los mismos, presenta en la obra de Buero la característica de responder a un acto voluntario de Julio. Ahora bien, lo voluntario en la facultad de imaginar convierte la imaginación reproductora de Kant en una imaginación creadora, más en consonancia con la filosofía nietzscheana. Nos encontramos, por tanto, ante un giro que va de la filosofía del conocer a la del querer, de la filosofía del honor a la filosofía trágica.

La última de las maneras de ver de Julio, aquella cuyos fantasmas se le imponen, empieza a mostrarnos sus perfiles. Se trata de la percepción de un mundo opuesto simétricamente al cosmos de lo real, a ese mundo de las impresiones sensibles donde se encontraba «la nada»; le corresponde, por consiguiente, a esa nueva manera de visión un mundo irreal en el que deberá residir el ser:

«JULIO. — (...) Esos otros fantasmas que a veces se me imponen, ¿de dónde vienen?

VERÓNICA. — Sabes muy bien que de tu mente.

JULIO. — Parece como si fuesen ellos quienes me imaginasen a mí. (Con dificultad.) A menudo son tan verdaderos...»

Allí se encuentra lo verdadero, lo único que se puede considerar como la verdad.

En la cultura de occidente se ha entendido siempre, de modo tácito o explícito, que lo real era necesariamente verdadero y que el conocimiento sólo lo era si coincidía con la realidad o, en última instancia, si descorría el velo que la ocultaba; pero, en todo caso, lo real constituía la base inamovible de lo verdadero. La cultura española parece apuntar a otros rumbos del problema, y no por vías de una nueva duda metódica, que en nada, salvo en el método, se apartaba del modo tradicional de enfocar el conflicto.

Lo real en nuestra cultura no es ni verdadero ni falso y es impropio todo juicio que así lo califique. Lo real, simplemente, está ahí.

Lo verdadero pertenece al mundo autocreado por el hombre, es su propia autocreación; de ahí que Dios sea verdad infinita.

Esas visiones causan dolor a Julio, en contraste con el placer que experimentaba frente a la contemplación de la realidad. No se trata de oponer lo bello a lo feo, sino el placer de la contemplación de la belleza a un tipo de dolor que se asemeja más al miedo que a lo desagradable; es como el temor al poder de las sombras; probablemente, es el dolor de hacerse hombre, lo que llamábamos el esfuerzo de acceder al plano de lo estético.

Finalmente, el hecho de que la facultad mediadora, la imaginación, tenga carácter voluntario sitúa esos fantasmas del tercer modo de ver de Julio en un mundo que trasciende tanto el cosmos de la realidad como la dimensión moral en el sentido de unas normas preestablecidas y, por tanto, convertidas en un cuerpo petrificado de normas y reglas.

Es decir, nos encontramos ante el esquematismo trascendental de Kant aplicado a las doctrinas filosóficas de Nietzsche, no para explicarlas, sino para superarlas, puesto que lo voluntario, básico en Nietzsche, pasa a ocupar aquí el punto medio.

Al extremo, al lugar que ocupaban en la fórmula kantiana los conceptos puros del entendimiento, le van a corresponder, en el nuevo esquematismo que se esboza en «Llegada de los dioses» los problemas que constituyen la dimensión ética del hombre. Es una ética sobre la que ya en principio concurren dos características propias que la determinan.

La primera de ellas sitúa el campo de la ética en un más allá de la moral. Lo ético nada tendrá que ver ni con las costumbres ni con las normas establecidas, la ética habrá de ser autocreación del hombre en el sentido incrementante, aspecto del que ya nos hemos ocupado con suficiente amplitud en capítulos anteriores.

También la segunda característica se refiere a un trascender, pero esta vez el estadio que se pretende alcanzar no está sólo más allá del cosmos que fluye en el tiempo, sino más allá del tiempo mismo. Si se trasciende lo voluntario, que es tanto como trascender el futuro, lo alcanzado habrá de pertenecer a un orden distinto.

Si la voluntad viene marcada por el signo del querer, la actitud del hombre que vive esa circunstancia será la de la constante espera de que el futuro le permita el acceso a lo querido. Es decir, en el dominio de lo voluntario se espera siempre; pero, además, se esperan realidades que añadir al yo, se espera lo incrementante como una suma de poderes.

Si se trasciende, pues, esa actitud voluntaria habremos de encontrarnos en un mundo donde el valor incrementante no se produce añadiendo realidades al yo, sino desprendiendo el yo de las realidades. La nueva situación, como ya apuntábamos al hablar de la filosofía que se insinúa en la obra poética de Antonio Machado, consistirá en el cambio de una ética de la esperanza por una ética de la generosidad.

Algunas filosofías orientales, en particular el budismo, propugnaban la aniquilación de todo deseo como medio de acceder al estadio más perfecto del hombre, el nirvana, donde la voluntad y la consciencia quedan anuladas. Podría intentar asimilarse la generosidad de que estábamos hablando con estas doctrinas ; es posible, incluso, que los primeros vislumbres de la ética oriental apuntasen a unos fines no muy diferentes; pero en sus resultados nada tienen en común; tras las doctrinas budistas se encuentra el vacío mientras que la generosidad conlleva la disminución del ente a expensas del incremento del ser, en la ética de la generosidad la realidad decrece para que el mundo irreal de los valores se desarrolle.

Los sucesivos aspectos válidos que hemos ido encontrando en la interpretación de la tercera de las maneras de ver de Julio nos ofrecen, en su conjunto, con los posibles enfoques de la estética y de la ética y las alusiones a la verdad, el esbozo de esa filosofía de signo humano a que tantas veces hemos aludido.

Verónica, la amante maternal, la simbólicamente incestuosa, trae una revolución al mundo: el origen de un nuevo tipo de ser humano, el hombre de la ética de la generosidad que habrá de ser, al mismo tiempo, el hombre de la sabiduría de Minerva, el hombre que sabrá salirse del cosmos de lo real como los metales salen de la mina, que también Minerva simboliza esto, ya que es la diosa de las profundidades de la tierra que evoluciona a diosa de los metales.

Respecto al contenido de esas visiones nos vamos a detener en tres temas en los que creemos se encuentra la esencia del mensaje que pretende transmitirnos la obra: nos referimos a la muerte, la danza y la divinidad.

La relación de Julio con Nuria, su hermana, ese incesto insinuado, suscita la idea de otro tipo posible de hombre, la génesis de una manera de humanidad que sigue otras vías distintas en el proceso de su desarrollo.

Lo real del parentesco nos hace pensar en el hombre que vive inmerso en la realidad cósmica, el hombre de la cultura europea que contraponemos al de la cultura hispana, así como el no consumarse del acto incestuoso, en el lenguaje de los símbolos, nos habla de la falta de fecundidad a que esa génesis se encuentra abocada.

La despreocupada alegría de Nuria se altera cuando Julio le avisa del peligro en que se encuentra la humanidad entera ante la progresiva mala utilización de la realidad. Los ríos, los mares y el aire se contaminan; la catástrofe atómica nos amenaza a cada instante; y es más, bajo el suelo que pisamos puede albergarse el artefacto que nos destruya. Pese a todas las advertencias, la actitud consumista y de bienestar de la familia no cambia.

Un día Felipe, el padre, regala a Nuria un saltador, sus compañeras se lo entregan. Julio entonces, dominado por sus fantasmas, en lugar del saltador ve un ataúd. La visión y sus anteriores avisos resultan proféticos: el saltador hace explotar una bomba abandonada que causa la muerte a Nuria.

La capacidad evocadora de los símbolos, válida a todos los niveles y en tantos aspectos, hace que la muerte de Nuria así planteada en «Llegada de los dioses» sugiera al mismo tiempo el problema de la muerte en sí, el destino último de cada hombre y, en particular, el fin que los pensadores europeos están esperando respecto a su propia cultura.

Pero no es la diversidad en las aplicaciones del símbolo su función más importante. Importa más destacar que entre los diversos temas afectados por un mismo símbolo se establece un vínculo de parentesco que hace visible la semejanza donde antes no era fácil adivinarla.

Si el hombre que se descubre obligado a elaborar su propio destino intenta construir su ser fundado en la esperanza, el futuro le muestra que su destino es la muerte, que pasado el tiempo de su fluir como ente se encuentra su nadie.

De igual manera, la cultura que se apoya en la voluntad como fundamento tiene la actitud de esperar del futuro realidades imposibles y, en consecuencia, desemboca en una muerte del «hombre» como ideal.

En ambos casos, el individual y el colectivo, el resultado es necesariamente la tragedia.

Laín Entralgo distinguió, como antes lo había hecho Sartre, entre la «espera» y la «esperanza»; pero ninguno de estos dos pensadores pasó del descubrimiento de matices que separan la actitud de esperar del sustantivo que reúne en un concepto el resultado de esa actitud.

Supone un gran progreso la definición sartriana según la cual el hombre no es un ser para la muerte, sino un ser para el valor. Le faltó al autor de «El ser y la nada» esa obra sobre la fundamentación de la ética que se proponía escribir a continuación. En consecuencia, todo cuanto sabemos de su pensamiento respecto al hombre como destinado al valor queda circunscrito al ámbito de lo futuro.

«El hombre es lo que no es y no es lo que es» porque su ser es muy diferente de lo que está siendo, su ser se encuentra en un todavía no, su ser está en el futuro a que el hombre aspira, es una espera.

Samuel Beckett en su obra «Esperando a Godot» acertó a dejar nuestra sensibilidad expuesta a las impresiones puras de la espera. El hombre, salido de sí, volcado hacia el futuro, toma esta actitud del puro esperar. Es una espera con los síntomas de una enfermedad mental innominada; es algo así como un más allá de la paranoia.

El paranoico, perdido el control de la realidad, se sitúa en un futuro que él convierte en su presente. Los personajes de «Esperando a Godot» no saben salirse del mundo de lo real y, en consecuencia, esperan del futuro realidades, esperan que el mundo irreal de autocreación humana se transforme en un mundo real y concreto. Godot es como el símbolo de esa irrealidad cuya aparición, aunque imposible, se espera.

Muchos comentaristas han entendido que Godot, según puede desprenderse de su nombre, significaba únicamente Dios. Pero esa interpretación empobrecería la obra, al limitarla a un problema de índole religiosa. El propio Beckett, interrogado acerca de quién es Godot, contesta: «si lo supiera lo hubiera dicho».

Godot es, pues, un símbolo, aplicable tanto a quienes esperan la conversión de Dios en un ente que ha de presentarse como una realidad más entre las cosas, como a quienes esperan que el futuro transforme en real el mundo irreal de autocreación humana e incluso posibilita el que ambas aplicaciones se emparenten o se asimilen.

Para una concepción del hombre de tales características Foucault pronostica la muerte, y hasta ahí también Buero parece estar de acuerdo; pero así como el autor de «Las palabras y las cosas» toma esta concepción por la única posible, Buero Vallejo entiende y siente que se puede ir más allá, que todavía queda una salida del conflicto que nos permita salvarnos.

La fórmula en que desemboca la cultura europea, uno de cuyos extremos representa Beckett, según la cual **el mundo carece de fin y de orden; el orden que descubrimos en él está creado por el hombre**, tiene una respuesta en la cultura española: **si el orden del mundo ha sido creado por el hombre, el hombre es capaz de orden.**

En el mundo de la autocreación humana sí se dan el orden intencionado y el fin. Cada vez que se creía descubrir esas cualidades en el cosmos, se estaba proyectando el ser de lo humano sobre él, al igual que cada vez que se pretendía atribuir causalidad a lo humano se estaba produciendo el fenómeno inverso: la aplicación de las leyes que rigen el mundo de lo real al ser del hombre. Aristóteles, al hablar de las cuatro causas, entre las que incluía la finalidad, introdujo en el pensamiento filosófico de Occidente esa confusión de la que todavía no hemos logrado liberarnos.

Parece una vía fácil para introducirse en el mundo de lo irreal la reflexión sobre los recuerdos y los proyectos, porque los objetos sobre los que versan esas actividades mentales o ya no son o no son todavía, es decir, son objetos carentes de realidad. Pero ese método tiene, a la vez, el inconveniente de lograr sólo un desprendimiento a medias. Lo que ya no es fue un día realidad y lo que no es todavía puede convertirse en realidad cuando le llegue su momento.

Mayor esfuerzo supone, sin duda, la separación en lo intemporal de ambos mundos, el de la realidad y el autocreado; pero, de esta manera, las oscuridades del problema desaparecen. Es, por tanto, una tarea que corresponde al gusto estético, cuya primera manifestación es el arte, pero cuyo efecto auténtico en el hombre es la génesis de la personalidad.

La fórmula que insinúa Buero Vallejo en «Llegada de los dioses» de trascender la realidad que fluye en el tiempo hacia un más allá del futuro nos permite interpretar la obra, dada su infraestructura en situaciones simétricas, en el sentido de una separación del cosmos —lo real deja de verse o si se ve se le llama «la nada»— y una entrada en el mundo de la irrealidad autocreada —la imaginación primero y lo transtemporal después—; todo ello enmarcando un proceso de formación de la propia personalidad dentro de dos vías posibles, representadas por sus dos mitades femeninas contrapuestas, la pareja de incompatibles que lo constituyen.

La personalidad de Julio, escindida así al modo de una esquizofrenia, nos lleva al problema de lo conflictivo instalado en el propio ser del hombre.

Si la elección entre ser Eloy o ser Rodolfo, que veíamos en «Mito», no eliminaba lo no elegido, ahora aquellos argumentos se refuerzan, ciertamente, pero al mismo tiempo se extienden a otras áreas de la antropología y de la filosofía, aproximándose a la metafísica.

Algunos rasgos de Julio recuerdan cualidades básicas del dios Jano; la salida del caos y el primer origen del orden y la doble mirada, al pasado y al futuro, aquí el doble vínculo femenino. No es, sin embargo, con este dios con quien se le identifica en la obra de Buero, sino con Pan.

Siguiendo al autor, por tanto, hemos de atender a matices de su personalidad que nos lleven al descubrimiento de otro sentido y otros valores de esta figura literaria.

Pan tiene en común con Jano el simbolizar unos momentos iniciales; pero les diferencia el hecho de que mientras Jano procede del caos, Pan se relaciona con lo salvaje; a Jano lo caracteriza el orden, a Pan la creatividad. Albert Camus le llama «el dios de la creatividad salvaje».

Jano, el dios de los comienzos, el dios primero en las religiones de los pueblos de origen indoeuropeo, de signo naturista, corresponde a la proyección de las cualidades humanas sobre la naturaleza.

Pan, en cambio, es un dios pregriego de la Hélade, perteneciente a culturas animistas, que procede de la animalidad, sobre la que se eleva por su rango divino.

Las cualidades humanas que este mito representa no se proyectan sobre la naturaleza, sino en el interior del hombre.

La doble faz de Jano, que le permitía mirar hacia adelante y hacia atrás, al futuro y al pasado, tendrá ahora, como consecuencia de la interiorización del proceso, un sentido distinto.

Nuria y Verónica representan, en cierta manera, la personalidad con los rasgos del héroe o con los del antihéroe. Nuria significa el triunfo entre las cosas, el éxito y la virtud, todo ello dentro de una vida breve por designio del destino. Del lado de Verónica, en cambio, se encuentra la pérdida de la fama y del bienestar; las dificultades no sólo surgen, sino que, además, o superan al hombre o, si son superadas, pasan sin dejar gloria alguna.

A estas posturas antagónicas de héroe y antihéroe podría hacerse una exégesis en sentido ético; mas por ese camino nuestro trabajo no progresaría sobre otros análisis ya realizados en capítulos anteriores.

La novedad de este doble enfoque de la autocreación humana se encuentra en las características que le marca la sustitución de Jano por Pan, o lo que es lo mismo, la sustitución de lo mundano y sus leyes por el hombre haciéndose a sí mismo, autocreándose.

Desde este punto de vista Nuria tiene el valor, no sólo de significar el orden mundano tradicional, la realidad que debe ser sabida y utilizada, sino también, dada su pertenencia a la personalidad de Julio como dios Pan, la visión interiorizada del futuro, o quizás del tiempo en todas sus manifestaciones. Es decir, la temporalidad como ser. De esta manera nos permite adentrarnos en el sentido de su complementaria y antagonista Verónica.

El paso de un incesto real no consumado a un incesto irreal consumado va a suponer la sustitución del símbolo de lo cósmico capaz de producir la ciencia y la técnica, por el símbolo de lo humano, creador de los valores.

Verónica, por tanto, se nos descubre como la artífice de una revolución diferente de todas las revoluciones mundanas que con frecuencia nos ha mostrado la Historia: «Esa no es mi revolución. Mi revolución despertará toda la grandeza de los hombres, o no será. Tendrá que hacerlo, si quiere evitar que vosotros aniquiléis el planeta.»

En estas manifestaciones de Verónica encontramos dos términos que nos dan la clave de su mensaje revolucionario: despertar y grandeza.

La idea de revolución suele asociarse a un cambio por el que se invierte el orden establecido; por lo general, cuando se habla de revoluciones políticas, revolución significa, no sólo que el poder cambia de manos, sino también de sentido: en vez de mandar los capitalistas mandan los proletarios, en vez de dirigir los ciudadanos dirigen los campesinos.

Otra idea muy próxima a la de revolución, la idea de crisis, ha servido para indicar también un movimiento en el que algo cambia; pero no se trata en este caso de unas fuerzas nuevas que vienen a sustituir a otras viejas, sino del simple desgaste, del agotamiento de unas energías que hasta entonces habían servido y ya no.

En el concepto de crisis, podríamos decir, se pone el acento en la parte negativa del cambio, mientras que en el de revolución el acento recae sobre lo nuevo que se introduce.

Si en «Llegada de los dioses», como parece evidente, la crisis está representada por Nuria, la cultura que decae y se agota muestra unos perfiles muy precisos. Es la cultura del progreso sin límites basado en el desarrollo continuo de la ciencia y de la técnica la que promete el dominio cada vez más completo del cosmos por el hombre, la que tiene la mirada puesta en ese futuro que un día será realidad.

La primera advertencia de Julio, convertido en el dios Pan, es la de que ese dominio puede ejercerse, no en favor de la humanidad, sino también contra ella. El poder y la fuerza en manos del hombre son una amenaza para todos más que un seguro de bienestar. Un dato más, altamente significativo, aporta esta obra: es el hecho de que la sociedad que determina este tipo de cultura tiene como fundamento el pacto de sangre, según lo descubre la visión fantástica de Julio.

«NURIA. —(...) Allí procede a una extraña operación: se da un tajo en el brazo con el puñalito y la sangre mana, abundante. Sobre el vaso vacío la deja caer hasta que se llena (...) (Se sienta a su lado, toma una mano de Julio y le hace coger el vaso de sangre.) ¿Brindamos por nosotros dos?
JULIO. — Por nosotros dos.
(Beben.)»

Las connotaciones que distinguen el pacto de sangre y que pueden hacer de este rito un nuevo símbolo dentro de la obra son también claras: los que eran ajenos pasan a ser consanguíneos y se obligan a colaborar en la defensa de unos intereses comunes. Es decir, constituyen una sociedad parcial que tiene, como primer objetivo ante sí, el enfrentamiento y la lucha contra otros grupos de seres humanos que no quedan integrados en la nueva sociedad. El pacto de sangre, por tanto, simboliza la constitución de una sociedad dividida en compartimientos cerrados, enemigos entre sí. Es la sociabilidad basada en la fuerza, y, en consecuencia, caracterizada por el signo de lo agresivo.

Antonio Machado se dolía de que hubiese dos Españas, convencido de que la dualidad persistiría cuando el españolito que viene al mundo hubiera crecido. Buero se duele de la misma manera; pero cree ya que la división es superable, y no sólo para el caso particular de España.

Esa sociedad que nace en el pacto de sangre y que tiende después a una incestuosa endogamia está pasando ya entre nosotros, se agotan sus fuerzas y se muere víctima de su propia naturaleza agresiva. Nuria, la joven que espera un largo y cómodo futuro, muere porque los poderosos han dejado olvidada una bomba bajo el suelo del parque.

Ahora, tal vez, podamos empezar a entender el mensaje revolucionario de Verónica. Su condición de humilde y humillada podría hacer pensar que nos encontramos simplemente ante una revolución proletaria, y así podría ser, mas no porque el poder llegase a manos de los económicamente débiles. Se trata, más bien, de una idea que resulta revolucionaria incluso para el concepto histórico de revolución. El mensaje de Verónica no habrá de alterar el orden, sino que habrá de recrear un mundo nuevo, un mundo cuyo acceso está condicionado a un despertar.

La doble faz de Jano significó, sobre todo para los filósofos que en Italia iniciaban el movimiento renacentista, un estado de alerta, de atención a lo ya ocurrido y a lo que puede ocurrir. Para el hombre que vivía como un ente más entre los entes revestía primordial importancia el no dejarse sorprender por los acontecimientos procedentes del cosmos. Trasladando ahora el problema de orden de Jano a la creatividad de Pan, el término que mejor expresa la nueva actitud es el de estar despierto; de esta manera, no seremos sorprendidos por nosotros mismos, por nuestras propias creaciones.

En la dimensión metafísica este pasaje insinúa ya el enfoque posible del problema de la verdad que haya de adoptar la filosofía española.

Mientras el hombre fue concebido como solo ente, dotado con la capacidad de conocer el mundo, la verdad no podía ser otra cosa más que una adecuación entre el conocimiento y los entes conocidos. Heidegger, debatiéndose entre las dos concepciones del conflicto, la de sentido cósmico y la de sentido humano, dio una solución intermedia: la verdad, como indica su término griego, alétheia, es un desvelamiento, un correr el velo que oculta las cosas. Para la filosofía española será más adecuado hablar de la verdad como un despertar, con el condicionante decisivo que añade al encontrarse dentro del panorama autocreador que supone la pertenencia al dios Pan.

Por otra parte, en «Llegada de los dioses» se alude también de un modo directo a lo verdadero cuando Julio y Verónica intentan explicarse el sentido de esas visiones de carácter fantástico; pero su interrogante deja el problema como flotando en el aire:

«JULIO. — (...) Estos otros fantasmas que a veces se me imponen, ¿de dónde vienen?»

Se explican entonces varias cosas que a nosotros nos confirman la interiorización completa del tema de la verdad:

«VERÓNICA. — Sabes muy bien que de tu mente.

JULIO. — Parece como si fuesen ellos quienes me imaginasen a mí. (Con dificultad.) A menudo son tan verdaderos que... temo.

VERÓNICA. — ¿Por tu cordura?

JULIO. — Confío en conservarla. No creo en espíritus y comprendo que hay rincones en mi cerebro que saben casi más que yo. Son los nidos de esos espectros, que también saben más que yo. Y eso es lo que me inquieta, porque, a veces, parecen traerme advertencias oscuras...»

En otros capítulos, en los que Buero se expresa acerca del problema de manera más explícita, volveremos sobre el tema. Aquí se trata de que la revolución de Verónica habrá de despertar en los hombres algo muy preciso: «la grandeza».

En la cultura europea, tras la muerte de Dios, todo lo humano entra en una crisis cada vez más acentuada, hasta que Foucault, en «Las palabras y las cosas», según hemos visto, anuncia la muerte del hombre como final del proceso.

Si la cultura española consistiese en una simple oposición a la cultura europea, hablaríamos de que el hombre nace; pero no es así. Al hombre se le invita a despertar, a salir de su estado letárgico y a inquietarse por algo que ya posee en su interior: su grandeza, esa grandeza que sólo la generosidad es capaz de incrementar.

La muerte del hombre anunciada por Foucault no presuponía que los hombres no continuasen viviendo; se trataba sólo del hombre idealizado. El hecho de que el hombre despierte a su grandeza ni siquiera plantea el problema de una superación de la muerte; el mensaje es otro. El dios Pan, el que marca el sentido de los contrastes dentro de la obra, es el único, entre los dioses griegos, que muere. «Llegada de los dioses» suena como una llamada a la paz, al despertar de la grandeza interior en vez del poder que da el dominio del mundo, y todo ello, a pesar de que, como entes, nuestra muerte es segura.

Pero Pan no contrasta sólo con Jano: la creatividad frente al orden nos descubre como problema el punto de vista desde una actitud humana opuesto a otro punto de vista centrado sobre el mundo. Ahora bien, tanto el mundo cósmico como el humano pueden entenderse como un todo o como una multiplicidad; son las visiones que respecto al cosmos, se llamaron el mundo como esfera o el mundo como laberinto.

Los renacentistas tomaron por modelos de esta doble concepción del hombre los mitos de Pan y Proteo.

Pico de la Mirándola repite en varios de sus trabajos una frase un tanto críptica, alusiva a este problema: «Quien no puede atraer a Pan, en vano se acerca a Proteo.»

El hombre, en efecto, muestra su capacidad de variar como una de sus características más destacadas. No se trata de un simple cambio, sino del poder de asimilarse posturas y concepciones que, en su origen, le eran ajenas. Es decir, el hombre se presenta cambiante porque es capaz de aprender, tanto de los otros como del mundo; el hombre imita y, de esa manera, se transforma en lo imitado. Tal es el mito de Proteo, con el que contrasta el de Pan, que, en este caso, debe entenderse según el sentido etimológico de su nombre, «el todo».

La interpretación de Luciano de Samosata, que entiende el mito de Proteo como el arte de la danza o del mimo, que hace del hombre un ser fluido que se metamorfosea tan pronto en león rugiente, tan pronto en águila, puede entenderse válida en todos aquellos casos en los que la danza equivale a una especie de juego autocreador del hombre, pero del hombre tomado en su dimensión real. Parece indudable que Nietzsche lo sentía también así cuando hablaba de Zarathustra danzando «con los pies ligeros».

En «Llegada de los dioses» aparece el mito de Proteo envuelto en tales características que su interpretación resulta inequívoca:

«(Un bastón aparece en las manos de MARGOT, que empieza a deambular por el salón como una ciega, sin el menor ruido.) (...) (MATILDE se incorpora. En su mano se divisa otro bastón. Y comienza a deambular a ciegas, como MARGOT. Los fantasmales golpecitos de los bastones no se oyen.) (...)

ARTEMIO. — (...) (Tanteando con otro bastón que aparece en sus manos, camina a su vez de un lado a otro. Las evoluciones de los tres ciegos dibujan una rara contradanza a la mortecina lividez que emana de los muros.) (...)»

A los dioses de Buero no les va bien el quehacer del mundo. Estamos muy lejos del dios Neptuno, recreado por Kafka, que en vez de manifestar su poder levantando tempestades, organiza el tráfico y el comercio marítimos. Los dioses de Buero «se pasearán un día por la tierra». Es decir, no serán dioses del trabajo, sino de la contemplación apacible; serán algo así como dioses del mundo artístico.

Eso da la posibilidad de que, mientras en la cultura europea se habla de la muerte de Dios y del hombre, en la cultura española puede pensarse en una «Llegada de los dioses», de unos dioses que son sólo hombres, pero hombres capaces de crear un mundo nuevo, capaces de pintar en la nada unos fantasmas tan irreales como verdaderos.

Entendía René Hocke en su libro «El mundo como laberinto» que los españoles son los más laberínticos de todos los europeos; en «Llegada de los dioses» acabamos de encontrar el síntoma de una comprensión equilibrada del tema: el mundo es un laberinto lleno de fenómenos ciegos; pero el hombre puede salirse de ese caos y organizarse en un todo, en la unidad del ser.

Por último, «Llegada de los dioses» presenta un panorama de problemas nuevos en torno a una figura perfectamente encajada en el conjunto, pero que sólo se muestra como espectro. Nos referimos, claro está, al torturado.

No consideramos oportuno comentar el problema de la tortura ni el de la guerra, pues todo cuanto podamos decir acerca de estos temas nada añadiría a lo que la obra expresa por sí misma, nada podríamos aclarar un grado más de lo que lo ha hecho Buero con sus palabras y con las situaciones creadas.

Hay algo, sin embargo, en lo que sí nos parece vale la pena detenerse por estar sólo insinuado en «Llegada de los dioses».

El torturado era músico, de gran talento y de salud débil. Era, sin duda alguna, un antihéroe, incluso una víctima; pero sabía cultivar la música, y, puesto que su talento era grande, lograba buenos resultados en el cultivo de este arte. Podemos decir que pertenecía a la estirpe de Orfeo. El torturado era, por lo tanto, un buscador de la paz, un hombre empeñado en amansar las fieras y en aplacar la furia de los dioses infernales. Parece ser que en la guerra ejercía clandestinamente la función de enlace y que fue torturado para arrancarle unas palabras que no dijo entonces. Como consecuencia de aquellos malos tratos un año más tarde quedó ciego y poco después murió. Había derramado demasiada sangre, y su cuerpo, destrozado, recordaba el descuartizamiento de su modelo, Orfeo.

Para Paul Valery, el teatro o es ritual o es guiñol. En este pasaje de «Llegada de los dioses» ambas fórmulas coinciden. Bajo las órdenes del poderoso Felipe, ritualmente caían los golpes sobre el músico; pero el rito era infernal, diabólico, dejando al hombre transformado en el muñeco sin más voluntad que los hilos que le manejan y, al mismo tiempo, sufriendo en la carne y en el espíritu el trato indigno y el desprecio de su posible grandeza.

Ahora su espectro vuelve del inframundo, como un nuevo enlace que trae un mensaje, también esta vez sin palabras, para que, al igual que su música trascendía las lenguas, su imagen se haga visible a todos los corazones.

Las visiones fantásticas de Julio nos dan la primera clave: el torturado y el Cristo que su padre pinta son una misma cosa. Y si Cristo es para todo el Occidente, creyente o no, el símbolo del dios hombre, la identificación que se acaba de producir en la visión creadora de Julio nos permite descodificar el mensaje en el sentido de que en el fondo de cada hombre a quien violentamos se encuentra una divinidad latente, una grandeza que puede despertar; en suma, si para la cultura europea, según una de sus figuras culminantes, Sartre, el infierno son los otros, ahora descubrimos en Buero que los demás son nuestros dioses.

La cabeza de Orfeo muerto, cantando expresaba sus oráculos. El espectro del torturado llora para que su mensaje sea comprendido. La luz de la aurora que deseamos puede llegar; pero será a través del dolor como se consiga.

El mensaje del torturado y la revolución de Verónica se aclaran mutuamente, y tampoco esto es una casualidad.

El torturado y su hijo, por un lado, y Felipe y Julio, por otro, constituyen dos líneas paralelas, que pueden muy bien reflejarse la una en la otra; en la escena, como en un presente, Felipe y Julio; en la fantasía y en el recuerdo, el torturado y su hijo. Julio, en efecto, se identifica en muchos sentidos con su padre; pero al hacerse a sí mismo, al elegirse y elegirse ciego, con quien se identifica es con el torturado; ese es su verdadero modelo de padre, su superyó, su mitad masculina.

El enfrentamiento entre Felipe y el torturado, por tanto, y el hecho de que el estilete de éste, según la visión de Julio, se clava en el corazón de aquél, no son otra cosa sino manifestaciones del Edipo que Julio lleva consigo; debe hacer que desaparezca el modelo paterno para conseguir su propio modelo.

Si, por otra parte, Verónica era para Julio su mitad femenina, la Yocasta que le permitía recrear su interior, el conjunto se ilumina como por una luz nueva: el mensaje del torturado y la revolución de Verónica son algo así como la doble mirada de Jano convertido en el dios Pan. El torturado sigue desempeñando su papel de enlace; ahora se hace portador de la revolución de Verónica, su mensaje mira al afuera, no para encontrar el mundo, sino el interior de los otros, de manera que, descodificado, dice a la grandeza interior de cada uno que ha llegado la hora de despertar, que es el momento de la «Llegada de los dioses».

Capítulo XIX

Panteísmo y ateísmo europeos
El Dios kantiano de la «Crítica de la Razón Práctica»
frente al regicidio de la Revolución Francesa
La mirada de Lucifer en «Las Meninas»

Una mirada global a la cultura europea y en particular a su filosofía nos permite descubrir la congruencia que se ha producido en su desarrollo histórico. En efecto, la atención prestada al campo de lo real ha desembocado en un dominio del mundo, de sus principios, sus leyes, y todo ello, tanto en el sentido utilitario como en su vertiente contemplativa o de puro saber. Incluso por lo que respecta al hombre mismo, el proceso ha seguido unos cauces dentro de la más pura lógica: el ser humano, como una realidad más, se ha convertido en un objeto de múltiples ciencias cuyo perfeccionamiento permite al europeo un dominio insospechado del saber antropológico. Descubrimos, al mismo tiempo, cómo en el seno de esta cultura, también de un modo congruente, lo irreal autocreado pugna por su reconocimiento, sin lograrlo nunca de una manera satisfactoria.

Atribuimos este desequilibrio en los resultados a la parcialidad en el planteamiento de los principios, a la preponderancia dada a lo cósmico sobre lo humano; pero no es esto todo.

Hemos probado suficientemente a lo largo de estas páginas cómo la cultura española se forja y se desarrolla teniendo lo humano por motivo. Podría esperarse, por lo tanto, que en este caso el desarrollo de lo irreal no encontrase dificultades, lo que tampoco ocurre.

Se nos impone, pues, la tarea de averiguar qué obstáculos impiden el fluir de nuestra filosofía y removerlos luego para dejar el camino expedito a lo que pueda ser nuestro normal desenvolvimiento.

Una pieza dramática de Antonio Buero Vallejo, «Las Meninas», posee, a nuestro entender, una infraestructura cuyo trazado se asemeja al problema que acabamos de enunciar.

Encontrábamos en Julio, el personaje de «Llegada de los dioses», una triple manera de ver que comprendía, de un lado los objetos reales y de otro los de la fantasía creadora, separados, al igual que en el esquema trascendental kantiano, por un conjunto intermedio formado por la imaginación. En «Las Meninas» la disposición esquemática se repite, pero la naturaleza de los elementos que la componen nos lleva a una inquietud muy distinta.

El cuadro «Las Meninas» tiene un realizador indiscutible, Velázquez, a quien se le puede atribuir también sin limitación alguna la función creadora, la capacidad de sacar de la nada la obra artística; pero todo ello es sólo un momento en el desarrollo del proceso.

Velázquez necesita la autorización del rey para poder llevar a cabo su obra, y busca el beneplácito del mendigo, Pedro Briones, como si para él pintase.

Podríamos quizá concluir aquí nuestro comentario, pues en el breve esquema que acabamos de enunciar se encuentra, en opinión nuestra, todo el sentido de la filosofía que Buero insinúa en su pieza dramática. Hemos de continuar, sin embargo, esclareciendo sentidos posibles de este esquema, a sabiendas de que con ello ponemos a la obra unos límites que la obra no tiene.

La creatividad de Velázquez, como la imaginación kantiana, resulta intermediaria entre el poder ciego del rey y la locura de unos mendigos. De la voluntad regia, de la llamada voluntad real, depende como de un principio la obra entera; el rey debe consentir; es el principio de autoridad.

El drama de Buero Vallejo incluye un conflicto surgido entre Velázquez y el Santo Oficio que nos aporta algunos datos significativos como síntomas de la radicalidad del problema que aquí tratamos.

En primer lugar, el rey es entonces el representante de la autoridad religiosa; puede, como juez divino, dictaminar en asuntos espirituales; es el representante de Dios en aquel casi juicio a que se somete al pintor de cámara.

Nos viene a la memoria ese concepto elevado de rey a quien «la hacienda y la vida se han de dar», que es «el mejor alcalde»; con toda evidencia estamos ante una figura de héroe, que alcanza a representar a Dios, al que incluso simboliza, concepto puesto ahora en crisis; a ese rey se le ve demasiado «la carne cansada» después de superar la cifra de treinta el número de sus hijos bastardos.

La decadencia de la figura regia queda compensada en la obra de Buero por la dignidad con que sabe asumir su papel heroico, ya humanizado, su Alteza Real la Infanta Doña María Teresa, la que sabe prescindir del séquito, la que confía en no olvidar a los que sufren, la que espera hacerse reina sin trascender los límites de lo humano.

Junto al rey, que juzga, se encuentran también los acusadores, que prejuzgan. Se alude a la posesión diabólica. En todo caso se hace patente, al menos para José Nieto Velázquez, la presencia real de un espíritu maléfico. El bien y el mal son, por lo tanto, realidades; espirituales, sí, pero realidades.

Una acusación concreta pesa sobre Diego Velázquez: ha pintado, desnuda, una figura mitológica pagana, una Venus. La desnudez es por sí misma lasciva. El pintor de cámara, con su obra, incita al pecado.

En su autodefensa Diego Velázquez interpreta de otra manera las cosas. Ni la lascivia se encuentra en el desnudo, ni el pecado en la obra de arte, sino en el ojo que contempla. Todo pecado, toda malicia, se originan en el interior del hombre. Y aunque no se dice expresamente, se entiende, de igual manera, que todo lo bueno sigue un proceso similar. Es decir, el bien y el mal son autocreaciones humanas.

En el esquema trascendental kantiano lo real ocupa el punto de partida. Es la realidad cósmica que descubrimos en la experiencia, la realidad fenoménica que captamos de un modo intuitivo.

El progreso sobre este principio, la posibilidad de llegar hasta el conocimiento, requiere, en la crítica kantiana, el concurso de un segundo principio aportado por el hombre: requiere que el hombre posea la facultad de añadir a la intuición algo a priori de la experiencia, el concepto.

Kant no encontró otra manera de justificar el acceso del hombre a los conocimientos universales más que la de atribuir al hombre mismo la génesis de esa universalidad como un aporte positivo al acto de conocer. El a priori fue así, desde Kant, el producto real de una facultad positiva.

Muchas otras maneras de a priori explican los filósofos posteriores a Kant, pero todos ellos dentro de la línea positiva que se encuentra en la «Crítica de la Razón Pura»; incluso Max Scheler llega a materializarlo como base de su sistema de los valores. Sólo Nietzsche desconfía de esa «facultad» un tanto misteriosa, sobre la que se construye el enorme monumento de la Crítica. Tampoco Nietzsche, sin embargo, acertó a considerar esa facultad como la capacidad que posee el hombre de negar y, en consecuencia, alcanzar el estadio de lo irreal como medio en el que el hombre lleva a cabo todos los procesos cognoscitivos.

Al trasladarnos ahora al problema de la cultura española, podemos empezar a comprender la índole de los obstáculos que detienen el fluir de nuestro desarrollo filosófico. La cultura española, pese a su signo humano característico, no ha partido de la irrealidad del mundo autocreado, tan intuitivo como el mundo real de la experiencia, sino de un mundo trascendente al que se atribuye una realidad no intuitiva.

En las consideraciones que Kant dedica a las tradicionales pruebas de la existencia de Dios aclara, de manera irrefutable, que de la realidad del mundo es imposible inferir la realidad de Dios. En cada razonamiento en ese sentido se da siempre un salto, por lo que tanto se puede llegar a la conclusión de que Dios es necesario como ente real, como a que la realidad necesaria es la del mundo mismo de que partimos.

Zubiri, en «Naturaleza, Historia, Dios» y en algunas conferencias posteriores, ensaya una nueva vía de acceso a la realidad divina. Dominado por el signo de la cultura española, no parte del mundo, sino del hombre, y del hombre en su más profunda radicalidad. La raíz primera del ser hombre, en efecto, es, para Zubiri, la religación con lo divino; ser hombre es encontrarse, en sentido íntimo, dependiente de la divinidad para ser.

A partir de ese descubrimiento, Zubiri, presa de la cultura greco-occidental en la que se forma, da en su razonamiento un doble salto, instalándose en la realidad del ser del hombre y en la realidad de Dios.

Es cierto que el propio Kant, aunque supo estructurar las ideas platónicas y, sobre todo, acertó a darles el sentido de irrealidades, no mantuvo esa misma actitud en su descubrimiento a la hora de aplicarlo en el orden de la razón práctica. Para sancionar adecuadamente la ley moral volvió a convertir en realidad la idea de Dios. Es decir: el Dios real cuya existencia era innecesaria para justificar la existencia del conocimiento del mundo, resultaba imprescindible para fundamentar la ética.

Nikolaï Hartmann pone de manifiesto una parte del error kantiano: él consigue fundamentar su ética sin Dios; pero, pensamos, debiera haber añadido que se trataba de Dios como realidad existente, para que su pensamiento supusiera un verdadero progreso filosófico.

La radicalidad del hombre religado a Dios debe entenderse en el sentido de que el ser del hombre sólo se comprende si no se conforma con lo que es y aspira a un ser diferente.

Podría entenderse que nos estamos refiriendo a la ya citada fórmula sartriana del hombre como «el ser que es lo que no es y no es lo que es»; pero se trata de una semejanza sólo aparente. El autor de «El ser y la nada» fundamenta su doctrina en la dimensión de futuro que caracteriza al ser humano. El hombre no es lo que es porque su ser se encuentra en el futuro, el hombre se encuentra en actitud de espera de su ser. Ahora bien, esta actitud de espera no libera del todo al hombre de su realidad, ya que del futuro puede esperarse el cumplimiento real de lo esperado.

Por el contrario, el tipo de hombre de que hablamos y al que se dirige la filosofía española aspira a ser, convencido de que sus aspiraciones no pueden cumplirse; aspira sin esperanza; aspira con generosidad.

Ese ser, meta de las aspiraciones del ser humano, el Dios a cuya imagen y semejanza está hecho el hombre, no es el sancionador de la moral, porque la moral no necesita sanción alguna, ser bueno es siempre un bien superior al provecho que puede alcanzarse siendo malo; ese Dios es el verdadero fundamento de la ética entendida como autocreación humana. El hombre es un ser religado a Dios porque Dios da al hombre su verdadero ser; Dios es ese ser a que el hombre aspira; es la grandeza a que debe despertar el hombre según la revolución de Verónica.

En el punto de partida del planteamiento del problema que Buero hace en «Las Meninas» no se encuentra ni la realidad cósmica ni la irrealidad humana autocreada, sino una concepción realista espiritual de Dios y del hombre.

Dios como realidad objetiva da lugar a que una parte de los españoles se arroguen la condición de portavoces o representantes de una autoridad indiscutible y se erijan, por designio divino, en jueces absolutos incluso de las conciencias.

El problema no consiste, por tanto, en cómo llegar desde la experiencia concreta hasta el conocimiento de lo universal, sino en algo muy distinto.

Si el hombre, no sólo como ente, sino también como ser, es real, y si también Dios, como meta inalcanzable del ser del hombre, es una realidad, entre el hombre y lo divino puede establecerse un nexo de fuerza que une al pueblo con Dios por medio de sus representantes.

El esquematismo kantiano, que se expresaba en términos de conocimiento, deberá transformarse, en nuestro caso, en otro que se exprese en términos de autocreatividad.

Ahora bien, la naturaleza de este nuevo esquema no se traduce en situaciones equivalentes, no se trata de una realidad espiritual como principio; en el nuevo planteamiento es necesario entender que el punto de partida es la irrealidad y la meta los valores ideales, una humanidad libre.

En el punto medio, en vez de la imaginación reproductora de los fenómenos cósmicos, encontramos aquí la rebeldía de Velázquez ante la realidad divina y humana y ante la autoridad que se le pretende imponer en nombre de Dios.

Pero esta rebeldía de Velázquez no puede entenderse, limitada al sentido ordinario de la palabra, como un inconformismo ante la situación en que se encuentra.

Velázquez ocupa en «Las Meninas» de Buero Vallejo el punto equivalente a la imaginación kantiana; es decir, es un intermediario, el puente que une ese mundo en el que domina la autoridad del hombre sobre el hombre, basada en un privilegio cuyo origen se atribuye a la voluntad divina, con otro mundo, el representado por los mendigos, cuyo sentido tendrá que ser estudiado.

Como intermediario, pues, Velázquez debe reproducir el mundo autoritario de que procedemos para hacer posible la inteligencia del mundo nuevo hacia el que se dirige nuestra cultura.

Supuso una verdadera revolución en el arte pictórico, y a ello alude con claridad la obra de Buero, el paso que va de una situación en la que lo pintado es el mundo en sí, tal cual es, a otra en la que lo pintado es el mundo como se ve y, en última instancia, el ver mismo del hombre.

Afirma Ortega y Gasset que la revolución de Velázquez en la pintura equivale a la revolución de Descartes con su «yo pienso» en filosofía. No hay duda de que Ortega está en lo cierto. Y también está claro lo que muchas veces hemos oído al propio Buero de que la pintura de Velázquez presiente los descubrimientos de la fenomenología de Husserl; pero aquí, en «Las Meninas» de Buero Vallejo, hay algo más.

El paso de pintar el mundo a pintar el ver se ha convertido en un símbolo que nos sugiere, en el orden humano, la pérdida de la realidad en el mundo espiritual. El mundo del espíritu no existe; debe ser creado de la nada y debe ser creado como una irrealidad, que pertenece no al mundo del ente, sino al del ser. La rebeldía de Velázquez, como toda rebeldía sana, no consiste en una negación, sino en un cambio de sentido.

En el cuadro «Las Meninas» el lugar adecuado para representar a los reyes, los depositarios de la autoridad divina, es el espejo, que ya por sí solo indica la irrealidad de su contenido. Esa circunstancia, sin embargo, no basta para sugerir toda la amplitud de la rebeldía velazqueña. Por añadidura, la imagen de sus majestades reflejada en el espejo no procede de su presencia real en el obrador, sino del lienzo que Velázquez está pintando. De esta manera se consigue suscitar, al mismo tiempo, la idea de irrealidad y la de autocreación.

En la evolución antropológica del hombre, pasados los estadios del primitivismo, y aun el mágico y el mítico, alcanzado el nivel religioso, la divinidad se configura en tres sentidos, dos funcionales y uno de esencia: Dios es creador del mundo y del hombre, porque puede; es legislador de la moral, porque quiere, y, sobre todo, Dios es, es decir, nada tiene en común con el ente y sí, en cambio, todo con el ser.

En una cultura de sentido humano como la española es fácil comprender la dimensión de modelo para el hombre, tanto de las funciones como de la esencia divina: el hombre debe crear, también, de la nada; es su capacidad artística, y en ese aspecto es bueno, y aun óptimo, su poder. Debe el hombre, de igual manera, autolegislarse como Dios legisla, otorgándose un sentido moral que eleve a cada individuo a la verdadera dignidad humana. Por último: tiene el hombre ante sí la categoría de ser como estadio al que ha de encaminar todas sus aspiraciones.

Las pruebas de la existencia de Dios que Kant rechaza pretenden descubrir la realidad divina por medio del conocimiento. El Dios sancionador de la moral que implanta en el orden práctico, tiende, en cambio, a la dimensión de modelo a que aquí estamos aludiendo.

Si Kant hubiera mantenido un criterio uniforme, habría concluido que en el orden de lo real toda prueba se muestra ineficaz, incluso para el aspecto divino de sancionador, mientras que en el orden irreal, como modelo del autoconstituirse del hombre, Dios o sus atributos son imprescindibles.

Dios es el modelo imprescindible para la creatividad artística, para la autocreación moral y para el conocimiento, no del mundo, sino del propio ser.

Sobre el hombre que hace, el **homo faber,** y el hombre que sabe, el **homo sapiens,** es necesario avanzar un paso más y llegar al hombre capaz de crear y de autocrearse, el **homo creator.**

Este hombre creador podrá hacer; y sabrá, no sólo acerca del mundo sino también de sí mismo. Se conocerá.

El **homo creator** tendrá la virtud de poder suplir el sentido de esos otros tipos de hombre que han dominado el pensamiento filosófico hasta nuestros días.

El **homo creator** tiene así la virtud de ir más allá de lo que fueron las otras concepciones del hombre, conservando al mismo tiempo todas las cualidades que intentaban destacar las fórmulas que le precedieron.

Se entiende ahora la rebeldía velazqueña de que habla Buero, como la transformación del poder divino en capacidad de crear; la autoridad de Dios en dimensión autocreadora del hombre. Pero ese mundo nuevo al que hemos accedido, el de la creatividad, al igual que la imaginación kantiana, debe ser trascendido para ser valioso. El papel de Velázquez ha de consistir únicamente en ser un intermediario que una la intuición del mundo irreal y la posible proyección del hombre en lo universal o lo infinito de la creatividad.

Velázquez, pintor de cámara, ocupa en la obra de Buero el punto medio entre el rey Felipe IV, que puede pintar, que sabe hacerlo e incluso algunas veces lo hace, y el mendigo, Pedro Briones, que tuvo siempre el ser pintor como la mayor de sus aspiraciones, pero que no podrá nunca realizarla ya que ni siquiera ve lo suficiente para ello.

La rebeldía velazqueña transforma, pues, en primer lugar, el poder y la realidad espiritual en una aspiración imposible; la majestad regia en mendicidad miserable.

Una vez más, la pujanza del antihéroe.

No se trata, sin embargo, de sobreabundar en el tema. Por el contrario, cada ejemplo de antihéroe aporta matices insustituibles, de manera que sólo en el conjunto podremos encontrar el mensaje completo que la cultura española ensaya transmitirnos mediante sus síntomas en la dramaturgia de Buero.

Pedro Briones, ya viejo, acude a la casa de Velázquez con gran insistencia y envuelto en unos signos que nos recuerdan el final de Edipo en Colona, que acude a los dominios de Perseo. Purificado de sus culpas, traspasados los límites de toda miseria, Edipo iba a suponer una garantía de prosperidad para la tierra que albergase su sepulcro.

Dos señales contrapuestas marcan la vida de Pedro Briones: siendo criado, el amo a quien sirve roba y él, como un redentor, carga con las culpas y marcha a galeras. Siendo soldado en Flandes, mata a un capitán despótico, como Edipo a su padre, hecho por el que, desde entonces, lo busca la justicia.

413

Si unimos estos dos acontecimientos, si entendemos que amo y capitán son dos símbolos paternos, Pedro Briones cobra el sentido de un Edipo que nunca fue rey y de un redentor que nunca pasó de ser un culpable; es un Edipo que mata a su padre y se identifica con él, y no porque ambos aspiren al trono de Tebas como en la tragedia griega, sino al modo de un nuevo símbolo de las relaciones interhumanas. La autoridad que el otro, arrogándose prerrogativas paternas o divinas, pretende imponernos, debe ser destruida, mas no para que esa autoridad sea negada, sino para recrearla en nosotros, para hacernos nosotros autoridad sobre nosotros mismos, para convertirnos en nuestros propios dioses. Debemos despertar a nuestra grandeza; pero esa grandeza es un imposible, como imposible es el anhelo de pintar del casi ciego Pedro Briones.

Pedro Briones, por otra parte, consultado por Velázquez acerca del cuadro que va a pintar, «Las Meninas», entiende que se trata de España, de una España destinada a la muerte; pero que tal vez, desde el lienzo, esas figuras posean otra especie de vida desde la que puedan contemplarnos a nosotros mismos, los verdaderos mortales.

La rebeldía velazqueña, por tanto, crea una nueva España que lega a Pedro Briones porque sólo Pedro Briones es capaz de sentirla y comprenderla.

En los momentos en que Buero Vallejo escribe su obra, España está dominada por una dictadura. Esta circunstancia queda reflejada en la escena: la rebeldía de Velázquez es la rebeldía de Buero ante la situación política en que vive. Pero el drama no se queda en ese plano alegórico, que casi les es indiferente.

La rebeldía que late en el drama de Buero afecta a las capas más profundas del ser humano, alcanzando incluso niveles religiosos.

El rey, que recibe de Dios su poder; el rey, que preside un acto del Santo Oficio, nada puede imponer a Velázquez, que crea de la nada; y lo que crea es el ser de España, la España que entiende Pedro Briones, mendigo y loco. Mendigo porque nada posee, a no ser su miseria y sus grandes anhelos, su grandeza; mendigo igualmente porque deambula por la tierra y por el mar sin la posibilidad de asentamiento en parte alguna; y loco porque también le es ajena la razón, esa razón que tiene la historia por maestra, esa razón que, por sí sola, ha determinado una manera de pensar e incluso un tipo de hombre que no son los suyos.

La realidad espiritual divina, creadora del cosmos, supuso en toda Europa un vínculo tan fuerte, que tras la gran revolución de Descartes, en la que el cosmocentrismo da paso al antropocentrismo, la nueva filosofía no logra desprenderse del dominio de lo real. El «yo pienso» nos abre a un mundo nuevo, al mundo del pensamiento, pero no deja por ello de ser entendido como una cosa, **res: la «res cogitans»**.

Una cultura asentada sobre tales bases quedaba abocada necesariamente al panteísmo o al ateísmo.

El concepto de sustancia evoluciona primero y en su perfección lo encontramos, convertido en sistema, en la ética de Spinoza.

El yo, por su parte, evoluciona hacia el concepto de razón, que en Kant se va a aproximar también a una estructura sistemática, el sistema de las ideas; pero será Hegel quien desarrolle el verdadero sistema con su panteísmo racional.

Los estoicos habían buscado en el cosmos formas de movimiento que sirvieran de modelo a la conducta moral humana; era un modo de tender a lo universal, de entender que una ley superior rige todas las cosas.

La modernidad europea amplía la tendencia estoica a la semejanza de todos los órdenes del saber: la substancia pensante y la substancia extensa, Dios y la naturaleza, el hombre y el cosmos, son pares de mundos que se reflejan el uno en el otro. Se estudian las ciencias comparadas, las lenguas comparadas, las religiones comparadas. En general, un «como» subyace en toda la inquietud investigadora de los siglos XVII y XVIII y, en gran parte, del XIX; incluso la teoría marxista del conocimiento considera la mente humana como un espejo en el que se refleja la realidad del mundo.

Para una cultura con tales características, la pérdida de la realidad va a tener unas consecuencias alarmantes. Dejar de creer en Dios supone al mismo tiempo dejar sin garante todo el sistema de la razón. Sin Dios pierden sentido el mundo y el hombre.

La magnitud del confusionismo es enorme, no tanto porque en los razonamientos se infiltre la falsedad o la falta de rigor, cuanto porque los presupuestos de que se parte están ya equivocados.

Se entiende, en primer lugar, que fuera de la realidad o de la existencia, es decir, del espacio, del tiempo y de las cosas, o nada puede darse digno de ser atendido, o, a lo sumo, puede hablarse de la esencia de esa realidad, de un mundo de lo abstracto que se corresponde con exactitud con el mundo de lo concreto: los táleros ideales y los táleros reales.

En segundo lugar, a ese cosmos de lo real se le atribuyen límites más o menos imprecisos, pero límites. Probablemente, la experiencia individual humana de saberse limitado en el tiempo y en el espacio sirve aquí de modelo para el universo; el hombre como microcosmos se proyecta en el macrocosmos. Esta concepción de la realidad da lugar a que se hable del «todo» como algo indudable, como una verdad evidente que puede servir de inicio a cualquier cadena de razonamientos. El «todo» es la unidad superior fuera de la cual no hay nada. Se afirma incluso que, si algo hay infinito, queda también abarcado dentro de ese «todo», sin advertir que esa manera de pensar es antropomórfica, pues sólo con respecto al hombre se puede hablar con propiedad de la unidad del todo. Un mundo sin límites no es ni uno ni múltiple, ni puede ser tampoco abarcado por un todo, ya que ni siquiera puede ser abarcado.

En la base de los esfuerzos por llevar a la filosofía hacia un «sistema» late con frecuencia esta manera de concebir el mundo: la inteligencia, réplica de lo real, se fija como meta encuadrar el conocimiento en un todo que sea el fiel reflejo del todo de la realidad.

Si la realidad cósmica tiene un comienzo en el tiempo o si se entiende que su ser ente no está fundamentado por lo real mismo, una nueva realidad se hace necesaria, Dios, como fundamento de la existencia. El universo, o permanece en Dios, que lo sostiene en su entidad, o emana de Dios que le da origen —no sólo porque el universo no podría autocrearse, sino que le da origen desde su propio ser porque en las causas debe encontrarse, al menos en germen, el ser del efecto— o universo y Dios coinciden en una interferencia recíproca, en un concurso que les da sentido a ambos. Tres maneras de panteísmo que se disputan la primacía sin que ninguno de ellos la logre, porque ninguno de ellos consigue dar una explicación satisfactoria de ese «todo» arbitrario y ficticio que se encuentra en el punto de partida.

Schelling encaró el problema a niveles más profundos; pero también en su caso el intento de conciliar, sobre todo, el mundo de la causalidad real con el mundo de la libertad, le impidió un mayor progreso en el orden de los principios.

En su «Tratado sobre la esencia de la libertad humana» explica primero las dificultades que encierra un sistema que incluya en su seno la libertad, ya que la libertad, por su esencia, se opone al rigor de lo sistemático; y luego entiende que el hombre es libre, no sólo para darse sus propias leyes, como pensara Kant, sino, sobre todo, para poder elegir entre el bien y el mal; consagró, pues, su «Tratado» al desarrollo de una metafísica del mal. Después de esta obra pasó Schelling más de cuarenta años de silencio antes de que intentara la redacción definitiva de su «Sistema de la libertad», trabajo que no llegó a concluir.

El hecho de que la filosofía kantiana alcance a descubrir que la existencia del universo no prueba la existencia de Dios abre la posibilidad de una manera de pensar atea; pero de poco sirve este descubrimiento para el progreso filosófico, ya que el error no consistía tanto en la existencia o no de Dios cuanto en establecer con claridad la distinción entre el mundo y el hombre. Las filosofías ateas siguieron hablando de un «todo» y de unos límites del universo de lo real. Es decir, en el fondo se estaba intentando conciliar a Pan con Proteo.

La inquietud que mueve el pensamiento de Schelling nos produce a veces la impresión de que en la raíz de su intento de sistematizar las causas y la libertad se encuentra una primera desconfianza acerca de ese «todo» de signo panteísta en el que Dios y el mundo coinciden en una copertenencia de lo diverso: Dios es el «todo», es aserto que da a ese «es» un sentido de identidad similar al que tiene cuando decimos, por ejemplo, el cielo «es» azul. Schelling desconfía de ese absoluto abarcador en que culmina el idealismo alemán y nos deja a nosotros la sospecha de que su desconfianza obedece a que empieza a sentir la filosofía sistemática de la libertad como una conciliación, no del ser libre con la entidad mundana, sino del ser libre con el ser hombre.

Con respecto a lo que se llamó el orden práctico, dos acontecimientos, separados por muy corto lapso de tiempo, nos pueden dar idea de una nueva confusión: por una parte Kant reinstaura a Dios como garante de la moral y, por otra, la revolución francesa decapita a Luis XVI como el representante de un orden divino de la sociedad.

Es altamente significativa la actitud de Kant: en el orden de las causas, en el mundo de lo real, Dios es innecesario; en el ámbito de lo ético, en cambio, sí necesita a Dios. Se adivina en el trasfondo de todo ello un grave prejuicio por parte del autor de la «Crítica de la razón práctica». Se trata de que, pese a su formalismo ético y pese a haber sido el primero que logra encauzar con sentido el problema de la libertad humana, Kant entiende como reales las leyes de lo moral y, en consecuencia, intenta descubrir las causas que rigen sus procesos. Es decir, introduce la causalidad, propia de lo real, en el mundo de la libertad ética, propia de la autocreación humana; toma, al igual que Aristóteles, la finalidad por una causa más; de ahí que necesite un garante, un sancionador de la moral.

Sin duda, el cambio fundamental en torno al que gira la Revolución Francesa es el de la autoridad. La monarquía, según la cual el rey recibe de Dios el poder, debe ser sustituida por la república, en la que el mando se ejerce por delegación del pueblo.

Visto el problema en la superficie de los hechos y hasta determinados niveles de profundidad todo parece claro: el déspota que usurpa el mando apoyado en la fe religiosa de sus súbditos sucumbe al fin y un orden más justo, el emanado de la voluntad popular, queda establecido para bien de todos. El Marqués de Sade se hace ya consciente de que el cambio se produce al precio de la sangre, y de la sangre de alguien que representa a un padre común, a la divinidad; estamos, pues, ante un parricidio. Hoy se diría que la nación entera ha cometido el crimen de Edipo. Sade, el que acusaba al rey por su despotismo, acusa también a la república y le pide que asuma su culpabilidad.

La revolución se convierte así en un conflicto, en la contradicción de apoyar la justicia en la injusticia.

Pero ni el propio Sade, pese a haberlo sentido de manera tan intensa y certera, llega a ver claro que el cambio que se estaba produciendo era sólo sintomático, no real; que la autoridad de signo paternalista se sigue ejerciendo, antes a nivel antropológico, ahora, desde un punto de vista social; antes la voluntad del pueblo, en forma de fe, se proyectaba en un superyó divino del que procedía la autoridad del monarca; ahora la voluntad del mismo pueblo, bajo la forma de un contrato, se concentra en un individuo, el presidente de la república, que ejerce un poder equivalente.

La personalidad de Sade, a la luz del psicoanálisis, tiene los rasgos de un complejo de Edipo con los valores invertidos, rivalidad con la madre y vuelta al padre. Los efectos de esta situación poco frecuente no sólo se reflejan en unas determinadas cualidades literarias bien precisas, características del sadismo, sino que, además, nos permite entrever los rasgos que caracterizarían una cultura de signo contrario al de la greco-occidental de nuestra formación clásica.

Tanto en el plano del individuo, el psicológico, como en el colectivo, el de la cultura, el mito de Edipo, según se gesta en los orígenes de Grecia y llega a su desarrollo máximo en las tragedias de Sófocles, constituye un elemento esencial de nuestra personalidad. En general, el europeo de antes y el de ahora han seguido una línea directriz de autoformación en la que la muerte del padre era un paso necesario para ocupar su sitio, para hacerse nuevo padre, dominador de la exterioridad, capaz de comprender y de entender; la creación del sí mismo tras la vuelta al seno materno era una recreación con predominio de la inteligencia de lo real.

Para adentrarse en el sentido de la obra de Sade es preciso tomar como punto de partida un orden inverso de los valores. No se trata de hacerse nuevo padre, sino nueva madre; es necesario, pues, destruir la madre primera para ocupar su puesto creador. En vez de temer a la madre devoradora, la terrible Madre Tierra, el temor debe fijarse en la crueldad paterna, en el saber maldito, la luz destructora.

Para un griego, la unión de la pareja hombre-mujer tenía el valor simbólico de un regreso, una vuelta al andrógino, mientras que la aspiración al disfrute de un mancebo significaba un esfuerzo propio del progresar humano.

Para Sade, la mayor perversión imaginable es la sodomía, porque en ella coinciden todas las notas de una actitud en la que nada puede crearse, es lo infecundo por necesidad.

El saber era sin duda gratificante a juicio de los griegos; a él tendía por naturaleza el hombre, según Aristóteles. La vista, símbolo del aprender, de la inteligencia, tenía en Edipo y en Tiresias el sentido de un don excepcional, cuya pérdida servía para expiar grandes culpas y cuya compensación con la capacidad profética y adivinatoria indicaba un gran privilegio otorgado por un dios.

Sade, por su parte, heredero de Marción, y precursor de Artaud, atribuye al saber una función negativa. El sentido dado en la Biblia a la palabra conocer, en la que, originalmente, una virginidad se rompe, en la que la virtud se quebranta, sirve a Sade para simbolizar la crueldad y la destructividad humanas.

Ciertamente, el mito griego es más rico de lo que aquí estamos diciendo, pues si bien Layo muere a manos de Edipo, Yocasta muere también por su causa, de manera que en «Edipo en Colona» el protagonista, símbolo del hombre, deambula por los caminos sin el amparo paterno ni el materno; y, por otra parte, Antígona, su hija, sabe rebelarse contra el poder tiránico de Creonte con argumentos tan valiosos como los que Sade puede esgrimir ante el poder despótico de su monarca; pero tanto la vivencia que del mito se extiende por todo el Occidente, como su interpretación genial por Freud y otros psicoanalistas, muestran la parcialidad a que en estas líneas nos hemos referido.

Si tomamos ahora la obra de Sade, al menos provisionalmente, como el síntoma de un desequilibrio de signo contrario al de nuestra cultura clásica y la contrastamos con algunos puntos oscuros de la Revolución Francesa, es posible que la conflictividad de la historia europea empiece a iluminarse.

En una amplia zona de Europa bastante bien delimitada, en la que, sin duda, se encuentran comprendidas Inglaterra, Alemania y Francia, se vive el siglo XVIII como una gran contienda en la que se enfrentan, de una parte, los valores intelectuales, la razón, la claridad, y de otra, fuerzas de carácter irracional: el miedo y, a veces, el sentimiento de que la cultura supone un retroceso y no un progreso de la humanidad. En Alemania, ambos movimientos tuvieron incluso sus nombres precisos: «Aufklärung» y «Sturm und Drang».

Fontellene, Voltaire y Condorcet elaboran en Francia doctrinas que tienen en común el convencimiento básico de que el camino de la inteligencia no se detiene jamás, que el progreso de la razón no tiene límites; Montesquieu, en cambio, entiende que el desarrollo de los valores intelectuales sigue movimientos cíclicos, y Rousseau, en el polo opuesto, considera la marcha de la humanidad a través de la civilización como una pérdida de los valores positivos, los que hacían del hombre un ser bueno.

Del encuentro de estas opiniones tan diferentes cabría esperar un enriquecimiento mutuo tras largas polémicas, o unas divergencias irreconciliables en el desarrollo de las ideas; pero la historia no nos muestra sólo eso. Junto a la Enciclopedia de D'Alambert y Diderot, o los movimientos románticos, encontramos también el cadalso.

Nos preguntamos por qué la Revolución Francesa se afana en segar vidas humanas, por qué se apresura en la destrucción del contrario sin reflexionar siquiera en los motivos de la postura de cada uno.

Podríamos calmar la inquietud por estas cuestiones colocando ante nosotros un amplio panorama de problemas y conflictos y seguirlos en sus trayectorias hasta desembocar, en cada caso, en la guillotina, pero la calma así alcanzada sería sólo aparente; los hechos no quedarían del todo explicados.

Tal vez podamos aproximarnos al nudo del conflicto si, yendo más allá de las hondas diferencias que separan las concepciones intelectuales y culturales de esos pensadores destacados del siglo XVIII, alcanzamos un presupuesto más radical que, sin duda, los comprende a casi todos ellos y los unifica. Nos referimos a la inteligencia, o quizá mejor, al entendimiento humano como un valor positivo. El fenómeno está claro con respecto a los que ven en «las luces» el símbolo de un progreso ilimitado de la razón; tampoco ofrece graves dudas al aplicarlo a quienes presentan los avances del hombre como un movimiento de vaivén o circular. Las dificultades pueden encontrarse en el caso de Rousseau y sus partidarios, que conciben la civilización como un regreso; no obstante, también para ellos resulta bueno el hecho de que el hombre sea inteligente y entienda, y lo que es malo es el desarrollo concreto de esa capacidad en el hombre, que se ha apartado de la senda de la virtud al perder la inocencia originaria.

Ese presupuesto común, sin embargo, no se manifiesta de una manera directa y explícita, sino bajo la forma objetivada de un proyecto, que recibió el nombre de «espíritu». Puede verse, en efecto, cómo desde entonces hasta nuestro siglo se habla y se escribe del «espíritu» del siglo, del «espíritu» del tiempo, del «espíritu» de las leyes; la obra fundamental de Hegel se titula «La Fenomenología del Espíritu» y la de Dilthey «Introducción a las Ciencias del Espíritu».

Los comentaristas suelen equiparar este término con los vocablos griegos **pnéuma** o **nous**. Es cierto que en Grecia se utilizaba con frecuencia la palabra **pnéuma**, cuyo significado primero era el de viento o soplo, en el sentido de espíritu, de la vida que animaba un cuerpo; y la palabra **nous** como capacidad de conocer, como lo que se hace inteligible; pero en los tiempos modernos, el espíritu significa algo muy diferente del sentido de esos vocablos griegos.

Los pensadores del siglo XVIII, al hablar de «las leyes», o de «las naciones», o «del tiempo» y atribuirles un espíritu cuyas características pretenden analizar, están presuponiendo una personificación de los objetos analizados, están dotando de entendimiento y voluntad al tiempo o a las naciones. Si les buscásemos, pues, el paralelo en la antigüedad griega debiéramos pensar en los milesios, para los cuales «todas las cosas estaban llenas de dioses». Desde este punto de vista se entiende mejor la filosofía de Hegel: el término ha evolucionado de una especie de politeísmo a un monoteísmo, de manera que el espíritu no corresponde a cada cosa, sino a la totalidad.

Podríamos decir que en el fondo del problema late un panteísmo; primero, sólo en germen, mientras se tiene una visión fragmentaria del mundo o del hombre, y después, en su pleno desarrollo, cuando se alcanza el concepto del todo. Pero siempre panteísmo, por cuanto el mundo de las cosas está animado también por un entendimiento y una voluntad.

Parece claro que nos encontramos de nuevo ante la herencia de la mentalidad naturista del pueblo indoeuropeo, base antropológica de la cultura del Rhin. En esta actitud de predominio de la realidad, las ideas y la razón en su conjunto encarnan en cada individuo; viven en él y en él desarrollan fuerzas reales, actúan.

En este sentido debe interpretarse la célebre frase de Luis XIV, «El estado soy yo». Luis XIV no representa ni significa; asume. De él parten todas las representaciones y en él se originan todos los significados. No posee poderes; se identifica con ellos; los encarna.

El ejemplo es, en verdad, relevante; pero en modo alguno es un caso insólito. Se trata, más bien, de una mentalidad básica que tiende a generalizarse.

Dos generaciones más tarde, Luis XVI sigue encarnando el poder hasta el punto de hacerlo inseparable de su persona y, por ello, para trascenderlo es necesario hacerle morir. Robespierre lo manifiesta con toda claridad: «No queremos juzgar al rey; queremos matarlo.»

Pero la guillotina, al segar la vida de Luis XVI, destruye sólo su poder personal, no el poder en sí, que ya se ha generalizado. Otros muchos se han hecho poderosos y también deben morir a manos de otros en los que el poder había reencarnado, y así en una interminable cadena.

El hechizo que la razón y las luces ejercían sobre las conciencias de la época no afectó, sin embargo, a la mente y a la sensibilidad de un hombre excepcional, el marqués de Sade, que tenía una manera diferente de ver los problemas humanos.

Los gnósticos habían visto en el dios del Antiguo Testamento una divinidad perversa, personificación de la fuerza, que había triunfado sobre otro dios anterior, de carácter bueno, personificación de la luz. Una reminiscencia de este dios caído se encuentra en el «Lucifer» portador de Luz, de que habla Orígenes.

A través de la obra del Marqués de Sade lo que se alcanza a ver es el interior del hombre, no a la luz de la razón, sino iluminado por esa luz diabólica, que alumbra hacia adentro; esa luz de que cada hombre es portador, cada lucifer que somos si nos miramos a nosotros mismos.

Edipo, según Hölderlin, tenía un ojo de más. Los dos que tenía en común con el resto de los mortales le permitían ver razonablemente el mundo, ver un trono desde el que se podía mandar en la ciudad de Tebas; con ese otro ojo especial veía la dimensión luciferina del hombre, veía en sus propias tinieblas, veía la tenebrosidad humana.

Los ojos de Sade pertenecen al tipo de ese tercer ojo edipiano. Sade tiene, por tanto, la extraña propiedad de ver la cara invisible del hombre; Sade, diríamos, tiene la capacidad de ver con ojos acusadores.

Pero acusadores, ¿de qué?

En el Apocalipsis de san Juan, al Diablo se le llama «el acusador»; parece tener una función delatora como la que corresponde a la conciencia; pero no se especifica la índole de los pecados que su luz descubre. Del premio destacado que reciben las vírgenes, las que cantan y siguen al Cordero, puede intuirse que la luz diabólica ilumina un mundo humano muy similar al descrito en las obras de Sade.

El superojo de Edipo, por el que alcanzaba a ver su «ser hombre», acusaba al rey de Tebas de parricida e incestuoso. Desde entonces, los pueblos de la cultura de Occidente aprendieron a ver en ese mito una réplica de su propia imagen: todos, a medida que intentamos desarrollar nuestra personalidad, suplantamos la inteligencia del padre reengendrándonos en nuestra madre; nos hacemos a nosotros mismos por medio de esas culpas, que, a un mismo tiempo, asumismos y rechazamos.

El Marqués de Sade, por su parte, al vivir y escribir desde una postura invertida del mito, nos obliga a vernos desde un punto de vista radicalmente opuesto.

La cultura de Occidente no se forja sólo a partir de una recreación propia que conlleva una marcha decidida hacia el desarrollo pleno de los valores intelectuales, sino también en la estimulación de fuerzas agresivo-destructivas, que mueven nuestro caminar por las vías de lo perverso y lo infructuoso. Es decir, según Sade, el hombre de Occidente mata a su madre y sodomiza a su padre.

Tras el matricidio, la autocreación humana se hace imposible. Sin interior, la creatividad verdadera, la capacidad de sacar de la nada ese mundo irreal de los auténticos valores se convierte en una quimera, un esfuerzo inútil. El mito de Penélope se invierte: destejer durante el día el tejido logrado en el quehacer nocturno.

A la cultura de signo patriarcalista de Occidente le espera el esfuerzo estéril y, por estéril, la más perversa de las ocupaciones: el empeño de dominar sobre el hombre como si se tratase de un objeto más en la naturaleza. La inteligencia objetivada, el espíritu, sólo puede mirar al afuera, al mundo de lo real, y en él, a lo sumo, puede encontrar otras inteligencias y relacionarse con ellas. Es un encuentro para el que no cabe mejor símbolo que la sodomía, la más estéril de las actividades humanas. Estamos ante la búsqueda exclusiva de la figura del padre, porque la madre ha sido asesinada.

En los ensayos que Roland Barthes dedica a la obra de Sade se encuentra una alusión a los frecuentes viajes de los personajes sadianos. Todo le recuerda al ensayista el sentido iniciático del viaje, pero envuelto en un circunstancia un tanto extraña: las diferentes ciudades que se van recorriendo no ofrecen variedad alguna. Se repite siempre la misma manera de estar, como si a esos viajeros no les importase el afuera en que se encuentran.

Ahí concluye la observación de Roland Barthes, sin descubrir que los personajes de Sade no viajan, como los griegos, para ver, ni siquiera para sentir. Los viajes en la obra de Sade son formas iniciáticas de la huida. Esos personajes viajan movidos por el deseo imposible de desprenderse de su ser propio, son reconocimientos profundos de la esterilidad que les da su único sentido.

El conjunto de la obra sadiana es, ciertamente, un lenguaje, una gramática estructurada y dispuesta para llevar a cabo una comunicación; es como un gran símbolo. Sí, pero entonces nos encontramos con el problema de que tras la lectura de toda la obra de Sade no hemos hecho más que tomar conciencia del medio transmisor, no hemos hecho más que captar unos signos que necesitan ser descodificados. Es necesario, pues, hacer una lectura de la lectura del conjunto de la obra que nos legó la imaginación creadora de Sade.

La calificación de pornográfica que se suele dar a la parte de la obra sadiana perteneciente a la novela nos parece el fruto de una visión superficial. La utilización adecuada del término «pornografía» corresponde a los pasajes en que un autor describe, de un modo gratuito, fornicaciones u otros actos sexuales.

Pero el tema, según lo encontramos en la novela sadiana, tiene un alcance muy distinto.

La sexualidad real en la vida del hombre es el único medio de dar origen a nuevas vidas humanas. Tiene, por tanto, la sexualidad una función real intransferible en la creatividad entitativa del hombre. En consecuencia, entendido el mundo de la autocreación humana como un trascender la dimensión del puro ente, la sexualidad puede convertirse en el símbolo de la mayor potencia creadora imaginable.

Pues bien, al Marqués de Sade le bastará introducir en su obra la condición de una sexualidad infructuosa para lograr que el valor del símbolo se invierta: en vez del acto creador por antonomasia, nos encontramos ante la esterilidad más absoluta.

He ahí la voz acusadora del diablo, he ahí la iluminación luciferina de nuestro mundo interior; el hombre de la cultura de Occidente, que ha asesinado a su madre y ha sodomizado a su padre, camina infecundo por la historia.

Con la perversión sexual como primera clave para entender la obra de Sade, otros grandes símbolos entregan fácilmente sus secretos. En particular se hace comprensible el sentido del crimen.

El núcleo de relación interhumana más simple lo constituye, sin duda, la pareja. Nos encontramos aquí ante la primera salida del ser solitario y ante la primera elaboración de una unidad diferente a la del individuo: la unión de dos personas. De este primer núcleo pueden surgir, en la dimensión del símbolo, las dos formas contrapuestas del amor y la esterilidad.

Si en vez del núcleo simple, formado por la pareja, tomamos un conjunto más amplio, un colectivo todo lo extenso que se quiera, las nuevas relaciones interhumanas que se establecen siguen líneas paralelas a las del núcleo simple; de manera que, tomados sus sentidos en la dimensión del símbolo, coincidiendo con el amor aparece la amistad.

Es el enfoque positivo autocreador, el origen de los únicos núcleos que con verdad pueden llamarse sociales. Pero puede también establecerse la relación estéril, puede tomarse el camino de lo infecundo para el hombre. A este nuevo modo corresponde, en la obra sadiana, el crimen.

A ese estado in-social, a esa in-solidaridad humana le corresponde un in-dios, un ser divino al que no se le deben plegarias, sino blasfemias.

En todas partes, la prohibición fue la manera habitual de recibir la obra de Sade. Fue una medida tomada siempre «para evitar el daño que puede acarrear su lectura». La suerte del propio Marqués de Sade no fue muy diferente: tras un tiempo de cárcel, largos años de reclusión en un manicomio donde murió.

No es difícil imaginar el efecto que causaría en la mente del recluido por loco cada noticia de un nuevo guillotinado en los días de la Revolución Francesa, así como la de las guerras en las que los cuerdos se mataban mutuamente.

Todavía hoy estamos necesitando el valor de autoexaminarnos con los ojos acusadores de ese lucifer que somos cada uno, en vez de llevar el escándalo farisaico a prohibir aquello que nos negamos a ver.

Podemos concluir que en el siglo XVIII, en el llamado siglo de las luces, la conciencia humana se debate en una gran lucha entre fuerzas que en principio parecen irreconciliables. Por una parte pugnan las ideas claras, las que tienen como modelo el razonamiento geométrico, que pretenden englobar los conocimientos acerca del hombre en una ciencia moral con unos principios bien determinados, de la misma manera que Newton sistematizó el saber acerca del cosmos a partir del principio de la gravitación universal. Esta es la línea que va de Fontenelle a Condorcet y que tiene como figura más destacada a Voltaire. Por la otra parte, el pensador en solitario que fue el Marqués de Sade, partidario de escudriñar en las profundidades tenebrosas de lo humano. En medio de estas dos tendencias otras posturas, como la de Montesquieu o de Rousseau, que desconfiaban de ambos extremos.

En el fondo del problema, sin embargo, late a nuestro entender un principio que afecta por igual a todas estas actitudes en apariencia tan opuestas. Para todos estos pensadores, los conocimientos acerca del hombre que pugnaban por salir a la luz debían ser, como única posibilidad, el objeto de una ciencia. Es decir, en ningún momento se tuvo siquiera la sospecha de que, al margen de todo saber científico, propio para entender el cosmos, cupiera otra posibilidad: la del conocimiento del hombre, que no se refiere tanto a un saber de la realidad como a una creación nueva a partir de la nada.

Así, cuando Vico intuye un nuevo panorama de conocimientos en torno al hombre, da a su libro el título de «Principios de una

Ciencia Nueva en torno a la naturaleza común de las naciones». De igual manera, Juan Jacobo Rousseau, en cuya obra aparecen ciertamente los principios a partir de los cuales han de fundamentarse los nuevos conocimientos acerca del hombre, merece de Kant el calificativo de «el Newton de las ciencias humanas».

Faltó, por tanto, al siglo XVIII europeo hacerse consciente de que lo que entonces estaba surgiendo no era una ciencia más, porque el objeto a que esos conocimientos se referían no era un mero ente, sino que lo que entonces estaba ocurriendo era precisamente el acto por el que el hombre se escindía en su entidad por un lado y su ser por otro. De haberlo comprendido así, la Revolución Francesa no hubiera necesitado emplear la guillotina y el Marqués de Sade habría encontrado una salida para el hombre hacia una autocreatividad de sentido positivo.

En nuestros días vuelve a hacerse actual por múltiples vías la obra literaria del Marqués de Sade. Peter Brook, basándose en una obra de Peter Weis, realiza su film «Marat-Sade». Pier Paolo Passolini utiliza una de las novelas del Marqués para llevar a cabo su última película: «Saló, o los 120 días de Sodoma». Pero hay algo que nos parece más importante que esta vuelta directa al Marqués de Sade; nos referimos a un aspecto de la creación artística en la cultura española que toma la problemática sadiana para darle un nuevo enfoque en consonancia con todos esos rasgos, a que tantas veces hemos aludido, que caracterizan el sentido de lo hispano.

En el caso de la cultura española, la influencia de Sade no se refleja en una vuelta a sus obras para una recreación artística a partir de sus temas. De lo que aquí se trata es de una vuelta a los conflictos sadianos, o, tal vez, de una coincidencia de problemas históricos que motiva desarrollos de temas equivalentes.

Un simple recorrido por la obra fílmica de Luis Buñuel bastará para convencernos de que nos encontramos ante una mirada con ojos acusadores: al comienzo de «Los olvidados» se nos recuerda que lo narrado en la película, aunque se sitúa en Méjico, podría ocurrir en cualquier otra ciudad del mundo. Sádico es el protagonista de «El», cuya locura le asemeja, además, al propio Marqués, pese a que su encierro final tiene lugar en un convento y no en un manicomio. La equivalencia entre el castillo de «Las ciento veinte jornadas de Sodoma» y la casa en que se encuentran aislados los personajes de «El ángel exterminador» es también indudable, si bien la dimensión metafísica de Buñuel es diferente: en la raíz del bloqueo de lo humano que se produce en «El ángel exterminador» no se encuentra la esterilidad, sino la providencia, como veremos con más amplitud al tratar acerca de «La fundación» de Buero. La impronta de Sade en Buñuel destaca todavía más en «Viridiana», donde es posible descubrir, incluso, alguna presentación escénica en cuadros, sobre todo el momento en que la disposición de los mendigos a la mesa recuerda la «Cena» de Leonardo da Vinci, manera constante de resolver las situaciones en las novelas del Marqués de Sade.

En «Viridiana» destaca, además, lo sádico de algunos personajes en el sentido de perversos, en especial los mendigos, en cuya conducta no asoma la menor intención bondadosa. Buñuel dice en declaraciones a G. Sadoul en el prólogo a «Viridiana» de la Editorial Era que los mendigos son así y que, ciertamente, el ciego es un malvado; pero que «todos los ciegos son malvados».

Se ha hablado mucho de la actitud antirreligiosa o anticristiana de la obra de Buñuel. Coincidiría también en ello con Sade; pero hay entre ambos, en opinión nuestra, hondas diferencias.

La perversidad humana para el Marqués de Sade es un hecho; basta atreverse a mirar con ojos acusadores para descubrirlo. El hombre podría ser bueno, así se desprende de los consejos que el Marqués da a Luis XVI; pero esa transformación depende también de los hechos, es un problema de la voluntad que mueve el obrar. Sade cree mala en sí misma la fe religiosa. Se trata, según él, de concepciones falsas, ciertamente; pero, aunque no lo fueran, deberían ser combatidas por la perversidad intrínseca que contienen. La filosofía que se encuentra en la base de toda esa concepción de lo humano hunde sus raíces en el maniqueísmo; pero al tratarse de un maniqueísmo vivido bajo el prejuicio occidental de considerar la realidad como la única vía posible al pensamiento, la parcialidad resultante permite ver tan sólo el lado perverso del hombre. La bondad es posible, mas no verdadera.

El esfuerzo de Luis Buñuel, en cambio, se dirige sobre todo a desenmascarar la hipocresía y la contradicción de los que se dicen y aun se sienten religiosos, o, más concretamente, cristianos. La figura de Cristo crucificado, el crucifijo, el símbolo del amor entre todos los hombres, aparece en «Viridiana» como un instrumento que oculta un puñal en su interior, es decir, el símbolo del odio. Pero Buñuel aclara que ese artificio no es invención suya, que él ha visto crucifijos articulados de esa manera.

Cabe, por tanto, interpretar la obra de Buñuel en el sentido de que el hombre no ha alcanzado todavía la dignidad de cristiano. Son ojos luciferinos que acusan la malicia humana porque, en el fondo, creen en la posibilidad del bien. Lo perverso del hombre podrá un día transformarse en bondad, porque la propia naturaleza humana puede ser superada; junto al mundo de lo real a que el hombre también pertenece, se encuentra el mundo irreal autocreado, cuna de valores que le permiten al hombre trascender la condición de mero ente y alcanzar el mundo del ser.

Buero Vallejo, por su parte, trae de nuevo la temática sadiana a primer plano, pero en su enfoque esos conflictos radicales sufren alteraciones tan profundas que, casi siempre, los resultados se invierten.

Es notable la estima en que Buero tiene la luz. Su temperamento visual favorece mucho esta circunstancia. Si Buero quiere ver, la luz se le convierte en un elemento indispensable. El paso a convertir esa luz, ese elemento tan valioso en la vida ordinaria, en un símbolo, ha de serle fácil. En efecto, la obra entera de Buero Vallejo está surcada de símbolos de esta naturaleza, pero en la obra que comentamos en este capítulo, «Las Meninas», aparece una frase en la que culmina esta tendencia; nos referimos al momento en que Buero hace decir a Velázquez: «He llegado a sospechar que la forma misma de Dios, si alguna tiene, sería la luz...»

Casi sin pretenderlo recordamos aquí el descubrimiento del liberado de la caverna platónica, el sol como fuente de luz, la idea de las ideas, el bien; pero el Velázquez recreado por Buero nunca hubiera llamado a esa imaginación suya un cosmos; es otra cosa muy diferente lo que Buero quiere decir por medio de su personaje.

Dios es el símbolo de los símbolos, en el sentido de que Dios es el ideal supremo del hombre autocreándose, del hombre creador del mundo de lo simbólico. La forma de luz atribuida a la divinidad, por tanto, debe significar que el hombre para autocrearse necesita verse, iluminarse a sí mismo.

Nos encontramos, pues, ante una idea superadora de los partidarios de las luces, de los Fontenelle, Voltaire y Condorcet, y del Marqués de Sade. Se trata de una luz que ilumina las sendas del hombre, que permite adivinar posibilidades ilimitadas al desarrollo de lo humano; mas no mediante una mirada al afuera, al mundo de lo real, sino en el sentido luciferino apuntado en la obra sadiana.

La mirada con ojos acusadores de Sade alcanza la realidad humana, pervertida por un desarrollo anormal de las facultades mentales, por un desarrollo del conocer que conlleva la crueldad entre los hombres. La mirada de Buero escudriña también el adentro, es también una mirada luciferina; pero su sentido no se agota en el mero acusar. El Lucifer que se levanta de las profundidades de lo humano retrocede hasta su origen divino. La luz que Velázquez plasma en sus «Meninas» es la forma de Dios, es la capacidad creadora del mundo de los símbolos, fecundada por el bien.

El hombre descrito en las novelas de Sade es así; los mendigos que Buñuel lleva a la plantalla en «Viridiana» son así; el ciego es un malvado como todos los ciegos lo son. Los mendigos de «Las Meninas» de Buero son también así, son personajes sadianos como lo muestra su aparición primera en la escena, adoptando las maneras del «Esopo» y el «Menipo» de los cuadros de Velázquez, pero son así porque son locos, son formas perturbadas del desarrollo humano. Pedro Briones es un homicida pero quiso siempre ser pintor, y son sus ojos, casi ciegos, los que saben interpretar la verdadera creatividad que se anuncia en ese cuadro que Velázquez le presenta en boceto. Esa mirada casi imposible descubre el ser de una España nueva, de una España que trasciende la realidad del hombre sadiano de que todos partimos. La luz de lo divino, la que permite ver el mundo ético autocreado por el hombre, es la luz que ilumina esa mirada al más allá de lo real de Pedro Briones, el que en el mundo cósmico no alcanza a ver siquiera los colores y ni siquiera habla de ellos, como debiera hacerlo ante un pintor.

En un primer sentido del proceso, pues, la rebeldía de Velázquez supone el cambio de la sumisión a la autoridad regia, representante de una divinidad poderosa, por una comunicación afectiva, la amistad con un mendigo homicida y artista, que sirve de instrumento para la epifanía de un dios bueno, creador de un orden distinto entre los hombres; pero esta dimensión de la rebeldía velazqueña no explica todavía la pretensión de Buero de que el resultado sea una España recreada en un mundo diferente.

Ya hemos hablado, al comentar «Historia de una escalera», de cómo Velázquez logra pintar la creatividad misma en sus «Meninas». Ahora, desde la nueva problemática a que nos ha llevado el desarrollo de nuestro trabajo, el mismo cuadro nos ofrece nuevas respuestas.

En esta oportunidad no nos interesa el pintar, sino lo pintado. Debemos, por tanto, empezar por dar un paso equivalente al que va del «yo pienso, luego existo» de Descartes al «yo pienso lo pensado» de Husserl; mas no para quedarnos en una fenomenología descriptiva, sino para regresar de nuevo a la actitud de Descartes e incluir un «por consiguiente» en el proceso.

Tres clases de elementos incluye el cuadro «Las Meninas» que, de un modo no riguroso, podemos llamar: lo real, lo irreal y la luz.

La estructura de la obra, por otra parte, se constituye de un modo complejo: a la izquierda, en el primer plano, se encuentra el bastidor del cuadro que está siendo pintado y del que sólo se ve el reverso. Por la interpretación del propio Buero sabemos que el contenido del anverso es la imagen de los reyes que se refleja en el espejo del fondo, es decir, una imagen y la imagen de esa imagen, el mundo de lo irreal humano, y, como punto medio, el artista. A la derecha, equilibrando este aspecto, en el primer plano, un perro, la naturaleza animal domesticada, transformada según el modo de vida que corresponde al hombre; en segundo lugar, los enanos, seres humanos no logrados del todo; más al fondo, el hombre que está o que entra.

Estas dos mitades del cuadro guardan sentido unitario merced a dos cosas: la infantita en el centro, la promesa de lo humano en su máximo desarrollo, y la luz, que no sólo permite ver el conjunto sino que, además, nos mueve a trascender de lo pintado a sus símbolos.

Es el hombre, por tanto, la meta, el sentido último de «Las Meninas» de Velázquez; pero en ese doble aspecto al presentar el problema late sin duda una inquietud también doble. La infantita, promesa y esperanza, la que debe evolucionar tanto en el sentido que marca el salto del animal al hombre como en el que va de la imagen en el cuadro a la imagen reflejada, nos aclara suficientemente la primera de estas maneras de autocrearse; pero algo queda por decir todavía acerca de la luz.

En sus «Poemas a la noche», Novalis distingue entre las luces y el iluminismo. En la mente del poeta latía el recuerdo de esos momentos prerrománticos en los que se veía claro porque se veía en el mundo de lo real o al modo geométrico. Se veía al hombre despojado de sus misterios. La dimensión nocturna en que Novalis se encontraba requería otras luces que no podían provenir de la mera inteligencia, sino de un sentir previo y más profundo; eran las claridades del iluminismo.

En España una secta religiosa, la de los iluminados del siglo XVI, había tomado un sentido que, de alguna manera, nos recuerda la distinción de Novalis; sólo que para aquellos españoles no se trataba del mero hombre, sino de la divinidad actuando en ellos, la divinidad a cuyo poder se entregaban, se «dexaban».

Los iluminados españoles pretendían eliminar de sus prácticas religiosas todas las formas rituales, así como todas las fórmulas y las imágenes «de palo», y vivir el espíritu puro del evangelio. Podríamos decir que, en sus planteamientos, se adelantaban en más de cuatro siglos a los problemas de las obras que comentábamos de Luis Buñuel.

Si ahora tomamos de nuevo la frase que Buero hace pronunciar a Velázquez: «He llegado a sospechar que la forma misma de Dios, si alguna tiene, sería la luz...», hemos de entenderla como una luz que parte de la concepción de la luz interior de los iluministas, puesto que la meta suprema del cuadro es el sentido último del hombre; pero al mismo tiempo debe ser un medio de enlace entre los hombres, una manera de unir entre sí a cada uno de esos individuos que tienen a la divinidad como símbolo máximo de sus aspiraciones humanas. Se trata, diríamos, de una luz que hace visible a cada hombre el mundo de todos los hombres, una luz que ilumina el mundo interhumano autocreado. Es la divinidad como el superyó de la cultura.

Tras este paso, empezamos a vislumbrar por qué Pedro Briones intuye que lo pintado en ese cuadro que Velázquez proyecta es el nuevo ser de España.

Se abre así una nueva perspectiva sobre el mundo de los problemas humanos. El camino recorrido hasta aquí en el hacerse del hombre ya es largo, y un tanto complejo; pero los pasos decisivos, aquellos en los que se da el salto de una etapa a otra, están muy claros.

Puede darse como principio de la hominización el momento del desarrollo evolutivo de la vida en que el individuo, que vivía inmerso en el cosmos de lo real, sometido a las leyes de esa realidad que lo limitaba, se rebela contra esos condicionantes que lo determinaban y crea para sí el mundo de lo irreal. Acaba de iniciarse de esta manera el penoso proceso que ha de llevar al débil cachorro del hombre a su verdadero hacerse ser humano. Por una parte, la magia, el mito, la religión y, en gran medida la filosofía, le harán creer que ese mundo nuevo es tan real como el cosmos de que ha partido; el arte, por otra, le permitirá un progresivo afianzarse en el mundo de los valores creados y unir ambos sentidos, no dando realidad a los símbolos como pretendiera la concepción goetheana de la estética, sino, a la inversa, dando origen y sentido a los símbolos mismos.

Sirve lo simbólico, en principio, para que los individuos de la nueva especie puedan comunicarse y entenderse, y esa posibilidad hace que cada yo se geste y se desarrolle como persona en la relación con los demás individuos del conjunto de la especie humana.

Este gestarse del individuo en el grupo hizo pensar a muchos investigadores del siglo xix y de las primeras décadas del xx que en el origen del ser hombre se encontraba como causa la sociedad, pero faltaban todavía elementos de juicio.

En el inicio de la hominización se logra el acceso al mundo de lo irreal mediante el símbolo, pero se trata todavía de un símbolo de la realidad, son todavía representaciones o proyectos. Ese yo inicial, por tanto, puede tener, como lo pretende Freud, unas raíces básicas que se hunden en el plano de lo instintivo, o puede tener, siguiendo la opinión de Marx, sentido a partir del intercambio de valores económicos; pero, en ambos casos, la personalidad que se logra o a la que se tiende no es, a nuestro entender, una verdadera personalidad social, por cuanto el hombre de que partían había resuelto únicamente su primera liberación de lo real, dando el paso de la creación del mundo de lo estético.

En la tarea de autocrearse, el hombre debe lograr su segunda liberación originando un tipo nuevo de símbolos que relacionen, no el cosmos con el mundo humano, sino los diferentes mundos de autocreación humana entre sí, lo irreal con lo irreal. Esos símbolos, de segundo grado diríamos, requieren el concurso del arte trágico y dan sentido al hombre ético.

La nueva ciencia del hombre, para la que los pensadores del siglo xix buscaban un principio equivalente a la gravitación universal descubierta en el mundo cósmico por Newton, consistía, según los últimos escritos de Dilthey, en una ciencia de los significados y, en consecuencia, su base dependía del hombre creador del lenguaje, **el homo poeta.**

Nos parece que también para Dilthey el punto de partida se encuentra en la superación tan sólo del problema estético y no de la fase ética del proceso del desarrollo humano.

Si ahora volvemos al planteamiento de Buero en «Las Meninas», el porqué de España en la visión de Pedro Briones puede aparecer ya con un sentido muy preciso; el mundo de la esterilidad humana de las novelas del Marqués de Sade era una protesta contra la limitación de las relaciones interhumanas en el plano de lo real. De esa manera la sociabilidad era imposible o era una sociabilidad negativa. La rebeldía de Velázquez abría al hombre al plano de la ética, desde el que sí es posible construir, con esa nueva dimensión de lo simbólico, un mundo positivo de las relaciones interhumanas, el verdadero mundo de la sociabilidad; y ese es el sentido de España como nueva interpretación del cuadro que Velázquez proyecta.

El nuevo paso no se da tampoco sin esfuerzo y sin el tremendo dolor que siempre acompaña, como precio, cada conquista de un nuevo bien. Pedro Briones muere, Velázquez llora. La marcha, sin embargo, no se detiene. Martín, el segundo mendigo, adivina entonces que está destinado a una gran tarea: difundir por todas partes ese mensaje que Pedro no pudo transmitir. No lo entiende del todo, pero no importa. La buena nueva llegará y será conocida dondequiera que él llegue.

Capítulo XX

Saber científico y vergüenza filosófica
Teatro aristotélico y teatro épico
La ética del amor en
«La doble historia del doctor Valmy»

El paso del cosmocentrismo al antropocentrismo, dado en los inicios de la modernidad, más que un cambio radical de hecho lo que produce es la apertura de las mentes inquietas a un proceso que debe conducirnos a una concepción nueva del sentido del hombre en el mundo. Nadie duda, en principio, de que lo real condiciona de un modo absoluto lo verdadero y, por tanto, todos los movimientos de progreso cuidan, no sólo enraizarse en la realidad, sino además, permanecer ligados a ella como única garantía de que su desarrollo es positivo. Este lastre, sin embargo, no impidió la formación de una infraestructura cultural europea cargada con los gérmenes de un mundo nuevo para lo humano. En la conciencia europea de signo realista todas las nuevas inquietudes eran encauzadas por vía racional hacia el dominio de lo científico; es lo que todavía hoy se llama «el mundo de las ciencias del hombre». Filosofía, psicología y sociología colaboran en la tarea de incrementar el acervo de esta nueva ciencia apuntando incluso, en ocasiones, a una superación de su condicionamiento realista, pero sin lograrlo nunca de un modo satisfactorio.

Los progresos de la psicología son, sin duda, muy grandes. Podría calificárselos, quizá, de espectaculares: se descubre el plano del subconsciente y el mundo de los símbolos; se pone de manifiesto la función de la pregnancia; se analiza el sentido de la conducta y se estudian el desarrollo genético de cada individuo y el surgir de cada nueva capacidad humana.

Por otra parte, ese hombre, sujeto de la nueva ciencia, entendido al principio como un espíritu encarnado en un cuerpo y como una realidad espiritual condicionada por la naturaleza en todas sus manifestaciones, empieza a estudiarse como condicionado también por los otros espíritus. Es Rousseau quien advierte que cada yo está condicionado en su desarrollo por la educación, la lengua y la cultura, dando así origen a la sociología como una rama de esa ciencia acerca del hombre. Comte, Marx y otros muchos impulsan estos estudios y los conducen hasta niveles insospechados.

Pero tanto la psicología como la sociología, o incluso la antropología, se han encontrado en todo momento, limitadas a una visión realista del hombre, progresando como ciencias positivas e imposibilitadas de trascender sus fronteras por falta de una nueva luz en el campo filosófico que les permitiera progresar también en el sentido de los fundamentos del ser del hombre. Faltaba la posibilidad de aventurarse en el mundo de la irrealidad autocreada.

En la obra de Buero Vallejo que ahora queremos comentar, «La doble historia del doctor Valmy», podemos encontrar síntomas inequívocos de ese nuevo paso de la filosofía que esperamos en un futuro más o menos inmediato.

En la técnica utilizada por Buero Vallejo al componer esta obra advertimos el apoyo en una estructura que, a primera vista, podría tomarse por puramente brechtiana: el drama, en su conjunto, viene a ser la redacción de un libro que está escribiendo el doctor Valmy. Todo parece indicarnos, pues, que Buero se ha decidido por la forma del distanciamiento que Bertolt Brecht preconiza para la consecución de un teatro crítico. A nuestro entender, sin embargo, esta no sería una interpretación correcta, ni siquiera proximada, de la obra que nos ocupa.

El llamado teatro aristotélico buscaba la identificación del actor con su papel y la del público espectador con el problema representado; se trataba de hacer vivir un conflicto, de trasladarnos, por vía emotiva, a una situación de sufrimiento con los que sufren y también de alegrarnos con los alegres; pero todo ese camino de inmersión, en lo trágico sobre todo, no era más que una fase del proceso; no se pretendía la permanencia en ese estado sino lo contrario: superarlo, purificarse del dominio de culpabilidades ancestrales que atan al hombre y lo inmovilizan. Es el efecto de la llamada «catharsis».

El teatro aristotélico, por tanto, tenía como finalidad un verdadero progreso cuyo sentido tal vez no haya sido aclarado suficientemente y cuyas metas, sin duda, no se han alcanzado todavía ni mucho menos.

La denuncia de Bertolt Brecht al teatro aristotélico se basa en la idea de que una identificación equivale a una pérdida de conciencia personal y, por consiguiente, deja al espectador expuesto a la manipulación del dramaturgo.

Por el sentido de los argumentos utilizados y por la manera misma de acusar, nos damos cuenta de que Bertolt Brecht se sitúa, sin crítica, en la concepción del teatro como un arte social. Era éste, en efecto, el único criterio válido en el medio marxista a que Brecht pertenecía. Así entendido, el teatro, y aun todo el arte, se convierte en un instrumento al servicio de una idea.

El mismo sentido subyace en toda la teoría del teatro brechtiano. En el desarrollo de las fórmulas de distanciamiento a todos los niveles, Brecht preconiza la necesidad de que el actor no se identifique con su personaje ni el público con la trama para que los efectos dramáticos sean críticos; para que el espectador afectado por la pieza teatral tome conciencia del problema planteado, se constituya en juez que ha de dictaminar sobre el caso y tome partido en favor de la verdadera justicia con la mente fría y la voluntad firme.

Pero la vena artística de Bertolt Brecht era mucho más fuerte que su dependencia de cualquier postura política y que cualquier actitud tomada conscientemente; de manera que, tanto al considerar sus obras como, incluso, su pensamiento crítico teórico, podemos descubrir otros elementos decisivos, no sólo distintos de los que él creía determinantes de su quehacer artístico, sino aun contrarios a los que pretendía manejar.

El ser del arte del teatro está muy lejos de coincidir con un medio para el desarrollo de lo social. El teatro no impulsa una tarea en común, sino algo anterior. Desde las representaciones rituales de la fiesta de año nuevo hasta las mejores piezas de Bertolt Brecht o Buero Vallejo el ser artístico del teatro se ha caracterizado por poner de manifiesto, o lo que el hombre parece y no es, y entonces se le llama «comedia», o lo que el hombre no parece y sí es, y en este caso se le llama «tragedia».

Ahora bien, ese descubrimiento del hombre, de lo humano que hay en los demás, es un medio que nos permite vernos en los otros, identificarnos con ellos; por tanto, a la esencia del teatro como arte le es propia la fundamentación del ser ético y, en última instancia, da sentido a la convivencia, base de la sociabilidad, pero en modo alguno se confunde con ella.

El teatro aristotélico y el teatro épico propuesto por Bertolt Brecht coinciden en su finalidad íntima: lograr que el hombre tome no sólo conciencia a niveles de conocimiento de que los demás son también seres humanos, sino, sobre todo, que aprenda a identificarse con los otros, a verse en el prójimo como en un espejo que le devuelve su propia imagen. Lo que distingue el procedimiento llamado aristotélico del brechtiano es la manera de alcanzar el fin propuesto: el primero vive los problemas para comprender, al separarse, que allí había seres humanos; no cosas; el segundo se separa de antemano para enjuiciar el mismo problema con lucidez y serenidad.

El espectador que asiste a la representación de «La doble historia del doctor Valmy» tiene la posibilidad de experimentar, a la vez, el efecto crítico del distanciamiento y el catártico de la identificación y purificación.

Lo que en la escena se expone es el contenido de un libro que está escribiendo el doctor Valmy, con lo que se facilita la separación momentánea de lo representado; mas, por otra parte, el contenido del libro no se narra, sino que se representa, convirtiendo la escena en vivida a la manera del teatro aristotélico. Y no es esto todo: la historia misma que se expone es doble. Tiene dos caras, una de las cuales, la del señor de esmoquin y la señora en traje de noche, es distanciadora, sirve de contraste con valor crítico, mientras que la del señor Barnes facilita un fenómeno de identificación total con él mismo y con el torturado, Aníbal Marty, con el cual él se ha identificado asimismo.

Estos planteamientos suponen, ciertamente, una superación, por parte de Buero Vallejo, de la disyuntiva teatro aristotélico o teatro brechtiano. Buero es consciente de ello, pero en el estadio así alcanzado se encuentran nuevos presupuestos tal vez sólo intuidos por el autor de «La doble historia del doctor Valmy» que nos parecen muy enriquecedores a niveles filosóficos.

El libro que el doctor Valmy está escribiendo no es un medio indiferente de distanciamiento. Se trata de un libro y de un autor con características bien determinadas e insustituibles: el doctor no es un especialista cuyo saber lo convierta en una autoridad en la materia, no es un científico. Es un médico de barrio, un practicón, que trabaja en un sanatorio psiquiátrico y tiene una consulta en la que quiere recibir al que llega «con los ojos húmedos y el corazón agitado».

En el punto de partida no está, pues, la ciencia, sino el hombre. En el libro otros médicos echarán de menos muchos tecnicismos como «complejos o transferencias» y hasta podrán sonreír si lo leen, pero Valmy se ríe de ellos y les paga en la misma moneda.

Los libros de los científicos hablan de ciencia, exponen un saber sobre la realidad. La obra de un humanista es incompatible con esos principios; el libro del doctor Valmy no lleva al saber, sino a la «vergüenza». La ciencia del hombre ha cambiado de sentido; ha dejado incluso de ser ciencia para transformarse en una inquietud que debe ser entendida desde el ámbito de lo filosófico.

La purificación catártica pretendida por Aristóteles y los efectos críticos buscados por Bertolt Brecht pueden entenderse ahora como un paso más en el camino que lleva al hombre desde su entidad a la conquista de su verdadero ser; es un paso más en el empeño del hombre por liberarse del mundo de lo real.

El arte en general, la conquista del mundo del símbolo, había permitido al hombre liberarse del cosmos de lo cósico; el paso que corresponde al arte de la escena, y más concretamente a la tragedia, propone la independencia del hombre respecto al hombre, la liberación en el plano de la conducta. Es decir: la constitución de la ética.

Las ciencias del hombre habían logrado en las primeras décadas de nuestro siglo, sobre todo en el campo de la psicología, algunas conquistas en verdad relevantes, como indicábamos líneas atrás. La pregnancia, por ejemplo, en la psicología de la forma y la función de los símbolos en la psicología profunda. Pero en ninguno de ambos casos llegó a hacerse claro el fundamento en lo negativo que les servía de base: se da la pregnancia allí donde algunos datos, algunas percepciones bastan para constituir una imagen, allí donde se suple lo que falta y se llena el espacio de lo que en él no está. Lo mismo puede afirmarse con respecto al símbolo, pues también en él lo decisivo se encuentra en la utilización de algunos rasgos comunes a muchos elementos para sugerir y dar posibilidades ilimitadas a lo que la realidad empobrecía.

Algunas artes, en particular la poesía y la pintura, equivalen en el mundo irreal de autocreación humana a esas conquistas de la ciencia psicológica. Ehrenzweig está muy cerca de comprender este problema en su plenitud, y es posible que, leídos desde esta perspectiva sus libros «Psicoanálisis de la percepción artística» y «El orden oculto del arte», muchos puntos oscuros se aclaren.

Nadie se ha preocupado, parece ser, por una comprensión de la psicología de la conducta desde el punto de vista del arte. Como ciencia experimental, el conductismo quedó así limitado a un saber sin pretensiones de trascendencia hacia el dominio de la creatividad. En el fondo de este sector de la psicología, sin embargo, late el mismo principio que, en el orden del mundo autocreado, da origen al arte escénico.

Los psicólogos norteamericanos, desde Morgan hasta Watson y Skinner, entendieron que la conducta humana era el medio más adecuado para adentrarse en una psicología que pudiera, con razón, llamarse científica. Ninguna otra manera, en efecto, brindaba las mismas oportunidades de observar y experimentar con la objetividad con que se podía hacer apoyándose en las manifestaciones de la conducta.

Todas las manifestaciones ajustadas a esta línea directriz coincidieron siempre en la determinación del punto de partida, la base sobre la que podría construirse todo el andamiaje para la edificación del gran sistema psicológico-científico. Este punto de apoyo lo daba el principio de que a todo estímulo le sigue una respuesta. Se trata de una correlación entre el adentro y el afuera de las relaciones humanas.

Uno de los objetivos que más atrajo el interés de los investigadores, en particular de Watson, fue el estudio del lenguaje. Los circuitos así establecidos entre dos individuos daban como resultado un tipo de relación interpersonal, una forma de comunicación, sobre todo, a niveles del pensamiento.

Pero no todo eran ventajas en el ser científico de ese nuevo enfoque de la psicología. El tener que limitarse al plano de la realidad dejaba al conductismo fuera del mundo de la autocreación humana, en el que las relaciones podían alcanzar objetivos incomparablemente más ricos.

El arte trágico pone ante nosotros una dimensión insospechada en esa relación interhumana investigada por los conductistas.

La tragedia se apoya también en el trazado de un circuito de comunicación entre individuos; pero, a diferencia de lo que ocurre con el lenguaje, aquí no existe objeto alguno que deba ser comunicado. Lo que en la tragedia se muestra es la comunicabilidad misma, el lazo que hace posible que dos individuos, al vivir, con-vivan. Dos individuos solitarios pueden vivir ignorándose, no coincidiendo; pero si se encuentran deben abandonar su autoconcepto de solitarios y descubrirse personas a las que une un nexo invisible, una relación en forma de circuito en la que nada se transmite más que la relación misma contituida, en su esencia, por el acceso a la capacidad de negar en el otro la condición de ser mero ente.

Edipo encontró un hombre en su camino y, como no le cedía el paso, lo mató. En la conciencia íntima del futuro rey de Tebas surgía ya el sentimiento de culpabilidad, pues no se trataba de un puro solitario sino de alguien avisado por el oráculo acerca de los signos distintivos de lo humano. De ahí que supiera descifrar el enigma de la esfinge, tanto si contestó «el hombre» como si, de acuerdo con la versión más antigua, dijo «yo mismo». Al matar, Edipo introdujo la peste en la ciudad tebana porque la muerte de cualquier ser humano que se cruce en nuestro camino es un parricidio. Cualquier hombre que nos sale al encuentro es nuestro padre porque del hecho de relacionarnos surge nuestra autogestación como personas.

Al mismo tiempo, dado que también el otro se gesta en la relación con nosotros, el encuentro nos eleva a la paternidad, nos hace responsables de nuestros actos, no sólo en el plano del yo, sino, además, en el del nosotros. Layo es también responsable del parricidio de su hijo Edipo.

Teatro aristotélico y teatro brechtiano caminan, sin saberlo, hacia la conquista de este estadio de hominización: es necesario purificarse de unas culpas originales, adquiridas por el mero hecho de haber nacido. Son las culpas de no haber logrado todavía el desarrollo pleno de la personalidad. Es necesario igualmente verse solo, descubrirse uno frente a todos, para superar la etapa de primitivismo en que generalmente nos movemos.

Algunas obras de Buero nos mostraban cómo y en qué manera los otros son nuestro espejo y son nuestros dioses; pero el sentido último de la tragedia que Buero pretende poner de manifiesto no se aclara suficientemente hasta el planteamiento de la relación interhumana presentado en «La doble historia del doctor Valmy».

En esta pieza, llamada por el autor «relato», probablemente para que se haga visible su réplica a Bertolt Brecht, se establece un circuito de encuentros y comunicaciones que nos llevan a la conclusión única, y abarcadora de todas las conclusiones anteriores, de que «los demás somos nosotros mismos».

Daniel Barnes y Aníbal Marty se encuentran, y entre ellos surge un vínculo de apariencia irreversible: el de torturador-torturado. Pero la validez de esa conclusión no se mantiene ni un solo instante: Daniel Barnes resulta tan torturado como Aníbal Marty y de la misma manera.

El esquema en que se disponen los acontecimientos y que da estructura a la obra vuelve a ser, como en «Llegada de los dioses» y «Las Meninas», similar al esquematismo kantiano. En esta ocasión es Daniel Barnes el que ocupa el punto medio, el de la imaginación en la «Crítica de la razón pura», mientras que el lugar de la realidad lo ocupa el comisario Paulus y el del conocimiento Aníbal Marty.

En el plano de los símbolos, el comisario Paulus es padre de Daniel, lo que da a la obra un claro sentido de constitución de la personalidad.

El padre de Hamlet había sido asesinado y suplantado en su puesto por el asesino. Esa situación dejaba al príncipe de Dinamarca enfrentado a una paternidad falsa, reengrándose por la vía de las apariencias y solo ante una sombra del padre verdadero. Su historia podía haber sido, como también pudo haber sido la de Daniel y Mary Barnes, «una historia de amor y de belleza». Mas para Hamlet la senda de esas apariencias resultaba impracticable, no podía vivir de disfraces o artificios y así mata primero a su futuro suegro, su segundo falso padre, y con ello destruye su posible felicidad. Víctima del veneno que el padrastro preparaba para él muere su madre y, a continuación, herido él de muerte con un veneno para el que ningún remedio existe en el mundo, mata también a su tío y padrastro.

Daniel, como Hamlet, es reengendrado en un sentido impropio, en un sentido que no podía conducir al desarrollo de lo humano positivo, sino a una autodestrucción. De un falso padre y de una madre cómplice sólo podía resultar una personalidad estéril.

La conclusión a que acabamos de llegar bastaría por sí sola para ponernos en aviso acerca del signo de la problemática planteada. Se trata, de nuevo, del mundo del sadismo con todas sus características físicas y mentales, pero con una respuesta que el Marqués no acertó a dar. La sexualidad que el Marqués de Sade describe en sus obras, desviada hacia la sodomía, se convierte en el símbolo de la mayor esterilidad porque, de esa manera, actos que tienen como fin procrear, dar origen a nuevas vidas humanas, invierten su función y se quedan en la apariencia de actos que a nada conducen.

En «La doble historia del doctor Valmy» se nos muestra el mismo símbolo, el mismo mensaje de que el desarrollo de la cultura de Occidente, desviada hacia el patriarcalismo, nos hace estériles; pero el procedimiento seguido, el orden utilizado difiere hasta convertirse incluso en el contrario.

No se trata aquí de que somos estériles y, por tanto, maltratamos, sino de que nos hacemos estériles porque maltratamos. Daniel, torturador, quebranta la potencia viril de Aníbal Marty, torturado.

El circuito de la relación se ha iniciado; el encuentro entre ambos se ha producido, como el que tuvo lugar entre Edipo y Layo, bajo el signo del dominio del hombre sobre el hombre. La conducta toma el carácter de un primer símbolo: el de la actitud posible a adoptar ante cualquier encuentro con el ser humano.

Ahora bien, el circuito iniciado debe cerrarse, y, al hacerlo, los efectos refluyen sobre Daniel, que contrae, él también, la misma impotencia que causara a su víctima.

Daniel se convierte en su propia víctima porque al hacer nos hacemos. Y esto es así porque el encuentro con el otro consiste en el surgir de una relación que nos transforma en un ser distinto: dejamos de ser individuos para hacernos personas, dejamos de ser solitarios para adquirir una categoría nueva en la que nuestro ser consiste en mi yo más el yo del otro. El ser de la persona encontrada se instala en nuestro interior, no a la manera de un accidente, sino al modo de una nueva determinación propia. De ahí que, no sólo cuanto hagamos a los demás equivaldrá a un hacernos nosotros mismos, sino que la actitud que adoptemos ante cada encuentro bastará para darnos sentido. Somos lo que son los demás para nosotros. La identificación entre el torturador y el torturado se hace visible con claridad en la doble impotencia que se produce, la impotencia que acompaña a cada uno; pero la identificación mayor entre ambos no es ésta. La intensidad de la tortura supera los límites de la resistencia de Aníbal y éste muere. El hecho deja sentenciado a Daniel, que debe morir víctima de sí mismo. Buero no resuelve este conflicto por medio de un suicidio real, que restaría valor artístico a la obra, sino valiéndose de otra dimensión de los símbolos en la que la identificación no se produce a niveles de psicología conductista, sino en el ámbito de la psicología profunda: Daniel muere a manos de «su» mujer, su mitad femenina, por medio de «su» propia pistola.

No es esto todo, sin embargo, en la muerte de Daniel. Las motivaciones se encadenan y complican en un entramado que, al fin, nos envuelve a todos.

Daniel eligió, ciertamente, para re-crearse, un falso padre, con lo que marcaba su destino con el signo de la esterilidad. Se reengendraba en la culpa y era, por tanto, el primer responsable.

La complicidad de la madre es grave en extremo. El símbolo del tejido, la labor de punto en que constantemente se ocupa, la señala como la gran urdidora de tramas ocultas o casi ocultas. Ella entrega, de hecho, su hijo a un falso padre, lo que la convierte en una falsa madre, movida por ese deseo que parece traslucirse a lo largo de toda la obra de reconquistar al antiguo pretendiente. Sus intereses son los únicos válidos para ella, hasta el punto de estar sorda para todo lo demás. La madre es, por tanto, la segunda responsable.

La participación directa del comisario Paulus no ofrece dudas: hombre fracasado en la creatividad auténtica, quiso forjar a Daniel a su propia imagen, volviéndolo tan negativo y tan destructor como él. En su relación con su pseudohijo se invierte el sentido simbólico que relacionaba a Daniel con Aníbal. Aquí no se trata de que somos lo que hacemos, sino de que obramos de acuerdo con lo que somos. Su culpa, podría decirse, no admite atenuantes.

El doctor Valmy, Mary Barnes y Lucila Marty vienen a ser distintas manifestaciones de una sola cosa: el subconsciente de Daniel.

Un detalle en apariencia pasajero nos da la primera clave para la identificación de Mary y el doctor: el banco donde el doctor Valmy está sentado es el lugar donde Mary y Daniel se conocieron.

Por otra parte, Mary, mitad femenina de Daniel, y Lucila, mitad femenina de Aníbal, se identifican como maestra y discípula además de quedar unidas por la repercusión de las esterilidades que padecen sus maridos. Al final de la obra, tras la muerte de Daniel, la figura de Lucila acompaña a Mary como una conclusión de esta unidad casi inseparable.

Pues bien, la misión de estos tres personajes en su conjunto consiste en la traída al mundo de la luz de los antivalores que ocupaban las profundidades de la personalidad de Daniel. A ellos concierne el acceso al mundo del conocimiento; Mary es su punto de partida, el doctor Valmy, como varón, participa en el plano de lo inteligible y desarrolla una mayéutica socrática para averiguar el sentido de unos hechos bien determinados; Lucila interioriza el problema ahondando en la dimensión ética de las relaciones humanas. Ella descubre a Mary lo mismo que el Doctor descubre a Daniel, pero el sentido de ambos descubrimientos es muy distinto.

Sin que se confirme la procedencia, pero con todos los indicios apuntando a Lucila como causante, un nuevo libro entra en escena y llega a las manos de Mary Barnes. Se trata de una historia de la tortura; una historia de lo que unos hombres hicieron a otros hombres y, por tanto, una historia de lo que fueron los hombres que hicieron la historia. El libro que está escribiendo el doctor Valmy cuenta una historia que es singular, aunque en su aplicación sea doble; el libro que parte de Lucila se ocupa de una historia múltiple, es una historia general de la humanidad. Lo que ese libro nos descubre se resume en pocas palabras: el sadismo humano.

El sentido de la responsabilidad de estos tres personajes: Mary, el doctor y Lucila, en la autodestrucción de Daniel, se encuentra en la vía sádica del conocimiento. La actividad cognoscitiva es cruel porque se dirige hacia lo verdadero y no hacia lo bueno ni hacia lo bello. Daniel, solo ante su propia verdad, debe concluir que es un ser aniquilable.

Buero, sin embargo, en contra de Sade, piensa que la verdad debe abrirse paso, debe ser conocida, mas no para servir de mero espejo, de comprobación inútil, sino para ayudarnos en nuestra dura tarea de hacernos a nosotros mismos, para ayudarnos a conseguir eso que toda historia cuando comienza quiere ser: «una historia de amor y de belleza». A Buero el conocimiento le parece necesario, pero se trata de un conocimiento preventivo, un conocimiento que se adelante a los hechos y pueda así evitarlos si son malos, embellecerlos si son feos. El doctor Valmy, que se sabe sádico y por eso presenta a veces a sus personajes inmóviles en forma de cuadro, habla, cada vez que se ve abocado a un momento decisivo en la precipitación de los hechos, de la detención del tiempo. Sería bueno que el tiempo pudiera detenerse, sí; por eso el doctor escribe un libro, nos distancia de los fenómenos narrados, nos muestra seres y no entes. Los libros están ahí, las historias que ya han tenido lugar pertenecen a lo irremediable; pero nosotros, que todavía vivimos, podemos aprender y transformar el signo de lo humano de cruel en benéfico. Podemos transformarnos de solitarios en personas, podemos hacernos éticos.

También por este último motivo la historia que narra el doctor Valmy es doble.

El doctor alude a la dependencia entre ambas historias afirmando que no se entiende la una sin la otra. Parecería que el significado último del conflicto vivido por el matrimonio Barnes sólo se alcanza si lo observamos a la luz de la historia paralela, narrada en el libro, del señor de esmoquin y la señora vestida de noche.

Esta pareja representa, a primera vista, la incredulidad y la indiferencia de tantos que pasan junto a las víctimas sin escuchar ni mirar, de tantos que ignoran y menosprecian los sufrimientos verdaderos de los que viven oprimidos.

Pero esta interpretación, si bien completa el conocimiento real de la tortura en el mundo, no sería imprescindible para la comprensión de la primera historia. Le añadiría únicamente el valor de una sacudida a la conciencia general, una llamada a la solidaridad humana, todo lo decisiva que se quiera en el orden moral, pero en modo alguno imprescindible en cuanto al conocimiento de su significado.

Si esta pareja resulta imprescindible lo es, a nuestro entender, porque en ella estamos simbolizados todos. Cuando, en medida más o menos grave, torturamos desde nuestro puesto a los hijos o a los padres, a los cónyuges, a los amigos, a los alumnos o a los maestros, etcétera, actuamos con la misma incomprensión que el señor y la señora que nada alcanzan a ver en sus vecinos. La segunda historia nos introduce, pues, a nosotros en la obra; nos descubre que también nosotros somos corresponsables en esa autodestrucción experimentada por Daniel, nos descubre la parte de sadismo que aportamos a la constitución de nuestro yo.

Esa indumentaria, bien determinada en la segunda pareja, del esmoquin y el traje de noche alude, con toda claridad, a una división social por clases; podríamos llamarles los encopetados, los que viven cara a la galería, frente a los que se encuentran frente a la dureza de la vida real; pero el ser doble de la historia, y no el ser dos historias, hace que todos pertenezcamos al mismo tiempo, según cada acto que lleve-mos a cabo, a ambas mitades del ser humano.

En cierto modo podríamos concluir que el distanciamiento intro-ducido por Buero en esta obra no tiene por finalidad alejarnos de unos hechos para poder ser críticos imparciales, sino, al contrario, para vernos mejor a nosotros mismos, para alcanzar a comprender la respon-sabilidad que nos cabe sólo por el hecho de ser personas que vivimos en el mundo, en convivencia con las otras personas que comparten con nosotros ese mismo mundo.

Sin esta segunda pareja, Aníbal Marty habría sido torturado por unos policías que se arrogaban poderes ilimitados sobre el hombre; pero no habría sufrido la incomprensión general. Nosotros, los espec-tadores, hubiéramos podido juzgar, limpios de toda culpa, la conducta de esos gendarmes como atroz e inhumana; hubiéramos sido los jueces imparciales desde la distancia brechtiana de espectadores no identifi-cados; pero la intención de Buero Vallejo no es esa. Desde que escri-biera «Palabras en la arena» sabemos que también él piensa que no podemos arrojar la primera piedra porque no estamos limpios, porque la culpabilidad forma parte de nuestro ser ético.

«La doble historia del doctor Valmy» presenta así, en último extre-mo, el cuadro constitutivo del hombre como una relación entre un yo y un otro, que puede en todo momento interpretarse en sentido rever-sible, con las funciones invertidas. El problema del adentro y el afuera deja de ser un conflicto entre el yo y la naturaleza para trascender a una dimensión nueva de lo humano en la que el afuera, al ser el aden-tro del otro, debe transformar su sentido de diferente y opuesto en semejante y complementario.

El estadio propuesto, el ético, no ofrece dificultad alguna cada vez que, en el encuentro con el otro, descubrimos la similitud de ideales o la aspiración a la conquista de objetivos diferentes; pero, en el caso de que los ideales difieran o los objetos deseados coincidan, el acceso a ese nuevo plano en el desarrollo del hombre conlleva el mismo cambio de mentalidad que observábamos se producía en el paso de la actitud heroica a la del antihéroe. Es decir, se produce la entrada en el ámbito de lo trágico.

En el afuera se encuentra la realidad, la naturaleza que se nos opone y cuyas fuerzas hemos de vencer. Hemos de investigar las leyes que rigen el mundo de lo real para hacernos dueños de sus potencias y utili-zarlas en nuestro beneficio. He ahí la ciencia y la filosofía del saber científico.

Por otra parte, aprendemos a distinguirnos de ese mundo de lo real, descubrimos que frente a ese afuera está nuestro adentro, en el que, además de recrear el mundo de la naturaleza y dar ser a los entes, podemos dar origen a todo un panorama nuevo de seres irreales, los valores, que pueblan el verdadero mundo de lo humano.

Pero esta dicotomía tiene una validez sólo momentánea; se rompe en cuanto advertimos que en ese afuera se encuentran los otros, que poseen también un adentro semejante al nuestro.

El proceso de hominización tropieza en este punto con uno de los mayores obstáculos que pueden oponerse a su correcto desenvolvimiento.

Tiende el hombre a ver en el otro un objeto más del afuera, una cosa más perteneciente a esa naturaleza que es preciso conquistar. Y así surge la lucha entre individuos o entre colectividades por el ejercicio del poder. El comisario Paulus puede entenderse como un ejemplo puro de hombre que tropieza en este escollo: «Paulus. — (...) Porque yo he elegido el poder, ¿entiendes? Entre devorar y ser devorado, escojo lo primero...»

El sentido de la primera historia que narra el doctor Valmy podría resumirse como un titánico esfuerzo por demostrar la falsedad de esa disyuntiva. No se trata de que o devoras o eres devorado, o en términos más generales, de que o vences o eres vencido; la validez de esa proposición debe limitarse al enfrentamiento entre el hombre y la naturaleza. Entre hombres la conducta es refleja, de manera que si aplastamos somos aplastados, porque en el otro se gesta nuestro ser persona.

La segunda historia muestra nuestra incomprensión, nuestra ceguera para ver el problema del otro y, por consiguiente, para vernos.

Con frecuencia, en nuestro discurrir acerca del sentido posible de algún pasaje de Buero Vallejo, hemos acudido a consideraciones paralelas en obras pictóricas de Pablo Picasso. La comparación podría entenderse como gratuita, dados los rasgos aparentemente tan distintos que caracterizan a ambas personalidades; pero, en el fondo, Buero y Picasso coinciden más que difieren. A uno y otro les duele España por los mismos motivos; uno y otro se reconocen en los marginados, especialmente en los ciegos; Picasso y Buero, en suma, gestados en lo más íntimo de la problemática española, aspiran a unos mismos logros en favor del hombre.

Pues bien, el problema que ahora nos ocupa, el de aprender a vernos en el otro, no cuando ese otro manifiesta unos ideales semejantes a los nuestros sino, por el contrario, cuando representa de veras el tipo del antihéroe, puede aclararse una vez más acudiendo a la similitud de tendencias de estos dos artistas.

Picasso, en diversas ocasiones, presta sus propios rasgos a algunas de sus figuras, siempre antiheroicas. El minotauro, el saltimbanqui, la mirada del toro se le asemejan. Pero el ejemplo que más nos conmueve es el de su cuadro «Las señoritas de Aviñón», donde brinda su propio rostro a dos de los personajes que forman este grupo pictórico.

Está claro que el giro que Picasso pretende dar a la pintura en esos momentos y que culmina en «Las señoritas de Aviñón» es el que va de la imagen favorable a la desfavorable.

La obra no tuvo título en principio, hasta que André Salmón la llamase «Las señoritas de la calle Avinyó», dando a entender que las figuras representadas sugieren reclamos de prostitutas. Si Picasso no mostró su desacuerdo entonces fue sin duda porque la idea no contradecía sus propias intenciones o impulsos creadores. Podemos afirmar, por tanto, que Picasso brinda su propio rostro para representar el deshonor en sus grados más extremos, para ser prostituido.

En nuestra cultura, sobre la prostituta recae el mayor de los desprestigios. Viene a ser como el prototipo de la deshonra y de la inmoralidad. Ofrecer el amor a cambio de dinero escandaliza hasta el grado de convertir a la prostituta en un símbolo de lo negativo, diríamos en el símbolo de la perversidad. «Putada» significa en el lenguaje vulgar una acción que daña al hombre y le hace retroceder o, al menos, le impide progresar. Poner en su lugar la palabra «faena» es falsear un tanto el verdadero sentido del vocablo. La «faena», palabra de la jerga taurina, significa engaño, burla, y produce como efecto la desorientación o el desconcierto. La «putada», en cambio, causa un mal efectivo.

Sin duda, sobre este sentimiento tan generalizado en la cultura de Occidente pesa el hecho de que la prostitución desvía la marcha del proceso que conduce al hombre de la sexualidad animal al amor sublimado. Si en el lenguaje sadiano la sodomía se convertía en el símbolo de la esterilidad y era la pérdida de la potencialidad creadora, la prostitución no interrumpe la capacidad de crear, sino que la dirige hacia el mal camino: hacia el dinero, falsa recreación del poder. De nuevo el lenguaje popular nos aclara el sentido que da origen a este sentimiento: el «hijo de puta» es el hombre degenerado, el producto de un antiamor.

Pero, ni siempre fueron así las cosas, ni tienen por qué serlo.

La hieródula, la prostituta sagrada, ejerció en las culturas antiguas del Próximo Oriente, una función vinculada a lo religioso, cuyo sentido, difícil de analizar, tiene todos los visos de un progreso positivo. Ya en el «Poema de Gilgamesh» nos encontramos una hieródula cuya intervención decide la entrada de Enkidu en el mundo de la cultura.

Jesucristo, por su parte, acoge a la «pecadora» y transforma su comercio sexual en un símbolo nuevo: el del dolor que limpia y el amor que consigue no sólo el perdón de las culpas, sino la dignidad que hace trascender este mundo de lo real. El perfume que ella derrama prefigura el bálsamo que prepara el cuerpo para no ser destruido en la tumba tras la muerte.

Si ahora reflexionamos acerca de la osadía de Picasso al reproducir su propia imagen en la de una prostituta, una impresión extraña nos fascina y nos transporta a un mundo recreado en una cultura distinta. Entender a Picasso supone haber comprendido nuestra semejanza, no tanto con quienes poseen las cualidades a las que nosotros damos la categoría de superiores, como con aquellos que se caracterizan por todo lo contrario, por representar nuestros antivalores.

Y no es esto todo. La ocasión nos brinda la oportunidad de adentrarnos en el significado probable que tiene ese giro de la mentalidad ética que preconizan Picasso y Buero.

Nos encontramos muy lejos de esa moral que dictamina cuáles son las buenas costumbres e igualmente de esa ética positiva que consiste en obrar el bien. La nueva ética debe entenderse como una fase en el proceso de autocreación humana; la fase en que, a un mismo tiempo, el interior del otro se establece en nuestro interior propio y el interior nuestro se traslada y penetra en el interior de ese otro que sale a nuestro encuentro.

Denunciaba Sade la conducta perversa del hombre, que se goza en el daño del otro, se compara en actitud de rivalidad, de enfrentamiento, y se hace estéril para una verdadera cultura. Picasso y Buero denuncian también esa conducta y esa esterilidad, pero cambian el acento de su protesta de manera que pueda esperarse la superación de toda perversidad, dando un giro total al sentido del problema.

En la trama que sirve de motivo a la narración de «Las mil y una noches» y en la que se busca la unidad de temas tan diversos, aparece, en forma de tétrada, el esquema de un proceso de transformación muy similar al que ahora pretendemos describir.

Integran la primera dualidad de esa tétrada dos hermanos, ambos reyes, el mayor llamado Schahriar, nombre que significa «señor de la ciudad» y el menor Schahzaman, «señor del tiempo». Los condicionantes del mundo de lo real, el espacio y el tiempo, se encuentran, así, en el punto de partida.

Un día, el menor de los hermanos descubre la infidelidad de su esposa, mata a los amantes y cae a continuación en un estado depresivo, con pérdida del apetito y de todo deseo de vivir. Nada es eficaz para devolverle el buen ánimo hasta que tiene la oportunidad de comprobar que la mujer de su hermano le es también infiel a éste y con mayores agravantes. Entonces se reanima y come con voracidad. Es el hermano mayor quien cae en melancolía al enterarse de lo ocurrido, y permanece en tal estado hasta que descubre una víctima de la infidelidad que le aventaja.

Según manifiestan los personajes sadianos de «Las ciento veinte jornadas de Sodoma», la comparación constituye un elemento esencial para el disfrute del placer. Es necesario ser superior para estar satisfecho; es necesario que los demás sufran para apreciar la felicidad propia e, incluso cuando se sufre, basta que sea mayor el sufrimiento del otro para sentirse consolado.

Este último es el caso de los hermanos Schahriar y Schahzaman, lo que da a esta fase primera de «Las mil y una noches» el sentido de un origen sadiano.

La reacción que sigue es, por tanto, una consecuencia lógica del punto de partida. Schahriar, para no ser víctima de nuevas infidelidades, toma la costumbre de hacer morir a sus esposas a la mañana siguiente de la noche de bodas. Al final del libro nos enteraremos de que su hermano había observado la misma conducta.

Es entonces cuando entra en juego la segunda pareja de la tétrada, la formada por las hermanas Schehrezada, hija de la ciudad, y Donaziada, hija del mundo; es decir, un producto de lo espacial y su universalización.

Schehrezada se cree capaz de vencer el sadismo humano y evitar la perversidad narrando historias bellas; creando, mediante el arte, un mundo nuevo y atrayendo hacia ese plano de lo imaginario el interés del rey.

Pasados los mil días, sin embargo, no será el arte literario solo el que salve la vida de Schehrezada, sino la creatividad verdaderamente humana: los tres hijos que durante ese tiempo han nacido, dos de ellos gemelos. Schahriar queda ganado para el amor renunciando a todas sus maneras agresivas de conducta previa.

Schahzaman, el hermano menor, no sólo le seguirá en el cambio experimentado, sino que, además, al casarse con Donaziada renunciará incluso al poder, al trono que había heredado de su padre.

Se alude en el comienzo de «Las mil y una noches» a un personaje que luego no tiene, en apariencia, repercusión alguna en el desarrollo de los acontecimientos: el rey de Sassan, padre de Schahriar y de Schahzaman. Ahora, a la vista de la tétrada que le sigue, advertimos que se trata de ese elemento que no suele faltar en la constitución de las tétradas: el vínculo unitario, el símbolo de la totalidad de la persona que allí se representa. Un papel semejante era el que tenía Oriana en «Casi un cuento de hadas», a quien se debía la génesis de esa historia de amor que aparecía en la escena.

El cuadro de Picasso «Las señoritas de Aviñón» permite también la posibilidad de ser interpretado como una nueva tétrada: una figura, la de la izquierda, que acaba de descorrer una cortina, es la figura generadora del sentido unitario de la obra, la única figura que muestra, bien visibles, las dos manos, como poniendo de manifiesto que es ella la que comunica a los espectadores el mensaje del artista. Luego, el desvelamiento que se efectúa es Picasso mismo, pero en su dimensión más desfavorable. Dos veces la propia imagen picassiana destaca en esta visión apocalíptica: son los rasgos característicos de las dos figuras de frente, mantenidas más o menos a un mismo nivel. Las otras dos manifestaciones personales de disposición lateral y a diferente nivel no descubren propiamente su rostro, sino algo así como su enmascaramiento.

Dos veces se ve a Picasso, porque sabe verse en el yo propio y en el yo del otro y cuando no alcanza a verse es porque las máscaras que cubren el rostro lo impiden; pero Picasso está allí con la doble faz del hombre en la historia, la de la animalidad del toro y la semihumana del minotauro, y con la de su vuelo al mundo del amor y de la paz.

Las corridas de toros atraen su sensibilidad de artista porque en esa forma de lucha percibe el símbolo del esfuerzo del hombre por realizarse, por conquistar su verdadera hominización. El torero es Picasso porque es un hombre; pero también se ve Picasso en el toro, en esa mirada que es su único medio de comunicarse. La tauromaquia es, pues, una lucha sádica en la que el hombre no lucha contra otro hombre, sino contra la animalidad propia. La tauromaquia presenta, de esta manera, la estética de un movimiento que se vuelve figura, al igual que las figuras humanas de Sade se disponían en forma de cuadro para dar la imagen de una nueva gramática, de una nueva comunicación del hombre al hombre.

«La doble historia del doctor Valmy», ahora podemos comprenderlo, es la dolorosa revelación del nacimiento de nuestra personalidad, es el parto del que puede salir nuestro ser ético.

Tiene también forma de tétrada. El doctor Valmy la crea, y esas dos parejas que componen su doble historia constituyen su despliegue; de ahí que no se pueda entender la una sin la otra porque las dos, en su conjunto, descubren nuestro punto de partida, nuestro sadismo. Pero el fin a que tiende toda historia humana cuando comienza, y no es una excepción la historia que el doctor Valmy nos narra, es, digámoslo en orden inverso al de Buero, el de convertirse en una historia de belleza y de amor; es el de transformar, como lo hiciera Schehrezada, el sadismo destructivo en el amor más elevado.

Ya en la solución de «Casi un cuento de hadas» apuntaba Buero a la aceptación de la fealdad de Riquet como único cambio real en el ámbito de la persona. La conquista de la belleza era así un problema de autocreación humana.

El planteamiento en «La doble historia del doctor Valmy» es mucho más radical. La mirada al interior de la escena descubre en todo su realismo la monstruosidad pura del hombre sádico. El encuentro interhumano tiene el signo de la lucha y, por consiguiente, el efecto de la esterilidad recíproca. Ni siquiera se cambia la sexualidad de la mujer por dinero, sino por la fuerza que ese dinero simboliza. En el seno materno de Lucila, violada, sólo se puede gestar el odio.

De esta manera, el amor, el único agente capaz de transformar en bueno ese mundo desvelado, no está; el amor es sólo la aspiración que pasó junto a esa historia en su comienzo.

En esta negación, sin embargo, nos parece que se encuentra la mejor clave para adentrarnos en la cualidad más significativa de la nueva ética que late en el subconsciente de la cultura española. No es posible fundamentar la ética en la virtud ni en el bien, sino en el amor; pero el amor no existe, es tan sólo una aspiración a la que el hombre debe dar sentido. El amor ha de ser el nuevo fruto de la autocreación humana.

Es preciso poner, en estos momentos, el máximo cuidado en no olvidar que nos estamos moviendo en el plano de los símblos, lo que nos debe llevar a comprender que el amor de la pareja es sobre todo un medio de significar la transcendencia desde el individuo a la persona. El camino así propuesto afecta al encuentro mismo entre los hombres, que debe dejar de regirse por las fuerzas que dominan en el mundo del afuera para hacerse comprensivo.

El acceso del hombre a la dimensión ética cuando cumple todas las características condicionantes que anteceden no supone, en modo alguno, la conclusión del proceso hominizador; por el contrario, sólo significa completar el estadio previo a la etapa decisiva en la constitución de lo humano. Supone, sólo, haberse hecho capaz de la sociabilidad.

Ser sociable, en efecto, tomado el concepto, no como la mera incorporación a un grupo o a una colectividad, sino como el momento en que el sentimiento de amistad se hace universal, requiere el previo desarrollo del hombre en el sentido de la persona, pero no se limita a ello. La sociabilidad sólo se alcanza cuando la actitud de incrementante del mundo autocreado pierde los límites individuales o colectivos y se extiende, sin fronteras, al género humano en su conjunto.

Esa nueva meta propuesta al hacerse del hombre no está comprendida de un modo directo por los símbolos del arte trágico. El arte que, a nuestro entender, busca el desarrollo de la sensibilidad humana que conduce al ser sociable es la música.

En otras ocasiones hemos hablado ya del sentido de la música y nos proponemos retomar de nuevo el tema con alguna amplitud al comentar «El concierto de San Ovidio». En estos momentos pretendemos únicamente resaltar el hecho de que en muchas obras de Buero Vallejo, y no sólo en las que el tema se relaciona de manera directa con lo musical, la música interviene como un elemento activo en la constitución del ambiente. La elección de obras o de fragmentos no suele ser arbitraria, pues Buero sabe muy bien, o al menos lo intuye con claridad, que el arte musical no influye en la sensibilidad de un modo homogéneo, sino en sentidos fácilmente predeterminados, siempre en la línea de la sociabilidad.

La planificación de trozos musicales hecha por el autor con respecto a «La doble historia del doctor Valmy» parece no haberse llevado a cabo, pero su trazado respondía con precisión a las evocaciones de la obra: música estridente para aquellos momentos en que la sociabilidad se degrada y música con el sentido creador oportuno para indicar la posibilidad de una salida hacia el buen camino.

No se trata, sin duda, de un fenómeno accidental y sin importancia. Buero, autor de intención tan social como ética, sabe muy bien que es el oído el sentido que más socializa al hombre, e intuye el valor de la música para modelar este aspecto de la sensibilidad y, en consecuencia, para evocar todo ese mundo trascendente al individuo.

Durante las representaciones de «La doble historia del doctor Valmy», o, al menos, durante las que se efectuaron tras su estreno en el teatro Benavente de Madrid, se utilizaron trozos musicales de Bach y no los señalados por Buero en el texto. El cambio, nos parece, se tradujo en una acentuación de la dimensión trágica de la obra, en la presencia en ella del sentimiento de muerte, pero a costa de una pérdida de fuerza en los valores simbólicos de la sociabilidad.

Un twist trepidante, válido para hacer resaltar los momentos en que algo se deshumaniza, puede añadirle el matiz de que se está desarrollando entonces una sociabilidad en sentido negativo. Es el nacimiento de la agresividad interhumana. Por otra parte, la Canción de cuna de Brahms sugiere, sin más comentarios, la dulce esperanza que se inicia sobre la vida de un niño. Un Nocturno de Chopin, finalmente, ayuda al doctor Valmy a traer a la luz de la conciencia el significado de esas fuerzas que se agitan en las profundidades del subconsciente.

En el gestarse de la obra, pues, late con fuerza, pero sin violencia, el impulso del hombre hacia una historia de belleza y de amor, no limitado a la pareja, sino trascendiéndola hacia formas que comprenden sin excepciones a todo el género humano.

SECCION 5.ª

LA SOCIABILIDAD HUMANA

Capítulo XXI

La otra cara de Sacher-Masoch
El eterno retorno humanizado
La ucronía y el abismo en «Caimán»

Desde que Krafft-Ebing y poco después Freud hablaran del masoquismo contraponiéndolo al sadismo, en la opinión popular se ha generalizado la creencia de que el sádico y el masoquista son dos tipos radicalmente opuestos e, incluso, que la literatura del Marqués de Sade y la de Sacher-Masoch consisten en ser la una el reverso de la otra. En trabajos posteriores, especialmente en el análisis comparado hecho por Deleuze en su libro «Presentación de Sacher-Masoch», se aclara el problema en el sentido de disociar el complejo «sadomasoquismo» en dos sintomatologías diferentes. El enfrentamiento, sin embargo, no nos parece que se haya producido sin motivos, pues en ambas posturas es fácil descubrir una problemática común en la que Sade y Masoch representan un cierto antagonismo de actitud como los dos puntos extremos alcanzados por el movimiento de un mismo péndulo.

Para nuestro trabajo, el mayor interés no se encuentra precisamente en el análisis de ambas personalidades, sino en un problema anterior, del que una y otra son consecuencias. El conflicto parte, en nuestra opinión, de ese fenómeno, en principio incomprensible, de que el hombre haga sufrir al hombre, tanto si el que padece es el otro como si es uno mismo.

En el sadismo el dolor está institucionalizado, se dictan leyes rigurosas que lo determinan en su cuantía y cualidad. Los libertinos de «Las ciento veinte jornadas de Sodoma» lo someten todo a normas estrictas que nunca se quebrantan, si bien, con frecuencia, mienten o calumnian con el fin de aplicar los castigos correspondientes a las faltas; pero en ningún momento se puede olvidar el esquema racional previo al que deben ajustarse las actuaciones.

El sistema masoquista, en cambio, se apoya en el libre contrato. El sufriente acepta, y aun especifica él mismo, las penas a que ha de someterse, por lo que suele llamarse masoquista a todo aquel que busca su propio dolor.

En la raíz, pues, de ambos casos se encuentra el sufrimiento impuesto al hombre como una necesidad, como un designio que parte de oscuros orígenes y tiende a fines no menos misteriosos.

Ante este extraño fenómeno las preguntas surgen involuntariamente: causar dolor al hombre, ¿por qué? El sufrimiento impuesto al ser humano, ¿para qué?

Es posible que una nueva pregunta, más próxima al sentido propio del ser del hombre, nos dé una primera luz orientadora: ¿Tiene el hombre ante sí alguna tarea que, de suyo, suponga un doloroso esfuerzo?

Es indudable que la salida del mundo natural y la entrada en el mundo irreal autocreado exige del hombre el dolor de un desprendimiento, primero, y a continuación, el gran esfuerzo de autocrearse persona de ese mundo nuevo. La posesión de valores tiene, lógicamente, un alto precio.

Es propio de la naturaleza, del mundo de lo real, tener entidad, estar siendo, fluir y, por tanto, encontrarse en constante producción y destrucción. Dentro del género animal, incluida la naturaleza humana, este producirse y destruirse afecta a la sensibilidad bajo las formas de gozo y dolor respectivamente.

Por otra parte, el hombre tiene la capacidad específica de reproducir, mediante imágenes, tanto los entes como los procesos que les son propios. De esta manera, en el plano de la imaginación reproductora toma cuerpo la gramática de un primer lenguaje, el que nos hace asequible el ser del ente.

Pero el dolor humano no se limita a su dimensión natural, al sentimiento puramente negativo de ser destruido. Las religiones, en especial las sacrificiales, hablan de un dolor que purifica o redime. El sufrimiento en estos casos tiene un claro valor positivo, en cuanto sirve de medio para elevarse por encima de la condición humana al mundo de lo sobrenatural.

Ahora bien, la dimensión religiosa suele consistir en el acceso, por parte de la sensibilidad, al mundo irreal autocreado; pero, falto todavía el entendimiento humano de discernimiento suficiente para conformarse a la irrealidad de los valores, se proyecta el sentimiento alcanzado en un mundo trascendente, dotado de realidad sobrenatural. En consecuencia, si nos remontamos al hecho en sí antropológicamente vivido, a los motivos humanos que determinan la religiosidad, podemos concluir que ese esfuerzo doloroso redime, en principio, de la dependencia en exclusiva del cosmos; libera al hombre de la pertenencia al mundo de las cosas y le abre la senda que conduce a ese otro mundo interior al que se llega orientando la mirada hacia el adentro y no hacia el afuera.

Tanto el dolor que inflige el sádico a sus víctimas como el que se inflige a sí mismo el masoquista son, en opinión nuestra, derivaciones de ese dolor salvífico que actúa en el ámbito de lo religioso.

Para el Marqués de Sade, convencido de que la realidad sobrenatural que proponen las religiones es absurda, el dolor y el esfuerzo son, por sí mismos, estériles; son, como la sodomía, los signos de la anticreatividad. De esta manera, la nueva gramática que Roland Barthes descubre en la estructura de sus obras puede entenderse como el lenguaje frustrado del hombre para el hombre, el lenguaje que, en vez de reproducir para el hombre el mundo de la naturaleza, reproduce el mundo de reciprocidad humana lleno de sinsentido.

Sacher-Masoch, en cambio, presiente que el hombre tiene ante sí una gran tarea, una dolorosa conquista, purificar el amor de la «herencia de Caín»; pero al momento de establecer el método que puede conducirle al éxito de su empresa, confunde el dolor que causa el esfuerzo con el esfuerzo mismo y concluye que sólo el dolor basta.

Sadismo y masoquismo, podría decirse, se asientan sobre un mal enfoque del sufrimiento humano. Algo de suma importancia, sin embargo, se adivina en el origen de estos procesos; una energía autocreadora decisiva pugna por salir del subsuelo antropológico a la luz de la historia. A esa energía deben su origen todos esos movimientos que suelen recibir el calificativo común de utópicos.

Ya hemos aludido a los procesos seguidos por muchas religiones en los que se proyecta, en una vida ultraterrena, un estado real que compensa todos los sacrificios y sufrimientos padecidos en la vida terrena.

A este tipo de movimientos pertenecen también los apocalipsis, en los que un mundo que no nos gusta debe ser destruido para que surja otro mejor; son momentos en los que algo fundamental está cambiando, en los que hace crisis el concepto mismo del hombre.

Por último, las utopías propiamente dichas: esas creaciones imaginarias de lugares que en ninguna parte existen y en los que la fantasía alcanza a ver una nueva manera de sociedad y al hombre ejemplar, modelo de nuestras aspiraciones.

La época renacentista es especialmente pródiga en creaciones literarias que tienen este sentido. Podría creerse que se trata de prefiguraciones de movimientos históricos que entonces se inician, carentes de vinculación con el pasado. Observadas más de cerca, sin embargo, la estructura que nos ofrecen presenta una clara similitud con las concepciones cósmicas del medioevo. En «La Ciudad del Sol» de Campanella, por ejemplo, en el centro de la edificación, como sugiriendo el ideal supremo, se encuentra un templo con su cúpula pintada al modo de un firmamento, es decir: la ciudad reproducía una imagen del cosmos.

Este templo, además, está regido por sacerdotes astrólogos, lo que nos indica que de la observación del firmamento es de donde se habrán de obtener las verdaderas directrices para el funcionamiento de la ciudad. El cosmos es por tanto el modelo, y no el hombre, como lo hubiera sido de haber estado marcadas estas creaciones por el signo del futuro.

La obra de Sade, «Las ciento veinte jornadas de Sodoma», presenta en su estructura los rasgos característicos de una utopía: se da el aislamiento en lo inaccesible de un castillo rodeado por un abismo y protegido por un foso; se redactan las propias leyes y normas de vida y, sobre todo, se manifiestan aspiraciones que no corresponden a ninguna realidad histórica concreta.

No le cambia, ni mucho menos, su cualidad de utópica el hecho de que los ideales propuestos sean los inversos a los de las demás creaciones literarias de este género. Sigue siendo una utopía, pero no del bien sino del mal; no se trata de una aspiración a una sociedad perfecta, sino de la plena satisfacción en el crimen.

También aquí es fácil descubrir la mirada hacia atrás, similar a la que ejemplificábamos en «La Ciudad del Sol» de Campanella; pero esta vez con un fundamento muy distinto. Para el Marqués de Sade el problema básico sí es el hombre, la humanidad que debe caminar hacia lo sociable. Sin embargo, el examen de la realidad humana al desnudo, esa realidad humana en que nos apoyamos, no nos permite el júbilo fácil del resto de los utópicos. El hombre lucha contra el hombre porque cada uno quiere ser el primero, por eso mismo busca el dolor ajeno para disfrutar plenamente de los bienes propios. El hombre es así el ser por antonomasia antisocial.

Nos encontramos, podríamos decir, ante la mirada a un atrás que no tiene como objetivo un pasado histórico, que no busca un momento anterior para idealizarlo. La mirada de Sade se dirige a la naturaleza humana en busca de un antes cualitativo, en busca de esa naturaleza que ya ha superado la animalidad y, por consiguiente, pertenece por entero al hombre; pero es tan sólo el hombre real. Es una mirada antiplatónica y anticristiana que se adelanta en un siglo al trastrueque de todos los valores que sirve de fundamento a la filosofía nietzscheana.

No se trata, sin embargo, de que Sade haya pensado con un siglo de antelación lo mismo que Nietzsche. Sade se limita a negar en el hombre la existencia de valores trascendentes y a poner de manifiesto la perversidad que subyace en los procesos que relacionan al hombre con el hombre. Nietzsche, en cambio, invierte el sentido de la historia filosófica, dando prioridad a lo bello sobre lo verdadero y al mundo de lo real sobre el mundo de las ideas.

«Las ciento veinte jornadas de Sodoma» es una obra maldita para quienes hipócritamente se creen elevados por encima de la naturaleza humana a un mundo real del espíritu, y es una obra que rechazan, con no menos hipocresía, quienes se empeñan en pensar que la moral del bien está escrita en la conciencia del hombre desde sus orígenes.

Muy otra es la actitud de Buero Vallejo ante el problema del sadismo humano. Al comentar «El tragaluz» nos hemos detenido en largas consideraciones acerca de esa mirada de Jano que hace comprensible una dimensión muy importante de la obra. Por su parte, «Mito» y «Jueces en la noche» nos brindaron la oportunidad de extendernos en observaciones acerca de otro tema que guarda estrecha relación con el anterior:

el de un replanteamiento del maniqueísmo como una nueva manera de afrontar los problemas más radicales de la ética.

Es indudable que no se trata de una solución accidental, válida únicamente para las obras indicadas, sino que la doble mirada, la intención de abarcar en una visión panorámica la doble vertiente de cada proceder humano es nota característica de Buero. «La doble historia del doctor Valmy» es otro ejemplo claro de ello, y no sólo por la existencia de las dos parejas que dan origen al título sino por otra situación de contraste que ahora tiene el máximo interés para nosotros. Nos referimos a esa afirmación a la que ya hemos aludido de que «toda historia humana, por odiosa que resulte, quisiera haber sido una historia de amor y de belleza». Lo que Buero nos sugiere con esa frase es precisamente la historia contraria a la que aparece en la escena, es decir: frente al sadismo al que asistimos cabe la posibilidad de situar una utopía opuesta, una utopía del bien. Alcanzamos de esta manera, no una conclusión, sino el punto de partida para otras consideraciones que nos puedan conducir a la comprensión de un nuevo estadio que se ofrece a la conquista del hombre.

La utopía del bien no está. Es necesario, por tanto, crearla. El procedimiento sí se hace explícito: la otra historia, la que queda por contar, es una historia de belleza y de amor, será el fruto de la creatividad estética y de la creatividad ética. Será además el producto de un querer; eso que, según el doctor Valmy, hubiera querido ser la segunda historia que él narra.

Pero estos datos son sólo el anuncio, la puerta abierta a la esperanza de una utopía que debe ser creada, no el desarrollo de la utopía misma.

Mucho después de las creaciones literarias utópicas renacentistas y poco después de Sade, Fourier inicia un camino diferente para llegar a la utopía. Es la senda de los deseos satisfechos. Las pasiones, según él, deben convertirse en la primera base de la conducta humana. El amor debe superar los prejuicios tradicionales que lo reprimen y hacerse libre para que el hombre se encamine, por fin, a una vida feliz y gratificante. A partir de entonces, el trabajo empieza a entenderse como un grave escollo interpuesto entre el hombre y sus metas, por cuanto contraría los impulsos que parten de la naturaleza humana. El dilema se impone: el trabajo, precio del desarrollo de la civilización, aliena al hombre. No es posible elegir. Hegel ensaya una dialéctica de la historia y profundiza en el sentido que dentro de ella tuvo la esclavitud. Marx, al introducir el concepto de plusvalía, espera la liberación del esclavo, pero centrando en el trabajo toda idea de progreso. Freud, por su parte, habla de «El malestar en la cultura» como la contrapartida de ese desenvolvimiento lineal de la civilización propuesta por el marxismo. El conflicto intenta ser resuelto por Herbert Marcuse con su propuesta de una civilización no represiva. El trabajo alienado, el representado por el mito de Prometeo, es ya superable al disponer el hombre de la máquina que actúa en su lugar, dejando paso al trabajo creador, que sí es gratificante.

De esta manera, el dilema, cuyos puntos antagónicos están representados por Marx y Freud, parece superado. Se trata, sin embargo, de un nuevo espejismo. Todo el empeño se ha puesto en suprimir el dolor, identificado casi siempre con el mal. La distinción freudiana entre eros y thánatos, el instinto creador y el destructor, llevó a malentender el problema y a confundir lo agradable y lo desagradable con lo positivo y lo negativo. En consecuencia, algunos movimientos contraculturales desviaron la fuerza creadora de una cultura de signo distinto, que albergaban en germen, por derroteros sumamente perjudiciales para el logro del verdadero hombre que cabía esperar de ellos. Vivir plenamente la vida es el lema que resume la máxima aspiración de muchos grupos de jóvenes herederos de aquellos principios, y entienden por vivir plenamente el disfrute del mayor placer posible, acudiendo incluso a la droga si con ello el disfrute placentero se incrementa.

Está claro que la utopía que puede intuirse en las obras de Buero nada tiene que ver con estas aspiraciones derivadas del mal enfoque de la contracultura. Buero habla de un querer, de un acto de la voluntad, no de un deseo, y especifica que la belleza y el amor se encontrarán en su contenido, no el mero placer.

Se vislumbra, pues, en primer lugar, una autocreación de sentido ético. Se adivina que ese mirarse en el otro que se refleja en la conducta sádica de Daniel Barnes con respecto a Aníbal Marty, debe tener una historia contrapuesta en la que el reflejo sea de amor y de belleza, pero sin dejar de ser trágico.

La autocreación ética es en sí dolorosa. Es el verdadero trabajo de hacerse hombre. Es el dolor de Eva para dar a luz a sus hijos, como equivalente del sudor de Adán para mantenerse.

En ese sentido interpretó san Agustín el pasaje del Génesis en el Libro X de sus «Confesiones»; pero la expresión acabada de lo que pretendemos decir la encontramos en Pico de la Mirándola.

Dentro de esta línea, nos parece se encuentra el pensamiento de Buero respecto a la eticidad del hombre. Es la dolorosa autoconquista de quien sabe verse en el otro.

La breve alusión del doctor Valmy a esa historia que no fue y de la que nosotros hemos podido extraer el vislumbre de un pensamiento utópico trágico de Buero, queda trascendida en otras obras, en especial en «Caimán», a cuyo comentario dedicaremos este capítulo, y en «La detonación», «Un soñador para un pueblo» y otras, que trataremos en su lugar.

Algunos aspectos de «Caimán» guardan clara similitud con otras obras de Buero: la narradora que habla desde el futuro nos recuerda a esos personajes que en «El tragaluz» contemplaban nuestro presente;

la desaparición de la niña, con los consiguientes trastornos psíquicos de Rosa, equivale también, en cierto modo, al niño que en «Irene o el tesoro» nacía muerto y que, en la mente enferma de la madre, revivía bajo la forma de un duendecito; pero estos detalles, a nuestro entender, son tan sólo coincidencias de forma. El paralelismo que interesa destacar es el que se da con respecto a «La doble historia del doctor Valmy», porque en él no se trata de una mera reiteración que aclare el sentido de algún pasaje determinado, sino de algo muy distinto.

«Caimán» es, como «La doble historia del doctor Valmy», un libro cuyo sentido se nos muestra en la escena. La narradora, como el doctor, nos cuenta una experiencia vivida. De esta manera, vuelve a hacerse la obra distanciadora al modo brechtiano, al tiempo que lo personal de la vivencia narrada hace que «Caimán» no deje de ser un drama de carácter aristotélico.

Este paralelismo, sin embargo, nos sirve, más que para destacar las coincidencias, para poner de manifiesto un contraste, una situación en la que los problemas se oponen o se complementan, pero, en modo alguno se repiten. El libro en esta ocasión lo escribe una mujer, lo que, de acuerdo con lo que hemos dilucidado ya otras veces, significa una interiorización del conflicto. Esta conclusión queda confirmada, además, por la manera como los autores de los libros se insertan en las obras respectivas: el doctor Valmy habla de unos historiales clínicos, de unos hechos que él vivió como testigo; es decir, de unas historias que pertenecen a su afuera. La narradora de «Caimán», en cambio, describe unos acontecimientos que la comprenden también a ella misma; miran, por tanto, más a su propio adentro.

Todavía debemos añadir una circunstancia repetida en ambas obras, cuya significación sugiere un mismo contenido transformado al seguir un proceso similar de interiorización. Nos referimos a las violaciones sufridas por Lucila en «La doble historia del doctor Valmy» y la de Charito, la propia narradora, en «Caimán». Lucila perderá a su marido, muerto a manos de sus violadores; Charito perderá a su novio, avergonzado de que su novia haya sido violada. Lucila y Charito, por tanto, vienen a ser algo así como dos puntos de vista de un mismo problema.

Lucila envía a Mary Barnes un libro que ella no ha escrito; una historia de la tortura. Charito, al escribir «Caimán», tiene ante sí un problema similar, pero observado desde una perspectiva distinta. Charito no escribe acerca de lo que unos hombres hacen a otros hombres. No habla de un sadismo que tenga como complementaria una ética trágica, un sadismo que nos enseñe a ver la utopía como doloroso esfuerzo, como costosa autocreación humana. Su punto de partida no guarda relación con Sade, sino con Masoch. «Caimán» es una obra en la que se encuentra una mirada nueva al adentro en paralelo a una historia de la tortura. No se trata, por tanto, de una estructura gramatical estática, de un cuadro que enmarca unas figuras en el espacio, sino de un proceso. Es una historia, algo que tiene que ver con el tiempo, mas no con el tiempo en el que discurren los acontecimientos del cosmos. La mirada al adentro nos sugiere ese tiempo preespacial de que habla Heidegger, siempre que ese «pre» signifique una superación, no una simple anterioridad. De ahí que en la mirada de la narradora puedan distinguirse diversos planos que, en cierto modo, determinan el proceso a que aludimos.

En el afuera, en el mundo de lo real, se encuentra la cordura, el plano de lo verdadero. Néstor es consciente de ello: «Néstor. — (...) La realidad está ahí fuera, en la calle y en los problemas de todos. Aquí dentro... no sé lo que hay.» Lo que parece olvidar en esta circunstancia es que él mismo procede también de un adentro muy significativo: la cárcel. Sin duda, allí aprendió a reflexionar, a mirar a su propio adentro, y es con lo aprendido en el interior con lo que se ha hecho capaz de mirar al afuera. Pero su forja en la cárcel no puede considerarse, ni mucho menos, como el principio absoluto de su personalidad. Está claro que sus inquietudes previas fueron la causa de su encarcelamiento. De esta manera, Néstor se convierte en una figura dialéctica, e incluso en el símbolo del puente que une el plano de lo real y el de la irrealidad autocreada. Su matrimonio con Rosa nos confirma esta impresión primera sobre el sentido que este personaje creado por Buero tiene en el conjunto de «Caimán».

Identificar la función de Dionisio tampoco es difícil. Presenta rasgos suficientes como para descubrir en él una trayectoria inversa a la de Néstor: su punto de partida se encuentra en el afuera. Pero ese afuera es todo lo contrario del mundo de la cordura, del mundo de la realidad que pertenece a todos. Dionisio es un producto de la guerra; una clara muestra de que, en el afuera, los hombres se matan, se destruyen mutuamente.

Por otra parte, la misma guerra que causa la mutilación de Dionisio siega la vida de su padre, coincidencia sugeridora de profundos significados. La guerra, el hacer humano antiético y antisocial por antonomasia, nos deja, como efecto de sentido único, mutilados en nuestra génesis y en nuestras posibilidades. Dionisio parece querer a Rosa y, de hecho, sólo se quería a sí mismo; pero, ¿de qué otra manera hubiera podido ser, cómo podríamos querernos unos a otros, mutilados por la guerra?

La madre de Dionisio no pudo aceptar que su marido hubiese muerto y toda su vida fue una espera, similar en ello a la espera de Rosa, y también a la de la madre del propio Buero, de cuyo padre, fusilado en la guerra civil española, no fue recuperado el cadáver.

Dionisio es el producto de un afuera, el paterno, en el que la guerra domina y destruye; y de un adentro, el materno, en el que se impone la espera de una reconstrucción. Ahora bien, esperar es una actitud que tiene que ver también con el tiempo, como la historia, pero en un sentido muy distinto.

Las historias narradas por el doctor Valmy o la historia de la tortura que enviaba Lucila a Mary Barnes cuentan acontecimientos. La espera en que se gesta la segunda personalidad de Dionisio trasciende el plano de lo real. El padre de Buero, el padre de Dionisio, la hija de Rosa han muerto y, por tanto, la espera no tiene posibilidad alguna de éxito, es un espera imposible en la realidad.

Así Dionisio, en última instancia, cobra ante nosotros el valor de un símbolo en claro paralelo con el de Néstor. Dionisio es también un puente, mas no entre el afuera del mundo y la interioridad, sino entre el tiempo de los acontecimientos y ese otro tiempo que trasciende el sentido de la historia y alcanza una dimensión nueva, la dimensión de lo trágico.

Del plano de la utopía a que nos dejaba abocados «La doble historia del doctor Valmy» nos encontramos, en «Caimán», transportados al plano de la ucronía, manteniendo, en ambos casos, la dimensión trágica como consecuencia de encontrarnos alejados de toda realidad concreta. Ni el amor y la belleza a que aspiraban, en los inicios, los miembros de la segunda historia del doctor Valmy, ni los objetivos cuya espera se cuenta en «Caimán» son reales, no existen en absoluto; se trata, por tanto, de crearlos, pero esa creación no ha de pertenecer tampoco al mundo de la realidad, sino al mundo irreal autocreado.

Además de esas dos notas que determinan el sentido de Dionisio en su génesis, encontramos, en la personalidad desarrollada con que llega a la escena, otras dos notas características que completan su valor paradigmático: su oficio de relojero y su afición por la música.

Ningún otro signo puede hablarnos del tiempo de los acontecimientos con la claridad con que lo hace el reloj. Es la medida objetiva del pasar, del fluir de la realidad. Pues bien, Dionisio pretende poseer una gran pericia en el dominio de la relojería. El será capaz de arreglar el reloj de Rosa de un modo perfecto.

El reloj, sin embargo, se para, y es que ese reloj, Rosa misma, no busca una solución en el afuera. Rosa no aspira a nada que pertenezca al mundo, ni al real y verdadero ni al utópico.

Desde su otra faceta, desde la música, intenta también Dionisio la reconstrucción de Rosa. En su magnetófono suena «Rosamunda», su obra preferida, como una fe en poderes que pertenecen a un orden distinto del que se vive en el mundo de todos, en el mundo de la realidad a la que se dirige su complementario Néstor. Dionisio no cree que nuestra sociedad, heredera de la guerra, pueda mejorar por el influjo directo de acciones tales como las manifestaciones de protesta que se puedan llevar a cabo en la calle. Nuestra sociedad tiene que ser reconstruida a partir de una perspectiva nueva, la perspectiva que tiene en la música el símbolo más adecuado.

Pero tampoco esta vez acierta. El éxito no puede acompañarle porque, al recrear a Rosa mediante «Rosamunda», no es de veras generoso; no espera la salud de Rosa sino su propia felicidad.

El fracaso en el plano de los acontecimientos reales no disminuye en nada el valor simbólico de Dionisio. Al contrario, el hecho de no ajustarse a esa dimensión del tiempo en la que se nos muestran las cosas fluyendo, nos permite evocar en él la mirada desde el punto de vista opuesto. Nos permite atender, no a las cosas que fluyen en el tiempo, sino al tiempo en que fluyen las cosas como punto de apoyo para trascender el tiempo mismo y acceder al plano de la ucronía a que pretende llevarnos la obra.

Dionisio, el relojero cojo, nos recuerda a Cronos, el dios del tiempo, representado en la iconografía renacentista como un anciano cojo también. Quizá porque el tiempo deba tener dos caras, de las que sólo una aparece cuando se considera el tiempo desde las cosas únicamente.

Pero el personaje de «Caimán» se llama Dionisio, lo que insinúa su relación con el dios griego que tiene como característica la discontinuidad, la aparición y desaparición irracionales y arbitrarias, siendo, a la vez, el dios de la embriaguez y el de la música.

Dionisio, por tanto, cojo por efecto de la guerra, relojero de oficio y músico por sensibilidad, reúne en sí las claves de un mensaje esencial de la obra de Buero.

Ya hemos visto su trayectoria antagónica a la de Néstor, el que partía de un adentro agresivo, la cárcel, y se dirigía a ese afuera, el mundo de todos, en busca de la sociabilidad humana. Dionisio, en cambio, encuentra la agresividad en el afuera, en la guerra que lo deja mutilado; su oficio es un tránsito en el que también falla, como dominado por una fuerza misteriosa y, con toda probabilidad, altamente significativa. El reloj se para porque a ese tiempo suyo le falta la otra mitad.

El valor simbólico de Dionisio, sin embargo, sólo nos lo aclara la tercera de sus cualidades, su afición a la música.

Según la definición tradicional y generalizada, la de los manuales, «música» es el arte de bien combinar los sonidos y el tiempo. Todo parece indicar que la manera comúnmente aceptada de entender el sentido de la música equivale a una sucesión de acontecimientos en el tiempo, en la que el contenido de los hechos que fluyen se ha transformado en meros sonidos. La música sería así un discurrir de notas sonoras a través de un tiempo real.

Entendida en estos términos, sin embargo, la música sólo tendría de arte el alejamiento de la realidad del acontecer en el mundo, al convertirlo en una sucesión donde nada acontece a no ser el fenómeno de los sonidos.

Pero a la música, en nuestra opinión, le corresponde el acceso a otro plano de los fenómenos, a un nivel de dignidad humana muy distinto del de ese mero fluir al que acabamos de referirnos.

Uno de los conceptos más difíciles y tal vez más ricos de entre los que constituyen el pensamiento nietzscheano es, sin duda, el del eterno retorno.

Las explicaciones dadas por el propio Nietzsche son con frecuencia inválidas cuando se refieren al aspecto real del concepto mientras que la forma poética con que éste se expresa ya en «La Gaya Ciencia» y, sobre todo, en «Así hablaba Zarathustra», se abre a interpretaciones de un contenido tan elevado y tan distinto de las maneras habituales de hablar de la realidad que nos sorprende y nos transporta a dimensiones inesperadas de los valores posibles del ser humano. Heidegger, en su extenso libro «Nietzsche», dedica gran parte de sus páginas al estudio de este concepto. El lector interesado en el estudio del alcance verdadero que han tenido las obras de los filósofos, y más concretamente de Nietzsche, puede acudir a esta obra. Nuestro interés se aparta un tanto de esa dimensión rigurosa de la filosofía del pasado en busca, no tanto de lo que fue, como de lo que pudo haber sido.

Nietzsche, interesado desde su juventud por el dios griego Dionisos y por el valor del arte musical, especialmente el wagneriano, cuando intuye una dimensión nueva del ser de la totalidad y le llama «el eterno retorno de lo mismo», no puede estar pensando en nada que le aleje de esos otros puntos en que su atención nunca dejó de fijarse. Ese «eterno retorno», por lo tanto, debe guardar relación estrecha, tanto con el ritmo de la música como con la embriaguez del dios Dionisos.

Con este vislumbre en el enfoque del problema nos es posible adentrarnos en una nueva dimensión del tiempo, que no ha de consistir tanto en la sucesión de acontecimentos como en el repetirse continuo del instante; ese instante en el que todas las cosas se mantienen.

La música cobra así el sentido de una palpitación de la vida; mas no sólo de la vida real humana, sino también de una vitalidad que trasciende el mundo real cósmico y se adentra, contra todas las previsiones de Nietzsche, en el mundo de la irrealidad de autocreación humana.

Si a ese ritmo, como manifestación del nuevo ser del tiempo, añadimos ahora el fluir de los sonidos, no es difícil empezar a entender la dimensión más honda del ser artístico de la música. Las notas o sonidos musicales, en paralelo con los acontecimientos, nos hablan de las relaciones humanas e interhumanas en el mundo de un tiempo trascendente. La música nos dice la irrealidad de un nuevo mundo de valores ofrecido a la consideración del hombre.

Cuando Dionisio manifiesta abiertamente su esperanza de que el mundo se salve por la música, y cuando identifica a Rosamunda y a Rosa y después fracasa, se trata de un fracaso sólo desde algunos puntos de vista, tales como los que relacionan este aspecto musical de su personalidad con sus otras dos características, la de su gestación en la guerra y la de su oficio de relojero; pero en modo alguno fracasa su figura como símbolo de un proceso hacia una nueva dimensión del hombre.

Dionisio y Néstor, en su conjunto, constituyen un doble punto de partida del hombre consciente y de Buero mismo, identificado con Dionisio por la esperanza, largo tiempo mantenida, de sus madres, y con Néstor por su común estancia en la cárcel.

Este primer hallazgo del ser uno que, a la vez, es radical oposición, es para nosotros clave importante a la hora de interpretar «Caimán» y adentrarnos en los sentidos antropológico y filosófico que contiene.

Una vez más, la doble mirada de Jano toma parte en la infraestructura de una obra de Buero. La capacidad de la atención comprensiva del adentro y el afuera, que en «El tragaluz» nos aproximaba a la dimensión ética de la personalidad humana, se extiende en esta ocasión a nuevos campos antropológicos, ya insinuados allí, pero que ahora se convierten en fundamentales.

Néstor y Dionisio no son, en la unidad que los abarca, una doble mirada en el espacio, ni siquiera una doble mirada que, en su conjunto, comprenda el afuera real y el adentro autocreado; no se trata de una nueva determinación del sentido ético, sino de un paso más allá. Lo que se contrapone entre Néstor y Dionisio es el sentido de un proceso, de manera que, en principio, el ámbito de su significado pertenece al tiempo.

Toda la obra, al igual que «El tragaluz» y también «La detonación», consiste en una mirada retrospectiva que nos permite ver el presente con ojos críticos; pero esto no es lo que ahora importa.

El Jano que componen Néstor y Dionisio contempla la sucesión temporal de los acontecimientos y el abismo que la trasciende.

El tiempo en el que fluye la realidad y una especie de eterno retorno de lo mismo se oponen tanto como el afuera y el adentro o como la realidad y lo irreal. Nietzsche vislumbró esta oposición y por eso llamó al eterno retorno «el pensamiento más pesado»; pero no tuvo, a nuestro entender, la osadía de aventurarse en el mundo de lo irreal y pretendió, más bien, que su descubrimiento era la única realidad completa. Así llegó a identificar, en cierto sentido, el eterno retorno con lo divino: «circulus viciosus Deus».

El todo se encuentra así presente en un fluir reiterativo que le permite estar, a la vez, en plena actividad y en permanencia absoluta. Es la eternidad concentrada en el instante.

Néstor y Dionisio componen también una figura muy similar al eterno retorno; se entrelazan en un círculo vicioso, mas no divino sino humano. Su tiempo no es el del reloj, el de los acontecimientos reales, sino el de la escena, el del arte. Representan, pero no están; de ahí que sea la narradora quien los haga revivir en nuestro presente. Y lo que representan es la sociabilidad, la dimensión social del hombre expresada de un modo directo por Néstor y mediante el símbolo de la música por Dionisio.

El reloj de Rosa se para, y es que su tiempo no puede medirse, no es el tiempo de los acontecimientos. Rosa no pertenece a ese afuera de la cordura común. La dimensión verdadera de su significado es ser «Rosamunda», es estar instalada en ese tiempo que la música simboliza, tiempo sugerido por un perpetuo repetirse sin acontecer. Rosa trasciende el tiempo, pero su trascendencia es también simbólica.

En «La doble historia del doctor Valmy», la añoranza de un querer el amor y la belleza, que marca los comienzos de toda historia, nos permitía advertir un sentido de trascendencia hacia la utopía, que en Buero presenta los caracteres de la tragedia de la eticidad humana. El sentido de «Caimán», en cambio, el símbolo de que Rosa es el centro, es el de la ucronía en la que, congruentemente, se mantiene el ser trágico como fundamento, mas no de la ética sino de la sociabilidad del hombre.

La pérdida de la hija desaparecida, diríamos tragada por la infraestructura de una urbanización, hundida en el subsuelo, da pie a Buero para destacar una de las características de Rosa: su pertenencia al tiempo de la espera. No debe olvidarse, sin embargo, que el mensaje de la obra, más o menos complejo, es único; de manera que todos los demás hechos referidos en el drama deben entenderse relacionados, formando una unidad de significado.

Rosa dirige un teatrillo para el que prepara un relato mítico llamado también «Caimán», lo que nos descubre una nueva faceta de su personalidad, la artística, desde la que podremos ver con más claridad el significado de esa espera dramática de la vuelta de la hija.

La doble dirección del sentido de Rosa, la que tiende al abismo en busca de una hija que, en realidad, no existe y la que se encamina hacia la creatividad artística, puede entenderse, siguiendo la clave obtenida de la unidad Néstor-Dionisio, como una nueva manifestación de Jano o, si se prefiere, como una nueva aplicación del valor simbólico del ritmo musical o eterno retorno. En suma, como otra nueva figura de círculo vicioso humano.

Vivir esperando equivale ya, en cierto modo, a pertenecer a ese tiempo irreal que es el futuro; pero si la realización de lo que se espera es imposible, como es el caso ejemplificado por Buero en esta obra, el cuadro representado se convierte en expresivo de un mundo distinto, trascendente al cosmos de lo real, mas en modo alguno absurdo. El círculo vicioso que formaban Néstor y Dionisio nos dice que se trata del mundo de la sociabilidad humana, de la dimensión del mundo autocreado, pero autocreado por el otro. La ética nos hablaba de ese ser del otro como el espejo de nuestro propio ser autocreado; el otro era entonces otro yo en el que se reproducían nuestros propios problemas; alguien a quien, por eso mismo, era necesario comprender y amar.

Ahora el conflicto cambia radicalmente de signo: el otro no nos repite, no es reproducción nuestra, el otro es un abismo, un escollo insuperable a nuestro entender y sentir y, sin embargo, un objetivo propuesto a nuestra voluntad si queremos de veras trascendernos. Es una meta que nuestra creatividad debe alcanzar mediante el arte; en nuestro caso, mediante nuestro encaminarnos a la creatividad significada por el teatrillo.

Maurice Blanchot, en su libro «El diálogo inconcluso», dedica sendos comentarios a dos mitos griegos, el de la esfinge de Edipo y el del descenso al Hades de Orfeo. Es indiscutible la sagacidad y profundidad con que Blanchot analiza estos mitos, pero echamos de menos en sus consideraciones un vínculo que, de alguna manera, los relacione; la mirada desde un punto de vista tal que los abarque en una unidad de sentido. La tarea, sin embargo, no era difícil. Tanto la esfinge, al ser descubierto su enigma, como Eurídice, al ser mirada, desaparecen en el abismo. Mas para Blanchot ese nexo no se hizo visible por carecer del punto de apoyo que supone la consideración de un valor positivo para el mundo irreal autocreado.

La esfinge es en efecto, para Edipo, la pregunta, a la vez sobre sí mismo y sobre el hombre; es la interrogación ética. Pero el viajero hacia el trono de Tebas se detuvo en el éxito de su respuesta, en la dimensión utópica que toda ética conlleva y no advirtió la otra cara del ser hombre, la del antihéroe, que es siempre trágica. De ahí que la esfinge, su propia pregunta, vuelva desde el abismo para hacerse espejo en el que el propio Edipo alcance a ver al fin que la imagen del otro, la del culpable, es la suya; la del que fue capaz de verse en el enigma propuesto, pero fue ciego para verse en la esfinge misma.

La esfinge y el abismo están emparentados: ambos son interrogantes acerca del hombre. Pero, mientras que la primera propone un enigma y pregunta sobre algo difícil, mas descifrable, el segundo consiste sólo en el signo de interrogación. Edipo pudo contestar porque él mismo formaba parte de ese hombre que había que descubrir. Orfeo, en cambio, desciende al abismo en busca de Eurídice; su otro más próximo, pero otro. El Hades le da a Eurídice como respuesta con la prohibición de mirarla: una respuesta positiva. La prohibición, sin embargo, no era en vano: Eurídice no era mirable porque era el otro. Por eso, cuando Orfeo se vuelve ve sólo el abismo vacío, la interrogación misma.

Un nuevo giro del círculo se adivina: Edipo, cuando llega al fondo de su ser ético trágico, llora. Orfeo, a la vuelta de su viaje al abismo, habiendo reconocido la tragedia de su ser sociable, canta acompañado de su lira; son el canto y la música como símbolos de la creatividad en que se gesta el ser del otro.

El mito de Rosamunda se nos muestra ahora mejor iluminado. Ya no estamos ante el edípico Daniel Barnes enfrentado a su tragedia ética. Rosa, como Orfeo, busca el ser del otro en el abismo; por eso necesita un tiempo fuera del fluir de los acontecimientos, por eso ella es, a la vez, creadora de la ucronía del «Caimán» y una creación musical.

De la pieza que Rosa escribe para el teatrillo sólo sabemos el motivo en que se inspira: la leyenda del «Caimán», que Buero sitúa en un tiempo mítico. La narración se hace aparecer en un libro de leyendas americanas. De esta manera la obra que, como decíamos, representa un libro, incluye el libro dentro del libro, la narración dentro de la narración y el teatro dentro del teatro.

Al igual que ocurría en «Mito», donde unos personajes que representaban el Quijote eran ellos mismos ejemplos de lo que representaban, en «Caimán» el drama entero reproduce el tema que lo inspira. Ya el título mismo de la leyenda y de la obra de Buero coinciden y, aunque no se especifica el título del libro que escribe la narradora, sí se aclara que es «la historia del Caimán». El tiempo mítico, por tanto, domina todas las situaciones. Podríamos decir que la obra representa un tiempo dentro del tiempo; es en sí una ucronía.

Un gigantesco caimán, Nulú, divinidad de una cultura americana, rompiendo un pacto, devora a Curucé, jefe de la tribu. Desde dentro, el anciano llama, lo que se interpreta como la voz de los antepasados. Hasta que un día Xoquec, el arriesgado hijo del cacique, se introduce en las fauces del monstruo y libera a su padre. Ese mismo día el salvador recibe como premio el amor de Michila, su prometida.

Al relacionar el mito con su paralelo más claro dentro de la obra, que es Carmela, la hija de Rosa tragada por el abismo, algo nos sorprende en extremo: Rosa no espera rescatar a su hija, sino ser rescatada por ella. El mito de Orfeo se invierte, y este no es un hecho sin importancia. En el mito griego el músico cantor desciende al Hades para que su amada salga a la superficie, vuelva a la Tierra. Buero sitúa su leyenda en América, en el nuevo mundo. Algo nuevo debe encontrarse en lo que en todas partes ha ocurrido; en el pasaje bíblico de Jonás, en el cuento ruso del cocodrilo, y habría que añadir en el descenso de Orfeo y en el de tantos semidioses y héroes sacrificiales. Las voces que se oían dentro del caimán parecían también llamadas de los antepasados. Pero no se trataba de los muertos, sino de la vida. Apresada por el caimán, Rosa vive también, y espera la hazaña liberadora de la hija, de esa hija que pertenece a los dominios del abismo. La conclusión se impone: sólo el abismo puede liberarnos. El camino de acceso a la sociabilidad humana no puede consistir en atraer a los otros a nuestro mundo sino en arrojarnos nosotros al abismo del otro.

Es necesario, en suma, atender a la llamada del abismo.

El sentido del mito propuesto por Rosa, sin embargo, no queda resuelto con la interpretación que acabamos de ofrecer.

Nulú, divinidad teriomórfica, es, a la vez, el abismo de que Rosa pretende liberarse y al que quiere arrojarse. Como divinidad perversa, dominadora, debe morir; pero el vacío que deja su figura es funda-

467

mental para el buen desarrollo del hombre. Rosa no cree en otra vida en la que pueda recuperar a Carmela, o, al menos, esa manera de esperanza no le sirve como solución de su conflicto; pese a ello, busca y espera.

Ya en ocasiones anteriores Buero había planteado problemas, más que similares, paralelos: en «La señal que se espera» veíamos mutiplicarse las situaciones en torno al esperar de un desencadenante que despertase la creatividad. En «Hoy es fiesta» Silverio espera un signo que le indique haber sido perdonado. En ambos casos las respuestas vienen, pero es el hombre su mensajero; incluso para Silverio, que, al librar del suicidio a Daniela, puede alcanzar a ver como un destello de la vida de aquella niña que por su negligencia había muerto.

El replanteamiento del problema en «Caimán» nos hace pensar que para el propio Buero las respuestas anteriores no dejaban, ni mucho menos, zanjado el interrogante.

La cultura española tiene, en el libro de los ejercicios de san Ignacio, un momento crucial de su historia. Muchos intelectuales, tanto españoles como hispanoamericanos, consideran el acontecimiento como negativo, quizá por no advertir en él nada más que su vertiente teológica, la que lo relaciona con unos determinados ritos de la práctica religiosa. Pero eso es sólo una visión parcializada, tanto del libro en sí como de sus repercusiones en la personalidad de nuestro pueblo.

En ese libro se encierran, en realidad, cuatro libros distintos: el que el autor dedica al director de ejercicios, el que el director de ejercicios dedica a los ejercitantes, el que relaciona a los ejercitantes con Dios y el que los ejercitantes esperan como respuesta divina.

Roland Barthes ve en esta estructura una manera de gramática, la institución de un lenguaje. Entendemos que hay algo más.

Ciertamente, como también lo indica Barthes, la obra de san Ignacio está dominada por la mántica; pero es una mántica nueva. Los arúspices etruscos se servían del vuelo de las aves o de las entrañas de los animales para pronosticar el futuro; los oráculos griegos daban respuestas en forma de enigmas que era preciso descifrar. Del libro de los ejercicios, en cambio, no se desprende la utilización de medios externos para la respuesta divina; el ejercitante debe atender a movimientos interiores, impulsos que actúen sobre su voluntad, inspiraciones que iluminen su inteligencia. Se trata, por tanto, de una mántica muy distinta, de una mántica que nosotros nos atreveríamos a llamar de sentido humano.

Los dioses, por lo común —fenómeno que se ve con mayor claridad en la fase mítica de su desarrollo—, equivalen a la aparición de nuevas etapas en la constitución psíquica del hombre que se proyectan en el mundo externo bajo forma de personificaciones concretas. Se les atribuye una vida en un cosmos real o trascendente con capacidad para ejercer dominio, tanto sobre las cosas como sobre el hombre, pero independientes del her humano para actuar y para ser.

Heráclito de Efeso da, el primero, una interpretación distinta del problema. En el semestre de invierno de 1966-67 los profesores Heidegger y Fink dirigieron conjuntamente un seminario acerca de Heráclito. El profesor Fink interpretó entonces, con el asentimiento de Heidegger, el fragmento que dice «los dioses viven la muerte de los hombres» y «los hombres mueren la vida de los dioses» en el sentido de que los dioses, para saberse inmortales, necesitan como contraste el conocimiento del ser mortal de los hombres y viceversa: los hombres se saben mortales sólo si atienden al ser inmortal de los dioses.

Si generalizamos esta interpretación y la aplicamos a toda la relación entre dioses y hombres, así como a la concepción que el hombre tiene de lo divino, podemos concluir que sólo de esa manera el hombre puede vivir la tragedia de su propia muerte. Es la experiencia de Adán que, al hacerse como Dios, se supo mortal.

Las frases de Heráclito nos han conducido a concebir dioses y hombres como dos naturalezas que se excluyen. Los dioses serían, así, el no del hombre.

No resulta del todo ajena a esta interpretación la concepción de san Ignacio en el libro de los ejercicios. También allí es decisivo el conocimiento del propio ser mortal. Cuando san Ignacio de Loyola induce a la mente de los ejercitantes a enviar señales a Dios y a esperar de Dios un signo o respuesta, esa respuesta es, en primer término, la de aprender la muerte.

Pero no queda limitado a este aspecto el aporte que san Ignacio nos lega. La disposición en cuatro libros sucesivos que presenta el libro de los ejercicios pone de manifiesto la voluntad de proceso que anima, en los comienzos, la mente de san Ignacio. La obra parte de un yo hacia el otro para que, a su vez, ese otro la reenvíe a una pluralidad de otros. Nos encontramos, pues, ante una intención que tiende a lo sociable. Al final de la trayectoria, sin embargo, se da un giro completo en esa línea. Los ejercitantes necesitan interrogar a Dios y que Dios dé la respuesta para que el fruto de sus ejercicios se logre, para que el verdadero objetivo del autor se alcance. De esta manera, la trayectoria que, en principio, era rectilínea, concluye describiendo un nuevo círculo.

La pregunta de la esfinge, el enigma que Edipo descifra, es él mismo; el signo de interrogación que se abre ante Orfeo, el abismo a que se enfrenta, es Eurídice, su amada, su otro más próximo. ¿Cuál es ahora el interrogante que escribe san Ignacio en su libro de los ejercicios?

El ejercitante interroga a Dios, es decir, al infinito, a la perfección absoluta, a la eternidad. Si el hombre, según Heráclito, «muere la inmortalidad de los dioses», la experiencia que ha de seguirse de este ponerse ante Dios de los ejercitantes debe desembocar en el descubrimiento de la propia limitación, del ser imperfecto, de la temporalidad del ser humano. Por otra parte, la respuesta que se espera debe ser un impulso o una inspiración; algo así como una fuerza que le permita al hombre emprender la conquista de esas cualidades de que carece; la decisión de lanzarse al abismo de lo divino.

El enigma que propone la esfinge consiste en un esquema de la vida del hombre: la infancia, la madurez y la ancianidad. La esperanza de Orfeo de contemplar a Eurídice se cambia en una visión del abismo insondable. El ejercitante que sigue las directrices de san Ignacio se encuentra ante un enigma que no se limita a la trayectoria vital del hombre, sino al ser humano en su esencialidad, y ante un abismo que recuerda el Hades a que desciende Orfeo, pero en el que no se encuentra en principio con el vacío al que hubo de asomarse el cantor tracio, sino con un verdadero estímulo para acometer la conquista de lo imposible.

La mirada interrogadora del ejercitante no tiene acceso alguno a lo divino: Dios no está ante él como una realidad que pueda ser percibida, mas no por ello se siente obligado a concluir en la nada. La imaginación suple entonces a los sentidos. La capacidad creadora se pone en juego para forjar la presencia irreal de todo lo valioso, incluso la de Dios mismo. Encontramos de nuevo la imaginación como facultad intermediaria, esta vez entre el hombre que es y el hombre que debe ser.

En suma, pues: de la mántica que encierra el libro de los ejercicios se desprende un desarrollo positivo del hombre tomando por modelo o meta el ser de lo divino. Ahora bien, lo imaginario como punto de partida y el impulso interior como la señal que se espera nos hacen pensar que se trata de una autocreación humana, no vislumbrada siquiera por san Ignacio de Loyola.

Ese último círculo que describen el interrogar a Dios de los ejercitantes y las respuestas divinas es, como el eterno retorno de Nietzsche, un círculo vicioso en el que Dios se encuentra involucrado, pero esta vez no porque alcance a la totalidad del ente, sino al ser del hombre como proyección a lo infinito, a lo absoluto y a lo eterno.

Si ahora, tras estas digresiones, volvemos a la obra de Buero Vallejo, el sentido de su problemática se abre a interpretaciones diferentes.

El desencadenante que irrumpe en «La señal que se espera», creador de arte, de vida y también de muerte, es un claro signo que permite la manifestación del orden estético. Silverio, en «Hoy es fiesta», busca y obtiene la señal que le encamina a la eticidad del hombre. La espera de Rosa en «Caimán» presenta una clara vertiente hacia la sociabilidad humana; ella misma es «Rosamunda», pero esto es sólo una parte de su valor simbólico.

Rosa espera sin Dios lo que san Ignacio propone esperar mediante el apoyo en Dios.

Desde que Kant opone la filosofía crítica a la dogmática y desde que convierte a Dios en una idea no comprobable como existente por no darse en intuición alguna su realidad, el mundo del pensamiento se vio obligado a cambiar la sustentación divina que le servía de base por otra de signo antropológico. Este giro no supuso, sin embargo, el nacimiento de una nueva manera de filosofar a partir del ateísmo, ni mucho menos; ni siquiera la frase de Nietzsche, «Dios ha muerto», conlleva el cambio de que la nueva filosofía se construya, salvo excepciones como la heideggeriana, al margen de la idea de lo divino. El pensamiento filosófico de los últimos siglos, y quizá con mayor claridad la creación artística, camina, sin hacerse del todo consciente de ello, pensando y sintiendo la ausencia de Dios. El caos, el desorden, la injusticia e, incluso, la muerte, están, a cada paso, haciendo echar de menos ese Dios del que antes dependían todas las cosas. «Dios ha muerto» no equivale, pues, a «Dios no existe», sino a «Dios ha dejado de estar entre nosotros, no por un tiempo determinado, sino para siempre».

Dios desaparece del horizonte del pensamiento moderno, pero nos deja, según Nietzsche, su cadáver; en términos menos poéticos nosotros diríamos que nos deja la necesidad de explicarnos sin El todo aquello que antes nos explicábamos acudiendo a su poder como causa. Su ausencia, por lo tanto, nos ha dejado inseguros, desconcertados e impulsados a buscar algo que pueda sustituirlo.

El conflicto así planteado, por otra parte, no es fruto de un problema ilusorio. El surgir mismo de los dioses en el mundo del hombre, aun ateniéndose únicamente a los aspectos psicológico y antropológico, reviste una importancia de primer orden, lo que significa que aun en el caso de que pudiéramos explicarnos todo en el dominio de lo real sin acudir a trascendencia alguna, el concepto de Dios no sería una ilusión vana.

Lo divino tiene el sentido de nuestra máxima aspiración en el orden del mundo irreal autocreado. Los dioses no sólo son nuestros modelos últimos en el ideal de nuestras vidas, sino, además, metas insuperables para toda capacidad imaginativa dentro de cada cultura.

Ya hemos visto cómo Buero Vallejo afronta el problema en «Llegada de los dioses»; pero entonces se trataba de una primera fase, era el sentido revolucionario de mirar al hombre como el ser que alberga, en germen, las mejores posibilidades. «Caimán» supone un esfuerzo mucho mayor porque el punto de partida es negativo: la ausencia de Dios.

La dialéctica sostenida entre Néstor y Rosa, que ha sugerido ya tantos comentarios valiosos por parte de la crítica, tiene, a nuestro entender, su arranque en ese nudo originario para el pensamiento español de hoy: es necesario repensar al hombre. Néstor entiende que es preciso atenerse a la realidad y orientar la vida hacia la conquista del mundo para el bien de todos. Rosa, en cambio, emprende sin titubeos el camino oscuro de la creación desde la nada de un mundo humano en el que pueda superarse lo que en nuestro mundo se llama imposible.

Si «Dios ha muerto», si «el hombre ha muerto», si la obra de arte, fruto de la creatividad divino-humana, también ha muerto, nos encontramos en grave disyuntiva: o advertir la desvalorización total del hombre, y en ese caso también habrán muerto los valores, o acometer la tarea, no de una reconstrucción del pasado, sino de la creación de un orden distinto, proporcionando las bases de una nueva cultura y facilitando después su desarrollo adecuado.

Naturalmente, la cultura que vuelve a aflorar aquí, tras el comentario de una nueva obra de Buero, es esa cultura de sentido humano de que tantas veces hemos hablado, pero que, a esta altura de nuestro trabajo, nos descubre nuevos perfiles.

El hombre sin Dios, sin un espíritu interior inmortal que le garantice la supervivencia, sin metas, se encuentra obligado a emprender la tarea de autocrearse, pero de autocrearse como creador; y aún más, esa autocreación no es un acto, una resolución de su voluntad. La autocreación del hombre creador habrá de ser una manera de luz que sólo se mantiene con el constante esfuerzo del sentir, amar y pensar dirigido hacia la misma creatividad, pero sin alcanzar a ver el fruto creado.

Ahora bien, el paso de la ética a la sociabilidad consistía en dejar de verse en el otro para abismarse en él sin alcanzar a verlo. Podríamos decir, por tanto, que nos encaminamos hacia una cultura que tendrá como fuerza unificadora la sociabilidad; la conquista del verdadero ser sociable del hombre es la tarea de nuestro inmediato futuro. El hombre que se avecina, para el que queremos reservar el título de nuestro superhombre, sabrá autocrearse como creador de los otros y ese será su auténtico ser abierto.

A partir de este próximo estadio de la evolución humana, el marxismo empezará a superar al freudismo, pero Marx sólo será el desencadenante de la nueva doctrina; su propósito volverá a ser válido, pero cambiando el trabajo realizado sobre el mundo por el esfuerzo de autocrearse como creador.

La problemática que Buero replantea o, quizá, reinicia en «Caimán», no es sin embargo la de signo político que Marx fundamenta; esa será sólo una consecuencia. El conflicto a que nos lleva la obra de Buero tiene, más bien, un origen similar al que llevó a Sacher-Masoch a sentir el dolor humano como un proceso, o, al menos, como el precio del amor.

El Marqués de Sade había invertido el sentido de la utopía; la había hecho dolorosa presintiendo que la conquista de la eticidad por parte del hombre, el acceso al pensamiento utópico, no tiene el sentido de un deseo placentero, sino el de la aceptación del destino trágico sobre uno mismo. Sacher-Masoch presiente también un nuevo dolor cerniéndose sobre el destino del ser humano. Se trata de la dolorosa conquista de la sociabilidad. En paralelo con el trabajo como medio para «ganar el pan con el sudor de la frente», como el doloroso esfuerzo para establecer nuestro dominio sobre el mundo externo, la tarea de acceder al estadio de la sociabilidad conlleva iguales dolores de parto. Masoch propone, así, una ucronía invertida, una ucronía dominada por el signo del dolor y no un fácil ensueño de felicidad sin precio.

Mucho se ha hablado del fetichismo de las pieles en las obras de Sacher-Masoch sin apenas aludir a la relación con el mundo animal que ello supone.

En una de las ucronías literarias de mayor alcance antropológico, «Robinson Crusoe», el protagonista sigue un proceso similar, aunque de orientación contraria, que puede ayudarnos en la comprensión del sentido del masoquismo.

El mismo día en que Robinson cumple 26 años sufre el naufragio que le arroja a una isla desierta, en la que vive solitario otros 26 años hasta que recoge a Viernes. Dos períodos iguales; el uno en el afuera, en la civilización de todos; el otro aislado, encerrado en un interior cuyo alcance simbólico no requiere comentario alguno. La vida en la isla no es placentera, sino en extremo dura. Es necesario trabajar, ciertamente, pero, sobre todo, aprender cada trabajo. Era una vida solitaria sólo en su origen, ya que algunos animales acompañaban a Robinson en su aventura. El loro, incluso, aprendió el lenguaje, y Robinson sufría por no poder lograr lo mismo del perro. Robinson, por tanto, parte de la vida animal y ha de autoeducarse antes de poder compartir la vida con otros seres humanos.

El fetichismo de Sacher-Masoch presupone un proceso en el mismo sentido, si bien confundiendo el sufrimiento que causa el esfuerzo de hacerse hombre con el valor de la hominización misma.

En la obra de Buero que ahora nos ocupa hay también una alusión clara a esta manera de origen en el ser del hombre: es el mito del caimán, al que es preciso arrojarse para salvar al padre antes de ganar el amor de la mujer prometida, antes de entrar en la verdadera sociabilidad.

El caimán es, así, al mismo tiempo el animal enorme de que partimos y el dios ritual, teriomórfico y amenazador que nos tiene atrapados y del que es preciso liberarse.

Rosa, la que, al igual que Robinson, ha sabido autoeducarse, en su caso desde la animalidad del caimán hasta autocrearse por el arte, parece encontrarse a primera vista en la encrucijada, obligada a elegir entre el camino del abismo o el del teatrillo. Una visión más detenida nos permite no obstante descubrir que ambas vías son una sola; que en el abismo reside su obra de autocreación creadora. En efecto: Charito, la que en el transcurrir del drama nos sugiere constantemente el

473

recuerdo de la hija desaparecida, cuando toma el papel de narradora de la historia del caimán nos aclara que ella es la nueva mujer de Néstor. Ha ocupado por consiguiente el puesto de Rosa y se ha convertido en ella misma, puesto que incluso es la escritora que lleva a cabo la narración del mito del caimán. En Charito se cumple la «Rosamunda» que Dionisio imaginaba, la que da solución mediante el arte a la interrogante del abismo.

Orfeo, sin Eurídice, a la vuelta del Hades, cuyo abismo ha contemplado, entona una canción. Rosa, la idealizada «Rosamunda», en su nueva andadura nos recrea con el mito del caimán y nos permite adentrarnos a tientas en una nueva dimensión del ser humano. La narradora lo duda, pero nosotros estamos seguros de que en Rosa está «la cara sombría de otra luminosa fuerza sin la que el caimán tampoco podrá ser definitivamente vencido».

Capítulo XXII

La dialéctica entre la religión y el arte
La génesis de lo imposible
La proyección social del conflicto edípico en
«El concierto de San Ovidio»

Esa frase de «Caimán» con la que concluíamos el comentario del capítulo anterior: «la cara sombría de otra luminosa fuerza», sintetiza ciertamente el posible valor ismbólico de Rosa. Pero, al mismo tiempo, nos deja inmersos en una inquietud nueva: la de averiguar el sentido que puede tener esa dimensión sombría, oscura, de lo que, en sí, es una fuerza luminosa, una luz.

En líneas generales puede afirmarse que la noche, lo oscuro, la sombra, conlleva en todas las culturas un significado peyorativo, una negación de valores o, incluso, la significación de antivalores. A veces esos términos califican la maldad moral que puede llegar, como entre los persas, a concretarse en el dios perverso. Otras veces sirven para determinar la parte irracional del hombre en el ámbito de lo filosófico. La psicología, en especial la desarrollada por C. G. Jung y Eric Neumann, utiliza el vocablo «sombra» al referirse a fuerzas del subconsciente sobre las que el ser humano no ejerce dominio alguno y de las que no podemos prescindir a la hora de intentar la comprensión de la ética o de la estética.

La frase de la obra de Buero alude indudablemente a todo este panorama de consideraciones tradicionales, mas no para conformarse, sino para someter a revisión crítica los fundamentos mismos del problema a partir de un nuevo enfoque de la sensibilidad.

Puede aplicarse a esa frase la doctrina nietzscheana de lo apolíneo y lo dionisíaco; pero no hemos de detenernos ahora en un nuevo análisis en tal sentido, ya que cuanto pudiéramos descubrir, aunque nos confirmaría opiniones expuestas en otros capítulos, no nos llevaría a progreso alguno en el desarrollo fundamental de nuestro trabajo.

El saber filosófico de Occidente, dado su realismo básico, no ha acertado a dudar nunca de que «lo semejante procede de lo semejante», de que las causas y los efectos coinciden en cuanto a su naturaleza. La vacilación se produjo, en cambio, al intentar esclarecer la génesis del conocimiento. Tan pronto parece que es necesaria la semejanza para que el acto de conocer sea posible, como se piensa que sólo lo desemejante permite conocer: lo frío se conoce por lo caliente.

Cabría decir que el primer postulado en que se apoya la filosofía en la cultura de Occidente fuese el que «Las cosas cambian siempre siguiendo un proceso» y que la discontinuidad sólo se hace posible, en todo caso, en la relación entre el mundo y el hombre.

Bastará, sin embargo, trasladarnos al ámbito de la posible filosofía española caracterizada por el signo de lo humano, para que tal firmeza en los principios se pierda. En el mundo de lo irreal autocreado, en efecto, la procedencia es otra y nada tiene que ver con la semejanza o la desemejanza, sino con la fantasía creadora y sus móviles.

Ya hemos visto cómo en el origen de los llamados conceptos universales, primero, y luego en la base de toda conquista de una nueva etapa en el verdadero hacerse del hombre, se encuentra siempre lo negativo; cómo una negación actúa siempre como el desencadenante originario. Pues bien, si intentamos progresar siguiendo esa trayectoria ya iniciada, debemos afrontar ahora un nuevo salto decisivo.

Nos estamos refiriendo al encuentro con lo imposible; es decir, al enfrentamismo del hombre con una negación absoluta, no al modo de una supresión, sino de un límite, y un límite que afecta, precisamente, al ser del hombre mismo. El descubrimiento de lo imposible es, así, el límite en que se refleja el ser del hombre y, en consecuencia, el origen, incluso, de la noción de posibilidad.

Huelga aclarar que lo posible y lo imposible nada tienen que ver con el mundo de lo real. En el cosmos la realidad está siendo, fluye en los instantes sucesivos de la presencia. Lo posible es lo que podrá ser en el futuro que todavía no es o en mera hipótesis, y lo imposible es aquello que toda hipótesis rechaza, ya se trate de un propósito a realizar en el futuro, ya de una simple proyección mental imaginaria. Posible e imposible son, pues, dos caras, o quizá una cara y su límite, del mundo irreal autocreado en el que se constituye el ser del hombre.

Ahora bien, estos hechos, en sí tan claros, nos infunden una gran inquietud respecto a su origen, ya que si el hombre es un ente natural, si se gesta y desarrolla en el medio exclusivo de la naturaleza, ¿de dónde procede su enfrentamiento con lo negativo, con la nada, y, sobre todo, con lo imposible? Podría a lo sumo el hombre encontrarse con la falta de algo que necesita en un determinado momento, pero esa carencia es sólo circunstancial, y de ella no puede derivarse el concepto de lo imposible. ¿De qué depende entonces esa hominización en último extremo?

La antropología, los estudios históricos y prehistóricos, sobreabundan en datos, pero no nos han dado una explicación satisfactoria respecto al origen de la inteligencia en el hombre o, mejor dicho, respecto al origen del ser del hombre mismo. El mayor desarrollo del cerebro por el paso a la postura erecta, al cambiar el prehombre el medio de la foresta por el de la sabana, puede justificar el perfeccionamiento de los instintos, como ocurre en la evolución de los invertebrados hasta alcanzar el desarrollo sorprendente de las hormigas y las abejas; es decir, explica el incremento de las potencias positivas, pero nada más. Lo mismo puede decirse de las explicaciones de Leroi-Gourhan respecto a la apertura del cerrojo que libera el desarrollo del lóbulo frontal. Con todo ello se comprendería el dominio del hombre sobre la naturaleza y cualesquiera conquistas en el medio positivo, pero no el acceso al mundo de lo irreal autocreado, no el descubrimiento de lo imposible.

El desarrollo somático individual humano ofrece unas determinadas peculiaridades distintivas que, al tiempo que nos sorprenden, despiertan la sospecha de que un vínculo directo pueda unir estas circunstancias con el proceso hominizador propiamente dicho.

La línea de crecimiento en el individuo de la especie humana presenta irregularidades muy notorias: el gran desarrollo del primer año se va haciendo más lento hasta casi detenerse entre los cinco y los once años, para experimentar lugo el brusco impulso final de la pubertad. Por otra parte, mientras que el desarrollo del genotipo está completo a la edad de cuatro años y medio o cinco, el desarrollo del fenotipo se retrasa hasta que la pubertad ha concluido.

Todo hace pensar que algo anormal se ha interpuesto en la vida del cachorro humano causándole estas desviaciones espectaculares.

A modo de hipótesis aventuramos la idea de que en las variaciones climáticas de los períodos glaciares se encuentre el origen de tales anormalidades somáticas. Durante el período terciario y principios del cuaternario, el clima benigno y uniforme de la Tierra permitía a las especies de prehombres vivir desnudos y experimentar un lento y progresivo desarrollo de sus facultades somáticas y psíquicas. Al sobrevenir los intensos fríos de las glaciaciones, las madres de los homínidos sólo podían salvar a sus hijos de la muerte manteniéndolos unidos a sus propios cuerpos. De esta manera, los individuos podían lograrse, pero al precio de una ultraprotección prolongada.

Suelen ser características del ultraprotegido la inmadurez, la debilidad y el crecimiento irregular.

Los agricultores cubren a veces las lechugas haciendo que apenas les dé el sol y el viento. Las plantas así resguardadas crecen con gran rapidez y sus tallos son más blancos y frágiles. Los resultados de la ultraprotección en el cachorro humano son muy similares: el niño crece endeble, con rapidez al principio, y se mantiene inmaduro durante un período desacostumbrado en la vida animal.

La importancia de esa primera fase en la vida del hombre, en la que la inmadurez da lugar a una segunda gestación, la gestación extrauterina, ha sido objeto de estudios muy detenidos por parte de Juan Rof Carballo, por lo que no nos hemos de detener aquí en más consideraciones. Para nuestro propósito, lo que nos interesa destacar ahora es el valor de ese desajuste en la madurez genotípica y fenotípica.

Si poco antes de los cinco años, momento en el que se habría logrado su pleno desarrollo también como individuo de no haber existido la ultraprotección de que hablamos, el individuo humano ya es un miembro maduro de su especie y hasta los catorce o algo más no lo es en cuanto a su desarrollo individual, en el tiempo intermedio las tendencias y aspiraciones, los deseos profundos, resultan imposibles de satisfacer; es decir, el hombre se enfrenta a su propia imposibilidad. Ciertamente el desarrollo pleno alcanzado al concluir el período de la pubertad ha de permitirle salvar de manera satisfactoria el escollo; pero, entretanto, la fantasía ha debido compensar el desequilibrio creando un mundo adecuado a las circunstancias de imposibilidad real en que el individuo se ha visto obligado a permanecer.

Se explican así las perversiones sexuales infantiles de que habla la psicología freudiana y, sobre todo, se explica la aparición del concepto de lo divino como un poder trascendente que actúa en planos pertenecientes a un más allá del mundo de lo real. El hombre se ha hecho creador del mundo de la irrealidad, se ha instalado él mismo en esa nueva dimensión y se ha proyectado hacia lo infinito, hacia lo ilimitado que resulta de traspasar la barrera de lo imposible.

Dada la prioridad de ese mundo, producto de la fantasía creadora, nada tiene de extraño que la realidad cósmica pase a ser considerada como el mundo de lo contingente, el mundo que necesita la intervención creadora de lo divino para poder existir. Los dioses son los dueños de la realidad.

Por otra parte, el plano de la irrealidad autocreada por el hombre necesita su propio desarrollo. Es la lenta tarea del arte en sus diferentes aspectos.

Parece incuestionable que la aparición del hombre en el mundo, con capacidad diferente de la poseída por el resto de los animales, depende del acceso al plano de lo negativo, siquiera sea insinuado: para que una piedra deje de ser mera piedra y se convierta en hacha, para que el hueso deje de ser mero hueso y se convierta en aguja, es necesario haber aprendido a negar la cosicidad simple para dar paso al surgir del útil. La aparición del arte, sin embargo, no se limita a esa transformación de lo real que le da sentido de utilidad; tan es así que incluso se suele considerar como característica propia de lo artístico el ser no útil, el no servir para. El arte, por tanto, pertenece a un orden distinto de valores.

Con la hipótesis de los períodos glaciares como causa del impulso que condujo al hombre al desarrollo actual de su capacidad, como origen del **homo sapiens,** se explica también la aparición del fenómeno artístico. El infante ultraprotegido entrena sus sentidos, no en el contacto con la naturaleza, sino en la relación interhumana. De esta manera, si su tacto aprendió a sentir tocando el cuerpo de la madre, si antes de saber andar los ojos maternos le enseñaron a ver, si la voz de la madre le enseñó a oír, el resultado ha de ser la constitución de algo que podríamos llamar una segunda naturaleza. Protegido, separándose de la hostilidad que supone el mundo de la realidad natural, el mundo de lo humano cobra un sentido que más tarde, al enfrentarse al problema de lo imposible, habrá de desarrollarse al modo de un mundo de valores nuevos, producto de la fantasía creadora.

El hombre así dotado siente algo nuevo que el mundo todavía no posee; siente que, más allá de lo real, es posible y para él necesario un mundo constituido a partir de esa irrealidad que suponía lo humano como compensación de la realidad negada. De este modo, el tacto se aventuró a modelar y esculpir figuras en las que fuese posible proyectar la nueva sensibilidad adquirida; la vista pudo, igualmente, discurrir, a través de la pintura, hacia ese mismo plano de lo irreal autocreado; y, por último, el oído tomó el mismo rumbo mediante la música y el canto.

El descubrimiento de la negación absoluta que culmina en el enfrentamiento con lo imposible tiene, por lo tanto, consecuencias decisivas en la trayectoria seguida por el hombre en su evolución antropológica. El desenvolvimiento realista en un medio natural cede su prioridad en favor de un mundo irreal autocreado; pero ello no acontece en una línea de sentido único, sino doble. Por una parte, el hombre nuevo y ultraprotegido por sus mayores, trasciende lo imposible proyectando en el mundo irreal de su fantasía un poder similar al de esos protectores paternos, pero de alcance infinito. Es decir, introduce en su mundo autocreado el ser de lo divino, le da valor de realidad y le hace al mismo tiempo garante de todo lo real; fundamenta, en una palabra, lo religioso como lo trascendente a la naturaleza. Por otra parte, el hombre mismo, el desvalido por antonomasia, se encuentra destinado a construirse un mundo adecuado a esa dimensión nueva de sentido humano a la que acaba de despertar. Y esa es la ingente tarea del arte. En suma: dioses y hombres, lo religioso y lo artístico, vienen a significar las dos caras del problema llamado hombre.

Sacerdotes y artistas inician así sendas, al principio indiferenciadas debido al origen común, pero de sentido opuesto por la finalidad a que tienden. Arte y religión nacen ambos reverentes, sacralizados, sometidos a la autoridad divina, mas por poco tiempo. El motivo que los mantenía unidos, la autocreación humana, albergaba en su propio seno una sima insondable: el camino de lo religioso se apoyaba en la preexistencia de modelos para el desarrollo del hombre, metas prefijadas debidas a la existencia de valores absolutos. Para el artista, en cambio, el modelo mismo es el que debe ser creado. La protección de los mayores fue necesaria, pero transitoria; el hombre debe crear su propio destino.

La filosofía griega, y tras ella el pensamiento filosófico europeo, surgen como oposición a los dioses porque su meta más urgente es salvar el sentido de lo real. La filosofía española, en cambio, habrá de oponerse al arte porque el sentido humano que la caracteriza exige una verdadera autocreación de valores; requiere la trascendencia de lo humano propiamente dicho en el sentido de que ningún modelo prefijado puede tener valor definitivo.

La filosofía greco-occidental ha experimentado, a lo largo de toda su historia, constantes sacudidas producidas por la fuerza de una dialéctica que, tan pronto hacía alternar las afirmaciones y negaciones sobre un determinado punto, como hacía oscilar el punto de vista desde el que observar cada problema. Se trataba de una dialéctica en la que se enfrentaban el mundo como realidad existente y Dios como razón del universo; la mirada inmanente y trascendente al cosmos como contrapuestas.

En el seno de una filosofía que, hundiendo sus raíces en el arte, se origine a costa de oponerse al arte y superarlo, la dialéctica habrá de tener un sesgo muy distinto. Por de pronto, desaparecerá la dimensión unilateral que le caracterizaba, ya que la nueva filosofía de autocreación humana habrá de oponerse tanto a la realidad cósmica como al ultrarrealismo divino, y es presumible que será en este último aspecto en el que su aporte resulte más enriquecedor.

Es significativo en alto grado el hecho de que la obra del artista usurpa un papel que sólo a Dios compete. Al artista y al pensador que con sus descubrimientos consiguen alterar profundamente el mundo de la cultura se les da el calificativo de geniales: es decir, se considera que están dominados por Genio, aquella personificación, a un tiempo divinidad y demonio, a quien se celebraba en el primer cumpleaños; el generador de hombres, el verdadero creador de lo humano.

Demoníaca fue la aceptación del reto de hacerse «como dioses» y un titán hubo de robar a Zeus el fuego para dárselo a los hombres. En suma: la hominización, el propio desarrollo, la creatividad, son punibles porque son contrarios a la ley divina.

Por su enfrentamiento con lo imposible, por su derivación hacia la creatividad artística y por el sobrenombre de Rosamunda que Dionisio le atribuye, Rosa pertenece con toda claridad y aun simboliza a esa parte demoníaca del ser humano a la que la narradora considera «la cara sombría de otra luminosa fuerza sin la que el caimán tampoco podrá ser definitivamente vencido».

La muerte del Caimán, la muerte de Dios anunciada por Nietzsche, parece a primera vista una conquista de la inteligencia que supera los prejuicios supersticiosos del hombre menos evolucionado; podría creerse que el dominio sobre el mundo de lo real, el desvelar las leyes naturales que fundamentaban sus misterios fuera suficiente para liberar al hombre de ligaduras atávicas; pero «Caimán» nos pone en guardia contra esta visión unilateral del problema. Es necesario algo más; sólo tras la conquista de lo imposible y tras la superación de los límites, ese caimán que nos ata a nuestra animalidad divinizada «podrá ser definitivamente vencido».

El sello de esta negación extrema, el enfrentamiento con lo imposible, puede considerarse como la nota culminante del teatro de Buero Vallejo. Siguiendo esa línea se alcanza incluso a descubrir las características más esenciales de la metafísica a que se encamina la filosofía española. Pero los comentarios en torno a este tema preferimos desarrollarlos en los últimos capítulos del presente libro. Antes debemos ocuparnos de un conflicto sacado por Freud a la luz desde sus primeros escritos y que ha llenado tantas páginas de concienzudos estudios a lo largo del siglo XX. Nos referimos, naturalmente, al complejo de Edipo, aplicado tantas veces a diferentes aspectos de la vida humana y enfocado hacia tantas manifestaciones de la cultura, pero considerado siempre patrimonio exclusivo de la psicología, siendo así que sus raíces antropológicas parecen evidentes.

Hablábamos líneas atrás de la dialéctica mantenida entre el fenómeno artístico y el religioso como consecuencia de una proyección al infinito de los padres, protectores del desvalido cachorro humano, por un lado, y por otro, de la necesidad que tiene cada hombre al desarrollarse de crear su propio ser independiente de todo modelo prefijado. Nos encontramos, por lo tanto, ante una dialéctica generacional. Entre el niño y el adulto surgen, como consecuencia de unos mismos hechos, relaciones tanto de protegido a protector como de dominado a dominante.

La situación se hace compleja y de comprensión difícil: el niño ultraprotegido tiene todas las tareas resueltas, se le da todo hecho; pero con ello, en realidad, se le anula, se le suprime no sólo su propia tarea, sino la función misma que le da sentido, se le impide hacerse. Y así, el ultraprotegido se ve obligado a reaccionar con la mayor violencia para liberarse de la tiranía del protector. Se impone la muerte de esos padres protectores, o, lo que puede ser lo mismo, la lucha del arte contra los dioses.

Esta oposición de contrarios, sin embargo, no resuelve el problema dialéctico. Los modelos siguen siendo modelos, aunque deban ser superados. La cadena, cae por consiguiente, en una paradoja: la de rechazar aquello que se imita y de imitar aquello que se rechaza. El niño aprende el poder como algo perverso y al mismo tiempo deseable. Necesario para sobrevivir; nefasto por el daño que causa; ideal a superar como único medio de lograr su propio desarrollo y meta de la máxima aspiración por pertenecer a la esencia de sus dioses.

En el teatro de Buero Vallejo la dialéctica del poder ocupa también un lugar de primer orden. A simple vista es fácil descubrir ya ese entretejido de problemas sociales y afán de dominio que nunca falta y por el que se ha inscrito a Buero en la lista de autores movidos preferentemente por las llamadas inquietudes sociales. Tras esa primera impresión, sin embargo, se hallan otras dimensiones del problema que nos llevan a significados nuevos del planteamiento mismo del sentido del poder.

En el presente capítulo, dedicado a comentar «El concierto de San Ovidio», y en los dos siguientes, en los que trataremos de «La detonación» y de «Un soñador para un pueblo», esperamos sugerir algunos temas que nos introduzcan en el mundo de los valores histórico-antropológicos en los que radica la verdadera riqueza social.

La característica más destacada de «El concierto de San Ovidio» es, sin duda, la de que sus personajes, mayoritariamente, son ciegos; una característica que se da también en otra obra de Buero, anterior en el tiempo, «En la ardiente oscuridad», y, de forma minoritaria o singularizada, en «La tejedora de sueños», «Un soñador para un pueblo» y «Llegada de los dioses», aparte del semiciego de «Las Meninas». Está claro, pues, que el problema preocupa al autor. Pero no es sólo la ceguera como limitación humana lo que atrae la atención de Buero Vallejo; rara es la obra en la que no se encuentra algún otro tipo de disminuido, sea sensorial —sordos, mudos— o físico —cojos, feos— o mental —abundantes locos de diversos tipos— o, privados de libertad por voluntad ajena —los encarcelados— o, por último, los pobres. Ante este panorama de situaciones en las que las dificultades se ciernen sobre el hombre y lo dominan, los comentarios se multiplicaron acerca de la inquietud de Buero por los marginados o por los que sufren cualquier tipo de miseria, concretando el valor social de su teatro a su atención por las diferencias que dividen a la humanidad en clases.

La existencia de las desigualdades entre los hombres es una grave lacra cuya importancia no pretendemos atenuar. Las orientaciones políticas son responsables en alto grado de que persistan todavía en el mundo situaciones tan injustas que horrorizan a todo aquel que no tenga la sensibilidad pervertida. El conjunto de los ciudadanos, por otra parte, está colaborando a mantener esos desequilibrios, contra los que se dirigen tantas protestas, pero tan pocas acciones eficaces. Es misión de todos, también de los artistas, contribuir a despertar la conciencia común en pro de soluciones efectivas del problema. Buero lo hace realmente; su obra es un grito angustiado que llama a la concordia y a la solidaridad humanas, mas todo ello no alcanza en modo alguno el nivel de lo trágico, ni siquiera pertenece por su propia naturaleza al grupo de cualidades que condicionan el ser de la tragedia. La categoría de lo trágico que se deja traslucir a través de ese tipo de situaciones se encuentra, más bien, en las raíces mismas de la condición humana que permiten el hecho originario de lo miserable, y en esas raíces condicionantes del ser humano incluimos el destino, que consiente que en un mundo de hombres que ven exista la posibilidad y la realidad de la ceguera para alguno.

La condición humana es, pues, el límite, el imposible al que es preciso enfrentarse.

La extrema precariedad infantil y la consiguiente dependencia paterna motivan ciertamente un proceso de maduración humana en el que la dialéctica paterno filial se establece como la característica más destacada de las primeras etapas de la vida del hombre; pero esta conclusión sería demasiado pobre si entendiéramos que se trata sólo de un período que concluye una vez alcanzada la edad adulta. La ultraprotección que marca el desarrollo inicial del cachorro humano modifica de tal manera lo que hubiera sido el desarrollo natural del individuo que, una vez introducida, el resultado cambia, no sólo en grado sino en esencia; el individuo adulto a que se llega es algo nuevo y diferente del producto a que pudiera llegarse por meras combinaciones de elementos naturales. El resultado es el hombre, dotado de propiedades insólitas; el hombre, extraño ser, combinación de naturaleza, divinidad y demonismo; el hombre, religioso y artista.

Sin completar su proceso de maduración, el ser humano logra el acceso al mundo del símbolo, adquiere el dominio del lenguaje y de la reflexión. De este modo se le hace comprensible su propia precariedad, su dependencia paterna, así como la tarea que se le impone de autocrearse y de crear, al mismo tiempo, su propio mundo, el panorama de los valores por los que ha de regirse.

Tras haber penetrado así en las raíces más profundas del ser de la hominización, algunos puntos decisivos en la interpretación del mundo moderno, iluminados por una luz distinta, cambian de signo. El llamado «complejo de Edipo», sobre todo, deja claramente de ser en su origen un problema psicológico y pasa a formar parte de las bases de la antropología. El triángulo que forman el niño, por una parte, y los padres por otra, no determina un conflicto sólo entre individuos, sino una dialéctica entre dos generaciones: la de los débiles y menesterosos, carentes absolutos, no sólo de independencia sino de la posibilidad misma de libertad por su inmadurez, y la de los protectores y guardianes, los que cuidan y dominan, a quienes ninguna fuerza es posible oponer porque su superioridad es ilimitada.

Ese enfrentamiento dialéctico generacional desemboca en una doble paradoja del ser humano: el niño, inocente y perverso, ama tiernamente a sus padres, reclama su intervención protectora sin la que le es imposible la mera supervivencia y, a la vez, aspira a desprenderse de esa autoridad y protección que anula o retiene el desarrollo de su personalidad propia, de su ser hombre. Aspiración en la cual se centra un rechazo, una especie de odio que iguala al amor profesado. En el lado contrario se encuentran unos padres que son, a un tiempo, modelos supremos del mal que se pretende evitar y del bien que se desea obtener; ayudan entorpeciendo y entorpecen ayudando. Lo necesario e imprescindible es, a la vez, el mayor obstáculo y aquello de lo que sólo desprendiéndose es posible lograrse como autoconstituido.

Por su parte, el vínculo particular que une al niño con la madre aclara el sentido del problema, pero no lo cambia en absoluto. El niño, que aspira a ser adulto, siente el desarrollo pleno de la capacidad sexual como el punto en que culmina su madurez. Debe mostrar entonces a la madre que ya su infancia ha concluido, que su inferioridad se ha trocado en dominio; intenta, por consiguiente, la conquista de la madre, pero en esa misma conquista descubre de nuevo su propia precariedad, su perpetua dependencia del seno materno o eterno femenino.

El largo período de precariedad infantil, con el aprendizaje de que hablábamos de la precariedad misma, tiene también efecto decisivo en la génesis de ese afán de dominio que, a partir de Nietzsche, viene considerándose como la nota determinante del ser del hombre.

El poder paterno sostiene al niño y le provee de cuanto necesita, al tiempo que le hace ver su propia inferioridad. Conseguir un poder equivalente se convierte así, para la sensibilidad infantil, en una meta, tras la que espera haber resuelto todas las dificultades y haber vencido todos los obstáculos posibles para una vida plenamente satisfactoria. Alcanzada la madurez de adulto, sin embargo, la insatisfacción permanece, ya que la autoprecariedad que el niño había aprendido no era sólo relativa al poder paterno y, por consiguiente, transitoria, sino una negación absoluta; era el descubrimiento de lo imposible. El hombre es, por esencia, un ser precario, insuficiente y, por tanto, un necesitado. El modelo paterno como poseedor del poder era un espejismo; de manera que el modelo auténtico debe situarse, más allá de lo humano, en un dios todopoderoso.

La creación del modelo divino deja al hombre en permanente estado infantil y confirma la precariedad esencial que le caracteriza; pero le deja, al mismo tiempo, convencido de que su inferioridad es relativa. Es decir: convencido de que, si logra imponerse a los demás, habrá salvado su condición precaria y se habrá hecho, al fin, poderoso. Y el espejismo continúa.

La trama de «El concierto de San Ovidio» contiene todos los elementos de un complejo de Edipo tomado en su dimensión antropológica.

Los seis ciegos que componen esa orquesta en la que se han concentrado las mayores situaciones posibles de ridículo y que forman el conjunto risible de la feria de San Ovidio no son sólo carentes de vista. Son carentes en sí, ejemplos acabados de carencia; son, como los niños, menesterosos absolutos. Por confesión propia, por breves alusiones y por lo que nos cuentan acerca de los otros sabemos suficiente de sus conflictos paternos como para advertir una clara relación edípica. El caso de Donato, contado por David, es sin duda el más completo: su padre quiso matarlo. Pero, aparte esa relación con los padres verdaderos, algunas frases de los ciegos, en especial de Nazario, nos muestran una faceta más del vínculo edípico que afecta a todos los ciegos, como dominados, y a los que ven, como dominadores:

«NAZARIO. — No lo pienses más. Valindin nos ha atrapado. Pero si no lo hace él lo habría hecho otro. Estamos para eso. (Se inclina y baja la voz.) ¡Si pudiese, les reventaba los ojos a todos! Pero ¿cómo? Sólo en la oscuridad podríamos con ellos, y el mundo está lleno de luz. Hasta por las noches hay luna. ¡Pero a mí nadie me quita el gusto de relamerme pensando en colgarlos uno a uno!...»

Dos grupos de hombres enfrentados, los ciegos y los que ven, no son otra cosa que los débiles y los poderosos. Adriana, prostituida por necesidad, e Ireneo Bernier, carente de recursos económicos, están tan atrapados como los ciegos por un terror que se repite en el que padecen esos niños, hijos del carpintero, en la oscuridad de las noches sin luna.

Se trata de entender las relaciones edípicas generalizadas en el plano social, señalando al tiempo problemas básicos de la condición humana.

En Donato, el más joven de los ciegos, se advierten diversas manifestaciones que recuerdan los rasgos míticos de mayor relevancia entre los que componen el complejo de Edipo. Ya hemos visto cómo su padre quiso matarlo; lo recogen unos transeúntes; algo similar a unos pies hinchados nos lo sugiere su torpeza en el andar; al modo de un incesto, copula con Adriana, su maternal protectora, la que les cuenta cuentos; por una traición suya pierde la vida David, su paternal protector, el que con frecuencia le llama hijo; y, por último, hereda de su víctima el rasgo más determinante de su intimidad, el adaggio de Corelli, que David tocaba como el sueño de su realeza, recordando a Melania de Salignac. La situación edípica no puede ser más completa; pero, a excepción del intento de asesinato por el padre, todos los elementos se encuentran en esa zona que resulta de trascender de los dominios del individuo a los de la sociedad.

Nos encontramos, pues, ante una decidida visión generalizadora de lo que venimos llamando «la condición humana»: la carencia es el destino del hombre. Así, cuando Adriana comenta: «Parece muy desgraciado ese niño», David le contesta con una frase de sentido muy ambiguo: «Todos somos ciegos.» Podría pensarse en los seis que componen la orquesta, pero más bien sentimos que ese «todos» es mucho más amplio, que en él cabe la humanidad entera, incluidos los que se llaman poderosos.

Si ahora, puesta de manifiesto la radicalidad de la obra, atendemos a la estructura que domina el conjunto de la trama, podremos advertir cómo sobre un grupo de ciegos, vistos de manera unitaria, se destacan cuatro figuras paternas: dos padres, Valindin y Valentín Haüy, y dos madres, Adriana y la superiora del hospicio de los Quince Veintes.

En capítulos anteriores, sobre todo en los dedicados a comentar «Casi un cuento de hadas» y «La tejedora de sueños», nos hemos ocupado de la aparición de la tétrada, tanto en la literatura como en la mitología, como la forma que adopta el constituirse psicoantropológico de la personalidad. Un yo creador, el de Oriana o el de Zeus, daba origen a cuatro actividades personificadas en dobles parejas que resumían, en las respectivas cuatro direcciones, la génesis de una personalidad propia. Tenían la particularidad aquellas tétradas de unificarse en un punto de características superiores a las de los elementos constituyentes: en torno a un padre, causa común, surgían las cuatro fuerzas de signo diferente. Eran tétradas que miraban hacia atrás; buscaban, en el pasado o en las raíces del hombre, un motivo unitario que les diera sentido.

Las cuatro figuras paternas de «El concierto de San Ovidio» forman también una tétrada, pero invertida. Esta vez no son cuatro los hijos, sino los padres.

En lógica congruencia, esa inversión debe corresponder a un cambio radical en el sentido de la mirada. No se busca, en esta ocasión, el punto originario de la personalidad, sino la salida de un conflicto, el medio de imponerse a lo imposible.

El núcleo originario lo forman ahora los ciegos, que ejemplifican al hombre advertido de que la debilidad infantil no concluye con la conquista de la edad adulta, al hombre carencial que se sabe abismado en la propia carencia como en un medio insuperable.

Ese límite impuesto al hombre, el imperio absoluto de la condición humana, no impide, sino más bien provoca la rebeldía. El hombre, eterno limitado, reacciona contra sus límites, pero, al tratarse de límites insuperables, su reacción debe abrirse nuevos cauces, inventar senderos más allá de la situación real que le condiciona.

La imaginación vuelve, una vez más, a prestar sus servicios de facultad intermediaria entre el mundo de lo concreto y ese mundo trascendente que es conquista de la autocreación humana.

En la frase ya citada, Nazario se relamía pensando en colgarlos uno a uno. Así compensaba su sentimiento de inferioridad, imaginándose el más fuerte y vengándose de sus dominadores. Por su parte y para superar su ser precario, David piensa en Melania de Salignac y la ama sin conocerla; la convierte en su ideal de vida porque ella, siendo ciega, fue capaz de cultivarse y escribir libros, de convertirse en creadora.

Estas dos actitudes se muestran como contrapuestas y de hecho lo son; pero en los sentimientos del hombre, entendido como radical carencia, ambas posturas se entremezclan e incluso se identifican. David el idealista, el que desea superarse mediante el arte, el que quiere «tocar», el que dice sí a su violín, en su enfrentamiento con Valindin se pasa a la actitud de Nazario y, en la oscuridad, vence al vidente opresor:

«DAVID. — (Estalla:) ¡He matado, Adriana! ¡Yo quería ser músico! Y no era más que un asesino.»

La diversidad e incluso la oposición que se manifiesta en el sentido de estos mundos imaginados no obedece, por tanto, a la intención de diferenciar las distintas posibilidades que pueda tener el mundo irreal autocreado por el hombre, sino al hecho de estar reproduciendo la contradicción misma que se encuentra en el punto de partida, en la esencial precariedad humana.

La dificultad mayor estriba en averiguar las características del otro extremo del proceso. En el punto de partida está, al igual que en el esquematismo kantiano, la realidad, pero no es una realidad cósmica cualquiera sino la que corresponde a condicionamientos del hombre, la que forma la condición humana contradictoria y un tanto incomprensible; en el punto medio, la imaginación reproduce, desmaterializándose, un esbozo del estadio anterior; más allá, en la trascendencia de la condición humana, sólo puede encontrarse lo imposible, una humanidad no sometida a la condición humana, la contradicción superada.

La casi totalidad del drama consiste en el enfrentamiento con esta tragedia del hombre, la búsqueda incesante e infructuosa de salidas de un conflicto por esencia insuperable y que, sin embargo, por necesidad ha de superarse.

Las cuatro figuras paternas equivalen a las cuatro direcciones en que la imaginación encamina la búsqueda. Son, en su conjunto unitario, el adulto del complejo edípico de la sociedad humana, a la vez modelo y obstáculo.

Valindin tiene todo el aire de un poderoso; posee incluso el distintivo de la espada, concedida por su cargo de peluquero de un principito que iba a nacer y que nació muerto. De hecho, nada más aparente e irreal que su fuerza. Por otra parte, su fuerza de nada le vale cuando la luz se apaga. Entonces es más débil que el ciego David.

El mismo Buero Vallejo vio en esa lucha en la oscuridad entre David y Valindin un paralelo del pasaje bíblico de David y Goliat; de ahí que diera el nombre de David a su personaje para que el antecedente no pasara inadvertido.

El relato que la Biblia nos hace de la lucha a muerte entre el pequeño David y el gigante Goliat tiene, en su dimensión simbólica, un significado equivalente al parricidio de Edipo. En ambos casos, el menor o el más débil se impone al mayor o más fuerte, y en ambos casos también, la hazaña presupone el acceso a un trono. Pero, a diferencia del mito griego, en el que la contienda se libra entre un hijo y un padre verdaderos, es decir, como lucha generacional individualizada, la relación entre David y Goliat trasciende el plano de la familia para situarse en los puntos de vista que adoptan los menores respecto a los mayores y viceversa. Para un niño el adulto siempre es gigante. La contienda se hace, pues, social.

En la época del Renacimiento y hasta principios del Barroco los escultores se muestran preocupados de manera ostensible por un problema similar al que venimos tratando en el presente capítulo: la superación de las fuerzas opresivas, personificadas en tiranos o en monstruos. Piénsese, por ejemplo, en el San Jorge de Donatello o en el Perseo de Cellini. Dentro de esta inquietud aparece entonces con verdadera reiteración el tema de David. Su lucha con Goliat dice a la sensibilidad de la época que el hombre puede oponerse con éxito a fuerzas superiores si utiliza recursos adecuados a cada circunstancia.

No es este, sin embargo, el único valor que nos ofrece el tema. A través de la estatuaria de Donatello puede abrirse un ciclo de reflexión sobre la vida humana altamente significativo. Su valor artístico se hace ya indiscutible cuando en uno de sus primeros trabajos, las tribunas de las catedrales de Florencia y Prato, pone de relieve una desbordante alegría infantil. La esperanza que dejan traslucir estos grupos escultóricos nos habla con claridad de la preocupación por el futuro. Pero es en su triple representación del David donde se halla la clave de lo que fue, probablemente, el sentido radical de la revolución renacentista:

Primero, el David desnudo: joven y, sobre todo, bello, podría decirse a juzgar por el uso que de su figura hace Luchino Visconti en su película «Muerte en Venecia», que representa la belleza misma, que es antes bello que David.

Después el David vestido: el fuerte, el héroe que tiene bajo sus pies la cabeza cortada del gigante que acaba de domeñar. Y por último, el David viejo: el calvo, el Zuccone, derrotado y triste. Consciente o no, Donatello llevaba en su interior la pregunta de la esfinge: el sentido del hombre, primero niño, después adulto y finalmente viejo, atraído por la muerte.

El conflicto edípico resulta, pues, evidente, lo que no significa que nos encontremos ante una mera repetición del mito griego. En esa nueva epifanía, envuelto en velos distintos, surge un mensaje en cierto modo inédito.

El caminar del hombre, gateando primero, en libre marcha sobre dos pies a continuación, y con la ayuda de un cayado en la última etapa, era el signo por el cual debía averiguarse el sujeto a quien las características indicadas pertenecían. La triple imagen de David que esculpe Donatello, en cambio, nos ofrece, como elemento visible del objeto a que se refiere su enigma, un símbolo artístico.

Esas tres esculturas de David expresan, al igual que el enigma propuesto a Edipo por la esfinge, el paso del tiempo y sus efectos sobre el hombre, y en su conjunto exponen también el ciclo de la vida; pero, además, al tratarse de obras de arte, en vez de al simple acto del caminar nos trasladan a un plano distinto, a una manera nueva de ver al hombre: en la primera etapa de la vida, el que gateaba es ahora bello; la debilidad infantil, que hacía surgir de la dependencia la máxima aspiración a la libertad y al poder del adulto, se ha convertido en una potencia creadora, en la capacidad para forjar de la nada un mundo adecuado a la vida interior del hombre.

El modelo para este primer David lo toma Donatello de la figura con que los griegos representaban al dios Apolo, divinidad artística por excelencia a la que unió los atributos bíblicos de David. De esta manera en un solo nombre confluyen dos significados y se logra un nuevo símbolo. En adelante, la hazaña de David puede ser entendida como la capacidad del arte para vencer y sobreponerse a la monstruosidad; tal vez para abrir un camino de acceso al mundo de lo imposible.

El segundo David está vestido: probó ya el fruto de la ciencia y, al verse desnudo, ocultó su cuerpo. El segundo David sabe de ética.

El atributo fundamental de la representación del tercer David es la calvicie. El signo utilizado tampoco esta vez es indiferente. Si Edipo supo distinguir en la marcha ayudada de un cayado la característica del hombre viejo y el síntoma de una vida que concluye, Donatello, al cambiar esta imagen del hombre en relación con su marcha por la de David calvo nos habla un nuevo lenguaje.

La cultura hebrea supo expresar, en torno al mito de Sansón, un conjunto de sentimientos asociados a las distintas situaciones en que el individuo se encuentra respecto a su cabello: la plena posesión indica la fuerza viril, mientras que el encanecimiento o la pérdida se convierten en los signos evidentes de la decadencia. Ahora bien, si el signo de la calvicie acompaña a la misma figura que, al principio, representaba la belleza, la fuerza creadora del arte y su mensaje habitual se traducen automáticamente en esa nueva lengua que nos comunica, con preferencia, los problemas de la autocreatividad humana. La calvicie del tercer David de Donatello nos dice, pues, que el tiempo limita también toda obra creadora.

Todo parece indicar que Donatello se halla atrapado entre dos sentimientos contradictorios: el de la perdurabilidad y el de la caducidad. Sus representaciones de viejos y jóvenes no provienen de momentos independientes y aislados, sino de una misma inquietud que oscila entre la esperanza de trascender los límites de la condición humana y el definitivo triunfo del tiempo sobre todas las ilusiones del hombre. Puede advertirse, en la base del dilema planteado, como un eco del antagonismo edípico generacional trasladado al ámbito de la expresión artística. Y en esta nueva metamorfosis del problema originario del hombre late quizá el germen de una gran revolución antropológica, de un cambio de perspectiva histórica similar al que, en filosofía, supuso el pensamiento de Nietzsche. En efecto, el sentido que da Donatello al arte de la escultura, el mensaje que pretende transmitirnos, se basa en una sustitución de la trascendencia religiosa por la transcendencia hacia ese mundo imaginado por el arte. Y así, la función creadora de la divinidad se traduce en la creatividad de que es capaz el hombre mediante el arte.

El germen no logró desarrollarse, sin embargo, quizá porque la envergadura de la empresa era muy superior a las fuerzas disponibles en un concreto momento histórico. Una tarea que, con toda seguridad, requerirá muchos intentos antes de que el éxito empiece a vislumbrarse.

La inmortalidad de los dioses tomada como real ejercía sobre el ánimo del artista demasiado poder, haciéndole sentirse divinizado por la capacidad de crear que se manifestaba en las obras salidas de sus manos.

Como resultado de esta perspectiva artística en el Renacimiento, nos encontramos ante una lucha de signo edípico en la que el esfuerzo por convertirse en padre, la conquista de la corona de Tebas, se ha transformado en el empeño por alcanzar un rango superior, una incipiente categoría divina. El monstruo vencido tiene reminiscencias demoníacas y evoca un poder oscuro que actúa desde lo que podríamos llamar el subsuelo de la cultura. El artista encuentra, ya en la materia misma en que la obra se plasma, un primer signo de esa resistencia monstruosa que es preciso dominar. El caso más destacado es el de Miguel Angel frente al bloque de mármol en el que se esculpe su figura de David. Una nota de su puño y letra dice: «David con la honda, yo con el arco», aludiendo a la forma de arco del trépano con que trabajó la piedra.

El David de Miguel Angel es una estatua de unos cinco metros de altura, por lo que se la conoce también por «El Gigante». De esa manera David y Goliat se identifican: David asume la figura de Goliat, se hace gigante por efecto de su hazaña. Y a la vez, por la hazaña de tallar esa obra, prodigio del arte escultórico, Miguel Angel adquiere proporciones excepcionales, se hace «divino». El primer presagio de la muerte de Dios acaba de manifestarse.

La Revolución Francesa, al decapitar al rey, representante de Dios en el poder terrenal, da el segundo paso decisivo. Nietzsche, finalmente, anuncia sin ambages que Dios ha muerto. Pero a lo largo de todo este proceso, Dios decrece o muere para ser substituido por el hombre: la lucha es, una vez más, de signo edípico. El niño, el débil o el hombre en general emprenden la tarea de conquistar el poder, la corona regia de la que esperan una plenitud del ser propio que anule su carencia originaria. La meta, sin embargo, no deja de ser un nuevo espejismo, de manera que el proceso sigue intacto. De ahí que Foucault llegue a expresar que también el hombre ha muerto.

El nuevo David que Buero Vallejo nos presenta en «El concierto de San Ovidio» reúne en su figura una gran riqueza mítica. La simple mirada descubre en él los símbolos griegos personificados por Edipo y por Layo; el espíritu de la gesta bíblica de David y su inclinación musical, y la vertiente humanista de la escultura del Renacimiento.

Es parricida como Edipo, dadas las características paternas de Valindin, y al mismo tiempo, como Layo, víctima de un parricidio, dada la característica filial de Donato. Los dos personajes de Sófocles quedan así unificados, aclarando en un grado más el enigma de la esfinge: el sentido del hombre, no sólo como trayectoria, sino como signo permanente de la insatisfacción humana, de la actitud de lucha por una conquista imposible para arrancarles a los demás algo que los demás no tienen: la plenitud del ser.

Por lo demás el nuevo David es también, como el David bíblico, un vencedor del gigante, pero su hazaña, al igual que en el primer mensaje de la estatuaria renacentista, es una hazaña trágica. Es un David a quien la mirada de Donato, el «pequeño», su Donatello, ve primero como un David desnudo, joven, bello y modélico, que después se convierte en un David vestido, culpable, y por último en un David viejo, destinado a la muerte.

La riqueza mítico-simbólica del personaje de Buero no se agota en estas consideraciones. La lucha con Valindin nos recuerda, también, el mito de Heracles y Anteo. El gigantes Anteo era invencible en contacto con la tierra, como Valindin lo era en un medio iluminado. Heracles tuvo, pues, que mantener a su contendiente suspendido en el aire para vencerlo, y David debió, en una noche sin luna, apagar el farol de su rival y dejarlo en plena oscuridad para convertirse él en el invencible.

Tampoco este nuevo aspecto del mito, este nuevo Heracles, puede considerarse como una mera repetición del mito antiguo. La oscuridad es el medio habitual en el que viven los personajes centrales de la obra de Buero; esa oscuridad es un símbolo del mundo habitual del hombre. Limitado el alcance de su entendimiento, el hombre queda al arbitrio de poderes superiores; el Caimán o Valindin son monstruos dotados de poderes divinos. Bastará sin embargo traerlos a nuestro mundo, someter a Valindin al mundo humano de la oscuridad, para que su omnipotencia se desvanezca.

Completa, por fin, estos aspectos míticos del David de Buero Vallejo el de la lucha y triunfo sobre el monstruo en el laberinto.

El mito griego del Minotauro y la hazaña de Teseo al darle muerte pueden considerarse como otra versión del mito bíblico de la derrota del más fuerte por el más débil. El hecho de que la pelea acaezca en un laberinto, lejos de ser una circunstancia simple que nos deje indiferentes, más bien nos inquieta; y lo mismo podemos decir de ese hilo aportado por Ariadna, que garantiza a Teseo la posibilidad del regreso.

El pensamiento filosófico occidental anterior a Nietzsche se apoya, de un modo casi exclusivo, en el convencimiento de que el mundo, o ha sido ordenado a partir del caos por agentes externos de rango superior, o ha sido creado de la nada por el poder divino. Incluso cuando Heráclito compara el mundo con el juego de dados de un Aion, en este Aion se adivina también un orden, al menos de sí mismo.

La sensibilidad artística, en cambio, ha puesto en duda con frecuencia en momentos culminantes la corrección de este prejuicio de la filosofía. En el fondo mismo de la idea de laberinto se encuentra ya, no sólo el sentimiento de moverse en lo intrincado, sino además la sospecha de que el medio externo que nos rodea carece de otros principios que no sean fuerzas ciegas. La tradición de dibujar laberintos en el suelo de las iglesias, mantenida quizá desde los tiempos cretenses hasta épocas muy recientes, parece tener el sentido de un intento de poner orden allí donde no lo hay. La ceremonia de recorrer los pasos del laberinto es algo así como salvarse saliéndose del mundo desordenado y entrando en los dominios de lo sacral.

A primera vista el hilo de Ariadna no tiene más finalidad que la de garantizar a Teseo la posibilidad del regreso, pero en absoluto le garantizaría el triunfo sobre su enemigo. En el fondo del problema, no obstante, ese hilo supone también la victoria del héroe. Y es que laberinto y Minotauro son una misma cosa: la dificultad del laberinto era insuperable y entrar en él era tanto como perderse para siempre en el desorden del puro caos. En su interior habitaba un monstruo, híbrido de hombre y de bestia; intento de orden en medio de la fuerza bruta. Entrar en el laberinto sólo podía tener un fin: matar al Minotauro, quitarle al mundo esa dimensión terrorífica que supone la posibilidad de ser absorbido por un devenir incesante y sin retorno, por un puro caos. La muerte del Minotauro equivale a haber dado a la razón un hilo conductor para poner orden en el desorden del mundo circundante; haberle quitado al laberinto su dimensión de ferocidad.

Desde los albores de la modernidad hasta nuestros días, la forma artística más frecuentada por parte de los creadores tanto como por el público que acude al arte, la novela, consiste fundamentalmente en la reiteración del mito del laberinto, con o sin el triunfo del héroe sobre el Minotauro. Marthe Robert, en su libro «Novela de los orígenes y orígenes de la novela», habla de dos orillas que distinguen dos maneras de crear dentro de este género. En nuestra orilla se encuentran aquellas obras en las que un héroe edípico, a partir de su debilidad originaria, se va imponiendo a su mundo, a las dificultades que en principio le superaban y pone orden en su caos. Es el modelo napoleónico, que surge repitiendo las gestas de David, de José, de Teseo o de Edipo. En la otra orilla las cosas son diferentes: no encontramos allí ni el orden ni la razón, sino las amenazas del Minotauro vivo, del caos inexplicable. Marthe Robert llama expósito al antihéroe que sustituye al héroe edípico de la orilla anterior. El expósito, ajeno a la lucha contra hombres o monstruos superiores, se esfuerza sólo por comprender. Un ejemplo típico, también estudiado por Marthe Robert, pero en su otro libro «Lo viejo y lo nuevo», es K., el agrimensor que protagoniza «El castillo» de Kafka, incapaz de comprender como orden general una legislación arbitraria.

Tanto «El castillo» como las otras dos novelas extensas de Kafka, «El proceso» y «América», presentan la particularidad, nunca explicada satisfactoriamente, de no haber sido acabadas. Vistas ahora desde nuestra perspectiva, como obras en las que las situaciones laberínticas triunfan sobre el orden razonable, lo inacabado cobra el sentido de encontrarnos en el caos sin fin de un mundo donde el orden se retrae del exterior para ocupar únicamente el plano de la autocreación humana. Las novelas de Kafka no concluyen porque el fluir del cosmos tampoco concluye.

La filosofía de Nietzsche, al menos según la interpretación que de ella hace Heidegger, se plantea dentro de unas coordenadas similares a este doble enfoque posible del mito del laberinto. El mundo fluye y el hombre, arrastrado por ese fluir continuo, busca un asidero, una estabilidad, para poder aunque sólo sea reconocerse idéntico a sí mismo. Encuentra ese asidero en la verdad; una verdad que, en el principio radical de su esencia, no se corresponde en absoluto con el sentido de lo real, que es inestable. Pero una verdad que resulta válida hasta el punto de que una especie viviente, el hombre, no puede vivir de otra manera: «La verdad es aquella clase de error sin el cual no puede vivir un ser viviente, de una determinada especie.» Es el sentido de la vida, de una vida que consiste en conciliar el fluir de lo real y la permanencia del ser.

La cultura española supo, a través del genio de Cervantes, crear nuestro laberinto quijotesco. El héroe, sostenido por el hilo conductor de una Dulcinea recreada, lucha con monstruos inexistentes, con gigantes que no son otra cosa que la realidad de su entorno, los molinos de viento de su propia tierra.

También el Quijote, en opinión nuestra ya manifestada en los primeros capítulos de este libro, debió quedar como obra inacabada, abierta sin fin a múltiples recreaciones que el propio autor vio empezar; pero Cervantes quiso que su obra fuera sólo suya y la concluyó devolviendo la razón a su loco y dejándolo muerto y enterrado.

No sabemos si esa decisión de Cervantes frenó el desarrollo normal de nuestra cultura; es posible que así ocurriera, pero no se puede decir que lo haya detenido. Filosofando sobre el tema, Unamuno quiere emprender una cruzada para rescatar el sepulcro de Don Quijote, quiere emprender nuestra única tarea auténtica: la conquista de lo imposible.

También para Buero Vallejo en «El concierto de San Ovidio» el mundo es un laberinto. El medio de expresarlo es esta vez la ceguera de sus personajes centrales, símbolo de la humanidad en su conjunto. El hombre se mueve a ciegas, rodeado de temores y convertido en un abismo amenazador:

«DAVID. — (...) Cada uno de nosotros es como un pozo, Adriana. Si te empeñas en mirar al fondo puedes caer.»

El poder que nos domina está en el más allá, en el mundo de la luz. No necesita David, por lo tanto, entrar en el laberinto como Teseo ni se aferra tampoco, como el héroe griego, a un cordón umbilical que le asegure la vuelta al seno materno. David ha de lograr que sea el monstruo quien entre en su laberinto y que se haga intramundano el dominador que da órdenes desde la trascendencia. El sabe que Valindin, moviéndose a ciegas en el laberinto, habrá de convertirse en un fantasma inconsciente. No es posible, por otra parte, un hilo conductor que le asegura un regreso; todo regreso es ilusorio ya que el laberinto es infinito. Melania de Salignac no es el camino, sino la meta de sus ideales; su camino verdadero, su Ariadna es Adriana, la mujer que, en vez del cordón umbilical, le ofrece el tejido de Atenea, la posibilidad de crear:

«ADRIANA. — Nuestros hijos verán...»

La única salida del caos laberíntico en que nos encontramos inmersos es, pues, la creatividad. El mundo del orden es nuestro mundo autocreado, y así empieza a vislumbrarse, una vez más, la vida del arte como el medio adecuado para la forja del propio destino.

En la figura que forman las personificaciones paternales de la tétrada es fácil advertir el trazo que une a Valindin con la Madre Superiora del hospicio. En ambos casos se manifiesta la filantropía como la cara visible con la que se pretende justificar el ejercicio del poder; pero, sobre todo, les emparenta la concepción del hombre como un ser desvalorizado e incapaz, por sí mismo, de superar su estado de absoluta carencia:

«PRIORA. — (...) Ellos han nacido para rezar mañana y tarde, pues es lo único que, en su desgracia, podrán hacer siempre bien.»

El ser humano que, al iniciar su indigente caminar por la vida, aspiraba a conquistar un poder similar al del padre y, alcanzada su constitución de adulto, descubre el espejismo de la meta trazada, debe resignarse con su indigencia permanente mientras dure su situación de tránsito por la tierra y trasladar sus aspiraciones al más allá, fijar su meta en el poder divino y conmoverlo con súplicas.

No se trata sin embargo, por parte del autor, de una visión puramente negativa del problema religioso. La precariedad del hombre es tan acuciante y tan grande la inquietud interior, que la búsqueda de soluciones no encuentra límites. Desde una perspectiva antropológica, la mirada al mundo y al hombre con ojos religiosos tiene, incluso, en determinada etapa del proceso evolutivo de lo humano, el valor de ofrecer, en forma de proyecto y vistos como reales, los objetivos fundamentales de índole irreal que el hombre debe proponerse alcanzar mediante el desarrollo de la capacidad artística.

Frente a esta personificación maternal encontramos en la obra la otra figura de madre: Adriana, la que sabe entretejer los hilos en su labor de punto. Adriana representa la génesis de la creatividad —sabe cantar y tejer— y el amor. Es amante de Valindin, ama apasionadamente a David y se entrega a Donato. Se diría que entreteje las vidas de tres generaciones edípicas del drama. Adriana es, por lo tanto, el eterno femenino. En «Parsifal», Ricardo Wagner nos muestra, de manera intencionada, un eterno femenino, Kundry, cuyo alcance descubrimos sobre todo por los atributos que la asemejan a una larga serie de mujeres decisivas a través de la historia; pero el rasgo que caracteriza en definitiva a Kundry es su sentido a un mismo tiempo creador y destructor. En Adriana se insinúa también esa cualidad ambivalente:

«ADRIANA. — (...) Había una aldeana muy pobre y muy linda que quería y no quería. Querer y no querer es buena cosa si se sabe acertar. Pero la aldeanita no sabía. ¿Sabéis lo que quería?»

Su significado, sin embargo, apenas tiene algo que ver con el concepto de la mujer como mera Madre Tierra. Adriana se encuentra en un estadio de la evolución del ser humano en el que la conquista del mundo de la irrealidad es ya una meta manifiesta. Buero Vallejo coordina y equilibra sus creaciones, de manera que Adriana contrapesa la figura de la Priora del hospicio. Frente a la actitud religiosa, frente a los ideales heterónomos, es la vía de la creatividad, la autonomía del hombre autocreador.

La tarea de autoformación del hombre a la luz de estas dos personificaciones ejemplares de madres contrapuestas, queda convertida en la resultante de dos fuerzas combinadas: la atracción de los modelos ya creados en el seno de la cultura y la creación de modelos nuevos como ideales propios.

A primera vista podría creerse que la segunda de estas fuerzas, la representada por Adriana, es más importante y que sólo de ella depende la autenticidad de cada persona: pero, de hecho, en la génesis del hombre ambas funciones deben mantenerse necesariamente en equilibrio. Sin los modelos recibidos no son posibles los propios; es lo que nos muestra Cervantes cuando da a su héroe el modelo a imitar de Amadís de Gaula, sin el que Don Quijote caminaría sin rumbo. La simpatía que nos causan los ideales autónomos debe ser interpretada en el sentido de que sólo la creación de modelos nuevos permite el progreso del hombre sobre los estadios ya alcanzados.

A modo de resumen podemos decir que, de la misma manera que la entidad real se encuentra en el punto de partida para la constitución del ser, también la heteronomía se encuentra en la base de todo intento de conquista de una autonomía verdadera.

Al mismo tiempo, ciertamente, heteronomía y autonomía, religión y creatividad artística se contraponen en una dialéctica en la que lo disputado y lo que está en juego es un proceso de hominización sólo a medias intuido de antemano.

Cierra, finalmente, la tétrada una cuarta personificación paterna, la representada por Valentín Haüy.

La historia se ha encargado de resaltar el valor inestimable de una página original de Valentín Haüy, escrita treinta años después de aquel momento en que tomó la decisión de hacer de los ciegos seres educables y, sobre todo, dignos miembros de la sociedad humana:

«VALENTÍN HAÜY. — Pronto hará treinta años que un ultraje a la humanidad, públicamente cometido en la persona de los ciegos de los Quince Veintes, y repetido cada día durante cerca de dos meses, provocaba las risotadas de aquellos que sin duda nunca han sentido las dulces emociones de la sensibilidad. En septiembre de 1771, un café de la feria de San Ovidio presentó algunos ciegos elegidos entre aquellos que sólo disponían del triste y humillante recurso de mendigar su pan por la calle con la ayuda de algún instrumento musical. (...) Sí, me dije, embargado de noble entusiasmo: convertiré en verdad esta ridícula farsa. Yo haré leer a los ciegos: pondré en sus manos libros que ellos mismos habrán impreso. Trazarán los signos y leerán su propia escritura. Finalmente, les haré ejecutar conciertos armoniosos.»

La lectura de este documento conmueve a Buero Vallejo y le impulsa a escribir «El concierto de San Ovidio».

La obra de Buero recoge con bastante precisión los datos que la historia nos conserva de aquellos acontecimientos así como del propio Valentín Haüy, y con prácticamente absoluta fidelidad el texto que acabamos de transcribir; pero estaríamos muy lejos de la verdad si entendiéramos que la inclusión de Valentín Haüy en el drama se reduce a recordar y destacar el pasaje histórico.

Sólo dos veces aparece en escena Valentín Haüy en «El concierto de San Ovidio»: una al final del segundo acto y la otra en el epílogo, que corre exclusivamente a su cargo. Dos breves intervenciones que nos brindan un tema de contenido inagotable.

El público que asiste a la feria de San Ovidio y tiene la oportunidad de presenciar la función que se ofrece en la barraca de Valindin, «A la Galga Veloz», se ríe de la manera más estrepitosa. La treta del poderoso Valindin ha surtido efecto. La vejación humana causa risa y regocijo; la burla y la mofa se ven con agrado. Allí se mostraba el hombre risible. Es entonces cuando Valentín Haüy, conmovido e indignado, manifiesta primero su desaprobación y después les dice a los ciegos una frase inapreciable para comprender el sentido filosófico de la obra de Buero:

«VALENTÍN HAÜY. — (...) ¡...si vierais, el público sería otro espectáculo para vosotros! »

Huelga aclarar que Valentín Haüy no se refiere a que los ciegos, a su vez, podrían reírse del público, lo que sería caer en el mismo defecto censurado. Con la frase se alude a una inversión de valores, la de los valores representados por Valindin, mas no a un intercambio de papeles. El espectáculo que podrían contemplar los ciegos, si viesen, sería otro: sería un espectáculo trágico.

Si el hombre, ese ser débil y precario condicionado por su propia naturaleza a la búsqueda del poder, asumiera la osadía de abrir los ojos y ver al hombre, de verse a sí mismo en los otros, el espectáculo contemplado sería en su dimensión más profunda una tragedia; la tragedia de unos seres que, enfrentados a una tarea imposible, ponen el máximo esfuerzo en resolverla en su contra y no en su favor. La condición humana nos envuelve en una lucha edípica que, al generalizarse, se convierte en fratricida. El Valentín Haüy que Buero nos presenta trasciende la verdad de su gesta histórica y se rebela contra esa condición humana que nos desvía de encaminar nuestra tarea imposible hacia fines elevados. La segunda intervención suya nos aclara el alcance de la revolución que su figura paterna significa.

Desde los momentos de la feria de San Ovidio hasta el día en que Valentín Haüy vuelve para leer sus cuartillas y manifestarnos sus reflexiones, muchas cosas han pasado fuera y dentro de nuestro personaje.

La Revolución Francesa había hecho caer la cabeza de Luis XVI, «más débil que malvado». Un pueblo había reaccionado como Edipo matando al padre de la patria, al que representaba ante la sociedad el poder divino, sin que pueda decirse que fuera de verdad un poderoso; era, por el contrario, como todo padre, un débil sobre el que recae la apariencia del poder. Otros muchos corren poco después la suerte del monarca, porque también ellos parecían poderosos. «Era el tiempo de la sangre.» A Valentín Haüy le duele tanta destrucción, pero no puede detenerse en ese dolor. Las causas le interesaban más porque son más radicales: la miseria humana, «el tiempo en que Francia entera no era más que hambre y ferias», los indefensos ciegos, esos miserables que sólo valen para rezar.

En su afuera, por tanto, Valentín Haüy contempla la lucha edípica del hombre generalizada y trasladada del individuo a todo el pueblo.

La transformación experimentada en su adentro es todavía más significativa: «Convertiré en verdad esta ridícula farsa.» Pero convertir en verdad aquella farsa era el ideal por el que había luchado y dado la vida David; ejecutar conciertos armoniosos, leer libros a pesar de ser ciego. Valentín Haüy había asumido, por lo tanto, su personalidad. Un imposible se había alcanzado, y sin dejar de ser un imposible: «Oí decir que poco después ahorcaron a uno de ellos... (...) Es cierto que les estoy abriendo la vida a los niños que enseño; pero si ahorcaron a uno de aquellos ciegos, ¿quién asume ya esa muerte? ¿Quién la rescata?»

Destaquemos que hay aquí una interrogación sin respuesta. Valentín Haüy no afirma que nadie podrá rescatar la vida de David porque, aun siendo un imposible, es un anhelo lleno de sentido. En el aire y sin respuesta había quedado también una pregunta de Adriana:

«ADRIANA. — ...Había una aldeana muy pobre y muy linda que quería y no quería. Querer y no querer es buena cosa si se sabe acertar. Pero la aldeanita no sabía. ¿Sabéis lo que quería?»

Era una contradicción que podía ser buena: «querer y no querer es buena cosa si se sabe acertar», y que sólo tenía una salida: la creatividad, representada entonces por el eterno femenino. El conflicto de ahora deberá tener su símbolo creador:

«VALENTÍN HAÜY. — ...gusto de imaginar a veces si no será... la música... la única respuesta posible para algunas preguntas...»

El querer y no querer de Adriana era un problema de dominadores y dominados; ella quería lo que no le dejaban querer. La irrescatable muerte de David se debió igualmente a una rivalidad por el dominio. La nueva esfinge, que pregunta, recibe de Valentín Haüy una respuesta un tanto tímida: tal vez la música.

El concierto del mundo es una farsa ridícula; el hombre es risible, pero esa farsa podía transformarse en un concierto armonioso, al modo de los ideales que David había mostrado a lo largo de todo el drama. Su irrescatable vida sólo puede compensarse recuperando el sentido de su símbolo, superando la condición humana de la lucha edípica y conquistando la etapa de la sociabilidad entre los hombres.

En la filosofía de Nietzsche, en ese pensamiento que invierte los valores tradicionales, cobra extraordinaria importancia la sensibilidad para la música, que viene a ser algo así como entregarse a un sentimiento de exaltación que nos hace trascendernos a nosotros mismos; es la embriaguez vivida como un impulso que nos traslada del mundo de lo verdadero al mundo de lo artístico; es el cambio de la prioridad de Platón y Cristo por la del dionisismo: Dionisos contra el crucificado. Thomas Mann, en su «Doctor Fausto», interpretará la doctrina nietzscheana como la música contra la teología. Adrian Leverkühn, protagonista de esta novela, es primero teólogo y después músico, dando un giro a su vida que, podría decirse, va de lo divino, religioso positivo, a lo demoníaco; si alcanza, como compositor, niveles extraordinarios y una celebridad inesperada es gracias a un pacto con el diablo, que le permite veinticuatro años de fecundidad a cambio de su entrega final.

Debemos recordar aquí que según la tradición alemana, a la que es fiel Thomas Mann, el desarrollo de la inteligencia en el hombre se debe a una enfermedad, a una deformación del antropoide de la que el género humano es heredero. Adrián Leverkühn es también un genio a causa de su enfermedad venérea; las meninges se afectan y, por ello, su cerebro se hace capaz de creaciones que superan cuanto hasta entonces había alcanzado obra musical alguna.

Frente a la actitud predominante en Alemania, llevada al máximo de su desarrollo por Jaspers, en Francia la escuela de Piaget entiende, al contrario, que la inteligencia se desarrolla en virtud de fuerzas saludables y del todo benéficas.

Buero Vallejo, por su parte, al tomar el problema desde la dimensión humana del ser, soslaya las diferencias entre alemanes y franceses y se sitúa en un punto desde el que la perspectiva simbólica no percibe causas sino conflictos y anhelos. La música, posible respuesta, tendrá que acertar en el «querer y no querer» aunque ese acierto sea doloroso, y tendrá que asumir la muerte de David, aunque su rescate sea imposible. Tales son las dos tareas que se ofrecen a la conquista del hombre y que Buero nos hace entrever en el final de su obra: se empieza a oír el violín de Donato interpretando el adaggio de Corelli, el mismo que David tocaba en los momentos de ensueño. Donato ha sabido asumir la muerte de David desde la asunción de la propia culpabilidad, y Valentín Haüy mira al futuro esperando que de él le lleguen sonidos armoniosos, esperando que los hombres conquisten ese nuevo grado en su desarrollo antropológico que es la sociabilidad.

La música como respuesta es, pues, un nuevo intermediario; pero, a diferencia de la imaginación kantiana que enlazaba dos estadios ya logrados en el desarrollo del hombre, la música anuncia nada más un objetivo que sólo el futuro podrá alcanzar de veras.

Hablaba Platón en el Timeo de la música como intermediaria entre lo inteligible y lo sensible, como nexo entre el cosmos y la divinidad. Quizá ya el genio griego haya presentido esa función antropológica de la música a que nos estamos refiriendo. En todo caso, bastará repensar la filosofía platónica desde nuestros presupuestos para intuir la dimensión metafísica que late en las capas más profundas de «El concierto de San Ovidio».

Capítulo XXIII

La histoira trascendida
El hombre como obra de arte
La caída de las máscaras en «La detonación»

Llamaba nuestra atención, en el capítulo anterior, cómo la personalidad de Valentín Haüy, protagonista de unos hechos históricos, al encarnarse en la escena, sin alterar en nada los acontecimientos que un día viviera, los trasciende, se trasciende a sí mismo y le da a su propia historia una dimensión nueva. Se hacía visible una vez más el sentido del arte: transformar la realidad y crear, a partir de ella, un mundo distinto, el mundo irreal sede de los valores. Pero algo muy importante caracteriza el ejemplo a que acabamos de referirnos. No se nos muestra en esta ocasión la naturaleza recreada para nosotros, ni es tampoco la realidad del hombre la que experimenta una metamorfosis ante nuestra mirada; lo recreado es ahora una conducta, un acontecer humano.

El arte, pues, nos permite ver con ojos creadores incluso la historia, ese pasado que, según el pensamiento filosófico más extendido, se ha petrificado, se ha convertido en lo inamovible.

En la base de «El concierto de San Ovidio» encontrábamos la imposibilidad como una negación radical a la que el hombre debe enfrentarse por el hecho mismo de haber alcanzado, en su desarrollo antropológico, el grado que corresponde precisamente a la hominización. Lo imposible, por estar más allá del hombre, constituye la esencia de los ideales que el hombre puede proponerse, las metas que nunca dejarán de serlo porque sus objetivos se encuentran fuera de los límites de la naturaleza humana.

Frente a lo imposible se encuentra lo real, a primera vista como el polo opuesto de una actitud del hombre ante su propia vida, como si imposibilidad y realidad consistieran la una en la negación de la otra, como si nada hubiera en común entre estos dos extremos.

Estas conclusiones podrían ser ciertas si nos moviéramos exclusivamente en los dominios de lo cosmológico. En ese caso, sólo lo real sería verdadero y lo imposible una nada sin valor alguno; pero en una filosofía que cuenta con lo irreal como un nuevo mundo autocreado, válido a niveles de los más altos designios de lo humano, las cosas son diferentes.

Acabamos de ver cómo la historia, el pretérito considerado como inalterable, lo pétreo, puede convertirse, mediante el arte, en fuente de nuevas posibilidades. El hecho basta para obligarnos a poner en crisis las concepciones tan arraigadas acerca de lo real y de lo imposible; pero, sobre todo, nos mueve a considerar el problema de las posibilidades desde perspectivas también desacostumbradas.

Se afirma sin dudarlo, porque parece lo más natural, que las posibilidades se apoyan siempre en la realidad, que son sólo variaciones que no se hubieran producido si en vez de un elemento determinado hubiera actuado otro diferente: si un día llueve podría hacer sol si las condiciones meteorológicas fuesen otras. En ese razonamiento, sin embargo, se menosprecia el hecho de que para pensar como posible la nueva variante es preciso el hecho de negar antes la realidad, es decir, que lo posible no se apoya en lo real sino en su negación.

La vida cotidiana del hombre como ser inteligente está llena de negaciones parciales de la realidad, sea de cosas o de hechos; pero en determinadas cuestiones y en determinados momentos en que los conflictos afectan a puntos decisivos acerca de la concepción del mundo, la capacidad de negar debe hacerse absoluta. La teología, por ejemplo, sólo puede concebir a Dios Creador si antes ha negado la totalidad del universo; la filosofía, por su parte, necesita también el concepto de la nada para poder pensar el origen de lo que se viene llamando el todo.

En el plano del lenguaje se da incluso la característica de contar con términos absolutos sólo para representar conceptos cuyo objeto es irreal: la nada, por ejemplo. En cambio, para referirse al mundo de lo real e incluso para aludir a realidades ilusorias, los términos empleados, si se quiere hablar de magnitudes absolutas, son siempre compuestos en los que entra una partícula negativa: lo «in»finito, lo «i»limitado, lo «in»menso; pero la evolución de la lengua no ha tenido la necesidad de hacer surgir un término como «realitud», que significase la realidad sin límites.

Ser posible supone, en principio, crear. A la base de la posibilidad parece encontrarse lo real, pero lo que hace de esa realidad concreta una posibilidad distinta es el sentido nuevo que se le añade.

Entiende Nietzsche, y lo aclara sobre él Heidegger, que lo real carece de todo sentido, no se propone nunca un fin, ni es tampoco un todo, ni tiene ser; es el hombre el que, en provecho propio, en favor de la vida, busca una estabilidad de sí mismo y, por consiguiente, también del mundo. Una piedra es sólo una piedra; si un hombre la toma, la golpea y la rompe de una determinada manera y luego la pule y la convierte en un hacha, la posibilidad de ser hacha de la piedra se ha logrado negándole primero el ser sólo piedra y dándole después el sentido de hacha, añadiéndole una finalidad o lo que es lo mismo, creando, a partir de la piedra, un útil.

Si ahora nos volvemos de nuevo al problema del arte, podemos encontrarnos, con sorpresa, ante un enigma que, de repente, nos revela su secreto.

Se afirma, de modo un tanto dogmático, que el arte es ajeno a la utilidad, que el arte no tiene más fin que sí mismo, «el arte por el arte». Y, en efecto, el arte no es un útil en el sentido de que la obra de arte pueda servir a una finalidad concreta en el mundo de las cosas; pero el motivo está claro: el objeto al que esta vez se le da un sentido nuevo no es otro que el hombre mismo. El arte sí tiene, pues, una finalidad: hacer del hombre un posible.

En congruencia con cuanto antecede debe también en este caso apoyarse la posibilidad en una negación que le sirva de punto de origen. Se trata, por tanto, como ya hemos visto, de negar la condición humana, negar al hombre tal como es, para poderle dar un nuevo sentido. Podríamos decir que la posibilidad del arte se origina, precisamente, en lo imposible.

La nota que advertíamos en «El concierto de San Ovidio» de un personaje que, siendo histórico y sin falsear su historia, cobraba, sin embargo, un nuevo sentido, puede servir de base para entender el valor artístico de los dramas históricos, y, más en concreto, las dos obras de Buero que van a ser objeto de nuestros próximos comentarios: «La detonación», en el presente capítulo, y «Un soñador para un pueblo», en el capítulo siguiente; pero en general toda figura humana representada en la escena persigue, de alguna manera, objetivos similares a los que aquí hemos aludido.

Se cruza así en nuestro camino, una vez más, el problema del tiempo dentro del mundo de lo autocreado. Las ucronías, como un concepto asimilado al de las utopías, nos habían llevado a considerar un tiempo imaginario, un tiempo que no se ha producido nunca, pero que nuestra fantasía es capaz de crear. El tiempo que ahora nos sale al encuentro va un grado más allá de lo simplemente imaginado; ahora se trata de un tiempo imposible, tal vez el único sentido que le cabe a la ucronía, si la ucronía ha de tener una función propia.

Cuando en 1876 Renouvier publicaba «Ucronía. La utopía en la historia», el fin propuesto era imaginar la historia universal como si hubiera ocurrido de otra manera; del desarrollo de los acontecimientos en ese sentido más conveniente se seguía un orden distinto del mundo real.

Por el contrario, el tiempo que ahora se nos ofrece como tema, no está cambiado de un modo arbitrario por vía imaginativa, sino trasladado al plano de lo irreal autocreado por la mirada artística que lo recrea. No es un tiempo fantástico, sino el tiempo de la imposibilidad que intenta la conquista de lo verdadero.

En la trama de «La detonación» de Antonio Buero Vallejo se encuentran suficientes datos significativos como para permitirnos incluir, sin vacilaciones, la obra en esta clase de ucronía. El conjunto de la pieza, de más de dos horas de representación y que abarca en la historia española un período de varios años, significa un momento muy breve de la vida de Larra, unos instantes nada más, previos al suicidio que acabó con su existencia; se trata de un tiempo similar al que Freud atribuye al desarrollo de los sueños, es un tiempo del subconsciente, que se ofrece, diríamos, concentrado; por otra parte, los acontecimientos recordados, así como los vividos en la escena, incluidos en los avatares y problemas que atormentaron al propio Larra, son acontecimientos del pasado de nuestra patria relatados con gran rigor histórico, y a la vez constituyen una obra de carácter simbólico, cuyo valor trasciende con toda evidencia el plano de lo real y alcanza esa dimensión mítica en que el tiempo se convierte en un constante inicio; es decir, es una obra de arte realizada con materiales tomados de la historia.

Como Valentín Haüy en «El concierto de San Ovidio», Larra, y aun podríamos decir los personajes de «La detonación» en su conjunto, significan un paso más hacia la trascendencia de signo humano llevado a cabo por vía artística, suponen la apertura a un nuevo sentido de lo verdadero: la verdad como la conquista de un nuevo grado de autocreación humana, tras la estética y la ética y aun quizá tras la sociabilidad.

La Historia de la Filosofía occidental ha venido considerando que la verdad consistía en una adecuación entre el plano de lo pensado y el plano de la realidad: la verdad no era otra cosa sino pensar lo real. Heidegger, por su parte, entiende la verdad como un «des-velar», en consecuencia con la etimología de la palabra griega «aletheia»; el proceso para acceder a lo verdadero era, por tanto, el «des-cubrimiento» realizado, ciertamente, por el hombre, pero el descubrimiento de lo real.

«La pasión adolescente por la verdad» de Larra tiene, ya desde los comienzos, matices propios que no sólo la diferencian de la intención realista que sostiene el pensamiento filosófico de occidente, sino que, además, la apartan de sus principios y la encaminan a otros fines. Larra pretende «arrancar las caretas», quiere ver más allá de lo que muestran los rostros humanos, quiere alcanzar la radicalidad del hombre.

A la caída de las máscaras, provocada por Larra, no le sigue, sin embargo, como efecto más importante, la iluminación de un rostro verdadero, sino el cese de una autoridad, la destrucción del valor de modelo ostentado por el otro. El primer efecto se parece al triunfo de Edipo sobre Layo, con marcadas diferencias que, pese a su carácter circunstancial, pueden servirnos de clave para la penetración en el sentido profundo de la obra.

Cuando Larra va a morir, recuerda, antes que ninguna otra cosa, aquel enfrentamiento con su padre. Habían sido unos momentos de rebeldía contra el dominio que un hombre era capaz de ejercer sobre él, tanto en el sentido directo de la voluntad, por su condición de padre, como en el del sentimiento, por su dimensión de modelo supremo. Era necesario, pues, rebelarse y marcharse, ya que sólo así podría renunciar al amor de aquella mujer que el padre había convertido en amante. Es decir, sólo así podría evitar el ser devorado por la madre terrible, la Yocasta en cuyas redes se encontraba atrapado.

También Edipo había huido de Corinto, apartándose de los que creía sus padres, para que no se cumpliera la profecía del oráculo; pero su destino era inevitable. Vuelve a sus orígenes, la ciudad de Tebas, a someterse con toda exactitud a cuantas exigencias estaba destinado por los dioses.

En su Tebas, tras la huida, Larra va a encontrar unos orígenes un tanto similares a los de Edipo, pero no sólo eso.

Edipo quiere ser rey porque ser rey o divinizarse era lo más importante en el orden de los valores que se inician con la cultura griega y se transmiten a cada momento de la cultura de Occidente hasta la actualidad. Incluso cuando Nietzsche anuncia la muerte de Dios anuncia también la aparición del superhombre para suplirlo, puesto que el afán de dominio se encuentra en la raíz metafísica del ente en su totalidad. Que no haya reyes ni dioses es, en cambio, el ideal supremo de la cultura española, a juzgar por los síntomas que nos muestra el peregrinar de Larra por la escena de «La detonación».

Larra quiere que caigan las máscaras, lo que, en principio, podría interpretarse como el deseo de ver los rostros auténticos de sus conciudadanos e incluso su propio rostro. Pero la máscara no es sólo un antifaz que oculta. «Todo el año es carnaval» o, si se prefiere, todo hombre lleva su máscara, puede además interpretarse como una tendencia humana de sentido positivo. La máscara con que cada uno quiere ser visto corresponde a los ideales particulares a que cada ser humano aspira. Nuestras máscaras son, pues, nuestros dioses, nuestros modelos supremos.

Cervantes sabía muy bien que es imposible vivir, y sobre todo crear, a partir de la nada, sin modelos previos; de ahí que su caballero estuviese sometido al modelo que para él se encontraba en la figura de Amadís de Gaula. La pretensión de Larra, al ir en contra de ese convencimiento del autor del Quijote, está apuntando a una desmitificación de hecho imposible, pero, al mismo tiempo, necesaria.

La gravedad del conflicto es, por su propia índole, notoria, y no requeriría comentarios a no ser por la gran cantidad de implicaciones que supone, sobre todo en el seno de nuestra cultura.

Advertía Sartre en «El ser y la nada» que el hombre es lo que no es y no es lo que es; y no se trataba de una contradicción accidental y transitoria. En el ser del hombre, para ser correctamente entendido, es preciso incluir aquellas cualidades que no tiene de una manera real, pero que constituyen aspiraciones básicas, en torno a las cuales gira todo un panorama de funciones que le dan el único sentido de verdadera continuidad. Son los valores que el hombre no posee, pero que fundamentan su ser.

No se encuentra tampoco lejos de la negatividad en el ser del hombre, si bien de una manera menos generalizada, el pensamiento de Georges Bataille. En su libro «Sobre Nietzsche» habla de la sociabilidad como un mal, como el suicidio que supone dejar de ser yo para ser otro, e incluso alude a la vida como una procesión de máscaras en la que aparecen también los dioses o los rostros de los dioses.

La inquietud sobre el tema en la cultura española no difiere esencialmente de la que suponen las manifestaciones de estos dos pensadores franceses. No obstante, a la hora de aflorar a la conciencia, se encarna en problemas muy distintos, más de acuerdo con nuestro punto de partida de predominio humanista.

Cervantes, al poner de relieve que su Alonso Quijano ya no es o deja de ser sólo Alonso Quijano y que es también Don Quijote, un caballero andante, El Caballero de la Triste Figura, nos hace asistir a una especie de nuevo nacimiento; es necesario, incluso, que una ceremonia ritual, una investidura, un bautismo, dé validez a la personalidad nueva, la consagre. Se trata, sin embargo, de una personalidad irreal, de algo que Alonso Quijano no es, sino que imagina ser. Don Quijote no vive su ser Alonso Quijano, sino su ser «como Amadís de Gaula»; Don Quijote habita en el mundo de su modelo, vive su «ser otro» y de ahí que sea un en-ajenado.

Pero del ser enajenado o alienado de Don Quijote, de su vivir según los modelos, no puede hablarse sólo negativamente, no es una condición peyorativa que deba, sin más, ser evitada. En el mismo número de días en que Dios creó el mundo, Don Quijote es capaz de conquistarlo; se trata, pues, de autodivinizarse, de unos ideales supremos que, al ser propuestos como metas, deben transformarnos, hacernos, al menos en el plano de lo irreal. Don Quijote no es, por tanto, un hipócrita.

Instalarse en la locura, vivir como siendo otro, es, por otra parte, una característica de la condición humana, es el destino de Edipo, que necesita el ser de Layo. El problema, sin embargo, se hace conflicto cuando el hombre se rebela contra sus condicionantes, quiere dejar de ser loco y, aun más, pretende trascender sus límites reales e instalarse en el plano de lo autocreado sin perder la autenticidad realista. Diríamos: ser cuerdo sin dejar de ser loco.

Algo así representa la figura de Larra que Buero Vallejo nos muestra en «La detonación». No quiere esto decir que Buero falsee la verdad histórica al plantear el tema; pero, de hecho, en su recreación artística, los significados trascienden, como ya hemos dicho, el valor primario de los acontecimientos.

Los deseos de Larra al pretender la caída de las máscaras eran de intencionalidad ética: desenmascaremos a quienes pretenden hacernos creer que su voluntad es buena cuando, en realidad, persiguen fines inconfesables; desenmascarémonos todos, actuemos siempre con toda la verdad y lograremos una sociedad acogedora y perfectamente vivible. Las llamadas son, sin embargo, inútiles; la lucha se entabla y Larra sucumbe.

Los episodios de esta historia particular conmueven a Buero Vallejo y le sugieren, casi siglo y medio más tarde, una visión trágica de Larra, de España y, tal vez, del mundo.

«La pasión adolescente por la verdad» que, según su propio padre, se manifiesta en Larra tiene ya, desde ese primer recuerdo escenificado por Buero, dos notas características que la especifican y la circunscriben a un ámbito muy preciso. Larra quiere saber, pero la verdad que pretende descubrir es la que se encuentra tras las caretas que ocultan los auténticos rostros humanos. Larra quiere saber, pues, acerca del hombre. Pero tampoco este objetivo, lo humano, ocupa sin distingos todo su interés: El problema edípico que supone el diálogo sostenido con su padre nos indica que lo que Larra busca en el hombre, que se encuentra tras la máscara, es sólo lo que le resta al hombre si prescindimos de sus signos de poderío.

En consecuencia, la figura de Larra presentada por Buero no es tanto un hombre real, cuanto un personaje fruto de una purificación artística.

Publicaba Larra el día de Noche Buena de 1836 un artículo, «Yo y mi criado», al que calificaba de «delirio filosófico». Ya en el título de esa publicación se encuentra la intencionada voluntad, contra las normas sociales que determinan que el que habla debe nombrarse en último lugar, de poner de manifiesto ese dominio que unos hombres pueden ejercer sobre otros, y, de manera específica, el posible poder del propio Larra. Pero si Larra actúa contra las convicciones sociales, el criado se muestra rebelde ante su condición servil, y habla, dice al creador de su irrealidad de personaje cuánto de inconveniente tiene el mundo de lo real para las relaciones entre los hombres. El diálogo se entabla, pero no es entre criado y amo, sino entre «la verdad y Fígaro», las dos irrealidades que constituyen el radical ser de Larra: un criado imaginario que dice incluso lo que no se quiere oír, y un pseudónimo, un falso nombre, la careta que cubre el rostro del que no quiere otra cosa más que la caída de las caretas, el modelo de quien pretende actuar sin modelos. Es un diálogo en busca del propio origen; es un degustar el fruto del árbol de la ciencia, que concluye con una alusión a «la caja amarilla», la caja que guarda el arma suicida; una alusión a la muerte a que se debe enfrentar todo el que adquiere ciencia sobre sí mismo.

En «La detonación», Buero Vallejo da nueva vida a ese criado imaginario y lo convierte en una pieza fundamental de la obra. Por supuesto, sigue siendo el antagonista de Larra, pero es un antagonismo trascendente, es un antagonismo de signo artístico, que contagia y transforma en símbolos, primero a Larra y después al drama en su conjunto.

«LARRA. — Tú eres un personaje.

PEDRO. — Y tú otro.»

Larra se trasciende, por tanto, a sí mismo y, con el auxilio de su criado, emprende una aventura insólita.

Un día Fausto quiere saber, busca sin reparar en medios, sean naturales o mágicos, y encuentra a Mefistófeles que, al precio de su alma, al precio de sí mismo, le ofrece satisfacer su inquietud. Fausto entonces se trasciende también y se convierte en un símbolo característico de la modernidad: Fausto emprende la hazaña de conocer las raíces del mundo, de sus fuerzas; aprende el sentido del dinero, la energía desbordante de las brujas en un aquelarre, e incluso desciende a las madres, a las profundidades del hombre en busca de la belleza y la encuentra: encuentra a Helena, máxima belleza ofrecida en cuerpo de mujer. Oswald Spengler, en «La decadencia de Occidente», compara el sentido de lo fáustico con la magnificencia de las catedrales góticas cuyas columnas parecen tender a lo infinito, abrirse a lo ilimitado.

El trascenderse de Larra invierte claramente el sentido de la trascendencia fáustica. Larra no busca saber sobre el afuera del mundo, sino sobre el adentro del hombre; Larra no se eleva, Larra se abisma en busca de su propio ser.

En el trazado que Buero hace de la obra adquiere ahora un valor nuevo esa primera escena, ese diálogo sostenido entre padre e hijo: el punto de partida en el trascenderse de Larra se encuentra en la condición humana de signo edípico; en el más allá primero que es preciso lograr. Se encuentra la renuncia, a la vez, a tener un padre y a ser padre; es preciso sobreponerse a toda autoridad, tanto si la imposición se realiza por vía del poder o por la fuerza de ser modelo, y, al mismo tiempo, tenemos que aprender a conceder la libertad a los otros.

Nos encontramos, es cierto, ante una renuncia, o imposible o, al menos, ilusoria; pero, al mismo tiempo, reclamada por el hombre como un ideal situado en el más allá de los dioses. Es la gran atracción del abismo, que obliga a un replanteamiento decisivo del problema de la esencia del hombre.

Según el pensamiento de Heidegger es el hombre «un ser para la muerte», y replica Sartre que es, más bien, «un ser para el valor». Dos sentencias que en nada se excluyen; dos sentencias que, en términos simplistas, podrían querer decir que cada individuo de la especie humana termina cuando la muerte, inevitable, le alcanza; pero que, mientras vive, se justifica como algo positivo por la capacidad de crear y albergar valores que trascienden la realidad. Desde la dimensión que se viene gestando en la cultura española y que, a partir del teatro de Buero Vallejo, se vislumbra como un nuevo planteamiento filosófico en el que el ser del hombre sustenta todo el andamiaje de la metafísica futura, el ser para la muerte y el ser para el valor se aproximan hasta coincidir. Alejarse de lo cósmico, dejar de pertenecer al mundo de lo real es, a la vez, la condición para entrar en el mundo de los valores y el paso a pertenecer a los dominios de la muerte.

Está claro que sólo en el plano del símbolo es posible abordar este problema; pero la riqueza que proporciona el abordarlo desde ese punto de vista es, en verdad, inagotable.

Pronosticaba Hegel la muerte del arte, dada su desconexión con el todo, y siglo y medio después, tanto el pensamiento de Adorno, de orientación marxista, como el de Dufrenne, enraizado en la filosofía fenomenológica, inician sus estudios sobre la estética apoyándose en la falta de sentido que caracteriza la esencia del arte en las últimas décadas.

Se comprende que el arte gana en libertad lo que pierde en firmeza, reconocimiento que no produce en los investigadores la suficiente luz como para decidirse por un cambio radical en la orientación de sus consideraciones estéticas. Se sigue buscando para el arte una base de sustentación en el mundo de lo real que justifique su permanencia como tema de interés. Se buscan nuevas maneras de enraizamiento en lo real en vez de investigar su esencia a partir de esa libertad en cuyo medio se muestra.

Basta a nuestro entender, sin embargo, aducir un solo motivo para que tanto la falta de firmeza como la pertenencia a la libertad de lo artístico se iluminen de un modo satisfactorio. Se trata, una vez más, de que el arte no pertenece al mundo de lo cósmico, sino al mundo de lo irreal autocreado por el hombre; este es el motivo por el que no le afectan las leyes que rigen el mundo en el plano de la realidad, y el origen de que la libertad sea su característica más destacada.

Se habla con frecuencia del fenómeno, bien observado, de que los movimientos artísticos y los sociales se interrelacionan. El hecho suele alegarse en favor de una vinculación del arte a la realidad, y no para revisar la valía de las concepciones usuales acerca del verdadero sentido de la sociabilidad humana.

La mirada artística sobre Larra a que «La detonación» nos conduce provoca en nosotros graves conflictos en relación precisamente con todos estos temas.

Larra, personaje de «La detonación», es, sin duda, un ser para la muerte, mas no porque la vida tenga un fin inevitable, sino por motivos sumamente complejos y a niveles mucho más profundos. Larra no muere de manera inevitable. Larra quiere morir, y esa voluntad suprema obedece, como a una de sus causas, a ese deseo de saber que, según su padre, lo caracterizaba. Una máscara, más que ninguna otra, se resistía a caer, la suya propia:

«...LARRA se acerca al tremor del fondo y se contempla.

LARRA. — Y éste..., ¿quién es? No lo sé. Ahora comprendo que también es una máscara. Dentro de un minuto la arrancaré... y moriré sin conocer el rostro que esconde..., si es que hay algún rostro. Quizá no hay ninguno. Quizá sólo hay máscaras.»

En el diario de Kafka, en el llamado «tercer cuaderno en octavo», encontramos unos párrafos dedicados a un problema similar al que aquí estamos intentando esclarecer: «Conócete a ti mismo no significa: Obsérvate. Obsérvate es la palabra de la serpiente. Significa: Conviértete en amo de tus actos. Pero ya lo eres, eres amo de tus actos. Esta frase, por lo tanto, significa: ¡Ignórate! ¡Destrúyete! Algo malo entonces. Y sólo quien se inclina profundamente oye también el mensaje bueno que dice: "Para hacer de ti mismo lo que eres".»

El conocimiento a que aquí se alude no consiste en un medio de incrementar el saber, sino en un cambio en la esencia del hombre mismo. La figura de Larra, en consecuencia, tiene, como símbolo, el significado de una búsqueda cuyo objetivo es, precisamente, el hombre que debería encontrarse una vez lograda la transformación del hombre actual en esa manera de nueva humanidad.

Larra ante el espejo y Narciso extasiado ante su imagen reflejada en las aguas coinciden en el punto de partida mítico: la actitud contemplativa les es común; para ambos lo más importante es verse, conocerse. También las consecuencias, por otra parte, les van a llevar a un mismo fin: la muerte. Pero la trayectoria seguida por uno y otro va a discurrir por caminos no sólo diferentes, sino, incluso, opuestos.

Narciso ama su propia imagen y si se destruye es por alcanzarse, porque su búsqueda lo lleva a identificarse con una imagen, con el ser de su ente.

Larra, en cambio, aborrece ese reflejo en el que no alcanza a descubrir otra cosa más que su apariencia de ser.

Narciso muere huyendo de la muerte, buscándose para completarse. Larra busca, en primer término, morir, para conocerse desposeído de todo poder. Buero ha hecho de Larra, por tanto, un Narciso trágico.

A la manera de una utopía, con la característica dolorosa que, según veíamos, distinguía el sentido utópico de las obras de Buero, y enmarcada ahora, además, dentro de esa trascendencia de la temporalidad real, como la nueva dimensión de la ucronía o implantación de un tiempo imposible, vemos perfilarse una imagen del hombre nuevo.

Podría creerse que nos encontramos, una vez más, ante un simple cambio en los intereses propios de una época, que señalan y distinguen el tipo de hombre que ha de adaptarse a esos ideales propuestos; pero el hecho de que en la raíz misma de la constitución de esa nueva imagen actúe, de un modo condicionante, la necesidad de no ser máscara, ni siquiera modelo, le da al nuevo mito de Larra un aire insólito.

El siglo XX europeo conoció diversas maneras de arte cuyo punto decisivo consistía en la destrucción de la realidad. El arte abstracto o el surrealismo pueden servir de ejemplos; pero más todavía que estas corrientes destaca el llamado «antiarte», sobre todo en los planteamientos llevados a cabo por Samuel Beckett. En las obras de este autor una realidad desaparece de nuestro entorno, pero de su aniquilación surge un mundo distinto, que puebla de nuevo nuestro horizonte con algo así como espectros: las bases del mundo se han conmovido, Dios ha muerto y los ideales del hombre también, pero esas circunstancias no impiden que el mundo siga poblado por hombres sin asidero, sin luces y llenos de tristeza.

La realidad que se destruye en «La detonación» de Antonio Buero Vallejo es sólo la realidad humana, la realidad que hace del hombre un ente cósmico. Lo que aquí se plantea es la necesidad del hombre de trascender sus límites entitativos para entrar en el mundo de lo irreal, en el mundo de la no entidad, para cumplir la definición, que del hombre daba Sartre, de «el ser que es lo que no es».

Puesto que la única vía de transformación es el arte, una conclusión se impone: el hombre mismo es un resultado del arte, el hombre es un producto artístico, la obra de arte por antonomasia.

La realidad destruida no hace pensar a Buero en la muerte de Dios, sino más bien en una «Llegada de los dioses».

Tras la muerte de Dios, Nietzsche tuvo que pensar en el superhombre para mantener una coherencia de su doctrina. Una humanidad que vive en un mundo real, que no admite más posibilidad de trascenderse que el eterno retorno, debe incrementar su estar siendo, su realidad propia si quiere que la voluntad, su propia esencia como voluntad de poder se mantenga estable en la vida: el hombre se supera siempre en el mantenerse.

A la muerte del hombre real, en la filosofía que puede seguirse de las consideraciones sobre las obras de Buero Vallejo, le corresponde un concepto muy distinto de hombre nuevo. No se trata de superar su propia realidad humana, sino de trascenderla. En vez del superhombre lo que encontramos es un transhombre, liberado de la fuerza de lo cósmico, más acorde con la dimensión del antihéroe, meta suprema de la cultura española.

Con todas estas distinciones entre los fenómenos culturales que han tenido lugar más allá de los Pirineos y el sentido característico de la obra de Buero, no hemos alcanzado, sin embargo, la raíz primera del mito de Larra en «La detonación»; no hemos contestado todavía a una pregunta que subyace en la búsqueda de esa radicalidad que se encuentra más allá de toda máscara y de todo modelo.

Las notas que anteceden nos permiten apreciar en ese transhombre, autoproducto artístico, cualidades que, según los críticos de arte, distinguen al arte nuevo del arte tradicional: la creatividad pura, sin determinaciones previas, sin influencias históricas ni actuales de otros artistas, sin modelos. Ahora bien, una pretensión con tales características extremas tropieza inmediatamente con una dificultad insuperable: si es obra de arte ha de convertirse en modelo, es decir, pretenderá obtener para sí aquello que rechaza fuera de sí; luchará por hacerse ella misma tradicional, contra sus propias premisas.

El resultado es, en consecuencia, una dialéctica cuyo alcance debe ser aclarado más por la antropología que por la simple crítica de arte.

Vivimos en equilibrio inestable entre dos lenguajes contrapuestos: el del arte nuevo, según el cual cada paso dado por el hombre en su tarea de autoformarse consiste en destruir unos modelos hasta entonces válidos y hacerse uno mismo su propia imagen libre de prejuicios, y el lenguaje de la tradición que muestra el empeño imposible en la tarea propuesta por los modernos, ya que toda autocreación tiene sus ideales, sus dioses permanentes, que pueden ser mejorados, pero no suprimidos.

La tradición suele contar entre las notas esenciales del arte con la sensación de agrado que se experimenta en su presencia; es el placer desinteresado, la finalidad sin fin de lo bello, según la filosofía kantiana.

En el polo opuesto, el arte nuevo se expresa en términos de dolor y de desgarro; es como un atractivo sufrimiento que se produce al afrontar el hombre su propia situación en el mundo.

Examinadas ambas concepciones a la luz de la génesis y desarrollo de lo humano frente al cosmos, toda situación contradictoria desaparece. En efecto, el arte, en cuanto un arrancarse del medio natural, en cuanto separación de la realidad, incluso de la realidad propia, conlleva ese dolor que el arte nuevo descubre, lo que no impide que, una vez situados en el estadio superior, sea el agrado la sensación que acompaña al acto contemplativo artístico del hombre.

Cada vez que la historia habla de hechos se expresa en el lenguaje clásico de la tradición ciertamente; pero al pensamiento que se mueve en el cosmos de la irrealidad le atrae de un modo especial la necesidad de traspasar todos los límites y situarse, como punto de partida, en una nada originante del plano de lo irreal autocreado.

La muerte del personaje Larra, de ese producto artístico de sí mismo, tiene validez plena en este sentido. Larra, en efecto, muere al mundo de la máscara, elimina de todo modelo la capacidad de ser un valor. Es una muerte dolorosa; pero no es una muerte real. Su criatura, Pedro, el personaje que consiste en ser su verdad frente a Fígaro, le sobrevive muchos años, tantos como para contar incluso su historia. Del Larra personaje continúa, pues, su otra mitad, transformada en nueva clave para adentrarse en el más allá de una figura que tuvo la osadía de traspasar los límites de la condición humana, de buscar, tras la situación edípica, una nueva dimensión para el ser del hombre, siquiera sea para ese hombre que procede de una elaboración artística sobre sí mismo.

Con frase insegura, Pedro nos habla de la posibilidad de ser él el culpable de la muerte de Larra: «A veces pienso si no lo maté yo.»

Una duda que sólo obedece a la cantidad de culpables claros que la obra destaca: todos los que mueven esa mano que empuña el arma homicida. La frase de Pedro podría, en el contexto, querer decir: «yo también»; pero, a nuestro entender, más allá de los mensajes conscientes del drama, late un nuevo símbolo.

España entera es responsable de la muerte de Larra, es cierto; pero no sería correcto entender que se trata de un simple homicidio. Larra, con todo rigor, se suicida. Pedro, por tanto, su mitad verdadera, lo mató, sin que quepan paliativos a su culpa; al mismo tiempo que es también cierto que todos los demás son igualmente asesinos. El conflicto no es más que aparente: Larra es el símbolo de la España que se suicida.

La tradición, casi leyenda, sitúa a Larra en sus últimos momentos frente a un espejo para contemplarse quitándose la propia vida. En «La detonación» Larra se suicida mirando al público, frente a todos, en los que puede ver su propio rostro; frente a España, que no es otra cosa sino su espejo.

Larra muere y nosotros, los espectadores, seguimos en nuestras butacas para oír, por boca de Pedro, que esa detonación que, identificados con Larra, no hemos oído, desde nuestra verdad, desde nuestro ser Pedro, se convierte en una detonación nueva que «¡...se tiene que oír, y oír, aunque pasen los años! ¡Como un trueno que nos despierte!»

Es necesario despertar, insiste Buero; despertar a la revolución de Verónica y ver a España con los ojos de aquel otro Pedro, Pedro Briones. Es necesario despertar de un sueño tan profundo que sólo un trueno puede hacernos estremecer.

Las frases que Larra dirige a su imagen en el espejo son válidas unos instantes después cuando ya, vuelto hacia el público, consuma el suicidio de España: «Y éste... ¿quién es?» Es la misma pregunta que, ante diversas fotografías, se hacía el padre en «El tragaluz»; pero entonces aquel viejo loco, a la vez que estaba presintiendo el experimento llevado a cabo por los personajes del futuro que lo contemplaban, se estaba aventurando en la mayor de las tareas metafísicas, la de la devolución de la entidad al ser. Ahora el problema se invierte, se trata de un supremo esfuerzo para desprenderse de lo real y alcanzar el plano de lo artístico; alcanzar lo que Schiller llamaba «la gracia» y «la dignidad» y lo que para Hegel era el «ser otro».

La vida real de España es una lucha edípica, un discurrir con el empeño único de alcanzar el poder. No hay liberales, porque los que se dicen serlo, tan pronto logran el dominio se hacen conservadores. Las crueldades de la guerra se repiten en uno y otro bando sin que ni siquiera ligeros matices las distingan. El poder sólo tiene un rostro, de manera que a Buero le basta un actor para representar a una larga serie de mandatarios; al igual que una sola actriz puede representar el papel de las dos mujeres que despiertan el amor de Larra. Todo es máscara, «todo el año es carnaval».

Así se comporta España; pero Larra confía en que, a pesar de todo, se trate de un disfraz. En el espejo se percibe un rostro, o al menos la imagen de un verdadero rostro; pero Larra mira más allá: «...también es una máscara. Dentro de un minuto la arrancaré... y moriré sin conocer el rostro que esconde..., si es que hay algún rostro.»

El rostro de la realidad no es, por consiguiente, el rostro de la verdad, la raíz de lo auténtico que Larra persigue. Cabe decir, incluso, que la realidad enmascara e impide el acceso a la otra dimensión de lo humano que es ese más allá, objeto de la búsqueda. Porque la realidad sí se ve, tanto la del propio rostro como la del rostro de España. Lo que importa alcanzar es algo distinto.

El punto radical de partida para el hacerse sin modelos de un sí mismo auténtico era, como en el arte nuevo, un momento doloroso, un momento que sólo puede ser simbolizado por la muerte. El hombre del más allá de esa muerte, el que, en términos sartrianos, es lo que no es porque, como el arte según Hegel, consiste en ser otro; ese hombre es, a niveles individuales, la obra de arte por antonomasia. Pues bien, si la realidad sacrificada no es la de Larra, sino la de España, el punto radical a que se llega trasciende del origen del hombre nuevo al origen de una nueva manera de ser de la humanidad. En el más allá de una sociedad que trasciende el plano de lo real ha de encontrarse la sociabilidad como el producto artístico de la sociedad sobre sí misma.

Las conclusiones a que acabamos de llegar nos ofrecen un concepto nuevo de sociabilidad. No basta ahora con la existencia de un grupo de seres humanos, constituido bajo la presión de circunstancia accidentales, o naturales. En cualquiera de esas situaciones el grupo constituido puede dar lugar a una sociedad de hecho; pero la sociabilidad que ahora descubrimos pertenece a un orden diferente.

Suele entenderse por sociabilidad la fuerza de cohesión que une a diversos individuos para constituir un grupo. Es el concepto según el cual la energía de cada individuo de una multitud puede reunirse en una unidad superior. La sociedad es así una suma de energías caracterizadas por un interés común, que les sirve de nexo.

No pretendemos, en modo alguno, negar la realidad de estos hechos, bien visibles a lo largo de toda la historia. Esa es la fuerza que se pone de manifiesto en los pueblos y naciones o en los ejércitos, y que, al estar constuida por intereses de diferentes signos, ha dado lugar a grupos encontrados cuya confrontación ha venido desembocando en guerras o en contiendas de cualquier otro tipo. Los recuerdos de Larra en «La detonación», decidido a morir, son un claro ejemplo de ello.

Más allá de los hechos, sin embargo, es posible concebir una sociabilidad que no se apoye en la fuerza entitativa de los individuos, sino que se edifique a partir de los valores del ser. Será esa una sociabilidad que no tendrá como nexo entre los individuos un interés común, una realidad positiva, sino otra cosa muy distinta.

Observaba Georges Bataille ese sentido de suicidio que conlleva la sociabilidad, ya que supone la aniquilación de un yo para ser otro. Es, a nuestro entender, una manera de manifestar que la sociabilidad tiene lo negativo como punto de partida; pero el suicidio, más que su explicación, es su símbolo.

Ya hemos visto en otras ocasiones cómo la comunicación que hace que dos seres humanos se comprendan no puede consistir en algo real. De cada yo nada sale para viajar hasta el otro. La comunicación trasciende, pues, la realidad. El otro es, para cada yo, un abismo insondable, que nos atrae como una interrogación y que produce en nosotros una espera, como una respuesta. Ahora bien, a un abismo insondable, sin fondo, debe corresponder la espera de una respuesta infinita, inacabada. En este sentido puede interpretarse el «Diálogo inconcluso» de Maurice Blanchot, y también la finalidad sin fin, que caracteriza el arte en la filosofía kantiana. Cabría decir que la sociabilidad verdadera consiste en la comunicación de un infinito vacío del hombre a otros hombres ávidos de respuestas infinitas. Se trata, por tanto, de hombres que han trascendido el mundo de la realidad, incluso la realidad propia, y se han convertido a sí mismos en obras de arte.

Hemos llegado de esta manera a una conclusión ya alcanzada, pero apuntando esta vez a una inquietud de primer orden en el significado del personaje Larra: la necesidad de traspasar la barrera del dominio de los modelos.

Al prescindir de la realidad entitativa, cuya característica es la fuerza, pueden superarse las guerras de hecho; no obstante, el mal entendimiento puede continuar porque si en el plano del hombre fruto del arte se interfiere, como motivo nuevo de discordia, el valor del modelo, el sentido de lo inauténtico seguiría impidiendo la autocreación verdadera. Se impone, pues, aunque sea imposible, la supresión de los dioses de nuestro mundo irreal autocreado, se impone dar al hombre un valor absoluto.

Por otra parte, esa finalidad sin fin atribuida a lo artístico, esa manera ambigua de salvar el escollo que se presenta a la hora de decidir si el arte tiene un fin o no lo tiene, toma una orientación distinta: el arte no tiene fin alguno en el mundo de lo real porque la realidad le supone, a lo sumo, un medio expresivo, pero en el plano de la irrealidad autocreada el arte tiene como finalidad indudable el hombre. El arte por el arte es sólo válido en el caso del hombre mismo como obra de arte por antonomasia.

La nueva sociabilidad, por consiguiente, al trascender, tanto el mundo de lo real como el plano de la permanencia de los modelos, se sitúa, como punto de partida, en la atribución al otro del valor de ser hombre, y como punto de llegada, en la consideración de que el hombre, obra artística por antonomasia, no tiene más finalidad que el hombre mismo.

Capítulo XXIV

La democracia como colaboración
Lo otro del arte. La nueva luz que dignifica
en «Un soñador para un pueblo»

Toda obra artística necesita, como soporte, unos medios determinados: son los llamados elementos materiales. A veces esos elementos tienden a ocultarse, como si no fuesen más que un obstáculo a la manifestación de lo verdaderamente valioso en arte: ese contenido que se encuentra más allá de la entidad real en que aparece. Otras veces, en cambio, los materiales se destacan, como señalando el valor de ser medio.

En todo caso, una dialéctica se establece siempre entre la materialidad que sostiene la obra y su trascendencia. Sin materiales, en efecto, no sería posible un arte verdadero; una estatua en la que el mármol desapareciese, de manera que el contemplador viese la figura como real tan sólo, dejaría de ser una obra de arte para ser un espejismo, un simple engaño.

Por tanto, ante la pretensión de ocultar por completo ese apoyo en la realidad, los materiales se rebelan hasta dejar patente su cualidad de imprescindibles.

Esta función de los materiales y esta dialéctica en nada disminuyen, sin embargo, el valor de eso otro que el arte quiere transmitirnos. El arte introduce al hombre en el mundo de lo irreal autocreado, pero ese mundo nuevo es una conquista, es una tarea, la de liberarse de lo cósmico, que requiere un esfuerzo: el esfuerzo de desprendimiento, aunque sea imposible, de nuestras ataduras a la entidad real. La dialéctica tiene, pues, carácter de símbolo, que nos recuerda el gran problema del hombre de hacerse a sí mismo con el sudor de la frente, con el esfuerzo de cada día.

Desde Hegel se suele denominar espíritu, por tratarse de una manifestación del espíritu positivo, a lo otro que nos llega o se nos anuncia por medio del arte. Se habla, en consecuencia, de una fuerza del arte, probablemente por entender ese espíritu como una realidad, ciertamente distinta del cosmos, pero realidad.

Un punto de partida con tales características obligó a un titánico esfuerzo para hacer comprensibles funciones que en una distinción entre lo real y lo irreal no ofrecen dificultad alguna.

El hecho de que eso que viene sea lo otro le da al arte, en primer lugar, una dimensión negativa, ya que el ser otro supone el no ser lo que es, o, al menos, el no ser lo que parece. Ahora bien, la negatividad, según hemos visto, tiene la capacidad de generalizar e incluso de universalizar. De esta manera, en lo otro que se anuncia tras lo que se muestra en la obra de arte es fácil adivinar el tránsito al mundo de lo ilimitado; la imagen convertida en figura, válida en el plano abierto a lo universal.

Lo otro que desde la obra de arte nos inquieta como una interrogante, como un enigma, como un abismo, es la llamada a nuestro ser tras los desafíos de lo imposible. El problema, aunque más difícil, se hace más claro si lo observamos a la luz del hombre mismo convertido en obra de arte.

Los individuos de la especie humana son, en el mundo, realidades bien determinadas; pero todo hombre, además de saberse real, siente sus carencias como anhelos. Como a todo ciego le falta ver, como a todo sordo le falta oír, como todo niño anhela volar, a todo hombre le falta su propia trascendencia, su más allá de la realidad que lo determina.

Entendía Adorno que el arte es «trascendencia secularizada». De esa manera recordaba la cualidad de sagrada de otra trascendencia anterior, de la que el arte es algo así como una réplica, una imagen. En efecto, la mentalidad mítica primero y la religiosa después dieron a los anhelos trascendentes del hombre el sentido de una realidad ultrasensible apoyada en un poder divino sustentador. La filosofía griega, especialmente la de Platón, y tras él toda la metafísica europea hasta nuestros días, tomaron esa trascendencia real sacra como punto de partida para sus lucubraciones, simplemente desacralizando, en los casos más progresistas, los productos trascendentales, pero manteniendo su sentido. La trascendencia secularizada del arte, en cambio, no supone sólo una desacralización, sino, sobre todo, el traslado del punto de partida del poder de lo divino a la impotencia humana. El mundo trascendente del arte no es una realidad distinta, sino una irrealidad básica, situada en el plano de lo imposible.

La trascendencia que en el arte se vislumbra tiene, pues, doble carácter humano: porque es el hombre el único artista y el único que tras el arte se reconoce como proyectado a un más allá de la realidad, y porque, en el máximo de su desarrollo, el arte toma al hombre mismo por objeto y finalidad, le permite trascender de su propia realidad y alcanzar, en el mundo de lo irreal, un destino.

La intuición kantiana, formulada al modo de una paradoja, del arte como una finalidad sin fin pierde ahora su apariencia contradictoria.

Desde Aristóteles, la finalidad se ha venido encuadrando necesariamente dentro del grupo de las causas, por no encontrar otro lugar donde encajarla sin perder su sentido. Causa y efecto tenían un caso particular, que eran finalidad y fin; pero el arte, actividad teleológica por excelencia, vino entonces a perturbar ese convencimiento que dejaba en equilibrio el sistema filosófico multisecular. Aparecía ante el hombre una finalidad a la que no era posible descubrir un fin claro y preciso Bastará, sin embargo, distinguir la ley de causa y efecto, válida en el mundo de lo real, de la ley de finalidad y fin, aplicable únicamente al mundo humano, para que los obstáculos desaparezcan. Entendía Aristóteles que la piedra que cae tiene como fin el suelo que la acoge. En las concepciones modernas del mundo, en cambio, sólo el hombre se propone fines. El útil, que tantas consideraciones recibe por parte de la filosofía de Heidegger, es uno de los casos, es el modo en el que el hombre se vale de lo real; pero es en el fenómeno del arte donde el problema, además de aclararse, se dignifica. Se trata de que el arte es una finalidad, ciertamente, pero de la que en absoluto puede afirmarse que carezca de fin; al contrario, el fin del arte es el fin más elevado de todos, pues no se encuentra en el cosmos de lo real, sino en la trascendencia, es decir, el fin del arte es el hombre mismo.

Pues bien, si el ser del arte en general refleja el ser del hombre, el teatro, que toma como materiales la realidad humana, y más específicamente la tragedia, que enfrenta esa realidad humana a sus límites, nos muestra, en su trascendencia, un destino que, no sólo trasciende el cosmos, sino a la propia entidad humana.

Corresponde a la estética psicoanalítica el mérito de haber desvelado, en la génesis del arte, los motivos que impulsan al artista a la creación de su obra. Cabe inquirir otras dimensiones de la creatividad y profundizar en ellas hasta límites insospechados; cabe asimismo objetar que la estética psicoanalítica no explica de un modo satisfactorio el ser mismo del arte, el que la obra lograda sea precisamente artística; pero no se suele poner en duda la existencia de un nexo que emparenta a la novela familiar vivida en la infancia del artista con los temas y enfoques en que se resuelve la obra del creador adulto.

Ocupa el punto de partida, ya desde Freud, el llamado «fantasma originario» que aparece al retirarse un significante. Se trata, pues, del producto de una carencia compensada, una negación de lo real que provoca el nacimiento de la fantasía creadora. El momento es de suma relevancia pues en él se inician, por un lado el proceso que conduce a los fenómenos oníricos y por otro el que desemboca en la creatividad artística.

Encontramos, de esta manera, relacionadas dos áreas de problemas humanos marginales al mundo de lo real: los sueños, que deforman la realidad y la convierten en un panorama de símbolos, y el arte, que la transforma y crea, a partir de ella, un mundo irreal trascendente.

El lenguaje, por su parte, entiende también relacionadas estas dos áreas, a juzgar por el doble uso del vocablo sueño; pero con la curiosa particularidad de limitarse a ese aspecto del arte en el que es el material humano el utilizado para ser trascendido. Se llama sueño a las narraciones o pensamientos utópicos, o a las aspiraciones de cualquier tipo que el hombre considera inalcanzables. Por el contrario, se habla de pesadilla cuando la posibilidad esperada es una amenaza de destrucción.

Otro vínculo, tan estrecho como el anterior, ha surgido desde antiguo entre el sueño y la muerte. Cuerpo dormido y cadáver se asemejan lo suficiente como para que esta relación se haya establecido. También esta vez los efectos se han dejado notar en el lenguaje; así, por ejemplo, la etimología señala un mismo origen a las palabras cementerio y dormitorio.

En consecuencia, los sueños, las obras de arte y la vida de ultratumba tienen en común la pertenencia al plano de lo trascendente. No quiere decir esto que las tres manifestaciones se identifiquen por el hecho de coincidir en el aspecto de la trascendencia, pues cada una de ellas tiene su función específica bien delimitada: la ultratumba, en primer lugar, recrea, por medio del poder divino, el mundo de la realidad; los sueños, en cambio, deforman lo real para que pueda ser símbolo, y, por último, el arte hace de ese mundo del símbolo un nuevo mundo, tan verdadero como el cosmos, pero irreal y autocreado por el hombre. El arte se convierte, de esta manera, en una especie de símbolo de los símbolos, en símbolo de segundo grado. El arte es el símbolo que consiste en trascender lo simbólico, ya que no se limita su sentido a enseñarnos la realidad universalizada, sino que va más allá, nos enseña un mundo nuevo, válido únicamente para el hombre y sólo en el aspecto del hacerse a sí mismo. El arte no se limita, por tanto, a ser la trascendencia secularizada, sino que es también el espíritu desrealizado y humanizado.

El complejo panorama de problemas que acabamos de esbozar puede servirnos de apoyo en la tarea de una comprensión adecuada de una nueva dimensión de la obra dramática de Antonio Buero Vallejo.

La incidencia reiterada de los temas oníricos y de los sueños en su proyección artística en las obras de Buero no es, en absoluto, un mero accidente.

El sueño de Mario en «El tragaluz», en el que atrae a su hermano Vicente al abismo, es sólo un anuncio simbólico de muerte, como también lo es la visión, llamémosle alucinatoria, de Julio en «Llegada de los dioses» en la que el saltador se convierte para él en un ataúd. En cambio, la pesadilla de Carlos Albín en «Aventura en lo gris» ofrece la curiosa particularidad de que la realidad que se deforma o cambia es precisamente la humana: el crimen, que de hecho se comete, no es obra del soñante. Se mantiene, pues, una relación constante entre la actividad onírica o alucinatoria y la muerte y se deforma o se cambia la realidad. Se nos sugiere con ello, en consecuencia, que, de igual manera, tras esa muerte se oculta algo; que la muerte también significa.

Larra, suicidándose, es decir, automuriendo, y en él automuriendo

España, nos puso, ciertamente, en la mejor senda para adentrarnos en ese significado que la muerte tiene trasladada al plano de lo artístico; pero han de ser los sueños como arte, y más en concreto, la atención al sentido que subyace en «Un soñador para un pueblo», el medio que nos permita adelantar en nuestro propósito de proyectar alguna luz sobre ese mundo de la trascendencia humana que se nos anuncia.

El personaje Esquilache, que Buero nos presenta en su obra, se propone una misión que cumplir al modo de una finalidad; ese «para» interpuesto en el título no deja lugar a dudas. Esquilache es un soñador que tiene como fin soñar un pueblo. Se trata, por tanto, de un pueblo fruto de la capacidad creadora de un soñador, de un artista; es un pueblo convertido en obra de arte. Nos encontramos ante un pueblo irreal porque es un producto artístico y porque es un sueño, pero que cumple todos los requisitos para ser el fin de una finalidad, que satisface plenamente el sentido del «para».

La semejanza con la inquietud que en «Las Meninas» llevó a Velázquez a concebir ese cuadro que Pedro Briones interpretaba, diríamos, como la España soñada, es manifiesta. Pedro Briones, casi ciego, ve, o tal vez imagina, la misma España que Esquilache sueña. La muerte de Pedro, el mendigo que quiso ser pintor, no interrumpe el proceso, antes lo acelera, ya que despierta en su compañero, Martín, el deseo de llevar a todas partes el mensaje que aquel sueño encerraba.

Dentro de la misma problemática se inscriben también los sufrimientos de Larra ante una España que, ni corresponde a los sueños creadores de los artistas ni siquiera se encamina hacia su logro. Larra experimenta la pesadilla de una España soñada que se destruye con el gran dolor de los buenos españoles. No falta entonces una muerte interpuesta que haga pensar en el fracaso absoluto de los ideales que intentaban recrear un pueblo; pero tampoco esta vez los valores se pierden: Pedro, el criado, sigue, muchos años después, gritando y esperando el trueno que nos despierte a todos.

Si a la luz de estos hechos paralelos nos fijamos ahora en el desenlace que Buero da a los sueños de Esquilache nos será fácil descubrir la presencia de la muerte de nuevo; pero esta vez oculta bajo los disfraces del símbolo. El rey Carlos III hace decidir a Esquilache entre sofocar el motín o ser destituido de su puesto de primer ministro, y el buen soñador elige su propio cese; pierde el poder para que la sangre del pueblo no se derrame; pierde el poder que es la nota distintiva de su entidad real: Esquilache, simbólicamente, se suicida.

Empezamos a adivinar que el personaje de Esquilache que Buero nos propone tiene que morir para que su sueño sea de verdad una obra de arte, para que ese pueblo soñado trascienda de veras la realidad mundana.

Como la obra de arte, como los sueños, la muerte, pues, significa. Podría llamársele un lenguaje, pero sólo en sentido analógico, pues lo que la muerte como arte, lo que todo arte significa, no se traduce en conceptos, sino en algo muy distinto.

Los conceptos tienen la propiedad de dar forma a sectores de la realidad que la intuición les proporciona; son, por tanto, unívocos, al igual que el lenguaje que los expresa. El arte, en cambio, se refiere al mundo de lo irreal, de manera que, a cada obra o a cada manifestación artística, no corresponde una unidad de contenido, sino una multitud expresiva; cada objeto que se hace artístico asume por ello un valor universal.

Para ser arte es necesario el distanciamiento de la realidad; los materiales tienen que dejar de ser meros materiales para convertirse en los transmisores de un aparecer del más allá. Ahora bien, cuando los materiales son hombres el alejamiento de lo real sólo se consigue mediante una ruptura semejante a la muerte, y de ahí que el morir como símbolo dé sentido a esa trascendencia de lo humano que el arte reivindica para sí. La muerte hace imposible aquello mismo que reclama; pero el distanciamiento de lo real que la muerte proporciona es necesario para que el hombre se eleve a los niveles verdaderamente humanos: ese es el gran conflicto del arte trágico, la tragedia de tener que morir para dar sentido al propio destino.

La muerte como arte, sin embargo, el que los seres humanos como materiales de la obra de arte dejen de ser meros materiales, permite también un aparecer de algo trascendente al hombre mismo, o quizás, la trascendencia de lo humano, que, como primera característica, debe mostrar la universalidad. Es decir, el hombre convertido en obra de arte por antonomasia, lo que llamábamos el origen de la nueva sociabilidad, invierte el sentido de lo social según se ha venido admitiendo: el grupo convertido en unidad. Por el acceso a lo artístico es el individuo el que se hace múltiple, el hombre se universaliza, de manera que cada uno se convierte en el reflejo de todos los demás, cada uno se hace todos.

La apertura a lo múltiple, vista además desde múltiples aspectos, puede permitirnos el ir desenmarañando un tanto este problema, inevitablemente complejo.

La sociabilidad, tras la inversión de su sentido tradicional, obliga a un nuevo replanteamiento de la ya vieja disputa entre los partidarios de la prioridad de la sociedad o del individuo, del marxismo o el freudismo como punto de partida para una buena comprensión del hombre mismo. Las conclusiones a que acabamos de llegar fuerzan, nos parece, una vuelta a la preocupación por el tema, no para añadir argumentos en pro de una de las posturas, sino para distinguir, en el conflicto, dos dimensiones de lo humano que tienen ambas su origen y posible solución a través del fenómeno artístico. El arte permite al psicólogo del subconsciente mirar hacia atrás en busca de ese fantasma originario, al que dio lugar un defecto, una retirada del significante del que dependía el equilibrio del individuo, y, desde allí, explicarnos el proceso inacabado del ser del hombre; y el arte permite también al sociólogo mirar hacia adelante en busca de una superación del individuo encerrado en sí mismo, en busca de una nueva dimensión de lo humano, más allá de toda lucha en la que seres semejantes se enfrentan y desconocen.

En el nuevo sentido de la sociabilidad, y no en la lucha de clases, se encuentra, sin duda, el origen de una nueva era.

Merced a esa pluralidad se hace, asimismo, comprensible el hecho de que las interpretaciones del arte sean inagotables. El espíritu que aparece en la obra trae mensajes que pueden ser traducidos a conceptos expresables por el lenguaje, pero en ningún caso, si la obra tiene de veras valor artístico, lo relacionado de esa manera pasa de ser un aspecto del contenido de la obra en cuestión. Los comentarios pueden multiplicarse sin que, en ningún momento, se haya concluido cuanto cabe decir ya que el mensaje que el espíritu trae en su aparecer es infinito. Se puede, por tanto, volver siempre a la obra de arte, a contemplar lo mismo, con la frescura de lo que aparece por primera vez. Muchos pensadores han llamado a esta cualidad del arte, un devenir, por la indudable semejanza que guarda con la constante actividad que se manifiesta en el cosmos. Examinado el problema más de cerca, sin embargo, esta propiedad de lo artístico es muy distinta, incluso la contraria de la que nos ofrece la actividad entitativa de lo real. Ante la obra de arte es el hombre en su hacerse quien va percibiendo, en un proceso infinito, las voces que le llegan desde su propia trascendencia; pero la obra en sí, como meta, como ideal inalcanzable, sólo permanece.

Nietzsche, contrario a la filosofía de Platón por apoyarse en la permanencia de un ser que no existe y por tomar la trascendencia irreal como base, fundamentó la suya en el eterno retorno que, al modo como él lo expone, no existe tampoco. El mundo que evoluciona no es cíclico, no vuelve como la combinación limitada de elementos que ha de repetirse necesariamente. La realidad infinita discurre en un proceso lineal siempre inacabado, aun en el caso en que materia y energía sigan un movimiento alternativo.

Pero Nietzsche tenía clara sensibilidad de artista. Su problema capital, la inversión del platonismo, no era otra cosa sino dar prioridad al arte sobre el saber, a lo bello sobre lo verdadero; la creatividad artística como punto de apoyo de la filosofía. Un predominio tan grande de la capacidad creadora supone, no sólo haber advertido el puesto central del hombre en la interpretación del mundo, sino, además, sentirse proyectado sobre ese mundo que interpreta. En la actitud de Nietzsche parece, pues, encontrar atribuido al cosmos algo que sólo al hombre pertenece. El eterno retorno podría ser un ejemplo de ello: Nietzsche, artista de sí mismo, Nietzsche artista y obra de arte al mismo tiempo, se descubre como descubrimiento ilimitado, como eterno retorno de lo mismo siempre nuevo. Pero tampoco esta vez el ejemplo agota el contenido de lo artístico; Nietzsche llama «voluntad de poder» a una manifestación que, en términos de Riegl, puede llamarse voluntad de arte sobre sí mismo.

Ahora bien, para convertir esa voluntad de arte sobre sí mismo en filosofía, tema al que nos vienen aproximando los comentarios a las obras de Buero Vallejo, es necesario invertir, una vez más, los planteamientos de Nietzsche: La realidad y la vida nos conducen a un saber científico, mientras que la irrealidad y la muerte o, lo que es lo mismo, la irrealidad tras la muerte, nos facilitan el acceso al ámbito de la trascendencia, que es el objetivo fundamental de la metafísica.

Nietzsche prefiere filosofar desde la vida, hasta el punto de que con frecuencia se le ha llamado biologismo a su pensamiento. Desde los presupuestos filosóficos que nos venimos encontrando en la cultura española, en cambio, estamos convencidos de que la vida del hombre sin el enfrentamiento a la muerte no proporcionaría nunca motivos para filosofar, y, sobre todo: sin añadir al proceso artístico como expresión vital el sentido de muerte que el arte encierra, ningún progreso cabría esperar en la filosofía que hoy se nos ofrece.

La muerte, en los últimos siglos del pensamiento europeo, ha alcanzado, de manera muy directa, al arte, a Dios y al hombre; pero la creatividad artística, desde las raíces mismas de su sentido originario, se rebela contra esa interpretación simplista del morir. El arte para ser comprendido llama a la muerte en su auxilio y le pide signifique lo que el arte es en sí.

En varias ocasiones, Buero Vallejo, al reflexionar sobre la tragedia, ha manifestado su convencimiento de que esos conflictos, esenciales al arte trágico, de afrontar y poner de manifiesto aquellas situaciones en que lo insoluble se opone al hombre, no pueden ser verdaderos insuperables pues, insiste Buero, en este caso no se plantearían. Las trilogías a que los griegos eran tan aficionados ejemplifican para él vías de salida a lo que se consideraba sin salida posible. En efecto, las piezas terceras daban a los conflictos soluciones inesperadas.

Por nuestra parte, y de acuerdo enteramente con el pensamiento y la actitud de Buero, entendemos la tragedia como una rebeldía contra los límites y más en concreto contra la muerte, porque el objetivo primordial del arte trágico es la trascendencia del hombre, para la que la muerte es el único símbolo adecuado.

En una de sus primeras obras, «Alcestes», Eurípides nos ofrece, envueltos en los hilos de una trama que no parece tener el arte como intención primera, casi todos los elementos fundamentales de lo artístico.

Los dioses han decretado que Admeto debe morir; pero podrá eludir la muerte si consigue que alguien muera en su lugar. Las posibles víctimas se resisten, sobre todo sus padres. Sólo su esposa, Alcestes, consiente en sacrificarse por él. Entre los lamentos y manifestaciones que se oyen, previos a la muerte de la esposa, Admeto expresa su propósito de hacer tallar una estatua de Alcestes, para que ocupe su lugar en el tálamo. Los acontecimientos no se detienen; Alcestes muere de hecho y el cortejo fúnebre conduce su cadáver hasta el mausoleo; pero al final Hércules la trae de nuevo al palacio de Admeto, cubierta con un velo, pretextando ser una mujer que acaba de ganar en el certamen y pidiendo al rey Admeto se la guarde hasta su vuelta. Ante las negativas del que acaba de enviudar, Hércules hace que Admeto vea y compruebe que se trata de Alcestes recuperada para la vida en lucha contra Hades. Alcestes se deja ver y tocar, pero no pronuncia palabra alguna, y no lo hará hasta que pasen tres días y se haya «ofrecido la debida expiación a los dioses infernales».

La muerte que aquí se decreta tiene la extraña particularidad de poder ser transferida. Se puede morir en lugar de otro, es decir, es posible, puesto que Alcestes lo hace, convertirse en un ser para otro y hacerlo precisamente en el ser mortal del hombre. Lo que los dioses han decretado sobre Admeto, por tanto, es su conversión en obra de arte, función que cumple muriendo en su mitad femenina, su mitad creadora de sí mismo.

Una estatua, según su propósito, será en adelante su compañía, sustituirá a la que había sido capaz de reproducirlo en sus hijos y recrearlo burlando a la muerte.

No es la estatua, sin embargo, la obra de arte que se espera. Una imagen lograda mediante la traducción de la realidad al mármol es una pobre manera de trascenderse, válida tan sólo para sugerir la verdadera trascendencia humana que el arte trágico persigue. Alcestes misma vuelve a la vida desde el más allá; Admeto la alcanza porque esa es su verdadera trascencia, su verdadera conversión en obra artística.

Finalmente una nota llama nuestra atención en esa pieza de Eurípides, y es el mutismo de la nueva Alcestes. La que ha vuelto a la vida no habla o, al menos, no le habla a Admeto, y Admeto se sorprende por ello. Sin pretenderlo viene a nuestra memoria el mito del descenso de Orfeo al Hades. Al cantor le estaba prohibido mirar; al escultor de sí mismo le está vedado escuchar. En principio, pues, parecen dos variantes de una misma proyección.

El hombre tiene ante sí un abismo insondable, que es el vacío para quien dirige hacia él su mirada, para quien se asoma al afuera, y el silencio para quien escucha, para quien pretende escudriñarlo como un interior. Es el abismo que interroga; es lo que al hombre le falta y lo que busca en el más allá de su entidad real; es la trascendencia que, a través del arte, le llama.

Es evidente que la esfinge no ha muerto. Más bien la esfinge es la muerte misma que pregunta sobre el hombre. Edipo descubrió una parte de su enigma, la que corresponde al ciclo de la vida del hombre sobre la tierra. El monstruo se lanzó entonces al abismo, y Edipo no advirtió que también ese abismo era el abismo humano, que lo que hacía la esfinge era instalarse en su propio interior, desde donde sigue interrogado, desde donde su permanente enigma, el hombre, pero el hombre como obra de arte, vuelve a plantearse como la inagotable pregunta.

Ese error de Edipo lo condujo al trono de Tebas, a ser rey, por eso la peste hizo presa de nuevo en su pueblo, porque su camino verdadero no era el del dominio, sino el del antihéroe, el de la ceguera y la mendicidad; sólo desde esa miseria humana podría convertirse en el protector de la ciudad que le acogiese.

En una de las mejores novelas escritas en nuestro siglo, «El castillo» de Kafka, encontramos algunos rasgos que aclaran el sentido de la muerte como símbolo de la muerte artística de que venimos hablando.

De entre las pocas cosas que K, el agrimensor, nos cuenta de su vida antes de llegar a la aldea, una destaca de modo especial: recuerda haber saltado, un día, las tapias de un cementerio. Es decir, K, de una manera simbólica, ha experimentado ya la muerte; el agrimensor se ha trascendido a sí mismo.

El nuevo cosmos que ahora habita tiene dos partes claramente diferenciadas, la aldea y el castillo, como dos aspectos o dimensiones de ese ultramundo: en la aldea viven los hombres, en el castillo los dioses; todo parece serles común y, sin embargo, ningún vínculo entre estos dos lugares se mantiene de manera sólida. Se trata de vivencias muy similares a las oníricas: la realidad se distorsiona; hombres y cosas experimentan inesperados cambios, se transforman y dan lugar a que, a través de la obra, se filtren, como sutiles rayos, apariciones de la trascendencia más significativamente artística.

La muerte de Larra, o de España, en «La detonación» y la muerte política de Esquilache en «Un soñador para un pueblo» son también, a nuestro entender, variantes de una misma proyección mítica, de un mismo interrogante que nuestra esfinge nos plantea acerca de nuestro ser propio, acerca de España como posible.

La tarea que Esquilache emprende se parece a un sueño porque en ella la realidad se altera, pero de hecho no lo es porque la alteración que la realidad experimenta no es sólo de forma, no es una simple deformación, sino de sentido. Esquilache pretende que la realidad se transforme y se impregne de lo que podríamos llamar un nuevo espíritu. Su tarea es, por tanto, una verdadera obra de arte, en la que los españoles, tomados como materiales, constituyen la realidad por transfigurar.

Se trata, por consiguiente, de un empeño en el que, en primer lugar, se pone en crisis el sentido mismo del gobierno de los pueblos, en busca de esa nueva manera de sociabilidad basada, no en el dominio, sino en la libertad; no en la tendencia a unificar a muchos, sino en la decidida voluntad de multiplicarse en cada uno.

La historia, en efecto, nos describe una serie de formas de gobierno que han tenido lugar en distintos momentos: teocracias, autocracias, aristocracias, oligarquías, democracias; monarquías, repúblicas, son tipos de gobierno con características bien definidas, pero que no dejan de tener en común el ser diferentes maneras del ejercicio del poder. Dios, por medio de sus representantes, algunos en virtud de su situación privilegiada, los elegidos por los propios gobernados...... Todo nos habla de modos diferentes de acceder a los puestos de mando, o incluso de concepciones distintas del sentido del poder en sí, pero, en última instancia, del poder.

La experiencia vivida por el pueblo griego tiene, sin duda, un alcance especial y se aproxima a un giro en el enfoque del problema en el que no sólo cambien los medios y maneras de ejercer el dominio, sino la esencia misma del sentido del gobierno de los pueblos.

En Grecia arcaica gobiernan los aristócratas, los mejores, los que más se ajustaban a determinadas condiciones, siempre en relación con enfrentamientos o luchas de índole muy variada y que evolucionan con el paso del tiempo. El signo, pues, del gobierno de entonces es el de un dominio logrado por algunos contra otros.

El advenimiento de la democracia se ha entendido como un cambio en el que el pueblo mismo consigue darse sus propias leyes y designar sus propios gobernantes, pero esto es sólo un aspecto del progreso social alcanzado por los griegos en el siglo v antes de Cristo. Mucho más valioso nos parece el hecho de que la actitud de lucha se haya abandonado en favor de una voluntad de colaboración.

La caída de Atenas a finales del siglo v detuvo el avance de esa mentalidad creadora que, probablemente, se encaminaba hacia soluciones todavía hoy insospechadas.

Muy lejos en el desarrollo histórico de Occidente, la modernidad vuelve a ofrecernos una interesante problemática en torno al conflicto sociopolítico.

Se suele decir que a la salida de la Edad Media la mente despierta de un prolongado letargo, de un sueño de muchos siglos. El símil revela, indudablemente, las características más peculiares de aquel fenómeno histórico. Lo propio del despertar es el hacerse consciente, y, en efecto, la conquista de la consciencia es la tarea mayor de la modernidad y el punto clave para entender, en su conjunto, los movimientos que entonces se inician:

La filosofía fija primero el yo y lo toma como centro del pensar y del ser, para pasar luego al descubrimiento de la subjetividad, base de todo el progreso filosófico de los últimos siglos.

A nivel individual el cambio supone el giro de la mirada que atendía sólo al afuera, al cosmos o a Dios su creador, hacia la atención al adentro, al hombre mismo que trabaja por su independencia. No es extraño que la dependencia de un creador externo se mantenga, pero se trata ya de una dependencia inestable, entremezclada con un gran esfuerzo por alcanzar también en este sentido una autoafirmación libre. Como consecuencia, se experimenta con dolor la responsabilidad y la soledad, y se busca en los otros un punto de apoyo que resulta sumamente conflictivo.

En el aspecto social, por tanto, la conmoción histórica que se produce con el advenimiento de la modernidad reviste tales proporciones que todas las claves anteriores por las que se regía la comprensión del sentido del hombre resultan, en adelante, inadecuadas.

Hasta entonces ser esclavista o esclavo, libre o siervo era una disposición inapelable de la suerte, de la naturaleza o de la divinidad. A partir de entonces, conscientes todos, siquiera sea de manera progresiva, de su ser libre por nacimiento, el dominio del hombre sobre el hombre quedó injustificado.

No asistimos, sin embargo, a una transición pacífica, sino todo lo contrario. La teocracia se resiste e implanta una inquisición que busque a los rebeldes y los condene a la hoguera; la monarquía se resiste y alega, asimismo, que la autoridad le viene de Dios, lo que obliga a todos a la obediencia ciega; y, por último, una rebeldía muy curiosa, la más interesante para el tema que nos ocupa, se produce en la mente misma del hombre nuevo, incapaz de asimilar esa libertad que acaba de descubrir.

La democracia que inicia la última de las edades de nuestra historia, la que establece como resultado la revolución francesa, viene lastrada con graves prejuicios, similares a los de aquella competitividad que regía la elección de los gobernantes en la Grecia arcaica. Los mejores, ya no ciertamente por títulos heredados de nobleza, sino por el desarrollo alcanzado, reciben como «premio» el dominio sobre los pueblos, lo que motiva una despiadada lucha por destacar, por sobresalir, sea por méritos propios o por anulación de los méritos de los demás.

Nos encontramos, así, en una sociedad que se da sus propias leyes como lo hacía el pueblo griego en el siglo de Pericles, pero que no ha dejado de competir como se hacía en los tiempos de la Grecia arcaica.

Una sociedad que compite no es todavía una democracia lograda; pero, además, dado que el dominio se entiende todavía como un valor positivo, se compite con demasiada frecuencia sin reparar en medios; más bien podría decirse que se lucha. Por añadidura, esta lucha se propone vencer en el campo de la confianza, conseguir fiabilidad ante el público que ha de otorgar el dominio sobre la comunidad; por lo tanto, el arma adecuada en esta contienda es la buena imagen presentada, la apariencia visible.

Nada podrá evitar, pues, en una situación como esta, la derivación hacia los disfraces y las máscaras.

El gran esfuerzo de Larra por desenmascarar cobra ahora una nueva perspectiva, pero también esta vez el problema tropieza con motivos más radicales hasta los que es preciso llegar antes de intentar soluciones verdaderas.

No hay liberales auténticos. Todos se disfrazan de liberales hasta que el poder llega a sus manos; después se hacen conservadores e incluso déspotas. La sorpresa de Larra sólo puede obedecer a no haber reparado en que el único objetivo de aquellos políticos era el acceso al dominio.

Pese a la evidencia de estos hechos, pese a la falsedad que ocultan, no todo es negativo en los disfraces y en las máscaras. Si alguien es capaz de disfrazarse, o lo que es lo mismo, de hacerse pasar por lo que no es, bajo su intento podemos descubrir qué cualidades son las valoradas y reputadas por mejores en aquellos momentos; el disfraz utilizado nos habla de la dignidad que corresponde al valor que se pretende aparentar.

Estima el pueblo la liberalidad, gusta de quienes se muestran defensores del desarrollo de las cualidades que cada uno posee, al menos en potencia. Congruente con tales deseos, elige; pero se equivoca, porque los políticos aspiran a ser poderosos, a ejercer sobre los otros ese dominio que ya no les otorgan ni los dioses ni su privilegiado nacimiento. La esperanza pende ahora de las urnas y, por tanto, es necesario hacer creer al pueblo que se va a colaborar con él en la conquista de la libertad.

No resulta tan fácil de comprender la credulidad del pueblo. Los políticos pronuncian mítines, se exaltan, gritan, se emocionan y, de hecho, el público se electriza y se convence. De esta manera consigue el político los votos que necesita para convertirse en poderoso. El pueblo entrega así su apenas insinuada libertad en manos de aquellos contra los que había sostenido tantos siglos de lucha por su independencia.

Y no es este el único aspecto incongruente, en tal sentido, de la conducta del hombre. La libertad con tanto afán buscada tiene como contrapartida el peso de hacerse responsable, de tener que pensar y decidir, de necesitar del esfuerzo para distinguir entre lo bueno y lo malo y elegir luego adecuadamente. Por todo ello, el esclavo, que tanto empeño pone en ser libre, se rebela contra la libertad una vez obtenida.

No estamos ante un problema originado con motivo del advenimiento de la modernidad. Se trata, más bien, de un conflicto inherente a la condición humana, mantenido en estado de latencia a través de los siglos salvo excepciones, y que las circunstancias históricas, desde la Edad Moderna hasta nuestros días, han hecho aflorar de modo generalizado.

La cultura egipcia ilustra en cierta medida lo que acabamos de decir, brindándonos uno de esos paréntesis en el discurrir habitual de la humanidad que sorprende a todos los espíritus inquietos por el proceso histórico del hombre sobre la Tierra.

Amenofis IV decide establecer una forma nueva de gobierno en el que la paz y el amor entre los pueblos y entre los hombres sea la pauta suprema de las relaciones humanas a todos los niveles. Como primera medida, abandona el culto del dios Amón, de carácter local y supersticioso, y establece, como único Dios, a Atón, el sol, el que a todos calienta y a todos ilumina sin distinción de clases, ni de pueblos, ni de razas. Cambia, en consecuencia, su propio nombre, en el que aparecía como componente la pertenencia a Amón, Amen-, por el de Akenatón o Eknatón, para indicar su vinculación con la nueva divinidad.

Cabría esperar la adhesión general de sus súbditos y la admiración y regocijo de todos los pueblos al comprobar el giro que entonces tomaba la suerte del hombre; la dignidad humana se elevaba a cimas insospechadas y lograba el cumplimiento de los deseos máximos que el hombre pudiera imaginar.

La realidad de los hechos, sin embargo, fue la contraria. Cundió el descontento entre próximos y distantes; proliferaron las sublevaciones y los mismos esclavos las secundaron, hasta que, al fin, parece ser que el propio Akenatón claudicó y desistió de aquel proyecto de dignificar sin reservas al hombre y hacerlo libre y responsable.

Varios milenios nos separan de aquel «soñador para un pueblo», de aquel soñador de una humanidad distinta, de aquel monarca que vio en los rayos del sol manos que acariciaban, y en nuestros días el arte dramático recrea, en un hecho histórico de características similares, aquellos ideales de un pueblo libre y responsable.

En «Un soñador para un pueblo» plantea Buero ese mismo problema, aplicado a España y válido para la humanidad entera. Más que la historia narrada, nos aclaran el sentido último del mensaje algunos hechos determinados que, tomados a modo de símbolos, evocan el amplio panorama de los nuevos rumbos propuestos como meta de nuestras aspiraciones autoartísticas.

En un momento de la obra, los faroles que Esquilache mandó instalar en la ciudad se iluminan, la oscuridad de la noche ha sido vencida.

La semejanza con aquel momento de la historia egipcia en que el sol alumbra para todos es indudable, con la diferencia de que ahora es el hombre mismo quien descubre el medio de vencer las tinieblas nocturnas: la luz brilla por el hombre y para el hombre.

Pero también esta vez, como en el intento de Eknatón, como en el Evangelio de san Juan, la luz vino a los hombres y los hombres no la recibieron. Los españoles, reacios ante la propia libertad, rebeldes ante la luz, se amotinan, tiran piedras, rompen los faroles y consiguen que la oscuridad vuelva a reinar sobre ellos.

A primera vista, la incongruencia y el desatino son manifiestos: se rechaza el progreso que se busca; pero a niveles más profundos de lo humano unos acontecimientos como los que acabamos de reseñar adquieren un significado muy preciso, radicalmente distinto de la mera negatividad que aparentan.

El deseo de la libertad se presenta como universal y sin trabas, como ese bien sin contrapartidas, que consiste en la conquista de un estadio en el que es posible pensar y obrar sin que obstáculo alguno se oponga a nuestras decisiones; todos los aspectos que alcanzamos a ver en esa meta de la evolución humana se muestran como esencialmente positivos y, por tanto, se espera, confiadamente, que, junto con el acceso al plano de la libertad, el hombre habrá logrado su entrada en un reino tranquilo e incluso alegre.

Pero el precio de la libertad, contra todas las apariencias, es excesivamente alto.

Hacerse libre no es sólo romper las cadenas que oprimen; hacerse libre es romper todas las ataduras, también las que nos sostienen y agradan. Hacerse libre es transformarse en un hombre nuevo, dueño de su destino y, por tanto, artífice solitario de sí mismo, autocreador incluso de la esencia del propio ser hombre. El aspecto y el gusto de la fruta del árbol del paraíso eran buenos, y aun podríamos decir que la aventura de probarlo era digna de los sacrificios que imponía; pero el dolor experimentado por el hombre en su peregrinar por la tierra en busca de la promesa de la serpiente era superior a todas las previsiones. Ser como dioses, ser libres, es bueno, pero es la tarea más difícil emprendida por el hombre y exige el mayor de los esfuerzos, nada menos que el esfuerzo de desprenderse de la realidad, tanto de la que nos rodea como de la realidad que somos nosotros mismos; o lo que es igual, supone la tarea de convertirse, por decisión y trabajo de cada uno, en la propia obra de arte, en la obra de arte por antonomasia.

El hombre mítico interpreta los resultados como un castigo por haber osado independizarse de la divinidad. El hombre moderno se rebela y se refugia en una conducta según modelos bajo la que oculta su indignidad, su pobreza de alma.

Por otra parte, ese despertar del yo en los comienzos de la modernidad deriva pronto hacia un nuevo escollo. La conciencia que cada uno toma de sí mismo y que le permite advertirse libre le inclina, al mismo tiempo, a sentirse inseguro por la pérdida progresiva de los vínculos que le unían con el mundo, con Dios y, sobre todo, con los otros. El solipsismo surge ante el hombre como un obstáculo con visos de insuperable; del otro percibimos su realidad corpórea, mas no su yo íntimo, aquello que le hace ser de verdad otro, es decir, otro yo. Al elevado precio que suponía ser libre se añade ahora el peso tremendo de la soledad.

Al estudio de este problema, tanto en la dimensión histórica como en la sistemática, dedicó Laín Entralgo uno de sus mejores libros,

«Teoría y realidad del otro»; allí podrá encontrar el lector interesado una valiosa información a la que nosotros, por nuestro propósito diferente, nada vamos a añadir.

Las implicaciones del arte en todo este panorama de conflictos son indudables y, por ello, de la atención y consideraciones sobre lo artístico esperamos, si no soluciones plenamente satisfactorias, sí, al menos, que nos brinden la oportunidad de dar los primeros pasos que nos permitan acercanos al sentido de esa trayectoria seguida por lo humano en su desarrollo.

El polémico tema de los modelos reaparece. Veíamos al hombre que no podía obrar sin modelos y, al mismo tiempo, necesitaba prescindir de ellos para lograr su autenticidad. Y veíamos también al arte caracterizarse por su función esencial de creador de modelos nuevos, empeñado a la vez, en prescindir de esos modelos que pretendía hacer pasar por su objetivo primario. No se trata, sin embargo, de un absurdo, ni mucho menos.

El término modelo no es del todo unívoco. Significa siempre algo a imitar; pero ese algo puede ser un objeto o una conducta, es decir, puede pertenecer al plano de la realidad, o puede tener el sentido de un símbolo, lo que le traslada al plano de la irrealidad autocreada. Está claro que en el primer caso el modelo unifica, da uniformidad al ente o a la conducta con la consiguiente merma, o incluso destrucción, del desarrollo libre y auténtico de la potencialidad personal de cada uno. La segunda manera de modelo, en cambio, en nada entorpece el logro completo de la autocreación propia. El modelo real limita a una la reacción posible del individuo; el modelo simbólico, por el contrario, abre ante el hombre un número ilimitado de salidas para cada situación alcanzada en el progreso de lo humano hacia el logro de sí mismo. El modelo real es concreto; el simbólico es ideal.

No puede el hombre, ciertamente, realizarse sin modelos; pero puede trascender el campo de lo real y adentrarse en ese otro mundo al que lo artístico le llama.

La tarea del arte se perfila, pues, como destructora de los modelos reales y creadora de modelos simbólicos. O si se prefiere llamar simbólicos a esos modelos reales en el sentido, por ejemplo, en el que se dice que Napoleón es un símbolo, podemos llamar símbolos de segundo grado a estos otros que el arte debe crear y que iluminan ese mundo de la trascendencia secularizada.

Al despertar el hombre moderno, antes que ninguna otra cosa, advierte que piensa. Descartes lo manifiesta con toda precisión, y llega incluso a hacer de esta cualidad la característica esencial de lo humano: «el hombre es un ser pensante»; pero, inmerso como estaba en la realidad cósmica a que acababa de enfrentarse, miró hacia atrás y dedujo del pensamiento la existencia.

Kant, por su parte, hizo del «yo pienso» el compañero inseparable de toda actividad mental humana.

El progreso de Husserl no supone tampoco la mirada al futuro. Del «yo pienso» deduce «lo pensado», el mundo mismo del pensamiento consciente, lo fenoménico que es presencia ante el yo.

El despertar del hombre moderno, en resumen, aporta el mundo del pensamiento al modo de un doble del mundo de lo real. Se piensa la realidad de hecho o imaginada y así se crea el mundo de lo pensado que, por su correspondencia con la realidad, duplica cada cosa o cada aspecto y le da un símbolo o signo que lo representa. Ese símbolo que es lo pensado equivale, a su vez, a un término o a un matiz del lenguaje. De esta manera, el hombre que piensa puede expresar su pensamiento y transmitir al otro mediante vocablos su mundo racional interior.

La filosofía europea, con la excepción relativa de Nietzsche, se sintió muy satisfecha por haber accedido al plano de la conciencia y haber organizado el sistema de la razón; de manera que, si bien reconoció en ocasiones la parcialidad y los límites en que la razón se encontraba, no acertó a confesarse que el mundo de la razón, de importancia indiscutible para todo el saber y aun para el conocimiento de la realidad, resulta ser, no sólo una parte en verdad pequeña del hombre, sino, además, un aspecto que en nada nos conmueve precisamente por estar referido a ese mundo de la realidad que nos es ajeno, que no afecta a nuestra intimidad porque no es humano.

Unamuno habría preferido que Descartes se hubiera referido al sentir en vez de al pensar; mas, si era para concluir por ese otro medio la misma existencia del yo, ninguna ventaja se habría seguido de su innovación, a no ser que, llegada la etapa fenomenológica, Husserl no hubiera podido llegar a una conclusión paralela a la de «pienso lo pensado» diciendo «siento lo sentido», porque lo sentido, a diferencia de lo pensado, no puede objetivarse. Lo ansiado, por ejemplo, corresponde a un solo aspecto del sentimiento de ansia, es una pequeña parte de lo que significa ansiar; es la parte que pertenece al pensamiento en que el ansia se hace consciente y que, por tanto, puede traducirse al lenguaje ordinario. Pero sentir ansia es algo más amplio, es entregarse a la inquietud de trascenderse hacia el plano de la irrealidad donde lo ansiado pierde su concreción para multiplicarse en un número ilimitado de formas distintas con sus correspondientes contenidos que invitan al yo a su autorrealización.

Compete al arte asumir esa otra dimensión del hombre, la que tiende a trascenderse, y le compete asimismo arbitrar las fórmulas expresivas adecuadas para hacer visibles los valores asumidos y hacerlos así asequibles a todos. Es decir: compete al arte convertirse en el paralelo del lenguaje para transmitir los contenidos de la trascendencia humanizada. El símbolo de esa función intransferible del arte nos lo ofrece Buero en la luz de esos faroles que Esquilache mandó encender.

Podría creerse que esa luz habla únicamente de la verdad y de la inteligencia. De esa manera limitada se ha entendido casi siempre el robo del fuego de Zeus por Prometeo en favor de los hombres. El alcance de estos símbolos, sin embargo, es mucho mayor. Las circunstancias en que Buero sitúa la luz de los faroles nos aproximan más al sentir que al saber: Madrid, además de iluminado, está limpio; el nuevo Prometeo quiere enseñar a los hombres a ser dignos, a elevarse por encima de todas las dificultades y a romper las cadenas que les mantenían sujetos a la tierra.

No era una empresa fácil la que Esquilache se proponía. La rebelión cunde entre aquellos españoles mismos a quienes se pretendía dignificar; las piedras arrojadas aciertan a romper los faroles y a imponer así la oscuridad. Es grande y eficaz la fuerza que se oculta en las tinieblas; no es sólo inercia lo que hay que vencer.

La oposición radical que encontramos entre la luz y las tinieblas vuelve a recordarnos el planteamiento gnóstico-maniqueo de la concepción del mundo, pero las circunstancias que en esta oportunidad envuelven al hecho nos llevan, no a problemas éticos, sino a temas distintos más próximos a la sociabilidad y a la metafísica.

Un personaje ciego, cuyo papel de vendedor de aleluyas y noticieros parece ajeno o distante de los temas centrales de la obra, gravita sobre todos los acontecimientos y nos brinda las mejores claves para profundizar en sus últimos sentidos; sus gritos, como los de un ave nocturna, sacuden la sensibilidad y la llenan de misterio.

Adivino y profeta, sabedor del presente y del futuro es la voz del oráculo que anuncia lo inevitable y confirma después su cumplimiento. Pregona el «Gran Piscator de Salamanca» y «El verdadero Zaragozano» conteniendo algo que debemos subrayar: «un pronóstico cierto». Por otra parte, recita de memoria la continuación de la letrilla que los embozados, Relaño y Bernardo, inician respecto al dominio de Esquilache, lo que es calificado por ellos de «¡La verdad misma!». Finalmente, cuando uno de los pronósticos acaba de cumplirse con el destierro del Marqués de la Ensenada, Esquilache pronuncia, como un resumen sentencioso, la frase más significativa y más valiosa respecto a este personaje: «Ese ciego insignificante llevaba el destino en sus manos.»

Estas cuestiones, podemos decir, ilustran y ponen de relieve el significado de ese personaje que tanta inquietud nos comunica.

Pronosticar el tiempo con certeza hasta anular la gran incógnita del futuro, poseer la verdad y adueñarse del destino son tres aspiraciones de primer orden en los intereses permanentes de la humanidad.

Debemos destacar, sin embargo, que esas tres características no le pertenecen al ciego, no son partes o cualidades de su ser; son únicamente notas que posee, funciones que desempeña sin saberlo. Vende los periódicos en los que se contiene ese pronóstico, ese destino cuyo cumplimiento podemos comprobar en el desenlace de la obra. Sabe de memoria, es cierto, la coplilla entera referente a Esquilache, pero él no la ha creado. Tampoco el destino que lleva en sus manos es el suyo, sino el de los políticos y, en todo caso, el de la España en que vive.

Frente a este personaje ciego, Esquilache, entendido también como personaje, cobra un sentido nuevo o, al menos, se hace más visible el sentido artístico de que Buero quiso revestirlo.

En la actividad onírica la mente humana maquina, deforma la realidad, suprime muchas censuras morales y se expresa en símbolos. La actividad artística se le asemeja tanto que el mismo vocablo de «soñar» le sirve a veces para señalar sus funciones. Analizados más de cerca, sin embargo, el mundo onírico y el mundo artístico, no sólo se diferencian, sino que, además, se oponen como los extremos de un proceso. Entre ambos, al modo como la imaginación kantiana se interponía entre la realidad y el conocimiento, la conciencia de lo real los separa y aclara el puesto que a cada uno corresponde.

En el plano mental onírico la realidad se deforma porque en ese estadio de la conciencia lo real y lo pensado se confunden y se identifican hasta el punto de convertrise en una misma cosa. De esta manera el pensamiento puede imponerse y hacer pasar por fundado en lo real lo que sólo son fantasmas imaginados.

La primera respuesta nos la sugiere el hecho de que Buero dedique «Un soñador para un pueblo» «a la luminosa memoria de Don Antonio Machado, que soñó una España joven».

Se trata, pues, de «soñar caminos», de crearlos porque haberlos, no, «caminante, no hay camino». Se trata de dar una nueva luz a esos caminos, a ese camino que, ante la oscuridad de la noche, «se enturbia y desaparece». Se trata de soñar, mediante el arte, «una España joven».

Esa primera respuesta nos descubre la pobreza del convencimiento schopenhaueriano de que el arte sólo duplica el mundo. Tanto para Machado como para Buero el mundo tiene unos límites demasiado estrechos, el mundo nos deja sin caminos; el arte es otra cosa, el arte sueña lo que el mundo no tiene. Esquilache pretende encender unos faroles bajo cuya luz no sólo pueda verse la verdad del mundo, sino iluminarse otra verdad autocreada.

Pero a esta primera respuesta que, diríamos, enmarca toda la obra de Buero, la situación de punto medio de ese personaje ciego de «Un soñador para un pueblo» nos permite aventurar una segunda, más particular en la que culmina, a nuestro entender, el sentido de la nueva sociabilidad apoyada en la capacidad que tiene el hombre de hacer de sí mismo la obra de arte por antonomasia.

La perspectiva de esta segunda respuesta es la temporalidad.

En el plano onírico, el tiempo sufre la mayor de las deformaciones; el antes y el después pueden invertirse, la duración se comprime o alarga perdiéndose, no sólo el ritmo, sino toda noción de cantidad temporal, y la sucesión se altera y desordena. En la temporalidad, más que en ninguna otra cosa, se cumple la característica de que en lo onírico lo pensado se confunde con lo vivido.

Claro reverso de este desorden, la vigilia va a distinguir: el pretérito, y dentro de él, lo más alejado de lo más próximo, lo que un día fue vivido por nosotros de lo sabido por noticia; el presente, ese momento en el que podemos percibir el fluir mismo de nuestra temporalidad, y el futuro con su carácter de espera, inmediata o distante. Es decir, el estado de vigilia ordena el tiempo en sucesiones lineales, bien sea en la forma abierta de la recta o en forma cíclica, y cuantifica la duración en períodos.

De los efectos de la vigilia sobre el tiempo resulta, pues, un concepto de historia en el que el haber acontecido y el transcurrir son las notas que determinan un sentido que discurre hacia el nosotros; es el pasado en el que la humanidad queda dividida en estratos sucesivos, continuos, pero ajenos. Frente a la historia, en dirección opuesta, otro concepto, el de la política, se extiende sobre el futuro, lo proyecta y planifica, entendiéndolo también como estratificado en diferentes etapas que entre sí se desconocen.

La voz del personaje ciego de «Un soñador para un pueblo» pregona dos cosas muy distintas respecto a la temporalidad: el calendario concreto de las fechas en las que los acontecimientos se desarrollan, y el pronóstico cierto de lo que ocurrirá. Nos encontramos, por consiguiente, ante ese tiempo de la vigilia, computable y ordenado en el que todo fluye, pero con el vislumbre de que ese sentido lineal inflexible puede perder su rigidez pétrea, puede, de alguna manera, superarse.

El sueño de Esquilache, la España joven iluminada por sus faroles, nos permite adivinar una temporalidad que se encuentra más allá del discurrir sucesivo de los acontecimientos. El hombre convertido en obra de arte, el hombre que adquiere esa sociabilidad que lo hace capaz de multiplicarse de manera que toda la humanidad quepa dentro de su sentir, ese hombre iluminado y limpio comprende y valora a la humanidad entera en su autocreación propia.

La historia y la política quedan así superadas por la sociabilidad artística, por esa manera recreadora de humanidad, no en su acontecer lineal, sino en su conjunto, no en su realidad verdadera, sino en su idealidad proyectada.

Sabemos que la Tierra, nuestro mundo, estuvo habitado por sucesivas generaciones de hombres, que murieron sin dejar huella alguna de su paso; sólo de unos pocos sabemos, sus nombres y algunos datos de sus vidas y rasgos de su pensamiento; son los privilegiados de la historia. Sabemos, respecto al futuro, que otras generaciones vendrán y vivirán, pero todos ellos nos resultan tan anónimos como los que pasaron y fueron olvidados. También el presente tiene conocidos y anónimos, próximos y distantes. Esa es la realidad humana; pero el artista, el hombre capaz de soñar, puede trascender lo real, tanto en el plano de lo puramente cósmico como en el humano y emprender la aventura de recrear lo que se llama «LA HUMANIDAD».

Más allá de los límites del suceder en el tiempo, Velázquez, Larra, Esquilache, Machado y Buero sueñan una España joven, una humanidad iluminada y limpia, el mundo del bien.

Ese mundo soñado pertenece plenamente a la trascendencia artística, se encuentra en un más allá que se nos aparece a través de los materiales humanos que constituyen la historia y la política. Sentimos la llamada de lo imposible, nos pide que traspasemos los límites de la realidad o, lo que es lo mismo, que traspasemos las fronteras de la muerte. Es imposible, pero nos atrae; como el canto de Orfeo que hacía perder a las fieras su naturaleza agresiva.

Esquilache, derrotado, vencido por la realidad del pueblo del que quiso hacer una obra de arte, parece despertar de su sueño, parece retroceder hacia el mundo de «ese ciego insignificante» que llevaba el destino en sus manos:

«Todos somos ciegos.»

Lo que en el fondo acaba de ocurrir, sin embargo, es un cambio esencial en el ser de Esquilache.

La conciencia que Edipo tenía de sí mismo, aun siendo rey de Tebas, era la de ser el descifrador de los enigmas. Nadie podía negarle que había vencido al más terrible de los monstruos, a la esfinge, descubriendo, el único, el enigma propuesto. Sólo él había conseguido salvar a la ciudad librándola de la peste.

Pero el verdadero enigma, la verdadera salvación de la ciudad no habían sido, todavía, ni siquiera vislumbrados.

El enigma que Edipo descifra es el que la esfinge le propone; Edipo contesta a un interrogante que se abría sobre el ser del hombre. Su triunfo lo condujo al trono de Tebas, lo elevó a la categoría regia, lo hizo héroe, semidivino, porque lo adivinado sobre el hombre era su aspecto divinizante. La esfinge, por su origen egipcio, sabía que el sol, Ra, nace, se eleva y desciende cada día, ciclo que cada hombre recorre en su vida a semejanza del dios.

Pero lo que Edipo, el vidente, no llegó a descifrar es que la esfinge misma era un enigma y, sobre todo, que era su propio enigma.

Hija de Equidna y del hijo de ésta, Ortos, era la esfinge el fruto de un incesto, madre-hijo; era la imagen del deseo más profundo que Edipo albergaba en su ser; era, para quienes puedan contemplarla desde el punto de vista del signo de la cultura española, la imagen de lo que Edipo hubiera tenido que trascender.

Pero aquel héroe, rey de Tebas, satisfecho de su proeza, necesitó la ayuda del ciego Tiresias para verse a sí mismo, para alcanzar a comprender que la esfinge no había muerto, no se había arrojado a un abismo, sino que había ido a ocultarse en su propio interior; que la esfinge era lo que él se ocultaba de su ser más íntimo.

Ciego al fin, Edipo vio la miseria y se vio miserable, se reconoció antihéroe y se hizo cumplir la sentencia adecuada a la transgresión que ponía de manifiesto su autodescubrimiento: Edipo se convierte en el fármaco sobre el que recaen todas las culpas de la ciudad y que debe ser expulsado para conjurar la peste.

Esquilache es también un intérprete de enigmas. Lo prueban sus palabras al Marqués de la Ensenada:

«ESQUILACHE recita, lento, unas curiosas palabras: ''un personaje bien visto de la plebe no se rehúsa de entrar en un negocio por el bien del público; pero le cuesta entrar en el significado del enigma''. (ENSENADA se vuelve desde la puerta asombrado. ESQUILACHE le dedica una inquietante sonrisa.) Son palabras del Piscator de Villarroel. Te estaban destinadas.»

Pero, al igual que Edipo, tiene dificultades para comprender el sentido del oráculo cuando sentencia sobre su propio caso o, al menos, se resiste a aceptar ese destino decretado sobre su persona:

«Prepáranse embarcaciones que tendrán ventajosos pasajes. Un ministro es depuesto por no haber imitado en la justicia el significado del enigma.»

Los disturbios de Madrid en el llamado «Motín de Esquilache», como la peste en Tebas, requerían un fármaco que se llevase los miasmas del ambiente; requerían que él, Esquilache, se identificara con su esfinge, con el oráculo que le ofrecía el pronóstico cierto de cuanto debía ocurrirle; requerían que comprendiese su ceguera, perdiera el poder y se marchase al destierro. Ese era el precio de hacerse obra de arte y de hacer de un pueblo una obra artística. Sólo la muerte política podía facilitar el tránsito al plano irreal del sueño, a la irrealidad forjadora de una humanidad nueva. Esquilache comprende, al fin, y él mismo decreta su conversión en fármaco.

El final de «Edipo en Colona», con la gran apoteosis del perfecto antihéroe que había llegado a ser el que antes fuera rey, deja un interrogante en el aire, motivo de las respuestas más contradictorias: ¿Fue Edipo el mayor de los culpables, el que nació de quien no debía, con quien no debía se casó y mató a quien menos debía? ¿O fue, por el contrario, el inocente puro, el que buscó siempre la justicia y la verdad?

Buero Vallejo resuelve de manera distinta esta disyuntiva desdoblando el fármaco en dos personajes: el soñador Esquilache, cuyo holocausto produce un fruto inmediato, el triunfo de Fernandita sobre Bernardo; y el perturbador Ensenada, ambicioso de poder, que debe experimentar el desprecio de la misma Fernandita, símbolo de todas las posibilidades del pueblo que ha de ser transformado.

La estructura maniquea queda así bien patente: el bien y el mal se muestran por separado, como dos caminos posibles para el discurrir político del hombre; pero su inserción en la obra no obedece sólo a una radicalización de la moralidad humana. A través de estas dos trayectorias superponibles alcanzamos a distinguir un doble destino del hombre, el que se limita al plano de lo real y el que lo trasciende. El acabarse tras la muerte es el destino común de todos los miembros de la comunidad; llueve sobre justos y pecadores y tampoco la muerte conoce excepciones. Son las palabras del buen ladrón en el Gólgota: «Nosotros pagamos..., pero éste qué daño ha hecho.» Comprendemos cómo un mismo fin alcanza a quienes han seguido trayectorias diferentes. En el plano de la trascendencia, en cambio, los destinos que parecían idénticos se separan e incluso se oponen. El valor del hombre puede medirse por la capacidad de obrar bien sin esperar recompensa alguna, por la generosidad sin contrapartidas favorables, por la sociabilidad que hace que cada uno se convierta en todos.

SECCION 6.ª

HACIA UNA NUEVA METAFISICA

Capítulo XXV

Trascendencia y genealogía
La muerte como discontinuidad
El valor como suplemento de la permanencia
en «El terror inmóvil»

Desde mediados de los años sesenta hasta nuestros días, buena parte del pensamiento filosófico europeo viene realizando un gran esfuerzo por desterrar de su campo toda inquietud que pueda entenderse como metafísica. La trascendencia que suponían lo óntico o lo ontológico, o los problemas en torno a la razón, entendidos por Jacques Derrida, por ejemplo, como logocentrismo, tras el anuncio de la muerte de Dios se han convertido en inadmisibles. Toda trascendencia tiene sabor teológico y, por tanto, debe ser evitada si pretendemos ser rigurosos en nuestro pensamiento.

Es fácil advertir en esa postura la supervivencia del sentido de lo cósmico real como valor exclusivo, como única dimensión digna de ser atendida.

No pretendemos poner en duda el progreso que supone el desarrollo, en este aspecto, de conceptos tales como «la huella», la «diferencia», la «deconstrucción» con los que Derrida nos eleva por encima de la fenomenología o del estructuralismo; pero la unilateralidad se sigue manteniendo, no porque se ignore al hombre, sino porque se le ha considerado únicamente desde el punto de vista de su entidad real.

Podemos aceptar que la archiescritura como manera originaria del diferenciar relaciona el espacio —la huella, el «espaciamiento»—, con el tiempo —la sucesión, el recuerdo e incluso el pasado absoluto—. Nos encontramos, por tanto, ante un buen punto de partida para un filosofar que tiene por base las relaciones continuas, la relación pura y no las esencias. Pero bastará detenernos a considerar en qué consisten esa huella y esa diferencia para advertir que se trata, como paso previo, de haber llegado a distinguir lo negativo, la negación de algo. La diferencia separa, señalando lo que es y lo que no es; la huella marca un abismo en la entidad «indiferenciada», determina un **no** en la continuidad.

Nos sorprende también comprobar cómo en el desarrollo del pensamiento de Jacques Derrida tiene cabida la lección y el sentido de lo mítico, al mismo tiempo que se pone el máximo interés en evitar cuantos aspectos del movimiento filosófico atraigan sospechas de relación con lo teológico. Los mitos egipcios que aluden a la luna como divinidad creada para reemplazar al sol durante la noche, la coincidencia en los mitos lunares de los símbolos de muerte y los problemas de la escritura sirven para explicar el convencimiento de la cultura occidental respecto a la escritura como substituto del lenguaje fonético, así como para aclarar el vínculo que vienen sosteniendo, a niveles de psicología profunda, la escritura y la muerte.

Siguiendo una línea coherente, por tanto, cabría esperar también la comprensión del modelo divino y el valor de lo teológico como tránsito a una etapa superior, instaurados en la dimensión antropológica, válidos a efectos de un buen entendimiento del sentido evolutivo de la especie humana.

Creían los antiguos en la existencia real de personalidades divinas o semi-divinas, dotadas de cualidades específicas y de poderes extraordinarios para la realización de los fines que esas cualidades demandaban.

El desarrollo de la inteligencia nos ha permitido comprender que tales personificaciones no eran otra cosa que proyecciones de nuestra psique; nos hemos dado cuenta, como lo insinúa Eurípides, de que las furias que atormentaban a Orestes sólo existían en su mente, eran sus remordimientos. El descubrimiento no nos llevó, sin embargo, a negar el valor de la mitología, sino a transformar su signo religioso en manifestaciones psicológicas y antropológicas. Comprendemos ahora muy bien que, sin los mitos, tanto la psicología profunda como la antropología cultural quedarían muy empobrecidas; podríamos decir, raquíticas.

Siguiendo un proceso inverso al de la formación de los mitos, el hombre primitivo se creyó dotado de fuerzas mentales capaces de actuar sobre la naturaleza. Bastaba decir o imitar un movimiento o bastaba una ceremonia para que un acontecimiento real se llevara a efecto. Hoy sabemos también que aquellos poderes ilusorios respondían a la concepción mágica del mundo; eran la introyección en la mente humana de las fuerzas cósmicas. Hoy estamos convencidos de que el mundo sólo es accesible al saber científico y a los manejos de la técnica. La magia superada no ha tenido la suerte de los mitos de servir al progreso y, por ello, ha caído en total desprestigio.

Otra forma de creencia, el teísmo, pretende que, de algún modo, hombre y cosmos proceden de Dios; es decir, el mito y la magia, abarcados por una unidad superior, extienden sus cualidades y poderes a lo infinito.

Es cierto que la filosofía, ya desde los primeros griegos que la descubrieron, se asienta sobre las bases del teísmo y que aun en su desarrollo moderno, en esos sistemas que suelen recibir el calificativo de gigantescos, las características del teísmo laten en el subsuelo como la condición primera de su posibilidad. Muchas obras filosóficas parecen ateas, pero si nos detenemos a observarlas de cerca, no nos será difícil descubrir que tienen como objetivo prioritario la búsqueda de unas causas que presuponen un orden en el mundo impuesto por una fuerza razonable. Esa filosofía, en sus mejores logros, viene a ser algo así como «la ciencia de las ciencias»; es un saber que va más allá de las ciencias particulares por cuanto no se limita a una región específica de lo real en su estudio, pero que pone el máximo esfuerzo en no perder la categoría de lo científico por sus métodos y por lo que se llama la dignidad y el rigor del conocimiento alcanzado.

No debe extrañarnos, pues, que, al igual que la magia pierde todo sentido una vez descubierta la ciencia, también la filosofía de intención científica, la filosofía dominada de manera exclusiva por el sentido realista de lo cósmico pretenda borrar toda reminiscencia teológica de sus fundamentos. Al anuncio revolucionario de que «Dios ha muerto» debía seguirle, como natural consecuencia, el hundimiento de toda metafísica.

El pensamiento de Nietzsche al respecto reviste una gran coherencia, y así, en su desarrollo, nos vamos encontrando una filosofía cuyos elementos se implican en constante reciprocidad. Si Heidegger puede interpretar la voluntad de poder, el eterno retorno de lo mismo y la transvaluación de todos los valores como tres aspectos, cada uno de los cuales depende en todo momento de los otros dos, se debe a que la doctrina nietzscheana en su conjunto es una pura relación de los elementos básicos. De igual manera el punto que ahora nos ocupa tiene también la doble posibilidad de lectura, es decir, tanto se puede entender que Dios ha muerto y, en consecuencia, toda metafísica es ilusoria, como cabe situarse en la falta de solidez de los fundamentos metafísicos para deducir de ello la muerte de Dios por innecesario. Profundizando hacia el origen de los valores no encontraremos nunca un absoluto que pueda servir de punto de partida, sino una diferencia que marca el sentido de todo desenvolvimiento positivo o negativo. El concepto de absoluto, la fundamentación metafísica ha de cambiarse, en consecuencia, por la idea de genealogía como búsqueda del único origen correcto tanto de los valores como de la valoración en sí misma.

Metafísica y Dios, entendidos como la manera de justificar al mundo y al hombre mediante el apoyo en una realidad absoluta trascendente se hunden, pues, al mismo tiempo, y la filosofía posterior, en especial esa generación de pensadores que podemos encuadrar en torno al Mayo del sesenta y ocho, se ve obligada a recrear, sin trascendencia, nuevas vías filosóficas que nos expliquen el sentido de nuestro ser en el mundo.

No cabe duda que las aportaciones que nos viene ofreciendo son de un valor incalculable, y que el esfuerzo está dando los mejores frutos; pero, a nuestro entender, el alejamiento de la línea metafísica y de la idea de Dios sólo por haberlas concebido como carentes de realidad es una medida, no sólo excesiva, sino, sobre todo, gravemente perjudicial para el correcto esclarecimiento del sentido de lo humano.

El vínculo que la crítica ha establecido entre la metafísica y el teísmo se apoya en sobradas justificaciones, de manera que nada nos mueve a ponerlo en duda; pero sí encontramos precipitado el concluir de la anunciada muerte de Dios la necesidad de clausurar todo discurrir filosófico por cauces metafísicos.

La etapa religiosa en la evolución del hombre no fue, en modo alguno, el resultado de la decisión arbitraria de unos sacerdotes impostores, no fue la obra caprichosa de unos cuantos con miras al propio beneficio. El estadio de lo religioso se alcanza en virtud de la madurez de algunas facultades humanas tras un lento desarrollo a través de situaciones previas graduales, sin que la voluntad consciente haya intervenido siquiera en modificar un solo paso del proceso.

Cuando Grecia, y tras ella la cultura de Occidente, emprende el camino de la filosofía y logra pensar metafísicamente, la barrera que se traspasa es la de la sacralidad de lo religioso, mas no la de la realidad de la trascendencia. «La filosofía se opone a los dioses» es aserto que supone que el hombre ha tenido la osadía de ir más allá de las fronteras del mundo de la realidad física, que supone haberse decidido a romper el tabú de lo sacro; pero se estaba todavía lejos de pensar en una trascendencia desrealizada. El paso le estaba reservado a Nietzsche, iniciador de la senda por la que camina la filosofía europea en nuestros días.

Al proclamar la muerte de Dios, Nietzsche anuncia también la irrealidad de los principios en que se apoyaba la metafísica, anuncia la falsedad de todos los presupuestos que servían de base al pensar trascendente y no vacila siquiera en filosofar «a martillazos», en destruir incluso las vías de la trascendentalidad misma.

Una difícil tarea se le impone ahora a la filosofía española, si pretende proseguir su camino sin rehusar la confrontación con el desarrollo europeo de estos problemas.

Observábamos en los primeros capítulos cómo la cultura española vivía la gran aventura teológica al mismo tiempo que en su seno se abrían paso unas figuras míticas que traducían al dominio de lo literario los mismos conflictos que en las culturas antiguas se producían dentro del ámbito de lo religioso; es decir, se reiniciaba un ciclo de recreación cuyo sentido humano tomaba el arte como medio de expresión adecuada. Teología y creatividad artística compartían así nuestro subsuelo cultural, haciendo presagiar la irrupción de una filosofía distinta, cuyas características se vislumbran con perfiles bien definidos.

Dios y mitos van entretejiendo en nuestra historia una especie de diálogo de los límites: lo infinito y lo finito; pero si lo mitológico se ha desacralizado, si se ha hecho arte de lo que era misterio, si aparecía un sentido nuevo, meramente humano para lo limitado, se abría para lo divino, para lo ilimitado, un horizonte insospechado en el ámbito de otras culturas. A la muerte de Dios no ha de seguirle la muerte de la metafísica, sino el nacimiento de una metafísica de signo artístico.

Podemos sorprender a Heidegger hablando, en diversas ocasiones, de la metafísica nietzscheana; Fink, por su parte, la denomina «metafísica del artista»; pero Derrida replica que ambos filósofos hacen que Nietzsche diga lo que nunca ha dicho. Algo grave parece ocurrir en la filosofía de las últimas décadas, algo fundamental y decisivo no encaja en su estructura.

Para delimitar el concepto mismo de metafísica toma Heidegger, y nadie le contradice, la pregunta: ¿Por qué el ente y no más bien la nada? Suprimir la metafísica debe equivaler, por tanto, o a borrar la pregunta o a resolverla sin trascender los límites de lo real mundano; a dar la contestación adecuada por medio de la ciencia o de la técnica.

Es evidente que ni la ciencia ni la técnica han resuelto el problema, y está claro también que la pregunta no se ha borrado, que la inquietud continúa afectándonos. Se impone, pues, una revisión del planteamiento o de los términos en que Heidegger se expresa, en busca de una nueva luz que nos permita salir de la incongruencia que nos aprisiona.

En medio de la fórmula heideggeriana una «y» se interpone entre dos conceptos fundamentales y contradictorios, dividiendo el interrogante en dos, cada uno de los cuales tiene su propio sentido: ¿Por qué el ente? ¿Por qué no la nada?

Preguntarse el porqué del ente, el porqué de la existencia real equivale a presuponer que el mundo de las causas tiene, a su vez, una causa, equivale a sentar como premisa la existencia real de una «razón suficiente» del cosmos; es, por tanto, una pregunta de base teológica. Se trata de un preguntar que prejuzga, al igual que la filosofía de los milesios, un principio al que todas las cosas deben su origen.

La segunda pregunta, la que en forma negativa interroga por la nada, nos da la primera clave orientadora dentro del conflicto.

Parménides afirma sin preguntar que «sólo el ser es; la nada no es»; tal vez al traducirlo a la lengua del siglo XX habría que decir, «sólo el ente está siendo; la nada no». Nos encontramos ante una frase que tiene, además de un contenido sobre el que tanto se ha pensado a lo largo de la historia de la filosofía, unas implicaciones cuyo esclarecimiento habrá de requerir aún grandes esfuerzos.

El ente real está ahí, delante de nosotros, como algo que, en sí mismo, desde su propio estar siendo, es incuestionable; desde el ente no es posible pensar que el ente no es. En consecuencia, la segunda mitad de la frase de Parménides, vista desde el ente, carece de sentido, es, incluso, incomprensible; la nada no podrá ser ni siquiera un concepto. Así, pues, si el hombre concibe la nada, aunque sea para decir que no es, es porque se ha hecho capaz de negar y de negar incluso la totalidad de lo real. El hombre ha alcanzado, de esta manera, a ver el mundo con la posibilidad de no ser y, por consiguiente, con la posibilidad de ser otro, de ser diferente. El hombre ha descubierto la contingencia y, en su límite, la nada.

En el capítulo IX de este libro, al comentar «Madrugada», hemos visto cómo el concepto de la nada requería, dentro de la evolución antropológica, el concepto previo del nadie. Es preciso haber experimentado la negación en sí mismo antes de poderla proyectar sobre el mundo. No vamos a repetir los argumentos; pero sí es necesario recordar que sólo siendo consciente del propio ser mortal puede el hombre acceder al concepto de la nada.

Si ahora volvemos a la pregunta de Heidegger por el ente y por la nada comprenderemos fácilmente que tras ella se encuentra el hombre mismo preguntando, es decir, concibiendo el ser otro, el ser diferente y, en último término, el no ser, la nada.

El hecho de que el mundo exista, pero pueda ser otro, da suficiente motivo para justificar, con Nietzsche, el origen de los valores siguiendo el principio de la genealogía, apoyándose en el descubrimiento de la diferencia, y, por lo tanto, justificando la nueva filosofía que ejemplificábamos en la obra de Derrida. Pero, al mismo tiempo, esa misma posibilidad de ver al mundo como otro o como no existiendo, justifica, en la evolución antropológica, la aparición del concepto de divinidad, ya sea que Dios y el mundo sean dos visiones diferentes de un mismo ser, según las diversas formas del panteísmo, ya sea como un Dios personal, lo otro del mundo, su afuera, ya sea, por fin, como en la metafísica atea, la concepción del no ser del mundo, la nada como la irrealidad que hace posibles todos los mundos imaginarios distintos de nuestro cosmos.

La filosofía greco-occidental de signo realista puede rechazar la metafísica por no encontrar, en esa trascendencia a que conduce, realidad alguna que la sostenga. La posible filosofía española, en cambio, requiere una trascendencia precisamente irreal para hacer posible la creatividad que da sentido al hombre nuevo.

La acusación de teologismo, utilizada con tanta frecuencia en los últimos años contra la metafísica, poco importa, si entendemos, tras la muerte de Dios, del Dios real que alcanza nuestra era en el desarrollo evolutivo del hombre, que un nuevo concepto de divinidad se impone, el de Dios como la positividad de la nada, el de Dios como el contenido que hace posible el concepto de la nada misma.

Cada vez que la filosofía, desde Nietzsche, trata de justificar su actitud antiteológica, los motivos alegados coinciden en tomar como desencadenante el hecho de que tanto la teología como la metafísica admiten la preexistencia de un orden hacia el que toda la actividad humana debe encaminarse; entienden que la verdad, el bien y la belleza son realidades objetivas, que se dan en Dios o en sí mismas, de manera que la única función del hombre a ese respecto consiste en descubrirlas y aproximarse a su conocimiento o a su posesión.

Derrida va a denominar «logocentrismo» a esa característica de la filosofía y aun de toda la cultura de Occidente. El logos, como razón o como lenguaje, invade todos los campos de la actividad intelectual humana, y los invade como un medio de alcanzar la estabilidad. La inquietud de la esfera parmenídea del ser, la perfección de los arquetipos platónicos son ejemplos próximos al punto de partida; pero la misma actitud se mantiene en pleno siglo xx; la lingüística suele referirse a los significados como a objetos de un cosmos de la permanencia. La inversión del platonismo parecía tener, tanto en Nietzsche como en Heidegger, el sentido, no sólo de dar prioridad al arte sobre la verdad, sino, además, de entender que las premisas de que parte Platón, y tras él toda la filosofía greco-occidental, deben situarse más bien, en los objetivos finales, deben convertirse en metas hacia las que nos dirigimos. Derrida, por su parte, no se conforma con la inversión del platonismo, sino que, en su búsqueda, pretende unos orígenes diferentes según los cuales todo rastro de platonismo debe ser destruido previamente.

La cultura española, impregnada de teología y de mística, presenta claros síntomas de aspirar a una filosofía nueva, también por inversión del platonismo, más no mediante una muerte de Dios que nos deje sin norte en la búsqueda de un destino.

Desde Cervantes a Buero Vallejo hemos visto cómo el problema del modelo preestablecido se va convirtiendo en un conflicto, en apariencia insoluble, ya que en el plano de lo real ninguna solución puede ser satisfactoria. Los modelos, lo que de Nietzsche a Derrida se entiende como la presencia de lo estable, tanto en la moral como en el conocimiento, toma, en nuestros fundamentos prefilosóficos, el sentido de aspiraciones ideales infinitas, es decir, inconclusas. El título de «Llegada de los dioses» nos indica con la mayor claridad cuál es el sentido de nuestra inversión del platonismo. Minerva y Pan se encuentran ya entre nosotros, pero no son dioses, quizá no lo son todavía.

Nos encontramos ante una posible metafísica, no del artista, como califica Fink a la metafísica que puede derivarse de la filosofía de Nietzsche, sino de lo artístico, del arte, que repite, en el ámbito de lo meramente humano, el ciclo de inquietudes que lo sacro hacía depender de lo religioso.

Entendiendo de esa manera el problema, la trascendencia nada tiene que ver con ese cosmos de las ideas platónicas en el que la perfección estaba lograda de antemano. La trascendencia no es la realidad suprema, sino la irrealidad absoluta autocreada por el hombre, es la autoafección de la creatividad misma.

La estética, la ética y el conocimiento, ni parten de lo absoluto, ni se dirigen a lo absoluto preestablecido; se abisman hacia lo infinito.

La filosofía trágica de Nietzsche se apoya en el principio de la diferencia, contra toda filosofía dialéctica, porque lo dialéctico enfrenta lo positivo y lo negativo, la realidad y su negación, mientras que la diferencia enfrenta sólo fuerzas positivas. La filosofía de Nietzsche en su conjunto es una filosofía de la voluntad. El individuo, viviendo, conforma su individualidad diferenciándose de las otras individualidades.

La filosofía española tiene también lo trágico por fundamento, pero en su punto de partida no le basta una diferencia que marque lo individual, lo apolíneo frente a lo universal indiferenciado, frente a lo dionisíaco. La filosofía española toma como diferencia originaria la muerte y, por tanto, una negación radical frente a la vida, un **no** que no ha de actuar al simple modo de una dialéctica, sino como el generador primero de la autoconciencia limitada, de la separación que hace posible entender la diferencia misma como otro porque en ella se comprende el no ser de cada uno, la contingencia del ente interpretado por el hombre, la contingencia del ente como proyección del ser mortal, del estar destinado al nadie.

Una pieza de Buero, nunca estrenada, «El terror inmóvil», reúne, a nuestro entender, las circunstancias más adecuadas para iniciar el estudio de ese sentimiento de muerte que determina el origen tanto de lo trágico en sí, como de todo el proceso filosófico que pueda conducirnos hasta los últimos grados de la metafísica.

El primer germen de lo que llegaría a ser «El terror inmóvil» data de 1940, según nos aclara el propio Buero, cuando se encontraba «confinado en la galería de condenados a muerte de la prisión de Conde de Toreno». Un compañero le mostró entonces la fotografía de un niño muerto, sostenido por su padre como si viviese. La sensibilidad artística de aquel joven que esperaba pudiera cumplirse en cualquier momento la sentencia de muerte dictada sobre él, hubo de afectarse de la manera más profunda a la vista de aquella pequeña cartulina, reveladora de conmociones humanas en las que la desesperación traspasa los límites de lo comprensible. Allí estaba la muerte negada, y por negada, patente en su extrema crudeza.

La huella dejada en Buero por aquella fotografía, a la vez macabra y trágica, no podía borrarse, y así, años más tarde acomete la tarea de plasmar en un drama unas inquietudes que parecen girar en torno a la génesis de la fotografía en cuestión, pero que, más allá de estas circunstancias coyunturales, plantean el problema de la muerte misma como destino ineluctable del hombre y, con tal motivo, el sentido que cobran el tiempo, el mundo y la vida, y aun la trascendencia y la divinidad.

En múltiples ocasiones a lo largo de nuestras páginas, hemos tenido la oportunidad de comprobar cómo un proceso puede representarse mediante la estructura de tres elementos, el segundo de los cuales sirve de intermediario entre los otros dos que, en principio, aparecen como extremos inconexos, sin visos de comunicación posible entre ellos. El problema de la imaginación en la filosofía kantiana, que enlaza la realidad con el conocimiento, es el que nos ha servido de pauta en todos los casos para el desarrollo de nuestros propósitos.

Pues bien, el número tres, como base de una estructura, vuelve ahora en «El terror inmóvil» no como un ejemplo más, sino al modo de una reflexión sobre el desencadenante mítico que marca un origen verosímil, en la dimensión antropológica, del número tres como adecuado para hacer visible una característica esencial del ser del hombre.

Patricia W. O'Connor hace notar, en su artículo «Shades of Plays to Come: Antonio Buero Vallejo's El terror inmóvil», cómo Víctor, el niño que protagoniza la génesis de la fotografía en esta obra de Buero, tiene tres padres y tres madres, y que el número tres se encuentra por doquiera señalando todas las escenas de la obra.

El dato es, en efecto, bien patente, pero no parece, en modo alguno, que pueda obedecer básicamente a un planteamiento de triángulos cruzados que el autor haya puesto para sugerir conflictos amorosos o cruces de sentimientos. En nuestra opinión la esencia de esa disposición en ternas determina y explica el sentido de muerte como constitutivo de la hominización misma, como el punto cuyo acceso señala la entrada en la categoría verdadera del ser hombre.

Las tres viudas, hábiles en amortajar, que al final acuden a prestar sus servicios, las mismas que al principio de la obra eran todavía esposas, nos ponen en el mejor camino para traer a la luz el valor simbólico de ese sorprendente número tres, así como el alcance que ese símbolo puede tener, trasladado al seno de nuestra cultura.

Evidentemente esas tres viudas representan a las tres Parcas; pero a pesar de la transparencia con que nos aparece su función al intervenir por segunda vez en la escena, una profunda inquietud nos invade al pensarlas. Esquemáticas como espectros, evocan en nosotros el recuerdo de algunos personajes lorquianos, cargados de reflejos de la triple luna, presagios o signos de muerte. El inquietarnos, sin embargo, no obedece sólo a su presencia al final de la vida, sino a ese otro aparecer primero, que deja la existencia de cada hombre señalada desde el principio, marcada por la huella del destino.

Desde la época del Renacimiento al menos, la muerte ha quedado reducida a una figura individual, que significa únicamente el poder que destruye la vida humana. Es la tercera de las Parcas, la que corta, la única que afecta a la sensibilidad moderna; pero tanto para los griegos como para Buero el problema es diferente. Cloto, la que hila, y Láquesis, la que mide, son tan Parcas, tan símbolo de muerte como Atropos, la que corta. Se trataba, pues, entre los griegos de una manera de indicar que una misma cosa puede ser hombre y ser mortal, que la muerte no es sólo el fin de la vida, su acabarse, sino la marca que señala la característica más propia del hombre, la nota distintiva de la esencia de lo humano.

La muerte instalada en el autoconcepto del hombre implica la capacidad de reflexionar y de anteponerse al tiempo; la muerte requiere, en consecuencia, el desarrollo previo del poder de la imaginación; pero a la vez podemos interrogarnos, porque así nos lo indican estos símbolos y también la filosofía actual, si, a la inversa, no es también necesario el previo conocimiento de la muerte para alcanzar el desarrollo de la facultad de imaginar. Se plantea así el conflicto que nos aclara el símbolo de la primera de las Parcas, Cloto, la que hila, la que entreteje la vida humana con hilos a la vez de vida y de muerte.

Derrida explica esta situación paradójica acudiendo al concepto de suplementariedad, cuyos inicios retrotrae a Rousseau. La idea de suplemento comprende dos aspectos muy distintos: el de ocupar el puesto de otro y el de reparar o quizá llenar un vacío que se adhiere exteriormente a algo. Se trata, diríamos, de actuar como siendo el no ser del otro o como no siendo el ser del otro, y, al mismo tiempo, de llenar con nada un vacío, advertir que el vacío, su nada, se encuentra allí.

En efecto, la imaginación, la reflexión, la piedad rousseauniana y el ser sociable son manifestaciones humanas que pertenecen al plano de la suplementariedad y están marcadas por el signo de la muerte; pero todo ello no nos parece más que otro nombre de la capacidad de negar como condición primera de la categoría de lo humano.

Láquesis, por su parte, nos aclara otro aspecto del problema. Es la que mide y, por tanto, la que señala los límites al ser humano, la que marca las fronteras, la separación entre el ser y el no ser. Por eso es también muerte. No se trata, sin embargo, de la medida del tiempo únicamente y a menudo se la ha identificado con Afrodita, la diosa del amor, la diosa del plenilunio; Láquesis, por consiguiente, mide también otras cualidades humanas, valora el alcance de cada hombre, sentido más acorde con el significado de medida entre los griegos.

A pesar de estas explicaciones, nos queda la impresión de que la sorpresa de que tanto Cloto como Láquesis sean en verdad Parcas no ha quedado eliminada por completo. Podrían ser una mezcla de lo positivo y lo negativo, pero ¿por qué Parcas?

Por el contrario, ninguna duda se suscita respecto al ser muerte de Atropos. La que corta el hilo de la vida es, con toda evidencia, la muerte misma. De ahí que en los albores de la modernidad, sólo ella se conservase como figura mítica, transformada en la portadora de la guadaña con la que siega las vidas humanas.

La filosofía de los dos últimos siglos se encuentra, cada vez en mayor grado, sensibilizada por el problema de la muerte. Hegel pronostica la muerte del arte, Nietzsche proclama que Dios ha muerto; Heidegger define al hombre como el ser para la muerte; Steiner anuncia la muerte de la tragedia; Foucault nos habla de la muerte del hombre;

Levinas y Derrida apoyan parte de sus investigaciones en la muerte como acontecimiento fundamental en la determinación de la esencia de lo humano. No podemos calificar de eventualidad esta insistencia en el tema, que sólo insinuamos; más bien podemos estar seguros de que, a la raíz del tema de la muerte, se encuentra el núcleo conflictivo de mayor relevancia de cuantos puede afrontar hoy el pensamiento humano con vistas al esclarecimiento de su ser más íntimo.

Cuando la muerte como tránsito pasó a ser pertenencia exclusiva de la fe religiosa sobrenatural, el corte del hilo de la vida por las tijeras de Atropos o la vida segada por la guadaña de la moderna Parca se convirtió en una separación radical, en una negación absoluta; ese corte pasó a indicar, no una frontera entre dos cosas diferentes, sino el límite último del yo: al otro lado de la muerte se encuentra el nadie de cada uno; más allá, se entiende, no hay nada.

Aquí se yergue el mayor obstáculo a la validez universal de la teoría de la diferencia que Derrida retrotrae a la idea de genealogía de Nietzsche. La diferencia, en efecto, supone una interrupción momentánea del continuo, una alteración que deja una huella por la que se hace posible rememorar lo que fue o alertar respecto al fluir permanente que se hace anómalo. La diferencia es una espacialización del tiempo, que permite fundamentar el principio originario de la escritura como habla. El logocentrismo que caracteriza la cultura de Occidente, sobre todo en su dimensión filosófica, sufre un duro golpe; incluso se ponen en crisis algunas maneras de fundamentar la metafísica; pero ante el problema de la muerte como separación radical, la diferencia se convierte en una teoría insuficiente. Entre el nadie en que cada uno acaba y el alguien previo no media una simple diferencia. La separación, en este caso, es un abismo insalvable, un salto infinito que requerirá un tratamiento específico.

Nos ocupábamos en el capítulo XXII de la génesis del concepto de imposibilidad, de su experiencia antropológica, así como de la manera como, primero el niño sobre el padre y después el adulto sobre la divinidad, proyectaban sus deseos de omnipotencia. Pues bien, ahora, ante la nueva negación absoluta a que la muerte nos aboca, el problema invierte sus planteamientos, sin dejar por ello de abrirse a perspectivas insólitas.

Pretender igualar el poder del padre, pretender su muerte para substituirlo, extender hasta lo divino las aspiraciones, es rebelarse contra la pequeñez propia, contra la limitación que podemos llamar, espacial; es ser Edipo, el que, según el oráculo, estaba destinado a matar. Descubrirse mortal, en cambio, supone aprender la limitación propia en la dimensión del tiempo. La rebeldía en este caso no tiende a lo infinito, sino a lo eterno; es necesario perdurar y de ahí que los proyectos no miren al padre, sino al hijo, a la obra nuestra que perpetúe nuestra memoria y nuestro ser. Pero tampoco esta vez la realidad satisface esos deseos. El oráculo dice a todo hombre, como a Layo, que está destinado a morir.

Freud, en «Totem y tabú», tras haber constatado la frecuencia con que en las distintas religiones se asiste al asesinato del padre y su posterior comida ritual, se extraña al encontrar invertido este rito en el cristianismo, donde el que muere y es comido no es el padre sino el hijo. Sus explicaciones poco satisfactorias obedecen, sin duda, a no haber visto esa otra cara del problema, la que enfrenta al hombre a su propia muerte.

En simetría con la confrontación con el padre, que provocaba las situaciones más contradictorias, al mirarse ahora en el hijo, las contradicciones reaparecen y configuran un nuevo panorama de sentimientos, a la vez necesarios e incompatibles.

La muerte no es una amenaza cualquiera: es nuestro destino cierto. La vida consiste en aplazarla, en huir de ella, pero a sabiendas de que, al fin, seremos su presa segura. Desesperado, pues, el hombre busca una salida a ese conflicto sin salida. El hijo aparece entonces como nuestro continuador más allá del fin; pero esa nueva realidad viviente que el hijo lleva a cabo no continúa nuestra vida, sino que la reemplaza, de tal manera que, por su medio, el propio ser mortal se hace más patente. El hijo, esperanza de continuidad, resulta, más bien, la confirmación de un fin inevitable. Cobra así sentido el complejo de Layo: que muera el hijo. Lo que deja igualmente en pie el problema originario; la muerte nos espera y no hay modo de evitar que un día Atropos corte el hilo de nuestra vida. El que el hijo muera hace incluso que toda esperanza sea inútil.

La obra de Buero Vallejo, «El terror inmóvil», se encuentra, con todo rigor, dentro de esa inversión del problema edípico, que Freud no alcanzó a comprender. El que muere es el hijo, un hijo que Alvaro, como Layo, no quiso engendrar, un hijo que, en efigie, hubo de ser roto por su propio padre.

«El terror inmóvil» nos hace asistir al desarrollo de lo que podríamos llamar «la otra cara de Edipo Rey». La seguridad en el hombre de que su vida habrá de acabarse le sitúa ante un íntimo sinsentido. Lo que se acaba pierde su sentido al acabarse, su tiempo se interrumpe, lo que supone dejar de dirigirse a, concluir toda orientación posible. La doctrina de Heidegger acerca del hombre como «el ser para la muerte» parece más una forma de resistencia a la pérdida de sentido que el hallazgo de un sentido propiamente dicho: ser para la muerte es algo así como ser para el no-ser, tener el sentido de la pérdida del sentido mismo.

Los esfuerzos de la filosofía existencialista no han logrado, en ningún momento, salvar este escollo del sinsentido en el que el enfrentamiento con la muerte nos sitúa. La desesperación y el absurdo son, en consecuencia, las únicas vías abiertas a la inquietud humana acerca del problema.

Sartre alude al valor como una finalidad propia del hombre; pero también esta vez, al aferrarse al «para» como medio de justificar el intento de salida del conflicto, su teoría permanece dentro por completo de la misma búsqueda de un sentido que resuelva las dificultades planteadas por la ineluctabilidad de la muerte.

La estructura en la que se apoya la obra de Buero Vallejo que ahora nos ocupa, supone en cambio unos puntos de vista distintos, de los que podemos partir, con ventaja, para un entendimiento nuevo de esa situación radical de lo humano a que la consideración de la muerte propia nos ha conducido.

Al regresar del bautizo de Víctor, entre los asistentes, que irrumpen en la casa de los padres como en procesión ritual, se encuentran las tres esposas, personajes a un tiempo llenos de sencillez y de misterio. Por las fórmulas pronunciadas sobre el niño: «Esposa 3.ª: Será hermoso... Esposa 2.ª: Será fuerte... Esposa 1.ª: Será listo...» adivinamos su claro papel de hadas. Incluso, a juzgar por los tres vivas: «Esposa 1.ª: ¡Viva la madrina! Todos: ¡Viva! Camila: ¡Y viva la madre! Todos: ¡Viva! Regino: ¡Y viva el padrino, caramba!» sospechamos que cada uno está revelando su función propia, según la clave que nos ofrece Regino, el padrino, cuyo viva es algo más que una broma. De esta manera, la primera de las esposas recuerda al hada madrina de los cuentos y de las leyendas.

En la segunda intervención de las tres mujeres, inmediatamente después de que el niño ha muerto, ya no son esposas, sino viudas, y no tienen relación con la vida, sino con la muerte; ya no son hadas, sino las tres Parcas, que acuden para amortajar al mismo niño al que le pronosticaban buena fortuna.

La simetría de estas dos intervenciones nos obliga a reflexionar y a condicionar la interpretación de los primeros papeles en relación con lo que descubrimos en la segunda de las ocasiones: eran las Parcas y eran tres, pero sólo podían ser vistas como tales reflexionando. Atropos acaba de convertir en verdaderas Parcas a Cloto y a Láquesis. La imaginación que ha alcanzado a ver, adelantándose, el fin de la propia vida, ha planteado al hombre el mayor de los conflictos, la pérdida del sentido de la vida misma. El hilo que nos teje y la vara que nos mide tienen también el ser de la muerte porque el morir, el acabarse es inevitable.

La negatividad que sobre este descubrimiento ha proyectado la filosofía existencialista, sin embargo, supone una visión parcial, aferrada únicamente a la dimensión del tiempo y por ello a la búsqueda de sentido, de continuidad para la vida humana. Al atender, siguiendo la obra de Buero, a los resultados de ese reflexionar a que el conocimiento de la muerte nos obliga, nos encontramos trasladados a una nueva dimensión que se abre ante nosotros. La pérdida del sentido sólo puede ser compensada por el hallazgo del valor. Si la vida no concluyera, discurriría como un ente; pero si se acaba, vale. El hombre, no como el ser para la muerte, sino como el ser ante la muerte, inaugura la metafísica del valor.

El mito bíblico del paraíso nos había convencido de que al adquirir la ciencia del bien y del mal el hombre se había hecho reo de muerte. Ahora nos damos cuenta de que nos encontrábamos ante un mito invertido. Se trataba, más bien, de que sólo al acceder al conocimiento de la propia muerte, sólo al afrontar el problema del fin del sentido, puede el hombre adentrarse en ese mundo irreal de los valores autocreados y alcanzar la ciencia ética que distingue entre el bien y el mal.

No quiere esto decir, en modo alguno, que la inversión del mito del paraíso signifique precisamente la asunción de la propia muerte como vía tan sólo de acceso a los dominios del mundo ético. La inversión a la que estamos asistiendo supone una revolución incomparablemente mayor en el orden de los valores de la cultura tradicional.

Adán y Eva salen del Paraíso, lo que, ateniéndonos a la apariencia del mito, hemos interpretado siempre como un efecto del enojo de Yavéh; pero un detalle del relato no puede menos de hacernos dudar de que hayamos calado de veras en el fondo del problema planteado: las túnicas de pieles de animales que Yavéh dispone para los que van a partir constituyen un acto demasiado amoroso, que no se adecúa al proceder de quien se encuentra dominado por la ira. Adán y Eva abandonan, pues, el Paraíso, no por una imposición recibida, sino por otro motivo mucho más hondo. El descubrimiento de la propia muerte, la pérdida del sentido en el tiempo abría un abismo insalvable entre lo que el paradisíaco Yavéh significaba y la nueva problemática en la que el hombre se había situado. Aspirar a poseer el poder que la figura del padre ejemplifica, tomar la omnipotencia divina por modelo supremo es incompatible con la limitación absoluta en el tiempo que la certeza de la muerte pone en nuestro futuro. El nadie de nuestro destino despoja de todo realismo a la trascendencia y la convierte en puro valor autocreado, ajeno a cualquier manifestación de dominio.

Adán, desnudo, se esconde para no ser visto, es posible que en una reacción de vergüenza, por no encontrarse todavía suficientemente preparado para la sociabilidad y para la ética; pero nos parece más congruente que se haya escondido por efectos del miedo, conducta, en gran medida, opuesta a la vergüenza. Adán, a la vista de la serpiente, el animal que mata, se vio indefenso, desnudo, y, aterrado, buscó refugio. Desde la obra de Buero podemos comprenderlo muy bien: Adán se había convertido en un «terror inmóvil».

De un modo un tanto confuso se alude en el mito del Paraíso a otro elemento de primordial importancia para comprender el sentido antropológico del pasaje bíblico que nos ocupa: el papel que desempeña el árbol de la vida en el desarrollo del conflicto. Sólo a posteriori nos enteramos de que dicho árbol existe, así como de que su fruto puede alterar todas las previsiones de Yavéh.

La literatura sumeria, de clara influencia sobre los temas y soluciones recogidos en el Génesis, narra, en el «Poema de Gilgamesh» las peripecias por que atraviesa el héroe, a la búsqueda de la hierba de la inmortalidad.

Al morir su amigo Enkidu, Gilgamesh emprende un largo viaje en el que debe superar toda clase de dificultades hasta llegar al palacio de Unnapisthin, a quien le pide la hierba de la inmortalidad. Ya con ella, a su regreso a Ur, una serpiente se come la planta que con tantos esfuerzos había logrado.

Si en el árbol de la vida del mito bíblico advertimos reminiscencias del «Poema de Gilgamesh» y si, en consecuencia, repensamos las alusiones del Libro del Génesis a la luz del orden de los acontecimientos en el poema sumerio, el resultado no puede ser otro sino una nueva inversión etiológica del mito con el descubrimiento de nuevas significaciones de gran interés para la comprensión antropológica de las fuentes de que se nutre nuestra cultura.

Adán aspiraba a la propia felicidad, que hacía coincidir o depender de dos circunstancias: el desarrollo sin límites de su dominio y la permanencia sin fin en una vida real, sea la terrena o la ultraterrena. El conocimiento de su ser mortal le hace saber que aspira a un imposible. El fruto del árbol de la vida era el que había comido hasta entonces; pero, tras la visión de la serpiente, tras la revelación de la inevitabilidad de la propia muerte, aquel fruto sabroso se había convertido en el fruto nutritivo y amargo de la ciencia del bien y del mal. El fruto que da la vida acababa de convertirse en una ilusión o en una irrealidad, carente de sentido en el tiempo, pero capaz de transformarse en el mayor de los valores.

Según Rousseau, el terror se caracteriza por «miedo a la muerte». El planteamiento de «El terror inmóvil» responde con exactitud a ese sentimiento. La frase del tío Blas a Alvaro en que le viene a decir, «tú eres un terror inmóvil», podría equivaler a «tu miedo a la muerte te tiene petrificado». En efecto, todas las reacciones de Alvaro parecen responder a un miedo insuperable que le convierte en un constante buscador de refugio: se encierra en su casa sin admitir ni siquiera un trabajo fuera de ella, en la fábrica, por ejemplo, como su hermano le ofrece; no consiente, bajo ningún pretexto, ni en circunstancia alguna, en ser fotografiado; es agresivo y violento, incluso con su mujer, como si el dominio le fuese imprescindible.

Pero la presentación que Buero Vallejo nos hace del problema no nos permite adivinar los significados más que con miradas retrospectivas. Al igual que sólo tras la segunda intervención nos percatamos de que las tres esposas, las hadas, eran las tres Parcas, tampoco advertimos que lo que Luisa, la madre, está tejiendo es un sudario, hasta que Víctor ha muerto.

Esta característica estructural de la obra, en consecuencia, debe ser tomada como punto de partida; como base para entender, primero, el significado artístico del personaje Alvaro, y después, la dimensión filosófica que se alberga como germen en el valor simbólico que subyace en la pieza en su conjunto.

Nos encontramos ante un mirar que llamamos retrospectivo por cuanto sólo a posteriori percibimos su alcance; pero que debemos distinguir muy bien de lo retrospectivo como atención al pretérito. No se trata exactamente de mirar hacia atrás, sino de reconsiderar cada acontecimiento teniendo en cuenta algo que, desde el futuro, nos condiciona de un modo absoluto.

La vida de Alvaro consiste en experimentarse mortal. Alvaro contempla su propia imagen, o quizá sea más correcto decir, se siente a sí mismo, no de manera directa, sino reflejada en lo que podríamos llamar la muerte como espejo; la muerte, situada en un futuro impreciso, nos permite vernos y ver nuestro presente desde la perspectiva de la pérdida del sentido; nos descubre nuestra dimensión del no ser.

Buero Vallejo ha ensayado en multitud de ocasiones ese mirarse reflejado, ya sea en el futuro, como en «El tragaluz», ya sea en el pasado, como en muchas obras basadas en la vida de personajes históricos, ya sea en la muerte inmediata, como en «La detonación», ya sea en el otro, como en «La doble historia del doctor Valmy». El procedimiento es, pues, una constante en las obras de Buero, que en «El terror inmóvil» se repite una vez más. Pero si cada intento obedece a una intención distinta, el que ahora nos ocupa ofrece la particularidad de llamar nuestra atención sobre el reflejarse mismo, con lo que, aparte de ayudarnos a comprender el procedimiento en sí, nos enfrenta a una nueva actitud filosófica: a la que resulta de invertir el sentido de los conflictos edípicos, enfocándolos desde el punto de vista que hemos venido entendiendo como el sentimiento o complejo de Layo.

Alcanzar el conocimiento de la propia muerte sólo es posible si antes se han desarrollado dos capacidades fundamentales del hombre: la facultad imaginativa y la distinción de la alteridad, de sentir al otro; o lo que es lo mismo: ser Layo requiere acudir al oráculo y tener un hijo.

La facultad imaginativa supone, no sólo crear unas formas fantásticas por medio de la mente, sino la adición a la conciencia de que esas formas no son percepciones reales, de que en su ser se encuentra una manera de no ser; supone la capacidad de negar a las formas mentales la entidad. Si además damos a lo imaginado la cualidad de perteneciente al futuro, habremos añadido a la negación de la entidad real, la negación del tiempo presente. Pues bien, consultar al oráculo equivale a esa invasión del futuro por parte de la facultad imaginativa. A juzgar por los datos del mito, Layo cumplía esos requisitos, podía trasladarse al porvenir todavía irreal e inquietarse por lo que entonces habrá de ser.

La respuesta del oráculo, por su parte, no es tan directa como a primera vista pudiera parecer. Layo cree ignorarlo porque su noticia íntima no se había revelado, pero en el fondo de su ánimo era sabedor de que había engendrado un hijo en su esposa, Yocasta. El oráculo, por lo tanto, sólo le confirma su propia suplencia: el hijo, que todavía no es, será, y él, que ahora es, dejará de ser; el hijo, surgiendo de la nada, le convertirá a él, a su vez, en una nada.

Le es posible a Layo resistirse a ser suplido y pretender su permanencia a costa de la eliminación del suplente; pero su maquinación no pasa de ser un contrasentido, ya que el hijo, al suplirlo, le brinda la única manera de permanencia que le cabe al hombre que ha tenido la osadía de asomarse al futuro. Por eso Layo no ejecuta el filicidio que había tramado. Lo difiere, entregándolo a otros que, a su vez, también lo difieren. Y es que la ejecución real, la eliminación del suplente, es imposible.

El hijo se convierte así en un nuevo símbolo que nos facilita el acceso al conocimiento reflejo de nosotros mismos, al conocimiento que desde el futuro, se vuelve hacia nuestro presente y nos permite ver en nosotros un aspecto que la intuición jamás nos mostraría. La facultad imaginativa nos permitió ver negada la realidad de las cosas; al adentrarnos en el futuro vimos también la negación del tiempo; ahora, reflejados en el hijo, enfrentados a nuestra suplencia, alcanzamos a ver nuestra negación misma, nos enfrentamos a ese espejo último que es la muerte.

Mirarse en el hijo es, pues, comprender que en el futuro nos espera, ineluctable, nuestro nadie, y, al mismo tiempo, vislumbrar que algo nuestro habrá de ser suplido por el otro.

El hijo como símbolo pasa de esta manera a ocupar un puesto de primer orden en el proceso de hominización cuyas directrices pretendemos reconstruir.

En el hijo encontramos algo nuestro, por cuanto habrá de substituirnos, por cuanto está destinado a ocupar el puesto que ahora ocupamos nosotros; realiza una manera de continuidad que justifica el que veamos en él nuestro proyecto; pero, a la vez, es el totalmente otro; alguien que tiene su vida propia tan inalcanzable para nosotros, que su ser se nos aparece como el mayor de los abismos, como un infinito de positividad que sólo logramos adivinar como un vacío. El símbolo del hijo resulta, pues, por su ambivalencia, el espejo en que vemos nuestra muerte y el medio que nos permite llevar a cabo la mayor de cuantas transformaciones ha experimentado el ser humano a lo largo de todo su proceso de hominización: el cambio de la energía de poder en fuente de autovaloración. No es posible permanecer por siempre, la muerte nos deja vacíos de sentido; pero una nueva perspectiva se abre para nosotros: podemos proyectar nuestra valía en el otro; podemos entregar nuestros valores, podemos aprender a dar, con lo que nuestro ser adquiere una dimensión nueva, la del dispensador de bienes. Así adquirimos la categoría del ser ético.

A lo largo de toda la cultura de Occidente, desde Grecia hasta los últimos pensadores europeos de hoy día, la dimensión edípica del hombre ha prevalecido sobre la que apenas se esboza en el mito de Layo. El hecho en sí nada tiene de extraño, pues es más fácil envidiar al padre, aspirar a su poder, sentirse parte del cosmos, que afrontar y ajustarse a la irreversibilidad de la limitación propia, el estar destinado al nadie. Es más fácil aspirar al dominio que valorarse por la generosidad hacia el otro.

Pero, además del peso de esa mayor dificultad para comprender la otra cara del problema, la influencia concreta de Sófocles ha movido de un modo considerable a todos los pensadores a seguir los cauces que él señaló con sus obras.

Edipo representa, sin duda, una faceta universal humana: todo hombre ensaya la huida de sí mismo en busca de la grandeza ilusoria de ser rey, sin lograr otra cosa que encontrarse al término de esa huida; todo hombre intenta reengendrarse a sí mismo en la propia madre para cumplir un anhelo de dominio perpetuo, siendo a la vez hijo y padre.

Pero no es menos universal la otra cara del problema, la que nos da la certeza de que un día hemos de morir, de manera que nuestra vida acabará y, con ella, todo poder y todo sentido, quedándonos, por consiguiente, como única posibilidad, trascendernos hacia el valor.

A esta segunda postura apunta el mito de Layo, como ya hemos dicho. Pero lo desdibujado de su figura no nos permite apenas traspasar el umbral de sus posibilidades significativas.

El progreso en el alcance verdadero de esta dimensión del conflicto humano se hace más viable a través de las obras de Esquilo, en las que la perspectiva edípica queda invertida: Orestes acomete, de un modo directo, la realización de su destino, mata a su madre, con lo que impide toda posibilidad de ser reengendrado; Casandra, la adivina, envuelve en su clarividencia la proximidad de esa muerte que va a acabar tanto con la vida de Agamenón como con la suya propia.

Pues bien, dentro de esta inversión de las actitudes edípicas que representan las soluciones dadas por Esquilo, dos hechos sintomáticos nos interesan sobremanera: el complejo de Layo, sufrido por Zeus, y la noticia de su propia muerte que Orestes lleva a su tierra natal.

Por orden de Zeus, Prometeo es encadenado a una roca del Cáucaso, donde ha de sufrir que el águila del padre de los dioses devore cada día su hígado. Esa furia del dios contra el titán tenía sólo un motivo: Prometeo sabía el peligro en que se encontraba el poder de Zeus y se negaba a revelar las circunstancias condicionantes de que la amenaza desembocase en una pérdida real de su soberanía: Se trataba del decreto de los hados de que el hijo que naciese de la diosa Tetis sería superior a su padre, de tal suerte que si Zeus, siguiendo sus tendencias de poderío viril, se unía también con ella, habría de ser destronado, substituido por el hijo y habría de experimentar cómo la suplencia también atañe a los poderes divinos.

El problema fue resuelto desposando a Tetis con un mortal, Peleo, y así el hijo, Aquiles, pudo superar a su padre sin que el poder de ningún dios se derrumbase; pero fue suficiente el riesgo para que en Zeus se produjese un cambio tan significativo que todavía no se ha explicado su alcance de un modo plenamente satisfactorio.

Destaca Gilbert Murray en su libro «Esquilo, creador de la tragedia», cómo Zeus aprende por el sufrimiento, se dulcifica, se humaniza. Desde nuestro punto de vista, lo que Zeus aprende es la muerte como la otra cara del poder, el absoluto acabarse como alternativa del poder infinito, y así el cambio experimentado no es otra cosa que la transformación del sentido del poder en la creatividad del valor.

Sin demasiado esfuerzo es posible descubrir en este pasaje mítico un primer esbozo de la filosofía nietzscheana en algunas de sus líneas maestras: la muerte de Dios, su suplencia, la transvaluación de todos los valores, e, incluso, un cierto origen y muerte de la tragedia. Pero, hemos de reiterarlo: Nietzsche, encerrado en un realismo cósmico, dedujo de esos primeros síntomas el sinsentido y el fin de la metafísica y no el fundamento de una metafísica de rango distinto, o, al menos, no encaminó por esta vía las conclusiones a que su postura podría haber conducido.

El hecho de que el hombre, abiertamente, y los dioses mediante el símbolo, se enfrenten a la propia muerte y de ese enfrentamiento se siga el cambio del sentido del poder en creatividad de valores, nos parece dar motivo a una investigaicón, revolucionaria, sí, pero en modo alguno destructora de los logros obtenidos mediante los esfuerzos encaminados por la vía del proyecto hacia lo infinito y a la superación de lo imposible simbolizada por la otra cara del mito que era la faz edípica del problema. La muerte del padre, o la supresión del poder sin límites que el padre representa como obstáculo a lo ilimitado de nuestras aspiraciones, orienta la mirada desde el ser hijo. Por el contrario, saberse mortal y destinado a ser suplido nos da la visión desde el punto de vista del ser padre. No se trata, sin embargo, de un mismo problema sobre el que se consideran pros y contras a la manera dialéctica. Las dos caras que aquí se enfrentan son, más bien, dos posturas metodológicamente sucesivas; dos etapas que deben ser recorridas la una a continuación de la otra para llegar a una visión plena del conflicto humano. Afrontar, pues, el problema de la muerte, a un mismo tiempo a niveles del hombre y de Dios, es decir, perder el sentido de la continuidad tanto para la entidad real, para nuestro quehacer con el mundo,

como en la dimensión de los ideales más elevados, supone la destrucción de una metafísica sustentada sobre la esperanza de una trascendencia realista; pero si esas energías dirigidas en el sentido de la permanencia, se transforman en capacidad creadora de valores, se habrá
logrado la salida hacia una trascendencia irreal, se habrá comprendido
que la autocreación humana se justifica por la valía, no por el dominio;
se justifica por la elevación generosa de signo humano, no por la acumulación de poderes de signo cósmico.

La transvaluación de todos los valores empieza a perfilarse como
un cambio de mentalidad que resulta ser una consecuencia de ese adelantar la muerte, de esa pérdida de sentido en la continuidad, y no la
invención de un filósofo. No se trata siquiera de una alteración en el
orden tradicional de los valores, del esquema en el que la historia nos
los ha legado; se trata únicamente de haber encontrado el motivo por
el que los valores irrumpen en la vida del hombre, lo que nos pone en
disposición de entender su función adecuada a cada caso concreto y, en
consecuencia, redistribuirlos en un nuevo cuadro que responda tanto a
su génesis como a su conveniente perdurabilidad en atención a la esencia del hombre mismo.

A nuestro entender, la filosofía, desde Nietzsche hasta nuestros días,
se esfuerza cada vez con mayor ahínco por suprimir todo pensamiento
que implique cualquier tipo de concepción metafísica y, en particular,
todo rastro de actitud teológica, por carecer de la perspectiva de una
verdadera genealogía de los valores.

Pero la metafísica, entendida como una vía hacia la trascendencia
que evoluciona de una intención teológica a una creatividad humana,
supone, en la constitución del ser del hombre, no sólo un momento
insalvable en la trayectoria hacia el pleno desarrollo de lo humano,
sino, sobre todo, el punto en el que culminan todas las tendencias que
hacen a la humanidad digna de existir.

Al considerar el deseo del hombre de superar lo imposible, de trascender la precariedad humana, encontrábamos cómo el arte brindaba
una salida por la vía de la autocreatividad, y veíamos a Buero poner
en boca de Valentín Haüy la idea de que la música pudiera ser la respuesta a muchas preguntas. En estos momentos vuelve el arte a ofrecer
sus recursos autocreadores para encontrar un sentido al sinsentido en
que nos sume el enfrentamiento con la ineluctabilidad de la muerte
propia. Esta vez no es la música, sino la tragedia, la única respuesta
posible. Para el hombre que muere, y muere juntamente con sus dioses,
la vida es trágica; se acaba y, al acabarse, pierde el sentido que pendía
de su continuidad; mas no por eso ha de resolverse en un transcurrir
inútil. La vida humana, el hombre mismo, puede «representarse», ofre-
cerse a ser considerado a través de la escena, de manera que un público
alcanzará a verse proyectado en unos personajes; puede verse, a la vez,
siendo él mismo y el otro; puede verse, a un mismo tiempo, represen-

tante y representado, en un diálogo entre espectador y actor, al modo del mismo ante el espejo; pero al ser el espejo precisamente el otro, verse en el no ser, verse reflejado en la muerte. Representar no equivale, por tanto, a un volver a la presencia lo que ya no es, sino a un desdoblamiento que afecta más al hombre visto por el hombre, elevado a un plano diferente del mero ser hombre, que a la temporalidad repetida o retenida en la presencia continua. El hombre que alcanza a ver su sí mismo reflejarse en el otro de la escena, alcanza igualmente a verse desposeído de todo poder y transformado en valor.

No parece aventurado pensar que cuando Nietzsche revoluciona la filosofía haciéndola trágica, a la base de su esfuerzo pesaba la búsqueda de una salida para lo llamado insoluble; de ahí su afirmación de que la tragedia es alegre. Ahora bien, la tragedia sólo puede ser alegre si tiene algo que ofrecernos que equilibre y aun supere la pérdida que nos descubre: la negación absoluta de la perdurabilidad.

La inquietud por este problema en la filosofía española es manifiesta; baste recordar el título y el desarrollo de la obra, tal vez cumbre, de Miguel de Unamuno, «Del sentimiento trágico de la vida»; pero las perspectivas con que podemos mirar el futuro desbordan hoy todas las esperanzas que hace algunas décadas podían concebirse.

«El terror inmóvil» de Antonio Buero Vallejo plantea un nuevo principio desde el que afrontar el ser de la tragedia. Unamuno contemplaba lo trágico desde una postura existencialista, próxima a lo antropológico y abocada a una desesperación, sembrada, ciertamente, de atisbos de desviaciones humanas insospechadas en el existencialismo europeo; Nietzsche se remonta, por su parte, a unos orígenes míticohistóricos, tras los cuales vislumbra constantemente soluciones trascendentales, que rechaza siempre por contradictorias con sus propios principios. El punto de partida en la obra de Buero es estructural dentro de la irrealidad autocreada, donde aquello que debe ser prevalece siempre sobre lo que, de hecho, es.

La actitud de Buero ante la tragedia es algo así como una búsqueda sin objetivo, en la que sólo se cuestiona el buscar; un interrogarse que se limita a preguntarse el porqué del preguntarse. La muerte viene, sin duda, ¿y entonces, qué?

Afirmaba y preguntaba en sus versos Antonio Machado: «En preguntar lo que sabes / el tiempo no has de perder. / Y a preguntas sin respuesta / ¿quién te podrá responder?»

De las preguntas sin respuesta Buero llega al descubrimiento del valor del preguntar. La actitud interrogativa ante la negación absoluta se convierte, así, nada menos que en el origen de la cualidad más esencial del hombre; el motivo que le permite, no sólo trascender el mundo cósmico, sino también el plano de las aspiraciones de un poder ilimitado.

El preguntarse ante la muerte, que es la nota distintiva de lo trágico, y que es también la pregunta sin respuesta por excelencia, tiene ya la forma de la representación; requiere la capacidad de representar, bien sea desdoblando mi yo en el que interroga y el interrogado, bien sea poniendo el yo del otro frente al mío para poder preguntarle. En cualquier caso, nos encontramos ante la necesidad del otro en que reflejarnos, en el que reflejar nuestra carencia. El otro, pues, o mi creación del ser del otro, lo que llamábamos el hijo, es la primera conclusión del inquirir trágico.

El otro me es necesario para poderme preguntar o para poder preguntar, y también para saber o imaginar la muerte, ya que un yo no desdoblado jamás podría alcanzar la idea de la muerte misma.

Pero ese otro que nos permite experimentar la muerte y del que podemos aprender nuestro destino a ser suplidos, es, al mismo tiempo, tan otro nuestro que su encuentro abre ante nosotros un vacío ilimitado, un abismo infinito.

El otro es también una pregunta sin respuesta, por inabarcable y por inasequible. Puedo representármelo, pero esa representación mía no lo contiene, lo suple. Mi representación no es tanto conocer como crear el ser de ese otro que me refleja.

En el capítulo V de este libro veíamos cómo las circunstancias de la vida de Buero: la guerra, la muerte del padre, la cárcel..., de clara similitud con los momentos decisivos del mito de Edipo, forjaban su sentido trágico. Se trataba entonces sólo de una de las caras del problema: la que nos resultaba más fácil de comprender, tanto porque los hechos en que nos apoyábamos estaban patentes, como por ser la faz edípica de la tragedia la más visible a lo largo de toda la cultura de Occidente. Ahora podemos darnos cuenta de que aquella visión era parcial, y de que la verdadera personalidad trágica de Buero se extiende con igual fuerza sobre la otra cara, la que representa el conflicto sufrido por Layo; ahora podemos darnos cuenta de que es este equilibrio entre las dos tendencias trágicas que inciden sobre el hombre lo que nos hace la obra de Buero paradigmática y oportuna para pronosticar, a través de ella, los rumbos probables de la filosofía española.

Su participación en la Guerra Civil le hace pasar por la experiencia de ver a compañeros que mueren y de sentirse él mismo expuesto a morir. Cuando la contienda bélica concluye, con la victoria del bando contrario a aquel en que Buero se encuentra, pasa a ser «vencido», pero no se aviene a soportar, sumiso, la situación de dominado; forma parte de un grupo clandestino que intenta reconstituir el Partido Comunista en España, lo detienen y lo condenan a muerte. También entonces ve salir a compañeros para ser fusilados, mientras él espera un día en el que la llamada de la muerte diga su nombre.

Estos trazos biográficos corresponden con exactitud a los rasgos esenciales de una figura trágica, dotada de ese doble rostro, el edípico y el de Layo, que señalábamos como vertientes por las que la tragedia puede discurrir. La mayor parte de las obras de Buero no son otra cosa que la pregnancia con que su imaginación creadora cubrió los claros de este esquema.

«El terror inmóvil» se encuentra plenamente dentro del signo de Layo. Su esquema es el del hombre ante la muerte: el hombre que ha de morir y, más allá de todo conocimiento de su propio problema, siente la rebeldía profunda contra lo que se adivina como su acabarse total. Las ambivalencias se multiplican: Alvaro quiere y no quiere a su hijo; las tres Parcas son, a la vez, hadas protectoras; las tres madres de Víctor repiten también el ser hadas y parcas; cuidan y protegen, pero toda su preocupación resulta una preparación para la muerte: el vestido que Luisa, su madre verdadera, está tejiendo para una fiesta, se convierte, al final, en su mortaja.

Se trata de una obra, pues, cuyo trazado responde a la muerte como destino insalvable del hombre; es la vida vista por el condenado a muerte, Antonio Buero Vallejo, y para cuya pregnancia sirvió de desencadenante la fotografía de un niño muerto sostenido por su padre como si viviese; es decir, el problema de otro hombre que al enfrentarse un día con la muerte de su hijo tuvo una reacción muy extraña, tal vez sin sentido en el afuera, pero llena de las resonancias de un interior desesperado.

Dos aspectos de un mismo hombre: la propia vida pendiente de una decisión ajena; pendiente de que en una de esas «sacas» que arrastran a compañeros condenados por la misma causa, un día se encuentre él, y su vida concluya.

Bajo otra forma, más universal tal vez, el condenado por un destino que no desea, se proyecta en la escena para plantearnos una de esas preguntas sin respuesta que nos abren al ser y al sentido del preguntar.

La infraestructura de «El terror inmóvil» se convierte así en una especie de declaración programática del preguntarse trágico de Antonio Buero Vallejo, en el trazado de una extraña búsqueda de antemano condenada al fracaso en sus objetivos, pero que, a pesar de todo, no entiende que con ello fracase el preguntar.

La filosofía del arrojado a la vida, del hombre como el ser para la muerte y, en general, toda la trayectoria filosófica de Martin Heidegger se pone ante nosotros para ser revisada, se pone en crisis, no para negarla, sino para repensarla desde nuevos presupuestos, desde los presupuestos que resultan de tomar al hombre recreado por el arte trágico.

El enfrentamiento del hombre con la muerte y la pérdida del sentido de la continuidad que ese enfrentamiento supone, hacen impropio el empleo del «para», término de finalidad, a fin de indicar la esencia del ser humano. El hombre no es tanto un ser «para», si ese «para» indica la voluntad de alguien que se ha propuesto el hecho de que vayamos a morir, cuanto un ser «ante» la muerte, un ser que, al adelantarse a su propio tiempo y a su propio destino por su capacidad de reflexionar y de verse reflejado en el otro, se plantea la pregunta de su sentido y con ello introduce el ser del sentido mismo en el mundo de lo consciente. Sin el conocimiento de la muerte, las cosas, los seres vivos y aun el hombre discurrirían sin preguntarse el porqué de su discurrir y el paraqué de su estar en el mundo. La finalidad es sólo una actitud del hombre ante el trabajo, ante la transformación de la realidad para su uso, o, en última instancia, una intención en las relaciones interhumanas. Hablar, por tanto, del destino y del sentido del hombre es una manera de antropomorfismo llevado al plano de la realidad cósmica. El destino y el sentido deben entenderse limitados al círculo comprensivo de las preocupaciones humanas. En suma, la muerte nos descubre el sentido y, al mismo tiempo, destruye su alcance más allá de nuestras posibilidades tanto reales como autocreadas.

Ahora bien, esa actitud de pregunta por el propio sentido, entendido precisamente dentro del plano del mundo irreal autocreado, nos abre al destino como trascendencia, pero una trascendencia que no consiste en un más allá real, sino en el descubrimiento de la potencialidad creadora del hombre como una libertad de imaginar por vía fantástica, un sí mismo valioso.

Si ahora comparamos una vez más las dos caras del arte trágico podemos advertir que la línea edípica desemboca en un imposible: la pretensión de alcanzar ese poder sin límites que supone la imagen idealizada del padre. Para lograrlo es necesario el parricidio; pero, tras ese asesinato, el imposible continúa inalterable. Se llega así a la conclusión de que una nueva tarea se impone a la mentalidad filosófica: desrealizar los ideales de poder absoluto. Podría anunciarse esta tarea diciendo: «Dios ha muerto.»

Por el contrario, la cara que nos muestra el mito de Layo no conduce a realidad alguna, sino al vacío total. Tras la muerte se encuentra nuestro nadie. Es un vacío ilimitado al que la filosofía ha de buscar un contenido, lo que supone un nuevo imposible que bien pudiera entenderse diciendo: «Llegada de los dioses».

Ante esta oposición de términos, de apariencia dialéctica, la obra de Buero en su conjunto nos invita a entender el debate de un solo hombre. el esfuerzo de un único arte trágico alcanzado, a lo sumo, en dos etapas sucesivas.

Esa muerte que nos aboca a un vacío infinito provoca en nosotros la creatividad de los valores; pero la esencia de esos valores no puede ser otra que la irrealidad, y en ello va a consistir la esencia de la nueva metafísica.

Los valores positivos nada tienen que ver con los buenos sentimientos, ni los valores negativos con los malos sentimientos. La capacidad de sentir en esas dos direcciones pertenece al orden psicológico y está, por lo tanto, dentro de una ciencia de lo real.

Los valores, creados de la irrealidad, no abandonan el mundo irreal que los sostiene.

Si al desrealizar el poder absoluto cabe entender que nos queda la figura, la forma del poder fijado antes como meta, el vacío a que nos abre el corte por Atropos del hilo de nuestra vida destruye también el ser de esa figura a que pretendíamos asirnos. Los valores no consisten en una abstracción de las aspiraciones del hombre al modo como la desaparición real de un cuerpo geométrico deja permanecer su figura en nuestra imaginación reproductora. Los valores encajan, más bien, en el hueco que se produce ante una pregunta sin respuesta, en el hueco del preguntarse mismo. Consisten en una actitud, no en una tendencia.

En el plano de lo religioso, precedente de la filosofía y, tal vez, también del arte, llama nuestra atención un hecho de inspiración muy similar al de la intencionalidad que atrae al hombre a la creatividad de los valores por medio de la desrealización de los ideales del poder: nos referimos a los votos de pobreza, castidad y obediencia. Son tres maneras de renunciar a ser meros entes, dotados de fuerza: la economía da la posesión de las cosas; el religioso dice no a ese poder y, no obstante, su poder sobre la realidad continúa, diríamos, irrenunciable. La sexualidad, por su parte, es otra manera de dominio, que el amor intenta sublimar, pero sin lograr que el puro amor sirva para crear nueva vida; la obediencia, por último, pretende ser una renuncia al poder de la voluntad, pero la decisión misma de obedecer es ya un acto voluntario. Los tres votos nos permiten, pues, vislumbrar una actitud de trascendencia del plano de lo real hacia un orden nuevo, imposible en sí, pero valioso por su apertura espectante.

Frente a nosotros, el otro, al mostrarnos a un mismo tiempo con su muerte nuestra muerte y con su reflejarnos nuestra desrealización, nos dice, también a la vez, nuestro vacío infinito y lo otro, nos dice la muerte, pero nos la dice mediante una significación. El otro no es un signo que nos represente; el otro es la posibilidad misma de que haya signos, es, en términos de Levinas, el fundamento del lenguaje. El otro pertenece, así, a la categoría de lo simbólico: nuestra representación lo sugiere, pero no lo contiene, su significación desborda todos los contenidos. De esta manera, la apertura a lo infinito, que Levinas hace depender del «cara-a-cara», de la aparición del «rostro», se radicaliza, en opinión nuestra, en la posibilidad del conocimiento anticipado de la muerte. La pregunta sin respuesta que mediante el preguntar mismo nos descubría al otro como interlocutor, nos devuelve ahora algo que no es su mero reflejo: el otro también pregunta, con lo que el abismo insondable se nos aparece a su vez con doble faz.

«El terror inmóvil» cuestiona igualmente sobre el sentido de la temporalidad, sobre ese horizonte en el que Heidegger sitúa la aparición del ser.

El tío Blas interviene dos veces en la obra, llamando la atención acerca de que la pieza queda dividida en dos partes o dos aspectos que se corresponden, indicando una simetría intencional que no puede perderse de vista a la hora de interpretar el significado que el autor quiso expresar. Cada una de estas intervenciones contiene una sentencia. En la primera afirma: «Tú eres un terror inmóvil», y en la segunda: «El tiempo ha terminado».

Por el uso del término «terror» nos damos cuenta de que la voz oracular alude al miedo a la muerte que, desde un principio, hace presa en Alvaro. La vida es un continuo aplazamiento de ese punto final, una espera desesperada de la segunda frase, inevitable, «el tiempo ha terminado»; la vida es un paréntesis de ser consciente entre dos nadie. Podría decirse, entonces, que el ser aparece en el horizonte de la temporalidad; pero esta conclusión identificada con la filosofía heideggeriana sólo es satisfactoria respecto a la dimensión entitativa del hombre; es un hecho real que el hombre nace y muere; el hombre fluye en el tiempo por la vida y se acaba. El ser hombre no se limita, sin embargo, a ese fluir entitativo. El miedo mismo a que ese durar termine es ya una prueba de la parcialidad de ese aspecto: más allá de lo real está el deseo. El hombre se proyecta hacia la duración ilimitada y hacia la infinitud. El ser surge, pues, como una conciencia en el horizonte de la temporalidad manifestándose inquieto por la intemporalidad. El ser es la conciencia de la rebeldía contra la entidad.

Por otra parte, el hecho de que el tío Blas no sepa por qué acuden a su mente y a su boca esas sentencias tan rotundas aproxima su figura a la del ciego de «Un soñador para un pueblo» que, sin saberlo, «llevaba el destino en sus manos».

Aquel ciego insignificante que le daba a Esquilache la oportunidad de descubrir la propia ceguera y aun la ceguera universal, amplía, al considerar con él al tío Blas, su significado a problemas más profundos: el destino no es sólo ciego, es también trascendente.

El ciego de «Un soñador para un pueblo» llevaba en sus manos, es decir, le era externo, el destino. El tío Blas, en cambio, es tal vez él mismo el destino de Alvaro.

El condenado a muerte en un juicio colectivo, sin apenas defensa posible, porque la voluntad ajena así lo dispone, no puede interpretar el destino como un mero juego del azar, como sólo ciego. El destino es algo más; es todo aquello que se opone a nuestra libertad y que hace de nuestros pasos y de nuestro final lo inevitable a pesar nuestro. «El tiempo ha terminado» es también la fórmula de aquella sentencia que dispone la muerte de un grupo, todos los miembros del colectivo juzgado a la vez que el autor de «El terror inmóvil»; «el tiempo ha terminado» es la última palabra dicha sobre cada hombre. Pero tampoco se encuentra en esa fuerza que desde fuera nos domina el único límite a nuestra libertad; nuestro ser mismo también se autolimita.

Edipo y Layo coinciden en huir libre y conscientemente de sus respectivos destinos; pero la mirada retrospectiva sobre la conducta de ambos hace patente que los pasos seguidos en esa huida conducían con toda precisión al cumplimiento del destino anunciado por el oráculo. Es el hombre libre para huir de sí mismo; es también libre para encaminarse por las sendas más variadas; pero, una vez cumplido el ciclo, todo el discurrir previo toma la forma de un «pre» y la trayectoria se dibuja como una predestinación inexorable. Lo que ya se ha cumplido, el «fatum», se petrifica como inamovible. «El tiempo ha terminado» sugiere todo un discurso del tío Blas que con falsas comillas sería: «Cuando te dije que eras un terror inmóvil debiste comprender que te hablaba de tu vana huida de la muerte. Todo acaba en la fatalidad, en el "fatum", en ese "fatum" que al principio se presenta bajo la apariencia de las hadas, pero que, al final, son las Parcas. Tu mujer tejía un vestido de fiesta, que no podía ser otra cosa que un sudario; tú te empeñabas en evitar el quedar fijado a un pretérito, en evitar el aspecto pétreo de una fotografía, pero en vano: tu tiempo ha terminado, tu hijo, tu suplencia, muere y toda tu esperanza de permanencia es ilusoria; te espera tu nadie.»

La lección del destino, las palabras del tío Blas, no son inútiles. Alvaro, como Zeus, aprende por el sufrimiento y se humaniza. No sabe jugar, pero inicia un aprendizaje de juego para comprender a ese hijo que pronto dejará de ser suyo.

La estructura en planos paralelos de «El terror inmóvil» brinda todavía una oportunidad más a la problemática filosófica: frente al mundo interior de Alvaro, el del miedo a la muerte, el de la huida de la fotografía, propia o del hijo, se encuentra el mundo exterior: el de la fábrica, el mundo construido y constantemente fotografiado por su hermano, Regino. La intencionalidad del contraste no deja lugar a dudas: un día Regino intenta fotografiar a Víctor, pero ante la llegada inesperada de Alvaro, desvía el enfoque de su máquina y fotografía los pabellones de la fábrica.

Son dos posibles direcciones de la mirada: hacia la vida, que inexorablemente acabará en la muerte, o hacia la realidad cósmica, de antemano estéril. Alvaro, casi sin querer, engendra a Víctor; la impotencia de Regino le impide radicalmente la creatividad que desea.

Por último, «El terror inmóvil», la obra que gira en torno a la muerte, como el enfrentamiento necesario para que el hombre alcance el conocimiento de la negación absoluta sobre sí mismo, para que pueda comprender el vacío infinito que le abre la vía de acceso a una metafísica de trascendencia hacia el mundo irreal de los valores, ofrece, apenas insinuada, una luz que proyecta sus rayos sobre ese abismo de arte que pretende dar sentido al sinsentido de la duración y que hemos procurado plantear mediante estas largas digresiones.

Ante la imposibilidad de alcanzar una fotografía de Víctor, Luisa opta por pintar una larga serie de monigotes:

«CLARA — ...Víctor y su mamá... Víctor a los tres años... Víctor a los cuatro años, con su primer caballito de cartón...»

Aparece aquí la caricatura, surgen los primeros trazos con los que la imaginación recrea al hombre, el ente humano empieza a tener ser. La madre verdadera, la conformadora de la realidad de Víctor, le teje un sudario y se esfuerza en reproducir su imagen.

Llama la atención de historiadores y antropólogos el hecho de que los primeros pobladores de la tierra a los que podemos atribuir la categoría de humanos, los miembros de la raza de Neanderthal, no hayan dejado el menor vestigio de inquietud artística. Aprendieron a servirse de los objetos como instrumentos; conocieron la finalidad de las cosas y alcanzaron a modificarlas para que su uso fuese más adecuado; pero nada pintaron ni esculpieron, ni adornaron.

La ciencia histórico-antropológica constata el hecho sin aventurar hipótesis causal alguna. Los monigotes de Luisa en «El terror inmóvil», vistos en el conjunto de la obra, nos dan a entender posibles motivos de esa carencia de capacidad artística en los hombres de Neanderthal: les faltaba todavía el conocimiento anticipado de la propia muerte.

Recomienza el hombre en aquellos monigotes, con perspectivas nuevas que Alvaro acepta en principio sin objeciones hasta que comprueba que tras aquellas caricaturas de apariencia inocente se encuentra la fotografía, el signo que anuncia la muerte como destino. Los monigotes eran substitutos, inicios de suplencia: los signos anunciadores del nacimiento del arte. Se iniciaba el representar; pero lo representado dice la irrealidad de aquello a lo que se refiere; dice un no, que es el eco de un vacío infinito. Pero no es un no puramente negativo; es un no del sí que descubre el sí de otro en la trascendencia. Es el no de lo real que reclama la creación irreal, pero positiva, de los valores. Es, en suma, el punto inicial, la génesis de una metafísica nueva, que ha de suplir el sentido perdido de la continuidad con el descubrimiento de que toda trascendencia tiene por objeto crear de la nada y sin dejar de ser nada un mundo valioso para dar sentido a la dignidad humana.

En el origen de la autointerpretación del hombre debe situarse lo estético y no lo religioso, de acuerdo con Heráclito. He ahí el inicio. En lo que sigue, en la interpretación moral, no puede perderse lo ya conquistado: la ética debe ser, también, el resultado de una obra de arte; el hombre, obra de sí mismo, autocreación para el otro.

Capítulo XXVI

Una nueva inversión del platonismo después de Nietzsche
Prometeo y Fausto. «En la ardiente oscuridad»
o la luz que alumbra lo irreal

La atribución de finalidad al cosmos, es decir, el entender que los efectos obedecen a motivos conscientes en las causas, ha hecho que en torno al problema del dolor hayan surgido innumerables mitos y teorías filosóficas, con frecuencia contradictorias.

Casi siempre el sufrimiento hubo de ser justificado como la consecuencia de un acto o de una situación culpable. Incluso Nietzsche en sus primeros momentos, en «El origen de la tragedia», enfrenta dos concepciones humanas ante el dolor: la de los griegos, la prometeica, de origen ario, y la hebrea, la adámica, de origen semita; la una de signo masculino y de signo femenino la otra. En ambos casos, un dios había sido engañado, y para castigar la osadía o la debilidad que tal engaño suponía, el dios vengativo llenó de dolor todo el planeta. Nietzsche, ciertamente, rectifica o avanza sobre su concepción primera y en sus obras posteriores hace depender la culpabilidad de una reacción moralista y de mala conciencia, por lo que propone la superación de esas actitudes como paso necesario para una verdadera filosofía de los valores y de la justicia.

Nos encontramos, así, ante dos concepciones extremas acerca del sentido del dolor: o el sufrimiento tiene por causa la culpabilidad previa del hombre, o la culpabilidad carece de sentido y, por tanto, nada puede justificar la atención prestada a la significación del dolor en el mundo.

Las dificultades a que se vio enfrentada la mente humana al abordar estos problemas llegaron a cobrar grandes dimensiones, probablemente debido a que la postura inicial se encontraba ya viciada.

Salvo a Nietzsche y a su remoto antecesor, Heráclito, fue común a todos los pensadores, filósofos o artistas, el convencimiento de que entre el dolor y la culpa existía un vínculo directo y de ahí la búsqueda del orden de los motivos y de las consecuencias en el que podrían haberse desarrollado.

El error parte, a nuestro entender, de haber tomado como causa la culpa y el dolor como efecto. El hombre sufre y, a la vez, se siente culpable, luego sufre porque es culpable; su sufrimiento es el castigo de una falta cometida en los orígenes.

La inocencia cósmica aparece clara a la mente de Nietzsche, pero el hecho de concluir de esa inocencia del mundo la inocencia humana supone, al menos, indicios de sostener el dolor como causa en el orden de los problemas en conflicto. Lo que Nietzsche descubre es que la culpa no es la causa del dolor. Pero este descubrimiento no anula la existencia del problema mismo de la culpa. La culpa es un hecho notorio que necesita ser explicado, no negado.

Una nueva inversión nos sale al encuentro. El cosmos es inocente, pero no es feliz; el dolor es previo a la culpa. Adán y Eva, antes de probar la fruta prohibida, no eran felices, sino sólo inocentes, porque les faltaba todavía la reflexión que da valor a los actos; no conocían la muerte y por ello no valoraban la vida; no eran capaces de reflejarse en el otro.

Pero Adán y Eva en el paraíso sufrían, y fue un sufrimiento nuevo, el saberse destinados al nadie, el que les permitió valorar lo humano, tanto lo propio, en lo que vivimos, como lo de ese otro que nos mira y en cuya mirada alcanzamos a ver la positividad de lo infinito. La vida de ese otro que nos mira y la infinitud a que su mirada nos permite asomarnos, vale, y nuestra vida vale también si hacemos de ella una contribución positiva al flujo y reflujo de las miradas; y si, por el contrario, nuestra contribución es negativa, nuestra vida se desvaloriza, pierde capacidad de ser para la nueva dimensión humana autocreada: es el nacimiento del mal, que nos hace sentirnos culpables.

El dolor de saberse mortal, por consiguiente, el dolor por la pérdida del sentido de la permanencia en el tiempo, es un dolor metafísico; en él se encuentra la génesis del mundo de la trascendencia irreal autocreada, una dimensión de la que nuestro mundo real carece, y a la que es preciso dar sentido y valor, ya que no es posible otorgarle la realidad. El sufrimiento metafísico es, pues, el primer maestro de humanidad.

Como hemos visto en el capítulo anterior, de esa manera, por el sufrimiento, aprendió el mismo Zeus a humanizarse. Contra Prometeo, el que conoce la clave del peligro en que Zeus se encuentra, reacciona el caudillo de los olímpicos con la furia irreflexiva de quien confía tan sólo en su fuerza; pero el propio peligro, la antelación de un conocimiento similar al de la muerte, el sufrimiento nuevo que es saberse perecedero, le hace capaz de valorarse y de valorar también al otro, al sufriente Prometeo, y la actitud hostil hacia el titán y hacia los hombres se torna en benevolencia.

Esquilo nos brinda así, según la interpretación de Murray, la insólita lección de un dios que aprende; pero también esta vez el problema tiene otra cara, la del punto de vista del hombre. Zeus, el todopoderoso, aprende humanidad perdiendo poder, pero el problema es distinto para los humanos, cuya situación parece ser incluso la opuesta.

En esta otra vertiente se encuentra la obra de Buero Vallejo «En la ardiente oscuridad».

Viven los hombres en la plena oscuridad, ciegos que parecen ignorar incluso su propia ceguera, mortales que desconocen su propia muerte.

En el mito antiguo, Zeus niega a los hombres el fuego para el sacrificio. Prometeo, que, ajeno al conflicto, ve la triste situación en que se encuentran los humanos, desoye todas las prohibiciones y asume la responsabilidad de robar el fuego del Olimpo y dárselo a los pobres mortales.

Los rasgos del mito y del héroe civilizador no ofrecen lugar a duda; y la historia no vaciló, en ningún momento, en considerar a Prometeo como un espíritu benéfico, símbolo de la cultura y del arte en cualquiera de los aspectos en que estos temas puedan hablar de rebeldía ante el poder establecido o para indicarnos al portador de esta luz de la inteligencia que abre a los hombres las puertas del saber.

En ningún momento parece plantearse la duda acerca de la procedencia divina o, al menos, sobrenatural de esa luz de la inteligencia, de ese fuego del sacrificio.

El mito y la religión hablan siempre de esa luz como cualidad perteneciente a un estadio superior al humano. El fuego que Prometeo roba es de Zeus; el comer de la fruta del árbol de la ciencia del bien y del mal conlleva el que se abran los ojos y el ser como dioses; Jesús, el enviado, es la luz del mundo que, según san Juan, viene a las tinieblas; incluso Platón sitúa la luz verdadera fuera de la caverna en que viven los hombres.

Este es el rango distintivo de la metafísica de Occidente que Nietzsche rechaza y que, tras él, muchos filósofos combaten y que Derrida intenta deconstruir.

La situación a la que la obra de Buero, «En la ardiente oscuridad», nos conduce difiere en tal grado de la manera tradicional de enfocar el problema que los argumentos utilizados contra el ser de la metafísica pierden aquí sus puntos de apoyo.

Ignacio viene también; pero ni trae la luz ni la ha visto nunca. Ignacio es ciego total y de nacimiento, como lo son todos los compañeros del grupo al que va a incorporarse. Sólo le distingue de los demás el saberse ciego, el vivir la ceguera como un problema doloroso, como un gran sufrimiento. Ignacio no trae la luz, sino el dolor de no tenerla.

Estas circunstancias no parecen todavía motivo suficiente para llegar a la conclusión de que en la obra de Buero se niegue la existencia real de esa luz, de la objetividad de ese mundo trascendente en el que se superan las deficiencias a que la vida del hombre se enfrenta; pero el modo tan distinto y tan propio de abordar el tema nos obliga a un replanteamiento desde los orígenes de muchas cuestiones que nuestra cultura occidental había dado por sentadas.

Platonismo y cristianismo se asientan, ciertamente, en la admisión de dos mundos, éste en el que vivimos y otro que lo trasciende, y en dar más valor al mundo de la trascendencia que al de la vida. También es cierto que la filosofía ha seguido, de un modo habitual, esa forma dualista, metamorfoseándose en distintas maneras de presentarse según las circunstancias de cada momento, y que el logos, el plano del signo, ha primado sobre la realidad significada a lo largo de veinticinco siglos de historia del pensamiento.

El sentido último de una filosofía crítica puede entenderse como el de someter a revisión esos principios que no habían sido alcanzados por la duda; pero aun estando resueltos a cumplir tal propósito, la dificultad de la tarea ha superado siempre las posibilidades de los pensadores que la han abordado.

Aristóteles revisa la doctrina platónica de las ideas y trae a la tierra lo que su maestro situaba en el cielo, lo que no impide que Kant revise a su vez, las conclusiones aristotélicas y rehabilite algunos aspectos del platonismo que Aristóteles había menospreciado.

Tras una nueva oscilación del péndulo, Nietzsche y sus seguidores se vuelven contra el platonismo, incluso contra el platonismo que nos encontramos como resultado de la obra crítica de Kant. La filosofía nietzscheana es también crítica en cuanto que rechaza toda postura dogmática, entendiendo como tal también algunas conclusiones del kantismo, especialmente el concepto y la manera de acceder a la síntesis. Para Kant, un a priori, una capacidad en el hombre, permite la comprensión unitaria de lo diverso. Nietzsche, en cambio, mantiene lo diverso en sí, dando a la síntesis como función propia la comprensión del eterno retorno de lo mismo. Se trata con ello de evitar todo recurso a lo maravilloso, a lo incomprensible, a la trascendencia.

En resumen, pues, la filosofía, a lo largo de toda su historia, se debate ante el dilema de admitir un algo que, de algún modo, no pertenezca al cosmos, o limitarse, en sus lucubraciones, a seguir los cauces por los que discurren las fuerzas cuyo sentido y origen no van más allá de este mundo espacio-temporal en el que nos encontramos inmersos.

Insatisfechos al adoptar cualquiera de esas dos posturas, pensadores y artistas renuevan sin cesar la búsqueda de soluciones que deshagan ese conflicto, a la vez insoluble e insoslayable.

La mentalidad griega tuvo en Prometeo la figura que mejor representaba las inquietudes íntimas y el sentir más profundo de toda su cultura. Intermediario entre dos mundos, el de la luz y el de las tinieblas, llevaba el sello de las mayores aspiraciones de todo un pueblo. La creación literaria lo refleja profusamente; pero no es menor su influencia en los niveles filosóficos; el mito platónico de la caverna, por ejemplo, reúne todos los caracteres del modelo prometeico. Ese hombre que, procedente de las sombras, descubre la luz, se sitúa también entre esos dos mundos que deben ser conciliados.

La variante que Platón introduce tiene una importancia de primer orden dentro del plano de la filosofía: no es un titán quien trae el fuego a los hombres, es el hombre mismo, el habitante de las tinieblas, quien sale de su oscuridad en busca de la luz; pero el motivo originario se mantiene.

Con la entrada en la Edad Moderna se inicia un nuevo ciclo histórico y, por consiguiente, los intereses en torno a los cuales empieza a moverse la humanidad tienen peculiaridades distintas. El mito de Prometeo se hace entonces demasiado consciente; de manera que, pese a continuar su trayectoria, dando origen incluso a creaciones valiosas, no basta para simbolizar todo el cúmulo de inquietudes nuevas que la mentalidad moderna ha hecho surgir. Nace así, en la cultura del Rhin, un mito distinto, apropiado a las circunstancias que la situación histórica acaba de poner en primer plano: es el mito de Fausto.

Los orígenes oscuros de lo fáustico han dado lugar, desde hace algún tiempo, a multitud de investigaciones e hipótesis acerca, no sólo de su primera aparición, sino también de las causas que motivaron el surgir mismo de un mito con tales características.

Para un historiador en busca de datos cronológicos, el primer momento sólo puede ser uno; pero si entendemos los mitos como la manifestación, en forma de proyecto, de los problemas que agitan las profundidades humanas en una época determinada, los motivos iniciales, las causas conformadoras, pueden multiplicarse sin que ello suponga contradicción alguna.

La fábula, en sus diversas variantes, de ese trato con el diablo por el que se compromete el alma a cambio de un saber de magnitud extraordinaria, o la evolución del nombre de Fust, colaborador de Gutemberg en la invención de la imprenta, es decir, el prodigioso medio de difundir el saber, de arrancar a los dioses su privilegio de omnisciencia; en cualquier caso, el yo del hombre moderno que se ensancha, que rompe los estrechos moldes que lo contenían; el hombre moderno que se abre a un saber sin límites. Tal es el alma fáustica, la creadora del arte gótico, la inventora del cálculo infinitesimal, la que trasciende las geometrías euclidianas, y la que, en última instancia, usurpa, como los ángeles rebeldes, las cualidades que para sí se habían reservado los seres divinos.

La inquietud de Fausto, sin embargo, tiene un límite: sus propias características, sus propios intereses, fuera de los cuales no sospecha siquiera un más allá. Fausto tiende al infinito, pero es un infinito cósmico; quiere saber, pero quiere saber acerca de la realidad, tanto si esa realidad es el mundo o el hombre, pero realidad. Los medios poco importan: la magia, el trato con el diablo o el prodigio de la letra impresa. Lo decisivo es siempre la conquista de la inteligencia, de la luz, del fuego prometeico que nos inflama, que nos da una nueva naturaleza capaz de crecer indefinidamente y desafiar toda estatura.

Thomas Mann relaciona este mito, en su «Doctor Faustus», con la creatividad artística, concretamente con la creatividad musical. Adrian Leverkhün, el protagonista de la novela, cambia sus intereses teológicos por los musicales en una especie de traición al orden divino. Un día sabrá, incluso, que el diablo le ha permitido componer extraordinarias obras de música como consecuencia de una enfermedad venérea. La joven Esmeralda le había avisado que su cuerpo era peligroso; pero Adrián estaba decidido a una ruptura con la moral de su pasado.

El autor reúne así, en un mismo personaje, el mito de Fausto, el ideal dionisíaco de la música y la filosofía nietzscheana, al tiempo que, encuadrado en la mentalidad alemana, interpreta el fenómeno humano como una enfermedad de la naturaleza.

En otra de sus obras, «La montaña mágica», el propio Thomas Mann nos va a permitir acercarnos a los motivos más hondos de esta actitud alemana respecto al extraño proceso de la naturaleza que ha culminado en el ser del hombre.

La problemática en torno a los dos mundos entre los que el ser humano se debate queda en esta ocasión claramente ejemplificada: arriba, la montaña, el sanatorio, y allá abajo, el mundo de la vida cotidiana.

En la montaña residen los que ya están enfermos; pero, además, cuando alguien sube allí de visita creyéndose sano, pronto descubre que la enfermedad lo minaba sin que él lo supiera: el hombre, diríamos, es un enfermo.

Dentro de esta temática que ocupa toda la obra aparece en un momento determinado, con motivo de un reconocimiento por rayos X, una visión que podríamos calificar de insólita: Hans Castorp ve, primero el interior del tórax de su primo, «la forma sepulcral de Joachim, su osamenta de cadáver»; eso le hace recordar el don particular de una parienta a quien «las gentes que debían morir se le aparecían de pronto bajo la forma de esqueletos». Poco después le llega a él el turno y entonces, con el permiso del médico, puede contemplar su propia mano a través de la pantalla luminosa: «Y Hans Castorp vio lo que debía haber esperado, pero que, en suma, no está hecho para ser visto por el hombre, y que nunca hubiera creído que pudiera ver: miró dentro de su propia tumba. Vio el futuro trabajo de la descomposición, lo vio prefigurado por la fuerza de la luz, vio la carne, en la que él vivía, descompuesta, aniquilada, disuelta en una niebla inexistente, y en medio de ella el esqueleto, cincelado esmeradamente, de su mano derecha.»

Sin necesidad de insistir más sobre el tema, se advierte que lo mágico de la montaña consiste en que desde la nueva perspectiva se nos permite contemplar el ser mortal del hombre; primero viendo al otro, después viéndose a uno mismo. Ahora bien, si la muerte nos espera es que «ser hombre es estar enfermo».

Toda la obra dramática de Buero Vallejo, y en particular «En la ardiente oscuridad», se encuentra inmersa en ese problema del doble mundo a que el hombre se ve enfrentado; pero no entenderíamos bien el sentido último del teatro de Buero si no lo examináramos en relación con las tendencias que en este aspecto sigue la cultura española.

En nuestro subsuelo antropológico domina, como característica más destacada, la intencionalidad teológica, transformada, casi siempre, en rito religioso. El plano de lo trascendente como un ultramundo real, se encuentra, por lo tanto, asentado ya en nuestro punto de partida. Estos principios no detuvieron las auténticas fuerzas creadoras, que, en ningún momento, dejaron de pugnar por el desarrollo del sentido humano que resulta de nuestros mitos más originarios; pero es necesario admitir que lo teológico ha venido determinando el modo como el arte se manifiesta.

En relación con el tema que ahora nos ocupa, precisamos recordar dos efectos, en cierto modo contrapuestos, de esa fuerza creadora artística que se abre paso a través de todas las dificultades. Nos referimos a la mística y a la «quijotidad».

El acontecimiento, fundamentalmente literario, de la mística se distingue por añadir al fenómeno teológico de la trascendencia como real, la realidad trascendente del amor.

El mito de Don Juan, que reúne en una misma leyenda al burlador y al convidado de piedra, supone la visión simultánea del amor y de la muerte. Don Juan quiere amar de una manera activa, entendiendo el amor como perteneciente al dominio de la entidad real. Sabe que su realidad fluye en el tiempo y que, por lo tanto, pasa; pero desprecia y desvaloriza la intemporalidad del ser.

San Juan de la Cruz ve también, a la vez, el amor y la muerte, pero no elige: busca en el más allá un amor que supere el fluir del tiempo sin que ello suponga la pérdida de la realidad en que vivimos. Su búsqueda es una «noche oscura», pasa por las mayores dificultades, requiere esfuerzos incalculables; pero es una búsqueda dichosa porque el amor que se espera llega al fin: «Oh noche que juntaste amado con amada.»

Don Quijote, por su parte, es el caballero de la «triste figura», y no podía ser otra cosa porque su noche jamás alcanza la realidad que busca. Don Quijote es la locura humana, la irrealidad de la trascendencia; es la locura de todos porque, según nos hace notar Ortega y Gasset, gigantes nunca los ha habido, de manera que cuantos hablaron de ellos padecían la misma enfermedad de nuestro caballero. Podríamos añadir que tampoco ha habido nunca Dulcineas reales y permanentes, ni verdades reales y permanentes, y, sin embargo, la humanidad prosigue su búsqueda sin que la detengan jamás la infructuosidad y los desmayos.

Nunca hubo gigantes, pero la imaginación puede crearlos. El hombre no concluye en los límites de su realidad, y en la esencia de la cultura española está el preguntarse hasta dónde puede extenderse y si, en efecto, tiene límites el ser humano. En su libro «Don Quijote y Fausto», Bickermann se detiene en consideraciones acerca de este tema, sugiriendo más que explicando un particular sentido de nuestras letras: «En las profundidades del alma del pueblo español debe de haber un algo que hace formular a los mejores representantes de este gran pueblo, consciente o inconscientemente, el último y más pavoroso de todos los problemas: la vida es un sueño, el formidable tema del que se apoderó e inmortalizó el más grande dramaturgo español. Parece que Cervantes estudia este problema inversamente, como si afirmase: el sueño es vida.»

Si ahora dirigimos de nuevo nuestra atención hacia la figura de Ignacio podremos descubrir cómo, a la luz de los mitos y temas literarios a que hemos aludido, su significado se enriquece hasta hacerse clave para el entendimiento de uno de los aspectos más decisivos de la cultura española, el que nos encamina hacia el desarrollo metafísico de nuestra filosofía.

Al igual que Prometeo, el carácter y la personalidad de Ignacio se forman en relación con el símbolo del fuego; pero, más allá del tema y aun de la inquietud civilizadora que los identifica, el héroe griego y el personaje de Buero se diferencian de tal manera que bien puede hablarse de un mito nuevo al aludir a la función que Ignacio desempeña en la encrucijada cultural española.

El fuego de que es portador Prometeo es un fuego divino. El titán lo roba del altar de Zeus, lo esconde en el hueco de una caña y se lo lleva a los hombres. Con este don los humanos, que vivían ignorantes en un mundo oscuro y sin poderse relacionar con los dioses, se hacen capaces de ofrecer sacrificios, o, lo que es lo mismo, se divinizan, convirtiéndose en creadores de un mundo civilizado y artístico. Se abre para ellos la vía hacia una trascendencia en la que los filósofos podrán asentar toda la arquitectura de su pensamiento.

Ignacio, por su parte, no roba fuego alguno ni encuentra su fuego en el Olimpo. El mismo es quien arde, inflamado por un fuego invisible; Ignacio está hecho de fuego, es la llama que caracteriza al ser del hombre que vive esa revolución que muchos personajes de Buero proponen. A Ignacio le queman la esperanza de Verónica y el sueño artístico de Esquilache.

Lo que Buero nos ofrece, por tanto, no es una nueva versión del mito en el que los griegos veían representado el sentido civilizador de su cultura, sino un replanteamiento, desde la raíz, del ser de la cultura para el hombre. El fugitivo de la caverna platónica logra ver la luz y el sol en su realidad más palpable, en consonancia con la realidad de que disfrutaban las ideas en su cosmos. Ignacio, en su noche, sabe que las estrellas están ahí, al alcance de nuestra vista, y añade un condicional que no es un mero accidente: «¡si la tuviéramos!» Sería necesario tener vista para poder ver las estrellas, para asomarse a «esos mundos lejanísimos», pero la verdad es que tanto Ignacio como sus compañeros, tanto Ignacio como todos nosotros, como todo hombre, somos ciegos.

Frente a Ignacio se encuentra Carlos, no sólo como un antagonista, como la otra cara del problema, ni siquiera como su otra mitad, su incompatible; Carlos significa la naturaleza, lo cósmico, tal vez la realidad verdadera. Sin él la obra carecería de mensaje, porque no habría resistencia que superar, o sería una resistencia aparente.

Desde el punto de vista de la realidad que representa, lo que Carlos dice es cierto: la luz que Ignacio quiere ver no existe. Prometeo ni roba el fuego del altar de Zeus ni trae luz alguna a los hombres, porque el propio Prometeo es un simple mito, una aspiración ilusoria del hombre. Dos mundos quedan claramente perfilados ante nosotros.

La literatura nos ha hecho asistir con frecuencia a la duplicidad de mundos, a veces el uno como reflejo del otro; a veces contrapuestos al modo de lo afirmativo y lo negativo. Los mundos que Buero ha simbolizado en Ignacio y Carlos nada tienen que ver con estas maneras de parejas de contrarios. En esta ocasión, entre ambas concepciones no se interpone una diferencia, sino lo distinto, lo ajeno; para relacionarlos no basta ya la imagen como intermediaria; sólo Juana, como símbolo de la fuerza creadora, será capaz de establecer un vínculo entre ellos.

Carlos está, como está el mundo ante nosotros; Ignacio llega, viene de otra parte, de su casa. Carlos se mueve con soltura entre todo lo que existe, está entre las cosas; Ignacio vacila, necesita el bastón para orientarse, teme, se siente ajeno al entorno que le rodea.

A la vista de estas oposiciones habría que admitir la incompatibilidad absoluta entre estas dos figuras, si no mediara, hasta identificarlos, el amor de Juana. La novia de Carlos pronto se interesa por Ignacio hasta amarlo también, y no se trata de una simple coquetería ni tampoco de una traición al amor primero. El proceso que se opera en Juana tiene otros alcances.

Ignacio, el que adviene, un día quiere marcharse, abandonar aquel medio que le es extraño y volverse a su propia casa. Juana consigue hacerle desistir:

«JUANA. —(Con las manos juntas, alterada.) No te vayas. Soy muy torpe, lo comprendo... Tú aciertas a darme la sensación de mi impotencia... Si te vas todos sabrán que hablé contigo y no conseguí nada. ¡Quédate!

IGNACIO. — ¡Vanidosa!

JUANA. — (Condolida.) No es vanidad, Ignacio. (Triste.) ¿Quieres que te lo pida de rodillas?
(Breve pausa.)

IGNACIO. — (Muy frío.) ¿Para qué de rodillas? Dicen que ese gesto impresiona a los videntes... Pero nosotros no lo vemos. No seas tonta; no hables de cosas que desconoces, no imites a los que viven de verdad. ¡Y ahórrame tu desagradable debilidad, por favor! (Gran pausa.) Me quedo.

JUANA. — ¡Gracias!

IGNACIO. — ¿Gracias? Hacéis mal negocio. Porque vosotros sois demasiado pacíficos, demasiado insinceros, demasiado fríos. Pero yo estoy ardiendo por dentro; ardiendo con un fuego terrible, que no me deja vivir y que puede haceros arder a todos... Ardiendo en esto que los videntes llaman oscuridad, y que es horroroso..., porque no sabemos lo que es. Yo os voy a traer guerra, y no paz.»

El breve diálogo tiene las connotaciones de un pacto; nos recuerda las primeras relaciones de Fausto con Mefistófeles, si bien aquí Ignacio solo asume toda la simbología que en la obra de Goethe necesitaba la pareja, para representar esos dos mundos incompatibles. Ignacio es, él solo, Fausto más Mefistófeles: Quiere ver, y, al mismo tiempo, arde; quiere ver y por eso mismo arde. Carlos se convierte, así, en un punto de partida, en el hombre viejo que somos; es el hombre real amado por Juana; pero el amor implica una salida de la realidad; el amor transforma y crea, de manera que el amor de Juana le hace ver a Carlos como Ignacio.

Juana parte de Carlos, el que está, para llegar a Ignacio, el que adviene, el que se desvela. La función que Juana representa, por tanto, es la creatividad humana, la creatividad del hombre sobre sí mismo.

En la «Crítica de la razón pura» la imaginación servía de intermediaria entre la realidad y el concepto, dada la semejanza que guardaba con ambos extremos. A lo largo del proceso que hemos seguido ordenando las obras de Buero a nuestra conveniencia, hemos podido observar cómo la función mediadora se va haciendo cada vez más humana y artística. En el caso de Juana, que ahora nos ocupa, lo artístico se ha consumado plenamente: Juana establece, mediante la creatividad, el puente que une a Carlos, la existencia real, con Ignacio, la autocreación humana, sin más semejanza con los extremos que unifica que el hecho de ser ciega. Es decir, una cualidad negativa. Juana es la mente creadora misma, la creatividad libre que parte de la realidad, pero llega a lo irreal a través de la nada: Carlos se hace Ignacio cuando Ignacio ha muerto, cuando Carlos logra matar su imagen real.

Juana, como Oriana desde su torre, como Penélope en su soledad, va tejiendo sus sueños de amor.

No quiere esto decir, en modo alguno, que Buero se repita. Se repite únicamente el mecanismo, pero aplicado a situaciones tan diferentes que los problemas, aun encaminados todos a unos mismos objetivos, cambian de naturaleza en cada caso.

La característica que nos parece distingue la creatividad de Juana y le da su propio sello es la de idealizar, no lo perfecto, no el hombre plenamente logrado, sino un estado de inquietud debido más al hecho de constatar la imperfección que a la fantasía de superarla. Ignacio no es un héroe que atraiga por sus cualidades positivas proyectadas a lo infinito, sino un antihéroe que nos subyuga a través de su dolor más profundo.

Nos encontramos, pues, ante el mero hombre; pero ese ser mero hombre no equivale, en modo alguno, a mantenerse dentro de los límites de la existencia real. La humanidad que se vislumbra en los criterios que está forjando la cultura española, y que podemos adivinar interpretando como síntoma la obra de Buero Vallejo, trasciende lo cósmico, pero no deja de saberse miserable.

El intento de Cervantes en su obra cumbre no difiere mucho del que Buero nos muestra a lo largo de toda su trayectoria dramática, especialmente en la pieza que ahora comentamos. La locura de Don Quijote consiste en ponerse a vivir, como real, el contenido de las novelas de caballería, es decir, la irrealidad de una creación literaria. Ignacio es ciego, se siente ciego porque quiere ver más allá de los límites de su naturaleza real, dice querer ver las estrellas, pero pronto añade que si las viera se moriría por alcanzarlas. Buero Vallejo hereda de Cervantes la inquietud y decisión de enfrentarse al eterno problema de los dos mundos, que tantos esfuerzos mentales y creadores ha costado a la humanidad, con la convicción de que el mundo llamado de la trascendencia no es una realidad existente, sino el fruto de la capacidad creadora del hombre que actúa en el plano de lo irreal.

No existen gigantes ni Dulcineas, pero el hombre tiene la necesidad de soñarlos; no existen esos mundos del más allá que Buero simboliza en las estrellas tras los cristales, pero el hombre arde en deseos de llegar hasta ellos, de romper los hierros de la cárcel que nos limita.

Una diferencia decisiva, sin embargo, separa las concepciones de Cervantes y de Buero, y es que, para el autor del Quijote, la realidad todavía es preferible a la irrealidad que nos atrae, de ahí que Cervantes devuelva la cordura a su héroe antes de hacerle morir. Para Buero, en cambio, todo valor necesita una trascendencia que lo avale.

Desembocamos, de esta manera, en el problema en que nos parece culmina el sentido de la cultura española: el de una metafísica fundamentada no en el existir verdadero de todos los valores llamados trascendentales, sino en el hecho mismo de que el hombre los conciba.

La metafísica se encuentra en crisis desde que la filosofía de Nietzsche cambiase la trascendencia por la genealogía. En el origen de cada valor no se encuentra una realidad inicial que le dé sentido, sino una diferencia que marca sus características.

Debemos reiterar que el modo de concebir nietzscheano puede estar en lo cierto, pero de eso no se desprende que esa sea la última palabra. El hecho mismo de señalar una diferencia requiere la negación de algo en que apoyarse y, por tanto, lo que verdaderamente descubre la filosofía de Nietzsche es la capacidad que tiene el hombre de negar la realidad, siquiera sea en un acto reflexivo.

Se nos impone, pues, la necesidad de repensar, e incluso de invertir ahora, esa doctrina filosófica que, según el propio Nietzsche, ya consistía en una inversión, la del platonismo. Esta osadía de invertir la filosofía de Nietzsche, sin embargo, no nos hará volver al idealismo o ultrarrealismo platónico, sino, precisamente, a repensar a Platón después de Nietzsche.

La concepción de un cosmos de las ideas o lugar en el que se encuentran los arquetipos, los ejemplares primeros y perfectos de las cosas, no surge en la mente platónica como el resultado de lucubraciones abstractas. Por el contrario, Platón necesitó encontrarse, a un mismo tiempo, pensando y viviendo para poderse sentir en la encrucijada que su doctrina supone. Al pensar el ser se concibe lo perfecto; al contemplar lo real se advierte la insuperable imperfección que lo caracteriza. Es comprensible que Platón no pudiese admitir, ni siquiera sospechar, que algo no existente fuese perfecto y la realidad no; en consecuencia, hubo de atribuir la verdadera existencia a las ideas, mientras que la realidad quedaba relegada a una existencia aparente.

Nietzsche, por su parte, alcanza a ver la falsedad que encierra esa atribución de realidad a las ideas, e invierte, en consecuencia, el platonismo, dando la prioridad en el orden de los valores a lo artístico sobre lo verdadero; pero manteniendo el mismo error platónico de entender la realidad más digna que lo irreal, lo que congruentemente exigía la negación de toda metafísica.

Ese error que comparten Platón y Nietzsche resalta de un modo extraordinario, además, por el hecho de que ambas doctrinas filosóficas tengan como causa desencadenante una revolución humanística que bien podría calificarse de prodigiosa: Sócrates y Platón habían colocado al nivel humano una filosofía que se ocupaba de los astros; Nietzsche sintió la creatividad como una cualidad distintiva del hombre; pero tanto el pensamiento socrático-platónico como el nietzscheano se dirigieron al afuera como si ese fuese su único sentido posible. El mismo fenómeno que caracterizara el surgir de los mitos, el proyectar en el afuera lo que se manifestaba en el interior del hombre, se daba ahora a niveles metafísicos.

La nueva inversión filosófica a que parece llevarnos la cultura española se inicia, en consecuencia, por un repensar a Platón y a Nietzsche desde los motivos que dieron origen a sus respectivas doctrinas, pero ateniéndonos al punto de vista del hombre y no al del cosmos.

La noción de lo perfecto, que Platón advierte y que no encuentra confirmada en el cosmos, debiera haber sido atribuida, sin más, a la imaginación humana, pero el alto desarrollo de la mente en la cultura griega no bastaba todavía para dar crédito al extraordinario fenómeno que acababa de salir a la luz: la mente humana superando las categorías de lo real, trascendiendo el cosmos, concibiendo un mundo más allá de lo sensible y dotado de valor.

La atribución de realidad a las ideas, e incluso de una realidad privilegiada, impidió, así, en la filosofía platónica el reconocimiento de la cualidad más excelsa del hombre: la capacidad de concebir.

Muchos siglos han de pasar antes de que Kant vuelva sobre la doctrina platónica de las ideas y la modifique sustancialmente: el concepto tiene su origen en el hombre. Pero tampoco la filosofía crítica consiguió superar el realismo griego: el concebir humano se debía a un a priori, a una facultad positiva que se encuentra realmente en la naturaleza del hombre.

Un español, don Manuel García Morente, sin hacerlo notar, explica algunos fundamentos del kantismo a partir de situaciones negativas: si suprimimos la realidad de los cuerpos geométricos obtenemos las figuras, si suprimimos los números obtenemos el orden.

En efecto, si en un acto de reflexión imaginamos desmaterializadas las cosas alcanzamos las formas puras, podríamos decir, las ideas de las cosas o, incluso, los moldes vacíos del conocimiento; pero la necesidad de vincular el concebir al intuir limita la función humana a su relación con el cosmos, restringiendo, así, las posibilidades que albergaba aquel concebir que habían sospechado los griegos.

Suprimidas las cosas accedemos a los arquetipos, a las ideas o, lo que es lo mismo, al ser perfecto de las cosas; si, un paso más allá, suprimimos también las cosas perfectas, accedemos a la perfección en sí, es decir, al bien o idea de las ideas.

De esa manera queda jerarquizado el cosmos superrealista platónico, en clara semejanza con la jerarquía del Olimpo, en el que un dios preside y domina sobre los demás dioses inmortales.

Tales orígenes justifican la acusación de teológica que desde hace algún tiempo pesa sobre la metafísica, pero nos parece equivocar el enfoque del problema entender esa circunstancia como motivo de descrédito e incluso pretender, en nombre del buen sentido, la supresión de toda inquietud y saber metafísicos.

A la base de todas las críticas negativas se encuentra siempre una misma causa: la identificación de toda trascendencia con la trascendencia realista. Si ninguna realidad corresponde a los arquetipos, si la existencia no puede fundamentar lo perfecto o lo divino, el ser mismo de la metafísica, que se apoya en tales nociones, se derrumba.

La parcialidad de los argumentos es manifiesta, y hasta podríamos decir que después de la filosofía kantiana y de las doctrinas más decisivas del pensamiento de Nietzsche, se convierten en una verdadera incongruencia.

En el desarrollo del proceso se olvida el lado del hombre.

El concebir lo perfecto y el concebir a Dios, prescindiendo del aspecto real o irreal de los conceptos obtenidos, son en sí fenómenos que atestiguan una dimensión de lo humano que supera, por lo excelso, todas las facultades que, en torno a la verdad o al arte, vienen acaparando la atención de los pensadores en los dos últimos siglos.

Concebir lo perfecto aunque lo perfecto no exista, y aun quizá con mayor motivo si lo perfecto no existe, nos descubre la elevación del hombre por encima de sus condicionantes cósmicos; nos abre a tales perspectivas que, tal vez, sea esa facultad de concebir la nota que distingue la esencia de lo humano.

Concebir a Dios, por su parte, debe entenderse en filosofía al margen de toda postura religiosa, ya que de la concepción de lo divino dependen a un mismo tiempo la fundamentación de las creencias y del ateísmo.

La revelación en su conjunto sería incomprensible; toda epifanía del propio Dios pasaría inadvertida, necesariamente, ante el hombre que careciese del concepto de la divinidad; al igual que toda profesión de incredulidad se quedaría en sinsentido para quien desconociese el concepto de ese Dios que niega.

Las interminables discusiones de filósofos y de teólogos en torno a lo divino como existente o como carente de existencia han dividido a los hombres en bandos irreconciliables porque su objetivo no era otro que la realidad de lo ultrasensible. La filosofía no se había hecho consciente de que su objeto es otro: el concebir mismo de lo perfecto y de lo divino, al margen del problema de la existencia. El objetivo no es cósmico sino humano.

Sea o no circunstancial el origen del término, no puede dudarse de que «metafísica» significó siempre la disciplina que se ocupa de lo que está más allá de la física. Metafísica fue siempre la problemática sobre la trascendencia de lo real; pero, a la manera del proceso mítico, proyectando una realidad distinta en ese mundo trascendente. Los esfuerzos del pensamiento no superaron nunca ni el realismo de su punto de partida ni el sentido hacia el afuera, hacia un «más allá» como única salida del conflicto.

La inversión del sentido de la filosofía de Nietzsche podría significar ahora el inicio de una nueva etapa en el discurrir de la metafísica, no por la senda cósmica de un más allá de lo real, sino por el ámbito de las profundidades interiores, en un más acá en el que se encuentra la esencia creadora del ser del hombre.

Filosofando a partir del arte y no del mito, pierde sentido la exigencia de realismo. Nadie exige la existencia real a Edipo, a Don Quijote o a Peer Gynt. Ni siquiera se puede decir que el artista sea el creador de su obra, entendida en concreto. Lo que el artista crea son nuevos valores que enriquezcan el mundo interior del hombre. Lo que el artista crea pertenece al plano de lo irreal.

La búsqueda de la verdad ocupó, a lo largo de la historia, los mayores desvelos del pensamiento filosófico, entendiendo que el conocer debía adecuarse a la realidad, o descorrer los velos que la ocultan. Nietzsche denuncia todas las vías utilizadas como falsas porque la verdad misma incurre en la falsedad de fijar lo que es móvil; pero al substituir lo verdadero por la creatividad artística no advierte que su finalidad no ha cambiado: hasta entonces el metafísico pretendía salirse de lo físico trasladándolo, bajo la forma de verdad, al plano de lo irreal; el filósofo nuevo, apoyándose en los procesos artísticos, se traslada también al mundo de la irrealidad, con la diferencia, ciertamente notable, de que el filósofo tradicional recreaba el cosmos mientras que el filósofo nuevo recrea el mundo interior mismo. En la nueva andadura metafísica, lo hallado tras el arte, lo correspondiente en paralelo a la verdad, nos abre al conocimiento de lo humano, nos sensibiliza para la captación de los auténticos valores.

A la luz de esta metafísica vuelta hacia el hombre el misterio que envuelve la figura de Ignacio se esclarece un tanto.

Los ciegos de «En la ardiente oscuridad» distan mucho, en algunos aspectos, de los que encontrábamos en «El concierto de San Ovidio». Se trataba entonces de mendigos, risibles, dependientes de los demás en cada momento para conseguir la propia subsistencia, con la aspiración de elevarse a niveles de dignidad humana mediante la conquista de un arte: la música. La situación de los ciegos de «En la ardiente oscuridad», en ese sentido, parece resuelta: estudian carreras, se casan, son útiles. Pero algo muy grave les acontece: no ven, se encuentran limitados en sí mismos porque son «ciegos».

En sendos artículos publicados en los números 9 y 2 de la revista «Sirio» calificábamos de «ejemplos» a los ciegos de «El concierto de San Ovidio» y de «símbolos» a los de «En la ardiente oscuridad». Tenían entonces aquellos términos el alcance válido de aludir a un problema social en el caso de los mendigos y de trascender a los dominios de la metafísica en el caso de los colegiales. Pero en los niveles diferentes en que abordamos el tema en este libro, tanto unos como otros deben ser entendidos como pertenecientes al ámbito de lo simbólico. La ceguera utilizada por Buero para poner de relieve la precariedad humana en cualesquiera circunstancias o grados en los que se pueda intentar su comprensión es siempre un símbolo.

Los dos conflictos humanos expresados mediante este símbolo van a poner ante nosotros la problemática, a un tiempo diversa y semejante, de dos procesos en los que el hombre se encuentra empeñado.

La luz como el bien y la oscuridad como el mal, o, al menos, como medios de sugerir lo bueno y lo malo son formas características tanto de los comienzos de la cultura griega como de la cultura persa; pero las distintas maneras en que estos dos pueblos enfocaron sus inquietudes intelectuales, desde los mitos hasta las formas desarrolladas del pensamiento, les llevaron a divergencias notables, de las que ya hemos hablado largamente. Es importante, sin embargo, recordar ahora cómo del sentir persa del bien como incrementante se podía desprender la esencia de los valores éticos. De esa luz cabría decir que iluminaba un aspecto del hombre, el de su conducta, bien sea en relación consigo mismo, y esa sería la dimensión ética o, en un estadio ulterior, en relación con los otros, dando sentido a la sociabilidad humana. Para este aspecto del bien, en palabras que Buero pone en boca de Valentín Haüy, tal vez la música sea la respuesta a muchas preguntas.

Objetivos muy distintos eran los que atraían el interés de la mentalidad griega. El negro tártaro y la luminosidad de los dioses son estados, no actividades. Y cuando Faetón engendra en la Noche, el espíritu que late en el mito es el de un traer a la luz que atiende más a los resultados que al proceso de conseguirlos. En la cumbre de la trayectoria griega, la doctrina platónica no deja lugar a dudas: el cosmos de las ideas contiene los arquetipos, los paralelos perfectos de la realidad imperfecta; y así como la luz es condición indispensable de la visibilidad, así el bien condiciona el ser de los seres.

Ahora bien, invertidas las doctrinas de Platón y de Nietzsche, mirando al plano de lo irreal autocreado en el interior del hombre, la nueva metafísica ha de plantear que la posibilidad de dar ser a los entes depende, y aun exige, algo que, en principio, sólo puede expresarse mediante una forma mítica cambiada, a su vez, de sentido; depende y exige la iluminación de la irrealidad del adentro. Trasladando el sentido a términos artísticos, tan simbólicos como los míticos, podría decirse: «ardiente oscuridad». Nos encontramos ante una especie nueva de fuego que, en vez de expandir luz, expande tinieblas, porque su mundo es otro, es el mundo de la no existencia de lo real.

Ignacio, el personaje en que Buero hace coincidir los símbolos de la nueva metafísica que buscamos, arde, se quema en un fuego que es sufrimiento: el sufrimiento de no ver.

Ignacio trae a la conciencia la luz de no tener luz, esa luz que no existe, pero sin la cual no es posible el ser del hombre. Es una luz sobre la que podría recaer el calificativo de «falsa», como Nietzsche lo hiciera con respecto a la verdad; pero requerida por el hombre, no tanto para afirmarse como para gestarse; no como un apoyo en el afuera, sino como la aspiración máxima de su proyección interior; es decir, no tanto como un resultado de la verdad según Platón, sino como el único cauce posible para el discurrir del proceso de lo artístico.

La dimensión teológica de la metafísica es evidente; pero no se trata de un sentido teológico que apoye su valor en una trascendencia real, sino en esa dimensión del hombre de autocreación en el plano de una irrealidad que se encuentra más acá de las cosas e incluso del hombre mismo.

Cabría esperar que Ignacio manifestase deseos de ver refiriéndose al sol como objetivo supremo de sus aspiraciones; pero no lo hace así. La fuerte luminosidad solar por sí misma y, por otra parte, la utilización de ese ejemplo en las filosofías platónica y nietzscheana convertirían la obra de Buero en un caso más de tendencias al ultrarrealismo o, al menos, al realismo, que tanto han dominado a lo largo de toda la cultura de Occidente. Ignacio prefiere expresarse mitificando las estrellas. De esa manera, sus palabras dicen o sugieren una problemática muy distinta, y en algunos aspectos nueva, para los pensadores de la actualidad. Esos mundos que están ahí, tras los cristales, nos hablan en un lenguaje desacostumbrado: son tan fuentes de luz como lo es el sol, pero no logran jamás disipar la noche; brillan y, a la vez, tiemblan; están al alcance de la vista, pero no hacen visible el mundo, muestran sólo belleza.

Según se desprende, pues, de los argumentos esgrimidos, Ignacio sufre por no ver, mas no por no ver el mundo real que le rodea, sino porque su ceguera le impide asomarse al mundo de la belleza; sufre porque el espectáculo de la bóveda celeste, entendido como símbolo, no le dice nada, no le habla, sufre por algo que sólo se empieza a adivinar después de que sus propias palabras aclaren su íntimo sentir:

«IGNACIO. — El mayor obstáculo que hay entre tú y yo está en que no me comprendes. (Ardientemente.) ¡Los compañeros, y tú con ellos, me interesáis más de lo que crees! Me duele como una mutilación propia vuestra ceguera; ¡me duele, a mí, por todos vosotros! (Con arrebato.) ¡Escucha! ¿No te has dado cuenta al pasar por la terraza de que la noche estaba seca y fría? ¿No sabes lo que eso significa? No lo sabes, claro. Pues eso quiere decir que ahora están brillando las estrellas con todo su esplendor, y que los videntes gozan de la maravilla de su presencia. Esos mundos lejanísimos están ahí, (se ha acercado al ventanal y toca los cristales) tras los cristales, al alcance de nuestra vista..., ¡si la tuviéramos! (Breve pausa.) A ti eso no te importa, desdichado. Pues yo las añoro, quisiera contemplarlas; siento gravitar su dulce luz sobre mi rostro, ¡y me parece que casi las veo! (Vuelto extáticamente hacia el ventanal. Carlos se vuelve un poco, sugestionado a su pesar.) Bien sé que si gozara de la vista moriría de pesar por no poder alcanzarlas. ¡Pero al menos las vería! Y ninguno de nosotros las ve, Carlos. ¿Y crees malas estas preocupaciones? Tú sabes que no pueden serlo. ¡Es imposible que tú —por poco que sea— no las sientas también!»

Si la belleza abre nuestra sensibilidad al plano de lo irreal autocreado, y si el arte supone el dominio que el hombre ejercita sobre los medios que le permiten adentrarse en ese mundo de la irrealidad y desarrollarse en el sentido de los valores como síntomas de esa auto-creación humana, lo que Ignacio está manifestando es su deseo ardiente de penetrar y adueñarse de ese mundo con apariencias de trascendente, pero que, con mayor propiedad, debiera llamarse inmanente al hombre. Lo que Ignacio quiere ver no es otra cosa sino al hombre mismo.

Esto no quiere decir, sin embargo, que la aspiración máxima de Ignacio sea esa y sólo esa, la de ver al hombre: Ignacio quiere el ver como un apoyo, como una afirmación de sí mismo; quiere alcanzar las estrellas, apoderarse de la belleza para dar sentido y valor a su propio ser.

La indudable forma estructurada de «En la ardiente oscuridad» nos convence pronto de esos nuevos alcances de toda la problemática que en la obra se nos ofrece: Ignacio dice querer ver, pero cuando se proponen buscarle una novia para aliviar su tristeza, rechaza la idea con una frase que, por sí sola, nos introduce en el meollo de su conflicto: «lo que yo necesito es un "te quiero"».

Los términos «ardiente» y «oscuridad» hacen propicia, en la obra que comentamos, una interpretación psicoanalítica de carácter pan-sexualista. En efecto, tanto lo ardiente como lo oscuro recuerdan, en la interpretación simbólico-sexual del psicoanálisis, atributos vaginales.

No pretendemos negar aquí el valor de la exégesis psicoanalítica; pero sí queremos hacer notar que la utilización de unas formas sim-bólicas con el único fin de poner de manifiesto el origen sexual de muchas funciones elevadas del hombre, es restringir, de un modo injus-tificado, el alcance de los problemas.

De la estructura de esta obra puede decirse que está caracterizada por los contrastes entre situaciones, de manera que, de cada postura o actitud, pueda, mediante un salto imaginativo, pasarse a otro estadio de comprensión o de desarrollo. En la base de estos contrastes se encuentra el de la ceguera frente a la visión. En términos artísticos este salto queda expresado por la diferencia que va de sentir los cris-tales como límite, a la contemplación de las estrellas.

Que se trata de metáforas queda bien claro después del segundo de los contrastes: ver las estrellas o alcanzarlas.

No debe sorprendernos, por tanto, ahora, el contraste que se esta-blece entre una novia y un «te quiero».

Mucho sugiere por sí misma la sentencia de Ignacio; pero no se entendería adecuadamente su sentido si su alcance no se extendiese al conjunto de la obra y aun a la dimensión de lo humano en su totalidad.

Una novia es una convención social, que pertenece al afuera, al mundo de lo visible, a la luz del día; un «te quiero» hace vibrar la inti-midad, resuena en la noche, pertenece a la «ardiente oscuridad» de cada uno.

Dos de las muchachas que buscan a Ignacio atraen nuestra atención. Se llaman Lolita (Dolores) y Esperanza. El dolor y la esperanza lo persiguen; pero lo que él busca es otra cosa. Ignacio necesita un «te quiero» porque tan sólo el amor le puede dar sentido.

La mirada al afuera nos ha hecho creer que se quieren las cosas porque valen, que el valor pertenece a las cosas mismas. Observado de cerca el problema, se advierte, en cambio, que es el hombre el que valora. Lo que Ignacio pretende, en consecuencia, es ser valorado, y serlo sin necesidad de transformarse, serlo únicamente en justa correspondencia a lo que él hace: amar a Juana siendo ciega, valorándola tal como ella es. De un «te quiero» depende, pues, el que Ignacio gane en el mundo del adentro esa seguridad que no tiene en el afuera.

Si Juana, siendo ciega, quiere a Ignacio, también ciego, y si, de la misma manera, Ignacio quiere a Juana sin pedirle una elevación por encima de las condiciones que la determinan, la valoración del hombre en sí habrá experimentado, por fin, esa inversión del platonismo que Nietzsche esperaba; se habrá producido una transvaluación de todos los valores.

El superhombre, por su propia esencia, que implica una superación de la condición humana, nos sugiere la idea de una conquista de cualidades que tradicionalmente pertenecían al orden divino: Dios reemplazado a partir de los presupuestos de «En la ardiente oscuridad». Lo excelso, el modelo para el hombre, no se encuentra en una realidad superior, sino en una transformación del hombre mismo, autocreándose valorador; no se trata de que en el mundo de la ceguera entre la luz; las ideas no adquieren realidad cósmica, pese a lo cual valen, y el amor es su efecto.

La transvaluación de todos los valores cambiando la prioridad de la verdad por la del arte puede ser sólo un nuevo espejismo, si se pretende que lo artístico permanece en el dominio de lo real. La verdadera transvaluación de todos los valores, el movimiento revolucionario de la filosofía consiste en entender que tanto las ideas como los valores, como el bien que da sentido a las ideas y ser a los valores son, en su conjunto, irrealidades pertenecientes al mundo de la autocreación humana.

El hecho de que Ignacio quiera ver y, sin embargo, lo que necesite sea un «te quiero» nos permite ahora relacionar el querer ver las estrellas, el deseo de alcanzarlas y la necesidad de ser amado, trasladados al plano de lo simbólico con un nuevo punto de la filosofía de Nietzsche, el de la prioridad de lo voluntario sobre lo cognoscitivo, y, a su vez, reinterpretarlo con arreglo a los presupuestos de la presunta filosofía española.

El cosmos es, evidentemente, activo; pero interpretar la actividad del cosmos como voluntaria es, manifiestamente, un nuevo antropomorfismo.

El origen de la voluntad podrá rastrearse en diferentes etapas de la vida; pero es indudable que su máximo desarrollo sólo se logra en el estadio humano de la evolución.

Tender a... no es un acto voluntario; ni siquiera lo es tener un fin. Es necesario que los fines sean propuestos para que la voluntad sea manifiesta.

Atribuir voluntad al cosmos porque tiene fuerza, o es antropomorfismo o es teología de signo realista.

La característica que nos parece distingue el paso a lo voluntario es el hecho de proponerse fines por cuanto a la raíz de tal acto se encuentra el fenómeno, claramente humano, del valorar.

El hombre no se propone fines impulsado por una fuerza, sino atraído por un valor. La voluntad actúa, entonces, desde el adentro, contra unas fuerzas que se oponen a la búsqueda de un enriquecimiento del propio ser, es decir, discurriendo entre el dolor y la esperanza.

Alcanzado este estadio en el desarrollo de lo humano cabe todavía sentirse atraído con preferencia por el afuera y pretender, mediante la voluntad, dominar el mundo; esa sería la voluntad de poder. Pero el proceso a que asistimos en la obra de Buero Vallejo nos muestra otro panorama de objetivos, que constituyen una clara inversión del nietzscheanismo.

El fin que Ignacio se propone es un «te quiero», es el amor de Juana. Ignacio se propone ser amado, o lo que es lo mismo, ser valorado por el otro, y, para ello, pone su voluntad en valorar él, a su vez, sin pretensión alguna de dominio; ofrece su amor a Juana, siendo ciega, prefiriéndola incluso a una vidente.

La voluntad de Ignacio, el que quería ver las estrellas, el que deseaba alcanzarlas, se traslada ahora a un nuevo grado del problema. A la manera como el sol figuraba como la idea que hace visible las ideas, el amor es aquí el estadio superior, el bien que hace del valorar un valorarse, entregándose al otro y no pretendiendo someterlo.

El acceso al plano de lo voluntario, por otra parte, no comporta ni un sentido preciso ni una interpretación unívoca de los problemas. La voluntad de Ignacio trastorna todo el sistema pedagógico del centro; adopta una actitud mesiánica o demoníaca, que todo lo contagia y todo lo altera. Desde el sentir de Carlos, se trata de profundos deseos de muerte, enmascarados bajo esos ardientes deseos de ver.

Los siglos que van desde los comienzos de la filosofía griega hasta los últimos pensadores de hoy están llenos de una inquietud pedagógica, caracterizada por una vacilación constante acerca de si los conocimientos nos llegan de fuera a través del maestro o si cada uno tiene en letargo la fuente de todos los conocimientos posibles, siendo función del maestro únicamente el hacerlos salir a la luz.

De la infraestructura en que se apoya «En la ardiente oscuridad» aflora el mismo conflicto entre el afuera y el adentro, pero atraído por una inquietud muy distinta. La preocupación por averiguar la manera como surgen los conocimientos deja su lugar a la necesidad de una nueva orientación de la inquietud misma, a un nuevo enfoque del problema pedagógico en sí.

El centro en que se desarrolla la obra que comentamos tenía dos objetivos pedagógicos claros: estudiar carreras y mantener una «moral de acero».

La base ideológica no deja lugar a dudas: se trata de formar triunfadores. Buero lo ejemplifica en ciegos, con lo que, a un mismo tiempo, resalta la situación de desventaja de la que se parte, y brinda la oportunidad de trasladarse a la dimensión del símbolo y ver, en consecuencia, el problema con el alcance de un conflicto trascendente: la voluntad ha de permitir al hombre afrontar todos los obstáculos que el mundo le opone y elevarse a una dignidad superior.

Con la llegada de Ignacio todo se altera: el equilibrio en los patines se pierde; la moral de acero se resquebraja. La inseguridad cunde.

A pesar de estos efectos, el nuevo alumno no vacila en entender su influencia como positiva. El ideal del triunfo mira al afuera y deja ciegos para el adentro. Quienes se mostraban capaces de estudiar carreras y de mantener el equilibrio sobre patines no habían aprendido todavía a verse a sí mismos, no habían descubierto su propia ceguera. Ignacio les va a enseñar algo muy doloroso: la precariedad humana; y, en consecuencia, les va a proponer el cambio de los ideales del triunfador por los ardientes deseos de ver; la voluntad de dominio por un «te quiero».

De la apología del cambio hecha de una manera tan firme no era difícil inferir la similitud que la figura de Ignacio guardaba con la de un profeta. Sus palabras dejaban adivinar un sentido trascendente, puesto que hablaba de la luz en un medio en el que la luz, no sólo era ajena, sino incluso un imposible; la luz en aquel centro pertenecía a una especie de más allá, a un «distinto de lo real».

Pero la voz del profeta no es una voz redentora, no trae la buena nueva de un paraíso que nos recompense del sufrimiento. Estamos ante un profeta, a la vez mesiánico y demoníaco, un profeta que nos anuncia un estadio del hombre en el que el ser se eleva; pero al que no corresponde realidad alguna que lo sostenga. El ideal que Ignacio nos propone es la rebeldía ante los dioses; el desafío a su poder; la negación de sus promesas; y todo ello, no para salirse del orden teológico, sino para invertir su sentido, para cambiar su pretensión de realidad en el afuera en una visión valorativa del adentro.

Ahora bien, tal actitud crítica ante los ideales del triunfador, así como un esfuerzo por ver en lo oscuro del adentro, por verse y ver al hombre en su auténtica dimensión del ser, no podría desembocar en otro fin más que en una teología de la muerte: verse y verse en

el propio fondo de ceguera, y aceptar y querer al otro sin pedirle
supere esos límites que lo emparentan con la nada, es descubrirse miserable, saberse mortal:

«CARLOS. — (...) Yo te explicaré lo que te pasa: tienes el instinto de
la muerte. Dices que quieres ver... ¡Lo que quieres es morir!»

Pero una teología que, de esa manera, desemboca en la muerte,
dista mucho de ser una teología nihilista. El vacío a que el hombre
se enfrenta da sentido, nada menos, que al ser del valor.

Cuando Ignacio va a morir algo extraño se advierte en el espacio
escénico. Al modo de un personaje más se presenta la música. No es
una ambientación lo que Buero persigue con ello. El fragmento que,
a través de la radio, empieza a oírse pertenece a «La muerte de Aase»
del Peer Gynt de Grieg. Un momento, ciertamente no por azar, la melodía se queda sola en la escena. El arte mismo, en un monólogo, se
expresa en términos de evocaciones y reminiscencias.

Peer Gynt, la obra de Ibsen en que Grieg se inspira, narra con inigualable poesía la muerte de Aase, a la vez, como el pobre acabarse de
la anciana sobre un camastro desvencijado y pequeño, y como un maravilloso viaje hacia el castillo de Soria-Moria, la mansión celestial donde
san Pedro, primero, y el Padre Eterno, después, reciben y dignifican a
la madre del fantástico Peer, el Don Quijote y el Fausto de los países
nórdicos. Peer Gynt, sentado sobre la cama de la moribunda, fustiga
con un látigo imaginario un imaginario caballo; Aase pregunta un momento:

«AASE. — Algo brilla y centellea allí a lo lejos. ¿De dónde viene esa luz?
PEER GYNT. — Son las ventanas del castillo. Están bailando. ¿No lo
oyes?»

Ignacio muere, como Penteo, por haber querido vencer lo invencible,
el poder de Dionisos, y por haber querido ver lo prohibido, verse en
su génesis, ver aquello prohibido en que su madre está implicada.

Pero cuando Ignacio va a morir la música lo presagia. Ignacio está
muriendo; la música aclara el significado de eso que, a primera vista,
pudiera parecer nada más que un crimen.

Las ansias de ver de aquel escolar inquieto están a punto de acabar
en la nada para siempre; pero, a la vez, las estrellas, esos mundos lejanísimos, siguen brillando, como las luces del castillo de Soria-Moria.
Pronto el oscuro fuego que ardía en el pecho de un miserable se va a
extinguir y propagar en un solo movimiento humano. La nada misma
perfila su doble rostro: es la carencia absoluta de todo lo real, y es
también el punto de partida para alcanzar esa trascendencia que no
mira a un más allá del mundo, sino a un más acá del hombre; es el
punto de partida para la fundación de una metafísica que no aspira a
una realidad trascendente, sino a una liberación de la realidad limitadora.

Después que Aase ha muerto, Peer Gynt se dirige al mar, a ese símbolo materno en el que tantas trascendencias irreales van a tener su origen.

También tras la muerte de Ignacio, Carlos se va a trascender a sí mismo y nos va a descubrir el más hondo de sus significados.

Ausente y rígido ya antes de asesinar a Ignacio, Carlos se manifiesta afectado del mal que va a causar a su compañero; Carlos se acusa portador de la muerte, se acusa mortal por esencia; mata y, por lo tanto, experimenta la muerte en sus propias manos. Resulta muerto Ignacio; pero la muerte se hace Carlos. El uno y el otro son sólo dos mitades de una misma personalidad. El uno y el otro son el resultado de los dos únicos videntes de la obra, el padre de Ignacio y doña Pepita, madre simbólica de Carlos.

En aquel mundo de ciegos podía hablarse de videntes como los poseedores, sin más, de la vista; pero si extendemos la característica de la ceguera a la humanidad, la situación de tales videntes debe relacionarse con su sentido de ultravista al que el padre de Ignacio alude. Nos encontramos, pues, ante una pareja de padre y madre, el uno real e irreal la otra, que nos evoca claramente esa trascendencia hacia adentro a que tantas veces nos hemos referido.

La muerte, en consecuencia, afecta a Ignacio y a Carlos a un mismo tiempo, como la unidad humana que constituyen.

Así, pues, la muerte de Ignacio va a dar lugar al último contraste de la obra y a la última dimensión de trascendencia, a la vez irreal y válida, que contienen los símbolos aquí utilizados.

Todo vuelve a la normalidad: las parejas se reencuentran y la moral de acero triunfa de nuevo; incluso la propia muerte de Ignacio es interpretada como una búsqueda de aquello mismo que él atacaba: quería hacerse tan hábil como los demás, quería entrenarse en secreto. Nada, sin embargo, vuelve a ser como antes; una distancia infinita separa lo que fue de lo que ahora empieza a ser; el último grado de la trascendencia irreal empieza a vislumbrarse. Las manos de Carlos tocan un momento la cara de Ignacio muerto, después tocan los cristales en un movimiento paralelo que no puede carecer de sentido:

«CARLOS. — ...Y ahora están brillando las estrellas con todo su esplendor, y los videntes gozan de su presencia maravillosa. Esos mundos lejanísimos están ahí, tras los cristales... (Sus manos, como las alas de un pájaro herido, tiemblan y repiquetean contra la cárcel misteriosa del cristal.) ¡Al alcance de nuestra vista!..., si la tuviéramos...»

Adivinamos, entonces, su discurso al tocar el rostro de su víctima: «Tras tu muerte, tras la muerte de todos, se encuentra la inmortalidad, y nosotros la alcanzaríamos, si fuésemos inmortales; aunque sospecho que si fuese inmortal ardería en deseos de ser dios, de elevarme hasta el último grado del ser perfecto, querría ser la fuente de la perfección misma.»

He aquí el platonismo y el nietzscheanismo invertidos, transformados en una filosofía de signo humano que trasciende, por vía del arte, el mundo de la realidad en que vivimos y se adentra en el verdadero ser del hombre por la senda de la autocreatividad.

Capítulo XXVII

Madre Tierra: retórica y silencio
El doble espejo humano en «Las cartas boca abajo»

Es notorio el auge creciente que en nuestro siglo han ido tomando las ciencias del lenguaje y de la comunicación humana, así como la preocupación paralela que en el pensamiento filosófico han seguido lo imaginario y lo simbólico. No deja de sorprendernos, sin embargo, que la cumbre de estos estudios e inquietudes, más o menos en la década de los sesenta, coincida con una gran crisis del concepto mismo de la lengua y del habla.

Los nuevos pensadores, artífices de un cambio de mentalidad, se apoyan, como hemos visto, en el concepto de genealogía propuesto por Nietzsche; pero de haber tomado sus argumentos como incontestables, más se hubiera seguido un abandono del tema que un giro en su orientación. Si el logos, que sirve de base a toda la arquitectónica en torno a la lengua edificada en Occidente, carece de sentido y no es sino un fantasma heredado del teologismo mítico en que se originó nuestra cultura, bastaría haber aclarado la falsedad de los fundamentos para que el progreso de los estudios lingüísticos se detuviera. El hecho, pues, de que tales estudios continúen, cada día con nuevos éxitos, nos hace pensar que no todo está resuelto con el cambio del logos por la genealogía.

La esencia del lenguaje se sumerge, a nuestro entender, en una grave crisis como una consecuencia más del convencimiento de que ninguna realidad se encuentra tras las llamadas ciencias del espíritu, o los valores del espíritu, o tras el espíritu mismo. El logos, como razón o como lengua, pertenece por entero al plano de lo irreal autocreado por el hombre y sólo desde esa perspectiva puede entenderse su verdadero sentido.

Se impone, en consecuencia, un nuevo regreso a ese problema que aparece siempre en la raíz de todas las crisis que ha experimentado la cultura desde la época griega hasta nuestros días.

No le bastó a Platón descubrir que toda la realidad era imperfecta para concluir que la perfección era obra de la creatividad humana; ni a Kant comprobar que Dios no era intuible para decidirse a entender que lo divino se gestaba en la interioridad del hombre. Para Kant, en efecto, Dios es una idea, pero de la que no se aclara suficientemente su origen. Cuando Nietzsche y sus sucesores niegan valor a la metafísica, no justifican tampoco su persistencia a lo largo de los siglos más que como un nihilismo que debe ser superado.

Si el ser de la lengua se ve hoy afectado por la crisis, no cabe duda de que nos encontramos ante una nueva etapa del mismo proceso que va siguiendo la evolución del pensamiento filosófico; pero tampoco esta vez se ha logrado traer a plena luz el ser del conflicto en su génesis.

Parménides nos convenció en un grado excesivo de que sólo el ser es y de que la nada «no es». De la nada podemos afirmar sin reservas que no existe; pero al concluir que ni siquiera «es», las puertas de las posibilidades del mayor enriquecimiento de lo humano quedaron cerradas.

Cada vez que la negación se aplica a un objeto, su existencia en el mundo de lo real desaparece, mas no así su ser en el plano de la irrealidad. La cosa pasa entonces a ser concebida; no percibida. El conflicto surge cuando lo negado abarca la totalidad de lo cósmico, sin excluir siquiera el espacio y el tiempo. La nada aparece, de esa manera, como el punto desde el que la imposibilidad se hace universal: desde la nada nada puede ser creado.

El problema cambia de aspecto si entendemos que, al margen del plano de lo cósmico, el hombre es capaz de dar sentido a un mundo irreal en el que el ser prescinde del existir. Ahora bien, sobre ese mundo de la no existencia puede, a su vez, proyectarse la cualidad de positivo o la de negativo; es decir, la negación puede extenderse al plano de lo concebido, al mundo de lo irreal; es posible concebir y negar lo concebido. De esa manera, alcanzamos precisamente el ser mismo de lo negativo, y, si la negación del mundo de la irrealidad se hace universal, alcanzamos lo que podríamos llamar «el ser de la nada».

Estamos, por tanto, ante la posibilidad de liberarnos de la tiranía, que nos impusiera Parménides cambiando su aserto por el de: «el ente existe; la nada tan sólo es».

La filosofía que cabe vislumbrar a partir de estos planteamientos no consiste en una modificación de un aspecto parcial del pensamiento tradicional de Occidente, sino en un replanteamiento del origen del filosofar que, al mismo tiempo que afecta al conjunto del trabajo filosófico acumulado a lo largo de la historia, permite conservarlo todo con un simple cambio en el enfoque de los problemas y conflictos.

El nuevo concepto de la nada no puede afectar nunca al mundo de los entes, pues la característica de los entes es el estar siendo, el estar fluyendo en la realidad como un hecho incontestable. Sólo en el plano de lo irreal es posible la nada; pero aun en este caso, su ser requiere una reflexión verificada sobre el producto de lo ya reflexivo. La nada viene a ser, por tanto, la negación de las negaciones.

Nos encontrábamos, al comentar «En la ardiente oscuridad», con las estrellas como el símbolo de una luz que no consigue vencer las tinieblas de la noche. Se trataba de un símbolo por el que se invertía el significado del sol en la doctrina platónica de la idea, el bien haciendo posible el ser de las ideas mismas. La concepción de la nada que ahora nos sale al encuentro tiene también una función similar en el mundo de la irrealidad autocreada por el hombre.

La nada se nos descubre ahora como el ser que hace posible el plano de lo irreal, y, en consecuencia, el fundamento del que depende el sentido de lo humano en su autocreación misma. La nada es el punto de partida del verdadero ser del hombre.

La crisis en que se encuentra sumida la radicalidad del lenguaje puede, a la luz de estas primeras conclusiones, empezar a revelarnos sus secretos y a perder su aire de misterio.

Nuestra cultura no ha dudado nunca en dar al lenguaje la consideración de un instrumento al servicio del hombre, en atribuirle una finalidad en el afuera. La lengua es un sistema de símbolos y signos, réplica del universo, que permite a los conocedores de las correspondientes claves enviar y reconstruir mensajes. Es, por lo tanto, un instrumento que tiene por fin la comunicación, y que utiliza como medio una suplencia de las cosas por signos que las representan.

Advierte Derrida en su libro «De la gramatología» que tras los signos no se encuentra jamás la cosa, la realidad significada, sino un nuevo signo y tras este otro, en un proceso ilimitado. De esa manera, la convicción de la función instrumental del lenguaje se resquebraja, al mismo tiempo que una gran interrogante se abre ante nosotros: ¿Qué es entonces el lenguaje?

Antes de aventurarnos en el intento de una respuesta a esta pregunta, debemos afrontar el comentario de otra obra de Buero Vallejo, «Las cartas boca abajo», de la que esperamos obtener algunas sugerencias orientadoras.

En la escena tan sólo cinco personajes: un matrimonio, Adela y Juan; un hijo, Juanito; y dos hermanos de Adela, Anita y Mauro.

Las cartas parecen estar «boca abajo» entre mujer y marido por falta de diálogo, porque no hablan; pero, de hecho, siempre están hablando. La verdadera incomprensión se encuentra a niveles más profundos. Adela, fundamentalmente, ha perseguido objetivos muy distintos de los que sus palabras podrían hacer creer; sus intereses, al ser otros, diferentes de los que se muestran a la luz del día, convierten el lenguaje en un equívoco, en un falso instrumento al servicio del hombre; la palabra no descorre el velo de la cara invisible del problema.

En una disposición paralela al matrimonio, los hermanos, Mauro y Anita, nos brindan la oportunidad de contemplar la misma problemática de una manera privilegiada.

Mauro y Anita reflejan; mas no como los espejos, que devuelven en forma de imágenes las cosas que se les muestran, ni siquiera como los espejos de feria, que ofrecen también imágenes de la realidad, aunque sea deformándola. Mauro y Anita reflejan, como el arte, cualidades determinadas, separándolas de su medio, permitiéndonos así el acceso a la génesis de los motivos mismos que representan.

No es difícil identificar a Mauro con la retórica; pero la importancia de esa figura no consiste únicamente en el desempeño de su función, sino en que, a través de ella, puede hacérsenos comprensible uno de los aspectos esenciales del lenguaje. Mauro es un retórico, en primer lugar, porque utiliza el lenguaje como un instrumento a su servicio; dice lo que los demás quieren oír y, por ese medio, obtiene de ellos lo que necesita o lo que le agrada; de Adela, en particular, obtiene la posibilidad de las llamadas telefónicas, de dormitar en el sofá y algo muy importante, las copas de coñac. A este nivel, por tanto, retórica y mentira coinciden, si bien, se trata claramente de una mentira que cada uno se cuenta a sí mismo; de ahí su dimensión de refleja. Pero el ser de la retórica que Mauro representa no se agota tampoco en eso.

Anita, por su parte, parece encarnar la cualidad opuesta: el silencio. Asistimos, también en este caso, a un callar reflejo. Anita no dice aquello que los demás no se quieren decir; no habla porque los demás no quieren verse, o, con mayor exactitud, porque los demás intentan ocultarse a sus propios ojos. El resultado no difiere, pues, grandemente del de Mauro: la mentira de cada uno. Pero tampoco el silencio de Anita es sólo eso.

La muerte de Juan, imaginada por su mujer y su hijo, da a la obra un especial carácter edípico. El padre muere, pero no es el hijo quien lo substituye, sino Carlos Ferrer Díaz, un personaje que no aparece y sin embargo no deja de estar presente en la escena a lo largo de toda la obra.

Carlos Ferrer tiene una realidad huidiza. Recordado amor de Anita, que Adela roba para perderlo pronto a su vez; compañero de estudio de Juan un día, pero sin mantener después relación alguna; Juanito consigue conocerlo y tratarlo sólo un rato, a continuación se va; Mauro, por su parte, urde a su costa una de sus mentiras más arriesgadas. En otro sentido, su incuestionable valía le convierte en admirable, en una especie de ideal, amoroso para Anita y Adela, de personalidad para Juanito. Pues bien, ese personaje, mitad recuerdo de un pasado idílico, de un paraíso perdido, mitad modelo para un futuro glorioso, es el substituto imaginado tras la muerte de Juan. Incluso por rebelarse éste a la idea de seguirlo pierde la oposición, última esperanza, para él, de una vida meritoria.

El complejo de Edipo, el conjunto de mitos que más ha influido en el desarrollo de la cultura de Occidente, y en el que el parricidio descubre el deseo profundo del hijo de substituir al padre que es su ideal de vida, queda, en la obra de Buero, modificado de tal manera que la nueva forma artística nos permite concebir una sociedad distinta. El padre no sucumbe aquí por efecto de una lucha; entre padre e hijo no se establece una dialéctica competitiva. La muerte del padre en «Las cartas boca abajo» significa la destrucción de un modelo de sociedad y la creación de otros ideales que nos permiten encaminarnos hacia una cultura de signo verdaderamente humano.

Acaba de anunciarse una profunda crisis, de idiosincrasia tan insólita que no se la puede llamar revolucionaria, ni siquiera real; hemos aludido a la muerte simbólica que la inicia como «imaginada», pero tampoco el calificativo la explica de manera adecuada por cuanto la imaginación no limita su alcance.

Para adentrarnos en el verdadero sentido de esta crisis es necesario acudir de nuevo al doble espejo que suponen los hermanos Anita y Mauro.

Afanosamente, Anita se ha venido ocupando de una tarea que ya en otras ocasiones hemos visto aparecer en las obras de Buero: el tejido. Se trata ahora de un jersey, que todos interpretan destinado a Juanito, pero, una vez acabado, surge la sorpresa: era para Juan.

También tejía Penélope, según el punto de vista, sueños o un sudario. El tejido de Anita es, de igual manera, ambas cosas: Juan ha de morir, está muriendo ya; pero en su muerte se encuentra la verdadera vida, la vida soñada, su proyecto de hombre a lo Ferrer Díaz, el creador indiscutible. Anita, por tanto, tiene figura de Parca; refleja el ser mortal del hombre, lo que no significa un mero acabarse; al contrario, en ese reflejarse de la finitud se encuentra la clave de la aspiración a la trascendencia de los propios límites, al soñar que da sentido y valor a lo humano. Estamos ante la muerte como presentimiento positivo.

Frente a la figura de Anita está la de Mauro, no para contradecirla, sino para complementarla. Es la otra cara de la misma moneda. Juan tal vez esté viendo en Mauro a su hombre viejo que debe morir, ese otro espejo en el que se proyecta lo caduco de cuanto su figura representa.

Juan había ido superando los ejercicios de la oposición para aspirar a una cátedra en la universidad hasta que Mauro, al robarle precisamente los libros de Carlos Ferrer Díaz, le hace fracasar en el último. Mauro es, pues, el instrumento por el que Juan queda eliminado en una competición, queda apartado de la vida competitiva. A partir de ese momento, Mauro y Juan se reconcilian; podríamos decir, se entienden.

Una vez derrocada la sociedad competitiva, la autoritaria, la de la fuerza, Juanito, el único posible sucesor del Juan representante de la sociedad vieja, el espíritu del futuro, queda libre, podrá marcharse al extranjero, a una lejanía sin influjos de un dominio que se hace pretérito.

Juan, apaciguado tras su derrota, tras su conquista de la dignidad del antihéroe, da paso a Juanito para que inicie un proceso distinto. Una etapa se avecina en la que ya no será importante ser héroe o antihéroe, esa lucha habrá terminado. En el futuro nos espera la libertad y la colaboración mutua y desinteresada entre los hombres; de ahí que la crisis anunciada no sea ni revolucionaria, ni real, ni tampoco el producto de un esfuerzo imaginativo. Se trata del inicio del ser del hombre con la convicción de que nunca debió haber sido de otra manera.

La libertad de Juanito no se logra, sin embargo, a expensas de la autoridad de Juan, sino contra otro tipo de dominio: la fuerza generadora de Adela. La crisis no afecta sólo a la figura del padre; ni siquiera es ese el nudo sobre el que gira la nueva problemática.

En la muerte de Juan, que calificábamos de imaginada, participan a un mismo tiempo, su hijo, lo que le da al conflicto su dimensión edípica, y su mujer, lo que nos sugiere, también por vía simbólica, un sentido mítico muy diferente, de caracteres incluso opuestos: Adela piensa un mundo sin Juan a la manera como Clitemnestra elimina de Argos al rey Agamenón, su marido.

Cuando Juanito, al final de «Las cartas boca abajo», sale sin dirigirse a su madre, ignorándola, alcanzamos a ver en él un eco del espíritu de Orestes, que castiga la muerte del padre.

Coinciden en Juanito, pues, Edipo y Orestes; pero así como ambos personajes griegos vuelven a sus orígenes para realizar su destino, el personaje creado por Buero se va, se aleja porque su destino es otro.

Las circunstancias históricas en que Esquilo y Sófocles crean sus obras están marcadas por el signo del cambio. Una aristocracia gastada está cediendo el paso a una democracia naciente; la competitividad se está transformando en colaboración; un matriarcado arcaico muere donde un patriarcado aparece pujante. La evolución es clara, pero no lo es menos que el abrirse camino de las nuevas tendencias se debe a la fuerza; un orden cede ante otro orden que se impone. La lucha es el medio imprescindible para que surja el hombre nuevo; unas ideas se implantan sobre las ruinas de las que les precedieron.

La cultura occidental en su conjunto no ha abandonado nunca el modelo griego. Se impone o, cuando menos, se compite en la política, en el trabajo e incluso en el deporte. Nos encontramos en una sociedad de vencedores y vencidos. Como consecuencia, tampoco deja de producirse un efecto muy adecuado al caso: las fuerzas reprimidas se transforman y, con nuevos disfraces, reinician la contienda: Edipo mata a su padre, pero queda sometido al cobijo materno; Orestes, tras su matricidio, sufre la persecución terrible de las furias.

Sartre, en «Las moscas», recobra el personaje de Orestes para el siglo XX y le hace símbolo de una nueva crisis. El hombre ha venido sintiendo los remordimientos como un castigo impuesto por la conciencia de la culpa; la madre asesinada provocaba la venganza de la sangre a cargo de las furias. A través de la mirada que Sartre dirige al fondo del problema una dimensión distinta del hombre sale a la luz: los remordimientos no son un castigo, no se originan en la mala conciencia. Culpa y remordimientos no son causa y efectos, sino que ambos condicionan el ser del hombre, de manera que, al modo de la dialéctica hegeliana, culpabilidad e inocencia se identifican. El abismo a que el hombre se asoma tiene el horror como condición de visibilidad. Ser hombre es asumir ese horror, llevarse consigo para siempre las moscas, las furias herederas de la historia.

El revivir del mito a que asistimos en la obra de Buero tal vez se deba al mismo conflicto básico, a una crisis de la esencia de la culpabilidad; pero tanto las trayectorias seguidas como las conclusiones a que se llega difieren radicalmente más allá y más acá de los Pirineos.

El solitario hombre sartriano, avocado al abismo de la nada, se horroriza. Serenos los antihéroes de Buero Vallejo ante una nada igual al ser de los valores de un mundo irreal, buscan, trasponiendo la región de las culpas, un sentido autocreado que les permita el acceso a la libertad radical; buscan, mediante una sociabilidad no condicionada, el sentido de su propio sentido.

La lejanía de la casa paterna que Juanito pretende se nos muestra también como un vacío de ser, como un elocuente silencio que nos invade.

Y de nuevo hemos de acudir a la pareja de hermanos, Anita y Mauro, para que, como espejos, nos permitan adentrarnos en un significado que nos trasciende.

De la proyectada salida al extranjero espera Juanito conseguir un desarrollo de la personalidad como no sería posible alcanzar manteniéndose limitado a sus raíces locales. Se trata, por tanto, de una salida relativa, puesto que tiene por fin la entrada en sí mismo, su propio logro. Se trata de un afuera que conduce al adentro. Juanito debe liberarse de una situación en que es dominado, debe salir de las influencias de lo que puede considerarse como lo suyo, su origen; pero lo más importante es la clase de destino que busca. Edipo, sin saberlo, era atraído por el trono de Tebas, se dirigía hacia un dominio que antes ejerciera su padre. Es decir, Edipo busca liberarse del dominio para dominar. Juanito, por el contrario, persigue una situación en la que todo dominio del hombre sobre el hombre quede abolido; en su búsqueda pretende el cambio del padre, el opositor, el que compite, por el Carlos Ferrer, creativo y libre. El afuera al que se encamina es un adentro humanizado.

A primera vista, los hermanos Mauro y Anita representan también un afuera y un adentro, pero al mirarse Juanito en ellos su proyecto de vida se aclara. Mauro viene siempre del afuera que es la calle, su papel característico es la retórica, una manera de lenguaje que reproduce el mundo cósmico, que representa la entidad de las cosas; Anita, en cambio, viene del adentro, de su cuarto donde se encierra, a la vez en la soledad y en el mutismo; a la misma salita a la que Mauro entra, ella sale; su callarse, por otra parte, es expresivo. Es un lenguaje en el que no se reproduce nada, un lenguaje que sólo representa el vacío de lenguaje, el silencio necesario para dar a la palabra el sentido de la irrealidad. Anita, al callarse, no sólo contrasta con la retórica de su hermano; establece además, con él, una dialéctica por la que se hace comprensible el valor de la nada como el ser originario de la palabra, la nada como el ser que da el ser a la palabra como síntoma de una liberación del hombre, la palabra como creatividad.

Empezamos así a darnos cuenta de que en la salida de Juanito se encuentra el simbolismo de un nuevo alcance de la trascendencia. Juanito se dirige a un adentro que está más allá del afuera, o lo que es lo mismo, a un afuera que está más acá del adentro; pero lo importante de su viaje es la decisión firme de conquistar la imagen de su propio espejo, la imagen que él mismo ha creado, pero que, al ser una imagen que se descubre por su reflejo, al ser una imagen proyectada, su conquista en el plano de la realidad es un imposible, es una conquista que en la dimensión mítica equivale a una prueba iniciática.

Se caracterizaba la poesía de Rilke por un entender la muerte como una dimensión desconocida de la vida, y la vida como un esfuerzo por alcanzar lo inalcanzable que la muerte significa. De esa manera, la directriz suprema del hombre debe ser la atracción de lo difícil. Sólo en la dificultad se consigue la dignidad humana.

Pues bien, la conquista que Juanito se propone coincide en sus presupuestos con la visión poética rilkeana. La vida ha de valorarse por lo que tiene de no vida, por la mortalidad que, no sólo la limita, sino que, sobre todo, le da el único sentido posible, el sentido de la autocreación incluso del sentido mismo. El objetivo será, en consecuencia, la conquista de la libertad como lo más difícil.

El tema de la nueva metafísica que la libertad como conquista plantea ya, en cierto modo, nos va a acompañar hasta el final de este libro; pero ahora, antes de concluir el comentario de «Las cartas boca abajo», habremos de detenernos todavía en nuevas observaciones acerca de ese punto de partida, ese conflicto que forman en su conjunto los cinco personajes vistos al modo de una estructura, cuyas partes se explican mutuamente.

Podría decirse que Adela es la protagonista de la obra, puesto que desempeña el mayor papel y aun quizá el más importante; sería, sin embargo, más correcto decir que ella es la antagonista de todos. Adela es el núcleo en torno al que gira toda la familia, y, a la vez, el obstáculo que cada uno ha de vencer.

Los rasgos que determinan este personaje forman como dos constelaciones bien delimitadas, la una en torno al lenguaje y la otra en torno al dominio.

Adela habla, pero no dice; no miente, pero tampoco es veraz. Para definirla habría que decir que se caracteriza por ocultar.

Por otra parte, Adela no manda y sin embargo se impone; no compite, sino más bien tiraniza. La define, en este aspecto, el poseer una especie de fuerza de gravedad que impide el desprenderse de ella.

En resumen, dos notas esenciales, el ocultar y el atraer. Se trata, por lo tanto, de una evidente figura de Madre Tierra.

En las culturas arcaicas, y hasta etapas de un alto desarrollo de las mismas, las diosas madres han tenido como prerrogativa primordial el regir los ciclos agrícolas; eran diosas de la vegetación. No obstante, previo al desempeño de esta función de manera exclusiva, las mismas diosas u otras de características similares que les precedieron, desempeñaron el papel de rectoras de la vida animal. Son las diosas cazadoras, como Anat, por ejemplo, a quien en la cultura de Ugarit encontramos ya vinculada a un ciclo mítico de la agricultura.

Adela, vista en paralelo con las madres en las manifestaciones arcaicas de la vida religiosa, presenta también el síntoma claro de su pertenencia a un tiempo distinto, a la lejanía: Adela se siente en comunidad con los pájaros, inmersa en la algarabía de su canto.

Al igual que en el capítulo anterior, hemos de prescindir también aquí de una interpretación psicoanalítica, fácil de elaborar por parte del lector interesado, ya que los rasgos de Adela son evidentes.

Nuestro interés debe centrarse en el valor simbólico que pueda tener la Madre Tierra respecto a la autoformación del hombre.

El secreto primero que la madre tierra guarda en su seno es su propia creatividad, y lo guarda, probablemente, porque ella misma desconoce el sentido de esa intimidad de donde parte su fuerza creadora. Para penetrar en ese adentro originario se requiere la colaboración de una mirada que la madre tierra no posee. La mirada sale, va hacia el afuera, lo que la hace de signo masculino. Si se dirige a un adentro será necesariamente el adentro de otro. Los secretos de la madre tierra, por consiguiente, sólo pueden ser arrancados por la inteligencia paterna.

Las visiones parciales de la cultura han consistido, sobre todo, en pretender que en una sola de las direcciones se encontraba la plena capacidad para fructificar.

La profundidad que caracteriza a las mujeres en las obras de Buero nos ha permitido, mediante el análisis de algunos mitos significativos construidos en torno a esas figuras femeninas, traer a la luz valores positivos del matriarcado que el triunfo de los ideales patriarcalistas había relegado al olvido. El alto nivel alcanzado por los tipos de mujer, sin embargo, no debía significar el menoscabo de la masculinidad. «Las cartas boca abajo» tiende a la búsqueda de un equilibrio o, tal vez, de una superación de la disyuntiva tanto en el plano de lo individual como en el colectivo.

Para poder contemplar su propia imagen necesita Adela el doble espejo de Mauro y Anita, que, además de ser hermanos entre sí, lo son también de ella.

En el silencio de Anita, en el callarse como la expresividad de la nada, adivinamos el ser del secreto que Adela guarda, su creatividad oculta, el boca abajo de sus cartas; pero esa capacidad creadora interna quedaría infecunda, incluso en la dimensión de la irrealidad que nos ocupa, si no le acompaña la fuerza del verbo, el lenguaje como sentido interhumano.

No le basta a Adela mirarse en Anita, necesita, además, verse en Mauro, en el puro lenguaje.

Hermanados el silencio y la palabra, vislumbramos la llegada de nuevos signos que pugnan por hacérsenos patentes. El callarse de Anita no es un silencio del no decir, sino la parte negativa de la palabra, la nada de la que la palabra se origina; es un no decir donde todo tendría que ser dicho. Al contrario, el lenguaje hueco del que se sirve Mauro, no es sólo un vacío de contenido; su vacío es una llamada, una falta que pide ser subsanada.

El lenguaje resulta ser, así, la unión del silencio y la palabra. El silencio creador a partir de la nada, y la palabra creadora de símbolos que reproducen, no la realidad, sino la representación de la realidad.

El viejo problema del lenguaje como expresión o como comunicación se altera un tanto tras las premisas que anteceden. No se trata de limitar las funciones, sino de averiguar el origen de su esencia y, a partir de ella, el panorama de sus cualidades se hará explícito tan sólo con seguir su trayectoria.

La génesis del lenguaje coincide con la génesis del ser del hombre como habitante del mundo de lo irreal autocreado. Es necesario hacerlo posible, darle sentido enraizándolo en la nada como elemento del que se conforma.

Pero, una vez originada la capacidad de lenguaje, un segundo momento se nos impone, en un «a continuación» que no es temporal, sino de grado. La misma capacidad es compartida por los demás hombres, de manera que ese ser del lenguaje debe resolverse en hablar. El proceso supone, en efecto, la comunicación, pero el objeto que se comunica no es el afuera sino el adentro, no es la realidad sino los valores, incluso los valores motivados por el mundo real puramente externo. El ser del lenguaje no sólo se refleja en los espejos, les pertenece, es, por esencia, especular, no de lo real, sino de lo humano autocreado.

Sin proponérnoslo siquiera, acude a nosotros el problema de la verdad. Muchos pensadores llamados materialistas han entendido que la verdad consiste en un reflejarse de las cosas en la mente humana, que la imaginación y la inteligencia actúan al modo de espejos de la realidad, espejos interiores que se impresionan por una especie de efluvios que les llegan del cosmos y cuya forma reproducen. Los argumentos son claros: sólo existe lo real y, por lo tanto, la verdad necesariamente ha de consistir en reflejarlo.

En la nueva metafísica que ahora se nos ofrece, la problemática difiere de un modo notable. La realidad nos envía su imagen que, indudablemente, puede ser verdadera; puede haber una correspondencia adecuada entre lo que percibimos y lo que está siendo; la inteligencia puede, a su vez, descubrir las relaciones que rigen entre las cosas, hacer patentes sus leyes. Cuando lo que buscamos no es la verdad, sino la certeza de eso que se nos muestra como verdadero, el problema se complica. Aparece entonces la diferencia entre el plano de la realidad exterior y el plano interior de lo consciente. Podemos comprobar entonces que la certeza alcanza sólo a los fenómenos que se producen en la conciencia propia: Cuando pienso sé que estoy pensando; es indudable que todo aquello, ciertamente, lo estoy pensando. Pero cada vez que intento aplicar la categoría de la certeza a la verdad que me llega de la realidad externa, doy un salto en el vacío, atribuyo los criterios válidos en los niveles de lo irreal al plano de la realidad sin que ley alguna me autorice a esa extensión de mi pensamiento.

La fenomenología de Husserl, en nuestra opinión, tiene a la base esta distinción de planos, y sigue, como método, el situar entre paréntesis todo lo correspondiente a la verdad con el fin de no negarla, para filosofar luego dentro de la dimensión de lo abarcado por la certeza. Hasta ese nivel de su pensamiento nada se le puede objetar; pero al no conformarse con la separación entre lo verdadero y lo cierto, al pretender que las esencias a las que llega en su investigación fenomenológica son las «esencias de las cosas mismas», su pensamiento da ese salto en el vacío de que hablábamos líneas atrás. Las esencias, aunque sean esencias de las cosas, no dejan de ser meras esencias, que no nos autorizan a decir que lo que nos brindan es la certeza de la realidad. Por otra parte, lo real y sus leyes, lo que entendemos como el objeto del saber científico, sólo puede aplicarse al plano de los fenómenos conscientes en cuanto objetos, pero con ello el auténtico quehacer de la filosofía se limita, no se enriquece.

Para la nueva perspectiva metafísica que se nos propone, para la filosofía española que nos aguarda, verdad y certeza en su conjunto constituyen sólo un aspecto mínimo de la verdadera aventura filosófica, constituyen la parte del lenguaje ya establecido, la de Mauro. Más allá de ella, el silencio de Anita nos está diciendo, como a Ignacio las estrellas tras los cristales, que el conflicto a que debemos enfrentarnos es otro, que frente al sol como símbolo del bien y como idea de las ideas, hemos de atender a la nada como símbolo de la creatividad de las creaciones; que frente a la luz está la noche provocando nuestra rebeldía.

Queda patente, en la nueva filosofía, el principio nietzscheano de dar preponderancia a la creatividad artística sobre el problema de lo verdadero; pero con ello no hemos de entender que se ha de negar el sentido de la trascendencia, sino únicamente la pretensión de que a esa trascendencia corresponda una realidad distinta.

Anita se nos aparece ahora como una inversión de la Parca. La muerte no es sólo el fin del hombre, es también, y aun sobre todo, el principio en el que se origina nuestro sentido, el silencio que precede a la palabra.

Iniciados así en la interpretación de la figura de Adela, una nota decisiva empieza a poner de manifiesto lo compacto de su valor simbólico. Adela, como Madre Tierra, oculta y atrae, pero, a la luz de la estructura de la obra, ocultar y atraer son la misma cosa; su intimidad es un secreto porque la atracción que ejerce sobre su mundo interior le impide la salida a la superficie. Los secretos de la Madre Tierra es preciso arrancarlos, se requiere un esfuerzo, llamémosle titánico; la decisión de enfrentarse a lo más difícil para que alguna luz se filtre hacia las honduras de su génesis. Al hombre se le impone un duro trabajo sobre sí mismo para darse su propio sentido.

Adela es, además, lejanía, al parecer en un doble aspecto: los pájaros, oídos por la mañana, cantan y se alegran porque un nuevo día comienza; pero al atardecer su algarabía está compuesta de gritos: se aterran porque la muerte se acerca. Son, sin embargo, los mismos pájaros y los mismos trinos, y debe ser, de igual manera, una misma lejanía. La muerte que destruye no es otra que la muerte creadora de los valores.

La trascendencia, en último extremo, debe comprenderse desde la nada como el segundo grado de la irrealidad del mundo autocreado, como la nada en su positividad que permite concebir lo posible, no sólo un grado más allá de lo real, sino, sobre todo, como un grado más allá de lo imposible.

La lejanía en que Juanito quiere establecerse no escapa tampoco del sentido unitario del proceso. Juanito es un síntoma del arrancarse de la madre, un esfuerzo por desvelar su secreto cuyo resultado es él mismo, su propio desvelamiento, a la vez que es una huida de la madre que le conduce hacia la madre como el abismo interior en que debe autoengendrarse. Juanito va hacia la nada para desde ella lograr lo más difícil: su reinterpretación de la muerte creadora de los valores. En el extranjero, no sabemos dónde, pero en un país de Europa, le espera seguramente un reinicio, un renacimiento cuyo síntoma primero será el aprendizaje de una nueva lengua.

Después de esta decisión del hijo, descubiertos sus secretos, desvelado el sentido del doble espejo que como conciencia y como engaño la enfrentaban a su propia imagen, Adela, con las cartas boca arriba, se queda desnuda, expuesta a todas las miradas, incluso a la mirada que ella misma puede dirigir a su adentro, a su génesis. El resultado es un vacío, una nada precisamente de lenguaje, una necesidad que ya encontrábamos en nuestro capítulo anterior al comentar «En la ardiente oscuridad»: Adela necesitaba un «te quiero» y al no conseguirlo quedó sin valores, torturada en una búsqueda siempre infructuosa de esa palabra que le diera un sentido a su vida, a su personalidad, a su ser madre. Un error cometido en el principio llenó de errores toda la trayectoria. Si robó el «te quiero» que iba dirigido a su hermana, el daño era irreparable. No se trata tanto de que Anita no le hable, como de que ella carece de la capacidad para sentir la voz humana. Adela se encuentra tan imposibilitada para oír como Ignacio lo estaba para ver. La oscuridad ardiente de Ignacio viene a ser la otra cara del tenebroso silencio, la irresistible llamada que la nada silenciosa le hace a la sordera de Adela.

A la desolación producida le cabe sin embargo una esperanza: Adela, incapacitada para oír la voz de su hermana, sí oye otro sonido cuyo significado tampoco se le hace accesible, pero, sin duda, valioso en extremo. Desde el cuarto en que Anita se encierra llega el sonido de la música de su transistor.

La música, la respuesta a muchas preguntas, tal vez en esta ocasión sea el origen de muchas cosas, el inicio de un recrearse de la sensibilidad humana.

Por último, algo queda cuestionado por el conjunto de la obra y por la estructura en que está dispuesta. Cada preguntarse, en especial el preguntarse de Adela, nos deja una cierta inquietud acerca de cuál sea la esencia del preguntarse en sí.

Adela se mira en sus hermanos, no para comprobar su imagen, sino para descubrirla. Adela no consulta a los espejos; por medio de los espejos, se interroga sobre sí misma, se busca. Ahora bien, el buscarse supone el no tenerse, supone el darse un vacío de ser que condiciona el principio del ser.

Esto nos confirma la necesidad de remontarnos a la nada como origen, la necesidad de la nada creadora; pero la necesidad del doble espejo, o lo que es lo mismo, la necesidad de mirarse de dos maneras nos reclama toavía ser justificada.

Adela necesita mirarse en un espejo de dos direcciones porque su proyecto de vida debe tener doble faz, su adentro y su afuera; pero ese adentro y ese afuera no han de entenderse como una doble personalidad, sino como la doble exigencia de su hacerse, al igual que el hacerse de la cultura española, que sigue su proceso autocreador.

El teatro griego de la época clásica, en la cumbre de la sensibilidad helena, vaciló al afrontar el problema de ese doble sentido que la conformación de una personalidad cultural requiere. La mirada al adentro se mantuvo siempre firme: fue la dimensión trágica, presentada en obras que constaban de tres partes, las trilogías, o en tres piezas diferentes para un solo concurso. Por lo que respecta al sentido complementario con el que ahora nos enfrentamos, tanto puede entenderse constituido por la comedia, la parte risible del hombre, como por otro tipo de obras, nunca bien situadas en su verdadero significado, los dramas satíricos.

A las trilogías o a las tres piezas trágicas debía acompañarles una de estas piezas en que la sátira era el principal valor de su contenido.

Con la ambivalencia de «Las cartas boca abajo», Buero replantea el viejo problema desde un nuevo punto de vista que le da carácter unitario: el nuevo Jano sale del caos originario con doble faz, pero como un único dios. Adela, al preguntarse, alcanza a descubrir que son dos los espejos en los que su imagen se refleja porque sólo con dos ojos puede contemplar su abismo.

Anita empieza a sentirse ahora como el abismo trágico, creador, a partir de la nada como reinterpretación de la muerte, de unos valores que dan al hombre su único sentido posible, el sentido de la autogestación libre.

Pero sin Mauro el abismo trágico sería un absurdo, una mera lucubración dolorosa. La mirada de Mauro no parte de la nada como principio, sino de la nada como fin. De esta manera, el valor, enfrentado a la nada, deja de ser un valor para cualquier cosa que no sea el hombre mismo. Mauro, por lo tanto, mira al abismo desde la libertad, en su afuera la ley es la suya. Mauro sabe que el hombre enfrentado a la nada es libre, pero sabe también que la libertad es lo más difícil, es el resultado último del trabajo que al hombre se le ha impuesto de hacerse a sí mismo.

Entre las posibilidades de comedia o sátira que el ejemplo griego le ofrece, Buero prefiere completar la dimensión trágica con la satírica, y no por un simple capricho. El ser cómico del hombre sólo puede darse a consecuencia de una mirada a la vida humana desde la nada final entendiendo el ser del hombre como una burla de los dioses, como una carcajada del destino, tras hacernos creer en un puro engaño. Para los griegos no haber nacido era la mayor dicha del hombre, y si se ha nacido, la mayor dicha es una vida corta. Tal vez, de haberse adentrado en el profundo sentido de la sátira, su opinión habría variado. La esencia de la sátira no es lo risible, sino la crítica. Ha de quedar bien claro, sin embargo, que criticar no quiere decir ironizar, ni comentar, ni siquiera salirse de lo dogmático. La crítica que aquí se sugiere significa exigencia, rigor; significa el esfuerzo de dar a la libertad un sentido propio, significa entender la libertad como una tarea y no como un capricho.

La intencionalidad festiva que llena el conjunto de las representaciones teatrales griegas ha influido, sin duda, en la orientación dada a esa cuarta pieza, cuyo aspecto en honor de Dionisos es bien manifiesto; pero si precisamente el carácter festivo hizo posible la salida del tiempo ordinario, y, por consiguiente, la trascendencia hacia un tiempo primordial, y si en esa trascendencia la dimensión trágica pudo traer a la luz las mayores profundidades del ser humano en un determinado sentido, es de esperar que la dimensión satírica tenga también su papel específico en la epifanía de conflictos que se producen en capas de lo humano inaccesibles a la mera razón.

«Las cartas boca abajo» nos ha introducido en el problema, nos ha permitido ver los primeros rasgos característicos del enfrentamiento entre tragedia y sátira y nos ha brindado, en la figura de Mauro, un ejemplo de esa actitud que Bacco reclama de sus partidarios; incluso advertimos su afición a la bebida, la nota determinante del dionisismo, la doctrina surgida como consecuencia de las fiestas y los efectos del vino.

Pero con todo ello sólo nos hemos asomado a la nueva problemática, hemos trazado únicamente las líneas de su estructura. No se agota aquí, sin embargo, el aporte a este tema hecho por Buero. En «Diálogo secreto» el verdadero conflicto se hace más explícito, por lo que en el capítulo próximo, que estará dedicado al comentario de esa obra, tendremos la oportunidad de adentrarnos un grado más en el contenido que en este enfrentamiento tragedia-sátira se desvela.

Capítulo XXVIII

El hombre entre la crítica y la tragedia
La muerte, cualidad de la vida humana
El Hades en «Diálogo secreto»

La atención prestada a la personalidad y obra de Velázquez por parte de tantos prestigiosos especialistas ha hecho que muchos interrogantes se abriesen y se cerrasen con satisfactorias explicaciones; no obstante, si todavía Velázquez nos resulta misterioso, no sólo profundo, sospechamos que algo decisivo de su función en la cultura española, o no se ha enfocado de la manera adecuada o tal vez ni siquiera se haya planteado. A nuestro entender, este algo que precisa ser traído a la luz tiene que ver, más que con la obra en sí como aporte real, con el significado sintomático en el desarrollo y conquista de nuestro pueblo como del ser mismo de España.

Acompañan a la cultura española desde sus orígenes dos fuerzas de signo tan distinto que con dificultad puede entenderse que difieran; más bien cabría entenderlas como heterogéneas y sin relación posible. Nos referimos a la aventura teológica, la línea que declara el triunfo de la religión cristiana sobre la mahometana y la judía, de un lado, y del otro, una creatividad profunda de valores puramente humanos, que repite, sin saberlo, los ciclos míticos de la antigüedad traducidos a manifestaciones literarias.

El retorno de los mitos antiguos conservando el revestimiento sacro y, a la vez, desprestigiados por su sentido pagano y politeísta, produjo entre los artistas españoles cierto desagrado, como la sensación de que la modernidad no había comprendido el alcance de aquellas manifestaciones que habían sido el mejor síntoma de la cultura clásica. Su sensibilidad no podía aceptar esa incomprensión teologizante y así vemos a Cervantes, por ejemplo, asomarse con todo respeto al Parnaso como a la fuente en que un día se saciara el espíritu griego.

El mundo que recibe a Velázquez está, así, predispuesto a interpretar los mitos antiguos al modo de una nueva visión de algo que ya, en cierta manera, le pertenecía. Lo que aquellos mitos representaban guarda una estrecha semejanza con esas inquietudes que nuestro pueblo siente en sus fibras más íntimas y que, merced a la literatura, han venido aflorando a la superficie.

Se adivina que el afectarse de Velázquez responde más a la energía creadora que le brinda su ser español que a los estímulos procedentes de cuanto ha podido aprender de sus relaciones con otros pintores extranjeros o de sus viajes por Italia. Si es cierto que en sus cuadros mitológicos reviven los dioses de la antigüedad, es más cierto que en esa resurrección del mundo clásico los mitos hablan nuestra lengua y nuestra lengua es la lengua del ser de lo humano.

¿«Bacco» o «Los borrachos»? ¿«La fábula de Aracne y Palas Atenea» o «Las hilanderas»?

Al dios del vino puede atribuirse la exaltación de la vida, la alegría, y también la locura, el capricho, la reacción súbita e inesperada. Con los efectos del vino como símbolo la realidad de la vida fluye en nosotros e incorporamos el mundo a nuestro sentir. El cuadro de Velázquez tiene, sin duda, ese lenguaje. Al mismo tiempo, en los dominios de Bacco nos convertimos en críticos y criticables, nuestra realidad se hace sátira, y también este aspecto queda patente en esa obra velazqueña. Pero no es esto lo que verdaderamente importa; lo decisivo es que Velázquez añade a la sátira la dimensión trágica que la vida del hombre implica: «Apura tu copa, la muerte aguarda.»

Aclara Aron Borelius en su artículo «En torno a "Los borrachos"» inserto en «Varia velazqueña» que, en el cuadro a que nos estamos refiriendo, se observan como dos mitades: la izquierda, que comprende la parte mítica de la obra, y la derecha, en la que las figuras humanas son nada más que humanas. No parece dudoso que esta última sea la parte preferida del pintor, la que corresponde a su original creatividad; pero no deja de ser evidente que sólo el conjunto constituye el cuadro en su dimensión de obra maestra: el hombre entre la crítica y la tragedia.

En «Las hilanderas» encontramos la división en dos ambientes, esta vez no a consecuencia de influencias externas al pintor, sino por iniciativa propia. En primer plano, un taller de hilado; en segundo plano la fábula mítica. Pero la unidad del cuadro es ahora no sólo segura, sino incuestionable.

Siente Velázquez, en lo más profundo de su ser, que una misma cosa es el reto de Aracne a Palas Atenea sobre la perfección alcanzada en el tejido de un tapiz, y el reto del hombre a las Parcas. Crítica y tragedia coinciden en un cuadro único, se requieren mutuamente, de tal suerte que en ningún caso podría existir la una sin la otra.

La tragedia sin crítica es una lucubración vacía, una disquisición sobre la mera forma sin contenido posible. La crítica sin tragedia es igualmente inviable ya que los contenidos sin valor que se encontrarían en su punto de partida, incapaces de trascenderse, serían de la misma manera incapaces de ese contraste que el concepto de crítica supone.

La reiterada vuelta de Buero a Velázquez no puede ser un hecho fortuito. Si Buero regresa a los planteamientos velazqueños en busca de puntos de partida para sus obras es porque en aquellos cuadros se encuentran muchos elementos fundamentales del ser de España, tema que constituye la esencia de la obra que Buero Vallejo se propone construir, o, al menos, en la que quiere colaborar con todas sus posibilidades.

«Diálogo secreto» es una de estas piezas en las que los conflictos velazqueños dan al ambiente un aire especial, un sentido bien preciso.

La confluencia en un cuadro de la doble escena da a la pintura de Velázquez una dimensión dialógica. Dos maneras de ver, dos sentidos de la inteligencia hacen del encuentro una luz nueva para el problema planteado. El hombre que comparte su espíritu con Bacco busca los frutos que la vida le brinda, se alegra de ellos y ríe, aun a sabiendas de que la muerte es su destino. Dialogan, por tanto, la vida y la muerte, y el resultado es la alegría de vivir, el descubrimiento del valor que tiene la vida al estar necesariamente limitada.

También se dialoga en «Las hilanderas», y a niveles cada vez más profundos a medida que nos adentramos en el cuadro. El grupo de mujeres que trabajan en el taller ha de ser visto a la luz de la fábula de Aracne y Palas Atenea; al mismo tiempo que esta fábula requiere, a su vez, ser contemplada con la misma mirada que, en el primer plano, se posara sobre las hilanderas. La mujer de la rueca hila como una obrera y como la gran Parca. Sabemos por Ovidio que una muchacha, hábil para tejer, tuvo la osadía de rivalizar con la diosa Atenea y se atrevió a desafiar a la inmortalidad con su arte, olvidando que sus hilos procedían de la Parca. La diosa enojada rasgó el tapiz y convirtió a la muchacha en una araña, condenada a tejer para siempre bellas telas, siendo ella misma un prototipo de fealdad.

Se desprende del cuadro, como consecuencia primera, un nuevo sentido de la muerte, que no consiste en cortar el hilo de la vida sino en limitar las posibilidades del hombre. El ser humano aspira a lo infinito; pero ha de ser crítico y aprender que su aspiración es un imposible, que ha de comprender, en una sola mirada sobre sí mismo, sus vuelos de héroe y su condición de antihéroe.

La característica dialógica de la obra de Buero que ahora comentamos está bien patente ya desde su título. Desde diferentes posturas, desde distintos puntos de vista, unas inteligencias se manifiestan, haciendo de la escena un lugar de encuentros; pero todo esto no pasa de ser la estructura general de la pieza, el nexo que relaciona todas las partes entre sí y le da al conjunto un sentido unitario. Lo específico del diálogo que aquí se establece se encuentra en el calificativo, «secreto», que permite a la obra seguir un proceso.

Fabio imagina siempre sus diálogos: imagina diálogos con su padre, figurando su presencia en un determinado rincón de la salita; dialoga con Palas Atenea, la del cuadro de «Las hilanderas» que pende de la pared del fondo; mantiene una actitud dialogante tanto con la mujer de la rueca como con su madre muerta, cuyo espectro aparece en un momento en el umbral de la puerta de su despacho, en una escena suprimida en las representaciones de la obra en el teatro «Infanta Isabel» de Madrid. Además, el libro que está escribiendo se titula «Diálogos del arte». No se trata, sin embargo, de unos diálogos sobre una variedad de temas, como la variedad de interlocutores podría hacer sospechar. El objeto de los diálogos es siempre el mismo, incluso proyectado en cierto modo sobre el libro que está escribiendo: Fabio dialoga acerca de su daltonismo. En esos diálogos coinciden, pues, la fantasía creadora proyectada a lo infinito, y la realidad imperfecta, la condición de limitado que se cierne sobre el hombre.

La circunstancia de que un crítico sea daltónico podría no pasar de una simple anécdota, incluso con la connotación positiva de alguien que, pese a su gran dificultad, es capaz de una gran obra. Los aportes de Lomazzo a los estudios e interpretación de la pintura y las significaciones de los cambios experimentados en la época renacentista e inmediata siguiente son indudables, y la limitación de Lomazzo era mucho mayor que la de un simple daltonismo, pues cuando Lomazzo escribe sus libros «Tratado del Arte de la pintura» e «Idea del Templo de la pintura» era totalmente ciego. El problema que Buero plantea no es ese. La limitación de Fabio no es tanto de orden sensorial externo cuanto de sensibilidad interna, de ética y, sobre todo, de un orden que sugiere la limitación metafísica. Fabio es limitado y aparenta no serlo, y hasta podría decirse que pretende no serlo. Fabio ejerce la crítica sin someterse a la crítica; de ahí que en su diálogo con Atenea sienta la amenaza cada vez más intensa de la diosa por haber usurpado un dominio que no le corresponde, y de ahí también que su diálogo sea especialmente un diálogo con la muerte, con esa muerte cuyo sentido se desprende de la interpretación de los cuadros de Velázquez: una muerte limitadora, no aniquiladora.

«Diálogo secreto» es, por tanto, «secreto» ciertamente porque Fabio oculta el defecto que lo limita, pero también porque la limitación del hombre se encuentra en las profundidades de lo humano, de donde es preciso hacerla salir, aunque la traída a la superficie de esos condicionamientos radicales suponga una lucha abierta con la muerte misma.

Tras estas conclusiones hemos de prestar particular atención para no dejarnos arrastrar hacia una interpretación fácil de esa muerte limitadora como si se tratase de una manera metafórica del lenguaje; hemos de liberarnos de entender que la muerte limitadora no es muerte. A lo que la obra de Buero nos conduce es precisamente a situarnos en esa actitud reflexiva, a la vez trágica y crítica, que nos permite sentir el valor del hombre como el ser enfrentado con la muerte no sólo por tratarse de su último destino, sino, sobre todo, porque su conocimiento adelantado nos hace vernos como rechazados por lo infinito, siendo lo infinito nuestra aspiración máxima.

Mediante una nueva clave, la de la música, el sentido de esta interpretación se hace indudable: «Se inician sordas voces y sonidos: los del coro de las Hilanderas en **El Buque Fantasma** de Wagner.»

Dos son las fuentes principales sobre las que Wagner fundamenta su ópera: la narración de la leyenda del «Holandés errante», incluida en las «Memorias del señor Schnabelewopski» de Heine, y la tradición popular del buque fantasma, muy extendida en los países nórdicos. Se trata del capitán de un barco que un día de tormenta juró doblar cierto cabo, aunque para ello tuviera que navegar hasta el día del juicio final. El diablo le toma la palabra, de manera que desde entonces, navega siempre sin llegar a puerto más que una vez cada siete años, por especial permiso del diablo para darle la oportunidad de encontrar una mujer que decida serle eternamente fiel, lo que desharía el maleficio. Según la descripción de Heine: «igual que un tonel vacío que las olas se lanzan unas a otras y, burlonas, vuelven a lanzárselo, así el pobre holandés es zarandeado de un lado a otro entre la vida y la muerte, sin que ninguna de las dos quiera retenerlo».

De la leyenda del «Holandés errante» toma Wagner uno de esos momentos en que el buque maldito llega a puerto, el encuentro con una muchacha que le esperaba dispuesta a guardarle fidelidad eterna y el desenlace final en el que el suicidio de ella arrojándose al mar, permite al buque hundirse y concluir la secular peregrinación por los mares, tras lo cual Wagner nos muestra la apoteosis de esa pareja que el amor ha salvado.

El buque como alegoría de la vida y de la muerte es un recurso literario muy utilizado en las culturas de todos los países limítrofes con los mares del norte de Europa. El propio Heine aclara que ese buque era el capitán mismo. En otros casos, como en **Peer Gynt** de Ibsen, el protagonista realiza su última travesía hacia su tierra natal teniendo a la muerte por compañera de viaje; la muerte nos sigue.

En la obra de Buero no se menciona siquiera la leyenda; bastan las notas de la obra wagneriana para que el lenguaje artístico nos transporte al ambiente adecuado: Fabio viaja con la muerte, vive con la muerte por compañera y conformadora de su personalidad; pero esa muerte no es, en modo alguno, el mero anuncio de que la vida de Fabio habrá de acabarse. Cada momento de la vida de Fabio supone la muerte aplazada un instante más, supone un ser rechazado de la muerte como destino del hombre completo que simboliza. «Diálogo secreto» es, así, el entretejido de la vida y de la muerte que nos constituye.

El elemento musical se encuentra además combinado con el desarrollo del drama: primero suena todo el fragmento, dando entrada a la muerte en la escena, y después se repite, dividido en cuatro partes que se dejan oír en los momentos decisivos del proceso que sigue Fabio, en cuatro momentos en los que la muerte limitadora se va adueñando de su ser.

Tampoco esta vez nos parece casual la aparición del número cuatro en las partes musicales o momentos cruciales de la trayectoria seguida por Fabio. C. G. Jung nos muestra hasta la saciedad cómo el número cuatro simboliza, en psicología, la personalidad completa; la historia de la estética, por su parte, nos cuenta la convicción de los medievales de que la perfección del hombre se encontraba en relación estrecha con el cuadrado, con el número cuatro como base esencial de la constitución de lo humano acabado. Buero Vallejo, por lo tanto, consciente o no, poco importa, se ha ceñido en todo a esas constantes psicológicas y artísticas a la hora de estructurar su «Diálogo secreto». Como resultado se perfila, pues, la génesis de una personalidad en la que, entretejidos los hilos de la tragedia y de la crítica, de la vida y de la muerte, se manifiesta el ser del hombre completo.

Esta manera de concebir la muerte instalada en la vida, constituyendo su límite, no en el tiempo, sino en su esencia, nos sitúa en un punto de vista privilegiado desde el que el fenómeno artístico del teatro se enriquece con nuevas perspectivas.

Las **Anthesterias** de Atenas consistían en una fiesta consagrada a celebrar el despertar y renovación de la vida, exaltando la figura del dios Dionisos, que concluía en un homenaje a la memoria y retorno de los muertos. La estructura nos recuerda las características de esos concursos teatrales en los que cada autor se presentaba con tres tragedias y un drama satírico. Es probable, por lo tanto, que en su conjunto, tragedia y sátira obedezcan a una visión todavía desdoblada de esa condición esencial de la vida humana conformada por la muerte limitadora. El hombre debe aparecer, en consecuencia, no como el ser entre la vida y la muerte, sino como el ser en el que la vida y la muerte se entrelazan para darle una aspiración a lo imposible a sabiendas de su imposibilidad, haciendo incluso de ese aspirar inviable la condición primera que distingue al ser del hombre como tal.

La tragedia, según Murray, trata de seres superiores al hombre, mientras que la comedia se refiere a seres que no han alcanzado el nivel humano. Cabría entonces esperar que el drama satírico sería el intermedio, el ocuparse del hombre mismo; pero no es así. En la pieza que seguía a las tres tragedias que cada autor presentaba a los certámenes abundaban las alusiones y los elogios a los efectos del vino, se aprovechaban todas las oportunidades de burla con respecto a problemas convertidos en excesivamente serios por la costumbre o por la circunstancia de que alguna vez supusieron conflicto grave; pero, a nuestro parecer, el motivo profundo que hizo surgir el drama satírico fue el mismo que en las fiestas **Anthesterias** hizo que el tercer día se figurase el retorno de los muertos; es decir, se presentía incompleto el ciclo si no se afrontaba el problema de la muerte, no como destino, sino como elemento esencial de la vida. La muerte que consiste en algo más que en morir se adivina siempre tras la muerte burlada. Sísifo es un claro ejemplo de tema satírico: burló a la muerte y, como consecuencia, no podía morir, encontrándosele en una situación similar a la del holandés errante.

Eurípides escribió el único drama satírico que se conserva en su integridad, «El cíclope», pero su aportación mayor al conflicto íntimo de la sátira se encuentra en otra obra, «Alcestes», cuyo contenido, a juicio de los especialistas, pertenece por entero a la sátira, aunque su forma se aparte de ella.

Admeto, rey de Tesalia, debe morir, pero las Parcas podrán ser engañadas si otra víctima muere en su lugar. Sólo Alcestes, su esposa, acepta substituirlo y morir por él. Admeto consiente el sacrificio y en términos que en un juicio precipitado tildaríamos de hipócritas, muestra su gran desconsuelo y se propone hacer que el mejor escultor talle una estatua de ella para que le sirva de compañía en el lecho y en toda su vida.

A este tipo de reproducción del ser humano en imagen se le llamó en la antigüedad «colossos». Se trataba, en los tiempos arcaicos, de un doble, empleado como medio para conseguir la paz de un alma que vagaba alienada, nosotros diríamos, rechazada de la vida y de la muerte; pero Eurípides, el gran reformador del sentido mismo del teatro, no puede conformarse y limitarse a ese sentido primitivo del doble. El «colossos» en la mente creadora de Eurípides asume el valor de un símbolo de lo artístico.

El carácter de drama satírico de «Alcestes» se acentúa con la actitud de Heracles comiendo y bebiendo sin medida mientras el palacio de Admeto se encuentra en duelo, y, sobre todo, por la vuelta de Alcestes misma, rescatada del poder de Hades por la superioridad de Heracles en la disputa.

La interpretación de «Diálogo secreto» como un diálogo con la muerte conformadora recibe así un nuevo punto de apoyo. A través de la obra de Buero Vallejo percibimos un eco de la función renovadora del teatro de Eurípides, al tiempo que una nueva clave para adentrarnos en el sentido que está tomando en estos momentos nuestra cultura.

Mauro en «Las cartas boca abajo», evocaba ya, con su afán por la bebida y su tendencia al deambular libre, la incorporación del sentido del drama satírico a la dimensión trágica del teatro de Buero.

«Las cartas boca abajo» establecían el puente para el tránsito hacia esta otra orilla en que ahora nos encontramos.

La semejanza entre ambas obras se descubre a un primer golpe de vista: cinco personajes aparecen en la escena en cada una de ellas; en una y otra, un matrimonio entre cuyos miembros algo se oculta; un solo hijo, de la misma edad y que en ambos casos, ha de marcharse, y, por último, una misma búsqueda, la salida metafísica hacia una trascendencia imposible.

A lo que Buero nos conduce, tras un largo periplo intermedio, es a un nuevo ensayo de visión artística de un problema que resulta, a la vez, insoluble en sí y de solución absolutamente necesaria para el sentido del hombre.

Por naturaleza nos encontramos en el mundo de la realidad, somos un objeto cósmico; nuestra capacidad creadora nos permite trasladarnos a un mundo irreal autocreado, donde, a partir de la nada, la fantasía construye un a modo de cosmos paralelo: el sistema de los valores, imprescindible para el verdadero desarrollo de lo humano. Ahora bien, instalados allí, la realidad parece convertírsenos en un añadido superfluo, lo que, tomado absolutamente como válido, nos llevaría a la pérdida de la existencia. Se hace, pues, necesario establecer un nexo entre la irrealidad y lo real si queremos que el sentido creado para el ser del hombre no sea una pura quimera.

A lo largo de toda la historia los intentos de resolver este conflicto han derivado casi siempre hacia una atribución de realidad al plano de lo irreal; y en las pocas veces que la irrealidad se ha hecho patente, la metafísica se ha tambaleado hasta proponerse su desaparición como única vía posible de mantener la cordura frente al gigantesco panorama de conocimientos positivos.

Hemos sido tal vez minuciosos al hablar del valor de la irrealidad y de la tarea que el hombre ha venido realizando sobre sí mismo para darse un sentido, tarea que, en esencia, consiste en el paulatino desprendimiento de lo real como condición absoluta, como dominio insalvable; pero la otra mitad del problema se alza ahora ante nosotros: hemos de recuperar la realidad, no mediante un retroceso que nos convierta en dominados, sino llevando a cabo una conquista más. Se nos impone el deber, aunque se trate de un nuevo imposible, de hacer de la realidad y de la ciencia una especie de obra de arte invertida.

En las dos obras de Buero cuya continuidad hemos establecido, «Las cartas boca abajo» y «Diálogo secreto», llama nuestra atención la extraña manera de enfrentarnos al problema del lenguaje. Anita, la que no habla, se convierte en el símbolo del valor expresivo del silencio; Mauro, el gran hablador, es un retórico, en el sentido despectivo del vocablo; la grieta de la pared simboliza, a su vez, una nueva forma expresiva, un cierto lenguaje de las cosas en el que la realidad tiende a asimilarse la problemática humana y las cosas se expresan en el lenguaje de la muerte.

En «Diálogo secreto», un solo personaje, Gaspar, asume los papeles de las dos figuras contrapuestas, Anita y Mauro: incapaz de coordinar sus palabras en los estados normales, adquiere locuacidad y precisión, en circunstancias determinadas, bajo los efectos del vino. Gaspar da, por lo tanto, a la obra un carácter de drama satírico, a la vez que, con su manera extraña de responder al problema del lenguaje, le da también una dimensión que, en principio, evoca una cierta similitud con las características que suelen distinguir los temas metafísicos.

Observando la trayectoria de Gaspar, en la obra y fuera de ella, algo nos sorprende a cada paso, no por inesperado, sino porque la explicación de los hechos según aparecen nos resulta siempre insatisfactoria. Está clara la semejanza con una larga serie de figuras muy queridas de Buero: Mauro, el tío Blas, el ciego de «Un soñador para un pueblo», los dos mendigos de «Las Meninas»...; pero el ser antihéroe de Gaspar nos da la impresión de dar todavía un paso más allá.

Gaspar ha estado en la cárcel un total de 24 años; es un dato real; pero, a medida que nos vamos compenetrando con la obra, esa realidad nos parece más bien el pretexto de un símbolo cuyo alcance trasciende cualquier significado que una cárcel verdadera pueda tener. Gaspar ha estado en la cárcel como «viviendo» en el Hades, como viviendo la muerte. Nos convencemos de ello cuando atendemos al «colossos» que lo representa, ese busto que lleva su nombre y cuya sabiduría, aunque sea en tono burlesco, consultan todos.

Eurípides había dado al «colossos» de Alcestes un sentido más artístico que religioso; el mejor escultor habría de tallarlo y supliría a la persona representada; les faltaba, sin embargo, la palabra, tanto al «colossos» como a la propia Alcestes recuperada por Hércules para la vida. Así vuelve también Gaspar, portador de un mensaje lleno de sutilezas.

Sólo el vino tiene la virtud de devolver a Gaspar el uso de la inteligencia y de la palabra. Es cierto que el vino suele dar locuacidad; pero lo que Buero Vallejo quiere transmitirnos mediante ese espectacular efecto no es algo tan simple.

El hecho de que Eurípides sitúe esa manera de arte que supone en su obra el «colossos» en una pieza que tiene los caracteres de un drama satírico, o sea en una pieza que responde esencialmente a la función crítica, nos sugiere cierta intencionalidad profunda llamada a ensayar una interpretación del arte como intermediario entre la irrealidad y lo real; como el agente que ha de tender el nexo que haga posible la vuelta a la realidad después de haberse liberado de ella. Cabría decir, en este sentido, que Eurípides es el gran renovador de la tragedia por haber cambiado una actitud religiosa por una intencionalidad artística; por haber convertido la realidad de los dioses en símbolos de los problemas del hombre; por haber entendido la trascendencia como un tema filosófico.

Pues bien, a través de los ecos de Eurípides que advertimos en «Diálogo secreto», tal vez nos sea posible descubrir hacia dónde pretende conducirnos la obra de Buero Vallejo.

El arte es el vehículo que nos permite viajar al mundo de la irrealidad, es el intermediario entre lo real y lo irreal; pero, en todo momento, su sentido parece ser el mismo: del cosmos a la trascendencia. Ahora bien, lo que Eurípides y Buero plantean en las obras que nos ocupan en estos momentos tiene los mismos caracteres, pero el sentido es inverso: la vuelta a la realidad.

Alcestes vuelve del más allá por la intervención de Hércules; Gaspar vuelve por su propia capacidad, por una reacción puramente humana. Ambos carecen, al principio, del uso de la palabra, como si la palabra no hubiese aparecido todavía a esos niveles del desarrollo humano. El vino, tan abundantemente bebido por Hércules de manera previa a su hazaña, tal vez de donde tomó la fuerza para luchar con Hades, devuelve el habla a Gaspar; y no se trata en él de un habla retórica, sino de un uso del lenguaje con otros alcances: es un lenguaje que viene del más allá, viene de la trascendencia hacia nosotros para transformarnos, para hacer —esa es la misión de Gaspar— que todos nos entendamos.

Si recordamos de nuevo la raíz velazqueña en la estructura de «Diálogo secreto», la conjunción de las dos mitades de «Los borrachos» como una síntesis de la vida y de la muerte, de la vida ante la muerte como destino, el «apura tu copa, que la muerte aguarda» deja de ser el signo de un tiempo limitado, deja de plantear un problema de la vida como aplazamiento de la muerte, para adquirir el simbolismo de una síntesis diferente. En la obra de Buero, el vínculo que se establece relaciona el plano de la trascendencia en sí con la realidad en la que la realidad del hombre se sostiene. Y este vínculo, a juzgar por todos los síntomas que lo constituyen, no es otro sino el lenguaje.

El habla no es, como bien ha probado Derrida, un sistema de signos que nos evoque lo real como su fin último. El habla remite siempre de unos símbolos a otros, en un proceso indefinido. Incluso los vocablos que hacen referencia a objetos no se nutren de un contenido real, sino imaginativo. Podríamos decir, por consiguiente, que el lenguaje ve el mundo como una obra de arte. De esta manera, la vuelta de la irrealidad a lo tangible se da ciertamente, mas no para someternos de nuevo al domino de las cosas. Por medio del lenguaje podemos utilizar la realidad permaneciendo libres.

Eurípides, al atribuir sentido artístico al fenómeno del «colossos», ensaya una salida del conflicto por la vía de la creatividad reflejada, una vez más, sobre lo humano. Se trataba de una explicación coherente, pero, en el fondo, implicaba precisamente aquello de lo que se pretendía prescindir. El arte en ese caso vendría del más allá: la trascendencia real derivada de la concepción religiosa del mundo, se haría necesaria. Tras el giro que supone esta misma temática presentada por Buero, el sentido se invierte: el arte va hacia ese más allá que se encuentra en el plano de lo irreal autocreado, crea incluso esa dimensión nueva, a partir de la nada. De esta manera, lo que vuelve hacia el cosmos tiene las características de lo simbólico, adquiridas en su origen trascendente y comparte con lo artístico la cualidad de irreal; pero no es exactamente el arte, sino el lenguaje.

Nos encontramos así ante un fenómeno sobre el que se ejercen fuerzas similares a las que hubo de padecer el holandés errante: el zarandeo entre una vida y una muerte que se niegan a comprenderlo.

El reflejo sobre «Diálogo secreto» de la inquietud griega acerca del complejo problema del sentido de la trascendencia y del valor del más allá, no se limita, ni mucho menos, a la figura y atributos del «colossos».

Buero da a la hija de Fabio y Teresa el nombre de Aurora con la clara intención de sugerirnos el mito de Eurídice.

Orfeo, mito solar, nunca podrá ver a Eurídice, la aurora, ya que, por más que el sol se esfuerce en su carrera, siempre la aurora habrá pasado, siempre se encontrará en su trascendencia. Al simbólico daltónico le son inalcanzables unos simbólicos colores. Y Fabio necesita ver los colores porque su misión es la de ser crítico de arte. Una imposible crítica que ha de ser ensayada frente a la dimensión artística como muerte y frente a la realidad como vida, mediante ese intermediario, el diálogo secreto, el lenguaje, como un esfuerzo tan imposible como necesario.

Pero la Aurora que Buero Vallejo nos presenta tampoco se limita a ser eso.

También en esta ocasión Buero invierte los términos del mito órfico; además lo asimila a otras creaciones míticas griegas, y adecúa su figura a esa nueva problemática a la que quiere enfrentarnos.

La nueva Eurídice no permanece en el Hades como la amada de Orfeo, sino que vuelve de allí, del inframundo donde ha dejado a su compañero. Samuel Cosme, el esforzado pintor a quien ella quería, ha muerto envenenado. Aurora es la que viene, mas no a cantar, pues no es ese su oficio.

La madre de Aurora se llama Teresa, y posee algunos poderes mágicos; al inicio de la obra la encontramos en un jugueteo amoroso con su marido, quien la tiende en un sofá en una escena que podríamos calificar de primitiva. Son las tres notas que caracterizan a Ceres. Aurora, por lo tanto, es también Core, la que durante seis meses al año es la esposa de Hades y los otros seis vuelve a la tierra y hace que la vegetación florezca y los frutos maduren.

Si ahora combinamos ambos mitos, la primera sospecha que nos asalta es la de que tal vez no nos encontremos en la superficie terrestre, en el que llamamos nuestro mundo, sino en la morada de Hades, a la que Eurídice-Core está descendiendo; pero dada al mismo tiempo la situación en que el ambiente musical nos sumerge y el doble rechazo que sufre el holandés errante, el nuevo Hades que resulta cambia también de sentido.

Estamos seguros únicamente de encontrarnos en el intrincado mundo de Fabio, el hombre a quien la vista no le sirve para distinguir los colores.

Admeto y su padre, en el «Alcestes» de Eurípides, sostienen una acalorada disputa, en pasaje que los estudiosos coinciden en calificar como «el diálogo de los egoístas». Padre e hijo discuten también en la obra de Buero.

Ahora se trata de una disputa imaginaria. Acusaciones y contraacusaciones tienen lugar sólo en la mente de Fabio, pero esa irrealidad se contrasta un momento con lo que equivaldría a lo real: Fabio expone al fin, en un momento no imaginado, sino vivido, el problema a su padre, sin rodeos; el diálogo secreto intenta salir a la luz. Pero la iniciativa del hijo sólo recibe un rechazo absoluto. Braulio niega de la manera más rotunda todo cuanto Fabio afirma. El diálogo de los egoístas se ha transformado en el diálogo de la incomprensión.

La figura paterna que aquí se nos muestra no limita tampoco su significado a esa cerrazón férrea que es su cara externa. El hecho de que Braulio, hombre, o al menos personaje, de vista sana, acompañe a su hijo a los museos y supla la deficiencia que Fabio padece, nos sugiere algo más que una simple hipocresía útil.

El hombre simbólicamente daltónico, el incapaz de alcanzar con la mirada ni siquiera el color de las cosas, recibe de su padre, de su creador, un poder extraordinario, la capacidad de trascenderse a sí mismo. El arte se convierte en su vehículo, y, por medio de su talento, lleva hasta ese mundo trascendente, hasta el arte mismo que le hizo personalidad respetable, el sentido crítico.

El diálogo de los egoístas transformado en diálogo de la incomprensión, nos descubre de este modo el sentimiento del hombre que se encuentra rechazado de lo divino, del vínculo que pretendía tender entre su irrealidad trascendente y una realidad trascendental.

Como el pobre holandés convertido en objeto con el que las olas juegan, así va Fabio del padre creador vivo a la madre creadora muerta. Rechazado del uno, busca en la otra un descanso, un apoyo que le dé sentido pese a su deficiencia.

El diálogo con la madre es tan imaginario como el anterior, y por la circunstancia de que la interlocutora haya muerto, su desarrollo y alcance nos resultan mucho más misteriosos.

Cada vez que Fabio se asoma a la sima materna, percibimos la llamada del vacío, la nada como destino que nos atrae desde el mundo de la irrealidad que hemos creado. Fabio escucha allí, al modo de un canto de sirena, el coro de «Las Hilanderas» y el escalofriante ruido de la rueca. Podemos advertir entonces que sólo matices distinguen el diálogo con la madre, el diálogo con Atenea y los diálogos del arte.

Si al símbolo de la madre creadora le añadimos el hecho de haber muerto, el sentido del segundo ensayo que Fabio afronta se aclara un tanto. El hombre, tras el fracaso de explicarse a sí mismo procediendo de lo divino, de lo infinito creador positivo, busca ahora un origen coherente en la nada; tal vez a partir de la muerte, desde su estar destinado a la nada, pueda encontrar esa autojustificación que su inteligencia necesita. De Atenea, armada diosa de la sabiduría y de las artes, espera, pues, la suficiente ayuda como para entenderse. Juega entonces su papel el cuadro de «Las Hilanderas» de Velázquez.

En «Las cartas boca abajo», una grieta en la pared nos transmitía la impresión de deterioro, que afectaba tanto a la casa como a sus moradores. En «Diálogo secreto», la grieta se ha transformado en «Las Hilanderas». Ambas deben interpretarse, a nuestro juicio, como huellas, como marcas de un texto que debemos descifrar; son páginas que hemos de leer.

El diálogo de Fabio con Atenea se convierte así en un ensayo de lectura de su propio ser —y en este sentido se confirma daltónico— y en una búsqueda de dar sentido a su trascendencia irreal por medio de la inteligencia de la nada. En esta ocasión debe comprender que su osadía no le sirve tampoco para superar los límites que lo condicionan. Sus «Diálogos del arte», o diálogos con el arte, le han hecho aparecer como una verdadera autoridad en la crítica, como el hombre superior; pero nada más falso que esa manera de resolverse el conflicto. Fabio, daltónico, es el símbolo de la incapacidad que tiene el hombre para ver y para verse; Fabio es daltónico tanto porque no ve los colores, como porque no ve sus culpas, porque no se admite como responsable de la muerte de Samuel Cosme.

También el segundo ensayo de Fabio, el de su aproximación a la muerte, tiene en «Diálogo secreto», según el texto original de Buero Vallejo, un momento de contraste con lo que, con reservas, llamamos realidad. La madre muerta aparecía en el dintel de la puerta de su habitación, en una esecna que, probablemente por motivos de economía, por resolver el reparto con un actor menos, o tal vez por la intención del autor de volver más sutil la relación madre-hijo, fue suprimida en las representaciones que conocemos.

La aparición de la madre tenía el mismo alcance que ese otro momento en el que Fabio decide hablar con su padre sin hipocresías acerca de su defecto sensorial. La madre en la puerta, visible y nada más, es para Fabio, el hombre que busca una explicación por parte de la muerte misma, un segundo rechazo. Como un juguete de las olas, va Fabio del mundo del padre al mundo de la madre, de Dios a la nada, sin que ninguno de los dos lo acoja.

Ignacio, ciego, quería ver; pero lo que de veras necesitaba era un «te quiero», porque sólo el amor de Juana podía convertirlo en valioso. Fabio, rechazado de la vida y de la muerte, no sabe siquiera lo que necesita, pese a que las notas musicales debieran habérselo sugerido. Sin salida comprensible, se encierra en sí mismo, decidido a aniquilarse, a desaparecer porque ningún sentido se le brinda ya. La llamada de Teresa nos sorprende entonces. Estaba enterada de todo, conocía su deficiencia, pero eso no le suponía obstáculo alguno para admitirlo y serle fiel. El nuevo holandés errante acaba de encontrar un sentido a su vida, el «te quiero» que Ignacio esperaba.

Tal vez un día Fabio publique su diálogo secreto, si otros le acompañan; tal vez un día tomemos la decisión de afrontar el problema de nuestros límites con la valentía que el caso requiere.

En el retrato del holandés errante, a juzgar por la descripción que de él nos hace Heine, podremos reconocernos: «...vestía traje español...». Debía de tratarse de un judío expulsado de nuestra patria por incomprensión. Nos vemos, por lo tanto, no sólo rechazados de la vida y de la muerte; nos vemos también rechazando. El diálogo de los egoístas se hace para nosotros diálogo de la incomprensión porque ni somos comprendidos ni comprendemos; pero en ello no hemos de ver una circunstancia puramente negativa: si advertimos el problema nos ponemos en vías de resolverlo.

La tragedia, o la coincidencia de lo necesario y lo imposible, debía prolongarse hacia el drama satírico en busca de un contraste con algo que pensábamos debía ser lo real, el mundo cósmico que sostiene nuestra entidad. Ahora, a medida que nos familiarizamos con la estructura de «Diálogo secreto», nos vamos convenciendo de que no es esa realidad el objetivo perseguido.

Si tras el secreto que servía de base a «Las cartas boca abajo» se podía adivinar la falta de lenguaje y una cierta esperanza de que ese instrumento de comunicación entre los hombres apareciera al fin, a través del secreto en que se apoya la obra de Buero que ahora comentamos se vislumbra un grado diferente del mismo conflicto. El lenguaje ya existe, o al menos el vino puede desencadenarlo; pero el habla que ha dado al hombre la elevación sobre el plano de lo real, no sirve a fines verdaderamente humanos, no sirve para comprendernos, sino únicamente para transmitirnos las impresiones que lo real nos causa. El lenguaje es todavía un mero intermediario entre la irrealidad y lo real, mas no el nexo capaz de unir mundos interhumanos. El día en que los diálogos secretos salgan a la luz, el lenguaje se habrá convertido en algo que debiera haberse encontrado ya en su origen: en el medio para decir ese «te quiero» que Ignacio necesitaba y Fabio alcanza.

La huella en la filosofía de Derrida explicaba el origen de la escritura a partir de la diferencia, de manera que la genealogía sucedía a la metafísica y superaba todo recurso a un mundo trascendente. Ante la nueva función que para nosotros cobra el lenguaje, las explicaciones que encontrábamos en «De la gramatología» nos resultan incompletas. Desde la huella como origen podemos justificar, paso a paso, todo el desarrollo de la escritura como medio para entendernos acerca del mundo, como medio para transmitirnos las impresiones que lo real produce en nuestra psique, pero ese lenguaje válido para transmitir el «te quiero» va mucho más allá: el lenguaje que hace posible el comprenderse, el que nos permite traspasar los secretos de Fabio, precisa un infinito que ninguna huella puede representar. La metafísica debe reaparecer, no para dar un sentido ilusorio a los valores trascendentes, sino para explicar que el hombre, tras el acceso a la creatividad artística por la que se ha hecho a sí mismo, por la que se ha autocreado en el mundo de los valores, se hace capaz también de autocrearse ético, de dar sentido al bien. Es decir: una vez autocreado el hombre, una vez forjado el mundo irreal poblado de valores con los que se alcanza la dignidad humana de cada uno, se hace necesario un nuevo paso en el que se compruebe la validez de ese mundo en el que el hombre se ha instalado. Ahora bien, el contraste con lo real sólo marcaría la heterogeneidad de planos, nos permitiría concluir únicamente que la nueva dimensión a la que el hombre ha accedido pertenece a un orden diferente. El contraste que necesitamos no nos lo puede brindar la realidad cósmica, sino la comprobación de que ese nuevo mundo es compartido por otros; la comprobación de que los valores no son meras impresiones subjetivas, sino cualidades que el hombre posee. Lo verdaderamente necesario, tras haber creado valores, es sentirse valorado uno mismo por otros, al tiempo que verse capaz de valorar a los demás.

En la filosofía actual oímos con frecuencia, al modo de una acusación, calificar de logocéntrica a la metafísica e incluso a toda la cultura de Occidente desde Grecia hasta nosotros.

Sobre la lengua, o sobre el habla, o sobre la razón; o quizá sobre el conjunto de estas manifestaciones humanas, sobre lo que los griegos llamaban el «logos», parece recaer la responsabilidad de un grave error de perspectiva en la evolución del hombre; el logos parece tener la culpa de que hayamos tomado lo imaginario por una realidad distinta, o incluso de que hayamos creado lo imaginario y nos hayamos instalado en ello complacidos. El logos, como el chivo expiatorio, debe caminar hacia el desierto, cargado con el delito de haber creído en la trascendencia, para dejarnos la realidad limpia de contaminaciones.

Su contacto con la irrealidad ha sido, pues, motivo de que el lenguaje se viera rechazado del ámbito de lo filosófico. Pero tampoco el mundo de lo irreal lo recibió sin recelo. Tan sólo la poesía pudo alcanzar un puesto de honor entre las artes, dado su poder de hacer de la palabra misma un objeto artístico; pero el lenguaje en sí debía ser únicamente objeto del saber científico.

A partir del planteamiento que Buero hace del tema en sus obras, especialmente en «Las cartas boca abajo» y en «Diálogo secreto», el conflicto se humaniza. El lenguaje y el hombre sufren avatares paralelos y de influencia recíproca, permitiéndonos concluir que el fenómeno del habla cobra en él el valor simbólico de una nueva etapa del proceso de hominización. El lenguaje no se reduce ni a expresar ni a comunicar; más allá de estas capacidades de la lengua, hablar significa, o, al menos debe significar, comprenderse; por medio del habla comprobamos que el otro es, y que en su ser se encuentran también los mismos valores que daban sentido a nuestro mundo irreal autocreado.

Tan pronto como Fabio recibe la señal de ser comprendido por Teresa y logra así asumir su destino, el cuadro de «Las hilanderas» le muestra una nueva lectura, a cuyos matices es conveniente prestar particular atención.

Hasta entonces había prevalecido el primer plano, el del taller de hilado, como plano de vivencias. Fabio identificaba la figura de la hilandera principal con su madre muerta: el sonido de la rueca llegaba a sus oídos procedente a la vez del cuadro y de la habitación en la que su madre había muerto. De esa manera, la gran parca lo llamaba y lo rechazaba al mismo tiempo. Desde el momento en que Teresa le hace saber que estaba enterada de todo y que, a pesar de su defecto, lo quiere, es decir, lo valora, el segundo plano del cuadro deja de ser pensado y se transforma en vivido. Fabio se siente entonces Aracne, siente abatirse sobre él el castigo de Atenea por haber tenido la osadía de ser crítico, de ejercer un poder que sólo a los dioses compete. Fabio se transforma así en lo que verdaderamente le corresponde ser: en mero hombre, limitado, incapaz de ver los colores, incapaz de trascenderse. Pero no es este todavía el cambio decisivo que Fabio experimenta Ahora, sobre el cuadro, no proyecta el ser de la madre muerta, sino la figura de la hija como muerte.

Las tres figuras femeninas que Velázquez sitúa en el mismo plano que Atenea y Aracne han llamado mucho la atención de los comentaristas sin haber logrado nunca una explicación satisfactoria. En consecuencia, se ha propendido a envolver en un velo de misterio algo que quizá tenía en la mente de Velázquez una intención bien clara.

A lo largo de todo el desarrollo del Neoplatonismo encontramos, como una constante, la idea de expresar en forma de tríadas cada proceso evolutivo humano vertido sobre personalidades míticas. La más conocida de todas estas tríadas, la de Venus, estaba constituida por las tres gracias, Castitas, Voluptas y Pulchritudo, y fue costumbre representarlas danzando, con las manos entrelazadas y dándonos una de ellas, Castitas, la espalda, porque mira al más allá; de perfil otra, Voluptas, porque sirve de enlace entre este mundo nuestro y el mundo de los dioses, y, por último, mirando hacia nosotros la tercera, Pulchritudo, porque la belleza, entendían, viene del más allá.

Pensadores destacados de la época del Renacimiento italiano se han ocupado de las gracias y de su sentido filosófico, tomando su valor simbólico como un medio óptimo para hacerse entender respecto a los problemas más difíciles que la nueva mentalidad traía consigo.

Velázquez ya había vivido en Italia cuando decidió realizar su cuadro sobre el mito de Aracne y Palas Atenea; las tríadas debían, por tanto, significar para él un medio excelente de transmitir los pensamientos e inquietudes más sutiles para los que la expresión misma de las figuras simples resultaba insuficiente.

Si la escena mítica que se está desarrollando al fondo correspondiese a algún pasaje de la vida de Afrodita, las tres figuras de su acompañamiento habrían sido las tres gracias; pero la diosa es otra. Atenea nada tiene que ver con el amor en su plenitud, sino con el inicio de un nuevo aspecto de la personalidad. La diosa núbil, nacida de la cabeza de Zeus, simboliza la sabiduría y el arte como conquistas supremas. El hecho de que Velázquez sitúe en su proximidad tres **damas nos hace pensar** en su tríada, en tres figuras que deben significar también una salida del hombre hacia el más allá, tal vez la inteligencia; un enlace entre los dos mundos, el del hombre y el de los dioses, una especie de asombro o de placer del conocimiento, y, finalmente, un retorno: la figura que viene de los dominios de lo divino hacia nosotros y por eso nos mira. La equivalente, en el paralelo triádico, a la belleza, algo así como la iluminación que nos inspira y nos permite contemplar la trascendencia, el más allá de lo que somos y que constituye el ideal propiamente dicho de lo humano.

El instrumento musical, que también se encuentra allí mostrándonos su reverso, vendría a ser, en esta interpretación que aventuramos, la clave que nos permita relacionar esta tríada con la de las gracias, representada en actitud de danza. La tríada de Atenea debe ser estática en lógica congruencia con la sabiduría cuya aspiración máxima es contemplar.

Pues bien, Fabio, después de sentirse, como Aracne, castigado por la diosa, ve a su hija convertida en la diosa misma dispuesta a ejecutar sobre él esa máxima pena; pero Teresa, la maga, le hace reparar en la figura de esa muchacha que desde el fondo del cuadro nos mira, afirmando «que es esa doncella la que se parece a Aurora». Así la amenaza de la muerte se transforma en algo distinto.

Si ahora recordamos que antes Fabio identificaba a la hilandera de la rueca con su madre, el doble rechazo debemos entenderlo como habiendo experimentado un giro en su esencia, de manera que su significado ha de alterarse también sustancialmente. Ya no va, como el holandés errante, de la vida a la muerte sin que ninguna lo acoja, sino que se encuentra entre dos muertes que difieren hasta oponerse.

Verse ante la madre o verse ante la hija equivale, sin duda, a verse creado o verse creador. Ya hemos visto cómo la tarea que se le impone al hombre autocreado es la de crearse a sí mismo creador; pero ahora vemos complicarse esa imposición del destino dando a la capacidad creada-creadora un sentido de muerte.

Tanto la creación como la creatividad se apoyan en la muerte como genio. El nadie, como origen y como fin, no depende de una nada pasiva, o que, a lo sumo, actúa desde el afuera; la muerte se encuentra en la esencia del hombre, es cualidad suya. Las cosas cambian, el hombre se muere.

En la interpretación de «Las hilanderas» de Velázquez cabe entonces avanzar todavía un paso más.

La correspondencia de estructura e intencionalidad entre ambos planos se hace cada vez más clara. Los cinco personajes que ocupan cada una de las estancias no han de entenderse como algo casual ni mucho menos. Al contrario, de esa coincidencia en el número y del hecho de tratarse sólo de figuras femeninas hemos de concluir que también su distribución en funciones ha de ser paralela. De esta manera, si al fondo una diosa dialoga con su víctima humana y una tríada que les acompaña nos indica el alcance de la plenitud de la divinidad que aparece, en las figuras del taller de hilado hemos de ver, como réplica, desvelarse un sentido complementario. En efecto, la figura de la rueca dialoga con la que, a la izquierda, está separando las cortinas; las otras tres han de ser, por tanto, el símbolo de una plenitud, la tríada que nos indique el sentido y alcance de lo que en su presencia se desarrolla.

Recordemos que las Parcas no son otra cosa sino la tríada de la necesidad. En consecuencia, la hilandera de la rueca representa a «Ananké» dirigiéndose al ser humano, al alma que tiene la osadía de venir a este mundo, y aun más, de intentar correr el velo de su misterio. Las Parcas, en disposición triádica, de espalda, de perfil y de frente, proyectan como un rayo de luz que ilumina los límites del hombre creado.

Ese gato tan controvertido, símbolo de la libertad y del que sólo con violencia se explicaba su papel en el cuadro, encaja ahora sin esfuerzo en el conjunto diciéndonos que el hombre tiene una libertad limitada y condicionada a su temporalidad.

Pero ese ser libre inmerso en el mundo de lo necesario, en los dominios de Ananké, tiene en el plano de Atenea, en los dominios de la creatividad artística y de la sabiduría, a modo de equivalente o de sugerencia, el instrumento musical que nos evoca una salida del conflicto por vía de la irrealidad autocreada.

Entre las dos estancias que componen el cuadro de Velázquez es posible, pues, atisbar un reflejo recíproco, un reenviarse el tema para ser perfilado cada vez mejor, pero, al mismo tiempo, en busca de un encaje verdadero por no encontrarse en ninguna de las partes una estabilidad satisfactoria; es lo que se suele decir, devolverse la pelota.

De igual manera dialoga Fabio, se debate en reflexiones sobre su vista deficiente, que es lo mismo que debatirse en la insatisfacción, tanto si se expone a discurrir por las zonas prohibidas de un más allá de su naturaleza real, como si se resigna a los pobres límites que esa naturaleza real le ofrece.

La necesidad de trascenderse, de encaminarse, en la aventura del intelecto, por la senda de la metafísica, a sabiendas de la irrealidad que sostiene todo el edificio filosófico que por esta vía puede construirse, es el testimonio sufriente del hombre, que intenta liberarse de lo que no es liberable.

El mundo de Fabio, ahora puede verse con toda nitidez, es ciertamente el Hades, pero Hades es siempre el interior del hombre que intenta descorrer las cortinas de su misterio. Fabio, como Augusto, el personaje de la novela de Unamuno, vive en la niebla, en la angustia de no ver precisamente aquello que más le concierne: su propio ser.

Capítulo XXIX

Angeles y monstruos
Voluntad de poder y voluntad de arte
Preludios de un amanecer en «El sueño de la razón»

La historia del pensamiento filosófico de sentido realista nos ha acostumbrado a creer que la metafísica consiste en buscar en la trascendencia un punto de apoyo a partir del cual el cosmos, nuestro mundo físico, reciba una justificación adecuada. Metafísica o cosmología serían el método que nos permita alcanzar, en nuestras lucubraciones, las causas radicales de la realidad.

En la filosofía de signo humano, por el contrario, la metafísica no ha de servir a fines metodológicos, sino que ha de brindarnos como objeto aquello mismo en que la trascendencia consiste, ha de mostrarnos el ser y no los entes reales. El revelarse como una irrealidad no ha de invalidar la metafísica; muy al contrario, esa característica suya ha de ser condición esencial y permanente para que su estudio sea de verdad una metafísica, una disciplina que se ocupa de algo que el mundo físico es incapaz de contener.

Está claro que ese mundo irreal al que nos referimos tiene que ser creado, porque no existe, y que, además, tiene que ser autocreado por el hombre, porque sólo de sí mismo, y no del cosmos, puede el hombre crear la irrealidad.

Es cierto que en las profundidades del sentir mítico-filosófico se encontró siempre, al menos en germen, un vislumbre de este posible enfoque del sentido de la inquietud humana, pero faltaba la madurez suficiente para el desprendimiento y resolución de libertad que esa visión nueva del problema requería.

Los mitos nos han hablado siempre de una diversidad de destinos para el hombre tras la muerte. Formas que revestían cierto carácter disyuntivo, como Hades o Campos Elíseos, suelen aparecer por doquiera; pero satisfechos con la explicación de que se trataba de un proyecto de castigos y premios para apoyar las necesidades de la moral, para impulsarnos a evitar el mal y realizar el bien por la amenaza y la esperanza, no hemos profundizado más en el alcance que proyecciones con tales características pudieran tener.

En el capítulo anterior, los signos de Eurídice y Core-Perséfone se revelaban indicadores del Hades; pero el deseo de imprecisión nos dejaba indecisos respecto a su localización determinada. Posiblemente, ningún lugar le convenía, y no porque se tratase de un estado que aguarde al hombre tras la muerte, sino por encontrarnos, una vez más, ante una irrealidad autocreada.

En los Campos Elíseos, que Proteo señala como destino a Menelao por ser yerno de Zeus, la meteorología no experimenta cambios. Podría entenderse como un signo de felicidad; pero tampoco en el Hades, que Odiseo visita, se producen alteraciones, lo que nos indica, más bien, que esa quietud que se traduce en ambos casos no es un accidente sino una nota esencial de lo que se nos está indicando: tanto en el Hades como en los Campos Elíseos el tiempo no transcurre, las cosas no fluyen en el tiempo. Es fácil advertir la semejanza con el estado puro de gozo o de sufrimiento que afecta a los bienaventurados o condenados, según los términos teológicos. Tampoco en la eternidad se da el fluir.

Pese a esa similitud, sin embargo, el tema que las obras de Buero nos sugieren y que la filosofía debe afrontar es otro.

Una vez instalada la muerte en la vida, una vez señalada la muerte como constitutiva del ser del hombre, el más allá, que hacía referencia a un tiempo distinto, caracterizado por encontrarse después del momento en que la vida del hombre ha concluido, pasa a significar un tiempo que designa un estado imaginario en el que se ha producido el divorcio entre esos dos elementos indisociables que componían la esencia del ser humano: una vida sin muerte o una muerte sin vida, estados imposibles que rechazaban al holandés errante así como a Fabio, porque para el hombre es necesario vivir los límites que la muerte le impone.

Inmerso en la necesidad, el hombre de la cultura realista se rebela e inventa el azar. Pero el azar es sólo la necesidad imprevista, es la necesidad fuera del ámbito de la inteligencia. Los dados que Nietzsche y Mallarmé lanzan al aire evocan la salida de las leyes de la necesidad porque por un momento, inestables, desconocemos su destino, un destino que habrá de sorprendernos; mas la sorpresa no habrá hecho desaparecer las condiciones de lo necesario. La caída de los datos fija el azar y confirma la necesidad como ley universal del cosmos.

Inmerso en la necesidad, el hombre de la cultura humanista se rebela y crea el plano de lo irreal donde la libertad es posible, donde la necesidad puede ser superada.

No se trata de adueñarse del azar, sino de la tarea más difícil: hacerse libres.

A juzgar por la dedicatoria que Buero hace de «El sueño de la razón», la frase de Vicente Soto según la cual «Goya oía a los gatos» parece ser el desencadenante de la obra. Es la primera idea que puede convertirse en símbolo de un extraño proceso.

La imposibilidad de oír, que supone ser sordo, no impedía que Goya, sordo total, oyese a los gatos. Cabría entender este fenómeno, o como una reprcducción de los maullidos por vía imaginativa o como una excepción a la gama de sonidos afectados por su sordera; pero ninguna de estas hipótesis corresponde a lo que en la obra se nos sugiere. El oír de Goya es una ireralidad que coincide con los hechos. Lo que Goya lleva a cabo es nada menos que una conquista de lo imposible, y no de un imposible cualquiera; el imposible que Goya conquista nos lo indica el gato como símbolo, es precisamente la libertad.

Nacida así de una aspiración al símbolo, o, tal vez, a la metafísica del símbolo, el reflejo de esta intencionalidad no deja de advertirse tanto a lo largo de toda la obra como en la estructura que la sostiene y le da sentido.

Aparecen ciertamente en primer plano, como constituyendo el conflicto originario de «El sueño de la razón», los esfuerzos de Goya por liberarse del poder que sobre él ejerce el rey Fernando VII. La autoridad real y la rebeldía artística parecen enfrentadas en una lucha hasta el agotamiento; pero en seguida una clave nos avisa de nuestro error de perspectiva: monarca y pintor se encuentran a tal distancia el uno del otro que ambos precisan la ayuda de un catalejo para verse. Astronómica distancia los separa, de manera que el problema mismo del poder del hombre sobre el hombre ha de servirnos más como una luz para otear la lejanía que como el obstáculo real que representa.

El rey borda primorosamente; borda bellas flores, al tiempo que escucha la narración de ejecuciones por él ordenadas, atisbando el terror que haya podido causar a sus víctimas.

En la otra orilla, el artista pinta con trazos negros monstruosas figuras humanas, larvas de hombre o, quizá, ruinas que sólo de lejos recuerdan las formas humanas; pero, en todo momento, buscando liberarse del miedo, buscando incluso al hombre superior, el hombre alado que borre la crueldad del mundo.

En la parte más visible de la obra, pues, Buero aborda un problema similar al que Sófocles planteara en su «Antígona»: la ley y el poder frente a los impulsos emanados del corazón humano. Pero esa similitud pronto se debilita, al sobreponerle Buero intenciones que desvirtúan el tema como problema real para convertirlo en punto de apoyo de otras manifestaciones, para trasladarse, por su medio, a otras dimensiones donde el reflejo de esa problemática puede iluminar esencias del ser.

De la caja de Pandora, dice Hesíodo, salieron todos los males menos la esperanza; y comenta Nietzsche que la esperanza es el peor de los males porque nos afecta desde nuestro interior, porque nos engaña sin que podamos defendernos de su falacia.

En realidad, mito y comentario se quedan a mitad de camino en la explicación de un proceso que nos conduce, precisamente, del mito a la metafísica.

Cuando Pandora cerró de nuevo su caja no sólo había quedado en su interior la esperanza; también el temor se había rezagado en su salida. La esperanza y el miedo, puede entenderse, permanecieron en el hombre, sin proyectarse en el afuera.

Reexaminando el mito, sin embargo, advertimos que, de hecho, nos encontramos ante un proceso invertido. El temor y la esperanza sí están en el afuera, proyectados bajo la forma del Hades y de los Campos Elíseos. El acontecimiento que el mito de la caja de Pandora recoge, por tanto, no es el de la salida sino el del retorno de tales fenómenos al interior del hombre. El temor y la esperanza son, pues, las primeras cualidades humanas que el hombre descubre como pertenecientes a su intimidad y no a un afuera impersonal que les afecte.

En cuanto a la interpretación que Nietzsche nos ofrece, es necesario recordar, una vez más, su exigencia de realismo para entender por qué ese engaño constituye el peor de los males para el hombre. Nos engañan el temor y la esperanza en cuanto esgrimen objetivos inexistentes; pero no son de veras males. Tampoco existen los objetos que el arte nos propone como metas, lo que no impide que el propio Nietzsche los entienda como valores positivos.

Mal y bien siguen resultándonos dos conceptos oscuros, como si se tratase de dos cualidades relativas, indeterminadas, de tal manera que fenómenos como la esperanza, generalmente admitidos como virtudes, puedan ser considerados por Hesíodo y Nietzsche como graves males.

Cabría entender que el desacuerdo proviene del análisis de las cualidades mismas. Se trataría en este caso del descubrimiento de que algo sobre lo que el consenso había dictaminado la categoría de bueno en el fondo era malo; pero es posible también que lo bueno y lo malo permanezcan todavía imprecisos por falta de principios en que apoyar el sentido de su ser.

Al comentar «Mito» hablábamos de lo incrementante como la característica que distingue al bien. Se trataba de un proceso que debía seguir a la creatividad, y su desarrollo daba lugar a la ética. Ahora, al abordar el mismo problema en su dimensión metafísica, la cuestión que se nos plantea es la de saber el qué de lo que se incrementa para que el bien sea su resultado.

Para Platón el bien era ya un principio, era el principio de la realidad verdadera. Es posible que sobre la misma base, en germen, descanse la concepción del bien en la mente de Hesíodo; e incluso en la de Nietzsche, pese a considerarse el inversor del platonismo, puesto que únicamente tomando el bien como principio fundante de la realidad puede admitirse que lo irreal es esencialmente malo.

A partir del momento en que el bien cede su lugar de principio a la nada el panorama entero de la filosofía se altera, e incluso se invierte el sentido de algunos problemas fundamentales: la metafísica deja de ser cósmica para hacerse humana, y el bien, antes fundamento, requiere ahora ser fundamentado.

En el nuevo panorama, pues, el qué de lo incrementante no deja lugar a dudas: el ente ha dejado su lugar de privilegio al ser y, en consecuencia, el incremento que ha de buscarse es el de la dimensión aportada por el soplo divino, el de la dimensión de la nada que se añade a la naturaleza real representada por el barro. El nuevo esfuerzo no ha de apoyarse sobre el poder, sino sobre el dolor que produce la separación de la pura entidad.

Por esta encrucijada han pasado a lo largo de la historia de la humanidad, mitologías, religiones y filosofías, tropezando siempre en el mismo escollo: el de entender que sólo lo real podía ser verdadero. Incluso Kant se sintió incapaz de resolver el problema sin acudir al «a priori» como una facultad por la que el hombre aporta algo real a lo percibido para que el conocimiento sea posible.

La llamada del mundo irreal autocreado, sin embargo, no dejó nunca de pedir al hombre un esfuerzo: la decisión de ese desprendimiento que requería hacerse libre, desatarse de lo cósmico.

Fue como un aldabonazo, en este sentido, lo que Goya percibió en su interior; fue una profunda llamada que despertó su vocación artística. Con los pinceles dijo Goya muchas cosas y sugirió muchas más. El conjunto de la situación y condición humanas le inquietaba; pero a su sensibilidad de artista no le pasó inadvertido que en España dormía el germen de una revolución insólita.

Como noche de brujas vio Goya la España de su tiempo, quizá la España en sí. Dominada por terribles pesadillas, se debatía en el miedo sin atreverse a despertar. Los poderes de la noche la vencían. «Despierta, España», fue entonces su grito.

Era necesario serenarse y adquirir conciencia de que sólo en la oscuridad pueden las brujas ejercer su dominio. «Si amanece, nos vamos», declaran ellas mismas en uno de los caprichos salidos de sus buriles. Si amanece se desvanecerán las tinieblas y con ellas todas las pesadillas que nos sobresaltan.

La razón de España duerme y de ahí la invasión de los monstruos. Dos fenómenos concatenados, dependiendo el segundo del primero como de una causa un efecto. Examinados de cerca, sin embargo, los encontramos no sólo diferentes, sino heterogéneos. De una parte, el país duerme; reinan en él la ignorancia y la ceguera, y de la otra, la creación nada menos que de lo monstruoso, el surgimiento de algo que requiere, diríamos, una gran capacidad. En resumen, una actitud pasiva que engendra una gran actividad.

Para salvar el contrasentido conviene advertir que tampoco esas criaturas monstruosas pertenecen al mundo de lo real. Los monstruos se imponen porque ha muerto la verdad. Bastaría que amaneciese para que toda su virulencia se esfumase. Goya, además, espera ese amanecer. Si la verdad resucitase. Y la verdad resucita y con ella todo cambia.

Nos encontramos, pues, ante un proceso desplegado en su totalidad en el plano de lo irreal, aunque el propio artista no se haga plenamente consciente de ello.

En una de las láminas de «Los desastres de la guerra», la que ocupa el lugar 69, un cadáver escribe la palabra «nada». Sin duda Goya quiere sugerirnos la inutilidad y el sinsentido de esos enfrentamientos humanos; pero su genio, mediante las imágenes que allí aparecen, nos transmite inquietudes más profundas, que constituyen su verdadero punto de partida.

La nada que el cadáver nos dice no niega el universo, sino la persona. Nos recuerda el nadie de cada uno, nuestro destino. Goya concluye de esa manera una parte de la serie, pero ese fin es más bien su principio.

El conjunto de la obra de Goya contiene, en consecuencia, tanto la creatividad en sí, la atención al mundo de lo irreal autocreado a partir del nadie, que permite fundamentar sobre el concepto de la nada el panorama completo de los valores, como la dimensión de lo bueno y lo malo, vista, asimismo, dentro del plano de lo irreal, mas no al modo del ser del objeto sino al modo del ser de la conducta, y, por último, la aspiración a la verdad, es decir, la elevación del problema metafísico a los niveles del conocimiento.

Buero Vallejo, compenetrado no sólo con la obra de Goya, sino también con la sensibilidad que motivó el despertar de éste al mundo del arte, nos incita en «El sueño de la razón», a proseguir, por vía filosófica, hasta las últimas consecuencias, el desvelamiento de cuanto en aquellas pinturas se nos insinuaba.

Cada una de las tres personas que más se acercan a Goya: el doctor Arrieta que lo atiende como médico, el sacerdote, P. Duaso, que lo visita como amigo y paisano, y la mujer que le sirve, Leocadia, se sienten, aun en su cometido, incapaces de viajar con el artista hasta sus profundidades. El doctor Arrieta no sabe si Goya está loco o cuerdo. Las figuras con que emborrona las paredes, las «pinturas negras», podrían tomarse por síntomas inequívocos de desvarío; pero en ellas, al mismo tiempo, puede descubrirse la tragedia humana traída a la superficie de cada español doliente. Locura o genio, tal vez ambas cosas; tal vez la locura de un genio. Curar a Goya podría ser empequeñecerlo, convertirlo en mediocre, convertir un gigante en un pigmeo.

Tampoco el padre Duaso sabría dictaminar acerca de la espiritualidad de su amigo. Todo parecía indicar que su postura era la de un hereje; pero más allá de esas apariencias no era difícil adivinar la exquisita humanidad que Goya perseguía. El hombre que ya ocupa una silla en la Academia de la Lengua, aunque Buero lo sitúa como futuro académico, opta por lo posible y decide proteger al artista.

Por último, no deja igualmente de ser oscura la situación para Leocadia. No puede saber si Goya es o no su verdadero amor, pese a lo cual piensa que debe servirle con esmero aun después de la violación por parte del sargento, en alguna medida provocada por ella.

Sobre Goya, por tanto, Buero Vallejo hace que la duda nos asalte. Tal vez de esa manera el artista y su obra se identifiquen mejor.

En las pinturas y en las otras manifestaciones de la creatividad de Goya, en efecto, nos impresiona siempre en primer lugar el planteamiento claro y bien preciso de algún hecho concreto y real. Goya denuncia la crueldad, la injusticia o cualquier otra manera de conducta humana indigna; se rebela contra unas formas educativas improcedentes, y todo ello dentro de la sociedad en que él vive y que, por consiguiente, conoce de un modo directo.

No obstante, si por esa impresión primera de realismo quisiéramos encuadrarlo como pintor social, si pretendiéramos limitar su alcance a esa dimensión de los problemas, nuestra crítica resultaría inadecuada. Más allá de la denuncia de hechos, más allá de los vicios fustigados, cada trazo de sus pinceles apunta a una cualidad radical del hombre y aun a estructuras nuevas, distintas de cuanto en la historia el hombre haya llegado a ser.

Buero Vallejo, a la vez, se siente afectado por la trayectoria de Goya y se proyecta en su vida y en su obra. También Buero sufrió «Los horrores de la guerra», comprobó «Los caprichos», vio disponer «Los disparates». Buero supo ver que la historia narra unos acontecimientos que reúnen las condiciones de lo real y concreto, pese a lo cual, una mirada desprendida de lo cósmico es capaz de encontrar en ellos, o bien las raíces del hombre mismo, o bien los caminos que llevan a la trascendencia, a lo insólito, a lo inverosímil.

Buero, como Goya, pinta conflictos sociales, pero tras ellos está el hombre; el de carne y hueso, sí, y el de las esencias también. Nada parece tener remedio. El hombre se repite, no deja nunca de ser el mismo. Así es en la realidad. Pero siempre es posible una esperanza fuera del tiempo.

Ya hemos visto cómo sobre la montaña, en la escarpada roca, se encontraba algo «como el cielo; pero no es el cielo»; era, proyectado en la quietud, el valor de ser hombre, de autocrearse a partir de la nada; sin embargo no es este el único signo de una verdadera esperanza, tras la realidad desesperanzada. De estas figuras voladoras ha de dudarse si son criaturas angelicales, para concluir luego, sin vacilación alguna: «No son ángeles.»

Buero sabe muy bien que los hombres no son ángeles; la miseria humana le es de sobra conocida. Pero está convencido a la vez, con igual firmeza, de que si los hombres no fuesen ángeles nunca lo angélico hubiera sido concebido, nunca nadie habría hablado de ángeles.

Por consiguiente, en el ser del hombre se encuentra lo angélico como una de sus notas o, al menos, como una de sus posibilidades.

Acerca de esos no-ángeles Goya declara no saber lo que son, al mismo tiempo que afirma su cualidad de terrestres. Nosotros diríamos que son hombres irreales, son hombres sobre los que se proyecta la creatividad del bien, de la misma manera que sobre los monstruos se proyecta la creatividad del mal.

El alcance metafísico de estas conclusiones no deja lugar a dudas. El bien que aquí vemos proyectarse afecta al ser, y más concretamente, al ser del hombre, que mediante ese proyecto descubre su ser bueno, la bondad como cualidad de su ser. Pero ese bien deja entonces de ser lo incrementante. Es sólo su resultado. En consecuencia, el bien que buscamos no es ese.

Veíamos en otro lugar cómo Bertolt Brecht planteaba, en «Santa Juana de los mataderos», la imposibilidad de hacer el bien, y concluíamos nosotros que el bien no se hace. Hacer, en efecto, es una tarea que compete al mundo de los entes, mientras que el bien pertenece al ser. La característica de incrementante, sin embargo, parece interponerse en nuestro razonamiento. El vocablo «incrementante» es un participio activo, lo que propende a entenderlo como un hacer, como una acción que modifica lo real. Tal vez en esta identificación radique el mayor obstáculo con que ha tropezado la ética como metafísica a lo largo de todo su desarrollo histórico.

Sin dudarlo siquiera, se ha entendido siempre que ética era la filosofía de la conducta, y que esa conducta era la actividad del hombre limitada al ámbito de la moral. Una vez más, el realismo se imponía, haciendo de la filosofía una pseudociencia.

Nietzsche fue quien más se aproximó al giro que hubiera enfocado el conflicto por los derroteros oportunos cuando puso por título a uno de sus libros, «Más allá del bien y del mal»; pero tampoco él supo desviarse del obstáculo del realismo, y así tomó el bien y el mal por la parte de acá, en vez de entenderlos como pertenecientes a la trascendencia.

Para descubrir el sentido correcto del bien será preciso tomar esa conducta real que se ha venido considerando como el objeto sobre el que la filosofía debía ocuparse y proyectarla sobre el plano de la irrealidad; es decir, a la manera como el ente proyectado en lo irreal se convierte en el correspondiente ser, así la conducta trasladada de plano engendra el sentido metafísico de la ética. El bien como incrementante se explica entonces como el sentido positivo de la creatividad de los valores.

De una filosofía de la conducta como acción real pasamos, así, a una filosofía irreal de la voluntad. El bien como lo incrementante no se encuentra en la realización concreta de hechos o acontecimientos, sino en la voluntad de valor.

Para Nietzsche, según Heidegger, toda voluntad es voluntad de dominio, voluntad de realidad que, en último término, se resolvía en el arte.

A la luz de cuanto antecede, sin embargo, la solución puede encaminarse por vías muy distintas y alcanzar, por ellas, objetivos inesperados.

La voluntad, en efecto, sólo se confirma como voluntad de dominio en el plano cósmico, en el mundo de los entes; pero la voluntad humana no ha de circunscribirse necesariamente a esa actividad de lo que se manifiesta siempre como fuerza. El hombre puede, incluso de hecho, querer la nada, puede hasta suicidarse. Pero aun en el aspecto más positivo de su ser puede decidir en favor de algo que en absoluto pueda entenderse como dominio.

En lo que Riegl denominó «voluntad de arte» el objetivo que la creatividad persigue no puede, con justicia, calificarse precisamente de dominio, sino, por el contrario, de renuncia al poder, de alejamiento de lo cósmico en el que todo dominio reside.

Un nuevo paso hacia adelante en la voluntad se mueve ya en el medio que la voluntad de arte ha creado, en el plano de la autocreatividad; lo que se quiere entonces es el valor o el antivalor.

El proceso que se ha seguido ha trazado ante nosotros el esquema de una trayectoria en el que, con toda claridad, se advierten los tres momentos nucleares de la evolución hacia lo humano: en el punto de partida, si llamamos voluntad a la fuerza que se manifiesta en los entes, un querer ciego, impulsado por leyes naturales, arrastra a las cosas. En la etapa que le sigue, la voluntad de arte introduce al hombre en un mundo ajeno al poder real, en el mundo de la irrealidad, y le hace consciente del cambio experimentado. En el tercero, finalmente, la voluntad no sólo se hace capaz de querer los valores, sino, además, de elegir entre ellos. De ese tercer momento dependen, así, la libertad y la responsabilidad ética.

La figura de Goya que Buero recrea en «El sueño de la razón» representa, a nuestro entender, el punto culminante de ese proceso hacia el logro de la voluntad de valor y de las resistencias que se le oponen.

Los hombres-como-ángeles son buenos, pero habitan en lo alto, en la montaña escarpada, en lo inaccesible. Nos es imposible alcanzarlos, llegar hasta su morada, por eso desearíamos que viniesen ellos: «¡A acabar con Fernando VII y con todas las crueldades del mundo!» Deseo inútil. El bien jamás viene a nosotros, ni nosotros llegamos jamás al bien Sólo podemos quererlo y crearlo. El Goya recreado por Buero lo quiso y lo creó, mas no pudo lograrlo porque dos cosas se lo impedían: la realidad y la sombra.

Dos escenas de «El sueño de la razón» nos muestran cómo la voluntad de Goya fue quebrantada. Para mejor comprender su sentido vamos a recordarlas en el orden inverso a como suceden en el desarrollo de la obra.

Las fuerzas reales invaden un día el domicilio de Goya; lo golpean, lo espolian, violan a Leocadia, pero, sobre todo, lo atan. Una coroza luce en la cabeza del artista; lo han convertido en un payaso. Es inútil luchar contra las fuerzas reales, contra el poder del rey. La razón de España dormida ha creado un monarca monstruoso.

En otro momento anterior, era Goya quien se había dormido. También entonces su casa fue invadida, no por fuerzas reales, sino por los monstruos a los que su noche ha dado origen. Son las figuras representadas en las «pinturas negras», a las que la voluntad de arte ha dado ser y a las que ahora la pesadilla del artista convierte en personificaciones de lo que llamaríamos el reino de las sombras.

Las figuras humanas no tienden aquí a lo angélico, sino a la animalidad; pero habría que decir, parodiando la frase referida a los voladores, que «no son animales». El calificativo de larvas se aproxima algo más al sentido que Buero quiere extraer de esas obras de Goya. Las larvas, en efecto, son algo que presagia otra cosa; en las larvas se presiente lo que un día será. Es cierto que ninguna flecha nos indica hacia dónde evolucionan esos intermedios; tanto puede tratarse de un progreso como de un regreso. El equívoco no deja de tener su valor, ya que de esa manera nos obliga a ser nosotros mismos los que definamos cuál es nuestro sentido, el de cada uno.

Dominado por los otros, por el rey absoluto, dominado por sí mismo, queriendo ser ángel: he ahí al hombre.

La tarea de ser libre tal vez resulte ahora algo más clara. Es necesario superar por nosotros mismos la doble resistencia que se opone al desarrollo de nuestro proceso, la que procede de nuestro interior y la que se nos impone desde fuera. Larvas somos, que podemos evolucionar en el sentido de la animalidad o en el de la hominización.

Pero «El sueño de la razón» no es sólo eso. Más allá de lo que en la escena se nos muestra, adivinamos que un nuevo imposible se abre para el hombre: jamás podrá el hombre recuperar la animalidad perdida, nunca podrá ya, con inocencia, descender del estadio humano alcanzado. Si alguna vez el animal de que procede invade su voluntad, sentirá vergüenza y se sabrá culpable.

El hombre que en «Diálogo secreto» encontrábamos rechazado de la vida y de la muerte, aparece ahora rechazado del bien y del mal.

Goya está «en el otro mundo», su Hades está poblado de monstruos que él mismo ha creado; está a la otra orilla, tan lejos que, desde el palacio del rey, ha de utilizarse el catalejo para ver su morada; pero se encuentra todavía tan abajo que para llegar hasta el lugar de los hombres-como-ángeles media la escalada a la montaña, a la roca escarpada.

Goya vive todavía en la noche; pero «si amanece, nos vamos».

Capítulo XXX

Más allá del bien y del mal: la literatura
La metafísica de la libertad en «La fundación»

Desde las primeras páginas de «El ser y el tiempo» intenta Heidegger replantear la metafísica volviendo a la pregunta por el ser. El pensamiento platónico del ser le sirve de punto de partida para una obra en la que el concebir metafísico ocupa la cumbre del desarrollo mental humano.

Al iniciar el último capítulo de este libro el mismo problema viene a nuestro encuentro: la pregunta por el ser; pero las circunstancias que condicionan nuestras inquietudes han cambiado de tal manera que al nuevo horizonte asoman visiones diferentes y conflictos distintos, todo lo cual brinda a nuestro futuro esperanzadas perspectivas.

De las dos partes que constituyen la pregunta por el ser: la pregunta por un lado, y el ser por otro, dio Heidegger la prioridad a la segunda. Pertenece al ámbito de lo necesario que «el ser es», no puede, por tanto, ni dudarse ni negarse. He ahí el indiscutible punto de partida de la metafísica.

Hoy, desde nuestro lugar, vemos cómo el orden de prioridades se ha invertido. Por nuestra parte, de la pregunta por el ser nos inquieta en primer lugar el preguntar mismo.

El ser de la pregunta implica un vacío, una carencia. Algo que nos falta aparece ante nosotros como no-ser, obligándonos a ese inquirir que es la esencia del preguntar. Ver, en consecuencia, el ser desde la pregunta es ver su falta. No se trata, sin embargo, de una falta cualquiera. El ser cuya falta advertimos en la pregunta por el ser es el ser necesario, y así, mediante el preguntar, llegamos a la necesidad de crear el ser.

La pregunta por el ente, en cambio, desde nuestro punto de vista, carece de todo valor metafísico. La lengua española dispone del verbo estar, que se adecúa con exactitud a la problemática del ente. La realidad está ahí.

Ni siquiera la pregunta por lo que fue o lo que será tiene carácter metafísico, ya que no alcanza niveles de trascendencia. La carencia que da lugar a esa pregunta se refiere siempre al cambio, objeto de la ciencia, o, en su radicalidad, de la filosofía de la ciencia.

El planteamiento heideggeriano, que entiende la pregunta: «¿por qué el ente y no más bien la nada?» como la mayor radicalidad metafísica, se encuentra, así, no sólo desplazado, sino, incluso, perdiendo carácter de fundamental. No ha de preguntarse el porqué del ente porque el ente no tiene ningún por qué que lo justifique ni principio alguno en que se origine: la realidad está ahí.

Muy otra es la pregunta por el ser, ya que el ser no tiene nunca el estar ahí como fundamento. El ser carece de realidad y, en consecuencia, su fundamento trasciende lo real; su carencia y la necesidad de ser creado sí justifican la pregunta y el valor metafísico de ese preguntar.

Es necesario hacer que el ser aparezca, y, por consiguiente, la primera tarea que le sale al encuentro a la metafísica tiene la forma de una búsqueda en el más allá de lo real; es una búsqueda que persigue como objetivo el hallazgo de un principio, porque es necesario saber de dónde viene ese ser que aparece.

Tampoco está claro el para qué del aparecer del ser, cuál sea su finalidad, lo que es motivo de que la inquietud metafísica prosiga en busca de un sentido del ser.

Por último, la pregunta por el ser, vista su trayectoria, se esfuerza en la búsqueda de su esencia, con fórmulas que, en principio, parecen redundantes. Preguntar qué es el ser, en efecto, implica que la pregunta requiere, de antemano, el conocimiento de lo inquirido. Preguntar qué es lo que es parece incurrir en esa petición de principio; pero la pregunta, entendida precisamente como metafísica, lo que persigue no es lo que ya sabe por el hecho mismo de que el ser aparezca, sino un segundo grado de ese ser aparecido: persigue el ser del ser, lo que le hará derivar hacia el ser del hombre.

Huelga insistir en las características de la búsqueda platónica, que concluye dando al bien la categoría de primer principio.

Tampoco es preciso volver sobre el antropomorfismo que subyace en las doctrinas metafísicas de Heidegger. Conviene, no obstante, explicitar la idea de que, a la base de ese antropomorfismo se encuentra ya larvado el germen de una fecunda filosofía de signo humano. Ese horizonte de temporalidad, por ejemplo, en que deja aparecer el ser, no sugiere la comprensión de un tiempo ordinario en el que los entes fluyen, sino un tiempo que recuerda el tiempo mítico primordial; es decir, recuerda más la intemporalidad del ser que la temporalidad del fluir de los entes.

Soslayando igualmente el desarrollo de lo que hemos venido llamando el plano de lo irreal autocreado, según el cual el nadie de cada uno da origen al concepto de la nada, que constituye la base de nuestra metafísica, alcanzamos el estadio actual de nuestras investigaciones.

La muerte, no por el hecho de morir, sino, en el caso del hombre, por sabida y esperada, añade a nuestra vida el sentido de la irrealidad y con él la capacidad de acceso a los valores.

Pero las posibilidades que se abren a la metafísica, siguiendo los nuevos enfoques que advertimos en la cultura española y de la que hemos tomado como síntoma las obras de Antonio Buero Vallejo, no han de entenderse limitadas ni a los temas ni a los aspectos abordados en los capítulos que anteceden. «La fundación» nos ofrece todavía nuevos signos, que nos proponemos examinar en las páginas que siguen, y a la problemática iniciada, todo parece indicarlo, le aguarda quizá un fructífero porvenir.

El conflicto que ahora se nos plantea no es nuevo: el problema del mal. La novedad se encuentra en la radicalidad metafísica que se le atribuye, en un intento de justificar por vía distinta la condición humana y la tarea de su autoformación.

La dificultad de hacer compatible el mal con la existencia de un Dios creador, bueno y omnipotente, fue el principal motivo de que pensadores como san Agustín, por ejemplo, imaginaran el mal como una carencia de bien, es decir, lo privaran, no sólo de realidad, sino también de esencia. Muchos siglos de filosofía posterior no han sabido volver adecuadamente sobre el tema y deshacer el prejuicio.

Fue la literatura la que corrió el riesgo de anteponer el mal al bien, en una reacción que, a primera vista, nos parece desesperada e insólita. Sólo después de fijarnos en los acontecimientos históricos que discurren paralelos a los literarios nos damos cuenta de que un cambio más profundo conmovía los fundamentos del hombre.

Sade es contemporáneo y aun miembro activo de aquella sociedad que en París se agita y revoluciona a finales del siglo XVIII. La guillotina siega entonces la cabeza de un monarca, de un representante legítimo de Dios; de alguien que, si es capaz de ejercer un poder absoluto, es porque el mismo Dios actúa en él.

Nietzsche pudo decir «Dios ha muerto» y «nosotros lo hemos matado» porque ya un siglo antes la humanidad había cometido el deicidio en la figura del rey, y lo había llevado a cabo con la clara voluntad de una muerte representativa: «No queremos juzgar al rey; queremos matarlo.»

La historia está cambiando, pues, en esos momentos la concepción de un orden preestablecido, fundado en la bondad infinita de un Dios providente, por la de un desorden original del que es preciso salir con esfuerzo. El bien que, creíamos, nos daba sentido, no existe. El hecho de que Sade escriba esa especie de «utopía de la perversidad» encaja así como un elemento más del proceso antropológico que la humanidad viene experimentando.

«Murió el bien» anunciaban la historia y la literatura, y Europa entera creyó ver su cadáver. El pensamiento europeo entendió que una realidad se derrumbaba. Hoy vemos que lo que entonces estaba empezando a ocurrir era la desaparición de un espejismo; empezaba a descorrerse el velo que nos hacía tomar el bien por una realidad más.

Pero el desvelamiento que ponía ante nosotros la irrealidad del bien, no logró disipar el prejuicio de realismo que envolvía toda la cultura europea, y así, el vacío producido por la desaparición del bien como realidad pasó a ser ocupado por el mal, entendido de la misma manera.

La utopía de la perversidad con que Sade irrumpe en el mundo literario supone la osadía de abandonar la concepción realista del bien, pero comete el error de dar al mal descubierto el valor de un principio de características similares.

A través de los estudios que Georges Bataille, en «La literatura y el mal», dedica, tanto a los creadores de literatura como a las obras salidas de sus manos, no es difícil seguir la lucha del mismo principio, ensayando nuevas maneras de justificarse. Bataille mismo, sin embargo, vislumbra que se trata de otra cosa. La literatura es culpable, y «es lo esencial o no es nada».

Pero si la literatura trata de sencias y, además, es culpable, el mal que la literatura crea no ha de entenderse como una realidad instalada en el hombre, sino como un objeto artístico cuyo sentido pugna por hacérsenos manifiesto.

En el capítulo anterior escuchábamos el lamento de Goya como un desgarro: «murió la verdad». Sin duda, la intención de nuestro pintor estaba lejos de los problemas metafísicos; mas no así el replanteamiento de Buero al hacer sonar la frase en el aire de la escena. La manera como Buero Vallejo se siente afectado por el problema de la verdad es esencialmente de rango metafísico.

La necesidad de ver y la ceguera de nacimiento como condición humana ponen claramente de relieve un conflicto cuya primera interpretación simbólica respecto al problema de la verdad es evidente. El hombre nace ciego y permanece ciego, es tanto como decir que la verdad no ha muerto puesto que todavía no ha nacido. La verdad para el hombre, como la luz para los ciegos de nacimiento, es un ideal, una aspiración imposible como realidad, pero al mismo tiempo tan necesaria, que la tarea de crearla se convierte en la primera imposición a la capacidad autocreadora humana.

Arrecia, pues, sobre Europa una gran conmoción que sacude convicciones básicas de la cultura, tales como la de que el bien es un principio originario; pero el nudo íntimo del problema, el punto radical del conflicto, que es el principio realista, permanece inalterable, como no afectado todavía por la crisis: si el bien deja de ser entendido como el principio básico es porque no alcanzábamos a ver cómo el mal le precedía.

Una simple ojeada al sentido de la cultura española podrá bastarnos para advertir que nuestro camino es diferente y que la solución no es tan fácil.

La característica fundamental de la filosofía a que nos estamos asomando, la de tener lo humano como signo distintivo, no ha de entenderse en el sentido de que en ella el hombre ocupa el lugar del mundo; no es a un antropocentrismo a lo que la filosofía española tiende. De lo que se trata, en nuestro caso, es de hacerse consciente de que frente al mundo, que está ahí, el hombre ha de hacerse, debe autocrearse.

Estamos ante un cambio al que no debiéramos llamar ni copernicano ni anticopernicano por no tratarse propiamente de un giro. No se ha de ver en nuestra filosofía una vuelta a un Descartes, sino, más bien, una inversión del cartesianismo, puesto que el «yo pienso» no es para nosotros un principio. El «yo pienso», según nuestro punto de vista, se encuentra al final del proceso de hominización. El «yo pienso», que despliega ante nosotros el mundo de la consciencia, es ya un resultado, que, si no concluye el proceso, al menos supone una etapa de madurez en el desarrollo humano.

El signo humano de la filosofía española, entendido como la capacidad autocreadora, como la creatividad misma, atiende primero a síntomas que anuncian la progresiva separación de lo puramente cósmico, síntomas que no alcanzan la forma expresiva del pensar racional sino que se manifiestan mediante formas que podemos llamar previas, por cuanto corresponden a etapas anteriores en el sistema evolutivo, pero a las que, con más propiedad, debiéramos calificar de diferentes. Nos referimos a las manifestaciones simbólicas y artísticas.

La capacidad de expresar y de comunicar que posee el símbolo nada tiene que ver con el lenguaje ideológico. El símbolo no transmite pensamientos. Su función se encuentra, más bien, dentro de la línea del aldabonazo; es el toque de atención que nos dice: ¡mira! y a través de los materiales empleados, nos indica una senda por la que debemos transitar. A partir de ese momento, cuanto añadamos será el producto de nuestra capacidad creadora. Lo sugerido podrá entonces perfilarse en determinaciones ideológicas, pero nunca el símbolo nos obliga a determinarnos.

El lenguaje simbólico-artístico, si lenguaje puede llamarse, es, por una parte, infinito, ya que ese ¡mira! pone ante nosotros un panorama ilimitado, y, por otra, dependiente del sistema cultural en que nos hallamos inmersos, en cuanto que los mismos elementos mostrados en el ¡mira! tendrán la virtud de evocar temas distintos según las inquietudes reinantes. Aprender a ver el arte no es otra cosa más que imbuirse del medio cultural que le da sentido.

Las directrices que estamos persiguiendo descubrir en la filosofía española, en consecuencia, habrán de encontrarse dependiendo, a la vez, de los símbolos que están alertando nuestra atención y de los presupuestos culturales que nos arrastran hacia objetivos preferidos por nuestra idiosincrasia.

Los símbolos en que se apoyan las obras de Buero, y que en sucesivos capítulos hemos venido analizando, nos han mostrado el proceso que el hombre ha necesitado seguir para constituirse a sí mismo como ser humano. Ahora, observados esos símbolos en su conjunto, podemos constatar cómo, a partir de los mismos elementos, la cultura española, y Buero en particular, logró ese sentido específico a que nos estamos refiriendo.

Tiresias, según la mitología griega, compensó su ceguera con una capacidad extraordinaria de penetrar en lo oculto merced al privilegio otorgado por un dios. El ciego de «El lazarillo de Tormes» y el ciego de Gondar, de las obras de Valle Inclán, compensan su ceguera con una gran habilidad y astucia como efectos de la necesidad de sobrevivir; por ellos mismos sobresalen, sin que dios alguno les otorgue privilegios. Los ciegos de Maeterlinck desconocen su destino y su sentido, son juguetes del azar. En el «Informe sobre ciegos», que Sábato inserta en su obra «Sobre héroes y tumbas», una misma cosa son ceguera y mal puro. Una secta agrupa a los ciegos de la ciudad, que se reúnen en las cloacas de Buenos Aires, pero cuya influencia trasciende todas las fronteras. Al modo de un subsuelo humano, el mal es también para Sábato un principio originario.

Frente a esta postura, en la obra de Buero «En la ardiente oscuridad» el problema se convierte en conflicto. Ignacio, el que ha llevado al Centro la inquietud, la inseguridad y el desánimo, expresa que su mayor deseo es ver, a lo que Carlos objeta que lo que quiere es morir. El deseo de ver es, por lo tanto, el verdadero mal, lo que guarda estrecha relación con la muerte.

De igual manera, Julio, el ciego psíquico de «Llegada de los dioses», obligado a compensar su ceguera con visiones imaginativas, prevé la muerte de Nuria, su hermana bastarda. Es decir, la vista, el símbolo contrario a la ceguera, nos abre al conocimiento de la muerte. Ver es, así, verse, mas no en una reflexión cualquiera; es ver el nadie que el «se» de cada uno comporta.

Otro símbolo, la máscara, nos da un nuevo toque de atención.

Cuando los griegos, en sus representaciones teatrales, se cubrían el rostro con la máscara de un dios, era un ideal lo que se mostraba a los ojos del público, mientras que lo que quedaba debajo, lo oculto, el rostro humano del actor, era el hipócrita. En casi todas las ocasiones en las que Buero utiliza la máscara la función se invierte: lo que el público alcanza a ver no es el modelo sino lo que el hombre quiere ocultar; las máscaras que Buero coloca ante la faz de determinados tipos humanos nos descubren su ser profundo, nos descubren al hipócrita. Lo que sale a la luz es el hombre.

Tampoco la locura sirve ordinariamente en sus obras para poner de relieve lo incoherente sino para abrir una vía de salida a un afuera de lo que la costumbre o el dominio de algunos ha convertido en ley. De esa manera, el loco puede, diríamos, expresándose en otro sistema, decir lo más cuerdo.

Pero de los símbolos de frecuente aparición en las obras de Buero, el que más nos interesa ahora es el de la cárcel.

La primera señal de alerta que nos llega de la cárcel como símbolo es la de la libertad negada; pero a ese no ser libre se añade inmediatamente la connotación de no ser libre como mal.

En un pasaje de «Así hablaba Zaratustra» Nietzsche alude a la piedra como cárcel de la imagen y es al arte al que corresponde la tarea de liberarla: «¡Ay, hombres, en la piedra dormita para mí una imagen, la imagen de mis imágenes! ¡Ay, que ella tenga que dormir en la piedra más dura, más fea!

»Ahora mi martillo se enfurece cruelmente contra su prisión.»

La cultura española también a este respecto presenta caracteres o matices propios.

En la alegórica prisión que es la «Cárcel de amor», de Diego de San Pedro, no se entra obligado por fuerzas externas, sino arrastrado por el deseo, y con la firme colaboración del entendimiento, la razón, la memoria y la voluntad, y con la renuncia previa a «las armas». No dejan de ser significativas también en esta obra las disyuntivas constantes en las que el autor se encuentra obligado a elegir a pesar de..., puesto que cada decisión a tomar comporta algo bueno y algo malo en lo que se toma, y algo malo y algo bueno en lo que se desdeña.

Calderón de la Barca, en «La vida es sueño», nos presenta al encarcelado por el delito de «haber nacido». La libertad será entonces una conquista.

Pero no hemos de rastrear el tema a lo largo de un recorrido histórico innecesario. Saltando hasta nuestra época, el recién desaparecido cineasta español Luis Buñuel, en una de sus mejores películas, «El ángel exterminador», planteó el conflicto de lo cerrado para el hombre de una manera que, a primera vista, desconcierta un tanto, pero que, tras haber aquietado los ánimos para verla con ojos nuevos, comprobamos cómo su luz ilumina profundidades humanas insospechadas.

En un momento determinado, los asistentes a una fiesta descubren la imposibilidad de salir de la sala en que se encuentran. Ninguna llave los había encerrado, ni violencia alguna les imponía el permanecer allí, y, sin embargo, todos los intentos se quiebran en su origen, sin haberse iniciado siquiera. Todos se mueven constantemente, cambian de lugar y de postura a cada momento, las escenas se suceden sin que se vislumbre la menor esperanza; hasta que, al fin, uno de ellos advierte que, después de tantos cambios experimentados a lo largo de aquellas jornadas, todos se encuentran de nuevo en la misma disposición que ocupaban cuando el fenómeno que les mantenía en la imposibilidad de salir se produjo. Bastará entonces reiniciar el proceso para que el sortilegio cese.

Se podría hablar de un ciclo cultural en el que unas determinadas convicciones, lo establecido, nos incapacitan para lo distinto. No podemos salir porque el misterio, el miedo y, sobre todo, la costumbre, marcan nuestra conducta y, o nos prohíben la crítica, o hacen que olvidemos, que no sospechemos siquiera que la crítica es posible. Sólo retrocediendo hasta el origen, recomenzando sin prejuicios, podremos abrir las puertas y salir de ese encierro mágico en que estábamos aprisionados.

Al final de su película, Buñuel reanuda el fenómeno del misterioso encierro en una iglesia, como indicando el prejuicio religioso que hace presa en la humanidad. Sería una aplicación específica del problema, pero no hemos de entenderlo como exclusivo, ya que esa parcialidad le restaría valor artístico.

Por contraste y por su propia fuerza, acude en este punto a nuestra memoria la obra de Sartre «A puerta cerrada», en la que tres personajes se encuentran en el infierno, sufriendo cada uno a causa de los otros dos.

La referencia obligada es también referencia ilustrativa. La frase, ya célebre, que resume la obra de Sartre: «El infierno son los otros» trae a primer plano, a plena luz, precisamente la realidad humana; el hombre no sufre por el ser de otro hombre, sino por su fuerza.

Sin duda, consecuencias similares pueden seguirse de muchas criaturas del arte literario español y más concretamente, de los personajes que han sufrido o sufren la cárcel en las obras de Buero Vallejo. Se trata de que la pieza de Sartre logra poner de manifiesto, por vía artística, una cualidad de valor universal, y, en este sentido, también los encarcelados de Buero sufren a causa de la fuerza que los otros ejercen sobre ellos. Las diferencias hemos de encontrarlas, por tanto, no en los principios del símbolo, sino en la lección última que pueda seguirse.

Al abordar ahora el comentario de «La fundación» como un nuevo síntoma en la cultura española de una metafísica de sentido humano y con características propias, las digresiones en que nos hemos entretenido habrán predispuesto el ánimo para una aventura filosófica que la obra de Buero encamina, pero que, en modo alguno, concluye.

«La fundación» es, a la vez, lo que su título indica: una institución para el progreso de las ciencias y de la creatividad humana, y la celda de una cárcel en la que se encuentra un grupo de condenados a muerte. O, tal vez, en cierta manera, ninguna de las dos cosas. La fundación es el rechazo de lo verdadero y de lo falso.

Es evidente que, de las dos caras que la obra nos muestra, la real es la cárcel, y, por tanto, si la verdad es el pensamiento que coincide con la realidad, la cárcel es también la cara verdadera. Pero los problemas no son así de simples para Buero Vallejo. La fantasía creadora, por medio de un loco, o quizá de un artista, dice que se trata de una fundación, que se trata del esfuerzo por crear algo nuevo, un orden distinto. Bellos paisajes, sol brillante, no son realidades, sino indicios de lo que se espera, de lo que se presiente todavía sin palabras; son vislumbres que requieren la búsqueda de las claves oportunas para podernos adentrar en su sentido profundo.

Como en otras ocasiones, la música, la Obertura de la ópera **Guillermo Tell,** nos provoca, la primera, el recuerdo de unos acontecimientos en los que algo similar habría de conquistarse.

Guillermo Tell, en efecto, tanto en la leyenda como en la obra de Schiller, narra la gesta de un pueblo que quiere ser libre, pese a las desproporcionadas fuerzas que se le oponen. Buero Vallejo, no sólo con la música, sino también con el eco de algunos nombres como el de Berta, común a ambas obras, y el de Tulio, que recuerda el de Tell, evoca la hazaña de los suizos, para indicar que lo importante de «La fundación» no es la condena a muerte en sí misma, ni tampoco la opresión tiránica; lo decisivo que «La fundación» debe anunciarnos es la conquista de la libertad, aunque sea imposible.

Ahora bien, la libertad no es un producto espontáneo de la naturaleza; ser libre es el resultado de hacerse libre; es el final de una trayectoria; ser libre presupone liberarse. Nuestra mirada abarca, así, los dos extremos de un proceso. De un lado, la naturaleza, donde la realidad se impone mediante unas fuerzas que, con propiedad, pueden llamarse ciegas porque ninguna razón inteligente las guía, pero que no son, en modo alguno, arbitrarias por cuanto no se rigen por el azar sino por leyes estrictas y fijas. Del otro lado, la libertad, el estadio en que todas las fuerzas han sido abolidas y, por consiguiente, ninguna ley preestablecida nos obliga. En medio, el hombre, viajero siempre inestable entre la naturaleza y la libertad. Le es imposible al hombre ser libre, pero no le es menos imposible ser naturaleza.

La cárcel es nuestro origen y en todo momento nos condiciona sin que nadie quede exento de su tiranía:
«ASEL. — ...Cuando has estado en la cárcel acabas por comprender que, vayas donde vayas, estás en la cárcel...»

Pero, al mismo tiempo, la fundación es para todos nuestra «residencia en la tierra». Todos, en mayor o menor medida, alimentamos la esperanza de ser nosotros mismos. Todos vivimos nuestra novela.

Así, pues, la libertad, al culminar un proceso en el que el hombre está empeñado, toma la forma de un fin: el hombre tiende a ser libre. Ahora bien, ese fin hacia el que el hombre se dirige no es un don de su naturaleza, sino todo lo contrario. El deseo de ser libre y la naturaleza se oponen. El fin del hombre, por tanto, ha de ser fruto de la autocreatividad.

Podría concluirse, tras el trazado de este esquema del proceso hominizador, que la esencia de la libertad constituye el objetivo supremo de la metafísica. Aparece, en efecto, como el último eslabón de una cadena; pero, si aceptamos esta conclusión, la filosofía misma, entendida como un sistema ordenado de conocimientos, tropieza con el mayor de sus escollos.

El concepto de libertad comporta la idea de un mundo sin leyes y, por consiguiente, sin orden preestablecido. Tal fue el obstáculo que Schelling no pudo superar en ese gran esfuerzo al que consagró lo mejor de su vida: el intento de lograr un sistema filosófico de la libertad. No pudo lograrlo porque libertad y sistema son conceptos contradictorios. En consecuencia, si la conclusión es válida, el método para establecerla debe ser otro.

La filosofía de signo humano cuyos síntomas venimos rastreando a lo largo de la cultura española ofrece, a nuestro entender, esa vía distinta que la metafísica de la libertad requiere.

Tomando como base la capacidad de negar, y sin a priori alguno, lejos de todo misterio, tres etapas aparecen ante nosotros bien determinadas: la creatividad del propio ser, que es la dimensión estética, la creatividad de la propia conducta, el autoconducirse, que es la ética, y la creatividad de lo verdadero, que es el autoconocimiento. Cada una de estas etapas equivale a un nuevo grado o a un nuevo aspecto de la libertad; es decir, el arte, la moral y el conocimiento crítico tienen, en sí, función de medios para la libertad. El sistema filosófico, por tanto, no debe intentar un encuadre de la libertad como resultado, sino el establecimiento del orden seguido por los medios. El sistema no ha de perseguir una visión ordenada de la libertad, sino del mundo irreal que da sentido al ser libre.

En términos aristotélicos, cabría decir que la libertad es la causa final del mundo irreal autocreado; la libertad es la causa final de la creatividad.

El proyecto de ser libre reúne, así, todos los esfuerzos autocreadores del hombre. Es la tarea más difícil, por lo que los demás trabajos pueden servirle de base material para el símbolo que la exprese: ganar el pan con el sudor de la frente, por ejemplo.

«La fundación», tal vez como ninguna otra obra de Buero, plantea este esfuerzo supremo que el hombre debe afrontar y ensaya, dentro del tono más trágico, posibles vías de salida, de antemano condenadas al fracaso como soluciones reales.

A través de su locura, Tomás opta por construir un cosmos liberado que le sirva de entorno; vive en la utopía que su imaginación proyecta, lo que no significa que viva descansado, que haya alcanzado el reposo, al contrario, su creatividad es en extremo activa; su mundo empieza. No es un panorama fácil el que a la mente de Tomás se ofrece a pesar de esa primera apariencia de mundo delicioso con que Buero inicia la obra. Tomás se propone escribir una novela viviéndola. Es la novela de su salvación; es la novela que ha de permitir al ratón Tomasito, que Berta trae en la mano, salvarse de ser utilizado como víctima de la investigación científica. Atrapado en su propia ratonera, encerrado entre los barrotes que son para él el mundo, los otros y él mismo, la creatividad le sirve a Tomás para trascenderse, de tal manera que su utopía se convierte en una utopía metafísica.

La extraña manera de relacionarse con la muerte nos prueba que esa es la verdadera dimensión que la escena pretende significar: la muerte, el cadáver que allí se encuentra, le habla, pero nunca contesta a preguntas; la muerte dice, pero no responde.

La pregunta sin respuesta, que ya Antonio Machado formulara, vuelve a planteársenos, esta vez no para resolverse en una nueva pregunta sobre quién la podrá responder, sino para permitirnos captar el sentido de ese silencio. Si la muerte nos habla es porque con la muerte viajamos, pero a las preguntas que le dirigimos nadie contesta porque es nuestro nadie el interrogado.

Si prescindimos de la dimensión metafísica, al interrogar a la nada, no hay respuesta; pero en el plano de la autocreatividad en que nos estamos moviendo, un ligero matiz cambia el resultado del proceso, incluyendo en él la metafísica como sentido. Al interrogar a la nada obtenemos la no-respuesta, advertimos que «nadie» responde, descubrimos el nadie.

La muerte habla sólo a Tomás, que habita en el plano de la irrealidad, en la fundación; no a sus compañeros, que se saben encarcelados. En cuanto al público, los espectadores que pretendemos captar el mensaje que se nos envía, oímos también la voz de la muerte e incluso nos sorprendemos cuando las preguntas que Tomás le dirige quedan sin respuesta. «La fundación» universaliza. Nos adecuamos al fingir de todos y fallamos con Tulio en su intento de fingir también. Todos progresivamente descubrimos que la fundación es una cárcel. El ratón, Tomasito, se desprende, al fin, de las manos de Berta. No hay salvación para nosotros.

Después de haber preguntado a la muerte y de haber escuchado la respuesta de nadie, Tomás dialoga con el arte.

Ante un libro, que resulta ser imaginario, Tomás contempla y habla, Tulio, sin mirar, explica, los demás miran y atienden. Es la «Alegoría de la pintura» de Vermeer, alegoría que, de esa manera, cobra un grado alegórico nuevo; se convierte en lo que podríamos llamar símbolo de lo alegórico. El cuadro mismo, a la manera renacentista, llama alegoría a un conjunto de figuras que representan lo alegorizado. Es decir, el arte de pintar ha de ser imaginado, recreado a partir de la denominación y a la vista de los atributos del pintor, no contemplado en una intuición trascendental. Estamos todavía muy lejos de lo que será Velázquez pintando «Las Meninas», por ejemplo.

En el cuadro de Vermeer, la pintura es representada, lo que podría significar ya una segunda clave interpretativa de la obra de Buero; pero a esta característica hemos de añadir la circunstancia de tratarse de una contemplación imaginaria para obtener el verdadero alcance de esa escena.

Hemos de entender que los personajes de Buero en esta obra están representando. «La fundación» es el teatro del mundo humano, todos representamos nuestro papel en ese teatro; pero, dada la irrealidad en la que la representación se apoya, nuestro representar es creador, es una recreación artística del mundo humano.

La fundación y la cárcel son, así, dos aspectos de la creatividad humana, dos momentos, que en la obra de Buero aparecen como sucesivos, pero que, en el proceso de hominización, surgen y se desarrollan simultáneos. Son dos momentos que equivalen a los dos signos que pueden acompañar a toda creatividad, tanto estética, como ética, como del conocimiento.

En el primer nivel, en el estético, es fácil comprender ahora cómo la belleza y la fealdad surgen al mismo tiempo e interdependientes. La belleza se descubre por oponerse a la fealdad y la fealdad por oponerse a la belleza.

El signo de lo bello y el signo de lo feo, sin embargo, obedecen a una función distinta, que no es consecuencia, sino origen de esa dialéctica. La belleza, en el proceso autocreador estético, acompaña, como signo, a los fenómenos que tienen por efecto liberarnos de la realidad; mientras que lo feo se produce cada vez que un fenómeno se manifiesta como amenaza contra la capacidad liberadora. Lo horrible, lo terrorífico, por ejemplo, son fenómenos estéticos, mas no porque nos liberen, sino porque nos avisan del peligro en que nos encontramos de quedar aprisionados en o por lo cósmico.

La fundación y la cárcel son, pues, en primer lugar, los signos de la belleza y de la fealdad en el proceso hominizador.

Pero el proceso hominizador no concluye con la autoliberación de lo cósmico; también la conducta necesita hacerse libre.

La acción del hombre pertenece sin duda al dominio de lo real; pero el conducirse ofrece posibilidades diferentes. Actuar es un hecho cósmico que implica el movimiento de la voluntad hacia la fuerza. Para que el hombre pueda conducirse, en cambio, es necesario que la voluntad se mueva a sí misma. La conducta es, pues, una acción, pero una acción reflexiva, no dirigida al afuera, sino al adentro. Cuando el hombre actúa en el conducirse, es su propio ser el objetivo perseguido.

Ahora bien, en el automoverse de la voluntad que da origen a la conducta, algo previo hace las veces de una finalidad impuesta, siquiera sea el deseo. De esta manera, la libertad que la conducta busca encuentra ya en su génesis un escollo insalvable: no podemos llamar libre a una voluntad que obedece al deseo.

Pero la libertad, según hemos advertido, no es una facultad originaria. No se comienza siendo libre; se llega a ser libre, o, al menos, se tiende a ser libre. En el punto de partida lo que se encuentra es la capacidad de hacer y los móviles que nos impulsan a la acción. Pero, esta vez lo decimos con más razón que nunca, la libertad es lo más difícil.

Llegar a conducirse con libertad plena al final de un proceso requiere situar en el origen una creatividad total de sí mismo; requiere concebir de la nada la totalidad del propio ser y proponérselo como el objetivo máximo de la voluntad. Sólo a partir de entonces nos encontraremos ante un conducirse libremente.

La libre conducta no consiste, por consiguiente, en obrar con libertad, sino en hacerse libre.

Ahora bien, hacerse libre supone, al mismo tiempo, un hacerse y un liberarse, es decir, una tarea que ha de cumplirse y una resistencia, una dificultad que obstaculiza el que dicha tarea se cumpla. Nos encontramos ante una dialéctica similar a la que se daba en el desprendimiento de lo cósmico, en la constitución estética del ser del hombre; con la particularidad en este caso de no tratarse del mundo mismo como obstáculo, sino de un enfrentamiento con el propio desarrollo, con una trayectoria que tiene como realidad el obrar. La dialéctica entre lo bello y lo feo tiene, así, su paralelo en una nueva dialéctica establecida entre el bien y el mal.

Con la misma intensidad que el problema de la libertad estética, fluye, a través de las escenas de «La fundación», el problema de la libertad ética.

Si aquella estancia es, a la vez, fundación y cárcel, también los servidores del centro son, al mismo tiempo, los ayudantes que atienden a las necesidades de los investigadores y los guardianes que controlan y dominan a los encarcelados. Sirven caviar o bazofia, no sólo según se mire, sino según se viva en el mundo de la creatividad o en el mundo real.

La relación interhumana resulta, así, la materia en la que la dimensión ética se fundamenta, pero no sería correcto entender que son los otros el motivo de la eticidad. Ya hemos visto que «La fundación» se desarrolla en un medio de representación a dos niveles; que es la vida humana la que está representada, tanto en la doble escena que suponen la novela de Tomás y la tragedia de todos, como en el doble enfoque obtenido si atendemos a los actores o al público que formamos los espectadores desde la sala.

Algo muy importante entra en el juego de lo autocreado. Es la literatura, el arte construido a partir de la conducta del hombre como materia básica y expresado a través del lenguaje; el hombre imaginario se presenta ante nosotros, liberado de la ley de causa y efecto; obligado, por tanto, a vivir enfrentado sólo a la ley moral, a transgredirla y a recrearla, para acabar destruyendo toda ley y recreando al hombre.

Son indudables la universalidad y la invariabilidad de las leyes cósmicas; toda la realidad, incluido el hombre en cuanto ente, le está sujeta. El mero hecho de utilizar el término «ley» para hablar de la moralidad de la conducta pone claramente de manifiesto un infradesarrollo en el proceso de independencia ética. Entender la moral sujeta a leyes presupone entender la conducta limitada al fenómeno mecánico del obrar, presupone una uniformidad en el conducirse incompatible con el ser responsable de la propia persona. Es decir, la ley moral contradice la responsabilidad ética.

Examinada esta problemática, debemos concluir que la función del arte literario no es, en modo alguno, crear situaciones imaginarias, no es la ficción. El arte literario parte del conflicto entre la ley moral, que prefigura el ser del hombre y que lo determina de manera inamovible, y la autocreatividad que entiende al ser humano como informe, destinado al propio hacerse. La principal tarea de la literatura, por tanto, debe ser la desconstrucción de toda ley moral como tal ley, para crear la posibilidad del hombre como persona. La función del arte literario, en resumen, consiste en destruir la moral para hacer posible la ética.

La postura de Nietzsche de filosofar «con el martillo» y de ser «el primer inmoralista» parece oponerse tanto a la moral como a la ética, pero es posible que su ataque sin distinciones obedezca a que tales distinciones no se habían hecho todavía. Podemos, por consiguiente, entender que la intención profunda de esta filosofía del martillo no era otra cosa sino el filosofar que congruentemente ha de seguirse de una interpretación profunda del arte literario.

El «Más allá del bien y del mal» ha de entenderse, entonces, como un «más allá de lo bueno y de lo malo», tomadas estas sentencias como decretos morales, puesto que más allá de la destrucción de la moralidad, lo que encontramos es, precisamente, el bien y el mal, no como hechos, sino como sentidos de la conducta autocreada.

Una nueva conclusión se perfila: invertir el platonismo nada resuelve, porque el platonismo, en contra de lo que afirma Nietzsche, no tiene como principio la verdad, sino el bien. Invertir el platonismo sería, como pudiera deducirse de la actitud tomada por la literatura llamada maldita, dar la prioridad al mal sobre el bien, entender el mal como principio absoluto; pero ni el mal ni el bien son principios absolutos, sino únicamente sentidos en la orientación de la conducta, entendiendo por conducta una especie de intencionalidad en la autoformación del hombre. Mal y bien son, pues, principios relativos que aparecen simultáneos, delimitándose mutuamente. El principio radical es, según queda explicado y justificado, el nadie, que, al proyectarse sobre el mundo y universalizarse, toma la forma de la nada.

No basta, por consiguiente, invertir el platonismo, reinventando las mismas doctrinas a partir del mal ni a partir del arte. Es necesario reinventar la historia de la filosofía.

Tal vez ahora la libertad ética, a la que hemos venido calificando de «lo más difícil» nos permita vislumbrar el motivo de su dificultad.

Si ser libre en sentido ético consiste en liberar la conducta, hemos de entender que la libertad sólo se alcanza logrando una manera de conducirse que revierta plenamente sobre el desarrollo de la personalidad previamente autocreada. Es decir, la libertad ética requiere la orientación del hombre hacia el bien máximo.

Debemos reiterar que estos dos sentidos, el incrementante y el decreciente, pertenecen al plano de lo irreal, por lo que sus efectos han de entenderse como valores; pero al tratarse de los elementos mismos en que ha de apoyarse la constitución de la conducta libre, es decir, de la conducta liberada de la fuerza, la fuerza en sí aparece como la mayor de las resistencias a superar. Es necesario liberarse de la fuerza, tanto de la ejercida por los demás sobre nosotros como de la que nosotros podamos ejercer sobre los demás. El mundo humano libre, ideal del bien, ha de ser un mundo sin dominio ni violencia.

La objeción posible de que se puede libremente hacer el mal tiene fácil respuesta: la mala conducta supone un estar dominado, un estar de alguna manera impedido para el pleno desarrollo de la propia persona.

Por último, en el nivel del conocimiento, aparece también la pareja de contrarios, la verdad y la falsedad, cuya dimensión metafísica tanto ha inquietado a los filósofos a lo largo de la historia, y que, aún hoy en día, pese al desprestigio que le imprimiera Nietzsche, no deja de preocupar profundamente a todos los pensadores.

En «La fundación» se nos brinda igualmente una clave para adentrarnos en el problema de la verdad y la falsedad, o, al menos, para iniciarnos en ese grave conflicto que el futuro habrá de afrontar:

Tulio habla de su dedicación al tema de los hologramas, modo de representar ya inventado, pero que puede perfeccionarse. Se logra por ese medio producir imágenes tan perfectas de lo real que resulta imposible distinguirlas de la realidad misma. El holograma es una vertiente artística del futuro, de posibilidades insospechadas: la promesa de la mayor de las revoluciones en la técnica de la representación plástica.

Ahora bien, la esperanza de una revolución de esa magnitud, planteada en una obra que tiene el representar como tema simbólico, nos sugiere de un modo inmediato tanto una aplicación trascendente, como un significado universal en el que el conjunto de toda la pieza se ve afectado. Dudamos en seguida si la cárcel misma es ya un holograma, o si lo es, por el contrario, todo ese mundo forjado por la fantasía de

Tomás. En suma, recibimos la invitación a revisar nuestros conceptos de la verdad y la falsedad.

En el universo platónico se distingue entre el mundo de la apariencia, que es este mundo nuestro, en el que las cosas fluyen, y el mundo de las ideas en el que se encuentra la verdadera realidad, es decir, el mundo de la verdad estable, el mundo de los arquetipos.

La primera impresión que nos produce el pasaje de la obra de Buero que ahora comentamos es la de una vuelta al platonismo. Nos parece que Buero se inclina a admitir la posibilidad de que este mundo nuestro, tal vez, no sea el más verdadero.

Pero el desarrollo de «La fundación» no deja lugar a dudas: la cárcel es real. Buero, por tanto, no vuelve al platonismo. Lo que más bien puede desprenderse de la manera en que Buero plantea la cuestión es que la verdad y la realidad no han de coincidir necesariamente.

Lo verdadero y lo falso, como medios de una expresión realista, sí pertenecen al plano de lo cósmico; pero la verdad y la falsedad tienen otros alcances, son términos que se refieren a ideales absolutos que sólo puede albergar el plano de la irrealidad autocreada, con lo que entramos de nuevo en el ámbito de la metafísica.

Nietzsche hubo de rechazar el concepto mismo de verdad por cuanto comporta entender como estables elementos que pertenecen de hecho al devenir. La verdad es, así, para él, una falsedad, aunque necesaria, puesto que una especie de viviente, claramente el hombre, no puede prescindir de ella. El hombre necesita la verdad para afirmarse, pero la verdad no existe y, por consiguiente, esa manera de afirmarse no pasa de ser un subterfugio.

Pero si nos alejamos de la filosofía de signo realista, el panorama, incluso el concepto de la verdad, pueden cambiar radicalmente.

El ser creado por la estética para liberar al hombre de lo cósmico, y la conducta constituida en valor por la ética para construir esa libertad, pueden convertirse ahora en tema del conocimiento.

La verdad, entonces, tomada en el sentido en el que Heidegger la entiende, derivado de su composición etimológica, como «a-létheia», des-velamiento, es un descorrer el velo que impide a la conciencia alcanzar su objetivo, pero ese objetivo no se limita a la realidad, y ni siquiera es la realidad lo más importante. Lo decisivo de ese desvelamiento se encuentra en la creatividad, que, mediante la estética, ha dado lugar al ser del hombre y, mediante la ética, ha constituido una conducta autovalorada.

Este nuevo concepto de verdad, o este nuevo aspecto en el que la filosofía de signo humano puede considerarla, permite superar algunos escollos que la filosofía realista consideraba insalvables, a la vez que abre el pensamiento a un extenso panorama de problemas que el futuro debe abordar.

En primer término, dentro de este sistema de filosofía la verdad no es estable, sino que, al seguir la génesis y evolución de un proceso, se acomoda a su desarrollo. La verdad equivale, así, en el plano de lo irreal, a lo que la realidad presenta bajo la forma del devenir. Al fluir cósmico corresponde el desvelamiento en la conciencia de un incrementarse y decrecer de los valores.

En segundo lugar, pero de mayor importancia filosófica, esta manera de verdad presenta la característica de ser ella misma autocreación de la conciencia.

El ser consciente, el yo pienso, se encuentra, así, como ya aventurábamos páginas atrás, al final de un proceso, no al principio.

El «yo pienso» abre ciertamente, con Descartes, las puertas de la modernidad, y no es exagerado afirmar que toda la filosofía posterior cuenta, de alguna manera, con el «yo pienso» como elemento básico de su arquitectura; pero tampoco en este punto faltó la sombra del realismo.

No es de extrañar que Descartes se sintiera incapaz de asumir por completo el descubrimiento que había hecho y tratara de extraer, como consecuencia primera, la existencia del yo pensante, ya que la realidad era entonces el único objetivo perseguido por todas las investigaciones; pero sí nos extraña que, pese al tiempo transcurrido, y pese al indiscutible progreso llevado a cabo, la fenomenología de Husserl siga todavía enfocada hacia la búsqueda de un medio de constatar la realidad. Husserl sabe muy bien que del «yo pienso» sólo se puede concluir «lo pensado». Lo que aparece al pensamiento es indudable que está apareciendo en la conciencia, y, por tanto, describirlo es la única tarea segura del filosofar; no obstante, tras esos fenómenos, pretende encontrar «las cosas mismas»; es decir, Husserl utiliza el fenómeno de la conciencia para llegar a la conclusión de que el mundo está ahí, y esa comprobación le deja ya satisfecho. Kant, al tomar el «yo pienso» como forma que acompaña a todos los actos mentales, deja la puerta abierta a otras maneras de progreso; pero sólo Sartre tiene la osadía de concluir que también lo imaginario puede irrumpir en la conciencia humana.

En el seno de la filosofía de signo humano a que nos estamos asomando, todos los indicios presagian soluciones más amplias. En efecto, la conciencia nos avisa, en primer lugar, de que frente a nosotros se encuentra lo real, de que el panorama de lo consciente comprende el mundo externo; pero la inquietud que hizo a Descartes volverse sobre su propio yo tiene también su sentido. El consciente es «mi yo», de manera que la mirada al adentro, no sólo para atender a lo reproducido, sino para investigar el sentido de la capacidad reproductora, se hace necesaria. El yo no es una cosa más entre las cosas del mundo. El yo, capaz de reproducir en imágenes las cosas del mundo y de reflexionar sobre sí mismo, se caracteriza, por el contrario, por distinguirse de lo cósmico que reconstruye desrealizado, se distingue por la capacidad de desrealizar. El yo logra lo irreal, e incluso cuando se reproduce a sí mismo lo hace en el sentido de la irrealidad. El yo se muestra, pues, como la irrealidad autocreada consciente, en busca de una libertad que le permita el acceso, no sólo al conocer, sino, como último objetivo, al conocerse.

En el aire de esta conclusión flota el eco de aquella frase griega: «conócete a ti mismo». Cuatro palabras constantemente repetidas, a las que siempre respondió el asombro; pero nunca el cambio de mentalidad que la adecuación al nuevo sentido requería. Conocerse a sí mismo no quiere decir reflexionar para que el objeto conocido y el sujeto cognoscente coincidan. En un acto reflexivo realizado por ese procedimiento el hombre no pasa de ser alcanzado por un saber científico. Pero la frase griega, examinada a la luz de la filosofía de signo humano, nos traslada a otras dimensiones del conocimiento, a otras regiones culturales, ya adivinadas por los órficos, pero que todavía siguen esperando a sus habitantes de pleno derecho.

No parece ser otro el destino de la cultura española: llegar a esas regiones del conocerse a sí mismo, y llegar por la senda adecuada, en la que el crearse a sí mismo y el correspondiente conducirse son pasos previos que nunca pueden faltar. Reconocerse a sí mismo, en la dimensión irreal autocreada de los valores es, a nuestro entender, el punto en el que culmina una verdadera filosofía de la libertad.

Tal vez con el tema de la verdad alcance su máximo desarrollo el proceso cuyos gérmenes venimos rastreando en «La fundación» de Antonio Buero Vallejo. No significa esto, sin embargo, que la conclusión a que Buero pretenda conducirnos sea precisamente esa. Al contrario, Buero Vallejo concluye habitualmente sus obras en una especie de incertidumbre, o, quizá, de ambivalencia en la que cada problema a un mismo tiempo se distingue y se confunde, se aclara y se oscurece; como si fuera necesario acudir a segundas intenciones, no sólo para captar el sentido adecuado de cada cosa, sino para algo más profundo, para constituir el sentido mismo de los hechos. Belleza, fealdad; bien, mal; verdad, falsedad, son aspectos fundamentales de esa manera incierta de planteamientos; pero ni son los únicos ejemplos, ni la obra quiere significar sólo eso.

Uno de los primeros trabajos literarios de Buero Vallejo, aunque tardíamente publicado, fue un cuento, «Diana», en el que un viajero, habitante de Madrid, visita un pueblecito de montaña. Allá en la altura ocurren cosas un tanto extrañas, que afectan la sensibilidad del viajero y evocan en nosotros el arcano mítico de los orígenes; pero, al volver a la ciudad, un paralelismo de acontecimientos, apenas insinuados, hace cambiar los puntos de vista y nos obliga a concluir que lo mítico y la vida son diferentes e iguales según las circunstancias, según los hombres, según la altura.

En «Historia de una escalera» las mismas frases dicen los padres y los hijos, y no sabemos si son iguales o diferentes las vidas de ambas parejas.

En «La fundación» la incertidumbre y ambivalencia se extreman. Dos de los personajes, Asel y Max, alcanzan la muerte en sendas caídas del mismo pretil; pero el uno lo hace mediante un acto voluntario, ejemplificando un momento culminante de sociabilidad humana, puesto que muere para dar a los demás la oportunidad de evadirse de la cárcel y conseguir la libertad. El otro, en cambio, muere asesinado por traidor e insolidario. Lo mismo es, a la vez, lo opuesto.

Quedan entonces en la celda sólo Tomás y Lino. Entran los guardianes ordenándoles recoger sus cosas y salir, sin saber si hacia una muerte en la que ha de culminar su fracaso o hacia esa libertad que, significativamente, ha de pasar por la celda de castigo y por las cloacas de la prisión. Los guardianes advierten la alegría de Tomás. Sísifo parece contento.

El vacío de la escena es transitorio, y es la transición más ambigua de todas y en la que sí concluye el sentido que Buero quiso dar a la obra: los guardianes-ayudantes hacen un gesto amable invitando a entrar a nuevos visitantes. El ciclo recomienza y la incertidumbre de si es fundación o cárcel continúa. Posiblemente sea la altura de la montaña o la cotidianidad de la ciudad la que lo determine. También en la obra evocada por la música, «Guillermo Tell», un mismo sombrero pasó de ser el símbolo de la tiranía a ser el símbolo de la libertad.

Buero Vallejo, ambivalente, nos deja así en una incertidumbre que es, a la vez, invitación y descubrimiento. Invitados a la tarea infinita de ser hombres, descubrimos que ser hombre es nuestra tarea infinita.

He ahí, en un solo término, resumida toda la obra de nuestro dramaturgo: el hombre; sí, con minúsculas, pero, ¡el hombre!

APENDICE

«Lázaro en el laberinto» y la estética de la muerte
El sentido de la tragedia como conflicto abierto

A punto de concluir la revisión de pruebas de este libro, Buero Vallejo estrena, en el teatro Maravillas de Madrid, «Lázaro en el laberinto». Examinada la nueva obra, comprendimos la necesidad de dedicarle unas líneas, aun a costa de retrasar la salida a la luz de nuestro trabajo, dado que «Lázaro en el laberinto» aborda la aventura del hombre hacia objetivos siempre propuestos por el autor, pero nunca contemplados tan de cerca. Nos referimos a la estética de la muerte y a un tema que ahora vemos vinculado a ella por su propia esencia: el posible sentido positivo de la tragedia.

En los escritos de Ortega y Gasset se encuentran frecuentes alusiones a la actitud estética de los españoles ante la muerte. Sobre la cubierta de un barco que se hunde, un capitán, de pie e impertérrito, lee; don Rodrigo sube al patíbulo sin descomponer la figura; son gestos que, a su juicio, conquistan la admiración de nuestro pueblo, como el torero, que recibe la embestida con actitud impasible y no deja traslucir el más leve síntoma de temor. El trasfondo de la obra de Buero está muy lejos del sentido de las observaciones de Ortega, no porque se oponga a ellas o las desdeñe, sino por la orientación hacia nuevos planos que encontramos en «Lázaro en el laberinto». En la muerte estética resalta el valor de una imagen heroica: el héroe que se convierte en modelo de una multitud todavía informe. La estética de la muerte es, por el contrario, la luz que ilumina una figura de antihéroe que quiere conquistar, desde su menosprecio, el valor del nivel ético. La muerte estética luce, pero no tendría sentido alguno si no le siguiera la posibilidad de ese otro plano, el de la estética de la muerte, que es su dimensión creadora.

Es fácil advertir en «Lázaro en el laberinto» la conexión con otras obras de Buero: «Caimán», «Diálogo secreto», «En la ardiente oscuridad»; pero, tal vez, el hilo que Buero Vallejo retoma aquí con mayor interés sea el que procede de «Hoy es fiesta». Silverio se encontraba en aquella pieza acosado por un fuerte sentimiento de culpa como consecuencia de haber vacilado en el auxilio a su hijastra en un trance que le costó la vida. Espera el perdón que sólo su mujer puede concederle, pero ella muere sin haber conocido la causa de la angustia de su marido. Las vías de la esperanza quedaban cortadas, pese a lo cual, la echadora de cartas proclama: «Hay que esperar... Esperar siempre... La esperanza nunca termina... La esperanza es infinita...» De las cartas, del misterio, llega la voz de la esperanza; de una esperanza imposible, como Ignacio esperaba la vista por medio de un milagro. Ante el «sin salida» de la tragedia, Buero se rebela, y en esa rebeldía se encuentra la mayor fuente de su creatividad.

Los personajes de Buero buscan y se preguntan, mas no con mente clara, porque su actividad obedece a un oscuro presentir fundado en la naturaleza humana misma. Si no hay nada que buscar y si no hay respuesta posible, ¿por qué se inquieta el hombre en constante búsqueda y por qué inquiere sin cesar? Deducir que nos encontramos inmersos en el absurdo nada resuelve, puesto que buscamos y nos preguntamos, conducta que ha de ser explicada ya que debe proceder de una causa. A lo largo de la historia de la literatura española, a este estado de cosas se lo ha designado como «sueño», entendiendo entonces la vida como un tránsito hacia un despertar en la trascendencia; o como «niebla» por las dificultades que opone a una visión del propio problema; en esta oportunidad se llama «laberinto», sugiriendo un conflicto similar al que, desde la época de Minos en Cnosos, no ha dejado de aparecer en las creaciones literarias y en las disquisiciones filosóficas como uno de los problemas más graves a que la mente humana tiene que enfrentarse en sus esfuerzos por comprender el sentido de sus circunstancias.

Pero algo muy importante ha cambiado en el significado del laberinto con la interpretación a que la obra de Buero nos conduce. Lo laberíntico ya no es el caos, o lo intrincado de que se sale mediante el multivalente hilo de Ariadna; el laberinto no es ni una disposición cósmica ni un problema para la inteligencia. Lázaro no pertenece a la cultura naturalista greco-occidental; todas las cualidades que perfilan el valor simbólico de Lázaro se encuentran dentro de la línea animista humana que caracteriza la personalidad de la cultura española. Lázaro, como su homónimo evangélico, sabe la muerte y en esa muerte sabida construye su laberinto. La validez de todo hilo de Ariadna desaparece porque al entrar en ese laberinto se pierde toda esperanza de retorno. Cabría entonces pensar que la tragedia, a la que Buero busca una salida, no tiene solución positiva alguna. La rebelión de Buero, sin embargo, permanece; su personaje se llama Lázaro porque, al igual que ocurrió con el hermano de Marta y de María, para el que, cuando toda esperanza estaba perdida, llegó la voz de quien tenía poder sobre la muerte a ordenar una reconstrucción que trascendía todo lo esperado, su conflicto trágico puede ser también el anuncio o el motivo de una solución positiva para el problema radical del hombre. Lázaro no es, por lo tanto, un símbolo que nos habla de un rescate pagado a la muerte para seguir viviendo, sino un símbolo que convierte la muerte en una fuerza creadora.

El alcanzar a saber la muerte como destino inevitable, la muerte que aniquila, es el aprendizaje más duro y cruel a que el hombre debe enfrentarse. De tal lección parece desprenderse como resultado la pérdida del valor de la vida, puesto que es una vida que se acaba. El sentimiento religioso compensa ese dolor con la promesa de una pervivencia en un más allá trascendente, lo que convierte la vida en un tránsito; pero, a niveles filosóficos, el problema subsiste, ya que entonces la vida aparece como un artificio innecesario. La tragedia, por consiguiente, continúa y ha de ser el arte el que nos permite vislumbrar el camino de la creatividad a partir de nuestra negación absoluta.

Las claves que Buero nos da en su «Lázaro en el laberinto» para adentrarnos en sus arcanos artísticos son muy sutiles, lo que dificulta la tarea de trascender el sentido aparente de una obra cuyos valores crípticos están disimulados, de una obra que parece mostrarlo todo. El nombre de Lázaro, como hemos visto, nos da la primera señal de alerta, pero aun esta clave tiene que ser desentrañada.

En «Las palabras en la arena» los acontecimientos tienen lugar en una escena marginal a un pasaje evangélico. El dedo del Rabí ya ha escrito sus sentencias en el suelo, de manera que la narración de Buero expresa lo que a ello sigue. Si en «Lázaro en el laberinto» ocurre algo similar hemos de entender que la figura de Lázaro es un reflejo simbólico del Lázaro evangélico después de haber resucitado. Ahora bien, el sentido bíblico del acontecimiento por el que Lázaro resucita no se agota en el valor del milagro. Las alusiones al sepulcro son muy frecuentes en la Escritura, significando, según la interpretación de René Girard en «El misterio de nuestro mundo», la ocultación de un crimen. El pueblo hebreo ha matado a sus profetas y después les ha construido sepulcros que les impiden ver sus delitos. Así, en el Evangelio de san Lucas (11, 47-48) se dice: «¡Ay de vosotros que edificáis los sepulcros de los profetas que vuestros padres mataron! Por tanto, sois testigos y estáis de acuerdo con las obras de vuestros padres; porque ellos mataron y vosotros edificáis.» Y en otro pasaje (Lc. 11, 44): «¡Ay de vosotros, que sois como sepulcros que no se ven, sobre los que andan los hombres sin saberlo!» Los sepulcros blanqueados ocultan la podredumbre humana. Pero la misma Escritura alude a una llave que puede abrir lo que con tanto celo se encerraba: «¡Ay de vosotros, los legistas, que os habéis llevado la llave de la ciencia! No entrasteis vosotros, y a los que querían entrar se lo habéis impedido.» (Lc. 11, 52.)

Esa ciencia no ha de ser la ciencia de los sabios, sino una sabiduría más próxima a las sugerencias intuitivas que nos llegan desde el arte; ha de ser una ciencia que se asemeja a la que Buero busca para que dé respuesta a sus preguntas.

Nuestra humanidad, nuestro pueblo, sigue siendo tan farisaico como el fustigado por Jesús hace casi dos mil años; el hombre sigue ocultándose crímenes originarios encerrándolos en sepulcros blanqueados porque el hombre sigue viviendo para la muerte; pero esa radicalidad trágica no tiene por qué constituirse en nuestra esencia inamovible; es necesario recuperar la llave de esa ciencia que los fariseos se llevaron. Ese Lázaro que Buero trae a la escena nos muestra un nuevo ensayo de búsqueda por la vía de un enfrentamiento distinto con la muerte. Lázaro ha salido del sepulcro para vivir, otra vez, una vida más consciente de la muerte como destino. Lázaro, a un mismo tiempo, revive y remuere. La muerte que hace 22 años lo visitó, cuando pudo haber muerto por defender a Silvia, reaparece ahora, desplegando ante él un panorama inmenso de valores. Lázaro vive entre dos sepulcros: el de la historia y el de la política, el del pasado y el del futuro, intentando que el segundo, el que le aguarda, no sea otra vez la ocultación de un crimen.

A juzgar por el planteamiento que el drama nos muestra, Lázaro no consigue saber si fue valiente o cobarde 22 años atrás; los dos recuerdos contradictorios se le aparecen con igual claridad, y no hay solución posible para su duda porque Silvia murió y Fina, su hermana, tampoco lo recuerda. Así la obra, como la tragedia, no tiene salida. No es posible elegir entre los dos recuerdos, pero si volvemos a la clave que nos brinda la duplicidad de sepulcros, la llave que el pueblo farisaico guardaba empieza a entreabrir las salidas por los caminos del arte.

No es posible elegir porque sólo vemos la disyuntiva; no insinuamos siquiera la posibilidad de que los dos recuerdos sean verdaderos, el de la cobardía cuando Lázaro muere por primera vez y el del valor cuando afronta el problema tras el conocimiento de la muerte. La disyuntiva de Lázaro es verdadera en sus dos aspectos porque la personalidad del hombre no es un centro, sino una especie de círculo vicioso, como señaló Klossowski al referirse a la filosofía de Nietzsche. Lázaro es un modelo de filosofía fragmentaria, una visión de la historia desde un punto de vista que podríamos llamar esquizofrénico: todas las posibilidades son realidades. Lázaro es el hombre naturaleza convertido en el hombre historia.

El laberinto de Lázaro no tiene un hilo de Ariadna que permita la salida, sino un hilo propio que haga posible la entrada; ese hilo es, en la obra de Buero, el conocimiento y enfrentamiento con el miedo. Una clave para la comprensión de esta circunstancia nos la brinda el libro en el que todos aprenden, por el que todos están influidos, cuyo título es «Los rostros del temor», un plural que avisa de una variedad de enfoques, de niveles; tal vez de la transformación, desde un sentido peyorativo, a otro de génesis de valores.

La primera vez, Lázaro tuvo miedo sin saberlo y fue vencido; la segunda pudo vencerlo porque fue consciente de su cobardía. El miedo ante la muerte segura ha conducido a Lázaro hasta lo más recóndito de un laberinto de la conciencia, hasta el lugar originario de la conciencia ética. De esta manera, la tragedia de una muerte ineluctable ha elevado al hombre al nivel ético. La vida, cada vida, cobra el valor de pieza única. La segunda vida de Lázaro, o la vida única de cada hombre, si abandona el sepulcro que oculta los crímenes, recobra la llave de la nueva ciencia, la sabiduría de la propia creatividad que la dimensión artística del hombre nos anuncia.

El nuevo laberinto tiene otros objetivos. La presentación caótica del cosmos y el orden que la mente va imponiendo en la multiplicidad de lo externo se invierte. Uno de los significados que cabe atribuir a la ceguera es el de sentir el mundo como laberinto puro, de manera que la ayuda de un vidente se hace necesaria. Muchos ciegos de la literatura tienen este sentido: «Los ciegos» de Maeterlinck, por ejemplo, cuya condición les hace en extremo desconocedores de su procedencia y de su destino. El problema en la literatura española varía un tanto, pues, en la picaresca, la pareja del ciego y su guía, otro Lázaro, se complementan: Lázaro, en efecto, guía a su amo, ciego, pero el ciego, a su vez, orienta al muchacho en muchos aspectos humanos, útiles para la vida. Pues bien, el Lázaro que ahora encontramos en la obra de Buero se ha convertido en un ciego respecto a la visión interior, sobre todo para la visión ética:

«LÁZARO. — (...) déjame ser el ciego y sé tú la vidente (...).»

El laberinto a que nos enfrentamos, por consiguiente, se encuentra en la intimidad del hombre, el laberinto no está fuera sino dentro. La ceguera no consiste en no ver el mundo y no ver a los demás, sino en no verse uno mismo.

La primera parte de la historia de Lázaro se caracteriza por el equilibrio afectivo y la rebeldía política. Tras el incidente en que pierde a Silvia, aun sin hacerse consciente de que ella ha muerto, la trayectoria de Lázaro se distingue por una conducta humanitaria —recoge a su hermana y a sus dos sobrinos pequeños— y por un trabajo desde el que contribuye al desarrollo de la cultura —funda y sostiene la librería «El Laberinto»—. En la actualidad, la trama de la obra nos permite asistir al desarrollo de unos acontecimientos de interpretación múltiple, como una multiplicación de valores, de los que nosotros vamos a tomar tan sólo los que ilustran la concepción de lo trágico en su vertiente artística.

Lázaro espera un imposible real, la vuelta de Silvia. Su espera, sin embargo, no queda frustrada; alguien equivalente a Silvia muerta, alguien que se le asemeja, su doble, lo visita; la cartomancia manejada por su hermana la anuncia, y a través de tal anuncio vislumbramos que es la muerte quien lo visita:

«FINA. — (...) Sea quien sea, representa una terrible amenaza.»

Pero en la nueva Silvia, Amparo, nada es amenazante, sino creador. Amparo y Coral, la sobrina de Lázaro, pertenecen a un plano distinto del de la realidad cotidiana, encarnan la creatividad: Amparo escribe, Coral toca el laúd. Y no es esto todo: les gusta sentarse en un banco, junto a un estanque que les envía visos del agua en los que se sienten envueltas, de manera que su realidad humana trasciende a un mundo nuevo:

«CORAL. — (Indica los visos.) Mira qué belleza. Ahora somos ninfas de las aguas.»

A través de los visos del agua, las cosas, el futuro, nos hace guiños; nos llama o nos anuncia algo, pero dejándonos el esfuerzo de interpretar, o quizá de crear, porque ese que sí es un lenguaje, aunque oscuro, habla con claridad al arte, al laúd de Coral. Es el lenguaje de la belleza, que nos envía unos signos sólo claros para la música; para la voz que habla a la sensibilidad que, desde el futuro, llama a nuestro interior.

Para quien carezca de sensibilidad artística, esos visos del agua serán únicamente reflejos de la muerte que aniquila:

«MARIANO. — ¡Se os pone cara de muñecas!
CORAL. — (Con una sonrisita.) De ninfas.»

Muñecas y ninfas son por igual figuras humanas, pero tras la muñeca se encuentra sólo el cartón, la materia inerte, mientras que en la ninfa todo se ha desrealizado menos la potencia creadora. Junto a ese estanque, inmersa en ese más allá imaginario, Coral alcanza su cumbre artística:

«CORAL. — No era un ensayo... No sé lo que fue. Yo estaba muy nerviosa, pero, nada más sentarme y ver sobre mis manos las luces del agua, me sentí tranquila. Segura. El recital ya no me importaba. Como siempre, apenas pasaba nadie. Algo raro debieron de ver en mi cara uno o dos que se detuvieron, porque se alejaron sin decir palabra... Toqué como no he tocado en mi vida. Como si no hubiese tocado yo. (Calla un momento.) Al día siguiente el miedo me comía y toqué mucho peor.
LÁZARO. — Ese miedo es el enemigo del artista... y puede ser su espuela.»

Cabría pensar que el paraje es originalmente descubierto por obra del arte, pero no sin sorpresa nos enteramos de que fue Silvia, es decir, la muerte, quien lo descubrió. Es, por tanto, la muerte la que está en el origen del arte; es la muerte sabida, una vez incorporado y asumido el miedo, la inspiradora de mundos irreales, pero valiosos; mundos irreales pero que poseen su verdad, la verdad de lo artístico. Con esta verdad contrasta la verdad de los hechos, proclamada tantas veces por otro de los personajes, Germán. Con las intervenciones de este joven, en la obra de Buero se enfrentan dos actitudes radicalmente diferentes ante el futuro, dos posturas que, si las esquematizáramos, podríamos llamarles la del político y la del artista, pero que las trascienden. Germán es sagaz para averiguar la verdad de los hechos; a sus pesquisas se debe el descubrimiento de que Silvia ha muerto, lo que no significa ni siquiera que su verdad sea fiable. Para él la verdad es un útil a su servicio. La verdad de Amparo, en cambio, se hunde en el misterio; es una verdad que no ha de ser averiguada sino creada. Es la verdad de esa ciencia cuya llave han usurpado los fariseos y que, removidos los sepulcros, traídos a la luz los crímenes originarios de la humanidad, afrontada la muerte, nos dará la ciencia del ser hombre.

La búsqueda que Buero Vallejo no ha dejado de emprender y que en «Lázaro en el laberinto» se hace más clara nos lleva a una revolución que no se limita a producir cambios en el afuera; nos lleva a una revolución que ha de alterar el ser del hombre en sus fibras más íntimas. Buero nos habla de una nueva etapa en la evolución de la humanidad que todavía no está hollada, pero que se anuncia en la tragedia vista como el arte que transforma la muerte en un símbolo; un arte que hace del morir, como del miedo, una escuela para la creación de los valores verdaderamente humanos. Esa nueva ciencia es la que nos hace guiños en los visos del agua como el presagio de un mensajero ya próximo.

Cuando Lázaro afronta la muerte por segunda vez, cuando esperamos verlo morir en la escena, el telón nos lo oculta, como la nube ocultó a los apóstoles la figura de Cristo que se elevaba. Lázaro es el símbolo de una resurrección del hombre en espíritu; Lázaro es el símbolo de una humanidad recreada.

INDICE